Verlags- und Publizistikbüro
Dresdner Kuriosa

Herausgegeben von
Kurt-Joachim Lagler und
Heinz Weise

Wir danken der DREWAG – Stadtwerke Dresden GmbH
für die freundliche Unterstützung

Deutsche Bibliothek - CIP-Einheitsaufnahme:
Dresdner Kuriosa:
Merk- und denkwürdige Geschichten aus dem 20. Jahrhundert
1. Auflage Dresden: Verlags- und Publizistikbüro, 2000
ISBN 3-9806990-0-5
0002 deutsche bibliothek 0101 deutsche buecherei

Calberlastraße 12, D - 01326 Dresden
Telefon / Telefax: 03 51 - 2 64 10 51
E-Mail: verlag-weise@t-online.de

Vertrieb:
Verlag DIE SCHEUNE GbRmbH
Martin-Luther-Straße 8, D - 01099 Dresden
Telefon / Telefax: 03 51 - 8 02 57 54

Gestaltung, Satz, Reproduktion:
Löser & Partner

Druck und Verarbeitung:
Stoba-Druck GmbH

Printed in Germany
ISBN 3-9806990-0-5

DRESDNER
KURIOSA

Merk- und denkwürdige Geschichten aus dem 20. Jahrhundert

VuP

Verlags- und Publizistikbüro

Inhalt

Künstler-Macken und -Meriten

Lebensbilder III (1933-1945)

Alles rannte zu Renner

Lebensbilder IV (1945-1948)

Steine des Anstoßes

Lebensbilder V (1949-1989)

„Rotes Kloster“ und „schwarze“ Union

Lebensbilder VI (1989-1990)

DARUM SCHLIEẞE ICH ZUWEILEN DIE AUGEN
UND DENKE AN DRESDEN.

HEINRICH VON KLEIST

Mit dem Kauf dieses Buches unterstützen Sie den Förderverein Palais Großer Garten e. V., dem eine Mark vom Erlös jedes verkauften Exemplars bereitgestellt wird. Der Verein setzt sich für den denkmalgerechten Wiederaufbau und die repräsentative Nutzung dieses 1678-83 errichteten Dresdner Frühbarockbaues ein.

Zum Geleit

Schon wieder ein Buch über Dresden? Schon wieder ein Buch über Dresden! Angesichts der Fülle an Titeln über unsere Stadt mutet das Unterfangen wahrlich kurios an. Und Ungewöhnliches verspricht die Anthologie tatsächlich - Dresdner Kuriosa aus 100 vergangenen Jahren.

Da die Geschichten aus Alltag, Politik, Kunst und Architektur, Wirtschaft und Wissenschaft, Juristerei und Journalistik, Realem und Visionärem überwiegend authentisch sind, stellen sie darüber hinaus aber auch eine Bereicherung der Stadtgeschichte dar.

So liegt es nahe, dass ich dem Titel, der an der Schwelle zum „richtigen“ Jahrtausendwechsel 2000/2001 einhundert zurückliegende „Lebensjahre“ unserer Stadt episodisch illustriert, viel Erfolg wünsche - dies umso mehr, als eine Mark je Verkaufsexemplar einem gemeinnützigen Zweck zugute kommt.

Dr. Herbert Wagner
Oberbürgermeister der Landeshauptstadt Dresden

PRÉLUDE

Das Ende ist am Anfang,
und doch macht man weiter.

Samuel Beckett, Endspiel

Siegfried Thiele

Mit Punsch und Knackmandeln ins Jahr 1900

Wie nahmen unsere Ahnen Abschied vom vergangenen Jahrhundert? Man kann es nur ahnen, denn Erich Kästner war ein viel zu kleiner Junge, um davon erzählen zu können. Und die rührigen Chronisten Erich Haenel und Eugen Kalkschmidt schlossen ihr Lebenswerk, „Das alte Dresden", unwiderruflich mit den Worten: „Wir müssen es uns versagen, die Schwelle des Jahrhunderts zu überschreiten." Ohne Schwellenangst und Respekt dagegen betrat der Reporter der Dresdner Neuesten Nachrichten das Jahr 1900.

Er sah die Innenstadt brodeln. Ganz Dresden schien auf den Beinen zu sein, und alle Kneipen waren Kopf an Kopf gefüllt. Auf den Bürgersteigen kaum ein Fortkommen! Je mehr man sich dem Zentrum näherte, desto dichtere Volksknäuel traf man an. Auf dem Altmarkt sammelte sich zu mitternächtlicher Stunde eine große Anzahl fideler, durch Grog und Punsch in gehobene Stimmung versetzter Menschen, die sich mit dem ersten Glockenschlage durch Prosit-Rufe beglückwünschten.

Nachtschwärmer vermissten das altgewohnte Geläut der Kreuzkirche, die 1897 abgebrannt war. An wankenden Gestalten, die Straßen kreuz und quer durchstolperten, so sah es der Pressemann, habe es nicht gemangelt. Auch an Schreihälsen nicht, denen hinter der Frauenkirche erst der Mund gestopft werden musste. Stand da nicht das neu erbaute Polizeipräsidium? Ansonsten verbrachten Uniformierte ein eher geruhsames Silvester. Von einem Kurzschlussfeuer im Kaiserpalast am Pirnaischen Platz abgesehen, keine Brände. Es wurden weder Einbrüche noch Über- oder Unfälle registriert. Von Silvesterknallerei im Freien oder gar Höhenfeuerwerken keine Rede. Die Dresdner hatten brav mit echten Bleinüssen, Zinnfiguren, diversen Scherzartikeln, Knackmandeln, Kraterschlangen und niedlichem Salonfeuerwerk hantiert.

In den zahlreichen Ball-Etablissements, wo mehr Sekt als Punsch floss, verabschiedeten sich besser Betuchte mit „feinen Tänzchen" oder wie bei Watzke mit einer „extrafeinen Lichterpolonaise mit Cotillon" vom scheidenden Jahrhundert. Feiner noch präsentierte sich der sächsische Hofstaat bereits am Silvesternachmittag. Ihre Majestäten, König Albert und Königin Carola, empfingen in der Villa Strehlen zunächst die niederen Chargen. Die große Gratulationscour fand dann am Neujahrstage in den Paradesälen des Residenzschlosses statt. In der zweiten Etage thronte der König und nahm die Huldigungen der Staatsminister, des „Corps diplomatique" und zahlreicher Kavaliere entgegen. Alle am Hofe vorgestellten Damen und Herren vereinigten sich schließlich im großen Ball- und Bankettsaal zur Assemblee und begrüßten freudig jenes Jahrhundert, das sich bald den Wettinern gegenüber als äußerst unfreundlich erweisen sollte.

Hotels und Pensionen waren ausgebucht. Im kompletten „Verzeichnis der bei der Kgl. Polizeidirektion gemeldeten Fremden“ fanden sich auch der Konzertmeister Postellin aus Hamburg oder die Privata von Oppel aus Bautzen. Sie könnten dem Neujahrskonzert der „Kgl.-Sächsischen Musikalischen Kapelle“ unter der Stabführung Ernst von Schuchs beigewohnt haben. Herr Ninoff im Hotel Europahof oder Fräulein Ciel im Grand Union Hotel dagegen erwiesen sich als Akteure der Dresdner Unterhaltungsszene. Ninoff begegnete man im Vereinshaus, wo er sich als „berühmtester Gedankenleser der Welt“ feiern ließ. Bereits zweimal sei er zum „Kaiser von Russland“ beordert worden. Mlle. Dinah Ciel gastierte im Victoria-Salon als „Chateuse lyrique“. Und da waren noch Mizi Gizi und reichlich Allotri im Centraltheater, im Apollo oder Tivoli sowie im Circus Corty-Althoff. Die Residenz zeigte sich ausgelassen zur Zeitenwende.

Auch Sauertöpfe gab es, die eine Zeitenwende als verfrüht von sich wiesen.

So verkündete der Schriftleiter der SÄCHSISCHEN SCHULZEITUNG in der Neujahrsausgabe, man habe mehrfach Glückwünsche für das neue Jahrhundert erhalten. Diese Wünsche könne man leider nicht annehmen, vielmehr müsse man bitten, dieselben nach Beendigung des Jahres 1900 zu wiederholen. Schließlich sei man der ketzerischen Ansicht, das neue Jahrhundert fängt erst mit dem 1. Januar 1901 an. Ein Säkulum hat doch volle 100 Jahre. Oder rechnen wir in der Schule etwa, wenn wir den Zahlenraum bis 100 behandeln, nur bis 99? Na bitte!

Im Gegensatz zu den schreibenden „Be-Lehrern“ gaben sich die Edelfedern von der GARTENLAUBE recht tolerant und meinten, am 1. Januar 1900 erscheine die Zahl des kommenden Jahrhunderts zum ersten Male im Kalender. Und dies teile sich eben dem Volksbewusstsein unabweisbar mit als Beginn einer neuen Ära. Goethe und Schiller, so führten die Gartenlaubner weiter an, hätten vor wiederum 100 Jahren ganz in diesem Sinne gehandelt. Als nämlich im Jahre 1799 in Weimar die Frage strittig wurde, wann das 18. Jahrhundert zu Ende gehe, folgten beide Dichter dem natürlichen Gefühl und traten auf die Seite derer, die das Jahrhundertende auf den Silvester 1799 setzten. Am Neujahrsmorgen schrieb Goethe an Schiller: „Ich war im Stillen herzlich erfreut, gestern Abend mit Ihnen das Jahr und, da wir einmal Neunundneunziger sind, auch das Jahrhundert zu schließen." Das hinderte aber beide am Schlusse des Jahres nicht, für den 1. Januar 1801 Festlichkeiten zur Begrüßung des wirklich neuen Jahrhunderts vorzubereiten.

Also, schlag nach bei Schiller, schlag nach bei Goethe! Ein neues Jahrhundert, nun gar ein neues Jahrtausend, ist so etwas Großes, dass man es zweimal begrüßen und feiern sollte.

URBANE VISIONEN

Es nützt dem Menschen nichts,
den Mond zu gewinnen,
wenn er dabei die Erde verliert.
François Mauriac

Siegfried Thiele

Per Luftdroschke zur Zentralwohnhalle (2000 aus der Sicht von 1899)

In der Silvesternacht von 1899 zecht DNN-Reporter „Curt“ in der Weinstube beim „Heiligen Antonius“ und sinniert: „Wie schade, dass ich zu früh geboren bin! Das Jahr 2000 müsste man erleben!“ Da kommen die kleinen Weingeister und entführen den besäuselten Zeitungsmann in die Zukunft.

Dresden, Altmarkt, Neujahrsnacht 2000. „Du kommst reichlich spät“, bedauert ein Engel im Hosenanzug. „Du hättest den Rummel auf den Straßen und in der Luft sehen sollen.“ In der Luft? Ja, ist die Dame in Herrenkleidern denn verrückt? „Aber komm“, fährt sie fort, „dort ist schon der Weltfriedensplatz, wo die elektrischen Luftdroschken stehen. Wir wollen zusammen nach dem ‘Elysium’ fahren. Das ist ein riesiges Weltetablissement, hoch über der Stadt auf hundert Luftballons errichtet. Du kannst dich dort famos amüsieren: Feenspiele, Ballette, Opern, Konzerte des elektrischen Automatenorchesters. Sieh mal da drüben diesen prächtigen Kuppelbau! Es ist die Zentralwohnhalle unserer Arbeiter, die seit einigen Jahren endlich Staatsdiener geworden sind.“

„Daneben“, fährt meine Begleiterin fort, „sind die Nationalwerkstätten. Ja, unsere Staatsdiener haben es gut. Sie schrauben täglich ihre vier Stunden Arbeitszeit ab und erhalten neben dem Lohn vom Staat freien Mittagstisch, haben wöchentlich einmal freien Eintritt in die Hofoper, und alle 14 Tage gibt es einen allgemeinen Weltfeiertag. Übrigens, seit dem Bau der Zentralerziehungsanstalt müssen wir Frauen uns absolut nicht mehr um die Kinder kümmern, sondern nur noch um die Männer. Sag einmal, würdest du ein folgsamer Ehemann werden?“ Hier beendet der Pressemann flugs seinen futuristischen Ausflug.

Vor seiner Rückkehr in die behagliche Weinstube überflog er vermutlich noch eine riesige Baugrube am Großen Garten und war froh, noch einmal davongekommen zu sein.

Silvesterträumereien an Kaminen (1960 aus der Sicht von 1938)

Am Neujahrsmorgen des Jahres 1960 kommt der Visionär von 1938, ein DNN-Autor „zer“, auf dem Hauptbahnhof an, tritt hinaus und entdeckt die „moderne Visitenkarte einer altberühmten Stadt“.

„Nichts erinnert an das unharmonische Gesicht des Bahnhofsvorplatzes früherer Jahrzehnte mit protzigen Jugendstilfassaden. Es war den Dresdnern selbst überraschend vorgekommen, wie diese Wandlung um 1945 (!) herum ohne große Geldmittel vor sich gegangen war. Es brauchte fast nur Überfälliges beiseite geräumt zu werden. Danach entstanden die schlicht-schönen, monumentalen Fronten entlang der Wiener Straße."

Dann steht der Autor am Eingang zur U-Bahn-Station Hauptbahnhof. Lange habe man geschwankt und gezankt, ob sich im Elbtal ein so kostspieliger Bau lohnen werde. Aber mit der Verlagerung der Wohnviertel in die Außenbezirke und die Zusammenballung des Geschäftslebens rund um die neuen Ringstraßen sei die Metro zwingend notwendig geworden.

Dann preist der Schreiber die „Durchlüftung der steinernen Stadtwelt", die neuen Siedlungen in Obergorbitz, Pennrich, Oberrochwitz und Kaditz mit eindrucksvollen Gemeinschaftshäusern. Die Elendswohnungen freilich, ein trübes Kapitel der Systemzeit, habe man nicht auf einen Hieb beseitigen können. Spätestens 1950 aber seien auch die letzten Viertel in der Neustadt saniert worden.

Alles werde anders sein als 1938, besser gegliedert, geräumiger, schöner, ein Ausdruck neuen Wollens schöpferischer Architektur. Liest sich das nicht verdächtig national und sozialistisch? Und so mussten im neuen Dresden auch die obligatorischen Parteimonumente untergebracht werden, ein Aufmarschplatz der Bewegung am Georgplatz, wo dann das Gauhaus steht und die riesige „Sachsenhalle der 30 000".

Groß seien die Eingriffe gewesen, schließt der Autor, die sich aber Dresden als Dame von Welt willig habe gefallen lassen.

Rollende Fußwege zum Kommunismus (Das Jahr X aus der Sicht von 1962)

Wie aber wird die Stadt im Kommunismus aussehen?

Mit etwas Phantasie ließe sich schon heute das Bild dieser Stadt entwerfen, verheißt der Autor in einem Bild- und Leseheft für die Kunstbetrachtung ab Klasse 9 (1962).

Wie staunen da die Schüler! Weder Staub noch Lärm belästigten diese Stadt, und der Verkehr stelle für Menschen keine Gefahr mehr dar. Automatische Kraftfahrzeuge sausten elektronisch gesteuert auf breiten Straßen dahin. Lufttaxis und Rollbürgersteige gehörten zum gewohnten Bild des Verkehrs. Liegewiesen seien im Winter mit Plastikhäuten überdeckt und mit ultraviolett strahlenden Höhensonnen ausgestattet. Gereinigte Wäsche komme per Rohrpost direkt in die Wohnungen. Und Hochhäuser, ja Hochhäuser werden das Bild der Stadt von morgen prägen.

Weit hinaus schießen die Bauphantasien bereits in den 50er Jahren. Von einem „zentralen Aufmarschplatz der 700 000“, der „sozialistischen Straße der Demonstrationen“ und des nach Süden auf die Wilsdruffer Straße vordringenden Zuckerbäcker-„Palastes der Werktätigen“ ist da die Rede. Den (Alb)traum vom „Forum Sozialisticum“ mit den von Walter Ulbricht gerühmten Prestigetürmen wollen Dresdens Parteifuturisten noch lange nicht aufgeben. Vor allem „OB“ Walter Weidauer rührt klassenkämpferisch die Trommel: „Der Kampf der Reaktion gegen unseren Plan, am Altmarkt ein Hochhaus zu errichten, ist nichts anderes als der Versuch, die Manifestierung unserer neuen Gesellschaftsordnung im Stadtkern zu verhindern.“ Und noch 1969 schwärmt SED-Chef Werner Krolikowski vom „Haus der Industrie“ mit einem 60-Meter-Turm an der Altmarktsüdseite, vom 70-Meter-Hochbau am Postplatz sowie vom 100 Meter hohen „monumentalen Ingenieurhochbau am Fučikplatz“. Dazu noch eine „U-Schnellbahn entlang der Ost-West-Achse“. Sollte die nicht bereits 1960 abfahren?

LEBENSBILDER I

(1900-1919)

Auch das Zufälligste ist nur ein
auf entfernterem Wege herangekommenes
Notwendige.

Arthur Schopenhauer

Heinz Weise
Die verpatzte Jahrhunderterfindung

„Wenn du mal groß bist“, belehrte mich meine Cousine Käte, als ich noch klein war, „dann denke an Großvaters Malheur und mache es besser als er!“ Ich nickte artig; zu meiner Zeit hörten Unreife noch auf den Rat Frühreifer. Und Käte zählte damals, Anfang der vierziger Jahre, bereits zu ihnen. Zweifelte jemand daran, begann sie sofort an ihrer Bluse zu nesteln und... ihr schulisches Reifezeugnis zu zeigen. Das trug sie, en miniature und amulettartig, ständig am Körper - als Beweis, dass sie Kindheit wie Schule entwachsen war. *Er*wachsen allerdings schien sie noch nicht zu sein; denn sie beendete ihre Lehrstunde an jenem Frühlingstage mit einem schwungvollen Hopser von jenem Sofa herunter, auf dem wir saßen und das sie zu ihrer Erzählung über unseren Großvater mütterlicherseits veranlasst hatte. Bis zu seinem Tode 1939 im Dresdner Vorort Gittersee wohnend und deshalb von seinen Enkeln „See-Opa“ gerufen, hatte er jenes gemütliche Möbel im Wohnzimmer an der Bergstraße 2 nicht nur zu seinem Stammplatz erkoren, sondern Anfang 1900 auch zum Ausgangspunkt jenes Debakels werden lassen, von dem die frühreife Käte soeben berichtet hatte...

Auf besagtes Kanapee hatte August Rentsch - so See-Opas bürgerlicher Name - sich an einem frostklirrenden Januarabend niedersinken lassen und eigenartige Begriffe zu murmeln begonnen. Von Zuckermolekülen war da die Rede gewesen, von Enzymen, Trebern, einer Maisch- und einer Würzepfanne, einem Läuterbottich und vor allem von neuen Mischungen. Verstanden hatte man das Knurren allerdings nicht richtig, noch weniger die Zusammenhänge. Wie auch! Der Mann war schließlich kaum noch imstande, einen zusammenhängenden Satz zu formulieren. Hatte er das Zimmer doch in einem Zustand betreten, den keiner der Anwesenden bislang an ihm gewöhnt war: Weder sein Eheweib Emma noch die um den Tisch versammelten Kinder Max I, Max II und Alfred; und die zweijährige Martha, Kätes künftige Mutter, ohnehin nicht. Schon auf der Holztreppe, über die man in den ersten Stock gelangte, hatte sich des Hausvaters ungewöhnliche Verfassung angekündigt. Polternd war er die Treppe heraufgestolpert und oben schließlich in einem Aufzug erschienen, der alle erstarren ließ. Ihm, der seine Akkuratesse sonst bis in die Bebel'schen Schnurrbartspitzen zelebrierte, stand die Weste offen! Und zwar so weit, dass seine sonst korsettartig zusammengehaltene umfangreiche Leibesfülle nach allen Seiten ausuferte. Breit machte sich im Raume nun aber auch zunehmend jener aromatische Duft, der dem Konsum geistiger Getränke nun einmal anhaftet. Großvater war schlichtweg betrunken.

Als Erste fing sich die Hausfrau. *Wenn du probst des Bieres Saft / Wappne dich mit Heldenkraft / Denn du weißt nicht, wird dein Magen / Ja und Amen dazu sagen*, deklamierte sie so textsicher, dass die Söhne aufhorchten. War das nicht Vaters Zitat? Hatte er es nicht oft und oft verwendet, wenn er, mit berufsstolzer Stimme, über sein Leitmotiv und darüber dozierte, dass Maße, in Maßen genossen, gesund seien, warmes Bier sogar Erkältungen heile und ein Bierbad den Haaren bekomme... Er musste es wissen. Er war ein Böttcher, hatte in der Reisewitzer Actien-Bierbrauerei zu Dresden die Keller und Fässer unter sich und über sich nur noch den Herrn Brauereidirektor August Benckendorf. Eben jenes Chefs wegen aber war Emmchen, wie die zierliche, hellwache 37-Jährige von ihrem Gatten gerufen wurde, ja so außer sich. Wenn der Brau-August jetzt ihren August sehen würde, wären Hopfen und Malz verloren.

Unglaublich!, murmelte auch sie nun etwas undeutlich und verfiel damit in die Artikulationsform des Niedergesunkenen. Was der freilich jetzt nuschelte, das schien so abstrus gar nicht zu sein. Er habe, so vernahm sie, dem benachbarten Schänkenbier, nein, dem Bier in der Nachbarschänke nicht aus Trunksucht zugesprochen. Vielmehr sei er von ihm Schluck um Schluck angeregt worden: zu einer, hick!, neuen Braurezeptur. Und zu was für einer! Sie könne den Starkbierabsatz, nein, den Bierabsatz stark befördern - und am Ende vielleicht gar ihn selbst. Sie müsse nur aufnotiert werden. Er, August, allerdings sei dazu heute nicht mehr fähig. Aber Emmchen vielleicht ...

Sie war es. Und so lauschte sie von diesem Moment an so hingebungsvoll den augustäischen Zauberformeln, wie sie es zuletzt vor einem reichlichen halben Jahr getan hatte. Das Ergebnis trug sie seitdem unter dem Herzen. In acht Wochen war das Baby zu erwarten. Und vielleicht lag ihr gerade seinetwegen so viel daran, Augusts viel versprechende Idee zu Papier zu bringen. Sie ergriff einen Bleistiftstummel und begann, nachdem sie einen von Kindergekritzel noch freien Zeitungsrand des WAHREN JACOBS erspät und dessen Aufforderung nach Ruhe als erster Bürgerpflicht an die Umsitzenden weitergegeben hatte, ihre schöpferische Arbeit. War von ihr aber bald ebenso erschöpft wie ihr Gemahl von seinem Gemurmel. Schließlich, kurz vor Mitternacht, hatte sie es dann geschafft. Die Jahrhundertidee war gesichert - und damit für die Familie offenbar eine sorgenfreie Zukunft. Was Wunder, dass Emmchen in der darauf folgenden Nacht so intensiv von jener Perspektive träumte, dass ihr beim morgendlichen Erwachen zunächst war, als sei der Traum bereits Realität. Und in der Tat schien er sich am selben Tage noch zu verwirklichen...

An ihm hatte August, inzwischen wieder orientierungs- und formulierungsfähig, sich wie gewohnt Punkt fünf zu Fuß auf seinen Arbeitsweg gemacht: Die Potschappler Straße hinunter, dann die Abkürzung über den „Collm", anschließend via Birkigter Straße, Weißeritzbrücke und Plauenschen Grund zur Bienertmühle - bis er die vier Kilometer geschafft hatte und an der Reisewitzer Straße im Fasskeller stand: Wie immer angetan mit Lederschürze und standfest wie eine deutsche Eiche. Erst gegen neun, als er Emmchens Notizen aus der Jacketttasche und damit zum Chef zog, begannen ihm die Hände leicht zu zittern. Schließlich sollte sein Geistesblitz einschlagen, oben, in der Beletage!

Dort aber schlug dann erst einmal Benckendorf auf ihn ein. Was gibt's, Rentsch? Ja, was eigentlich?, zuckte der unsanft Empfangene zusammen. Hatte er, wenn er's recht besah, doch lediglich einen Zeitungsrand vorzuweisen, beschrieben mit Braurezepturen, die einer Bierlaune entsprungen waren. Aber, so beruhigte er sich, es war eine gute Laune gewesen! Gut musste also auch das Ergebnis seines geistigen Funkens sein. Von ihm ließ Großvater nun einen Abglanz aufscheinen, besagtem Wetterleuchten einen ersten Blitz, dem einen zweiten und ihm schließlich ein Sprachgewitter folgen. Der „Herrscher des Hellen" ging in Deckung. Erst nachdem Großvater seine Donnerrede beendet hatte, traute er sich hinter dem Schreibtisch hervor. Er holte Zigarren. Auch für Großvater. Dann Cognac, auch für beide. Und schließlich fällte Benckendorf einen Urteilsspruch, der in der Feststellung gipfelte, dass Großvaters Braurezeptur durchaus etwas für sich habe, ach was!, einfach genial sei sie! Das war sie wirklich. Andernfalls hätte der Brau-Boss das zweistündige, von hohem Zigarrenkonsum und gegenseitigem Respekt geprägte Vier-Augen-Gespräch kaum mit jener Entscheidung beendet, mit der er es schließlich abschloss: Er schlug seinen Böttcher zum Oberböttcher!

Großvater fiel fast die, inzwischen dritte, Zigarre aus dem Mund. Beförderung? Nun gut, er hatte mit ihr geliebäugelt. Aber solch eine hochgradige und dazu ostentative, nein, damit hatte er nicht rechnen können. Wie auch! Stellte sie an der „Societät" doch ein Novum dar. Verbunden war sie allerdings mit der Auflage, die neue Brauidee umgehend zur materiellen Gewalt werden zu lassen. Und, ebenso wichtig, die Rezeptur als Verschlusssache zu betrachten. Doch das verstand sich für den soeben Avancierten von selbst. Keinen der Brauer weihte er in der folgenden Zeit in die Details ein. Selbst sein Brotgeber wurde, als er sich eines Tages näher für sie interessierte, auf die Geheimvereinbarung verwiesen. Lassen Sie mich nur machen!, winkte Großvater ab, sobald Fachfragen auftauchten.

Und es tauchten nicht wenige auf während des neuen Bieransatzes. So viele, dass auch Großvater sich neue zu stellen begann. Mit dem Resultat, dass er die Rezeptur ständig variierte - und sie am Ende deformierte. Als das Top-Bier schließlich gebraut war, hatte es mit dem Ursprungsrezept nur noch wenig gemein. Und so schmeckte es weder Oberböttcher August noch Brauereichef August! Der wies das Gerstensaft-Genie deshalb an, zu jener Ausgangserfindung zurückzukehren, die seinen Aufstieg bewirkt hatte und den der Reisewitzer Brauerei demnächst bewirken sollte.

Die Betonung liegt auf „sollte“, denn es kam anders. Da Großvaters Grundeinfall schon etwas abseits seiner Erinnerung lag, musste auf die Notizen zurückgegriffen werden. Doch eben die waren inzwischen verschwunden. Nicht nur der spiritus rector, die gesamte Familie suchte nach ihnen - in Jacketttaschen, Brotbüchsen wie auch in WAHREN JACOBEN, sogar eine Wahrsagerin wurde bemüht. Alles vergebens. Auch Emmchen kramte erfolglos in ihren Grauzellen.

Was tun? Da ein gewisser Lenin darauf noch keine Antwort hatte und Bebel-Anhänger August sie ohnehin abgelehnt hätte, konnte die Lösung nur lauten: Rückkehr an die Ideenquelle. So setzte sich mein grübelnder Vorfahr zwecks Gedächtnisauffrischung von neuem in jene Schänke, in der sich ihm Wochen zuvor der Bierhimmel eröffnet hatte. Und bei keinem seiner Besuche - es wurden mehrere - vergaß er, auch die trinkfesten Januar-Gesellen um sich zu scharen, ohne die seiner Überzeugung nach der Urblitz nicht wieder zucken würde. Und siehe da! Nachdem er ihnen sein Dilemma gebeichtet und sie ihn daraufhin in die Stammrunde kooptiert hatten, überschütteten sie ihn nur so mit neuen Ideen. Und diesmal überantwortete er sie sofort seinem Merkbuch, bevor er sie dem Herrn Benckendorf annoncierte.

Doch der, ohnehin nicht sehr angetan von kollektivem Neuererwesen, antwortete neuerdings mit Gegenannoncen. Sie lauteten stets: abgelehnt. Auch begründet waren sie immer: Fürs neue Jahrhundert die alte Jahrhundert-Rezeptur, sonst nichts! Doch eben die wollte sich weder meinem tüftelnden Ahnen ein zweites noch seinen Mittüftlern ein erstes Mal mitteilen. So blieb Großvater am Ende nichts anderes übrig, als sich von jedweder bierseligen Anregerei und Aufregerei zurückzuziehen. Ein einziges Mal nur sprach er bei Benckendorf noch vor: Um die Rücknahme seiner Beförderung anzubieten. Doch einmal abserviert, immer abserviert. Was in diesem Falle hieß: Einmal befördert, für immer befördert. Großvater blieb Oberböttcher.

Auf diesen Aufstieg anzustoßen vermochte er freilich nicht, jedenfalls nicht mit seinem Jahrhundertbier. Gut also, dass ich Cousine Kätes Rat befolgt und es besser als See-Opa gemacht habe. Statt eine Jahrhundertidee zu kreieren, ohne sie zu realisieren, habe ich mir erst gar keine einfallen lassen.

Ludwig Renn

Der Hofgartenanzug

Meine Meldung als Bezirksadjutant hatte Erfolg gehabt, und ich musste mich beim Bezirkskommandeur melden.

Mit Überrock und Helm ging ich also hinüber und sagte der Ordonnanz im Vorzimmer, was ich wollte. Er verschwand in einer Tür und kam gleich wieder heraus: „Herr General lässt bitten."

Ich trat ein und fand einen großen, freundlichen Herrn hinter seinem Schreibtisch sitzen. „Leutnant Vieth von Golßenau vom Ersten Leibgrenadier-Regiment Nummer Hundert meldet sich ganz gehorsamst zur Dienstleistung beim Bezirkskommando Dresden-Altstadt kommandiert."

„Danke", sagte er. „Ihr Dienst hier beginnt erst im Herbst nach den Manövern. Sie erhalten noch den genaueren Befehl mit Tag und Stunde."

Ich kam mit einem angenehmen Gefühl aus dem Gebäude und betrachtete es nun genauer von außen. Schön war es gerade nicht und auch nicht hell. Aber ich hatte innen bemerkt, dass es Zentralheizung besaß. Da würde ich also nicht so zu frieren haben wie in der Kaserne, wo man vor Kälte und ewigem Zug im Winter nichts tun konnte. Außerdem wird mich hier niemand besuchen.

Diesen Abend sagte Vitzthum beim Essen im Kasino, wir möchten nachher ins Spielzimmer kommen. „Wir haben etwas zu besprechen, das die Ordonnanzen nicht zu hören brauchen."

Nachdem die Lichter aufgestellt waren, zogen wir alle hinüber und setzten uns da rauchend in die tiefen Ledersessel.

Der Oberleutnant von Friesen war stehen geblieben und wiegte sich lächelnd auf seinen langen Beinen. „Seit Jahren", sagte er, „hat kein Hofgartenfest mehr stattgefunden. In diesem Jahre aber soll es wieder eins geben. Dabei ist nun eine Anzugsfrage aufgetaucht. Es steht fest, dass zum Hofgartenfest weiße Hosen und Lackschuhe getragen werden. Aber ob Waffenrock oder Überrock, das ist die Frage."

„Aber das muss doch in der Offiziersbekleidungsvorschrift stehen!", rief Falkenstein.

„Nein", erwiderte Vitzthum, „diese Angabe ist bei dem Hofgartenanzug vergessen worden."

„Unerhört!", sagte Ehrenthal mit tiefer Stimme, aber mit merklichem Hohn.

„Da fragt man eben beim Oberhofmarschallamt an!", rief Falkenstein.
„Nicht so laut!", sagte Friesen. „Wir wollen eben nicht anfragen."

Falkenstein blickte mich staunend an und begann zu lachen: „Das klingt ja wie eine Verschwörung!"

„Unterbrechen Sie doch Friesen nicht immer!", sagte Vitzthum.

Eine Ordonnanz mit einer Karaffe Wein kam herein. Alle verstummten.

Als er den Wein vor einen Leutnant gestellt hatte und wieder hinaus war, sagte Friesen leise und eindringlich: „Die Jäger, Schützen und alle andern Regimenter, die keine Stickerei am Kragen haben und im Überrock besser aussehen, wollen natürlich den tragen. Unsre beiden Grenadierregimenter sollten aber Waffenrock tragen!"

Es trat eine Pause ein. In die hinein sagte Ehrenthal mit Grabesstimme: „Lasst uns schwören!"

Alle platzten heraus mit Lachen.

„Aber meine Herren!", rief Friesen. „Worin besteht denn unser Ansehen, als in solchen Anzugsgeschichten?"

Ich dachte verblüfft: Da hat er eigentlich Recht!

„Wenn wir Grenadiere", sagte Rochow, „geschlossen im Waffenrock erscheinen wollen, müssen wir auch die Prinzen in unsern Plan einweihen."

„Ja", erwiderte Vitzthum, „das ist natürlich eine Voraussetzung für unsere Aktion. Und wenn wir ihr Einverständnis haben, müssen wir die Zweiten Grenadiere einweihen."

„Und auch die Pioniere!", rief Falkenstein. „Denn auch die haben eine Stickerei am Kragen ihres Waffenrocks."

Man würdigte ihn keiner Antwort. Sich mit den Pionieren in Verbindung setzen? Das waren doch fast schon Raubtiere!

Am nächsten Sonntag kam ich verhältnismäßig spät zusammen mit Falkenstein ins Frühstückszimmer. Nur Miltitz saß auf seinem Stammplatz, schnippte die Zigarrenasche in Porzellanbecher und rief ab und zu: „Nanz, Jack!" Sonst schwieg er in strammer Haltung.

Da wurde die Tür aufgerissen, und der Hauptmann von Hingst kam aufgeregt herein und stotterte, ohne zu grüßen, los: „In der Stadt sagt man, der Erzherzog-Thronfolger von Österreich wäre ermordet, zusammen mit seiner Frau, der Herzogin von Hohenberg. Serbische Nationalisten sollen sie erschossen haben. Wenn das so ist -"

Miltitz unterbrach ihn mit einer gespreizten Bewegung: „Lieber Hingst, meine Kinder sind noch ziemlich klein, aber sie wissen schon, dass man mit vollem Munde nicht sprechen soll!"

„Aber ich habe doch gar nichts im Munde!", rief Hingst.

„Allerdings", entgegnete Miltitz gequetscht, „materiell haben Sie nichts im Munde. Aber sonst haben Sie zu viel darin. Schon der alte, gute Schiller, der sich angeblich mit Dichtkunst abgab, soll etwas über klatschende Waschweiber gereimt haben. Nanz, Jack!"

Falkenstein neigte sich zu mir: „Dieser Mord kann weitertragende Folgen haben."

„Ja", antwortete ich, „daraus kann ein Krieg -"

Er unterbrach mich lächelnd: „Unser Königshaus ist doch mit den Habsburgern verwandt. Wenn also der Erzherzog Franz Ferdinand tot ist, so gibt das Hoftrauer. Und dann kann das Hofgartenfest nicht stattfinden. Dann müssen wir also unsre Verschwörung absagen!"

Abends im Kasino erfuhren wir, dass der Erzherzog wirklich ermordet war.

Der dicke Welck hob sein Glas: „Da gibt es Krieg! Wir kriegen mehr Geld und können unsre Schulden bezahlen!"

Neben mir saß der Hauptmann Walther, ein Reserveoffizier, der eben zu einer Übung eingezogen worden war. Sonst war er Amtshauptmann, was man in Preußen Landrat nannte.

„Mich kann diese Nachricht nicht begeistern", sagte er ernst zu mir. „Es gehört schon ein großes Maß von Leichtsinn dazu, wenn man so unbedingt an unsern Sieg glaubt. Hoffentlich wird Kaiser Franz Joseph kaltes Blut bewahren. Er hat in seinem langen Leben schon viele Kriege verloren."

Trotz der internationalen Spannung fuhren wir zum Regiments- und Brigadeexerzieren nach dem Truppenübungsplatz Jüterbog. Das erschien uns als ein sicheres Zeichen, dass man von deutscher Seite aus keinen Krieg wollte.

An den Abenden füllten wir Offiziere lärmend das Kasino und tranken reichlich. Dabei sprach man wieder darüber, was wir alles zum zweihundertfünfzigsten Jubiläum unsres Regiments tun wollten.

„Da wird sich aber der Kaiser ärgern!", sagte Rochow. „Denn sein

Erstes Garde-Regiment zu Fuß in Potsdam ist jünger als unsres."

„Und unser König wird sich freuen", fügte Seydewitz hinzu. „Er wird in Korkenzieherhosen dastehen und die preußischen Delegationen in ausgesuchtem Sächsisch begrüßen."

„Nicht so stürmisch!", hörte ich den Kronprinzen rufen. „Ob man unsern Kasinosaal modernisiert -"

„Er wird nicht umgebaut!", sagte Miltitz energisch. „Traditionen sind keine Hemden, die man wechselt!"

Man zischte von verschiedenen Seiten, und es trat Stille ein.

Der Oberst war aufgestanden: „Meine Herren! Vielleicht schon diese Nacht trifft der Zug ein, der uns nach Dresden zurückbringt. Sie gehen zu Ihren Kompanien und ordnen das Nötige an. Aber bitte, keine Panik! Der telegrafische Befehl, den ich eben erhalten habe, bedeutet nur eine Bereitschaftsmaßnahme!"

Die Nacht über schliefen wir friedlich, und auch am nächsten Morgen mussten wir warten, bis der Zug kam und uns im Schneckentempo nach Dresden zurückbrachte.

Abends im Kasino war es endlich klar: Krieg!

Der dicke Welck beugte sich über den Tisch zu mir: „Ich gehe jetzt in die Stadt. Wer weiß, wann man wieder einen Frauenmund küssen kann!" Er lachte.

Jetzt sah ich auch, dass zu seinen beiden Seiten die ganze Clique des Prinzen Christian saß. Die erhoben sich jetzt alle und gingen zusammen fort.

Ein Oberleutnant der Reserve stand auf und donnerte eine Rede, die so klang, als ob der Krieg schon gewonnen wäre.

Aus Höflichkeit blieb ich sitzen, bis er zu Ende war. Dann stand ich auf, wurde aber von dem Freiherrn von Waldenfels festgehalten:

„Was ist das Erste, was Sie tun, wenn wir siegreich aus dem Kriege wiederkehren? Wir haben drüben Wetten abgeschlossen. Einige wetten, sie würden zuerst zum Mädel gehen, andre, sie würden sich mal wieder richtig mit gutem, eisgekühltem Rheinwein volllaufen lassen. Was sagen Sie?"

„Entschuldigen Sie!", sagte ich beinah grob. „Man hat mich eilig zur Kompanie gerufen!" Das war natürlich eine Lüge. Ich ging die düstere Treppe hinunter und klopfte bei Lix Anderten.

Er saß an seinem Schreibtisch und ordnete seine Papiere.

„Alle sind fort!", sagte ich und setzte mich. „Seydewitz und die andern sind in die Stadt. Und oben im Kasino halten die Reserveoffiziere Reden, die von nationaler Begeisterung nur so triefen!"

Er blickte auf und blitzte mit seinen Augen: „Die werden den Krieg nicht schmeißen! Der größte Schreier ist übrigens ein Kerl, der nicht mehr frontdienstfähig ist. Er wird sich hier in unserm Kasino den Wanst mästen, wenn wir draußen sind. - Wie ist das übrigens mit dir? Wirst du nun Bezirksadjutant?"

„Nein, mein Mobilmachungsbefehl lautet: 'Kompanieoffizier bei der vierten Kompanie'."

„Da waren also deine Bemühungen unnötig? - Hast du von meinem Krach mit dem Hauptmann vom Meysenbug gehört? - Er ist gar nicht erst zur Kaserne mitgekommen und hat mir auf dem Bahnhof so nebenbei gesagt, er käme morgen nicht, und ich sollte alles machen. Darauf sagte ich ihm: 'Wir stehen in der Mobilmachung, Herr Hauptmann!' - Er aber tat so, als ginge ihn das nichts an. Da packte mich aber die Wut und ich schrie ihn an, vor den Mannschaften: 'Wenn Herr Hauptmann so faul sind, dass Sie nicht einmal an einem solchen Tage erscheinen wollen, so werde ich in der Tat die Kompanie führen. Aber bitte, stören Sie mich dabei nicht!'"

„Und was hat er darauf geantwortet?"

„Ach, dieser Trauerkloß! Ganz bescheiden hat er gesagt: 'Ja, wenn Sie wollen?'"

„Lix", sagte ich, „auch mein Hauptmann kommt morgen nicht. Und so ist es bei allen Kompanien. Ein solches Versagen der Offiziersmoral hätte ich nie für möglich gehalten."

Es klopfte.

Ich ging zur Tür und prallte zurück. Es war der kranke Major von Trützschler, wieder in Uniform. Sein früher dicker Hals war dünn und faltig geworden.

„Wohnt hier nicht Vitzthum, der Regimentsadjutant?", fragte er freundlich.

Lix war aufgesprungen und kam mit großen Schritten zur Tür: „Bitte, kommen Herr Major herein! Vitzthum wohnt nebenan, aber er ist nicht da."

„Ja", sagte Trützschler leise, „ich muss mich etwas setzen. - Sie blicken mich an, was ich für eine Krautscheuche geworden bin. Mein Magen - Sie wissen es - ist sehr schlimm. Aber so lange ich kann, werde ich noch Dienst tun."

Lix fragte besorgt: „Darf ich etwas zu essen oder zu trinken holen?"

Er wehrte mit der Hand ab. „Als Sie beide in das Regiment eintraten, waren Sie noch unbeschriebene Blätter. Heute müssen Sie, gerade Sie mir versprechen -" Er machte eine Pause und blickte uns sehr gut an. „Halten Sie die Ehre unsrer Offiziere rein, draußen im Felde!“

Mich packte ein solcher Schmerz, ihn so elend zu sehen, dass ich ausrief, ganz aus meinem Herzen heraus: „Herr Major haben mehr getan zu unsrer Erziehung als irgendein andrer!“

„Ich weiß nichts davon“, erwiderte er still. „Ich dachte, Miltitz hätte Sie stärker beeinflusst. Er glaubt, es wäre möglich, den Adel zu erhalten, so wie er ist.“ Er schüttelte traurig den Kopf. „Vielleicht habe ich zu viel Geschichte studiert. Wenn wir auf Vorrecht pochen, so können wir uns nicht halten. Das ist auch nicht wahre Vornehmheit. Die besteht eher in Pflichten - und die muss man sogar suchen!“

Otto Griebel
„Niemand verlässt die Kaserne!“

Die Zeichen der Unruhe und Aufsässigkeit unter meinen Kameraden nahmen im Oktober merkbar zu. Eines Abends warfen einige einen Offiziersstellvertreter, der sich in der Straßenbahn während der Fahrt zur Kaserne mausig gemacht hatte, nach scharfem Wortwechsel einfach vom Wagen herunter.

Noch schlimmer war es, als wir eines späten Abends mit geladenen Gewehren nach den „Jäger-Baracken“ hinauskommandiert wurden, in denen bayrische Kameraden einer Genesungskompanie lagen, die wegen des schlechten Essens und auch wegen anderer Gründe offen meuterten. Wir dachten aber gar nicht daran, gegen die Bayern einzuschreiten, verbrüderten uns mit ihnen und warfen unsere Gewehrmunition in das Feuer einer brennenden Baracke, die von den Meuterern angezündet worden war.

Das geschah kurz vor dem neunten November des Jahres 1918.

Am achten November verkündete uns der Kompaniefeldwebel nach der Dienstausgabe auf dem Gange: „Niemand verlässt heute Abend die Kaserne! Da sind Sachen vorgekommen, die noch ihre Folgen haben werden. Meuterei wird nach den Kriegsartikeln mit dem Tode bestraft; richtet euch danach, und nun weggetreten!“ Draußen war es schon dunkel geworden. Wir saßen in unserer Stube, als draußen vom Kasernenhof her ein mit lauten Hochrufen untermischtes vielstimmiges Geschrei ertönte. Neugierig blickte ich auf den Gang hinaus. Dort zerklirrten gerade die Scheiben der Glaskästen, in denen Offiziersembleme hingen. Ich sah, wie ein junger Zivilist dem Unteroffizier vom Dienst das Seitengewehr abnahm und erklärte: „Sag, ein Sohn des Volkes hat sich das geholt!“

Jetzt kamen auch die anderen Kameraden aus den Stuben und schauten zum Hofe hinab, der voll von Menschen war.

Drunten hielt jemand eine schwunghafte Rede, und immer wieder erklangen dazwischen Hoch- und Nieder-Rufe. „Es geht los!“, brüllte einer aus der Nachbarstube, „Mitmachen!“

Wir eilten treppab zum Kasernenhof zu den dort versammelten Soldaten, Arbeitern und Jugendlichen. Eben wurde gefordert, die Offiziere festzusetzen, deren Räume sich zwischen den beiden Mannschaftsflügeln befanden. Ein langer Demonstrationszug wurde formiert und nach den anderen Kasernen abmarschiert. Nur bei den Gardereitern gab es Schwierigkeiten, aber auch sie sahen dann ein, dass es nutzlos war, stur zu bleiben, und kamen mit. Dann ging es hinaus zur Militärarrestanstalt. Ein verwundeter Kamerad im gestreiften Lazarettkittel überkletterte als Erster das hohe Eisentor, dessen spitze Stacheln mit hinaufgereichten Mänteln zugedeckt wurden, und schrie: „Nicht schießen!“ Im Hofe waren Maschinengewehre aufgestellt. Die Nutzlosigkeit des Widerstandes gegen die andrängende Menge begreifend, ließ uns der Anstaltsleiter ein. Er lieferte uns die Schlüssel zu den Zellen aus und verlangte nur, inhaftierte Kriminelle, die gesondert untergebracht waren, nicht in Freiheit zu setzen.

In dem Hause stank es widerlich und muffig. Wir öffneten die Zellen der Kameraden, die als Kriegsdienstverweigerer, als Meuterer und wegen Disziplin-Vergehen eingesperrt saßen. Etliche von ihnen vermochten gar nicht zu fassen, dass ihr Elend durch unser Erscheinen ein Ende finden sollte, dass die Revolution sie herausholte. Manche bettelten sofort um eine Zigarette. Der Lehrer Goldberg, der schon im Kasernenhofe bei uns die Rede gehalten hatte, sprach nochmals zu den Demonstranten von einem vergitterten Fenster aus, erteilte verschiedene Anweisungen. Unter einer roten Fahne und Trommelklang marschierten wir ab zur Ortskommandantur, die in der Großen Klostergasse lag. Zu meiner Linken lief ein Soldat „zweiter Klasse“ mit kreuzförmig auf dem blauen Tuchrock genähten Knöpfen, zur Rechten eine junge Munitionsarbeiterin mit hochgekrempelten Blusenärmeln und einem ums Haar gewundenen Kopftuch.

Uns schlossen sich unterwegs immer wieder Menschen an. Die Ortskommandantur wurde aufgehoben. An den wichtigsten Plätzen kamen Wachtposten, die ihre scharf geladenen Gewehre mit nach unten gerichtetem Lauf über die Schulter gehängt trugen, bis hinaus zum Hauptbahnhof zur Aufstellung. Dort wimmelte es nur so von Landsern, die nichts anderes im Sinn hatten, als einen Zug zu erwischen und möglichst schnell die Heimreise zu ihren Angehörigen vorzunehmen. Kameraden hieben an den Bordkanten der Gehsteige ihre Gewehre kaputt. Spät nachts sah ich, wie einem dicken Major die geflochtenen Achselstücke heruntergerissen wurden.

„Nie wieder Krieg", hörte man dauernd schreien.

Ich wanderte todmüde meiner Kaserne zu, an deren Zugangstor ein Maschinengewehr verlassen dastand. Oben am Offiziersbau lehnten zwei schläfrige Posten, und als ich dann den großen Mannschafts-Schlafsaal betrat, fand ich dort einen alten Kameraden, einsam auf seinem Bett sitzend. Auch er war noch nicht lange aus der Stadt zurückgekehrt und meinte traurig: „Kein Mensch da, pass auf, das wird Scheiße so! Alle sind abgehauen, wo ein jeder jetzt gebraucht wird zur Sicherung der Revolution."

Aber weil es draußen nichts zu essen gab, füllte die Kaserne sich anderntags wieder. Ein Arbeiter- und Soldatenrat wurde gebildet, der als ersten Fehler den beging, unseren alten Kompaniefeldwebel Philipp, der bei seiner Absetzung Rotz und Wasser geflennt hatte, weiter mit den notwendigen Geschäften zu betrauen.

Gegen Ende November dann wurde ich durch den Arbeiter- und Soldatenrat, mit neunzig Mark Abfindung in der Tasche, einem feldgrauen Mantel und einem Paar Schnürschuhe, aus dem Heeresdienst entlassen und wusste vor Freude gar nicht recht, was ich nun anfangen sollte.

Zunächst führte mich mein Weg hinüber in das nahe Restaurant „Zur Königstreue", das voll von besoffenen, abgeschobenen Landsern war. Ein Musikautomat spielte dauernd den Marsch „Alte Kameraden", und es gab Wermutwein.

Noch am selben Tag suchte ich meinen Professor Goller in der Kunstgewerbeschule auf und meldete mich bei ihm zur Wiederaufnahme des Studiums in seiner Glasmalerabteilung für den Januar 1919 an.

Etliche Tage später reiste ich nach Hause und verlebte bis zum Jahresende eine sehr angenehme Zeit. Ich hatte dort mit Freunden, die auch vom Militär entlassen waren, frohe Begegnungen. Vom Krieg sprachen wir wenig, dafür mehr von der Kunst, die inzwischen neuartige Wege beschritt, und von unseren eigenen Plänen.

Meine Eltern hatten mir im Oberstock der Wohnung ein nettes Zimmer eingerichtet. Hier hingen an den Wänden meine Bilder, stand das Regal mit den Büchern, die ich aus Dresden hierher gebracht hatte, dort lehnte auch eine dicke Mappe mit Zeichnungen. Der Leipziger Kunsthändler Franke, ein Onkel meines Freundes Walter Flemming, übernahm diese und schlug sie für einhundert Mark an einen Sammler los. Das war mein allererster größerer, wenn auch sehr billiger Verkauf von Arbeiten, aber ich brauchte das Geld und schaffte mir einen neuen Anzug an.

Wie es in Dresden dann mit dem Studium weitergehen sollte, das kümmerte mich vorläufig wenig. Irgendwie, meinte ich, würde sich das schon finden. Von meinem Vater hatte ich jedenfalls keinerlei Mittel mehr zu erwarten.

Belagerungszustand am Postplatz

Immer dreister und anmaßender trat in Deutschland die Reaktion hervor, die mit dem Kapp-Putsch eine erste Kraftprobe abzulegen versuchte, als am 13. März 1920 die Brigade Ehrhardt in Berlin einrückte und das Regierungsviertel besetzte. Vor Schreck entfloh daraufhin die Reichsregierung über Dresden nach Stuttgart und überließ es der Arbeiterschaft, die Sache selbst wieder ins Reine zu bringen. Der Generalstreik wurde ausgerufen. Auch in Dresden fanden Massenmeetings auf dem Wiener Platz statt, woran wir Kommunisten geschlossen teilnahmen und wo wir energischste Forderungen stellten, auch die eines bewaffneten Widerstandes gegen die Putschisten.

Am 15. März 1920 hielt man eben den Osterjahrmarkt in unserer Stadt ab. Als ich mit einem Bücherbrett für mein Atelier unter dem Arm die Budenreihen der Hauptstraße durchschritt, tauchte plötzlich ein Panzerwagen auf, der in Richtung Altstadt weiterfuhr. Nichts Gutes ahnend, folgte ich dem Gefährt und erreichte gerade noch den Platz vor der Sophienkirche, als der Panzerwagen in die dort versammelte Menge feuerte und die ersten Getroffenen aufs Pflaster fielen. Zunächst musste ich abwarten, bis der Panzerwagen zum Postplatz abschwenkte. Dort hatten Genossen bereits das Telegrafenamt besetzt, auf das vom Palasthotel Weber her Zeitfreiwillige der Reaktion aus den Fenstern herüberschossen. Auch der Panzerwagen feuerte unablässig. Schon lagen überall Tote und Verwundete umher.

Nun begannen auch wir uns mit Waffen kräftigst zu wehren. Einige besonders entschlossene Genossen griffen einen der Panzerwagen durch Schüsse und Handgranaten an, der plötzlich vor dem Stadtwaldschlösschen an einem Baum festrammte und stehen blieb. Das Gefährt war erledigt; aus seinem Innern sickerte Blut.

Zunächst machten wir uns daran, Verwundete wegzuschaffen. Einige davon legten wir in die Büsche am Zwinger. Wir waren kaum damit fertig, so erschien von der Brücke her bereits Reichswehr, die zwischen der Hauptwache und dem Schloss Schnelldraht-Hindernisse anbrachte. Brüllend wies mich dort ein Offizier zurück. Ein alter Genosse zog mich dann durch die Große Brüdergasse mit fort. Wir gingen bis zum Zeughausplatz, auf dem, als ob gar nichts geschehen wäre, lustiges Jahrmarkttreiben herrschte, besonders rings um einen Ausschreier herum, der hemdsärmelig mit einem Zylinder auf dem Kopf zu Grammophonklängen auf einer Nasenflöte blies, indes aus der Ferne noch Schüsse hörbar waren.

Zwei Tage danach war der Kapp-Putsch im ganzen Reiche niedergeschlagen. Die Ebert-Regierung konnte wieder nach Berlin zurückkehren. 59 Tote und 200 Verwundete, darunter viele Schwerverwundete, hatten die Kämpfe auf und um den Postplatz die Dresdner gekostet.

Einer der Schüsse war in der nahen Staatlichen Gemäldegalerie durch das Rubenssche Bild „Bathseba im Bade“ gedrungen, worauf Oskar Kokoschka in den Dresdner Neuesten Nachrichten einen Protest veröffentlichte, mit dem er verlangte, wenn man sich schon schießen wolle, so sollte man das woanders tun als in der Nähe der Galerie und ihrer unersetzlichen Kunstwerke. Solch einer naiven Meinung brachte die revolutionäre Arbeiterschaft allerdings kein Verständnis entgegen, auch ihre Presse nicht. Kokoschka erhielt sogar einige bösartige Drohbriefe von unbekannter Seite zugesandt.

Wolfgang Knape

Graf Luckner - Sachse, Ausreißer und Gentleman

Ich stehe auf der Brühlschen Terrasse und ich sage mir: So eine plötzliche Niederkunft geht doch an einem Kind nicht spurlos vorüber. Da bleibt etwas zurück. Und wenn es die Lust ist auf Abenteuer und Reisen, denn während einer Reise war der Knabe schließlich unvermutet in Dresden ans Licht der Welt gekommen. Die Windeln, die Jüpchen lagen derweil im Schrank in Pennrich, und dort saß der Kindsvater und hatte noch keine Ahnung, was mit dieser überstürzten Geburt auf ihn und die Menschheit zukommen sollte.

Der verwitwete Nikolaus Graf von Luckner kam aus Holstein und hatte erst wenige Monate zuvor die aus dem Mansfeldischen stammende Marie Lüdicke geheiratet. Begegnet waren sich die beiden vermutlich auf Schloss Altfranken bei Dresden, wo Luckners jüngerer Vetter Felix Schlossherr war. Ursprünglich hatte dieser die Marie heiraten sollen, während ihre verwitwete Mutter den gleichaltrigen Holsteiner ins Auge gefasst hatte. Als es aber Ernst wurde, entschied sich die Tochter dann doch für den rüstigen Alten, ward vor der Hochzeit prompt schwanger, und dann ging alles sehr schnell.

Das Kind erhielt den Namen Felix, der Glückliche. Das war man dem Patenonkel auf Altfranken einfach schuldig. Außerdem bedeutete die plötzliche Niederkunft an der Elbe ja tatsächlich ein großes Glück.

Seine Kindheit verlebte der Knabe auf dem väterlichen Gut vor den Toren der Stadt. Doch trotz seines verheißungsvollen Vornamens wollte ihm zunächst rein gar nichts glücken. Das Laufen erlernte er erst sehr spät, und als er nach dem Besuch der Dorfschule ans Annen-Gymnasium nach Dresden kam, hatten Eltern und Lehrer mit ihm ihre liebe Not.

Verzagt war er deshalb aber nicht. Eine Tante hatte ihm ein Buch über den tollkühnen Wildwester und Amerika-Pionier Buffalo Bill geschenkt. Der hatte es auch zu etwas gebracht. Ohne Lehrer und ohne Schule. Und solch ein Selfmademan wollte Felix von Luckner ebenfalls werden.

Im Dorf nannte man ihn nur noch Buffalo Bill. Und sobald er der Freundesschar voranstürmte, sah er sich in Amerika und an der Seite seines Idols. Im Karzer des Annen-Gymnasiums schmiedete er Fluchtpläne, und in Pennrich traf er schon insgeheim Vorbereitungen für die Reise ans andere Ende der Welt. Einmal zerlegte er den kostbaren Zobelpelz des Vaters, um damit seine Westernhose zu verzieren, und als das Malheur entdeckt wurde, trug er die Prügel mit Stolz.

Das Reisegeld verdiente er sich durch schlecht bezahlte Dienstleistungen wie das Austragen von Milch. Dann kam er auf die Idee, Kaninchen zu züchten. Seine Rasse war begehrt, und seine Rammler sprangen gut. Auch mit der neunzigjährigen Großmutter hatte er Glück. Die war schon ein wenig steif und kam nicht mehr überallhin. Er half ihr beim Kratzen und verdiente ein paar Groschen dazu.

Als er mal wieder nicht versetzt werden konnte, zerschlug er das Sparschwein und brannte durch. Luckner war gerade mal dreizehn. Er fuhr nach Hamburg und ging unter dem Namen Phylax Lüdicke zur See. Das erste Schiff brachte ihn nach Australien. Erst zwei Jahre später sah er Amerika. Doch als er nach Denver kam, war Buffalo Bill mit seinem Zirkus gerade auf Tournee.

Luckner bestand noch so manches Abenteuer zu Lande und zur See, bis der Knoten eines Tages bei ihm doch noch riss. Er legte das Steuermannsexamen ab und wurde Offizier.

Als der Totgeglaubte nach zehnjähriger Abwesenheit heimkehrte und in der Uniform der Kaiserlichen Marine vor den Vater trat, tat der alte Graf den denkwürdigen Ausspruch: „Siehst du, Alte, ich hab es doch immer gesagt! Ist es ein Luckner, so wird etwas aus ihm, da braucht man keine Bange zu haben. Und geht er verloren, dann ist es auch kein Luckner. Dann ist es keine Schande. Und was ist er? Ein Luckner!“ So einfach war das für ihn.

Während des 1. Weltkrieges nahm Felix von Luckner an den Gefechten im Skagerrak teil. Im Sommer 1916 - die Schlacht, bei der zehntausend Seeleute den Tod gefunden hatten, war zu Ende - eilten die deutschen Fürsten zur Küste, um den beteiligten Landeskindern Respekt zu zollen. Auch Friedrich August II. von Sachsen kam nach Wilhelmshaven, um eine feurige Rede zu halten und Orden auszuteilen. Das Treffen fand auf der „König Albert“ statt, und unter den Angetretenen befand sich auch Felix Graf von Luckner, denn als Pennricher gehörte er schließlich dazu.

Die weitere Lebensgeschichte des Grafen ist zumindest den Älteren noch gut bekannt. 1920 erschien das Buch „Seeteufel. Abenteuer aus meinem Leben“. Darin berichtete Luckner über seine Jugend- und Ausreißerzeit, vor allem aber über die 224-tägige Kaperfahrt mit dem Hilfskreuzer „Seeadler“ während des Ersten Weltkrieges. Das Buch wurde ein Bestseller, und so mancher Heranwachsende sah in dem sächsischen Abenteurer, Seehelden und Selfmademan fortan sein Ideal.

In den zwanziger Jahren brach Luckner mit seiner „Vaterland“ zu einer spektakulären Weltumseglung auf. In Amerika wurde er so euphorisch empfangen, dass er fast sieben Jahre blieb. Und auch dort lebte er hauptsächlich von seinen Vorträgen, den immer wieder vorgetragenen Geschichten seiner Jugend und der Kaperfahrt während des Krieges, bei der er zwar zahlreiche Schiffe versenkt, jedoch niemanden getötet und die Gefangenen wie seine Gäste behandelt hatte. Diesem Umstand verdankte er es denn auch, dass er als „Gentleman der Meere“ und Brückenbauer in schwieriger Zeit gefeiert wurde. Das Ende des Zweiten Weltkrieges erlebte Luckner in Halle. Als amerikanische Truppen mit der Bombardierung der Saalestadt drohten, ging der fast Vierundsechzigjährige über die Frontlinie. Seinem Mut und seiner Popularität ist es wohl vor allem zu danken, dass die Zerstörung der Stadt verhindert werden konnte.

Nach dem Kriege lebte Luckner mit seiner Frau Ingeborg Engeström, die er 1924 geheiratet hatte, in Malmö und Hamburg. Bis zuletzt - Luckner starb 1966 und wurde auf dem Ohlsdorfer Friedhof zu Hamburg beigesetzt - war er durch den Westen Deutschlands getingelt, hatte seine alten Geschichten zum Besten gegeben, Telefonbücher zerrissen und immer wieder von seinen Versuchen erzählt, ein Selfmademan zu werden, und damit so manchem bewiesen, dass man es auch ohne Schulabschluss zu etwas bringen kann - sofern man in Sachsen geboren ist und im rechten Augenblick das richtige Buch in die Hand bekommen hat.

GEISTERSPUK IM LANDGERICHT

GEWISSEN IST DAS BEWUSSTSEIN EINES INNEREN GERICHTSHOFES IM MENSCHEN.
IMMANUEL KANT

Es sind die Lokalblätter, die den Lauf der Zeit und Dinge konserviert haben, Tag für Tag. Wer Muße hat, sich in sie zu vertiefen, wird aus heutiger Sicht oft Wunderliches entdecken in den Straßen der Stadt, auf ihren Bühnen, in Gerichtssälen oder allein in der Diktion der Sprache von damals.

In den folgenden Kriminalfällen überwiegend aus der ersten Hälfte des 20. Jahrhunderts geht es eher um Kurioses und Spitzbübisches als um „Mord und Totschlag". Über die meisten Fälle, die Siegfried Thiele recherchiert hat, ist seitdem nirgendwo mehr geschrieben worden. Ihre nunmehrige Aufbereitung spiegelt zum einen den Geist zeitgenössischer Berichterstattung und zum anderen die Sicht des Autors wider, der sich zur Belebung der Storys kleine dichterische Freiheiten herausnahm.

SIEGFRIED THIELE

Der Goldfisch aus Dresden

Heiratsschwindler praktizieren nicht mit der Brechstange. Sie bevorzugen Dreistigkeit, gepaart mit Charme und Phantasie. Und sie können es nicht lassen. Zu den originellsten Vertretern seiner Zunft zählte zu Beginn des 20. Jahrhunderts der Agent Carl Vielmayer (oder Vielweiber?). Vielmayer war wiederholt einschlägig vorbestraft, zuletzt in München mit zwei Jahren Zuchthaus, weil er sich in die Familie eines angesehenen Arztes als Freier eingeschlichen und seine Braut bestohlen hatte.

Nach Verbüßung dieser Strafe tauchte der Unhold in Dresden auf und annoncierte sogleich von hier aus in einem Wiener Blatt unter der Chiffre „Ernst und wahr", gesucht werde ein Freier für die junge, hübsche Witwe eines Großindustriellen mit bedeutendem Vermögen. Stichwort „Veritas". Es meldeten sich mehrere „heiße Wiener", denen Vielmayer mitteilte, er werde mit dem „Goldfisch aus Dresden" an die schöne blaue Donau kommen, um die Bekanntschaft der Heiratskandidaten anzubahnen. Für seine Bemühungen verlange er lediglich die Erstattung der Reisespesen von beiläufig 100 Kronen.

Tatsächlich reiste Vielmayer mit einer hübschen, elegant gekleideten Dame in Wien an und verabredete sich nacheinander mit den Bewerbern in Cafés und Restaurants. Die junge Witwe gefiel im Allgemeinen, und da Vielmayer fortwährend versicherte, sie besitze ein Vermögen von etwa 500 000 Mark, erstatteten die Interessenten die Spesen ohne

Bedenken. Drei Herren gaben je 100, einer 60 Kronen, bevor jedoch der fünfte seine Börse zücken konnte, wurde das Gaunerpärchen verhaftet. Die schöne Witwe war den Behörden als Johanna mit den langen Fingern sattsam bekannt. Ein Polizist aber, der sie als bloßes Werkzeug Vielmayers sah, ließ Johanna Mayer (einfach Mayer) laufen. Sie ging unauffindbar verloren.

Der schwindelnde Heiratsvermittler Vielmayer bekannte sich vor dem Wiener Erkenntnissenat als nicht schuldig. Das Inserat beruhe auf Tatsachen. Die wahre schöne Witwe habe jedoch im letzten Moment nicht mitreisen wollen, und die Mayer sei quasi als Double mit nach Wien gekommen. Woher er denn die Mayer kenne, wollte der Senatspräsident wissen. Ein Zellengenosse habe sie vermittelt, und da er ihren Eltern außerdem zu Dank verpflichtet sei, habe er ihr einmal kostenfrei Wien zeigen wollen. „Ja, konnten Sie denn nach Absage der ominösen Witwe nicht in Dresden bleiben?", forschte der Präsident weiter. Darauf Vielmayer: „Ich habe gefürchtet, meine Kundschaft zu verlieren." Der Heiterkeit im Saal folgte barsch der Urteilsspruch: „18 Monate schwerer Kerker" für Betrug mit leichten Mädchen.

Großer Sauflauf zum Kaiserpalast

Wegen groben Unfugs hatten sich im März 1905 vor der 11. Kammer des Dresdner Landgerichtes zu verantworten die Studenten Anastasius Muff und Emil Fürchtegott Grün. Der Tatbestand war folgender: Die Angeklagten hatten sich zu einer Wette engagiert und wollten dabei in kürzester Zeit das Restaurant „Kaiserpalast" erreichen. Muff hatte seinen Ausgangspunkt in Strehlen, „Goldene Krone", Grün in der Neustadt, „Lindengarten" am Arsenal. Beide wurden zur gleichen Zeit losgelassen, der zuerst im „Kaiserpalast" Eintreffende war der Sieger. Folgende Bedingungen mussten strikt eingehalten werden: Jede am Weg liegende Kneipe war zu besuchen. In jeder musste ein Seidel Bier hinter die Binde gegossen werden.

Rosig sah es zunächst für Grün aus. Er hatte im Sturmschritt sämtliche Kneipen fast bis zur Augustusbrücke genommen, als er dort ein Ochsengespann des „Waldschlösschens" gewahrte. Grün fühlte plötzlich etwas von einem Torero in sich, koppelte einen Wiederkäuer los, band sein rotes Taschentuch an die Spitze seines Spazierstockes, stellte sich in Pose auf und fuchtelte mit dem Stocke vor der Nase des total verblüfften Ochsen herum. Das dumme Tier verstand keinen Spaß, rannte Grün über den Haufen, so dass dessen Absätze nach dem Turm der Hofkirche wiesen, und machte im gestreckten Galopp los. Der Ochse nahm seinen Weg über die Esplanade der Hauptstraße. Fliehende Kindermädchen, ohnmächtige Damen und Reißaus nehmende Herren belebten die Szene, auf der die Wachtparade mit voller Musik anrückte. Der wütende Ochse mitten hinein. Der Teil des 2. Regimentes, der die Wache stellte, wurde vollständig gesprengt, der Boden war mit Instrumenten der Musiker übersät. Glücklicherweise nahm außer dem Dirigenten, der nicht schnell genug fliehen konnte und wie ein Sack hin fiel, niemand Schaden. Das war das Ende von Grüns Sauflauf. Er wurde sofort konfisziert.

Anastasius Muff kam dem Ziele schon bedeutend näher, jedoch nicht über den Georgplatz hinaus. Hier stand ein Automobil herrenlos. Muff hinein, Lenkrad und Regulator gefasst und los. Er verstand den Kram, war Fachmann. Ein Bruder seines Freundes hatte einst ein Motorrad besessen, daher die Kenntnisse. Jedoch folgte das Auto seinem Führer nicht, nahm seinen Weg zum Antonplatz, sauste in die Markthalle, Abteilung für Gemüse, Butter und Eier, hinein und war nach kürzester Frist mit allem fertig. Nach langem Bemühen konnte das Mobil endlich zum Stehen und Muff zur Vernunft gebracht werden.

Die beiden hatten Glück. Das Gericht erkannte lediglich auf groben Unfug, verurteilte Grün zur Deportation nach Südwestafrika und steckte Muff ein Jahr und zwei Monate in die städtische Anstalt Klingenberg.

Der Autor möchte für die Wahrhaftigkeit dieses Berichtes aus der Dresdner Justizzeitung BEOBACHTER (Faschingsausgabe) nicht geradestehen, aber anlässlich des bevorstehenden „Herrentages" zur Mäßigung aufrufen.

Knast-Hugos letzter Bruch

Juristen, Polizisten und Betroffene sind sich anno 1920 einig: Der Hugo Willy Engelhardt (34) ist Dresdens hartgesottenster Verbrecher seit der Jahrhundertwende. Siebzehn Jahre schon hatte der potenzielle Totschläger und Bruchrekordler hinter schwedischen Gardinen zugebracht, als er sich sagte: „Wer nischt riskiert, kommt nie nach Waldheim."

Also wurde er rückfällig und sollte deswegen für fünfeinhalb Jahre im erwähnten Zuchthaus büßen. Auf dem Wege dahin übermannte ihn die Sehnsucht nach Freiheit und neuen Taten. Und so sprang er in Meißen-Triebischtal aus dem Abteil und entkam wie einst gelegentlich einer Vorführung aus dem Gefängnis am Münchner Platz. Die Häscher mussten sich nur etwas gedulden, um jene Spuren aufzunehmen, die Hugo unter falschem Namen zwar, jedoch in ihrer Dreistigkeit einmalig, zu hinterlassen begann. Er räumte Frau Bitterlich auf der Gerokstraße den Laden aus, klaute bei Keyl auf der Blasewitzer Schuhe im Werte von 1 500 Mark, schleppte bei Flacks auf der Leipziger für 4 650 Mark Lebensmittel davon und, und, und.

Da geschah es, dass in den Morgenstunden des 5. März der Bierausgeber Albert Russig im Gasthof „Stadt Leipzig" in Pieschen seinen Dienst antrat und dabei im Vereinszimmer einen Unbekannten ertappte, der sich anschickte, einen Sack mit diversen Waren davonzutragen. „Der hat ja 6 000 Mark auf dem Buckel", kalkulierte der Bierausgeber blitzschnell, fasste sich ein Herz und nahm die Verfolgung auf. Der Spitzbube warf, um schneller flüchten zu können, den Sack weg, hastete über den Holzlagerplatz des Grumbtschen Dampfsägewerkes zur Elbe zu und lief dort stromaufwärts. Unweit der Saloppe, welch eine Hatz, gab der Flüchtling eine Anzahl Schüsse ab, die aber Russig verfehlten. Am Blauen Wunder schließlich wurden Arbeiter, die gerade die Straße ausbesserten, auf den Verfolgungslauf aufmerksam. Der Wirtschaftsgehilfe Eichler (22) aus Loschwitz stellte sich auf dem Wachwitzer Wiesenweg dem Flüchtigen in den Weg.

Da feuerte Engelhardt wiederum mehrere Schüsse ab, traf Eichler zweimal und verletzte ihn schwer. Dem tapferen Loschwitzer gelang es gerade noch, dem Täter den Revolver zu entreißen. Dann brach er bewusstlos zusammen.

Engelhardt aber entkam wie stets in einem Schlupfloch seiner Ganovenlaufbahn. Diesmal jedoch setzte Kriminaloberwachtmeister Noack zwei Monate nach dem erfolglosen Elbrennen endlich einmal auf das richtige Pferd, nahm den unverwüstlichen Knast-Hugo auf der Rennbahn in Reick fest. Da konnten ihn auch die gefälschten Papiere sowie zwei geladene Schusswaffen nicht vor dem Kadi retten.

„14 Jahre Zuchthaus!", riefen die Geschworenen.

Die Katze im Honigfass

„Meester, Meester, im Fasse liecht 'ne Katze! Se iss ersoffen!" Bäckermeister Friedrich Wilhelm Schiebel hat nicht nur den Teig fest im Griff. Auch den Altgesellen Gustav Adolf. „Halt de Gusche, das iss bloß de Mausi, das Luder, vom alten Winkler." Sagt es, packt die verendete

Naschkatze am Balg, zieht sie aus dem Fass, streift mit der Hand die am Fell haftende klebrige Masse ab und führt diese wieder dem Honigfass zu. Mit diesem Ekelhonig buk Meister Schiebel von der Leisniger Straße 30 000 Makronen zum Verkauf auf der Vogelwiese.

Gustav Adolf aber hielt seine Gusche nicht. Und so musste er im Mai des Jahres 1925 vor dem Amtsgericht seinen Eid auf die Wahrhaftigkeit der unerhörten Geschichte von den Honigkatzenmakronen leisten. Das war aber nur die Spitze eines gar widerlichen Teigberges. Der Altgeselle gab nämlich zu Protokoll: Unter der Backstubengosse habe ein Kessel als Tropfgefäß gestanden. Dieser sei hin und wieder zum Makronenbacken verwendet und zuvor niemals richtig gereinigt worden. Bei der Zubereitung des Teiges seien verschmutzte Margarine, die jahrelang im Keller gelagert habe, stinkendes Eiweiß und mit Mäusedreck verunreinigter Zucker verwendet worden. In einem Zuckersacke hätten sich Mäuse eine Wochenstube eingerichtet. Die Kuchenbleche habe der Lehrling mit verschmutzten alten Sackstücken abwischen müssen. Und es sei im Übrigen zwecklos gewesen, sich gegen jene Ferkelei aufzulehnen. Der Meister habe sogleich mit Entlassung gedroht.

Dann packte ein weiterer Zeuge aus, der ehemalige Bäckermeister Draßdo. Der Angeklagte habe wie alle anderen in der Bäckerei beschäftigten Personen in jene Gosse uriniert, unter der etwa acht Wochen lang ein Schmutzkessel als Tropfgefäß gestanden habe. Dieser Kessel sei nach nur oberflächlicher Reinigung zur Herstellung von Makronen verwendet worden. Der Zeuge will auf Anweisung verschmutzte Brötchen zu Reibesemmel verarbeitet und außerdem gesehen haben, wie Schiebel selbst Hundekot aus der Backstube weggeräumt habe. Stand eine Revision bevor, dann sei eine alte Blechbüchse als Spucknapf aufgestellt worden.

Da war noch der Lehrling Johannes. Dieser bekundete, der Meister habe einmal beim Pfannkuchenbacken ins Fett gespuckt. Und auf den Vorhalt, dass das Eiweiß wieder einmal stinke, habe ihn Schiebel angefahren: „Du brauchst die Sachen doch nicht zu fressen!“ Darüber war Johannes froh.

Den Herren vom hohen Gericht jedoch war speiübel nach all den unappetitlichen Aussagen und sie fällten, nachdem der Direktor des Städtischen Chemielaboratoriums, Herr Prof. Dr. phil. Benthien, mit einem Gutachten belegte, es habe seit 1888 eine solche Schmutzerei nicht mehr gegeben in Dresden, flugs ihr Urteil. Zwei Monate Gefängnis, 790 Reichsmark Geldstrafe und Publikation des Urteils. Was der Autor der Dreckbäckergeschichte hiermit wiederholen und bekräftigen möchte.

Das Zeugungsbarometer stand auf Sturm

1927, die Pille war noch nicht gedreht, und Ogino & Knaus tüftelten noch. Da warteten Gerhard Alfred Kuhfuß und dessen Ehefrau Elsa geb. Kumpel mit einer Sensation auf. Wer in Dresden zeugen oder auch verhüten wollte, las mit großen Augen im Prospekt, wieder sei der Natur ein neues Wunder abgelauscht worden. Erich Kühne, so hieß der rührige Lauscher, habe einen kleinen Apparat gebastelt, das Zeugungsbarometer. Das Wunderding sei für jedermann einfach zu bedienen. Man müsse es nur mit den Geburtsdaten der Frau und einigen weiteren Angaben speisen, dann bringe es Resultate, auf Jahre hinaus ablesbar. Stolz verkündeten Kuhfuß-Kumpel, man könne den Apparat auch „Eheglück" nennen, er löse nämlich brennende soziale Fragen und gehe so als wichtigste Entdeckung auf dem Gebiet der Schwangerschaftsverhütung und Wunschzeugung in die Weltgeschichte ein. Und er ging ein, und zwar nach dem Vertrieb von 175 Exemplaren in die Abteilung Kuriositäten der Kriminalgeschichte.

Amtsgerichtsdirektor Dr. Roux nahm vor dem Schöffengericht Dresden den Wunderzeuger und -verhüter auseinander und entdeckte puren Mumpitz in Gestalt übereinander legbarer Papiertabellen mit den Mondregeln der Astrologen Glahn und Loos. Materialwert 12 Pfennig, verkauft für zwei Mark. Als Sachverständiger betonte Gerichtsmedizinalrat Dr. Oppe, die Zeugung sei ein noch unerforschtes Problem, auf das die jeweilige Stellung der Gestirne keinerlei Einfluss habe. Der Angeklagte aber zeigte sich bockig. Es habe keinerlei Beschwerden gegeben, im Gegenteil, nur Nachbestellungen. Mit einer Gefängnisstrafe von drei Monaten kam Kuhfuß glimpflich davon. Zum milden Urteil trug offensichtlich der relativ bescheidene Preis des Schwindeldinges bei.

Ob einige der Genarrten am Ende doch einen hohen und sehr lebendigen Preis zahlen mussten, entzog sich der Kenntnis des hohen Gerichtes.

Verdächtige Rollmöpse im Bahnhof

Kleinschmidt und Habedank, zwei dienstbeflissene Zöllner, schlendern den Bahnsteig 4 hinauf. Hier fährt der Zug ins Böhmische ab. Sie halten Ausschau nach potentiellen Paschern. Vorkontrolle heißt das in der Zollbeamtensprache. „Du, gucke ma', die beed'n da! Wie de

Rollmöpse off Stelzen. Und haste geseh'n, im Gesicht ganz mager und so 'ne Wampe? Ich globe, hier stimmt was nich'. Zieh'n Se ma'n Mantel aus!"

Die Beamten wollen ihren Augen nicht trauen. Nein, angefuttert haben sich die ihre Bäuche nicht. Das Futter ihrer Mäntel ist die reine Seide im Werte von 50 000 Mark, wie man später erfahren wird. Die vor Ort eingeleitete „Entfettung" will kein Ende nehmen. Heiterkeit breitet sich aus unter den staunenden Passanten. Und nach Abschluss der „Enthäutung" stehen zwei traurige, dünne Gestalten auf dem Bahnsteig. Sie heißen Peter Zelinger und Samuel Petrower und kommen aus Marmaros-Sziget in Rumänien. Ihr Schmuggelcoup ist geplatzt, und der Zug fährt ohne sie gen Bodenbach. Den Transport der „entlarvten Seidenraupen" übernimmt nun die „Grüne Minna". Es geht zum Münchner Platz.

Bald stehen die beiden Rumänen vor dem Dresdner Schöffengericht und sorgen für ausgelassene Stimmung im Saal. Verzweifelt bemühen sie sich, ihre Unschuld zu beteuern und erklären, in Unkenntnis deutscher Gesetze gehandelt zu haben. Doch damals heißen noch die Richter Otto und kennen kein Erbarmen. Das Gericht unter Vorsitz des Amtsgerichtsrates Dr. O. lässt der „Entfettung" eine „Abfettung" folgen.

75 000 Mark kostet so eine geplante Pascherei. Zudem sollen die ertappten Schmuggler nicht in Seide, sondern ein Jahr in grobes, gestreiftes Leinen gekleidet werden. Zahlen sie nicht, müssen sie ein weiteres Jahr brummen. Die beschlagnahmte Seide aber bleibt in Dresden. Und dann sind da noch Unkosten für Zoll und Gericht zu begleichen. Die Verkündung eines solchen Urteils verschlägt den beiden „halbseidenen" Geschäftsleuten die Sprache. Nein, 1932 lassen sich in Deutschland keine guten Geschäfte machen. „Aber wartet, in 60 Jahren, dann kommen unsere Enkel!"

Geisterspuk im Landgericht

Hanussen ist nicht allein. Fred Marion alias Josef Kraus reist zu Beginn der dreißiger Jahre hellsehend durch die deutschen Lande. Auf der Dresdner Vogelwiese ist er aber nicht zu finden, eher in den Vortragssälen der Stadt, wo er sich ein seriöses Mäntelchen überwerfen kann. Dort lässt sich Super-Marion großspurig ankündigen als Dozent aus Wien, als „genialster Experimentator auf dem Gebiet des Hellsehens, als bedeutendster Parapsychologe und Psychographologe, als Seher und Phänomen." Einfach phänomenal, und über alles verspricht er Auskunft geben zu können, zu Ehefragen, Berufswahl oder geschäftlichen Erfolgsaussichten. Lebensschicksale könne er gottgleich im Voraus bestimmen. Das eigene offensichtlich nicht. Denn im Oktober 1931 verurteilt das Dresdner Gemeinsame Schöffengericht ihn und seinen Impresario nach vier spektakulären Vorträgen wegen gemeinsamen Betruges in Tateinheit mit täuschender Reklame zu einer empfindlichen Geldstrafe.

Das kränkt den Star-Telepathen, so dass er in Berufung geht und am 6. April 1932 vor der 4. Strafkammer des Landgerichts Dresden steht. Die Rechtsfinder, neugierig und verunsichert in Sachen Hellsehen, ordnen drei Experimente an. Zunächst erhält Marion einen verschlossenen und unbeschriebenen Umschlag. Diesen hat er einer im Saal anwesenden Person, deren Name sich im Umschlag befindet, zu übergeben. Der erste Versuch misslingt, zwei weitere haben Erfolg. Daneben geht ein parapsychologisches Experiment, wobei der Angeklagte die Persönlichkeit eines Briefeschreibers umreißen soll. Er scheitert auch am eigentlichen Hauptexperiment, bei dem der Inhalt eines verschlossenen Briefes wiederzugeben ist. Pech für den hellen Kopf aus Frankfurt am Main in Dresden an der Elbe! Die Berufung wird abgewiesen. Der Angeklagte muss 1 500 Mark berappen, kann aber ersatzweise auch 60 Tage hinter Gittern experimentieren.

Dabei hatte alles so „unheimlich" günstig für den Gedankenmagier angefangen. Bevor nämlich das Gericht über den Vorschlag des Verteidigers, Marion doch experimentieren zu lassen, Beschluss fasste, begann die Zeugenvernehmung. Die DRESDNER NEUESTEN NACHRICHTEN berichteten dazu: „In diesem Augenblick vernahm man im Saal ein Hämmern und Klopfen, das sich immer mehr steigerte. Auf den Gesichtern der Tribünenbesucher zeigte sich blankes Entsetzen, so dass die Vernehmung unterbrochen werden musste. Die Mitglieder des Gerichts allerdings verließen mit einem wissenden Lächeln den Saal. Der Geist saß in der Heizung."

Nick Knatterton von Pieschen

„Öffnen, Haussuchung!" Frau Förster erblasst und öffnet zaghaft ihre Wohnungstür. „Wer sind Sie, und was wollen Sie? Wir haben doch nichts verbrochen!" Der junge Mann mit dem Milchgesicht und im abgetragenen Sakko zeigt der Frau einen Ausweis mit dem Stempeldruck

„ABV-Helfer" und seinen Ring. Darauf sind eingraviert das Emblem der Volkspolizei und ein Wort, das keinen Widerspruch duldet: „Kriminalpolizei". „Wo ist Ihr Sohn? Der steht im Verdacht, Schund und Schmutz zu lesen. Nicht da? Zeigen Sie mir sein Zimmer!"

Dort wird der Schnüffler fündig, beschlagnahmt heiße Ware - zweimal „Jerry Cotton" und eine Illustrierte mit „Nick Knatterton" -, quittiert kaum leserlich und verschwindet mit einem mürrischen Gruß. In einer VP-Dienststelle kommt er nie an. Dafür macht er es sich zu Hause auf seinem Sofa bequem, schmökert begehrlich im Schund - und plant den nächsten Coup.

Im Januar 1961 steht Comic-Fan R. schließlich vor dem Kreisgericht Dresden-Nord. Eine beherzte Frau hatte den selbst ernannten Leutnant in Sachen Schundliteratur seinem garantiert echten „Kollegen" übergeben. Ein Dutzend „Haussuchungen" war R. geglückt, und wenn er keine unerwünschte bis verbotene Literatur fand, begnügte er sich auch mit Tonbändern einschließlich Gerät oder einer feindlichen Niethose. Den Zauberring hatte der junge Mann bei einem arglosen Graveur arbeiten lassen. Als er dann den Auftrag für eine Dienstmarke nachschieben wollte, sperrte sich der Meister verunsichert.

Vor Gericht bekannte sich der „Comicer" aus Leidenschaft freimütig zu seinem Laster. Der R. sei schon als Kind ein rechter Tunichtgut gewesen, hieß es während der Verhandlung. In der Schule habe er es nur bis zur 5. Klasse gebracht, und er führe, von den erziehungsschwachen Eltern geduldet, ein inhaltloses Leben. Seine Zeit habe der Gestrauchelte „zum Schwarten und Abhören heißer Musik verschwendet wie 'Charming Boy geht die Straße entlang, geht auf Mädchenfang, ist ein Schlagerfan, ein Musicman...'" Und „Skandalbübchen wie Elvis Presley und Peter Kraus" seien seine Leitbilder gewesen, weiß später die Zeitung zu berichten. Dem Angeklagten, der „zwar westliche Schlager kennt, aber eine katastrophale Rechtschreibung zeigt", wird für ein Jahr und vier Monate die ohnehin recht mickrige Freiheit entzogen. Elvis, so denkt sich Nick Knatterton von Pieschen, würde darauf mit einem lässigen „Awopbopaloobop - alopbamboom!" antworten.

Später, nach einer ausgiebigen Vertiefung in Mosaik-Hefte, soll R. noch ein wertvolles Glied der sozialistischen Menschengemeinschaft geworden sein.

Hansjoachim Paech

Die Samariterin

Eine Hauptverhandlung vor Gericht zählt sicherlich zu den ernsten Dingen des Lebens. Aber es gibt auch Fälle, da müssen sich selbst die Richter das Lachen verbeißen. Anfang Mai 1994 verhandelte das Amtsgericht Dresden gegen die 49-jährige Erika L. wegen Betrugs und sprach drei Jahre Freiheitsentzug aus. Mit der Höhe der Strafe war die Angeklagte sichtlich zufrieden; denn sie lebte gern in Haftanstalten und war auch gern bereit, dem Richter ihre Neigung zu erklären: „Was denken Sie, wie interessant es im Gefängnis ist! Jeden Tag ein neues Abenteuer! Aber davon wissen Sie ja nichts, Herr Richter", womit sie zweifellos Recht hatte. Ungehalten reagierte sie allerdings auf dessen Mitteilung, dass mit der Inhaftierung wegen überfüllter Haftanstalten erst in drei Monaten zu rechnen sei. Erika saß, genau besehen, schon auf gepackten Koffern und hatte sich vorgestellt, dass gleich nach der Urteilsverkündung die Gefängnistore sich hinter ihr schließen würden. Und nun diese Enttäuschung! Sie durfte, ja, musste zunächst wieder nach Haus gehen. Das Gericht verzichtete angesichts der Vorliebe dieser Frau für schwedische Gardinen auf Haftbefehl, da Fluchtgefahr offensichtlich nicht bestand.

So skurril, wie diese Neigung war, verliefen auch die angeklagten Taten. Erikas hauptsächlicher Charakterzug bestand wohl darin, anderen eine Freude zu machen. Von all ihren Betrügereien hat sie selbst am wenigsten profitiert. Es waren die lieben Mitmenschen, denen sie unter die bedürftigen Arme griff.

Zum Beispiel forderte sie die „armen Luder", die sie kannte, auf, fleißig bei Versandhäusern dieser Republik zu bestellen, was das Herz begehrt. Für die Kosten wolle sie schon aufkommen. Den also Beglückten flunkerte Erika vor, dass sie in den Niederlanden eine größere Erbschaft gemacht habe. So lud sie nicht nur Schuld, sondern auch Schulden auf sich - denn ihr Konto war leer -, erfreute sich aber an der Freude ihrer Nächsten, die die bunten Kataloge auf Brauchbares durchgingen und dabei auf die Tausender nicht weiter zu achten brauchten.

Eine so lebenslustige Person wie Erika bedarf auch eines fröhlichen Urlaubs, den sie mit Hilfe eines Wohnmobils zu realisieren gedachte, das in der Lage war, ihre sechs Kinder als auch ihren Mann aufzunehmen, der sich durch ungewöhnliche Leibesfülle auszeichnete. Von vier Zentnern war die Rede.

Erika suchte bei Frau D., die sich unternehmerisch betätigen wollte und soeben eine Wohnmobilvermietung eröffnet hatte, nach einem passenden Gefährt. Da für die Vermietung zur Zeit leider nichts frei war, lag der Gedanke nahe, eine solche rollende Ferienwohnung gleich zu kaufen. Bedauerlich war lediglich der Umstand, dass Erikas niederländisches Erbe sich noch auf dem Wege nach Dresden befand. Bekanntlich stießen die Banküberweisungen in den frühen 90er Jahren des vergangenen Jahrhunderts im deutschen Osten auf wendebedingte technische Hindernisse, und so musste man Verzögerungen notgedrungen in Kauf nehmen. Dagegen wusste Frau D. allerdings Rat: Sie stellte der vermeintlich reichen Erbin einen Scheck aus, und die konnte in München das Wohnmobil davon bezahlen, was wiederum zur Folge hatte, dass man ihr alle Papiere, auch den Fahrzeugbrief, aushändigte.

Erikas Freude war groß. Sie lud nicht nur ihre Familie, sondern auch Freunde und Bekannte zu fröhlichen Urlaubsfahrten quer durch Europa ein. „Gekocht haben wir selber, da wurde es nicht so teuer." Im Schwarzwald gefiel es den motorisierten Wandervögeln besonders gut. „Da hätte man bleiben müssen."

Warum Frau D. auf den Betrug hereingefallen war, ist schwer zu sagen. Gewiss hat eine Rolle gespielt, dass Erika keineswegs einen kriminellen Eindruck machte. Im Gegenteil! Ihr fröhliches und sicheres Auftreten flößte Vertrauen ein. Und dann hoffte Frau D., die ja am Anfang ihrer unternehmerischen Laufbahn stand, offensichtlich auf ein gutes Geschäft, für das man schließlich auch etwas riskieren muss. Man kann einem gut betuchten Kunden nicht mit Misstrauen begegnen! Möglicherweise wirkten auch Erfahrungen aus DDR-Zeiten nach, wo Betrug zwar nicht gerade unbekannt war, aber eine Größenordnung von immerhin mehreren Zehntausenden von Mark bei „armen Ludern" wie Erika - mangels Masse - relativ selten erreichte.

Ihre Leichtgläubigkeit brachte Frau D. an den Rand des Ruins. Das wiederum hatte nicht in Erikas Absicht gelegen, die sich ja als Anwalt der Armen verstand und im Dienste einer höheren sozialen Gerechtigkeit agierte. Und so beteuerte sie vor Gericht: „Wenn ich gewusst hätte, dass Frau D. nicht reich ist, wäre ich zu einem richtigen Autohändler gegangen."

Nach ausgiebigen Urlaubsreisen verhökerte Erika das Wohnmobil für schlappe 10 000,- DM an einen richtigen Autohändler. Dem gefiel das Schnäppchen so gut, dass er sogar auf den Fahrzeugbrief verzichtete, der aus einem betrügerischen Wirrwarr, den zu entfädeln wir uns enthalten müssen, an anderer Stelle wieder auftauchte.

Erikas Samariterdienste erstreckten sich auch auf das Gesundheitswesen, das ja von Hause aus dazu berufen ist. Nach einer Operation war sie mit Arzt und Schwester so zufrieden, dass sie beiden je ein Auto schenkte und sich bei der Gelegenheit gleichfalls eins genehmigte: drei Peugeot 405 für insgesamt 72 000,- DM. Das Autohaus hatte Erikas Charme und dem Durchschlag einer Banküberweisung vertraut, die sie ebenso eigenhändig angefertigt hatte wie den Bankstempel, der die Überweisung bestätigte. Beinahe wäre die Spendenaktion verpufft, weil der Arzt sich gerade einen neuen Wagen zugelegt hatte und er nicht alle fünf Minuten das Modell wechseln wollte. Es kam aber alles noch ins Lot, als er anregte, den Peugeot doch seiner Frau zu verehren, die gegen dankbare Patienten ihres Gatten ebenfalls nichts einzuwenden hatte.

Erikas üppige Erbschaft war auch die finanzielle Grundlage eines Auftrags, den sie einer Schneidermeisterin übertrug: Garderobe für den körperlich mächtigen Gatten, dem die Konfektionsindustrie nichts Passendes zu bieten imstande war. Die Schneidermeisterin fühlte sich an ihrer Berufsehre gepackt. Noch nie in ihrem Handwerkerdasein hatte jemand solche Dimensionen von ihr verlangt! Da sie von allem - von Stoff und Garn und Zeit - das Doppelte dessen benötigte, was dem statistischen Durchschnittskunden genügt, fiel die Rechnung entsprechend aus: 11 000,- DM - eine Summe, die Frau Erika wegen des langen Überweisungsweges, den wir schon kennen, nicht bezahlen konnte. Außerdem hatte der Lebensgefährte der Schneidermeisterin mehrmals darauf gedrängt, der scheinbar reichen Kundin aus gelegentlichen finanziellen Engpässen zu helfen und ihr Geld geborgt. Am Ende schuldete Erika dem Paar rund 24 000,- DM und hatte auf diese Weise auch dessen Ruin betrieben.

Solche Ungerechtigkeiten lagen, wie erwähnt, eigentlich nicht in Erikas sozialen Ambitionen. Deshalb versuchte sie den negativen Saldo dadurch auszugleichen, dass sie der Schneiderin einen BMW schenkte. Selbstverständlich war auch dieser Wagen mittels Erikas bewährter Methode erworben worden, weshalb im Gerichtssaal der Eindruck entstand, dass es heutzutage leichter ist, mit leerer Brieftasche zum Fahrzeughalter zu avancieren, als eine Tube Zahnpasta zu bekommen. Das Autohaus erlitt nur deshalb einen geringen Verlust, weil der Schneidermeisterin die niederländische Erbschaft schließlich spanisch vorkam und sie den BMW zurückgab.

Zeugen in diesem Verfahren behaupteten, dass Erika ihr Vermögen, auf das sie ständig wartete, mit 45 Millionen DM beziffert habe. Aber das empörte sie sichtlich und sie versicherte dem Gericht: „Über 1,9 Millionen bin ich nie hinausgegangen!“

Als der Richter sie in der Urteilsbegründung ermahnte, nach der Strafverbüßung von weiteren Betrügereien die Finger zu lassen, lächelte sie nur milde. Offenbar dachte sie bereits über neue Samariterdienste für die Ärmsten im Lande nach. Niemand kann gegen seine Natur leben, zumal dann nicht, wenn es „drinnen“ ohnehin interessanter ist als „draußen“.

LEBENSBILDER II

(1920-1932)

ZWISCHEN DEM ALTEN, ZWISCHEN DEM NEUEN /
HIER UNS ZU FREUEN, SCHENKT UNS DAS GLÜCK /
UND DAS VERGANGENE HEIẞT MIT VERTRAUEN /
VORWÄRTS ZU SCHAUEN / SCHAUEN ZURÜCK.

JOHANN WOLFGANG VON GOETHE

Heinz Weise

Jahrgang Nullnull oder: Die Dame von Welt trägt Bubikopf

Ach ja, mein See-Opa! Wie wir gesehen haben, durchaus zu Höherem berufen, vergab er letztlich die Chance, die Bier-Beletage zu erklimmen. Dabei war er auf dem besten Wege dahin gewesen, war schon zum Oberböttcher geschlagen worden. Aber es wäre weit mehr drin gewesen! Er hätte zu Dresdens führendem Bier-Brainworker aufsteigen, eines Tages vielleicht (bier)selig gesprochen, ja ins Walhall der „Gerstensaft-Genies“ aufgenommen werden können. So aber musste er weiterhin in den Fasskeller der Reisewitzer Actien-Bierbrauerei hinuntersteigen. Einen Vorteil hatte das freilich: Hier hielt der Stress sich in Grenzen, und das kam ihm in jener Zeit nur entgegen, in der er alles andere brauchte als zusätzliche Unruhe. Waren die Anfang des Jahres 1900 von ihm heraufbeschworenen Turbulenzen damals doch nicht die letzten in seiner Wohnung an Gittersees Bergstraße.

Anfang März setzten sie sich vielmehr fort. War seine Frau Emma doch nun von einem Mädchen entbunden worden, was aufregend genug war; zum einen, weil solch ein Wunder stets aufregend ist, zum anderen aber, weil dieses Wunder im Startjahr des so genannten neuen Jahrhunderts sich ereignet hatte. Alle Welt, zumindest die kleine von Gittersee, strahlte deshalb: „Oh, etwas Besonderes - ein Nullnullkind!“ Und Hedwig, wie man den neuen Erdenbürger im Mai dann taufte, soll schon damals zurückgestrahlt haben.

Denkbar ist bei ihr alles, selbst das Undenkbare, wie sich im Laufe der Zeit herausstellen sollte. Und diese Zeit begann schon im zarten Kindesalter, und zwar damit, dass Hedwig dieses Alter ständig erfragte. Vielleicht deshalb, weil sie von Jahr zu Jahr eine andere Auskunft erhielt. Gerade noch war sie „vier“ gewesen, wieso nun plötzlich „fünf“? Kinderfragen treffen den Nerv, mitunter aber auch die Nerven. Und so erklärte die Mutter ihrer Jüngsten denn eines Tages, ihr Alter ergäbe sich aus ihrem Geburtsjahr. Verkürzt angegeben, sei es ganz einfach zu merken und außerdem unveränderbar: Nullnull. Die Tochter war's zufrieden. Zumindest bis zu jenem Spätsommertag, als eine Nachbarin von ihr wissen wollte: „Wie alt bist du denn, Kleine?“ - „Nullnull.“ - „Nullnull? Nun ja, das ist schlecht möglich. Vier vielleicht?“ - „Nullnull.“ - „Ach so, du weißt es nicht.“ - „Nullnull!“ - „Oh, wie dumm von mir... Du musst bloß mal.“ - Und schon setzte die freundliche Bäuerin Hedwig ins Weizenfeld, das sich damals noch an der Bergstraße erstreckte und von der Landfrau an diesem Tage abgeerntet wurde - so konzentriert, dass sie dabei die Hockende vergaß. Erst nach zwei Stunden erinnerte die Frau sich an das Mädchen, erlöste es aus seiner unbequemen, dabei völlig grundlos verordneten Haltung.

Der Aufenthalt im Ährenfeld scheint Hedwig trotz allem gefallen zu haben. Vielleicht lag's im Blute, stammte ihre Mutter doch aus der ländlichen Erzgebirgsregion. Nicht ungern war ihre Tochter deshalb mit „14" ein Jahr lang zu einem Hausdorfer Bauern „in Stellung" gegangen. Noch lieber aber fuhr sie seitdem zu ihrer gleichnamigen Freundin dorthin, die sie in jener Zeit kennen gelernt hatte. Auch im Juni 1917 hatte sie sich in jenes Dörfchen aufgemacht: Zunächst per Zug bis Niederschlottwitz, dann zu Fuß durch den anschließenden Grund, bis sie dann oben den Garten der Freundin erreicht hatte. Und dort nun saßen die beiden Hedwigs so lange im großen Kirschbaum, bis die Gitterseer Hedwig den vorgesehenen Nachmittags-Zug verpasst hatte und nur noch den späten „Lumpensammler" nehmen konnte. Zur Verzweiflung ihres Bruders Willy! Ihm - dem zwar jüngsten, aber pflichtbewusstesten unter den sechs Geschwistern - war die Aufsicht für die Schwester übertragen worden, weswegen er nun mit den Eltern um sie bangte. Endlich kam sie dann. Es wurde auch Zeit! Stand der Uhrzeiger doch inzwischen auf null Uhr null. Doch wo auch sonst hätte er stehen sollen bei einem Jahrgang wie dem von Hedwig...

Ließ also ihr Gefühl für die Zeit zu wünschen übrig? Im Gegenteil; sie fühlte und empfand die Zeitläufte tief, ganz gleich, wie sie daherkamen. Gülden kamen sie dabei selten daher, sieht man einmal von den „goldenen Zwanzigern" ab, die zu Hedwigs schönsten Jahren zählten. Nicht, weil die vom „Landmädchen" nun in der großen Stadt Dresden verdienten Geldscheine jetzt weit mehr Nullen aufwiesen als ihre Geburtsurkunde. Sie nutzten ihr wenig; denn das Inflationsgeld, täglich ausgezahlt, verfiel sozusagen unter der Hand. Wollte man dafür überhaupt einen Gegenwert erhalten, musste man sie binnen Stunden einzutauschen versuchen. Doch gegen welche Waren? Im Angebot waren meist nur noch solche, die am wenigsten gebraucht wurden. Zehn Paar Hausschuhe, obwohl von ihr gekauft, benötigte Hedwig ebenso wenig wie 15 Mäusefallen oder acht Dirigentenstäbe.

Liedermeister Paul Beege jedenfalls genügte ein einziger Stab, um aus der nun 20-Jährigen seine Gesangs-Diva zu machen. Hatte er doch ihr Talent erkannt, nachdem sie - der Krieg war soeben beendet, der Tross der Geschlagenen heimgekehrt und die Tanzsaalsaison wieder eröffnet - die wertlosen Bank- gegen sinnvollere Musiknoten eingetauscht hatte: im Gesangsverein Gittersee, wo sie schließlich, der vernichtenden Stimmbeurteilung ihres Dorfschullehrers zum Trotz, zur viel versprechenden Ersten Sopranistin aufstieg. Zur Freude übrigens ebenso vieler Gitterseer wie nun auch Dresdner. Zum Ärger freilich eines gewissen Erich Vogel, der in die Solistin verliebt, richtiger gesagt: unglücklich verliebt war. Plagte den unmusikalischen Jüngling doch die Eifersucht, wenn sein „Hedchen“ in Wagners „Rienzi“ vor einer vielhundertköpfigen Zuhörerschaft der Semperoper, zu Sängerfesten, Hochzeiten bzw. - von Hedwig natürlich bevorzugt - sich „nullenden“ Geburtstagen ihrer 120 Sangesschwestern und -brüder auftrat. Auf letztere war Erich-Othello natürlich am wenigsten zu sprechen, so dass er seine Angebetete bat, sich von ihnen und dem gesamten Chor zu verabschieden. Doch das nun verbat Hedwig sich. Die Sängerin reichte ihm - Kollegen Richard Taubers damaligen Erfolgshit damit praktisch umsetzend - „zum Abschied noch einmal die Hände“, und weg war sie. Der Chor ging ihr vor.

Wie ihr später dann der Bubikopf. Weil die „Dame von Welt“ sich das Köpfchen 1926 mit jenem Kurzhaarschnitt zu schmücken begann, folgte auch Hedwig dieser Mode. Sie ließ sich den blonden Jungmädchenzopf absäbeln, um mit ihrer neuen Weltweit-Frisur ins weltabgeschiedene Oberlausitzer Oberoderwitz zu reisen. Dort wartete Willy, ihr Verlobter, samt Häuschen auf sie - allerdings auf die Ungestutzte, wie er Wochen zuvor unmissverständlich erklärt hatte. Andernfalls sei es aus mit ihm und dem Haus. War's dann aber nicht. Er wollte, nachdem er ihr Hütchen gelüftet und danach Verzweiflungsschreie zum Himmel geschickt hatte, im letzten Moment einlenken. Zu spät; Bubikopf war zum Trotzköpfchen geworden. Sie zog den Ring, einer schönen goldenen Null nicht ganz unähnlich, vom Finger und anschließend von dannen.

Das zog sie auch Jahre später noch einmal. Diesmal, an einem Julitage fünfunddreißig, allerdings bepackt: mit zwei Nussschinken, die gleichfalls Nullen ähnelten und für die sie darüber hinaus null bezahlt hatte. Sie hatte sie auf der Vogelwiese gewonnen. Für zwei Groschen, die Wohnungsnachbar Artur Schneider ihr zuvor geschenkt hatte. Mit ihnen sollte sie ihr Spielglück demonstrieren, das ihr an den Elbwiesen zu Johannstadt nun schon mehrere Male begegnet war. Verwandelten sich dort unter ihren Händen doch, midasgleich, kleinste Einsätze in Großgewinne. Kaum hatte sie sich von ihrem Manne - sie hatte soeben geheiratet - bei Schausteller „Aalfred“ zu einer Würfelpartie überreden lassen, da wurde ihr auch schon der Hauptgewinn verkündet: Ein Schinken für die junge Dame! Das wollte man doch mal sehen!, sagten deshalb die Wohnungsnachbarn des Paares und begleiteten es zur Festwiese. Dort aber sahen sie dann mit eigenen Augen, dass die Jungverheirateten nichts erfunden hatten. Nicht einmal den Auflauf der Umstehenden, die es der Gewinnerin nun nachmachen wollten. Wollten!, wie gesagt; denn letzten Endes füllten sie nur Schausteller Aalfred die Kasse, während die Glückliche ihr neues Täschchen - das Hochzeitsgeschenk ihrer Schwiegermutter - mit Rollschinken voll stopfte.

Jene Tasche spielte dann auch zehn Jahre später eine Rolle: Im Frühjahr fünfundvierzig, als endlich der zweite der Jahrhundert-Kriege vorüber war, die Hedwig beide hatte miterleben müssen und Gott sei Dank überlebt hatte; den zweiten freilich fast nur mit dem, was sie am Leibe bzw. in jenem Täschchen bei sich trug. Alles andere - verbrannt im Feuersturm. Es musste wieder beschafft werden. Doch ausgerechnet bei den „Siegern der Geschichte“? Warum nicht! Schließlich hatten sie auf dem Friedrichstädter Bahnhof in Eisenbahnwaggons vieles von dem zusammengetragen, was Hedwig und die Ihren benötigten. Winterschuhe vor allem. So suchte die Frau für ihren Mann, den kleinen Sohn und für sich unter dem Siegesgut je ein Paar aus - bevor es für sie aus zu sein schien. Trug der plötzlich im Waggon stehende Soldat außer dem roten Stern am Koppel doch eine Kalaschnikow im Arm. Und die brachte er nun in Anschlag, so dass die Frau zu zittern anfing; denn so flink, wie er ihr jetzt ihr Täschchen samt Geld, Ausweis und darin verstecktem Ehering entriss, würde er ihr anschließend vielleicht auch die Kleider vom Leibe reißen. Es kam aber nicht dazu, weil in diesem Moment eine Flintenfrau in der Waggontür erschien. Sie gab sofort Kommandos: Towarisch, weggetreten! Frau hinter Waggon! Hinter den Waggon? Das konnte nur Erschießen bedeuten. Hedwig floh: vom Waggon herunter, die Gleise entlang, zum Bahnhofsausgang, dann die Waltherstraße hinunter - an der sie abgefangen wurde; diesmal von einem Towarisch mit Armbinde. Er brachte sie ins „Bellevue“. Dort, in der vormaligen Tanzgaststätte und nunmehrigen Sowjet-Kommandantur an der Berliner Straße, verlangte er ihren Ausweis. Und weil die Aufgegriffene ihn nicht mehr besaß, wollte sie soeben die Gründe dafür erläutern, als die Tür aufgerissen wurde. Die Flintenfrau stürzte ins Zimmer und schrie Hedwig an: „Ich Kommandant! Ich dir befehlen: Domoi, dawai!“ und schob sie aus dem Raum. „Da habe ich“, so erzählte die Davongekommene mir Jahre darauf, „natürlich Beine gemacht, und zwar in null Komma nichts!“ - Da war er wieder, ihr Jahrgangsbezug.

Er begleitete sie auch später noch. Als ihre Nachbarin sie beispielsweise einmal nach ihrem Sohn befragte, antwortete sie ihr, wie mir die Frau später berichtete, zufrieden: „Mit meinem Sohnemann habe ich null Probleme."

Warum auch, Mütterchen, hätte ich dir welche bereiten sollen? Ausgerechnet dir!, bei der es warm und gut und lieb war. Nichts macht mich deshalb glücklicher als deine Antwort. Ich brauche nur an sie zu denken, schon werde ich froh; noch heute - in null Komma nichts.

SIEGFRIED THIELE

Herr Höntzsch tanzt den Milonga

Zu Beginn der „Goldenen Zwanziger" war Shimmy der Clou vom Ganzen. „Frollein, wolln'se Schimmi tanz'n?" Ja, wie denn? Ganz einfach: Möglichst x-beinig schieben, wackeln, wedeln oder drehen. Das Jazzbaby trug dazu Fransenkleid, das der Schüttelbewegung ebenso gern folgte wie der Bubikopf. Der Boy bevorzugte pomadiges Langhaar, hochglänzende Schnakenhascher und saloppes Jackett. Und wo bitte? Na, im Odeum, bei Watzkes oder im Linckeschen Bad, wo Kaufmann, die Lieblingskapelle der Dresdner, aufspielte. Ein Tipp unter Kennern gefällig? „Dienstags tanzt man im Orpheum, Kamenzer Straße; volkstümliche Preise." Wurde da eben der neue Modetanz kreiert? „Papa tanzt'n, Mama tanzt'n... Wenn du'n kannst, dann tanzt'n bis morgen früh" - den Charleston. Ein zeitgenössischer Tanzführer beschrieb ihn so: „Der Torso zittert, dazu Bewegungen der Hüften, Schenkel, Hinterbacken. Auch die Hände sind aktiv, berühren alle Teile des Körpers wie in Ekstase. Dazu die abwechselnden X- und O-Beine, damit verbunden die nach außen und innen gedrehten Knie und Füße. Der Tänzer kann seinen Rücken beugen oder gar in Hockstellung gehen." So einfach!

Auch der gepflegte Gesellschaftstanz hatte sich in der Stadt etabliert. Und nicht die „alten Römer und Grafen" richteten Dresdens erste Tanzturniere aus. Im Sommer des Jahres 1922 bereits fühlte sich Herr Geo Höntzsch als Bevollmächtigter der Internationalen Tanzliga und Leiter der Ligaklubs Dresden und Chemnitz dazu berufen, zum „ersten Internationalen Tanzturnier" von Dresden in das Kurhaus Weißer Adler einzuladen. Beachtlich war der Aufwand an Werbung, bescheiden das Teilnehmerfeld.

Das Turnier bestritten lediglich fünf Amateur- und zwei Professionalpaare. Der offenbar reichlich mit Fachkenntnissen ausgestattete Beobachter der Dresdner REVUE fand dies beschämend, zumal er unter den Teilnehmern einige Stammgäste von Dresdner Nachmittagsdielen und drittklassigen Vorstadtkabaretts zu erkennen glaubte. Schließlich habe der Turniertanz sportlichen Charakter und diene nicht zur Belustigung und Erbauung einer sensationslüsternen Galerie.

Mit den Entscheidungen der Wertungsrichter dagegen gab sich der Herr „Beckmesser" wohlwollend zufrieden. Das Schiedsgericht unter Mitwirkung des Publikums habe bewiesen, dass man endlich die Nuance des vornehm-diskreten, ruhigen Gesellschaftstanzes über die Exzentrik von Akrobatenjünglingen stelle, welche mit gewagten Mätzchen - alles Kokolores -, mit wedelnden Frackschößen und allerlei aus der Westentasche bammelndem Bijouteriekleinkram verzweifelt an die Cakewalk-Gents vergangener Tage erinnerten.

Zu später Stunde habe noch Maître Geo Höntzsch mit einer sehr hübschen, tänzerisch leider nicht gleichwertigen Partnerin einen sehenswerten Gesellschaftstango sowie einen Milonga (argentinische Spielart des Tangos), wunderbar in Form und Rhythmus, auf das Parkett gezaubert. Aber dann diese aufgewärmten Brettlschlager eines Salonhumoristen und dazu das überwiegend biedere, tanzunkundige Publikum - igittigitt!

PETER HAUSCHILD

Die seltsame Bremsung des illegitimen Edlen von Qu.

Max war ein seriöser Herr mittleren Alters, sehr eitel und durch und durch ein Aristokrat, was nicht nur auf seinen Habitus zutraf, sondern auch auf seine Abstammung; denn Max war dem Geschlecht der „Edlen von Querfurt" entsprungen - auf uneheliche Weise zwar, aber durchaus mit den Manieren eines Weltmannes aus dem Mansfelder Land. In der Familie nannte man Max nur Maxe. Offenbar sollte sein aristokratisches Wesen verbal lächerlich gemacht werden, vielleicht waren die lieben Anverwandten auch nur neidisch, dass sie nicht aus edlen Häusern stammten - ich weiß es nicht. Max war mein Vater und als solcher respektvoll zu behandeln. Nie hätte ich gewagt, ihn Maxe zu nennen! In meiner Zeit hatte das Vater-Sohn-Verhältnis noch nicht jenen saloppen Tiefpunkt erreicht, der Jahrzehnte später im Umgang zwischen den Generationen schon als normal empfunden werden sollte.

Mein Vater machte sich nach erfolgreicher Kaufmannslehre selbständig und vertrat eine Schuhputzfirma. Als nach den Krisenjahren der Inflation die Geschäfte wieder besser liefen, leistete er sich nach dem Motto „Nobel geht die Welt zugrunde“ umgehend einen alten „Brennabor“ - samt Chauffeur. So spielt das Leben nun einmal - erst musst du den Leuten die Schuhe putzen, dann putzen sie die deinen.

Als der Chauffeur eines Tages erkrankte, die Familie aber bereits unterrichtet war, dass Vater samt Wagen im Vorüberfahren zu bewundern sein würde, war guter Rat teuer. Also hieß es: Selbst ist der Mann. Es konnte nichts geben, was ein Edler von Querfurt, sei er nun legitim oder illegitim, nicht brachte!

Am vorgesehenen Sonntag setzte sich Vater Max selbst ans Steuer. Die Straßen erfreuten sich damals gähnender Leere, und die Ozonlöcher waren aus gleichem Grunde vermutlich noch dicht geschlossen. Die Vorführung des „Brennabor“ fand im Karree Wettiner Straße/Palmstraße/Flemmingstraße statt, und an der Weingroßhandlung war die Verwandtschaft positioniert.

Nachdem Vater, ganz Grandseigneur, zwei bis drei Runden gedreht hatte, wurde die Familie stutzig: Maxe fand die Bremse nicht! Da half kein Zurufen und kein Winken, Maxe wurde sichtlich nervöser. Zum Halten aber kam er nicht.

So raste er wohl ein dutzend Mal an der Weinhandlung vorüber - bis ihm das Benzin ausging. Diese Art des Bremsens ist bis heute ungewöhnlich geblieben. Und der seinerzeit avisierte Familienausflug ist ausgefallen. Immerhin bestätigte sich die alte Weisheit, dass „die oben“ nicht ohne „die unten“ auskommen.

WOLFGANG FIEDLER

Luftreise über der Elbe

Ein Samstagmorgen im August 1995. Am Johannstädter Elbufer, gegenüber der Prießnitzmündung, haben sich zahlreiche Schaulustige eingefunden; ausgerüstet mit Fotoapparat, Videokamera oder Fernglas. Ihre Blicke sind auf den Himmel über der Albertbrücke gerichtet. „Von da muss der Flieger kommen, dort geht’s zur Nordsee“, erklärt ein Mann seiner Partnerin und gestikuliert mit der Hand in Richtung Westen.

Die Lokalpresse hatte vor Tagen berichtet, dass in den heutigen Vormittagsstunden erstmals wieder ein Wasserflugzeug, von Hamburg kommend, hier auf der Elbe landen würde. „Wieder“ deshalb, weil genau 70 Jahre zuvor die erste europäische Wasserfluglinie eingeweiht worden war. Damals hatte man mit Schwimmern ausgerüstete Flugzeuge vom Typ Junkers F 13 eingesetzt. Vier Stunden, einschließlich Zwischenlandung in Magdeburg, brauchten sie, um die nahezu 450 Kilometer lange Strecke zurückzulegen. Jeweils eine „F 13" hob damals werktags in Hamburg und Dresden ab; oftmals mit freien Passagierplätzen, dafür aber mit Luftpost an Bord. Und geflogen wurde beinahe bei jedem Wetter; nur im Winterhalbjahr machte mehrfacher Eisgang auf der Elbe die Starts und Landungen unmöglich. Und im Herbst 1926, nach nur einem Jahr, wurde der Flugverkehr auf der Elbe schließlich endgültig eingestellt: Die Verbindung war technisch überholt und unrentabel geworden. Schade; denn die vierstündige Luftreise über der Elbe wird sicher Spaß gemacht haben.

Und heute? Wie schnell wird das Flugzeug an diesem Augusttag sein? Gegen 10.30 Uhr soll es in Dresden eintreffen. Doch noch regt sich nichts am Himmel, nicht einmal Wölkchen wandern. Auf der Elbe geht derweil der Schiffsverkehr planmäßig weiter. Die Seitenraddampfer und Luxusschiffe der „Weißen Flotte" starten auch an diesem sonnigen Sommertag voll besetzt in das Elbsandsteingebirge. Ob die „Matrosen auf Zeit" sich Gedanken über den großen Bootssteg und die vielen Menschen am Ufer machen? Die warten noch immer. Doch jetzt eine Lautsprecher-Meldung: Das Flugzeug sei kurz nach acht in Hamburg gestartet, doch es herrsche Gegenwind. Sofort wird nun über die Landezeit spekuliert, sogar kleine Wetten werden abgeschlossen. Die Wartezeit muss schließlich ausgefüllt werden.

Darum wohl auch spricht mich jetzt ein älterer Herr an: „Wir wohnten damals in Johannstadt auf der Arnholdstraße. Den Start- und Landeplatz konnte ich von der Wohnung aus in zehn Minuten erreichen." Er, damals zehn, und sein Großvater seien beim ersten Start dabei gewesen. Und Opa habe dann später immer wieder seine Finanzen überprüft, die aber letztlich leider nicht gereicht hätten für einen Flug mit dem Enkel. Dann kramt er in seiner Weste, befördert schließlich ein vergilbtes Hahn-Foto ans Licht. „Der da", sagt er jetzt und zeigt stolz auf einen Jungen in weißem Hemd und kurzer Hose, „bin ich. Auch mit meinen Straßenfreunden war ich, wenn es möglich war, bei den Starts und Landungen der Maschinen dabei. Besonders während der großen Schulferien hielten wir uns am Elbufer auf, wo damals auch die großen Holzflöße, aus Böhmen kommend, zur Nacht am Johannstädter Elbufer anlegten..."

Just da wird seine Schilderung unterbrochen: von Geräuschen, die nun am Himmel zu hören sind. Und kurz darauf nähern sich aus elbabwärtiger Richtung, vorerst nur als Punkte sichtbar, zwei Flugapparate. Der eine muss das französische Wasserflugzeug vom Typ „Maule M 6“ sein! Reges Treiben zu Lande wie zu Wasser setzt ein: Die Fluglotsen am Landesteg geben über Funk Anweisungen, und ein mit Rettungsschwimmern ausgerüstetes Boot nimmt seine Position in Höhe der vermeintlichen Landestelle ein. Die Johannstädter Elbfähre unterbricht ihre Fahrgastbeförderung und Boote der Wasserschutzpolizei riegeln die Elbe für den Schiffsverkehr ab. Die Piste ist frei für den Landeanflug!

Jetzt sind bei einem der Flugzeuge deutlich die Schwimmer zu erkennen. Während es eine Schleife fliegt, dreht die andere Maschine in Richtung Klotzscher Flughafen ab. Später erfahren wir, dass ein Fernsehteam des Norddeutschen Rundfunks das Wasserflugzeug begleitete, um seinen Flug filmisch festzuhalten.

Die „Maule“ setzt zum Landeanflug an. Gegen den Wind und die Fluss-Strömung lässt die Maschine sich kurz vor 11 Uhr problemlos auf der Elbe nieder. Damals, beim ersten Flug von Dresden nach Altona, verlief nicht alles so glatt. Bei der Zwischenwasserung in Magdeburg gab es eine kleine Havarie: Ein Bootshaken hatte den Propeller der Junkers-Maschine beschädigt, so dass sie erst einmal repariert werden musste, bevor sie weiterfliegen konnte.

Nach der Befestigung des Flugzeuges am Ponton verlassen die drei Passagiere und der Pilot die Maschine. Der Flugzeugführer überbringt unserem Stadtoberhaupt Dr. Herbert Wagner Grüße von Hamburgs Bürgermeister Henning Voscherau.

Als der Pilot das Triebwerk seines „Wasservogels“ kurz danach dann zum ersten Rundflug anwirft, muss ich an Melli Beese denken. 1886 in Laubegast - also wenige Stromauf-Kilometer von hier - geboren, ging sie als erste deutsche Pilotin in die Geschichte der Luftfahrt ein. Wie hatte sie doch um ihr Führerzeugnis kämpfen müssen! Später, als Betreiberin einer Flugschule, stellte sie dann unter Beweis, wozu sie fähig war in jener damaligen Männer-Domäne. Sie träumte sogar davon, ein Flugboot zu konstruieren und zu bauen, aber der Erste Weltkrieg ließ diesen Traum platzen.

Am späten Nachmittag - die Rundflüge über Dresden sind absolviert - erhebt sich die „Maule“ wieder in die Luft. Heimflug nach Hamburg. Doch zunächst dreht die Maschine nach Osten. Dann aber wendet sie, braust kurz darauf im Tiefflug über den Landeplatz. Als Abschiedsgruß lässt der Pilot die Tragflächen wippen. Wir grüßen zurück. Und in unser Winken legen wir die Hoffnung, dass es nicht das letzte Wasserflugzeug gewesen sein möge, das in Dresden gelandet ist. Zwei Jahre später sollte sie sich erfüllen...

Hans Lucke

Ein königlicher Trauerzug

Oma Helene nahm den Knirps von kaum fünf Jahren bei der Hand und marschierte mit ihm vom Moritzburger Platz zum Neustädter Markt. Die Moritzburger Straße vor zur Leipziger bestand noch aus den kleinen Häuschen, die meisten davon Fachwerkbauten, die bis an den Platz reichten, wo die Seidels im Eckhaus wohnten. Vom Balkon im vierten Stock hatte man einen guten Blick bis zum Riesaer Platz, über den Pieschener Rangierbahnhof hinweg. Und direkt unterhalb kam die Straßenbahn aus der Bürgerstraße, um unter der Eisenbahnbrücke hindurch nach der Großenhainer zu rumpeln und in den Kurven zu kreischen. Ich ging lieber an den kleinen Häusern entlang, die mich an Pfefferkuchen-Geschichten erinnerten, als die Gehe-Straße mit ihren langweiligen Mietskasernenbauten hinunter. An der Leipziger, das wusste ich, würden wir am Pieschener Elbhafen vorbeikommen, wo die Schiffe im Winterquartier lagen. Aber ich hegte wenig Hoffnung, auf dem Strom einen von jenen Schleppdampfern zu erblicken, die sich an einer Kette flussaufwärts zogen. Für mich war dieser Anblick interessanter als der von Schaufelrad-Dampfern, auf denen man allerdings, wenn man Glück und Opa etwas Geld übrig hatte, mitfahren und die große Maschine mit ihren blinkenden Gestängen und zischenden Zylindern beobachten konnte. In diesem bitterkalten Februar freilich war kein Wasserfahrzeug zu erblicken, dicke Eisschollen trieben auf dem Strom.

Die Kälte tat meiner Neugier auf das Ereignis keinen Abbruch, dessen Zeuge ich werden sollte, ohne recht zu begreifen, was da eigentlich vorging. Oma hatte mir angekündigt, wir gingen in die Stadt, um den feierlichen Leichenzug zu erleben, der sich vom Hauptbahnhof über den Neumarkt zur Hofkirche bewegen würde. Der Verstorbene war ein König gewesen, hatte Oma mir erklärt, und was ein König ist, das wusste ich schon recht gut, kannte ich doch all die Storys von Schneewittchen und Dornröschen bis zu der vom Goldenen Reiter, der ein besonders starkes Exemplar seiner Gattung darstellte. Oma sagte allerdings, der nun verstorbene sei der letzte König gewesen, aber das stimmte mich auch nicht trauriger als ich schon war, nämlich gar nicht; für einen Fünfjährigen ist so etwas eine Art Zirkus, eine Hetz, wie man in Bayern sagt. Um den langen Weg etwas zu verkürzen und mich vielleicht auch auf den Ernst der bevorstehenden Sache einzustimmen, erzählte mir Oma von dem guten König, der nun nicht etwa auf einen gewöhnlichen Friedhof gefahren werden sollte, sondern in die Kirche mit dem schönen Turm und den vielen Steinfiguren drauf, wo er im Keller liegen würde. Ich fand das nicht sonderlich erhebend für den Toten, ein Platz unter Bäumen schien mir besser als einer im staubigen Keller, wo Kartoffeln und Briketts lagern. Oma erklärte mir freilich, dass es sich um eine Gruft handele, nicht um einen gewöhnlichen Keller wie am Moritzburger Platz, und dort stünden bereits mit Gold verzierte Särge, wo die Vorfahren des guten Königs drin schliefen. Da diese Särge aus festem Holze und nicht wie der von Schneewittchen waren, blieben die Opas und Omas von diesem König leider unsichtbar. Das nun aber wäre für mich der einzige Rechtfertigungsgrund für eine Aufbewahrung im Keller gewesen.

Oma war als junges Mädchen aus der „Wendei“ - das von Sorben bewohnte Gebiet zwischen Kamenz und Bautzen - nach Dresden gekommen, da lebte König August noch und regierte auch. Auf dem Throne hatte sie ihn nicht erlebt, aber beinahe wäre er eines Tages leibhaftig vor sie hingetreten. Helene, also Oma, trat nämlich eine Stellung an beim Fleischer Herzog in der Blasewitzer Straße, welche mir bekannt war aus dem Liede, wo der Würstelmann gesaust kommt, weil se'm Würschtel ham gemaust. Bei Herzogs war ein Geselle tätig namens Otto, zugewandert aus dem Riesengebirge, und der wurde dann mein Opa. Aber das gehört nicht zu der Geschichte vom König. Dieser betrat eines Tages den Fleischerladen in der Prager Straße, wo Oma leider nicht eingestellt worden war, was eben verhinderte, dass sie dabei war, als August in Lodenmantel und Jägerhut eintrat und ein Viertel Leberwurst haben wollte. Die Meisterin hat ihn bedient wie andere Kunden auch, hat ein Stück Wurst abgesäbelt und auf die Waage gelegt, geguckt und dann gefragt: „Darf's für zwei Pfennche mehr sein, Majestät?“ Der König nickte und bekam seine Leberwurst. Die Meisterin hat es der Chefin von Helene berichtet, und so erfuhr diese von dem Ereignis und schließlich auch Oma und Opa. Aber die waren da noch nicht einmal Mama und Papa. Mich beeindruckte an dem Vorfall, dass der König so gar nicht goldstrotzend und hermelinbehängt einherging, als er noch regierte, sondern im Lodenmantel wie mein anderer Opa, der auf dem Berge in Wilschdorf hauste und Bilder malte.

Als wir die Gegend erreichten, wo das Japanische Palais steht, das voll von Büchern sein soll, fiel mir auf, dass auf dem Trittewar (ich habe das Wort genau so noch in der Schule geschrieben und wurde erst vom Lehrer Hahn aufgeklärt, dass es sich „Trottoir“ schreibe und aus dem Französischen komme) ein Gedränge entstand. Die Leute strebten wie wir dem Neustädter Markt zu, und Oma zog mich an der Hand, um schneller voranzukommen. Galt es doch, einen günstigen Platz auf der Brücke zu ergattern!

Die Gute fand bei aller Hast noch genügend Atem, um mir Weiteres vom König zu erzählen, den die undankbaren Sachsen vor vierzehn Jahren seines Amtes enthoben hatten, also aus dem Schlosse jagten. Bloß weil der Krieg, für den er nichts konnte, so viel Elend über die Leute gebracht hatte. Oma wusste auch vom „Kohlrübenwinter“ zu sagen, der dem vorausgegangen war, als sie bereits fünf hungrige kleine Mäuler zu versorgen hatte. Der Davongejagte soll zu den Soldaten mit der roten Armbinde gesagt haben: „Nu, da macht euren Dreck alleene.“ Das Wort schien mir genauso ein Zeugnis königlicher Gelassenheit zu sein wie die Hinnahme der zwei Pfennig Mehrkosten bei der Leberwurst.

In Großenhain hat der König bei einem Besuch eine Feuerwehrvorführung erleben müssen, zwei Löschzeuge mit neuen Spritzen jagten heran, um ein extra angezündetes altes Haus vorm Niederbrennen zu retten. Und August konnte alles sehr gut beobachten, weil sie ihm eine Tribüne gezimmert und auch eine Art Thronsessel hingestellt hatten. Nach vollbrachter Tat marschierten die Feuerwehrmänner noch im Paradeschritt an Majestät vorbei, und ihre beiden Hauptleute erstatteten stramme Meldung. August saß in seinem Sessel, sah die Herren, die wohl ein schönes Lob aus allerhöchstem Munde erwarteten, freundlich an und sagte: „Nu, ihr beeden Gokelfritzen...?“

Im Großen Garten war Oma mit mir einmal in der Wirtschaft beim Palaisteich gewesen, wo feine Leute Kaffee und Kuchen zu sich nahmen. Ich bekam ein Glas Milch, Oma gönnte sich eine Tasse vom Schwarzen. Dabei erzählte sie mir, wie der König mit den beiden Prinzen an einem Sonntagnachmittag dieses Gartenlokal besuchte, ohne damit allzu großes Aufsehen zu erregen. Er bestellte für sich und seine Söhne Kaffee und Kuchen, auch der mit am Tisch weilende Erzieher der jungen Herren bekam sein Teil. Als dieser sich entschuldigte, weil er mal musste, nahm der König, kaum dass der Mann weg war, seinen Streuselkuchen, tunkte ihn in den Kaffee und sprach: „Solange der weg ist, könn'n mer ruhig ditschen.“

Oma war nicht eben groß, aber flink und energisch. Dieser Tatsache verdankten wir beide, ich immer fest an ihrer Hand, dass wir durch das Gedränge und Geschubse vorm Zeughaus hindurch und auf die Brücke gelangten. Dort aber war das Gedränge so dicht, dass an ein Durchkommen kaum zu denken war. Vielleicht machte meine Knirpsengegenwart an der Omahand Eindruck und verhalf uns so zu einem ziemlich guten Platz auf der rechten Brückenseite, von der Neustadt her gesehen. Und nun begann die feierliche Stimmung auf mich zu wirken, die all diese Menschen ausstrahlten oder auch zur Schau trugen. Wenn jemand sprach, so geschah es mit gedämpfter Stimme, aber ganz allgemein herrschte erwartungsvolles Schweigen. Ich denke, den allermeisten war es wahrhaft traurig ums Herz, dass sie vom guten Keenich Abschied zu nehmen hatten. Und so fror kaum jemand, wenn auch viele nicht eben im Pelz oder wenigstens mit gefütterten Stiefeln gekommen waren, sie standen dunkel gekleidet in dünnen Mänteln und Joppen, manche Frauen hatten ein großes wollenes Tuch geschlagen um Schultern und Hinterkopf. Es dauerte seine Zeit, bis vom Fürstenzug her eine Bewegung bemerkbar wurde, dann kamen Reiter mit Stahlhelm und Pferde mit schwarzen Federbüschen zwischen den Ohren, sie zogen eine Lafette, auf der der Sarg stand, bedeckt mit einer Fahne. Schweigend nahmen die Männer die Hüte ab, manche Frauen knicksten oder verneigten sich, es war, als ob die Elbe unter uns für diese Minute stille stand; wenn ein Schwarm schwarzer Schwäne die Brücken überflogen hätte, das wäre mir eine Selbstverständlichkeit gewesen.

Ob Oma eine Träne vergoss, weiß ich nicht mehr, ich jedenfalls habe nicht geheult. Und doch kann ich sagen: Ich bin dabei gewesen!

Karl-Heinz Wiggert

Mit Opa in der Bärenschänke

Jeden Donnerstag nach seinem Mittagsschläfchen verließ er die Wohnung und kam erst zum Abendessen wieder zurück, Opa, mein Großvater mütterlicherseits. Wir wohnten damals noch bei den Großeltern, und diese widmeten mir viel Zeit und Liebe. „Wo geht Opa denn da immer hin?“, wollte ich wissen. Oma sagte mir, an jedem Donnerstagnachmittag träfe er sich mit Herrn Schramm, seinem Bekannten, in der Bärenschänke.

„Bitte, nimm mich doch mal dorthin mit“, bettelte ich Opa, als er abends wieder zu Hause war. Und das ging die nächsten Tage so weiter. Nachdem er sich mit meinen Eltern besprochen hatte, wurde beschlossen, ich dürfe in der nächsten Woche mitgehen. Ich war selig.

Als es so weit war, zog mir Mutter den dunkelblauen Matrosenanzug an, den ich trug, wenn wir ausgingen. Opa hatte, wie üblich, seinen schwarzen Gehrock an. Er war schon eine stattliche Erscheinung, auf dem nur noch spärlich behaarten Kopf den steifen schwarzen Hut, Melone oder Eiersieder genannt, in der Linken seinen Spazierstock, die grauen Schnurrbartspitzen nach oben gezwirbelt, so stiefelte er mit mir los. Opa stammt aus Westfalen und hat mir oft von seiner Heimat erzählt, die er mir zeigen wolle, wenn ich einmal groß sei. Dazu kam es leider nie, denn er ist 1933 gestorben.

Jetzt liefen wir beide die Annenstraße in Richtung Postplatz. „Wir holen Herrn Schramm ab“, meinte Opa, als wir in die links in die Annenstraße einmündende Flemmingstraße bogen. Hier wohnten Schramms. Herr Schramm war Schneidermeister in der Theaterwerkstatt des Dresdner Schauspielhauses - und Opa hatte geschäftlich mit ihm zu tun. Großvater war Textilkaufmann. Wie ich es heute sehe, hatte er eine Großhandelsvertretung. Oft gab er mir alte Stoffkataloge zum Spielen, ein Laden existierte zu meiner Zeit jedenfalls nicht.

Herr Schramm erwartete uns schon. „Heute habe ich einen dritten Mann mitgebracht, meinen Enkel Heinz“, meinte Opa zu Herrn Schramm, der mich von Besuchen bei den Großeltern schon kannte.

Zwischen den beiden würdigen alten Herren spazierte ich kleiner Knirps nun stolz dahin. Schnell hatten wir den Postplatz erreicht. Hinter dem Telegrafenamt bogen wir nach rechts in die Wallstraße ein. In einem Eckhaus gab es damals hier das große Haushaltwarengeschäft von Kießling und Schiefner. Wir liefen weiter in die Webergasse, die wegen ihrer zahlreichen Gaststätten und Lebensmittelläden bei den Dresdnern „Fressgasse“ hieß. Hier befand sich auch die Bärenschänke, damals eine der beliebtesten Dresdner Gaststätten der Innenstadt.

Der repräsentative Eingang Webergasse 27 mit kachelgeschmücktem Torbogen, bunten Glasfenstern und der an der Hausfassade angebrachten Figur eines aufrecht stehenden Bären stimmte mich erwartungsfroh. Was würde ich da drin wohl alles zu sehen bekommen?

In den vielen kleinen Räumen herrschte lebhafter Betrieb. Kellner eilten mit schwer beladenen Tabletts zwischen den Tischen umher. Suchend zogen Opa und Herr Schramm mit mir von einem Raum in den nächsten, bis sie einen freien Tisch gefunden hatten, an dem wir uns niederließen.

„Hier gibt es ja nicht mal Tischdecken“, stellte ich verwundert fest, worauf mir Opa erklärte, dass es zur Besonderheit der Bärenschänke gehöre, Speisen und Getränke auf den blank gescheuerten hölzernen Tischplatten zu servieren. Dann legte uns der Ober auch schon die Speisekarten vor. Meine beiden Begleiter bestellten sich jeder eine Kalbshaxe mit Sauerkraut und ein großes Spezial-Bärenbräu. Opa fragte mich, ob ich Appetit auf ein Paar Würstchen habe. Daraufhin bestellte er einmal „Echt Hofer Würstchen mit Meerrettich und Brot“ und ein Glas frische Vollmilch. Er bat den Kellner, uns die Speisekarte am Tisch zu lassen, er wolle mir daraus noch vorlesen.

Es gehörte zur Spezialität der Schänke, den Gast in den künstlerisch gestalteten Speisekarten auch über die Geschichte des Hauses zu informieren. So erfuhr ich, dass die Wirtschaft 1887 gegründet worden war und sich seitdem im Besitz der Familie Höhne befand. Ihren Namen trug sie nach einem hier ursprünglich in Hausmitte befindlichen Bärenzwinger, der Ende des vorigen Jahrhunderts abgerissen wurde. Nach und nach kauften die Besitzer vier umliegende Häuser auf und modernisierten die Gaststätte, die jetzt bis zur benachbarten Zahnsgasse reichte. Im Lockwitzgrund bei der Hummelmühle besaßen die Inhaber ein eigenes Landgut „Bärenklause“, das die Wirtschaft mit Fleisch, Milch und Geflügel versorgte.

Opas Erläuterungen wurden hier unterbrochen, als der Kellner die Speisen brachte, die wir uns jetzt schmecken ließen. Dann hatte ich Zeit und Muße, mich hier umzusehen. „Gänseliesel-Halle“ hieß der Raum, in dem wir saßen, konnte ich an der Wand lesen. Ich fragte Opa, ob ich mir auch noch die anderen Zimmer ansehen dürfe. Da er sich jetzt mit Herrn Schramm unterhalten wollte, erlaubte er mir das. Vorher ermahnte er mich aber, den Kellnern nicht im Wege zu stehen und nicht auf die Straße hinauszugehen. Dann zog ich ab.

Was gab es hier nicht alles zu sehen! „Äppelkammer“ nannte sich der angrenzende Raum, „Neuseeland“, die „Liederhalle“, ein „Volksliedzimmer“, dessen Kachelwände mir gut gefielen, die „Jagdhalle“, die „Schwemme“ und wie die Räumlichkeiten alle hießen, die ich hier entdeckte. Überall herrschte toller Betrieb, wurde gegessen, getrunken und gelacht.

Als ich nach meinem Streifzug wieder bei Opa am Tisch landete, waren er und Herr Schramm gerade beim Bezahlen. „Dreihundertvierundzwanzig Pfennige“ verlangte der Ober von meinem Großvater. Auf meinen verständnislosen Blick erklärte mir Opa, dass hier alles nach Pfennigen gerechnet würde. Auch auf der Speisekarte waren die Preise in Pfennigbeträgen angegeben.

„Hat dir überhaupt das Hofer Würstchen geschmeckt?“, fragte mich Herr Schramm, als wir uns auf dem Heimweg verabschiedeten. Da ich das bejate, sollte ich mal raten, wie viele Würstchen wohl in einem Jahr in der Bärenschänke gegessen würden. „Vielleicht tausend, oder reicht das nicht?“, antwortete ich zweifelnd. „Du wirst es nicht glauben, es sind 665 000, also an jedem Tag fast zweitausend, so steht es nämlich in der Speisekarte", verriet mir Herr Schramm. Dann sagten wir „Auf Wiedersehen" und waren wenig später zu Hause in der großelterlichen Wohnung angelangt. Nun konnte ich mir endlich eine Vorstellung davon machen, wohin Opa jeden Donnerstagnachmittag ging.

Begegnung an der Kette

Ihr durchdringendes, rasselndes und klirrendes Geräusch vernahm man meist schon, bevor man sie zu Gesicht bekam, die Kettenschlepper auf der Elbe. Ich habe als Kind diese eigenartigen Transporter noch kennen gelernt, bis sie um 1935 dann ihren Dienst eingestellt haben. Wie kam es zu diesem Verkehrsmittel und wie funktionierte es?

Um 1866 war zunächst eine fünf Kilometer lange Versuchsstrecke von Magdeburg bis nach Buckau eröffnet worden, die 1874 bis Hamburg verlängert wurde. Vorbild für diese Form der Frachtbeförderung war die bereits bestehende Kettenschifffahrt in Paris auf der Seine. 1869 ist unter Leitung des Dresdner Ingenieurs Bellingrath - eine Straße in Tolkewitz erinnert noch heute an diesen Mann - die Schifffahrtsgesellschaft „Kette" gegründet worden. Zwischen Melnik in Böhmen und Magdeburg verlegte man eine 400 Kilometer lange Eisenkette im Fluss. Seit 1877 besaß diese Gesellschaft in Übigau eine eigene Werft.

Während ich Anfang der dreißiger Jahre einmal neugierig am Johannstädter Elbufer entlangbummelte, näherte sich langsam ein stromauf fahrender Schleppzug. Der aus zwei in Schiffsmitte nebeneinander stehenden Schornsteinen stark qualmende Schlepper war schon eine eigenartige Konstruktion. Bug und Heck des sehr flachen Schiffes fielen gleichermaßen schräg zur Wasseroberfläche ab. Am Bug lief die aus dem Flussbett gehobene Eisenkette über einen drehbaren Ausleger und eine Führungsrolle zur Schiffsmaschine. Mit zwei rotierenden Trommeln hangelte diese das Schiff an der Kette stromauf. Hinter den Trommeln lief die Kette über das Achterdeck ab und verschwand wieder im Fluss. Zwölf schwer beladene Lastkähne zählte ich, die in diesem Schleppzug fuhren. Er konnte etwa sechs Kilometer in der Stunde stromaufwärts zurücklegen, würde also in sechs bis sieben Stunden in Bad Schandau angelangt sein.

Ich schrak zusammen, als der Schlepper plötzlich seine gellende Dampfpfeife ertönen ließ und die Fahrt offensichtlich verlangsamte. Von stromauf erwiderte ein Schiff das Signal. Richtig, in Höhe der Saloppe entdeckte ich jetzt einen talwärts fahrenden Schlepper, der ebenfalls an der Kette hing. Was würde nun geschehen? Bald waren sich beide auf etwa eine Schiffslänge näher gekommen. Ich hatte das Glück, jetzt Zeuge des ziemlich umständlichen Ausweichmanövers zu werden.

Der talwärts fahrende Schlepper, der keine Lastkähne hinter sich hatte, fuhr noch so weit an der Kette, bis er eines der im Abstand von etwa 1 000 Meter angebrachten Kettenschlösser erreicht hatte, Kettenglieder, die sich mit einer Schraube öffnen ließen. Das machten die Männer auf dem talwärts fahrenden Schiff jetzt offensichtlich. Sie lösten ihr Schiff von der Kette und legten gleichzeitig an diese eine kurze Hilfskette an. Nun ging die Fahrt flussabwärts an der Hilfskette weiter, bis beide Schlepper nebeneinander lagen. Jetzt verbanden sie sich zur Fahrt flussaufwärts bis zum Anfang der Hilfskette. Nachdem der Zug diesen Punkt hinter sich gelassen hatte, konnte sich das talwärts fahrende Schiff hinter dem flussaufwärts fahrenden wieder in die Hauptkette einklinken. Ein zeitaufwendiges Begegnungsmanöver war erfolgreich beendet. Später hat es auch Schleppdampfer mit eigener Hilfsantriebsschraube gegeben, die eine Talfahrt außerhalb der Kette ermöglichte.

In einigen Stadtmuseen, z.B. in Dresden und Meißen, werden heute noch Teilstücke der Kette aufbewahrt, die einstmals in der Elbe gelegen hat. Und so mancher alte Dresdner kann sich vielleicht heute noch an das Rasseln und Klappern erinnern, wenn in seiner Jugend ein Kettenschlepper mit schwerer Last elbaufwärts gezogen kam.

Volksfest Vogelwiese

Die alljährlich stattfindende Vogelwiese ist für Dresdner, besonders für Kinder und Jugendliche und da vorrangig für die in der Johannstadt beheimateten, das große Fest ihrer Heimatstadt. Das war schon in meiner Kindheit so.

Ziemlich genau weiß ich noch, wie ich anfangs mit den Eltern, später dann mit Klassenkameraden ans Elbufer gepilgert bin, wenn an einem Sonnabend im Sommer Punkt zwölf die Vogelwiese mit dem Aufmarsch der Schützengilde und dem Aufziehen des Vogels auf die etwa vierzig Meter hohe Stange eröffnet wurde.

Von der elterlichen Wohnung liefen wir durch die Wintergartenstraße zum Bönischplatz, dann ostwärts über die Blumenstraße, vorbei am damaligen Feldherrenplatz, der heute Thomas-Müntzer-Platz heißt, bis wir auf das seinerzeitige Hindenburgufer stießen, das inzwischen den Namen Käthe-Kollwitz-Ufer trägt. Hier lag es dann schon vor uns, das sich zur Elbe hinziehende Vogelwiesengelände, im Westen von der Baumgruppe am Bad von Antons begrenzt, im Osten bis hinter die Schützenhalle reichend, einem festen Holzbau, der auch stehen blieb, wenn die jährliche Vogelwiesenveranstaltung beendet war.

Am Eröffnungstag herrschte schon toller Betrieb. Die Musik unzähliger Karussells und Fahrgeschäfte vermischte sich zu einer vielstimmigen Klangkulisse, einzelne bunte Luftballons in Kugel- oder Wurstform schwebten aus den Gassen zwischen den Buden und Zelten in den Himmel und die Gerüche der angepriesenen „Fressalien", von Bratwurst über Zuckerwatte und türkischen Honig bis zu Fischsemmeln und Spreewälder Gurken vermengten sich zu dem für die Vogelwiese jedes Jahr so typischen Fluidum. Hier war jedenfalls wieder etwas los!

Ich erinnere mich noch daran, dass für mich selbst die Hauptsache eines Vogelwiesenbesuchs darin bestanden hat, mir alles in Ruhe zu betrachten. Wenn meine Schulkameraden später erzählten, in welchen Schaubuden sie gewesen waren und was sie alles ausprobiert hatten, da musste ich meistens passen. Das Taschengeld, das mir die Eltern für den Besuch der Vogelwiese mitgegeben hatten, brachte ich fast immer wieder mit nach Hause. Höchstens, dass ich mir einmal ein Paar Würstchen mit Semmel gekauft und dazu eine Limonade getrunken hatte. Aber das wollte schon etwas heißen! Ansehen und betrachten, das war für mich das Wichtigste, daran hatte ich mein Vergnügen.

Was gab es da aber auch nicht alles zu bestaunen! Unzählige mehr oder weniger große Fahrgeschäfte, vom kleinen Kinderkarussell, durch niedliche Ponypferde bewegt, auf denen man reiten oder in den von ihnen gezogenen Wägelchen sitzen konnte, über Karussells mit prächtig bunt bemalten, im Takt wippenden Holzpferdchen bis zu großen Kettenfliegern, deren Sitze während der Fahrt von der Fliehkraft weit nach außen getragen wurden. Oder die so genannten Krinolinen, ihre steil bergauf und dann wieder bergab fahrenden Wagen verschwanden zeitweise hinter großen Vorhängen, begleitet vom lustvollen Gekreisch junger und älterer Fahrgäste.

Hugo Haase war der Name eines bekannten Fahrgeschäftsinhabers, der zu jeder Vogelwiese mit zahlreichen attraktiven Volksbelustigungen vertreten war. Dann gab es Luftschaukeln, vor denen ich manchmal stehen blieb, wenn ein Mutiger sich so lange hochschaukelte, bis sich die Gondel überschlug.

Neben der großen Achterbahn, die sich über ein weiträumiges Gelände erstreckte, tauchten damals die ersten Auto-Skooter auf. Vom Rande des Fahrfelds aus beobachtete ich interessiert die oft wild hin- und herschießenden kleinen Fahrzeuge, deren lange Stromabnehmerstangen von dem hoch über der Fahrfläche angebrachten Gitter leuchtende Blitze abrissen und die sich oft ineinander verkeilten, wenn deren Insassen nicht erfahren genug im Lenken waren.

Neben solchen Fahrgeschäften gab es noch genügend andere Belustigungen. Etwa das Lachkabinett mit seinen Zerrspiegeln, die Geisterbahn, das Hippodrom, die Drehscheibe, von der die Mitfahrer immer wieder an den Rand geschleudert wurden, und natürlich viele gastronomische Einrichtungen. Dazu gehörten zahlreiche Bierzelte, die Augustiner Konzerthalle, Wurstbuden, Langes „Nürnberger Bratwurstglöcklein" oder das Zelt vom Pschorr-Bräu. Dazwischen wurden Eis, türkischer Honig, Spreewälder Gurken und Rostbratwürste von den Marktschreiern stimmgewaltig angeboten.

„Haut den Lukas!", diese Gelegenheit zur Demonstration männlicher Kraft durfte nicht fehlen. Stelzenläufer, Losverkäufer. Leierkastenmänner oder als elegantere Form Orchestrions mit ihren kunstvoll gestalteten Spielwerken, an deren Fassade sich geschnitzte Figuren im Takt der Musik bewegten, schmetterten Märsche und Melodien aus „Dichter und Bauer" in die Menge.

Fischsemmelverkäufer, Bänkelsänger, „Seiferts Oskar", Schaubuden, in denen Liliputaner oder die „Dame ohne Unterleib" zu sehen waren, das alles gehörte zur Dresdner Vogelwiese und ihrem Flair, das mich jedes Jahr erneut in seinen Bann zog.

Oft habe ich auch an der Absperrung des Schießgeländes gestanden und zugeschaut, wie mit der Armbrust auf die drei auf hohen Stangen angebrachten hölzernen Vögel geschossen wurde. Lautes Gelächter brandete auf, wenn ein Schütze seinen Bolzen weit am Ziel vorbei fliegen ließ. Beifall begrüßte dagegen jeden Treffer, der einzelne der hölzernen Federn des Vogels, einen der beiden Köpfe, die Krone, den Schwanz oder die in den Fängen gehaltenen Kleinodien zur Erde herabstürzen ließ. Die Vögel wurden alljährlich genau nach dem Vorbild der vorangegangenen Jahre gebaut. Sie maßen vier Meter vom Schwanz bis zum Federbusch, allein das Zepter war 1,25 Meter lang. Jedes abgeschossene Teil der Zielfigur wurde besonders bewertet. Schützenkönig war derjenige, der das Herzstück des Vogels zur Erde brachte.

Abschließender Höhepunkt der Vogelwiese war dann alljährlich das große Freitagsfeuerwerk. Oft sind die Eltern an diesem Abend mit mir auf den Dachboden unseres Wohnhauses gestiegen, und durch ein Dachfenster haben wir die vom Elbufer in den Himmel hochsteigenden Raketen beobachtet.

Ja, es war schon ein beeindruckendes Ereignis meiner Kinder- und Jugendzeit, die Dresdner Vogelwiese, von der es hieß:

„Man fühlt sich wie im Paradiese,
's ist wieder einmal Vogelwiese."

Zwar gibt es sie inzwischen längst wieder am alten Ort, die Dresdner Vogelwiese. Und doch erscheint sie mir heute bei einem Besuch ganz anders als in meiner Kindheit. Das dürfte wohl nicht nur daran liegen, dass sich die Betrachterperspektive mit der Körpergröße des inzwischen erwachsen gewordenen kleinen Knirpses von damals um einiges verändert hat.

Wenn in der Annenstraße die Feuerwehr ausrückte

Die erste Zeit meiner Kindheit, es waren die Endzwanziger bis Anfang der dreißiger Jahre, habe ich in der Nähe des Postplatzes verlebt. Direkt hinter der Annenkirche stand nämlich mein Geburtshaus, in dessen Erdgeschoss sich das Baumwollhaus Hänel befand. Damals war die Annenstraße sehr belebt. Fünf Straßenbahnlinien fuhren hier vom Postplatz kommend, drei davon bogen vor der Annenkirche zum Freiberger Platz ab, zwei verkehrten weiter in Richtung Sternplatz. In den Häusern beiderseits der Straße gab es viele kleine Läden. So manches ist mir noch in Erinnerung geblieben, was einen kleinen Jungen damals interessiert hat. Dazu gehörte auf jeden Fall das Ausrücken der Feuerwehr. Auf dem Weg zum Postplatz kam ich nämlich an der Hauptfeuerwache vorbei, die sich etwa in Höhe der Einmündung der Großen Zwingerstraße befand. Durch die vergitterten Tore konnte man in den Hof blicken, in dem manchmal Feuerwehrautos standen, wenn sie gewaschen und überholt wurden. Hatte ich besonderes Glück, erlebte ich auch ihr Ausrücken.

Schon beim Verlassen des Hofes ertönten ihre schrillen Klingelsignale, später wurden die Wagen dann mit Sirenen ausgerüstet. In der Mitte der Annenstraße hing in Höhe der Ausfahrt ein länglicher Kasten über der Oberleitung der Straßenbahn. Dessen sonst geschlossenen Längsseiten wurden über einen Seilzug jetzt beim Ausrücken der Wehr heruntergeklappt und gaben für alle Verkehrsteilnehmer sichtbar den Schriftzug „Halt! Feuerwehr" frei. Straßenbahnen und Autos hatten nun zu stoppen, während die Wagen der Feuerwehr aus dem Tor brausten. „Wo mochte es wohl brennen?", fragte ich mich, wenn ich Zeuge eines solchen Vorgangs war, und beobachtete mit Interesse, wie sich die Männer auf den Feuerwehrautos noch eilig ihre Helme festschnallten. Schnell wie ein Spuk war das Ganze vorbei, während man die Signale noch eine Weile hören konnte, bis sie der nun wieder einsetzende Verkehr mit seinem Lärm übertönte. Auch der Signalkasten über der Straße hatte sich inzwischen schon geschlossen.

Wieder einmal hatte ich ein mich jedes Mal neu faszinierendes Erlebnis gehabt, das im Alltag einer Großstadt nichts Besonderes darstellte, mir aber immer noch lange Gesprächsstoff geboten hat, wenn ich dann abends mit den Eltern in unserem Wohnzimmer saß. Bei der Gelegenheit erzählte mir Vater eine kuriose Geschichte. „Als ich heute in Loschwitz war, kam ich am Veilchenweg vorbei. Da hatte es gerade einen Verkehrsunfall gegeben. Rate mal, wer dort mit wem zusammengestoßen war." Ich meinte, vielleicht zwei Autos, ein Motorrad oder ein Pferdewagen. „Alles falsch. Ein Möbelwagen ist mit der Schwebebahn zusammengeprallt. Die überquert nämlich dort den Veilchenweg. Und gerade als ihre Gondel über die Straße schwebte, stieß sie auf das dort fahrende Möbelauto. Zum Glück sind keine Personen verletzt worden, es gab nur Schäden an den beiden Fahrzeugen." Am nächsten Tag habe ich dann sogar ein Bild von diesem Zusammenstoß in der Zeitung gesehen.

Von der Falkenbrücke dem Zug in die Esse spucken

Als die Eltern mit mir nach Johannstadt gezogen waren, da habe ich von dort aus oft Oma Clärchen auf der Annenstraße besucht. Mit der Straßenbahn Linie 26 bin ich da meist bis zur Haltestelle Falkenstraße gefahren. Manchmal kam ich auf der Route über Neustadt, manchmal auch aus der entgegengesetzten Richtung über den Hauptbahnhof. Das war möglich, weil die „26" auf einem Rundkurs um die Dresdner Innenstadt fuhr. Ich habe an der Dürerstraße, wo ich von zu Hause aus einsteigen musste, stets die Bahn genommen, die als Erste kam.

Von der Haltestelle Falkenstraße bin ich immer erst noch die wenigen Schritte in südwestliche Richtung auf die damals dort befindliche Falkenbrücke gelaufen. Unter mir erstreckte sich die Eisenbahnlinie vom Hauptbahnhof zum damaligen Bahnhof Wettiner Straße, dem heutigen Bahnhof Mitte. Da herrschte viel Zugverkehr. Mitten auf der

Brücke spielte ich dann ein damals für uns Jungen sehr reizvolles Spiel. Es galt abzuwarten, bis ein Eisenbahnzug unter der Falkenbrücke hindurchfuhr. Kam er, dann bestand das Vergnügen darin, von der Brücke aus in die Esse der Lokomotive zu spucken. Dazu musste man sich natürlich genau über die Mitte des befahrenen Gleises stellen. Es gehörte schon einige Übung dazu, dass die Spucke genau in die Esse traf. Verhältnismäßig einfach war es, wenn der Zug auf die Brücke zufuhr. Da sah man die Lokomotive schon von weitem kommen. Mit etwas Geschick hatte man es bald heraus, wann man losspucken musste, um in die Esse zu treffen.

Wesentlich schwerer war es, wenn der Zug aus der Brückendurchfahrt unter mir herauskam. Aber nach etlichen Versuchen ließ sich auch das erlernen. Oft standen noch andere Kinder am Brückengeländer und vergnügten sich auf diese Art und Weise. Es gab dann stets großen Beifall, wenn einer einen „Volltreffer“ gelandet hatte.

Einmal ist es mir allerdings passiert, dass die Lokomotive schwere schwarze Rauchwolken ausstieß, während ich mich gerade über das Geländer beugte und meinem „Geschoss“ nachsah. Ich kam dann ziemlich verschmutzt bei der Großmutter an und musste ihr ausführlich erklären, wo ich mir die rußige Färbung meines Gesichts eingehandelt hatte. Aber gesessen hatte mein Geschoss, das war mir doch eine große Befriedigung.

Drei Namen in einem

Auch in Dresden waren so manche Namen von Straßen und Plätzen häufiger Veränderung unterworfen. Das ergab sich meist aus der jeweils aktuellen Staatsform. Da wurden - und werden - oft Straßen und Plätze, die nach Personen des öffentlichen Lebens benannt sind, umgetauft, wenn diese Personen dem neuen Regime nicht mehr genehm sind oder andere „geehrt“ werden sollen.

Ein solches Beispiel ist der am Altstädter Brückenkopf der Carolabrücke, die zu DDR-Zeiten zwischenzeitlich auch Dr.-Rudolf-Friedrichs-Brücke geheißen hat, gelegene Platz. Zunächst trug er im alten Dresden den Namen Amalienplatz, analog zu der ihn mit dem Pirnaischen Platz verbindenden Amalienstraße. Dieser Name bezog sich auf die Herzogin Amalie, die Schwester der Könige Friedrich August II. und Johann von Sachsen. In den zwanziger Jahren unseres Jahrhunderts wurde er zur Erinnerung an den 1922 ermordeten deutschen Außenminister in Rathenauplatz umbenannt. 1933 kamen die Nationalsozialisten an die Macht. Das brachte auch für Dresden viele Umbenennungen von Straßen und Plätzen, insbesondere wurden alle Namen getilgt, die an jüdische Persönlichkeiten erinnerten. Aus dem Rathenauplatz wurde der Schlageterplatz. Damit sollte ein Vorkämpfer der NSDAP geehrt werden, der während der Rheinlandbesetzung durch die Franzosen im Sinne der Nazi-Partei Sabotageakte verübt hatte, bis er von der Besatzungsmacht 1923 schließlich gefangen genommen und standrechtlich erschossen worden ist.

Drei Namen hatte der Platz also im Verlauf von etwa dreißig Jahren getragen. Der Dresdner Volksmund nahm das nicht kommentarlos zur Kenntnis. Aus den Anfangsbuchstaben von Amalien-, Rathenau- und Schlageterplatz entstand der A-R-SCH.

Heute weist ihn der Dresdner Stadtplan wieder als Rathenauplatz aus.

KÜNSTLER-MACKEN UND -MERITEN

WENN KUNST NICHT HELFEN KANN,
KANN GAR NICHTS HELFEN.
DEUTSCHES SPRICHWORT

Andreas René Lux

Wie ein Dresdner Mordopfer in Thomas Manns „Dr. Faustus" gelangte

Dresden hat etwas Mütterliches, sagte Romancier Martin Walser vor Jahren einmal. Dass der Stadt aber auch etwas Stiefmütterliches anhaftet, registriert zuweilen nur der aufmerksame Zeitgenosse. Denn keiner würde auf die Idee kommen, Dresden - dessen Ruf als Kunststadt sich in erster Linie auf die Architektur und Musikkultur, bildende und darstellende Kunst gründet - eine Stadt der Dichter zu nennen. Gleichwohl mit Goethe, Schiller, Kleist, Lessing, Tieck, Herder, Paul, Dostojewski, Ibsen, Gjellerup, Hauptmann, Hasenclever und anderen die Großen der Dichtkunst das deutsche Florenz beehrten und sich von ihm inspirieren ließen.

Dass freilich auch düstere Ereignisse eine ungeheure Anziehungskraft haben, wissen wir nicht erst seit Shakespeare. So kennt die Geschichte der Menschheit eine Vielzahl an Morden, die zum Gegenstand literarischer Werke wurden. Zu ihnen gehört auch ein tragisches Dresdner Ereignis aus dem Jahre 1901, das den großen deutschen Literaten Thomas Mann zu seinem Roman „Doktor Faustus" anregte. Zu jenem Werk, das, am 17. Oktober 1947 im Stockholmer Bergmann-Fischer-Verlag erschienen, vom Autor selbst dann als Antwort des deutschen Emigranten auf die Ursachen für den Irrweg seines Vaterlandes nach der Weimarer Republik bezeichnet wurde.

Den Ausgangspunkt für die Romanidee lieferte dabei jene damals durch die deutsche Presse gehende Schreckensmeldung, dass in Dresden ein Musiker ermordet worden sei. Von dieser Tragödie war der seinerzeit in München lebende Autor in spe (im Herbst desselben Jahres sollten seine „Buddenbrooks" erscheinen) so ergriffen, dass er seine Dresdner Tante, Hilde Distel, bat, ihn über die Vorgänge zu unterrichten. Denn von seiner anderen, zu jener Zeit schon in Blasewitz lebenden Tante, Elisabeth Amalia Haag (1838-1917), deren unglückliche Lebensgeschichte (zwei gescheiterte Ehen) zum großen Ärger der Dame in sein erstes Hauptwerk einging, konnte er diese Hintergrundinformationen nicht erwarten. So wandte er sich mit seinem Anliegen im Brief vom 14. März 1902, in dem er sich als „halber Dresdner" bezeichnete, also an Hilde Distel und schrieb u.a.:

„Durch die Journale ging vor einiger Zeit eine trübe Geschichte, die sich in Dresden zwischen einem jungen Musiker, einem Mitglied des Hof-Orchesters, und einer Dame der Gesellschaft zugetragen hat. Es handelt sich hierbei um eine langjährige unglückliche Liebe vonseiten der Frau, und eines Abends nach dem Theater nahm die Sache im Trambahn-Wagen ein böses Ende. Sie wissen nun, was ich meine, zumal Sie beide Theile persönlich gekannt und damals lebhaften Antheil an der Sache genommen haben. Mir hat sie, aus Gründen theils technischer und theils seelischer Natur, einen ganz merkwürdig starken Eindruck gemacht, und es ist nicht unmöglich, dass ich mich ihrer einmal als Tatsachen- und Fabel-Gerippe zu einer wundervoll melancholischen Liebesgeschichte bediene." Weiterhin äußerte er die Bitte, „die ganze Geschichte von ihren Uranfängen bis zu dem Schluss- und Knalleffekt recht genau, recht eingehend, recht ausführlich zu erzählen". Dem jungen Autor ging es vor allem um Details, die Vorgeschichte, die Personen sowie den genauen Tathergang. Er versprach sich durch die Verwendung des Faktenmaterials eine „stimulierende Wirkung". Darüber hinaus sicherte er zu, die Tragödie später einmal nicht wieder erkennbar zu verarbeiten.

Wie wir heute wissen, erfüllte sie ihm diese Bitte, und sein im frühesten Stadium gefasster Plan der literarischen Verwertung wurde über 40 Jahre später im Abschnitt XLI des Faust-Romans verwirklicht. Da der Dichter besonderes Gewicht auf die Porträts seiner Figuren legte, gestaltete er die Handlung und die Figuren nach seiner Quelle. So auch im Falle „Rudolf Schwerdtfeger", der im wirklichen Leben Gustav Adolf Gunkel (1866-1901) hieß und im Buch dem Urbild gleich als „lockig aufstrebender Blondhaarschopf" beschrieben wird. Der Nachwelt blieb der einer grotesken Liebesgeschichte zum Opfer gefallene Musiker somit erhalten. Doch wer war dieser Unglückliche, der ein so tragisches Ende fand?

Adolf Gunkel war ein junger, hoffnungsvoller Musiker, der sich in Dresden als Orchestermusiker, Violinist und Tonsetzer an der Königlich-Sächsischen Hofoper mehrfach hervorgetan hatte. Durch seine „solide Technik", wie der DRESDNER ANZEIGER 1888 schrieb, eroberte er die Gunst des Publikums. 1895 wurde seine nach dem gleichnamigen Roman von Karl Dibbern (1855-1919) komponierte Oper in drei Akten, „Attila", in Dresden uraufgeführt. Seine Liedkomposition „Kleine Schöne, küsse mich" wurde in Dresden ein Gassenhauer, und vermutlich zu seiner Schicksalskomposition. Denn der 35-jährige Musiker, der die Liebesbeteuerungen einer Dresdner Dame, welche die musikalische Aufforderung wörtlich nahm, nicht erwiderte, musste dies mit seinem Leben bezahlen. Paul Adolph (1868-1941) beschrieb den Unglücksfall von Blasewitz 1932 in seinem Buch „Vom Hof- zum Staatstheater" dabei folgendermaßen:

„Wir vereinigten uns in jener Zeit in vortrefflichem Verhältnis zu unseren Vorgesetzten in gewissen Zeitabständen an froher Tafelrunde im damaligen Palais de Saxe am Neumarkt. Als wir auch an diesem Abend sehr vergnügt zusammensaßen, kam gegen 11 Uhr die Meldung, dass soeben das Mitglied der Königlichen Kapelle, Kammermusiker Gunkel, in einem von der Oper nach Blasewitz fahrenden Straßenbahnwagen erschossen worden sei. Der Stellvertreter des Polizeipräsidenten und Vorstand der Kriminalabteilung, Oberregierungsrat Koettig, ein Polizeirat und ich begaben uns nach dem Straßenbahnhof an der Pfotenhauerstraße, wo der Wagen mit der Leiche Gunkels, eines jungen, blühenden Mannes und ausgezeichneten Künstlers, abgesperrt stand. Eine hochgradig hysterische ältere Frau, die ihn auf Schritt und Tritt verfolgte, ihm Geschenke machte und sich offenbar nicht genügend beachtet fühlte, hatte Gunkel, der ihr in der voll besetzten Straßenbahn ziemlich entfernt schräg gegenüber gesessen hatte, mit einem unter künstlichen Blumen verborgenen Revolver niedergeschossen und sofort tödlich getroffen; es war ein Wunder, dass der Schuss bei der immerhin nicht ganz geringen Entfernung sofort getroffen hatte. Wie uns die Frau sodann im Polizeipräsidium gestand, hatte sie ursprünglich beabsichtigt, Gunkel schon im Opernhause von ihrem Platz in der ersten Parkettreihe aus während der Vorstellung zu erschießen, doch war die Entfernung zu groß gewesen oder irgendetwas anderes dazwischengekommen.

Gründe für ihre Tat konnte sie in ziemlicher Stumpfheit nicht angeben. Sie ist dann auch, soweit ich weiß, infolge von Geisteskrankheit unbestraft geblieben, wurde aber nach ihrem Heimatland Böhmen gebracht und dort interniert. Die Trauer um Gunkel war allgemein groß, und noch heute ist er in der Kapelle unvergessen."

Der Tod des Tonschöpfers und Kammermusikers machte in Dresden schnell die Runde. Sein Vater, Anton Gunkel, ein aus Wien gebürtiger Schneidermeister in Strehlen, der in Blasewitz das Fährgässchen 2 besaß, hat den Verlust seines Sohnes nie verwunden. Auch Landsmann Ernst von Schuch, dem die musikalische Leitung der Gunkel-Oper „Attila" und des letzten Gunkel-Auftrittes in der Nausikaa-Oper am 20. März 1901 oblag, äußerte sich in seinen Erinnerungen ergriffen. Entsprechend groß war die Anteilnahme, als Gunkel Ende März jenes Jahres auf dem Trinitatisfriedhof (Wandgrab III K 34) beigesetzt wurde.

Mit der figürlichen Abmalung in seinem „Doktor Faustus" setzte Thomas Mann ihm dann ein Denkmal. Ähnlich wie Schillers „Gustel von Blasewitz" wurde der Musiker damit zum unvergessenen Urbild einer Romanfigur.

SIEGFRIED THIELE

Kinoschund im Dedrophon-Theater

Mach dir ein paar schöne Stunden und - meide das Kino! Zehn Jahre nachdem die Skladanowskys in Berlin und die Lumieres in Paris den Bildern das Laufen beigebracht hatten, wettern noch immer die Verächter der „zehnten Muse“, der kultivierte Mensch müsse sich doch entsetzen über die Leinwandbilder, wo die Figuren tobten, schrien, röchelten in vernichtender Raserei und Augen blutunterlaufen stierten wie im Wahnsinn. Ein Herr Noack bezeichnet die Filmemacher als Kineschundfabrikanten, die an die niedrigsten Instinkte appellierten, Gemeinheit herausforderten, Brutalität züchteten, die Jugend vergifteten und soziale Werte zerstörten.

Dennoch, 1906 ist das Jahr des Kinos in Dresden. Es trennt sich endgültig von gelegentlichen und provisorischen Spielstätten, wandert von den Schaubuden der Vogelwiese ab in die Innenstadt und etabliert sich dort in eigenen Häusern. Da ist Herr Dederscheck. Sein „Dedrophon-Theater“ in der Wettinerstraße 34 nennt er stolz „Dresdens erstes, größtes und vornehmstes Unternehmen dieser Art.“ Es ist bezahlbar auch für den kleinen Mann. 20 Pfennig kostet der zweite Platz. Von drei Uhr nachmittags bis elf Uhr abends präsentiert es ununterbrochen ein buntes wie anspruchsloses Programm: „Dem Tode entrissen“, „Vom Auto überfahren (hochkomisch)“, „Die gefoppte Wirtin (humoristisch)“ oder „Wenn die Not am größten (Drama aus dem Leben)“. Die Besucher kommen in Scharen, die Kinokasse klingelt.

Am Jahresende betreibt Otto Dederscheck bereits Filialen in der „Musenhalle Löbtau“ und im ehemaligen Kaufhaus Fortuna in Deuben. Und Konkurrenz kommt wöchentlich hinzu: Das „Welt-Theater“ auf der Scheffelstraße bietet Naturfilme: „Quer durch Afrika“ oder „Die Schweiz im Winter“. Auf der Marschallstraße 18, Ecke Steinstraße, sind schon die Amerikaner eingezogen. Das „American-Theater“ preist seine „Moving Pictures“ als „neueste Errungenschaft“ und „vollständig flimmerfrei“. Da wird auch Vater König neugierig und prüft mit den beiden älteren Prinzen im „Dedrophon“ wohlwollend die Hoffähigkeit des Kintopps.

Während also Zeus' jüngste Tochter Kinematographia zunächst vom erhabenen Elbflorenz, der Stadt der Musen, recht kühl empfangen wurde, hatte sie sich bald „dem Geiste der Dresdner Kultur angepasst“, wie O. Th. Stein, Dresdens erster Filmpublizist, bemerkte. Der Kunststadt an der Elbe würdig, so meinte der Zeitzeuge, habe sich jedoch erst das 1911 von Martin Pietzsch erbaute „Union-Theater“ (U.T.) auf der Waisenhausstraße erwiesen. Es verfügte über 1 000 Sitzplätze und war ein besonders vornehmes und zugleich intimes Theater. Bei durchaus reparablen Schäden überlebte es als einziges City-Kino die Bombennacht von 1945. Knapp 20 Jahre später, einsam und verlassen auf einem beräumten Trümmerfeld, wich es nur unter Protest Spitzhacke und Bagger.

Heinrich George als Klettermaxe

Zunächst betrachtet Vizefeldwebel Heinrich George das Kriegsgeschehen als eine Art Ein-Mann-Revue mit großem Theaterdonner. Die Kameraden nennen ihn „den Komiker“. Selbst volltrunken deklamiert der „Großherzoglich-Mecklenburgische Hofschauspieler“ Monologe und Verse fehlerlos. Jedoch mit dem nahen Tod im Schützengraben kommt die Ernüchterung. George dreht durch, schießt Munition in die Luft, wirft die Flinte ins Korn und rezitiert „mit weinerlichem Pathos“ Schillers „Glocke“. In der Stettiner Irrenanstalt Kückemühle wird der 23-Jährige beobachtet und darauf als wehruntauglich nach Hause geschickt.

Im Frühjahr 1917 verschlägt es den Mimen nach Dresden, wo er sich auf der Bühne des Alberttheaters als äußerst bühnentauglich erweist. In einem Kurzdrama von Oskar Kokoschka, der mit George in der Loschwitzer „Felsenburg“ logiert, beeindruckt er sogar den namhaften Feuilletonisten der DRESDNER NEUESTEN NACHRICHTEN, Camill Hoffmann (1944 in Auschwitz ermordet): Der Kautschukmann des Herrn George sei die unheimlichste Person im „Brennenden Dornbusch“ gewesen, eine Erscheinung aus Daumiers oder wohl Willettes Spießerfratzenalbum, dämonisch lüstern, bizarr in Sprüngen, Armschwingungen, seltsamen Lauten...

Bizarr und seltsam gebärdet sich der Vollblutkomödiant George auch nach Zechgelagen im nächtlichen Dresden. Als Klettermaxe findet man ihn an Häuserfassaden in Schwindel erregender Höhe. Kein Schwindel! Von seinen Ausflügen nämlich bringt er meist ein Beweisstückchen mit. Auch der Goldene Reiter zieht ihn magisch an. Eines Tages klettert er behände auf den Sockel und schwingt sich in den Sattel hinter Landesvater August. „Vielleicht werde ich auch mal so ein Fettwanst“, soll der Denkmalstürmer nicht ganz unbegründet geäußert haben.

Nach 24 Rollen auf der Alberttheater-Bühne brilliert George im Juni 1918 im Centraltheater als „Der kleine Napoleon“. Als kleiner Casanova erobert er das Herz einer jungen wie hübschen Bühnenkollegin. Sie wohnt in Weidners Sanatorium in Oberloschwitz - und will ihn nicht empfangen. Da entfaltet der jugendliche Liebhaber seine gefürchteten Kletterkünste, steigt grollend auf den Baumwipfel am Fenster der Angebeteten und übernimmt die Rolle des liebestollen Pans, ruft wie ein Käuzchen, röhrt wie ein Hirsch und bemüht noch einige grässliche Tiere...

Am darauf folgenden Morgen sieht man ein trautes Pärchen auf dem Balkon beim Kaffeetrinken. Dann nimmt „Heinrich der Klettermaxe", in dessen Seele sich Engel und Teufel katzbalgten, Abschied vom alten Dresden.

Heinrich George, der in der deutschen Theaterlandschaft als mimisches Urgestein mit wuchtiger Statur agierte („Der Postmeister", „Der Biberpelz"), führte auch Regie und wirkte 1938 als Intendant des Berliner Schillertheaters. Nach Kriegsende wurde George, der auch in NS-Filmen wie „Jud Süß" oder „Kolberg" mitwirkte, von den Sowjets verhaftet und in Sachsenhausen interniert, wo er 1946 erkrankte und starb. Sein letztes Wort soll „Götz" gewesen sein. Sohn Götz George wurde 1938 in Berlin geboren. Die Schauspielerin Berta Drews-George (1901-1987) war dessen Mutter.

Otto Griebel
Trompeten wider den Oberdada

Während meiner Sommerreise hatte ich den Entschluss gefasst, mich um Aufnahme als Schüler der Akademie zu bewerben. Nach der Reise packte ich mein 1914 bei Petroleumlicht auf Pappe gemaltes Selbstporträt in einen Bogen Papier ein und suchte Professor Sterl in seinem Atelier auf.

Zunächst meinte er, ein Modell vor sich zu haben, denn in meinem Manchesteranzug, rotem Hemd und mit meinem Backenbarte sah ich wohl ganz so aus.

Sterl hatte eben den Herausgeber des Kunstwart, Ferdinand Avenarius, bei sich zu Besuch. Ich durfte eintreten, brachte meinen Wunsch heraus, stellte das Selbstbildnis vor die beiden Beschauer, die es aufmerksam betrachteten. „Na schön", erklärte Sterl schließlich, „jetzt kommen viele aus dem Felde wieder, die Plätze an der Akademie sind knapp. Doch die mitgebrachte Sache genügt mir. Haben Sie denn einen wirklichen Drang zur Kunst?" Mehr verlangte er gar nicht zu wissen und nahm mich sofort ohne jede Aufnahmebedingungen anderer Art als Schüler für das folgende Semester an. Darüber war ich höchst erfreut, hatte ich doch nun ein neues Ziel vor Augen.

Im Spätsommer 1919 dann stellten Paul Cassel und ich in den oberen Räumen des Kunstsalons Richter gemeinsam erstmals Arbeiten aus, die seit Kriegsende entstanden waren. Bei meinen handelte es sich um kleinformatige, abstrakte Kompositionen. Der Erfolg davon war, dass mich der Kritiker Dr. Felix Zimmermann im DRESDNER ANZEIGER ziemlich herunterriss und schrieb, die von mir gezeigten Bilder und Zeichnungen seien „traurige Kuriositäten unserer Zeit".

Im Herbst nun begann meine Akademiezugehörigkeit. Wir Neuaufgenommenen wurden von dem damaligen Direktor, Professor Georg Lührig, auf der Brühlschen Terrasse eingeführt und verpflichtet. Nachher erhielt ich ein Atelier am Antonplatz, hoch droben unterm Dach, zugewiesen. Hier arbeiteten Studierende der Professoren Gussmann und Robert Sterl, die uns da auch in gewissen Zeitabständen aufsuchten und Lehren über das, was wir zeichneten oder malten, erteilten, ohne aber die gewählten Themen zu kritisieren oder gar anzufechten. Ein jeder von uns durfte sich auf der Leinwand oder dem Papier ausdrücken, wie es ihm nur gefiel; mit der einzigen Forderung der Professoren, dass immer wieder einiges Neue zu sehen war.

Sterl hatte drei seiner Schüler da heraufgesetzt, den aus Altenburg stammenden Walter Jakob, den Schandauer Otto Meister und mich. Bei Gussmann waren es Peter August Böckstiegel, Otto Dix, Bernhard Kretzschmar, Heinz Leverenz - ein Bielefelder -, Irene Rabinowicz, die erste nach dem Kriege aufgenommene weibliche Studierende der Akademie übrigens, Hubert Rüther und Sergius Winkelmann, der schon bei Gotthardt Kuehl studiert hatte.

Ich begann die abstrakte Richtung mehr und mehr zu verlassen, malte als erste größere Sache ein Kaffeehausbild mit mosaikartig übereinander gesetzten Figuren, ohne aber dabei leicht zurechtzukommen. Doch Sterl sah sich meine Mühen, wenn er bei mir im Atelier erschien, geduldig an, bis er endlich sagte, ich solle das Bild lieber erst mal wegstellen und mich nicht daran festfahren. „Ganze Symphonien müssen Sie über die Wände hinwegbrausen lassen", meinte er zu meiner Ermutigung, „ach, nur immer ran, wenn auch mal was schief geht."

Neben mir arbeitete Sergius Winkelmann, der noch immer Porträts im Kuehlschen Stil malte, und gegenüber hatte Dix ein geräumiges, langes Atelier, an dessen Tür ein Zettel angebracht war, auf dem geschrieben stand: „Störende Besuche unerwünscht."

Trotzdem ließ mich Dix, der wie ein Berserker arbeitete, immer wieder bei sich ein und zeigte mir seine neue Produktion. Es waren Bilder der Seemanns- und Hurenromantik mit eingeklebten Stammbuchblümchen, Aktfototeilen oder Gaze- und Flitterzutat. Von Böckstiegel und Kretzschmar merkte man hier oben nicht viel. Sie hielten die Türen fest verschlossen. Dafür pflegte ich mit Leverenz, Rüther und Irene Rabinowicz, die expressionistisch malte, einen regen Gedankenaustausch.

Gemeinsam mit Elis begab ich mich öfters abends auch zu Vio und Erwin Schulhoff, die sich inzwischen auf der Ostbahnstraße ein Atelier mit Nebenraum gemietet hatten. Dix, der Vios Freund geworden war, erschien ebenfalls dort. Zwischen Erwin Schulhoff und mir kam es nun zu der Vereinbarung, im Dresdner Rudolf-Kaemmerer-Verlag eine Mappe über zehn Musikthemen herauszubringen, zu denen ich gleich viele handkolorierte Lithographien zeichnete. Kaemmerer war auch einverstanden damit, und in nur wenigen nummerierten und signierten Exemplaren wurde die Mappe veröffentlicht. Nummer eins kaufte Hugo Stinnes. Ansonsten verdienten wir nicht viel dabei, denn die Druckkosten wogen beinahe den Gewinn auf.

Der Winter kam. Unweit vom Antonplatz befand sich an der Marienstraße die Stempelstelle der Erwerbslosen, zu denen auch ich gehörte. Wir nannten den immer vollen Hof des Gebäudes den „Schweinemarkt". Auf ihm wurden rege politische Diskussionen abgehalten, an denen ich ständig beteiligt war und die den Gegnern unserer politischen Anschauungen hart zusetzten. Seltsame Gestalten tauchten da auf: Bibelforscher, Anarchisten, Syndikalisten, stellungslose Weiber, entlassene Zuchthäusler und Weltverbesserer aller Schattierungen.

Im zeitigen Frühjahr 1920 erlebte Dresden eine besondere Sensation, als die Konzertdirektion Schönfelder im Saale der Kaufmannschaft eine „Dadaistische Soiree" veranstaltete, die in den Tageszeitungen groß angekündigt worden war und einen derartigen Zulauf hatte, dass der Saal schließlich wegen Überfüllung polizeilich geschlossen werden musste.

Als Einleitung las der Mitbegründer des „Clubs Dada", Richard Huelsenbeck, der sich ein Monokel vors Auge geklemmt hatte und eine weiße Chrysantheme am Jackett trug, mit blasierter Stimme das „Dadaistische Manifest" vor.

Schon hierbei wurden in der Zuhörerschaft Unwillensbekundungen laut. Dann wurde dem Publikum der Oberdada Baader, ein vollbärtiger, untersetzter Mann, vorgestellt. Dieser lief lediglich auf der Bühne hin und her, rauchte eine Zigarre und sagte gar nichts. „Erfassen Sie den historischen Moment", rief Huelsenbeck dem Publikum zu, „betrachten Sie genau, wie der Oberdada sich bewegt, wie er raucht - beobachten Sie ihn gut."

Die Antwort war ein wiehernder Tumult mit Kindertrompetentönen dazwischen. Als nachher Richard Huelsenbeck und Raoul Hausmann das Gedicht „Das Messer" in bruitistischer Weise vortrugen, wuchs der Radau immer mehr an und wurde noch ärger, als einer der Dadaisten erklärte: „Die gesamte bisherige deutsche Literatur ist nutzlos. Alles, von Goethe bis Hasenclever, gehört ins Klosett." Wütend und bis zum Äußersten gereizt erkletterten mehrere Zuhörer die Bühne, von der ein junger Student in die Menge rief: „Volk Goethes - und das lässt du dir gefallen?"

Eine wilde Prügelei entstand, aus der Raoul Hausmann sich hervorwand und Grimassen schneidend ein Gorillagebrüll anstimmte. Kammersänger Robert Burg, der auch auf die Bühne gestiegen war und schlichtend eingreifen wollte, stolperte über ein Bein und stürzte herunter, mitten in einen Knäuel sich Prügelnder. Da erklomm der Oberdada, dem die Zähne bluteten, die Bühne, blies laut tönend in ein Muschelhorn und schrie: „Meine Herrschaften! Dieses ist die große Schlussnummer unserer Attraktion: 'Dada als Tierbändiger'!"

Den Dada-Leuten blieb nichts weiter übrig, als sich durch eine Hintertür zurückzuziehen und in Sicherheit zu bringen, denn der ganze Saal tobte, verlangte nach der Polizei und forderte das gezahlte Eintrittsgeld zurück. Da erstieg der abgerissen aussehende Dichter Ivar von Lücken, ein hagerer Bohemien, das Podium, legte einen Geldschein aufs Pult und erklärte: „Hiermit gebe ich den Dadaisten meine letzte Mark!" Als der Saal sich endlich leerte, riefen wir den abziehenden Besuchern höhnisch nach: „Dadaistischer Großsieg!"

Maler-Magnet ASSO

Mit der beginnenden Wirtschaftskrise wuchs die Arbeitslosigkeit in den kapitalistischen Ländern rapid an. Der berüchtigte Zeitungsmagnat und Initiator des Volksbegehrens gegen den Young-Plan, Alfred Hugenberg, trat als Motor der auf die Faschisierung Deutschlands gerichteten deutschnationalen Bewegung hervor. Die Klassengegensätze verschärften sich zusehends. Nachdem Genosse Herbert Gute bereits mit der Berliner Assoziation revolutionärer bildender Künstler im Vorjahre Fühlung genommen hatte, gingen wir im Februar 1929 auch in

Dresden daran, eine gleiche Organisation zu gründen. In Eugen Hoffmanns Atelier fand eine erste Besprechung und Festlegung der Arbeitsrichtlinien auf der Grundlage des Manifestes der ARBKD statt, das mit den Worten schließt: „Es ist eine geschichtliche Tatsache, dass revolutionäre Umwälzungen stets einen gewaltigen Aufschwung auf allen Gebieten des Lebens mit sich bringen; während aber Umwälzungen vergangener Epochen mit ihren Errungenschaften nur einer herrschenden Minderheit zugute kamen, dient die soziale Revolution der Befreiung und Höherentwicklung der Menschheit.

Aus der soeben dargelegten Erkenntnis der revolutionären Künstlerschaft ist die 'Association revolutionärer bildender Künstler Deutschlands' (ARBKD) ins Leben gerufen worden. Bildende Künstler! Ihr alle leidet unter den entsetzlichen Zuständen und seid gezwungen, unter furchtbarsten Entbehrungen und Demütigungen zu leben und zu schaffen! Erkennt die Ursache unseres elenden Daseins! Euer Elend wurzelt in denselben Ursachen wie das des Proletariats!

Darum gehört ihr an die Seite des kämpfenden Proletariats. Die Künstler haben, gleich der Arbeiterschaft, 'nichts zu verlieren als ihre Ketten, aber eine ganze Welt zu gewinnen!' Schließt euch an!"

Zunächst wurden die Maler, Grafiker und Plastiker von uns zu einer Zusammenkunft geladen, die Genossen waren oder der Partei nahe standen und dann den Mitgliedschaftskern bildeten: Wilhelm Dodel, beide Grundigs, Werner Hofmann, Waldo Köhler, Wilhelm Lachnit, Alexander Neroslow, Curt Querner, Fritz Schulze und dessen spätere Frau Eva Knabe, dazu Herbert Gute, Eugen und Rose Hoffmann und ich.

Alsbald kamen auch noch viele andere hinzu, wie Max Busyn, Herbert Ebersbach, Johnny Friedländer, Ernst Grämer, Curt Großpietsch, Guido Hebert, Rudolf Hopta, Willi Illmer, Rudi Michel, Horst Naumann, Kurt Schütze und Walter Sperling. Nur Grämer und Großpietsch waren parteilos, der Maler Hans Jüchser gehörte nur einige Zeit der KPD und unserer ASSO an. Sie zählte schließlich mehr als dreißig aktive Mitglieder. Im Wesentlichen hielten wir uns an die Statuten der Berliner, mit dem Unterschied, keine eigenen Ausstellungen zu veranstalten, sondern in den Künstlergruppen, denen wir weiter zugehörten, unsere Arbeiten zu zeigen. Verstärkt und unter dem Einsatz aller verfügbaren Mittel hatten sich die Genossen der ASSO dem Agitprop-Apparat der KPD und aller ihr angeschlossenen Organisationen zur Verfügung zu stellen.

Nach einiger Zeit wurden neben den Zusammenkünften der Genossen auch solche mit Gästen verschiedener Sparten eingerichtet. Es traten auch die beiden Leipziger Malergenossen Alfred Frank und Kurt Massloff, die ebenfalls eine ASSO gründeten, mit uns in Verbindung. Wohl war Massloff ein sehr betriebsamer Genosse, künstlerisch aber keine bedeutende Erscheinung, wohingegen Alfred Frank auf beiden Gebieten Außerordentliches leistete. Schon seit 1906 aktiv in der Arbeiterbewegung tätig, schloss er sich 1919 der KPD an, wurde 1923 Lehrer an der Leipziger Volkshochschule, dann 1930 an der „Marxistischen Arbeiterschule" und war Organisator der dortigen „Arbeiterzeichner".

Weit mehr noch als bisher gelangten wir Dresdner ASSO-Genossen in persönliche Verbindung mit den wichtigsten damaligen Funktionären und Abgeordneten unserer Partei in Dresden, wie Paul Gruner, Martin Hoop, Siegfried Rädel, Rudolf Renner, Bruno Siegel, Alfred Werner und anderen. Ohne erst besonders dazu angehalten werden zu müssen, fanden wir uns zur Übernahme von Parteiaufträgen im Büro der KPD Ostsachsens oder im Fraktionsraum des Landtagsgebäudes oder der Redaktion der ARBEITERSTIMME auf der Güterbahnhofstraße ein. Soweit uns keine Unkosten entstanden, erledigten wir die erhaltenen Aufträge sofort und ohne Entgelt, obgleich die meisten von uns nur Erwerbslosenunterstützung bezogen. Der Partei und der Sache der revolutionären Arbeiterschaft mit allen Kräften zu dienen galt als eine selbstverständliche Pflicht.

Unter den vielen Stiftungen, die der sehr vermögend gewordene ehemalige Apotheker Hermann Ilgen Dresden zuwandte, gab es auch einen „Ehrenpreis" für bildende Künstler, der eintausend Mark betrug. In diesem Jahr zählte ich mit zu den Vorgeschlagenen. Drüben im Kultusministerium hielt uns Ilgen eine ziemlich salbungsvolle Rede in schönstem sächsischen Dialekt, und dann empfingen wir außer einer Medaille mit seinem Bildnis ein Kuvert, das den Geldbetrag in Kassenscheinen enthielt. Für den Sommer war ich nun aller materiellen Not enthoben.

Brüning und „Lohntütengrien"

Vergeblich suchte der im März 1930 Reichskanzler gewordene Zentrumspolitiker Heinrich Brüning die Folgen durch seine berüchtigten Notverordnungen abzudämmen, ohne die profaschistische Haltung der Regierung zu beeinträchtigen. Immer gläubiger lauschte das Volk den

Glück verheißenden Rattenfängermelodien des von der Schwerindustrie geförderten Hysterikers Hitler und seines großsprecherischen Lügenmauls Goebbels mit dem Ergebnis, dass die Nazis bei den Reichstagswahlen im September sechs Millionen Stimmen erhielten und 107 Sitze für sich beanspruchen konnten. Noch unterschätzte die sozialdemokratische Führung die sich anbahnende Gefahr, und statt ihr gemeinsam mit den Kommunisten Einhalt zu gebieten, geschah eine fortwährende Gegenarbeit. Abgesehen von der Tatsache, dass es 4,4 Millionen Erwerbslose in Deutschland gab, schien doch sonst noch alles in bestem Zustand: man lebte, verdiente, amüsierte sich unbekümmert und las in der Zeitung voller Genugtuung, dass unsere Reichswehr in das befreite Rheinland einmarschiert war.

Für die große Dresdner Hygiene-Ausstellung, mit der das von Wilhelm Kreis erbaute Hygienemuseum eröffnet werden sollte, erhielt auch ich durch Dr. Rudolf Neubert einige Aufträge. Meine Arbeit bestand in vierundzwanzig aquarellierten Tafeln, von denen die eine Hälfte den Tagesablauf des Städters und die andere den des Bauern zeigte. Dr. Neubert und ich kamen recht gut in unserer Zusammenarbeit miteinander aus.

Während meiner Arbeit für die Ausstellung traf ich öfters Professor Karl Rade am Museum. Rade hatte von mir den Namen „Der unheimliche Barbier“ erhalten, und zwar deshalb, weil es in seinem Atelier etwa so aussah wie am Arbeitstisch eines Friseurs; alles lag schön ordentlich beieinander: tadellos gespitzte Bleistifte, Pinsel, Gummi, ein frisch aufgezweckter weißer Bogen, aber nie irgendein Erzeugnis des von seinen Schülern hoch geschätzten Professors. Dabei war Rade ein sehr witziger Mann. „Wenn Sie mal mit jemandem zu tun haben“, sagte er einmal zu mir, „der recht eingebildet und dessen Titel Ihnen unbekannt ist, brauchen Sie ihn nur mit ‘Herr Indanthreen’ anzusprechen, so etwas zieht immer!“

Otto Kunze und ich hatten eines Abends Gäste in die Wohnung des Freundes zur Vorführung des Handpuppenspiels „Lohntütengrien“ eingeladen, mit dem wir die Wagnersche Oper höchst belustigend karikierten. Auch der alte Hofrat Seyffert, der Gründer des Volkskundemuseums, war dazu erschienen.

Otto Kunzes Frau Carola hatte die Puppe des schalkhaften Hausknechtes Seppel ganz in Weiß zum Schwanenritter umgekleidet und ihm einen blanken Trichter übergestülpt, aus dem oben Federflaum hervorragte. Die froschäugige Dromedara hatten wir mit Brautgewand und Schleier zur Elsa von Brabant umgestaltet. Den getreuen Dienstmann Telramund verkörperte ein bärbeißig blickender Spießer, der - wie alle anderen Puppen auch - grausam sächselte.

Ehe der Vorhang sich öffnete, erklang von einer leicht verbogenen Grammophonplatte die Ouvertüre der Wagner-Oper. Dann nahm das Spiel mit improvisierter Rede seinen erheiternden Verlauf. „Los, raus, ihr stoobigen Brieder!", rief Telramund den zur Landsprache herbeigerufenen Fürsten und Mannen Elsas zu. In einem Margarinekarton mit der Aufschrift „Schwan im Blauband" (einer populären Margarine-Sorte) erschien der Gralsheld „Lohntütengrien", der den lügnerischen Telramund zum Catch-as-catch-can herausforderte und nach wildem Kampf besiegte. Zwischen Elsa und dem fremden Schwanenritter fand eine fulminante Hochzeit statt, die durch einen Festumzug eingeleitet wurde.

Das Hochzeitsmahl spielte sich hinter einem roten Vorhang, der hin und wieder nur gelüftet wurde, ab. Die Krise nahte. Aufgehetzt durch die neidische Clever Herzogin begann Elsa, den mit ihr im Bett liegenden Gatten auszuhorchen, wer er eigentlich sei, obgleich ihr das von ihm verboten worden war. Heulend bezichtigte sie ihn der Heiratsschwindelei, bis er grob ausrief: „Awer, nu langt mersch! Du mit deiner verfluchten Neigierde!" Am folgenden Morgen legte Lohntütengrien am Schelde-Ufer vor Elsa und ihren Mannen das Inkognito in ziemlich raubeiniger Weise ab, bestieg den heranschwimmenden Schwan im Blauband-Karton und fuhr mit den Worten davon: „Mich siehste nich wieder, Else! Hast dir selber mit deiner bleedsinnigen Fracherei alles eingebrockt!"

Oskar Seyffert lachte Tränen während dieses ganzen Stückes und bedauerte nur, dass es nicht filmisch festgehalten werden konnte.

Dieter Hoffmann

Kokoschkas künstliche Freundin

„Ich konnte mir in Dresden damals wirklich alles erlauben." So sprach Oskar Kokoschka. Und das langweilte den großen, berühmten und teuren Maler. Ohne Abschied verließ er nach fünf Jahren sein Atelier auf der Brühlschen Terrasse und ging auf Weltreise, die Highsociety und die Panoramen der fremden Städte zu malen. In Dresden hat er seinen teppichhaften neuen Stil entwickelt, der dann als erfüllt galt. Diese Stadt war für ihn erschöpft, nachdem er immer wieder den Blick aus dem Atelierfenster über die Elbe hin auf das Neustädter Ufer und eins seiner Hauptwerke, „Die Macht der Musik", gemalt hatte.

Der k. u. k. Rittmeister aus dem alten Österreich (ein Titel, auf den er mehr Wert legte als auf den „Professor") war im Krieg verwundet an Leib und Seele nach Dresden gekommen. Einflussreiche Freunde hatten sich um das Lehramt an der Akademie bemüht, eigentlich mehr, damit er nicht wieder ins Feld müsste, als dass er sich ein Zubrot verdiente, aber die Berufung schleppte sich hin, und erst beim Zusammenbruch des Kaiserreichs wurde sie Wirklichkeit. Der Studentenrat erhoffte sich, Kokoschka möge mit „eisernem Besen" manchen akademischen Muff auskehren. Als Lehrer war er ungemein beliebt, praktizierte hier schon das, was er viel später in Salzburg seine „Schule des Sehens" nennen sollte. Zu seinen Lieblingsschülern gehörten neben dem Dresdner Joachim Heuer die Norddeutschen Friedrich Karl Gotsch und Hans Meyboden, aber sein Einfluss außerhalb der Schule war noch viel größer. Max Klinger in Leipzig beklagte, dass die Jugend von Kokoschka wie verhext war.

In Dresden wurde der „träumende Knabe", als den er sich sah, „bemuttert". Die Sammlerin Ida Bienert erwarb zwei Hauptwerke, der Galeriedirektor Hans Posse gar sechs für das Museum. Aber in Wien hatte ihm Alma, die Witwe des Musikers Gustav Mahler, den Laufpass gegeben, um sich später noch mit dem Bauhaus-Architekten Walter Gropius und schließlich mit dem O-Mensch-Dichter Franz Werfel zu liieren. Zwar tröstete sich das von Weiblichkeit umworbene junge Mal-Genie in Dresden durchaus, nachdem er sich vorher in Schweden noch von Karin verabschiedet hatte (sie sollte dafür den Nazi-Protz Hermann Göring heiraten!). Freund Posse lieh ihm auch sein Dienstmädchen aus, das Kokoschka als „Zofe" mit weißem Spitzenschürzchen und schwarzen Pariser Strümpfen einkleidete. O. K. träumte indes weiter von Alma und verfiel auf die Idee einer künstlichen Freundin, ließ sich eine lebensgroße Puppe machen, angeregt vielleicht von der Puppe Olimpia aus „Hoffmanns Erzählungen", der Opera buffa des Jacques Offenbach, die in der Belle Epoque ganz Paris betört hatte.

Es war nun die Zeit, als Schlager vom Diwanpüppchen und vom „Puppchen Augenstern" schwärmten. Kokoschkas Puppe war aber wider Erwarten hässlich, der Auftraggeber hatte der Modistin zu viel hineingeredet: Sie sollte an Matthias Grünewald erinnern, an Niklas Manuel Deutsch, aber auch ein wenig an Rubens - viele Frauen in einer, gegensätzlicher gings nicht. Es scheint sich der Verdacht zu bestätigen, dass der Maler, der auch ein anerkannter Literat war, dessen Dramen am Dresdner Albertheater uraufgeführt wurden, sich an seinen eigenen Worten berauscht hat, die Briefe an die Modistin letztendlich Haupt-

und poetischer Selbstzweck waren, Wort-Masturbation. Hat nicht später Alberto Giacometti das Hervorbringen von Kunst überhaupt als Selbstbefriedigung verstanden; Gottfried Benn gedichtet: „Auch was sich noch der Frau gewährt, ist dunkle süße Onanie.“? Als hätten die Künstler schon geahnt, was in unseren Jahren der sensationelle Autor Houellebecq in seinem Roman „Elementarteilchen“ als Diagnose der modernen menschlichen Kommunikation definiert. Der Dresdner Ernst Hassebrauk, der sich mit seinen Dresden-Bildern auf Canaletto und Kokoschka beruft, hat sich, etwa sechzigjährig, Frauen aus einer anderen Welt „erschaffen“, Adaptionen als Kunst aus Kunst, Erotik aus Antiquität, indem er Prinzessinnen und Comtessen, Rokokodamen vor allem, in Abwandlungen von Bildern Rosalba Carrieras oder Francisco de Goyas malte, zumeist mit schmeichelnden Wachskreiden, aber popfarbig gesteigert und also in seine Zeit geholt.

Kokoschka liebte, nachdem ihn die statiöse Frau Alma verlassen hatte, den Typ Kindfrau, die Gattin seines Wiener Maßschneiders Knize und andere dieser Art, ganz wie die Dresdner Expressionisten der „Brücke“ ihre kleine „Fränzi“. Das Vollweib hatte ihn geängstigt. Er wollte Puppen, die er bewältigen konnte. Später ist er in seiner Ehe genesen, als er die Pragerin Olda kennen gelernt hat, die er zwar auch als „Nymphe“ malte, die aber handfest gebaut ist und heute noch lebt.

Honi soit... Die Dresdner Puppe war keine „Seemannsbraut“, der Künstler war ein Herr. Seine Puppe wurde am Tisch placiert, und Kokoschka ließ gar das Gerücht ausstreuen, er fahre mit ihr in die Oper und teile mit ihr eine Loge. Bei einem „wilden Fest“ in einem der Pavillons des Großen Gartens, wo alle betrunken waren, wurde die Puppe, der schon der Kopf abgefallen war, mit Rotwein wie mit Blut übergossen. Passanten alarmierten die Polizei, vermuteten einen Mord. Und das war es denn auch, wenngleich nicht an einer leibhaftigen Frau, sondern an einem Fetisch der Liebe.

Mehr als sechs Jahrzehnte später sollte sich in Dresden, nicht weit vom Ort des Geschehens, in der Herkulesstraße, ein Widerschein jener Anekdote ereignen: Der Maler Hubertus Giebe hatte eine schöne nackte Schaufensterpuppe, die ihm als Modell seiner hochhackigen Puppenparaden diente, in den Garten gesetzt, was in der Nachbarschaft eine alte Dame, das Zelluloid-Wesen für ein lebendiges haltend, irritierte: „Herr Giebe, Sie sind Künstler, aber das geht doch zu weit!“

Die verrückte Ida

Die Bienertmühlen waren in Dresden volkstümlich bekannt wie Pfunds Molkerei und die Chlorodont-Werke. War auch die Herrin der Mühlen, war Ida Bienert populär? Wohl kaum, denn sie sammelte moderne Bilder, und die waren eine Sache der Wenigen. Der Gatte trat im Dresdner Kunstleben nicht in Erscheinung, er überließ den Spleen der Gattin. Auf den Seelenfreund Theodor Däubler, der sie beriet, musste der Unternehmer nicht eifersüchtig sein: Der war nie in Frauen verliebt, und außerdem - Ida Bienert war eine anständige Frau. Sie reiste mit dem Dreizentnermann und Dichter nach Italien und mäzenierte ihn. Er widmete ihr seine Essay-Sammlung „Der neue Standpunkt", in der er mit hymnischer Prosa für die Moderne stritt, auch das Toskana-Gedicht „Millionen Nachtigallen schlagen..." Ob der vagabundierende Globetrotter an die Bienertschen Millionen - nicht Nachtigallen - dachte, von denen ihm noch ein bisschen mehr hätte zufließen sollen?

Also: Ida Bienert war eine anständige Frau. Sie sublimierte. Sie sammelte Kunst. Gewiss hätte sie das eine tun können ohne das andere zu lassen, Kunst sammeln und Männer sammeln. Aber mit Katharina der Großen und Peggy Guggenheim hatte sie nur die Gemeinsamkeit Kunst. Ihr Sohn Fritz war da schon emanzipierter; Freund von Dix, sammelte er Kunst und war mit interessanten Frauen verheiratet, der Tänzerin Gret Palucca, der Pianistin Branka Musulin... Übrigens blieb „Ma Ida" mit der Palucca auch weiterhin befreundet, als der Sohn von ihr geschieden war; gewiss, Paluccas neuer Gefährte Will Grohmann verband beide Frauen.

Ida Bienert hatte, bevor sie die Liebe zur Kunst in sich entdeckte, im Dresdner Vorort Plauen die erste deutsche Volksbücherei eingerichtet. Der umtriebige junge kommunistische Maler Conrad Felixmüller war bei ihr wohlgelitten. Vielleicht hatte Däubler ihn chaperoniert. Für Oskar Kokoschkas Berufung an die Dresdner Akademie setzte sie sich vehement ein, auch wenn die für ihn eigentlich zu spät kam. Als sie sich nach dem Zweiten Weltkrieg in München wieder sahen, wo „Ma Ida" nach der Flucht den Lebensabend verbrachte, duzten sich die beiden nun Alten spontan. Erinnerungen an glanzvolle Zeiten tauchten herauf. Um zu überleben, musste sie in der Fremde ihre Sammlung nach und nach verkaufen. Sie hatte Klee und Kandinsky, Mondrian und El Lissitzky, Chagall und Picasso (einen der ersten Picassos in deutschem Besitz überhaupt). Den Picasso übrigens glaubte sie eine Zeit lang vor ihrem Mann verstecken zu müssen, Erwin Bienert sollte sich erst allmählich an die Neuerungen gewöhnen, Neuerungen der „verrückten Ida", wie sie liebevoll genannt wurde. Will Grohmann hat noch in sozusagen letzter Minute, bevor der Nazi-Spuk begann, ihrer Sammlung einen Bestandskatalog gewidmet.

Sie war eine tapfere Frau, die sich nicht unterkriegen ließ. Sofort nach der Bombennacht des Totalen Krieges im Februar 1945, der Dresden fast gänzlich zerstörte, die Villa Bienert aber nur wenig, rief sie Fritz Löffler zu sich, Freund Däublers, nachmaligen Dix-Biographen und Verfasser des Standardwerkes „Das alte Dresden", um mit ihm zu beratschlagen, wie man wohl Dresden wieder aufzubauen habe. Natürlich hatte sie hochfliegende Ideen. Ein neues Dresden, von modernsten Architekten des in den letzten Nazimonaten doch noch verpönten und verbotenen Bauhauses... Der schlesischen Fabrikantentochter, sächsischen Fabrikantengattin war eine gewisse Zähigkeit eigen: Als sie 1966 starb, war sie 96!

Ob die Anekdote wahr ist (oder gut erfunden, um womöglich die Ungenießbarkeit des Däublerschen Vers-Epos „Das Nordlicht" zu treffen, das angeblich niemand außer dem Dichter selber und dem Drucker je ganz gelesen hat), ist nicht mehr nachprüfbar, aber eine andere Dame der Dresdner Gesellschaft, die Witwe des Jugendstilmalers Ludwig von Hofmann, eine Jahrhundert-Zeugin, hat sie mir selber erzählt: Ida Bienert hatte eine Dichterlesung vor geladenen Gästen arrangiert. Die Hauptperson, heiß erwartet, traf endlich, verspätet, ein. Atemlos keuchte Däubler: „Ich komme soeben aus Flo-re-henz, habe mein Exemplar vergessen, gnädige Frau, darf ich aus Ihrem lesen?", sagte's, griff's - es war noch nicht aufgeschnitten...

Für heutige Leser vielleicht nicht mehr nachvollziehbar: auf Büttenpapier gedruckte Exemplare waren so gebunden, dass vom Besitzer die Seiten voneinander getrennt werden mussten, in Frankreich teils immer noch üblich.

Diese Episode hat Pointe. Es muss peinlich gewesen sein, für den Dichter und für die Mäzenin. Aber vielleicht wollte Ida Bienert das Exemplar nur schonen, hatte noch ein zweites, aufgeschnittenes auf dem Nachttisch?

Dix-Löbte oder: Otto der Große

Man könnte das Leben von Otto Dix als eine Perlenschnur von Anekdoten erzählen. Der „souveräne Prolet" aus Gera wollte „berühmt oder berüchtigt" werden und wurde beides. Freunde nannten ihn „Otto den

Großen". Er war ein bekennender Sexist. „Nimm den Fetzen weg!", sagte er laut Gussy Hippold-Ahnert zu einem weiblichen Modell, das sich noch ein ganz klein wenig bekleidet hielt. Als Freund Conrad Felixmüller ihn in den zwanziger Jahren aufforderte, der KPD beizutreten, gab Dix zur Antwort, für den Partei-Beitrag gehe er „lieber in den Puff".

Dix wird irrtümlich für einen Schüler Richard Müllers gehalten, was er im Gegensatz zu George Grosz nicht war; von Müllers peniblem zeichnerischen Können haben sich aber beide eine Menge abgeguckt. Auch Müllers zynische Redeweise haben beide getreulich kopiert. Wenn Müller sagte: „Zeechnen Se, zeechnen Se, alles andre is wurscht", so variierte Dix: „Uffn Arsch setzn und maln!" Aber Dix konnte auch anders. Als einmal einer seiner Schüler schwadronierte, er wolle etwas ganz Aufsehen erregendes malen, vor dem sich „die Leute auf den Arsch setzen", stutzte ihn der Meister zurecht, es wäre besser, etwas zu malen, vor dem die Leute „in die Knie gehen". Er hatte viele und bedeutende Schüler, Curt Querner und Wilhelm Dodel, Hans Theo Richter und Willy Wolff ragen hervor. Wie Kokoschka, so wirkte auch Dix weit über die Akademie hinaus.

In den zwanziger Jahren galt Dix als „Hurenmaler", und als die Nazis ans Ruder kamen, kommentierte der hohe SA-Mann Freiherr von Killinger: „Lebt denn das Schwein immer noch!" Dix starb 1969 im Alter von 77 Jahren. Ein Schlaganfall hatte sein Gesicht verzerrt. Sein Kommentar: „Wenn Se mal'n Schlaganfall gehabt ham, dann könn Se einpacken, dann Gott befohlen." So lapidar und unsentimental war seine Redeweise, auch seine altdeutsche Handschrift. Er hat im Schützengraben gelegen und in den Bordellen, nicht nur als Beobachter, sondern Beteiligter. Und doch bekannte er mir, älter werdend: „Das Christliche ist keine Atelier-Idee."

Mit Dresden verbinden ihn vier Etappen: die Zeit des Studiums von 1909 an, die wilde Zeit von Dada und Verismus in den frühen Zwanzigern, die Zeit einer neuen Romantik und zuletzt die der wieder gewonnenen groben Malerei, die schon 1944 seine eigentliche Nachkriegs-Periode einleitet. Zweimal hat er Dresden den Rücken gekehrt, in Düsseldorf und in Berlin gelebt, das dritte Mal - 1933 - wurde er von den Nazis vertrieben und zog sich in die Innere Emigration am Bodensee zurück, nicht jedoch, ohne sein Atelier in Löbtau auf der Kesselsdorfer Straße zu behalten. Als sich ihm nach 1945 in der damaligen Ostzone der aus dem kubanischen Exil heimgekehrte Maler Gerd Caden eitel bekannt machte: „Caden-Kuba", antwortete Dix nur verächtlich „Dix-Löbte!" Dix kam regelmäßig nach Dresden zurück, druckte auf der Brühlschen Terrasse seine späten Lithographien. „Erhardt, hol emal Bier!“, hieß es dann, und der Meister schüttete die halbe Flasche auf den Stein und goss den Rest in sich selber (Bier gilt als ein spezielles Ätzmittel beim Lithographieren). Er war kameradschaftlich, besuchte in Dresden die legendär gewordenen Dachboden-Ausstellungen von Hans Körnig im Neustädter Wallgässchen, demonstrierte Solidarität mit dem von der SED beargwöhnten Maler.

Eine Anekdote ist oft kolportiert worden. Dix habe den fünf Jahre älteren Kokoschka einmal in sein Atelier gebeten und ganz stolz an das Bild „Altar für Kavaliere“ geführt, von dem man Teile aufklappen konnte, um noch Grausigeres zu erblicken. In der Erwartung, Kokoschka schockiert zu haben, gab der lässig zurück: „Sie san halt a Biedermeier.“ Warum nicht, auch das Biedermeier, Zeitalter Metternichs, kannte blutige Moritaten.

In seiner Jugend genoss Dix durchaus das Leben eines Parvenüs, tauchte in Düsseldorf bei Mutter Ey mit Lackschuhen, Pomade und Haarnetz auf. Aber im Alter konnte er sich gehen lassen. So stellte er sich vor dem Frankfurter Kunstverein an die Hauswand: „Ich muss emal pinkeln.“ Das vornehme Dresden hat er als Motiv zeitlebens gemieden, er gab dem Vorort Pieschen den Vorzug, und als es galt, die Prager Straße zu malen, dann mit Krüppeln des Ersten Weltkriegs...

Auf die Kunst bezogen, konnte Werner Schmidt konstatieren: „Erst wenn man diese Polarität erfasst, vermag man das Schaffen von Otto Dix voll zu würdigen. Seine kraftvolle Persönlichkeit überbrückte eine kaum messbare Spannweite. So erhebt sich sein Werk zu einem Zeugnis souveränen Künstlertums in unserem Jahrhundert.“

ELISABETH SCHÄFER

Der mit den Ohren wackeln konnte

Im Vereinshaus in der Dresdner Zinzendorfstraße sprach Martin Andersen-Nexö am 5. Februar 1927 zu uns jungen Arbeitern. Martin Andersen-Nexö ist ein großer Mensch, breit, mit einem schweren Schritt. Seine Stirn ist frei und klar, die Augen sehen immer in unendliche Weiten. Und lachen kann er, lachen!

Erst erzählte er von Dichtern im Allgemeinen. Dass sie Menschen seien wie andere auch. Dass die meisten Menschen aber enttäuscht von Dichtern seien, eben weil sie nicht anders wären. Alle Menschen seien Dichter, sagte er.

Die Schriftstellerin Ellen Key habe das vergangene Jahrhundert das Jahrhundert des Kindes genannt. Dies sei aber falsch, denn gerade die Kinder hätten im letzten Jahrhundert in Not und Elend gelebt, hätten arbeiten müssen, und keiner habe sich um ihre Gesundheit und geistige Entwicklung gesorgt. Das Jahrhundert des Kindes werde erst mit dem Sozialismus anbrechen, meinte Andersen-Nexö.

Er erzählte uns dann von seiner eigenen Kindheit in Dänemark, wo er als dreijähriger Bub schon seine jüngere Schwester betreuen musste, weil beide Eltern zur Arbeit gingen.

Unter dieser zu großen Verantwortung sei er eines Tages zusammengebrochen. Mit dem Übersiedeln der Familie nach Bornholm wäre dann für ihn eine bessere Zeit angebrochen, denn er wurde Hirtenjunge des Dorfes, weil ihm die Leute nachsagten, er würde das Vieh am wenigsten schlagen. Dennoch habe auch er das Vieh geschlagen - der besseren Erziehung wegen; denn Erziehung bedeute ja, dass die Bequemlichkeit des Erziehenden nicht gestört werde durch den zu Erziehenden. Morgens, so erzählte er, zog er mit seinen Kühen hinaus auf die Weide, und die Buben, die früher Hirtenbuben gewesen waren, gingen mit ihm. Er ließ sie für sich arbeiten, gab ihnen dafür Brot und Käse. Aber ihm fiel dann auf: Er selbst lernte bei dieser Art von Arbeit nichts. „Ich saß auf dem Brotkorb", sagte er, „und alle, die auf dem Brotkorb sitzen, bleiben ihr Leben lang dumm."

Besonders interessant für uns Städter war, was er vom Leben der Kühe berichtete. Jeder einzelnen Kuh hätte er erst beweisen müssen, dass er schneller laufen konnte als sie. Hatte er einmal den Beweis erbracht, lief ihm die Kuh nie mehr fort. Er beobachtete seine Kühe auch, wie sie mit den Ohren wackelten und verstand nicht, warum er das nicht auch konnte. Er übte unermüdlich und brachte es schließlich zu einer gewissen Virtuosität, was ihm bei einer Prüfung in Religion sehr zustatten kam. Obwohl er nie zur Schule gegangen war, denn Sommer wie Winter blieb keine Zeit dafür, musste er doch vorm Herrn Pastor eine Prüfung in Religion ablegen.

Dabei wurde er nach dem Spruch von der Schlange gefragt. Den kannte er gut. Warum denn die Schlange auf dem Bauch krieche?, wollte der Pastor von ihm wissen. Weil sie keine Glieder habe, antwortete der Junge. Was Glieder eigentlich seien? Der Junge kam nicht darauf. Da half ihm der Herr Pastor: Glieder wären Teile unseres Körpers, die wir bewegen könnten wie... wie...? Martin antwortete: wie die Ohren! Und so musste er dem Herrn Pastor mit den Ohren vorwackeln und bekam die Note „Ausgezeichnet" in Religion. Man erwog daraufhin sogar, ihn Theologie studieren zu lassen. Aber dafür war leider kein Geld da.

Ernst Günther
Sarrasanis Steuerkrieg

Ach ja, die Steuer! Jedermann regt sich darüber auf. Und zahlt schafmäßig. Nur Millionäre kennen die Tricks, sie geringfügig zu halten. Parteien sekundieren mit Schwarzkonten. Die Steuerparadiese dieser Welt haben Hochkonjunktur. Und wer dennoch nicht alles Geld an der Steuer vorbeikriegt, spendet den Rest der Wohltätigkeit.

Was macht Steuern eigentlich so suspekt? Die Antwort gibt jedes ordentliche Lexikon. „Steuern: einmalige oder laufende Geldleistungen, die ein Staat ohne Gegenleistung erhebt"...

Die Steuererhebung ist seit 2 000 Jahren immer raffinierter geworden. Unerschöpfliche Phantasie des Fiskus! Heute zeigt die Steueruhr an, dass hierzulande jedermann etwa sieben von zwölf Monaten allein für die Steuer arbeitet! Da der Steuerbürger ohnmächtig ist, sucht er Winkelzüge. Noch nie gab es so viele Steuerhinterzieher, Steuerbetrüger, Steuerflüchtlinge.

Äußerst selten hingegen, dass jemand den offenen Kampf vorzieht - wie der Dresdner Zirkusdirektor Hans Stosch-Sarrasani d. Ä. (1873-1934). In der zweiten Hälfte der 20er Jahre führte er den spektakulärsten Steuerkrieg des Jahrhunderts, der Schlagzeilen machte zwischen Argentinien und Australien. Beraten von Rechtsanwälten und pensionierten Steuerbeamten, inszenierte er ihn mit allen ihm zu Gebote stehenden Mitteln der Publikation, der Petition, der Werbung, des Protestes, der Show, der öffentlichen Anklage, der Organisation von Kundgebungen und Demonstrationen. Wobei er sich der Sympathie aller Steuerzahler sicher sein durfte. Insbesondere wenn er kundtat: „Das Volk ist die Melkkuh des Fiskus", „Der Steuerschraube, die immer tiefer ins Fleisch gedreht wird, muss Einhalt geboten werden" (woraufhin er vorrechnete, dass er 47 Steuer- und Gebührenarten zu entrichten habe).

Sarrasanis Steuerkrieg währte fast vier Jahre. Er führte ihn nicht nur leidenschaftlich, sondern auch einfallsreich. So beklebte er alle Briefe, die sein Unternehmen verließen, mit grellfarbenen Antisteueraufklebern wie: „Der römische Kaiser Nero schrieb seinen Statthaltern, als sie eine Erhöhung der Steuern vorschlugen: Ein guter Hirte darf seine Schafe scheren, aber nicht schinden." Ließ - etwa 1929 in Bamberg - sein Riesenzelt außerhalb der Stadt aufschlagen, da ihm die Landgemeinde steuerlich entgegenkam. Schaltete Anzeigen, in welchen er avisierte „300 gesunde kräftige Papuas, die vor einigen Wochen bekanntlich holländische Steuerbeamte aufgefressen haben", nach Dresden zu bringen...

Als eines Tages ein Elefant stirbt, lässt Sarrasani den Kadaver nicht auf die übliche stille Weise entsorgen. Vielmehr arrangiert er einen gigantischen Leichenzug mit Trauergemeinde und Kränzen und einem riesigen Leichenwagen, der sich von Dresdens Neustadt in die Altstadt wälzt und allen Verkehr lahm legt. Ergriffen bleiben die Menschen am Straßenrand stehen. Bis sie das Transparent lesen: Ein neues Opfer der Steuer.

Über Nacht stellt Sarrasani den Spielbetrieb im „Circustheater der 5 000" ein. Hatte jedoch für eben diese Bergsteiger angeheuert, die mit riesigen weißen Buchstaben auf die Kuppel pinseln: Der totgesteuerte Circus. Ein Opfer der Lustbarkeitssteuer.

Hunderte Dresdner pilgern zum Carolaplatz und stimmen lautstark in den Protest des Zirkusdirektors ein. Der Fiskus jedoch sieht es verbissen und verlangt in einer Eilpost sofortige Beseitigung der Aufschrift. Sarrasani antwortet: „...tut mir Leid, ich finde keinen, der da hinaufklettert. Da müsste ich höchstens mein Haus in die Luft sprengen." Daraufhin die Finanzbeamten: „...vergessen Sie nicht, uns den Termin rechtzeitig wissen zu lassen!"

Bei aller Show und Werbewirksamkeit des Steuerkrieges: Dahinter verbarg sich der einsame Versuch eines Unternehmers, die fiskalische Allmacht des Staates zu brechen, der mittels Steuern schon so manchen Zirkus in den Bankrott getrieben hatte. Insbesondere ging es Sarrasani um ungerechte Besteuerung des Kunstbetriebes, vermochte er doch nicht einzusehen, dass ohne Ansehung von Leistung ein Theater vom Staat haushoch subventioniert wird, der Zirkus als „Theater des Volkes" hingegen nicht nur nicht unterstützt, sondern durch eine „Lustbarkeitssteuer", deren Höhe noch dazu regional verschieden ist, zusätzlich belastet wird. Als der preußische Kultusminister gar forderte, die Lustbarkeitssteuer der Zirkusse auf „20 bis 25 Prozent des Bruttoertrages jeder Vorstellung" zu erhöhen, da diese nicht als „künstlerisch hoch stehend" angesehen werden könnten, war dies der berühmte Tropfen, welcher das Fass zum Überlaufen bringt.

Für den 18. Dezember 1927 berief Sarrasani eine Anti-Steuer-Kundgebung in seinen Dresdner Bau ein. Alles, was in der Branche Rang und Namen hatte, erschien und artikulierte sich im Sinne des Steuerkrieges: der Präsident der Internationalen Artistenloge, der Syndikus des

Allgemeinen Zirkus-Direktoren-Verbandes, Abgeordnete zahlreicher Parteien, Rechtsanwälte, Pfarrer aller Konfessionen... Die einmütig angenommene Schlusserklärung entsprach Sarrasanis Intentionen, diente aber sämtlichen deutschen Zirkussen. Sie brachte nicht nur den preußischen Vorstoß zu Fall, sondern löste gleichermaßen „im Hoheitsbereich etlicher Finanzämter neues Nachdenken“ aus, das hier und dort Modifizierungen der Vergnügungssteuerhöhe zur Folge hatte.

Diesem Teilerfolg setzte der Zirkusdirektor pro domo nach. Am 18. Februar 1928 erreichte er, dass die Dresdner Stadtverordnetenversammlung sich mit seinem Steuerproblem beschäftigt. Die Wogen der Debatte schlugen hoch, pro und contra hielten sich die Waage. Stadtrat Dr. Redder wies im Namen des Fiskus nach, dass Sarrasani als „Inhaber des Kunstscheins sowieso nur acht Prozent Lustbarkeitssteuer“ zu zahlen habe und warf ihm vor, dass die vorgelegte Abrechnung „mit falschen Zahlen“ operiere. Die Opposition konterte mit „Milchmädchenrechnung“. Ihre kühnsten Vertreter plädierten für eine Gleichstellung von ernster und vergnüglicher Kunst. Am Ende des Schlagabtausches jedoch stand eine Steuer-Nachforderung von 9 500 Mark. Die der Zirkusdirektor nicht zu zahlen bereit war.

So sandte Dresden seine Steuereintreiber nach Hamburg, wo der Zirkus mittlerweile gastierte. Sarrasani hatte seine Kassiererinnen instruiert: „Wenn es zu Pfändungen kommt, sind die Tageseinnahmen in Scheinen in die Strümpfe zu stopfen, sodass nur Kleingeld in der Kasse zu finden ist.“ Der Trick nützte nichts. Die Beamten klebten ihren Kuckuck auf Maschinen und Aggregate, die für die Aufrechterhaltung des Spielbetriebes notwendig sind. Es blieb also nichts anderes übrig, als zu zahlen...

Sarrasanis Privatkrieg ging aus wie das Schießen zu Hornberg. Seine Illusion, auf demokratischem Wege mit Unterstützung seines Publikums, das in historisch wohl einmaliger Weise Solidarität zeigte, eine Änderung der Steuerpolitik zu erreichen, platzte am Ende wie eine zu groß geratene Seifenblase. Seine Schwiegertochter Trude Stosch-Sarrasani heute: „Er war halt ein Idealist. Hätte er mit den Wölfen geheult und gemacht, was Industriekapitäne schon damals machten, ihr Vermögen im steuergünstigen Ausland zu deponieren, wäre es ihm besser ergangen. Aber er glaubte an die Demokratie der ersten deutschen Republik. Zu seinem Schaden. Denn das Dresdner Finanzamt verhinderte 1933 die notwendige Reichsbürgschaft für das zweite Südamerikagastspiel.“

Ach ja, die Steuer!

Siegfried Thiele

„Bei-Reucker“ Festspiele

Eine Nacht der geradezu und völlig unerhörten Attraktionen sei es gewesen, eine Riesen-Zirkus-Gala bei Sarrasani, berichteten die Dresdner Neuesten Nachrichten am 12. März 1925. Ach, man habe ja längst keinen Schimmer mehr gehabt, wie eine solche Gala sein muss. Aufgeregtes Publikum, animiertes, lärmendes Erwarten. Plötzlich Trompetenstöße und die „Bei-Reucker Festspiele“ nehmen ihren Lauf unter der Oberleitung von Paul Paulsen und Hofrat Schambach.

Und so ist der Zirkusdirektor kein gewöhnlicher, der nur auf einem prächtigen Ross hereinstolziert und seinen Neiger macht. Nein, da ist einer, der auf einmal anfängt, gute Verse zu sprechen und sich dabei wie Berufsmime Alexis Posse anhört. Und dann der schmale Herr im Smoking nebst Monokel, bewaffnet mit einem Apfelpflücker und Rechen. Verlegen, doch mit Würde, bemüht er sich um die Sauberkeit in der Arena. Vergebens. Es ist der kostbarste aller Stallburschen der Zirkuswelt: Erich Ponto.

Schnell wechseln die Bilder. Jener martialisch frisierte Dompteur Filippo Brandessini, der mit den gestiefelten Signorinen Cora & Dora die wilden Malayenbären bezwingt, gleicht verblüffend unserem Zoodirektor Gustav Brandes. Alsdann: ein Ballett, „Rosen aus dem Süden“. Ja, was im Zirkus alles zu machen ist, wenn Ellen v. Cleve-Petz für die Choreographie sorgt und das Ballett der Staatsoper mit Susanne Dombois und anderen trefflichen Solotänzerinnen auf die Beine kommt! Zwischen den Attraktionen purzeln die weltberühmten Clowns Alfredo Meyerini und Ludo Ermoldi mit Schmiss und Witz durch das Zirkusrund.

Die Welt wird sprechen von einer ungeheuren internationalen Ringkampfkonkurrenz um die „Goldene Palme von Pieschen“. Tarzan-Teßmer (Afrika) contra Correcktor (Deutschland). Der Kampf entbrennt, plötzlich geschieht das Unfassbare, hallt ein Schrei. Der wilde, ungeschlachte Tarzan hat sich im Gegner festgebissen. Ungeheure Erregung kommt auf. Man stürzt über Tarzan her, und noch ehe die Polizei einzuschreiten vermag, ist Tarzan - es gibt keine Gerechtigkeit mehr - in Stücke zerrissen, die der Stallbursche auf die Schippe nimmt.

Wer nennt (und kennt noch heute) all die Namen, die Attraktionen! Hochlobend zu erwähnen bleiben noch das Gastspiel des „Zirkus Fritz Busch“ mit einem endlich technisch gelösten Walkürenritt. Fürwahr eine bayreuthreife Leistung! Es reitet für Reucker auch Liesel v. Schuch. Dafür wird sie sechzig Jahre später Ehrenbürgerin der

Stadt. Es sei einfach zu viel des Guten gewesen, resümiert die Presse. Ja, wenn Theaterleute Zirkus machen!

„Mer ham wieder zwanzsch geschlachded"

1922, so erinnerte sich Fritz Busch (1890-1951), sei er aus dem heiteren und behaglichen Stuttgart in das weit prunkvollere Dresden gekommen, um vom schwäbischen Operndirektor zum sächsischen Generalmusikdirektor zu avancieren.

Seinen Einstand hatte Busch mit Beethovens „Fidelio" vorbereitet. Der „General" befand sich noch im Sommerurlaub, da meldete sich sein Intendant, Dr. Alfred Reucker, mit einem Telegramm und der lakonischen Frage: „Wer soll die erste Leonore singen?" Busch erinnerte sich sogleich mit ungutem Gefühl an jene fünf Bewerberinnen, die ihm für diese heikle Partie vorgesungen hatten. Die erste Dame war berühmt, eine „Künstlerin von Emotion und Phantasie". Leider war sie nicht mehr die Jüngste und lief Gefahr, mehr als einen halben Ton zu tief zu geraten. „Die zweite hatte eine wunderbare Stimme, jedoch eine unmögliche Figur; die dritte die untadelige Figur, aber keine hervorragende Stimme. Die vierte verfügte über beides. Leider war sie so kurzsichtig, dass sie ohne dicke Augengläser keinen Kontakt mit dem Dirigenten halten konnte. Eine fünfte und obendrein junge Sängerin vereinigte die schöne Stimme mit allen übrigen Erfordernissen, hatte aber keinerlei Gesangstechnik und Erfahrung." Aus der Urlaubsferne wurde für den Neudresdner die Wahl zur Qual, und so ignorierte er erst einmal das Telegramm. Nach wiederholter Mahnung Reuckers telegrafierte Busch schließlich ärgerlich zurück: „Die Älteste!"

Überhaupt, Vorsinge-Stunden verstimmten den Meister. Und so war er heilfroh, einen „wahren Engel" gefunden zu haben. Der hieß Erich und nahm gemeinsam mit Kapellmeister Hermann Kutzschbach dem Chef die zeitraubende Prozedur ab. Eines Tages wollte der „GMD" nach einer anstrengenden „Tristan"-Probe eben die Oper verlassen, da kam Kutzschbach und platzte, original sächsisch, los: „Herr Generalmusigdiregder, mer ham wieder zwanzsch geschlachded, 's war nischt dabei. Aber eener dobt firchterlich und sacht, er hat die zähn Mark Vorsingegebihr bloß bezahld, weil er'm Generalmusigdiregder berseenlich vorsing'n will. Tun Se uns den Gefall'n un hähr'n se sich den Mann an, damid mer keene Schwierigkeiden kriech'n. Niemand weeß, wozu so'n Kerl fä'ch is; sing'n dud'r scheißlich."

Fritz Busch ließ sich erweichen und hörte. Ein mickriger Bursche sang „Ob's du mich liebst", eine Komposition von Paul Lincke, die er „aus'm Koppe" kannte. Es war „scheißlicher", als der Kapellmeister angedeutet hatte. Busch tobte, worauf ihm das junge Talent erwiderte: „Räch'n Se sich ne uff, Herr Generalmusigdiregder. Säh'n Se mal, ich bin nämlich inn'r Seefenfabrik in Pirne angestellt, na un' nu had mei Meester gesacht: 'Wenn DU dem Generalmusigdiregder berseenlich vorsingst, da zahl' ICH de zähn Mark.'" Außerdem, so ließ der Bursche verschmitzt durchblicken, nachdem die „Gammersänger firchterlich gelacht" hätten, habe er sein Köfferchen geöffnet und ihnen noch „fier zwanz'sch Mark Seefe verkooft!" Eine Seifenoper!

Ab 1933 bestimmten die NS-Kulturwächter den Ton in der Oper. Und der war nicht mehr „gemiedlich", sondern schrill. Mit einem bestellten Pfeifkonzert leiteten sie die Vertreibung von Busch ein, der angeblich zu viele Ausländer und vor allem Juden beschäftigt habe. Fritz Busch, der etwa 1 000-mal am Pult der Staatskapelle gestanden hatte, verließ Dresden und emigrierte später nach Argentinien.

Gert Fröbes großer Opernknall

Gert Fröbe (1913-1988) war ein Star mit internationalem Status. Seine Filmkarriere begann mit dem Otto Normalverbraucher in „Berliner Ballade" (1948). Er brillierte mit zwielichtigen Figuren wie Auric Goldfinger („Goldfinger") oder als „hässlicher Deutscher" in „Die tollkühnen Männer in ihren fliegenden Kisten". Zahlreiche Preise heimste der Mime mit dem „runden Charakter" ein, Filmbänder und Bambis. Er wurde Deichgraf und sogar Ehrenbürger von Cognac.

Seine erste Ehrung aber erfuhr der 23-Jährige in Dresden mit dem „Sächsischen Staatspreis" - für Malerei! Professor Wilhelm Kreis hatte dem jungen Talent, das aus Zwickau kam, nach Besichtigung einiger Arbeiten abgeraten, sich an der Akademie verbilden zu lassen und dafür empfohlen, sich erst einmal richtig auszustreichen. Das gelang Fröbe dann auch bei Professor Mahnke, dem Ausstattungschef der Dresdner Staatstheater. Der Lohn für den Theatermaler war kärglich, und so verkaufte Fröbe eines seiner ausgezeichneten Gemälde an das Luxushotel „Johanneshof". Den Hotelier verblüffte er mit dem Wunsch: „Ich will kein Geld, ich will das Honorar abessen!" Mit Messer und Gabel verzehrte Fröbe ein Jahr lang sein Bild.

So richtig berühmt wurde der Theatermaler dann als Pyrotechniker.

Zur Generalprobe der Oper „Münchhausen“ von Mark Lothar, mit Karl Böhm am Dirigentenpult und Maria Cebotari, Tino Pattiera und Kurt Böhme in den Hauptpartien, wünschte sich Regisseur Josef Gielen einen mächtigen Kanonenschlag für den legendären Münchhausenritt. Gert Fröbe besorgte ihn mit verheerenden Folgen: Der Zuschauerraum qualmte, als sei der Ätna ausgebrochen, die Musiker begannen ihre Instrumente zu retten, die Sänger hasteten, so schnell es ihre Kostüme erlaubten, in die Garderoben. Die Uraufführung musste verschoben werden. Und bald wussten alle, wer für den Schlamassel verantwortlich war: „Na, der vom Malsaal, der Lange, Dürre, der Rothaarige, Fröbinger heißt er oder so ähnlich.“

Und dennoch durfte der „Verknallte“ eines Tages bei Erich Ponto vorsprechen, und zwar mit so unglaublichem Pathos, dass die Nippesfiguren klirrten: „Ich bin der Geist, der stets verneint...“ Fröbe kam nicht weit, da unterbrach ihn Ponto: „Hören Sie auf, hören Sie auf! Sie sind Komiker! Mephisto ist doch kein Sachse!“

Drei Jahre später waren beide am Frankfurter Schauspielhaus engagiert. Ponto begrüßte Fröbe mit „Sieh da, mein sächsischer Mephisto!“ In seiner Dresdner Zeit hatte der kleine große Charakterdarsteller nur zwei Schüler: Victor de Kowa und Gert Fröbe, der fortan aus Dankbarkeit ein ganz klein wenig sächselte.

Der Opernstar als Benzinlümmel

Geliebt wurde er abgöttisch. Das Publikum tobte, wenn er auftrat. „Ein Tenorwunder - himmlisch, berauschend, wonnig!“, schrieben die Zeitungen bei seinem Einstand an der Dresdner Hofoper. Tino Pattiera sei die Sängerpersönlichkeit, die eine Oper nötig habe, um leben zu können und die ganz selten geworden sei. Das schöne Timbre seiner Stimme bestricke das Publikum, die echte Leidenschaft seines José reiße es mit. Nachgerade südländische Begeisterung sei aufgekommen bei jener Carmen-Aufführung... Und dieser Sangesgott soll ein Verkehrsrowdy gewesen sein? Niemals und in Dresden gleich gar nicht!

Folgendes geschah an jenem 10. Mai des Jahres 1920. Pattiera und sein Freund, der Opernsänger Lochner, kamen mit dem Auto aus der Stadt und fuhren die Bautzner Straße hinaus zum Schloss Eckberg, wo der Star zeitweilig residierte. In Höhe des Waldschlösschens, auf ansteigender Straße, kam dem von Pattieras Fahrer Bär chauffierten Automobil ein kleiner Handwagen entgegen. Er wurde vom Grünwarenhändler Schanz mit den Beinen gesteuert. Dabei streifte der Handwagenpilot das Auto, wurde auf den Fahrdamm geschleudert, erlitt einen Ohnmachtsanfall und brach sich den rechten Unterarm.

Insbesondere die auswärtige Sensationspresse heulte und bauschte auf, entstellte und unterstellte Pattiera und seinem Fahrer trunkene Raserei. Zur Klärung des Sachverhaltes lud das Dresdner Schöffengericht eine Anzahl echter und vermeintlicher Zeugen, deren eidliche Vernehmung längere Zeit in Anspruch nahm. Der angeklagte Fahrer bestritt eine Geschwindigkeitsverletzung. Und Tino Pattiera beteuerte, seinen Chauffeur stets zur gemäßigten Fahrt angehalten zu haben. Schon wegen des Erhalts seiner Stimme müsse er beim Autofahren vorsichtig sein, was auch Opernsänger Lochner bestätigte. Der Anwalt des Angeklagten wies mit Nachdruck darauf hin, die entstellten Presseberichte würden Pattiera den Aufenthalt in Dresden verleiden. Im Übrigen sei der angefahrene Herr Schanz kurze Zeit nach dem Unfall zu Pattiera gekommen, habe sich entschuldigt und um eine Unterstützung gebeten. Diese habe ihm der Sänger, ohne dazu verpflichtet zu sein, mit einer Spende von 3 000 Mark gewährt. Als dann der verwegene Selbstfahrer Schanz vor Gericht bekannte, obgleich er ein vorsichtiger Mann sei, verkehrswidrig gehandelt zu haben, blieb nur noch der Freispruch. Entstandene Kosten trug die Staatskasse, und das Sangesidol trug letztlich den rufschädigenden Vorfall mit Fassung.

Tino Pattiera, 1890 in Cavtat bei Dubrownik geboren, begann seine Karriere 1915 an der Dresdner Hofoper. Er war mit Richard Tauber befreundet, der 1919 von Dresden an die Berliner Staatsoper ging. Pattiera hielt Dresden bis 1941 die Treue, kehrte nach dem Krieg mehrmals zurück, vor allem, um hier im alten Freundeskreis einen zünftigen Skat zu spielen. Der Liebling der Dresdner Oper starb am 24. April 1966 in seinem Geburtsort in Dalmatien.

Otto Griebel

Wir „Entarteten“

Am 23. September 1933 wurde im Lichthof des Neuen Rathauses eine durch den zum Kunstkommissar eingesetzten Nazi-Maler Walther Gasch in Verbindung mit dem Akademie-Professor und Rektor Richard Müller aus den Beständen des Stadtmuseums zusammengestellte Schau unter dem Titel „Spiegelbilder des Verfalls der Kunst“ eröffnet.

Um diese Ausstellung für die Besucherschaft recht wirkungsvoll zu machen, war jedem der Exponate ein Zettel hinzugefügt, auf dem außer dem Titel und dem Namen des Künstlers auch die Ankaufsumme - aber ohne Umrechnung der Inflationsbeträge in Festmark - vermerkt war.

Die Hauptattraktion dieser Schandschau bildeten „Der Schützengraben“ und die „Kriegskrüppel“ von Otto Dix, „Der Abenteurer“ sowie Lithos von George Grosz, das „Merzbild“ von Kurt Schwitters, Werke der „Brücke“-, der „Sturm“- und „Bauhaus“-Künstler, Plastiken von Eugen Hoffmann und Christoph Voll, auch Arbeiten von Oskar Kokoschka.

Von mir war das 1921 entstandene „Ruhende Fabrikmädchen“ enthalten, ein realistisches Übergangsgemälde meiner Frühzeit, völlig harmlosen Inhalts.

Zum Schutze der Ausstellung hatte man einige uniformierte SA-Leute herbeigeordert, die auch darauf achten mussten, dass keine positiven Äußerungen seitens der Besucher erfolgten. Gaben sich doch hier tagtäglich viele Künstler und Kunstfreunde ein Stelldichein, um das Gezeigte wenigstens noch einmal zu bewundern.

Ich selbst erlebte dort, wie eine schon recht verwittert aussehende „bessere“ Dame vor dem Schützengrabenbild von Otto Dix den daneben Wache haltenden SA-Mann, der Kriegsauszeichnungen trug, empört befragte: „Sie waren ja draußen, so ist es doch niemals gewesen!“ Aber da kam diesem ehemaligen Landser doch plötzlich die Lust, zu erklären: „Was, nicht so gewesen? Viel schlimmer: Läuse, Hunger, Gestank, Trommelfeuer, und das Gebrüll der Verwundeten müssen Sie sich noch dazu denken; was wussten Sie denn in der Heimat davon?“ Entsetzt über diese unerwartete Entgegnung schlich die also Bekehrte kopfschüttelnd weiter, wohl annehmend, dieser eigentümliche Erklärer sei eigens dazu vor das Bild postiert worden.

Karl Josef Friedrich

Beim Kunsthändler Axt

Zu Dresdens berühmtem Kunsthändler Axt, in den dreißiger Jahren an der Blasewitzer Straße residierend, kam am Vormittag des 24. Dezember in einem jener Jahre ein bekannter Arzt und Kunstfreund. Er hatte gute Laune, wie jedermann an diesem Tage, und wühlte in Axt's Geschäft in den Kunstmassen. Eine Kleinigkeit gefiel ihm, und er fragte nach dem Preis.

Der Kunsthändler schmunzelnd: „Sie haben wirklich einen guten Geschmack. Ich wollte eigentlich 400 Mark damit erzielen, aber weil heute Weihnachten ist, nehmen Sie's für 200!" Ein goldenes Gemüt! Der Arzt war einverstanden und zahlte - 10 Mark an: „Ich habe gerade nicht mehr einstecken, am dritten Feiertag früh bekommen Sie den Rest." Der Kunsthändler fragte neugierig, ob er denn über die Feiertage so viel einnähme. „Aber ich bitte Sie, das geht doch heute Nachmittag gleich los." - „Wie denn, was denn?" - „Ja, sehen Sie, heute Nachmittag werde ich angeklingelt: Schnell, Herr Doktor, mein Mann hat furchtbare Schmerzen! Da habe ich so eine gewisse grüne Flasche mit einem gewissen grünen Inhalt, und damit mache ich alles. Ich gehe hin zu dem Mann und verarzte ihn. Ein Hausbesuch kostet zehn Mark. Wenn ich nach Hause komme, haben drei weitere angeklingelt: Schnell kommen, furchtbare Schmerzen, und so geht das tagelang. Ein Hausbesuch kostet zehn Mark." Der Kunsthändler fassungslos: „Erklären Sie mir das!" Der Arzt: „Sehr einfach: Alle, die wegen ihrer Galle Diät leben müssen, denken, jetzt hast du das ganze Jahr wegen dieser verd... Galle oder Niere gehungert, heute lässt du dir's aber mal schmecken. Der Erfolg: Gallenkolik, Nierenschmerzen. So ist das jede Weihnacht."

Am dritten Feiertag vormittags bezahlte der Arzt Herrn Axt aus der Westentasche die restlichen 190 Mark.

Robert Diez und das Kleid

Eines Tages hörte ich, dass die Werkstatt des Anfang Oktober 1922 verstorbenen Bildhauers Geheimrat Robert Diez schnell geräumt werden müsste und dass man dort billig oder sogar kostenlos die wundervollsten Bildwerke erwerben könnte. Ich fuhr also mit meinem Wagen schnell nach Loschwitz und klingelte höflich. Eine alte Haushälterin empfing mich freundlich und bestätigte mir: Ja, die beiden Ateliers müssten bis Sonntagabend geräumt sein. „Bitte kommen Sie, und suchen Sie sich aus, was Sie wünschen!" Ich betrat zwei riesige Werksäle, die über und über voller Bildwerke standen. Der Künstler hatte lange gelebt und war fleißig gewesen. Hier sah man nun mit Staunen die Ergebnisse eines schaffensreichen Künstlerlebens. Die alte Dame plauderte: „Das meiste sind ja Gipsabgüsse, und da können Sie sich bitte wählen, was Sie wünschen. Die Bronzeköpfe geben wir billig ab. Nur die Marmorwerke kommen noch fort und werden aufgehoben. Was bis Sonntagabend nicht geräumt ist, wird am Montag alles zerschlagen und in eine Grube geworfen, denn der neue Mieter will bald einziehen."

Ich erwiderte bestürzt: „Ja, kann denn das Dresdner Skulpturenmuseum nicht alles übernehmen?“ - „Der Herr Direktor war schon ein paar Mal da und hat schon dies und jenes mitgenommen, aber er sagt, er hätte jetzt keinen Platz mehr.“

Ich ging staunend umher und sah wundervolle Schönheiten. Um 50 Mark (ein Spottgeld) erwarb ich einen meisterlichen Bronzekopf des Reichstagserbauers Wallot - schön wie eine altgriechische Bronze. Für ein paar Gipsstatuetten, Entwürfe zu großen Gestalten an der Strassburger Universität, Schleiermacher und Spener darstellend, nahm die Haushälterin keinen Pfennig. Als ich bewegt gehen wollte, flehte sie mich an: „Bitte nehmen Sie doch hier noch diese ergreifende Grablegung mit oder etwa hier dieses herrliche Standbild...“ - „Aber ich bitte Sie, wo soll ich das unterbringen...“, und so schied ich denn erschüttert aus diesem Trauerhaus.

Ich wollte gerade meinen Bronzekopf nehmen und in meinen Wagen schaffen, da rief die Frau: „Warten Sie, ich hole Ihnen ein paar alte Lumpen zum Einwickeln.“ Sie rannte ins Haus zurück und kam mit etwas Getüch wieder - und so verstaute ich den eingewickelten Männerkopf im Wagen und fuhr davon.

Nach Monaten rief meine Frau eines Tages von unserem Boden herunter: „Schau doch, Mann, welche Überraschung! Das Einwickelgelump, in dem der Kopf von Diez lag, ist in Wahrheit ein wundervolles altes Seidenkleid, vollständig erhalten, fast nicht getragen, in einem großen, kostbaren Muster, schwarze Blumen auf dunkelblauer Seide!“ Meine Frau brachte dieses Kleid zur Schneiderin. Die staunte auch über diese herrliche, schwere, alte Seide. Sie wusch das Kleid und schneiderte meiner Frau ein kostbares Gewand daraus - das prunkvollste Kleid, das meine Frau je getragen hatte. Nie hätte jemals ihr geiziger Mann ihr so ein prächtiges Seidenkleid geschenkt!

So hat denn meine Geliebte, die Wonne meiner Augen, dies Kleid einige Male auf Festen strahlend getragen, von allen Frauen rings wütend beneidet, von mir mit Ehrfurcht betrachtet. Dank also und Segen der alten, längst verblichenen Frau Geheimrat Diez aus dem reichen Hause der Calberla in Dresden!

Ach, der Krieg hat vieles verschlungen. Er hat auch dieses schönste Gewand meiner Frau mit davongenommen. Wer mag es jetzt tragen, dieses königliche Gewand?

Guhrs „Nieselpriem“ und Ipse

Wer kennt nicht den Goldenen Mann auf Dresdens Neuem Rathaus! Der riesige Turm hat die furchtbare Bombennacht überstanden, und der Mann auf der Turmspitze reckt noch heute seine Hand über die geschlagene Stadt aus wie einst über die glückliche und gesegnete. Dank dem Künstler dieses Meisterwerkes, dank Professor Richard Guhr! Der Goldene Mann, 5,35 m hoch und 34 Zentner schwer, erhebt seine Rechte und hält in der Linken ein Füllhorn, das auf dem Boden steht. Die Dresdner meinen, er strecke die Hand aus, um zu fühlen, ob es regnet oder nur nieselt, und nennen deshalb den goldenen Kerl den „Nieselpriem“.

Der alte Künstler-Professor Guhr war in der Schreckensnacht vollständig ausgebombt worden, er hatte mit eigenen Augen sehen müssen, wie alle seine herrlichen Bildtafeln, sein ganzes Lebenswerk, verbrannte. Dann war er mit seiner Haushälterin durch das Land geirrt, von Pfarrhaus zu Pfarrhaus, und schließlich in Höckendorf bei Tharandt in der alten Försterei gelandet. Dort hatte er seine Wirtschafterin geheiratet, die ihn stets nur „Meister“ anredete, und „in alter Frische“ begonnen, sein Lebenswerk von neuem zu malen, Tafel um Tafel. Ich besuchte ihn einmal und sah mit Staunen seine Freudigkeit. Da ich Künstlerselbstbildnisse sammelte, bat ich auch Meister Guhr um sein Ipse.

Es war einige Wochen vor Ostern, und er schrieb mir, er hätte eine Bitte: Ich möchte mit ihm jetzt 40 Tage lang bis Ostersonnabend fasten. Er hätte das in früheren Jahren schon öfter getan. Das wäre eine wundervolle Erneuerung des ganzen Menschen und zugleich ein frommes, Gott wohlgefälliges Werk. Er faste nicht gern allein, sondern suche sich immer einen Mitfaster. Ich möchte nun dieses Jahr mit ihm zusammen 40 Tage lang keine feste Speise zu mir nehmen, sondern höchstens etwas Fruchtsaft genießen. Vorsichtig erwiderte ich, der verehrte Meister möge verstehen, dass ich da leider nicht mittun könnte, da ich ein schweres Amt hätte mit großen Gängen, was allerhand Kraft koste. Übrigens lebte ich ja seit Jahrzehnten fleischlos, ich fastete also schon im Sinne der alten Kirche. Das alles schrieb ich ihm recht höflich und mild.

Es dauerte nicht lange, da schickte er mir tatsächlich seinen Kopf, und der sah so aus: die Augen blickten düster drein, die Mundwinkel waren verächtlich nach unten gezogen, und darunter stand mit Tinte (dass ich es nicht wegradieren konnte): „R. G. nach Empfang Ihres Briefes mit der Absage an die Nachfolge Christi! Höckendorf, den 29. 6. 47.“ Natürlich habe ich auch dieses wertvolle Selbstbildnis wie alle meine hundert anderen Künstlerselbstporträts sorgfältig auf Karton gelegt. Aber auf die Rückseite schrieb ich den wahren Sachverhalt nieder. Sonst wäre ich ja für alle Zeit als ein Feind Christi geschändet gewesen. Und ich bin doch ein Freund...

Ein Unterführer

Eines Morgens im Kriege erhielt ich einen Anruf, ganz früh. Ein Hauptmann schnarrte mich an: „Können wir Sie in einer Stunde besuchen, ich mit einer Schar Unterführer? Und können Sie uns auf Ihrem Hof einen kleinen Vortrag halten über Ihr berühmtes Seifersdorfer Tal?" Ich, völlig unkriegerisch, stammelte: „Ei nu, jawohl, kommt nur, meine Herren, aber tut mir nichts!"

Alles klappte militärisch. Nach einer Stunde erdröhnte mein Hof von 40 Kommissstiefeln, in denen 20 Unterführer anrückten. Ich hielt nach kurzer Begrüßung, etwas benommen, meinen kleinen Vortrag über unser Seifersdorfer Tal. Also: wie die geistvolle Tina von Brühl seit 1781 das wilde Rödertal zu einem englischen Park umgewandelt und mit allerlei Mälern, Hütten, Büsten, Vasen und Tempelchen gefüllt habe, im Geschmacke der damaligen gefühlvollen Zeit. Wie unser Tal sogar in den Briefwechsel von Goethe und Schiller und in eine Erzählung von Jean Paul geraten sei. Wieland habe das Tal besucht, und eine Eisenbüste von Herder erinnere an den Generalsuperintendenten von Weimar.

Als ich meinen Vortrag geendet hatte, fragte der Herr Hauptmann, ob einer seiner Leute jetzt mal in der Kirche Orgel spielen dürfte. „Orgelspieler vor!", kommandierte der Hauptmann, und vor spritzte ein schmächtiger Jüngling, das Gesicht blass und ängstlich, das Haar schwarz verfilzt, die Gestalt lang und hager. Ich nickte, holte den Kirchenschlüssel, und wir schritten in aufgelöster Ordnung zur Kirche empor. Ich stieg mit dem Orgelspieler die Treppe hinauf, und die anderen setzten sich in die Bänke des Schiffs. Den jungen Mann sah ich misstrauisch von der Seite an: „Also hier: die beiden Manuale, hier rechts und links die Kuhfüße, unten das Pedal! Machen Sie mir nichts kaputt, mein Lieber. Sie verstehen doch hoffentlich was davon? Hier sind die Choralnoten. Na, denn man los!" Ich ging hinunter und setzte mich auch ins Schiff.

Und jetzt geschah etwas Unerhörtes. Der Soldat da oben griff in die Tasten und spielte - Bach, nehmt alles nur in allem. Unsere Orgel erkannte ich nicht wieder. Das war nicht meine alte Dorforgel, das war ja eine Königin der Instrumente! Der Mann spielte die berühmten Präludien, Toccaten und Fugen auswendig. Aber wie! Bald leise rauschend, bald strahlend trompetend, bald süß singend, bald donnernd, dass alle Wände mit erdröhnten. Und das eine halbe Stunde lang! Auswendig! Endlich schien er eine Pause zu machen.

Ich rannte atemlos durchs Schiff, hastete die Orgeltreppe empor und schrie: „Mensch, was sind Sie denn?“ Er antwortete ruhig: „Ich bin Organist, ich wohne in Blasewitz.“ - „Ach so“, rief ich, Entschuldigung stammelnd, „Organist sind Sie und, beim Bach, ein ganz hervorragender! Und ich hab vorhin gedacht, ich müsste Ihnen erst mal die Orgel erklären!“ - „Ja, soll ich noch was spielen?“ - „Aber selbstverständlich, so lange Ihr Hauptmann nicht knarrt!“ - „Dann will ich was Eigenes spielen.“ So lange unsere Siebenritterkirche steht, fast 350 Jahre, hatte sie noch nicht solche herrlichen Töne fluten gehört wie heute. Auch die Soldaten lauschten still. Der Hauptmann strahlte und vergaß den Krieg. Er schien ein Herz zu haben. Und wieder spielte der Blasewitzer Organist eine halbe Stunde lang. Als er fertig war, stürmte ich wieder die Treppe hinauf und rief: „Wie heißen Sie denn?“ - „Herbert Collum.“

So lernte ich den großen Künstler kennen!

„Luthers-rechte-Hand-Retter“

Kurz nach der Zerbombung Dresdens wanderte meines Vaters Sohn, den ich so gut kenne wie mich selber, trauernd durch die Trümmer der geliebten Stadt. Vor der zerstörten Frauenkirche hatte das Luther-Denkmal von Ernst Rietschel gestanden. Jetzt lag die gewaltige Erzgestalt, vom Granitsockel gestürzt, am Boden, schwer angeschlagen und „aus den Latschen gekippt“. Der Granitsockel stand noch, der Reformator lag davor auf dem Rücken, und ein paar Meter davon entfernt sah man seine beiden Schuhe auf dem Erdboden.

Luthers rechte Hand, die er auf der Bibel gehabt hatte, war auch abgesprengt und lag auf dem Pflaster. Der Mann betrachtete das alles mit Erschütterung. Luthers rechte Erzhand nahm er auf, sie war nicht allzu schwer, denn sie war hohl gegossen. Ja, wenn hier ein „Naturforscher“, ein Altwarensammler, ein Antiquitätenfreund vorübergeht, dann nimmt er natürlich die Hand mit, und Doktor Luther kann sehen, wo er seine Hand wieder herkriegt.

Ich will diese Hand doch bergen, dachte der Wanderer und war schon drauf und dran, sie in seinen Rucksack zu stecken. Ringsum war weit und breit kein Mensch zu sehen, aber - o weh - an jeder Ecke waren Plakate angeschlagen: „Plünderer werden erschossen." Es war also gefährlich, ja lebensgefährlich, Luthers rechte Hand zu retten! Tatsächlich, da kam schon ein Polizist über den Platz! Dem Mann kam ein Gedanke: „Herr Wachtmeister, bitte übernehmen Sie hier diese rechte Hand von Doktor Martin Luther." Die Antwort war: „Mensch, was geht mich Ihre rechte Hand an!" - „Aber die wird ja gestohlen, wenn sie nicht sichergestellt wird!" So gab es ein Palaver hin und her, bis endlich der Mann überredet war, die Hand seiner Dienststelle zu bringen und dafür zu sorgen, dass sie gut aufgehoben würde.

Endlich ließ sich der Mann bereit finden und zog knurrend mit Luthers rechter Hand ab. Die rechte Hand ist gerettet worden, und heute hält Luther sie wieder auf die Bibel. Seitdem durfte ich mich „Luthers-rechte-Hand-Retter" nennen.

Da dieser Retter einmal nähere Beziehungen zu dem Reformator gewonnen hatte, horchte er auf, als er erfuhr, Luther würde in der Erzgießerei von Pirner & Franz wieder erneuert. Er eilte hin, und da stand der riesige Reformator wieder fest in seinen Latschen auf dem Boden. Allerlei Gerüste umgaben ihn, und einige Arbeiter bemühten sich um ihn, pochend und feilend. Den Retter überfiel der Geist, und er kletterte, wieder unter Lebensgefahr, einige wacklige Bretter hinauf und drückte die gerettete Hand und streichelte - völliger Blödsinn - dreimal mit seiner Rechten die Wange des verehrten Doktor Luther, aus Liebe sozusagen.

Hansjörg Schneider
Theater zwischen Ruinen

Wann immer von der Trümmerzeit die Rede ist, wird ganz sicher auch der kulturelle Aufbau Erwähnung finden. War es doch nicht zuletzt die beglückende Wiedergeburt der Dresdner Musik- und Theaterszene, die vielen Hoffnung und Zuversicht gab und im Gedächtnis haften blieb. Bereits vier Wochen nach dem Zusammenbruch fand das erste Konzert der Dresdner Philharmonie statt, und abermals einen Monat später kehrte in der Tonhalle auf der Glacisstraße Lessings „Nathan der Weise" nach zwölfjähriger Verbannung auf die Bühne zurück. Noch im Sommer 1945 konnten auch das Komödienhaus und das Centraltheater ihren Spielbetrieb - wenngleich in stark reduzierter Form - wieder aufnehmen. Und es gab eine Fülle von Neugründungen.

Hatte die Stadt vor 1945 fünf Theater besessen, waren es nun mehr als fünfzehn, die dem Verlangen des Publikums nach Unterhaltung, Zerstreuung und Ablenkung auf recht unterschiedliche Weise nachzukommen suchten. Wo immer eine größere Räumlichkeit, die sich als Spielstätte eignete, heil geblieben war, wurde sie für Veranstaltungszwecke genutzt oder umfunktioniert. Kunstbedürfnis und Theaterbegeisterung schienen grenzenlos, und die Behörden zeigten sich großzügig in der Erteilung von Konzessionen und Spielerlaubnissen, sofern ihre Antragsteller nicht als „NS-belastet“ galten.

Dieser „Überfrühling der Künste“, wie Erich Kästner den kulturellen Aufbruch der Stunde Null bezeichnete, kam uns Jungen, die wir den Krieg überlebt hatten und den Weg in die Kunst suchten, natürlich entgegen. Wir brauchten uns um Angebote und Beschäftigung nicht zu sorgen. Bei der Vielzahl des Vorhandenen und Entstehenden war immer ein Unterkommen zu finden.

In der Goldenen Krone in Kleinzschachwitz etablierte sich das Neue Theater, im Feenpalast in Leuben das Apollo-Theater. Chef beider Häuser war Fritz Randow, vor 1945 zeitweilig Mitdirektor des Centraltheaters und sowohl im Berliner Admiralspalast als auch im Dresdner Zirkus Sarrasani mit Revuen hervorgetreten. In einem nicht mehr genutzten Gewerberaum auf der Reicker Straße installierte Walter Felden, ebenfalls ein Mitglied des Centraltheaters, das Kleine Theater. Im Neustädter Casino auf der Königstraße 15 ließ sich das Thalia-Theater von Max Neumann nieder, und in der Schwesternschule des Johannstädter Krankenhauses entstanden die Kammerspiele Johannstadt, die neben einem Schauspielensemble auch über ein Orchester verfügten. Die Constantia in Cotta war Domizil vom Theater des Westens (später: Vereinigte Volksbühnen) und der Gasthof Gittersee beherbergte eine Spielgemeinschaft, aus der die Volksoper Dresden-Plauen (ab 1946 Volksoper Dresden) hervorging.

Im Ballhaus Watzke gab es zunächst Varieté, bald auch Operette durch das Sängerpaar Paula Maxa/Mario Parlo, in der Schauburg war das Volksvarieté beheimatet und im Göhle-Werk auf der Heidestraße das von Maria und David Bader ins Leben gerufene Neue Dresdner Revue- und Varieté-Theater, das sich „Skala“ nannte. Für Kinder spielten zwei Märchenbühnen: eine hatte ihren Sitz im Königshof am Wasaplatz, die andere bereiste das gesamte Stadtgebiet zwischen Wölfnitz und Tolkewitz. Heinrich Apels Marionettentheater (in einer Turnhalle auf der Glacisstraße) und der Sachsen-Kasperle von Jochen Weber-Unger (Sitz Laubegast) fanden ebenso ihr Publikum wie die entstandenen Amateur- und Berufskabaretts, darunter das Tanzkabarett „Femina“ von Joc und Joker im Elbehotel Demnitz.

Nicht weniger als sieben Konzertdirektionen sorgten für Veranstaltungsangebote aller Art und offerierten einheimische wie auswärtige Künstler. Addiert man zu dieser groben Auflistung noch die zahlreichen Tingeleien sowie die Tanzorchester hinzu, die auch zu Theaterveranstaltungen aufspielten, vermittelt sich ein ungefähres Bild dessen, was noch im September 1946 eine Dresdner Zeitung als „Kulturüberschwemmung“ bezeichnete.

Die Ensembles der Bühnen setzten sich, wie auch andernorts, aus einheimischen Kräften, Flüchtlingen und Kriegsheimkehrern zusammen. Ein nicht geringer Teil kam aus den ehemals deutschen Gebieten jenseits von Oder und Neiße oder aus dem Sudetenland. In einem Brief einer Ausgesiedelten heißt es: „Nachdem wir in Stettin alles verloren hatten, Hab und Gut und Engagement, waren wir überglücklich, in Dresden, dieser geschundenen Stadt, wieder in unserem Beruf arbeiten zu können. Es war ein schwerer, doch hoffnungsfroher Anfang. Hunger und die Mühen des Alltags zählten nicht mehr, wenn der Vorhang aufging und wir mit unseren Darbietungen die Zuschauer für Stunden ihre Sorgen vergessen lassen konnten.“

Es gibt wohl kaum Äußerungen, die dem Publikum der Trümmerzeit nicht große Aufgeschlossenheit, Opferfreudigkeit, Treue und Dankbarkeit bescheinigen. „Die Menschen waren damals wie umgepflügt“, urteilt der Schauspieler Hans Söhnker in seinen Memoiren.

Weder die desolaten Verkehrsverhältnisse, die mitunter schlimmen Bedingungen in manchen Spielorten, noch allzu große Entfernungen schreckten die Menschen vom Vorstellungsbesuch ab. Nach der Kulturdemontage des „totalen Krieges“ und dem unsagbaren Leid durch die Zerstörung der Stadt wurde für die noch einmal Davongekommenen die Kunst ein unentbehrliches Überlebensmittel. Der sprichwörtliche Hunger nach Kunst brachte aber nicht nur den Wunsch nach Ablenkung und Zerstreuung zum Ausdruck, sondern ebenso das Verlangen nach dem „Schönen, Wahren und nach unbeschädigter Menschlichkeit“ (Kurt Masur).

Das Repertoire der neu gegründeten Bühnen, von denen die meisten private Unternehmen waren, ließen - wenn überhaupt - eine Absicht erkennen: man spielte, was gefiel. Und was an Werken greifbar war. Durch Kriegseinwirkungen hatten auch Verlage und Archive schwere Verluste erlitten; der Mangel an Aufführungsmaterialien war gravierend. Immer wieder tauchten in Zeitungen Inserate auf, in denen nach Textbüchern und Noten gesucht wurde. Mitunter teilten sich - vornehmlich bei musikalischen Werken - mehrere Bühnen das Aufführungsmaterial, und Partitur wie Orchesterstimmen wanderten zu den jeweiligen Vorstellungen zwischen den Städten hin und her. An erster Stelle rangierten zugkräftige heitere Stücke, egal, ob sie bereits im „Dritten Reich" gegeben wurden oder während der Nazizeit verboten waren.

Allgemein trifft zu, was Max Neumann seiner ersten Inszenierung im Thalia-Theater mit auf den Weg gegeben hatte:

> „Wir bringen euch heute ein heiteres Spiel! -
> die Musik, die soll's untermalen.
> Ihr alle sollt lachen, dies ist unser Ziel
> und ihr verdient es, nach all den Qualen..."

Von einer Spielplangestaltung konnte unter diesen Umständen nicht die Rede sein. Doch danach fragte auch niemand. Dass wieder Theater gespielt werden konnte und wurde, war allen Beteiligten - Theaterleuten wie Zuschauern - das Wichtigste. Auch den Verantwortlichen und der Besatzungsmacht.

In der verwirrenden Vielzahl künstlerischer Angebote, die auch noch das Jahr 1946 kennzeichnet, nahm sich eine stille Aktivität wie eine Oase aus: die Feierabende von Alfred Reucker. Der ehemalige Generalintendant der Dresdner Staatstheater, der 1933 seines Postens enthoben worden war, brachte in seinem Haus in Dresden-Leubnitz mehrmals wöchentlich bekannte und unbekannte Dichtungen zum Vortrag. Das Spektrum dieser Lese-Abende, deren Tradition sich in Dresden bis Ludwig Tieck zurückverfolgen lässt, reichte vom Faust-Stoff über den Wiener Volkshumor, Wilhelm Busch, Gerhart Hauptmann, Christian Morgenstern bis zu Joseph Gregors Opernlibretto zum „Friedenstag" von Richard Strauss. Im Juli 1946 fanden diese literarischen Veranstaltungen (die bis 1948 fortgesetzt wurden) bereits zum 100. Male statt; sie führten Theaterleute und Kulturinteressierte aus allen Bereichen zusammen und waren verbunden mit der Besichtigung der Gemälde- und Theater-Archiv-Räume des Hausherrn. Dr. Reucker, 1948 zum Professor und Ehrenmitglied der Staatstheater Dresden ernannt, versuchte auf diese Weise, zur Neugestaltung des geistig-kulturellen Lebens seiner Wahlheimat beizutragen.

Von dieser Absicht ließen sich auch andere Künstler leiten. Erich Ponto brachte ein Programm mit deutschem Humor und abermals seinen viel bewunderten Reineke Fuchs, Antonia Dietrich gestaltete einen Goethe- und einen Dostojewski-Abend, die bekannte Dresdner Rezitatorin Helene Jedermann las Eichendorff und Tolstoi, Herta Windschild sprach Märchen für Erwachsene, Manja Behrens Eichendorff und Mörike, Gerda Zinn machte mit dem Roman „Die Brücke von San Luis Rey" von Thornton Wilder bekannt. Und bevor Paul Hoffmann erstmals wieder auf der Dresdner Bühne stand, erschien er am Vortragstisch mit Hans Christian Andersens „Reise nach Dresden" und einem heiteren Abend „Von Eulenspiegel bis Morgenstern".

Wir jungen Kunstadepten, die wir hinter jeder Inszenierung her waren, ließen uns solche Lese-Erlebnisse natürlich nicht entgehen, ganz gleich, wo sie stattfanden. Und so pilgerten wir mit der gleichen Besessenheit wie nach Gittersee, Cotta oder Bühlau in die Blasewitzer Schillerschule, zum Kirchgemeindesaal Strehlen oder zur Oberschule Nord auf der Weintraubenstraße, in deren Festsaal im Juli 1946 Hermine Körner einen Rezitationsabend mit Dichtungen von Goethe, Hölderlin, Rilke und den im Hitlerstaat totgeschwiegenen Heine und Hofmannsthal gab.

Per aspera ad astra?

Das dritte Halbjahr meiner Schauspielausbildung neigte sich dem Ende zu, und in meiner Kasse herrschte Ebbe. Wovon ich die nächsten Stunden bezahlen sollte - und zwar pränumerando, versteht sich - war mir ein Rätsel. Außerdem stand Weihnachten vor der Tür, und wenn schon an Geschenke für Mutter und Schwester nicht zu denken war, so sollte es doch wenigstens eine Aufmerksamkeit sein. Meine Geschäfte auf dem Schwarzen Markt, mit denen ich bisher Unterricht und die häusliche Miete finanziert hatte, warfen nicht mehr so viel ab, dass davon zu leben war, denn die geretteten und verhökernswerten Gegenstände schmolzen rasch dahin. Es musste also eine andere Verdienstmöglichkeit gefunden werden.

Da lief mir eines Tages ein Bekannter über den Weg, der sich in die Dresdner Theaterszene schon ziemlich hineingeschummelt hatte. An ihn wandte ich mich. „Kein Problem. Versuch's doch mal bei Flechsig, der sucht immer Leute." - „Das ist doch nicht dein Ernst, Johannes, in diesem Laden?", erwiderte ich entrüstet. Als er meine Abneigung spürte, denn Flechsigs Märchenbühne genoss nicht den besten Ruf, antwortete er: „Was willst du? Dort bin ich auch. Natürlich ist das keine Offenbarung, aber immerhin: Flechsig zahlt prompt und spielt laufend." Damit war er fort. Und ich überlegte.

An Angeboten für männliche jugendliche Darsteller mangelte es nach dem Kriege nicht, wohl aber an Bedingungen, die ich erfüllen konnte. Ja, wären darunter das nicht ausreichende Talent oder die noch ungenügende Ausbildung zu verstehen gewesen, hätte man sich damit abfinden können. Doch ich scheiterte an nicht vorhandener Bühnengarderobe. Da die Theater keinen Fundus besaßen, musste moderne Kleidung von den Darstellern selbst gestellt werden. Und das war mein Handicap. Aus meinem Konfirmandenanzug - 1940 hatte dafür ein Smoking meines Vaters herhalten müssen - war ich längst herausgewachsen, und die verbliebenen Kleidungsstücke machten auch nur deutlich, dass sie mir irgendwann einmal gepasst haben mussten. Mit Hochwasserhosen und einem Sakko, unter dessen kurzen Ärmeln die Hemdmanschetten wie Rüschen hervorquollen, war auf der Bühne kein Staat zu machen, schon gar nicht als jugendlicher Liebhaber. Was ich besaß und was auch leidlich passte, waren ein blau eingefärbter Wehrmachtsmantel mit dazugehöriger Mütze und ein Pullover, der aber inzwischen über dem Körper zu spannen begann wie ein Brustharnisch. An Theatern, die vorzugsweise moderne Stücke spielten, war ich also fehl am Platze. Es blieben - streng genommen - nur die Märchenbühnen, die über einen Kostüm-Fundus verfügten. Eine Erfahrung mit einem solchen Unternehmen hatte ich bereits gemacht. Sein Direktor schuldet mir heute noch die letzte Gage. Aber die Konkurrenz, da mochte Johannes Recht haben, schien stabiler zu sein. Dort versuchte ich mein Glück.

Von der Darstellung edler Prinzen verstand ich was, auch hatte ich das tapfere Schneiderlein sowie Elfen, Waldschrats und andere dubiose Gestalten bei dem dahingeschiedenen Unternehmen hinter mich gebracht. Das Repertoire dürfte also reichen, dachte ich mir. Meine schriftliche Bewerbung führte schneller zum Erfolg als erwartet: mit einer Einladung zum Vorstellungsbesuch und anschließender Rücksprache, was für mich „Vorsprechen" bedeutete. „Mittwoch, dem soundsovielten, 15 Uhr, Elbehotel Demnitz, große Familienvorstellung 'Max und Moritz' nach Wilhelm Busch".

Meine Vorbereitung erstreckte sich auf drei Rollen, die ich gerade studiert hatte: Bellmaus aus den „Journalisten" von Gustav Freytag, Hassan aus Schillers „Fiesko" und als tragisches Angebot den Jakob aus „Strom" von Max Halbe. Gut gerüstet und gehörig aufgeregt, war ich schon eine Stunde vor Vorstellungsbeginn am Veranstaltungsort in Loschwitz. An der Kasse saß ein kleiner grauhaariger Mann, mehr ein

Männchen. „Verzeihen Sie, ich möchte zum Herrn Direktor." Mit einem Unterton von gemütlichem Sächsisch fragte das Männchen zurück: „Und was woll'n Se von dem?" - „Mein Name ist Hansjörg Schneider, ich habe mich hier beworben..." Weiter kam ich nicht, denn er fiel mir ins Wort: „Warum hamm' Se das nicht gleich gesagt. Sie komm'n wie gerufen!" Nach diesem euphorischen Empfang fragte ich zögernd: „Kann ich vorsprechen?" - „Vorsprechen? Sie werden spiel'n!" - „Wann?" - „Na, heute, um dreie geht's los!" Und als er mein verdattertes Gesicht sah: „Uns fehlt der Lehrer Lämpel. Der Ganz, der Sauhund, hat abgesagt. Sie müssen einspringen!" Noch immer hatte ich die Sprache nicht wieder gefunden, was er bemerkte und ausnützte. „Den Wilhelm Busch werd'n Se ja wohl kennen. Na, und unsere Fassung weicht nicht sehr davon ab. Außerdem sin Se erst im 4. Bild dran, wenn die Pfeife in die Luft fliegt. - Komm' Se mit hinter die Bühne, dort ist meine Frau. Die wird Ihnen's Kostüm geben und den Text." Mit diesen Worten hatte er mich untergehakt und schleppte mich in die Garderobe, um mich einem grauhaarigen Muttchen zur weiteren Betreuung zu übergeben.

Mir drehte sich alles im Kopf. Träumte ich oder was war los? „Das Kostüm ist hier", zirpte die Stimme des Muttchens. „Der Ganz ist zwar bissel größer als Sie, aber die Hosen und Ärmel kann man ja einschlagen. Ja, und hier ist der Text." Ich war so überrumpelt, dass ich keinen Widerstand leistete. Ich wusste nur, dass alles, was geschah, unmöglich war. Doch sollte ich wieder gehen? Dann war die Chance des Geldverdienens - 10 Mark pro Vorstellung auf die Hand - vorbei und ich konnte die Studiengebühren für die nächsten Stunden nicht zahlen, vom bevorstehenden Weihnachtsfest ganz zu schweigen. Diese Gedanken siegten über alle künstlerischen Bedenken, und ich stürzte mich in das Abenteuer. Zunächst einmal der Text: „Also lautet ein Beschluss, dass der Mensch was lernen muss" - das klang vertraut und ließ sich behalten. Auch das Folgende: „...nicht allein das Abc bringt den Menschen in die Höh..." Gott sei Dank, in diesem Bild war kein Dialog.

Während ich wie besessen büffelte und repetierte, nötigte mir die Frau Direktor das Kostüm auf. „Nun müssen Sie sich schminken. Haben Sie was mit?" - „Nein". - „Dann nehmen Sie das Zeug von Ganz", wobei sie mir eine Zigarrenkiste hinschob. „Und machen Sie sich alt. Der Lämpel ist ein verknöcherter Junggeselle. Das muss man sehen!" Schon war sie aus der Garderobe, die nun von den Darstellern bevölkert wurde. Alle jung wie ich, was den Kontakt erleichterte.

„Spielst du heute den Lämpel?", was niemanden zu wundern schien. „Kommt der Ganz heute nicht?", warf eine couragierte Stimme ein.

„Nein“, antwortete ich, „der hat abgesagt.“ - „Na, klar“, konstatierte die couragierte Stimme, „wenn man Chancen am Staatstheater hat, darf man sich nicht mehr bekleckern!“ - „Quatsch!“ - „Mach dir nichts draus, es gibt Schlimmeres als Flechsigs Bunte Bühne“, sagte eine dunkelhaarige Sechzehnjährige und fügte hinzu: „Ich bin übrigens der Max.“ Und damit war sie hinter einem Paravent verschwunden. Von dort ließ sich eine andere Stimme vernehmen: „Im letzten Bild ist viel Dialog. Merke dir wenigstens deine Sätze. Wenn du dran bist, stoße ich dich an. - Ach so“, und während sie mit ihrem pausbäckigen Gesicht über den Paravent schaute, „ich bin die Witwe Bolte.“

„Gibt es denn keinen Souffleur?“, fragte ich. „Wer soll das denn machen?“, fragte sie zurück. „Die Alte spielt Klavier, der Sohn macht Beleuchtung und Umbau und der Chef kassiert. Dann ist er Onkel Fritz.“

Während ich mich mit dem letzten Bild abplagte, hörte man die Frau Direktor dem Klavier bereits die ersten Töne entlocken. Das Licht im Zuschauerraum erlosch, der Direktor erschien mit der Kasse und der Bemerkung „bumsdickevoll“, Witwe Bolte verschwand in Richtung Bühne und mir schoss durch den Kopf: „Wie ist denn das Bühnenbild?“ - „Das siehste, wenn du rauskommst“, beruhigte mich der Bäcker. „Rechts ist der Ofen, links der Großvaterstuhl. Daran lehnt die Pfeife. Fidibus ist am Ofen.“ Da warf der Direktor, der sich schon zu Onkel Fritz verwandelte, ein: „Haben Sie sich die linke Handfläche schwarz gemacht?“ - „Wozu das?“ - „Na, wenn die Pfeife explodiert und Se umfallen, müssen Se sich das Gesicht schwarz schmieren.“ - „Die Handfläche darfste aber vorher nicht sehen lassen“, bemerkte der Bäcker, während er mir bei der Schminkprozedur half.

Und nun ging alles Schlag auf Schlag: Schneider Böck hatte seinen Sturz von der angesägten Brücke hinter sich, die Frau Direktor intonierte einen Choral, der zu Lämpel überleitete - 4. Bild. „Los, raus!“ - „Toi-toi-toi!“, jemand schob mich, ein anderer stülpte mir noch ein schwarzes Käppchen auf. Und dann die Stimme des Direktors: „Die Brille fehlt!“ Zu spät, der Vorhang war schon offen, ich musste auf die Bühne.

Wie ich durch die Vorstellung gekommen bin, weiß ich heute nicht mehr. Ich weiß nur noch, dass das letzte Bild, in dem alle Gefoppten die beiden Spitzbuben verfolgen, schrecklich war.

Immer puffte mir jemand in die Rippen, woraufhin ich stammelnd einige Worte von mir gab, die meine Partner zu Sätzen vervollständigten. Als ich schweißgebadet die Bühne verließ und in der Garderobe auf einem Stuhl zusammensackte, kam der Direktor auf mich zu und gratulierte mir. „Sie hab'n sich tapfer geschlagen, keine Frage, Se können bei mir anfangen. Bis Silvester sind noch acht Vorstellungen." Erst am nächsten Tag bemerkte ich die vielen blauen Flecken. Es waren offensichtlich mehr Einwürfe gewesen, als ich beim Überfliegen des Textes bemerkt hatte.

Zwei Tage später traf ich Johannes Ganz, meinen Vorgänger als Lämpel, und erzählte ihm die Geschichte. Er verzog keine Miene. „Warum soll's dir besser gehen als mir? Genau so bin ich damals zu der Rolle gekommen, wie die Jungfrau zum Kinde. Aber", fügte er schulterklopfend hinzu, „tröste dich: Per aspera ad astra. Auf rauen Pfaden zu den Sternen." Und damit war er wieder weg.

Gut gebrüllt, Löwe.

Hans Lucke

Neu-Beginn unter Erich Ponto

Die Semperoper war ausgebrannt, das Schauspielhaus eine Ruine. Es gab nur Behelfsspielstätten, z.B. die „Tonhalle" in der Glacisstraße und das Kurhaus Bühlau. Die hießen nicht mehr „Staatsoper" und „Staatsschauspiel", sondern „Bühnen der Landeshauptstadt" und waren überhaupt nicht auf Theaterbetrieb eingerichtet.

Aber sie hatten einen Intendanten, der als Schauspieler einen großen Ruf besaß: Erich Ponto. Er hatte das schwere Amt übernommen, wofür ihm alle dankbar waren. Seiner künstlerischen Autorität könnte es gelingen, von den neuen Herren der Stadt etwas Geld und vor allem Material zu bekommen, um einen gediegenen Spielplan durchzusetzen und den Dresdnern trotz aller Hindernisse gutes Theater zu bieten. Und da erwies sich eben, dass der künstlerische Wert einer Aufführung in erster Linie von der Qualität der Darsteller und Musiker bestimmt wird; alles andere ist mehr oder weniger bloße Zutat. Wie durch Zauberhand hatte sich die Staatskapelle wieder zusammengefunden, Sänger und Schauspieler kehrten heim in die Trümmerwüste, und Stücke, die 12 Jahre lang tabu waren, standen wieder auf dem Spielplan, vorweg der „Nathan" - gespielt von Erich Ponto. Die Oper brachte Orff und Blacher, in Konzerten hörte man Mendelssohn und Schönberg.

Was mich betrifft - nun ja, ich bekam eine erste kleine Rolle in der „Widerspenstigen Zähmung" und machte Erfahrungen mit Gastspielen. In Sebnitz bekamen wir nach der Vorstellung ein für damalige Verhältnisse opulentes Essen, ein Schnaps oder Bier inklusive. Weitere Getränke mussten zu den gängigen Schwarzmarktpreisen erworben werden. Da hatte ich keine Chance, aber Kollege Helmut Hinzelmann spendierte großzügig, und ich fand mich spät nachts in einem schlichten Hotelzimmer an der Seite meines Kumpans Egon wieder. Er zeigte keine Anzeichen von Müdigkeit, und so spielten wir „Fahrstuhl im Warenhaus" - vermutlich, weil es in unserer Welt weder Warenhaus noch Fahrstuhl gab. Wir setzten uns in den großen Kleiderschrank. Hin und wieder musste einer von beiden die Tür öffnen, um zu rufen: „Erster Stock, Damenwäsche" oder „Dritter Stock, Toilettenartikel!" Beides war ja nicht oder nur auf dem Schwarzmarkt zu haben. Immerhin haben wir den Lift wohl ziemlich real empfunden; denn das ewige Auf und Ab machte uns so zu schaffen, dass wir die „Warenhaustoilette", als es erforderlich wurde, gerade noch erreichen konnten. Die Rückfahrt im Bus am anderen Morgen erlebten wir still und introvertiert.

Eine große Entdeckung stellte für mich der „Woyzeck" dar, den Herbert Maisch inszenierte. Georg Büchner hatte man uns im Deutsch-Unterricht verschwiegen. Er passte so wenig in das Deutschlandbild der Nazis wie Heinrich Heine. Leider durfte ich im „Woyzeck" nicht mitmachen, aber ich sehe den Schluss noch vor mir: Alfons Mühlhofer, den ich seit jeher bewundert hatte, steht als Doktor mit Seziermesser an der Leiche der Marie. Dann der Satz: „Ein guter Mord, ein schöner Mord, wir haben lange keinen so schönen gehabt."

Irgendwann im Frühjahr 1946 begegnete ich Rolf Ludwig, der bereits an der Operette in Leuben spielte, richtige Rollen und keine Edelstatisterie wie ich im Schauspiel. Er war zwar in Schweden geboren, beherrschte das Sächsische aber so gut wie ich. Nach einer durchzechten Nacht begaben wir uns eines Sonntagmorgens per Straßenbahn nach Bühlau, trugen Hut und Krawatte, aber kein Hemd und sangen den Fahrgästen vor, was wir so gerade im Repertoire hatten - Sentimental Journey zum Beispiel. Da man unsere Darbietungen nicht gebührend würdigte, zogen wir von der Endhaltestelle der Elf zum Einfamilienhaus, in dem Professor Arnold wohnte, der Chefregisseur der Oper. Ihm brachten wir das Ständchen „Lieber Arnold, sei so nett, komm doch mal ans Fensterbrett!" Er kam. Bis ans Gartentor, im Bademantel und Pyjama. Außer ein paar freundlichen Worten hatte er sogar eine Flasche echten Weinbrand für uns übrig - genau genommen den Rest einer Flasche. Aber der wog mehr als die ganze Flasche von dem Fusel, mit dem wir uns in Stimmung gebracht hatten.

Im Frühsommer 1947 fand in der Tonhalle, die nun schon das Kleine Haus war, eine Vollversammlung der Mitglieder der „Bühnen der Landeshauptstadt" statt. Jeder wusste worum es ging: Erich Ponto beendete seine Tätigkeit als Intendant. Der ewigen Querelen müde, die die zunehmenden Anforderungen ideologischer und anderer Art ihm bereiteten, trat er ans Pult. Sein erster Satz lautete: „Ich lege ein Amt nieder, zu dem ich mich nichts weniger als gedrängelt habe." Dann konnte er minutenlang wegen des einsetzenden Applauses nicht weitersprechen. Wir hatten verstanden!

ERHARD FROMMHOLD

Ein Mexikaner in Dresden

Nach allerhand Querelen wurde am 1. April 1952 der Volkseigene Verlag der Kunst in Dresden gegründet. Hauptsitz war eine Villa in den Wachwitzer Weinbergen, Am Steinberg 5. Den politischen Sinn der Lizenz bestimmte die Staatliche Kommission für Kunstangelegenheiten; streng ausgerichtet nach der im März 1951 angenommenen Entschließung des Zentralkomitees der SED, die den rücksichtslosen Kampf gegen „Formalisten" und „Kosmopoliten" verkündete. Der Verlag war vorerst ein Konglomerat aus älteren und alten Firmen, die schwer auf ihm lasteten. Ein Lektor wurde per Annonce herbeigerufen. Natürlich musste er ein „Kader" sein. Der Kader war ich: frühes Parteimitglied, geübter FDJ-Funktionär, bald auch im Hechtviertel in der VVN tätig und mit einem akademischen Diplom im Gepäck, welches mich als kritischen Kenner der Theorien oder Theoreme Oswald Spenglers auswies. Was wollte man mehr? Man wollte anfangs gar nichts, denn man hatte aufgrund der neuen Lizenz keine Manuskripte vorrätig. Man lebte geschäftlich munter von den so schönen Nachauflagen und von der Lagerware, die man von einer Kitschfabrik übernommen hatte. Der neue Lektor blieb also seit dem Mai 1952 vorerst ein fremder Geist in dem Hause.

Aber Ruhm durch Ehrgeiz sollte bald kommen. Und er kam mit dem großen mexikanischen Maler Diego Rivera. Der Freund Picassos und Legers, Modigliani, hatte Rivera porträtiert, er war einst der Mann Frida Kahlos, der Romanheld Ilja Ehrenburgs, der Verbündete Leo Trotzkis und des Dresdners Otto Rühle usw. usf. Luis Suaretz beschreibt allerdings „die trotzkistische Abweichung als das große Drama im Leben des Künstlers". Solche Katharsis lag nach Moskau längst hinter ihm.

Also eine Legende war im Winter 1956 auf dem Weg von San Angel über Moskau, Warschau, Prag und Berlin in die Kipsdorfer Straße, dem neuen Verlags-Domizil. Ich war auf ihn vorbereitet. Diego Rivera hatte das Buch von 1951, das 50 Jahre seiner Arbeit dokumentierte, vorausgeschickt („Diego Rivera, 50 años de Su Labor Artistica"). Die deutschsprachige Literatur über ihn und von ihm hatte ich gelesen. Sie war sowieso mit der geistige Anstoß für den Wunsch nach einer Monographie über den großen Mexikaner: Alfons Goldschmidt, Gottfried Benn, Anna Seghers und seine Autobiographie erschienen 1928 im Neuen Deutschen Verlag Willi Münzenbergs - mit den einzigartigen Fotos von Tina Modotti.

Aller Erwartungen waren hoch gespannt. Alfons Goldschmidt hatte ihn 1927 sogar äußerlich beschrieben: „...Er hat einen Rammschädel, Beine wie Brückenpfosten und einen Bauch, dass der Riemen Gesichter zieht. Aber Kinderhände und ein Pfeilauge, wenn nicht sinnende Güte die Äpfel überglänzte." Seitdem waren fast 30 Jahre vergangen. Etwas Herkulisches war diesem Mann auch jetzt noch erhalten geblieben, trotz schwerster Operationen und längerer Rekonvaleszenz in Moskau.

Eine breit ausladende Figur steckte da in einem schlotternden Anzug, keinerlei eitle Eleganz. Das Komische war, er hatte seine späterhin in Mexiko so Aufsehen erregende russische „Schapka" gegen eine Skimütze getauscht, die in den 40er Jahren in Deutschland Mode war. In diesem Anzug stand er wahrscheinlich auch täglich vor der Staffelei oder vor den Wänden. Ein von Falten durchfurchtes Gesicht: wach, freundlich und aufmerksam, ja neugierig auf die Fremden und ihre Sorgen um sein Buch.

Frida Kahlo hatte diese Züge in jenem vorausgeschickten Buch noch kurz vor ihrem Tod liebevoll beschrieben: „Seine hervorspringenden, dunklen, fast außerhalb der Augenhöhlen liegenden, äußerst klugen, großen Augen mit dicken, wie bei einem Frosch vorstehenden Lidern, sind mehr als andere Augen ganz getrennt voneinander... Zwischen diesen voneinander ganz entfernt liegenden Augen errät man das Unsichtbare der orientalischen Weisheit; und selten einmal schwindet von seinem buddhistischen Mund, von seinen fleischigen Lippen ein leichtes, spöttisches Lächeln, die Blüte seines Bildnisses."

So war er! Zwei Tage hatte ich Zeit, ihn insgeheim zu betrachten: im Gespräch, beim Zeichnen auf den Straßen, beim Essen im Gasthaus und überhaupt. Er war ein merkwürdiger Gast, zu jeder Mahlzeit bestellte er extra eine Portion Sauerkraut mit Speck. Lea Grundig war bei einem solchen Gastmahl im Hotel Astoria geradezu so konsterniert, sodass sie jene „deutsche" Zukost als exotisch empfand.

Man hatte Rivera in Berlin äußerst hochachtungsvoll behandelt, hatte ihm einen großen amerikanischen Wagen zur Verfügung gestellt, der im damaligen autoarmen Dresden unerhörtes Aufsehen erregte. Und Diego Rivera ordnete überall Halt an, wo er Ruinen zeichnen konnte oder Menschen skizzieren wollte. Und wo gab es damals in Dresden anderes zu sehen. Seine Frau Emma Hurtado spornte ihn ständig zur Arbeit an. Sie selbst war eine exotische Erscheinung, mit großen, pagodenartigen Ohrringen und anderem Schmuck ausgerüstet, ein knallgelbes Kleid unter dem kostbaren Pelzmantel. Sobald dieser amerikanische „Schlitten" irgendwo hielt, waren beide von Schaulustigen umgeben. Rivera zeichnete auch sie, wenn ihm eine markante Gestalt auffiel.

Während einer Stadtführung beeindruckte ihn zwar das Chaos der Ruinen, aber zum Höhepunkt wurde ihm das lange Kachelsgraffito des „Fürstenzuges" am Stallhof, das von uns Jüngeren nicht bloß wegen der feudalen Verherrlichung, sondern auch aus ästhetischen Gründen ein wenig verachtet wurde. Hier brach Diego Rivera in stillen Jubel aus. Es war für ihn ein „muralistisches" Ereignis. Allein die Technik, die Ausmaße, die Harmonie der Wandflächen imponierten ihm. Galerien wollte er danach nicht mehr besuchen, es gab ja auch nur noch Reste in Pillnitz.

Über sein Buch wurde wenig gesprochen. Rivera verließ sich ganz auf den Autor Hans F. Secker, einen glänzenden Kenner der europäischen Wandmalerei. Politische Gespräche vermieden wir. Nur nach dem früheren Dresdner Syndikalisten Otto Rühle erkundigten wir uns, denn der Verlagsleiter Alfred Donath war bis 1932 eine Art Schüler und Sekretär von Otto Rühle gewesen. Sein Lehrer war im mexikanischen Exil 1943 verstorben. Nur das wusste Alfred Donath aus einem Brief des bekannten Anarchisten Augustin Souchy. Natürlich war er neugierig auf das Schicksal Otto Rühles. Denn im besagten Buch gab es ein prachtvolles Porträt Otto Rühles. Für die deutsche Geschichte der Arbeiterbewegung war Rühle allerdings damals eine „Unperson". Rivera blieb recht zurückhaltend, gab nur lakonisch Auskunft, aber er bezeichnete ihn dennoch als seinen „guten Freund". Emma Hurtado gab uns allerdings die Adresse von Rühles Tochter. So war ein Stück Dresdner politischer Geschichte insgeheim wieder in das Blickfeld gerückt. Das Rühle-Porträt nahmen wir freilich nicht in das Buch herein. Wir hatten ja auch schon für Conrad Felixmüllers Porträtzeichnung Rühles die verschlüsselten Buchstaben O. R. gewählt.

Mit Riveras Besuch im Verlag der Kunst begann die mexikanische Kunst in die deutschsprachige Kunstgeschichte einzuziehen. Monographien über José Guadalupe Posada, José Clemente Orozco, David

Alfaro Siqueiros und Antonio Rodriques monumentale Geschichte der mexikanischen Malerei unter dem Titel „Der Mensch in Flammen" folgten in den kommenden Jahren. Allein ein eigens für den Verlag der Kunst verfasster Essay von Raquel Tibol über Frida Kahlo wurde von einem bornierten Kunstgelehrten als „trotzkistisch" denunziert und von der Zensur verboten.

Der Besuch Diego Riveras in Dresden hatte jene „Flamme" entfacht. Ein Verlagslektor konnte nun damit zufrieden sein, denn noch ein weiterer Traum wurde ihm erfüllt: Der einzigartige John Heartfield gestaltete den Umschlag und den Einband des Buches. Auch daraus ergaben sich ältere Geschichten zwischen den beiden genialen Künstlern - 1927 in Berlin. Sie stehen allerdings auf einem anderen Blatt der Politik. Freilich hatte jedes dieser Bücher eine gefahrvolle Vor- und Nachgeschichte, die zu erzählen hier nicht der Platz ist.

Späte Einkehr - Frans Masereel und Dresden

Frans Masereel war ein begeisterter, ja ein unentwegt Reisender. Man könnte ihn sogar einen Kosmopoliten nennen. Er war es im Geiste Alexander von Humboldts: „Die Fortschritte des kosmischen Wissens wurden durch alle Gewalttätigkeiten und Greuel erkauft, welche die so genannten zivilisierten Eroberer über den Erdball verbreiten." Das war Masereels Credo von Jugend an.

Weder Tunis, Moskau noch Peking lagen außerhalb seiner Routen, von Europa ganz zu schweigen. Dresden stand allerdings direkt nur einmal auf seinem Programm, und zwar im September 1969, als er zum Ehrensenator der Hochschule für Bildende Kunst ernannt wurde. Über den politischen Pragmatismus solcher Ernennung zu jener Zeit schweigen wir wohl besser, denn der außergewöhnlich korrekte Biograph Frans Masereels, der Niederländer Joris van Parys, zitiert 1999 auch für dieses Ereignis einen Brief Frans Masereels an den Filmoperateur Frans Buysens, nach dem Masereel „all denen, die in Ostdeutschland unsere Meinung über Prag teilen... auf seine Art einen Dienst habe erweisen wollen". Die Dresdner Hochschule war diesem Dienst kaum zugeneigt. Aber der Verlag der Kunst war gerade zu dieser Zeit eben wegen ideologischer „Verfehlungen" aus dem Geiste Prags arg gestäubt worden. Und so fanden sich alle in Dresden zum politischen Lamento zusammen: Frans Masereel, Pierre Vorms, Theo Pinkus, Laure Malclé, Gertrud Ziller, der ungarische Sammler Belá Lengyel, leider fehlte der

Moskauer Bibliothekar und Kenner des Werkes Eugen Eichmann, bei dem ich mir oft über Masereel Rat geholt hatte.

Dieser späte, denkwürdige Besuch Masereels hat eine lange Dresdner Vorgeschichte. Zuerst wären hier seine Verleger zu nennen: 1929 der Carl-Reissner-Verlag mit dem Buch „Bilder der Großstadt“, eingeleitet von Romain Rolland und einer ersten autobiographischen Notiz; 1949 im Sachsen-Verlag Gerhart Zillers Monographie und seit 1957 im Verlag der Kunst unter anderem der wichtige Sammelband mit einem verschollen geglaubten Text von Stefan Zweig aus dem Jahre 1939 und der ersten Bibliographie von Hanns-Conon von der Gabelentz und endlich dann 1967 Pierre Vorms' „Gespräche mit Frans Masereel“.

Gewiss waren jene Bücher im langen Leben und für das unübersehbare Werk Masereels nur Episoden, jedoch brachten sie eine gewisse Ordnung in das Leben und in das Werk für den deutschen Leser, auch über die Persönlichkeit des Künstlers, die nun durch das Buch von Joris van Parys ihre Krönung erfährt.

Aber Frans Masereel und Dresden, das bleibt nicht allein ein verlegerisches Kapitel. Vielmehr reichte es weit zurück. Am 15. Januar 1915 hielt Annette Kolb im Künstlerhaus in der Albertstraße den Vortrag, der die ganze europäische, patriotisch gesinnte Presse allerorten aufregen sollte: „Die internationale Rundschau und der Krieg“. Es war der erste Vortrag in Dresden gegen jegliche kriegshetzerische Presse und damit ein Signal für den Frieden in Europa. Es genügt ein Zitat, um die Affinität zu dem gleichzeitigen Streben Frans Masereels in jenem Jahr zu belegen: „Niemand gerät in Friedenszeiten auf den Gedanken, die Verbrecherstatistiken anzurufen, um den Geist einer Nation zu beschreiben. Heute sollen nun solche Verwechslungen richtig erlaubt, erwünscht sein! Wir müssen das Bleibende im Charakter einer Nation vor so niedrigen Urteilen verteidigen.“ Den Tumult, der während ihrer Rede ausbrach, hat Annette Kolb im „Sechsten Brief einer Deutsch-Französin“ 1917 beschrieben: ein unseliges Dokument Dresdner Geistesgeschichte. Was blieb ihr nachdem übrig? „Aber als erst der Krieg von 1914 entfesselt war, gab es keine Stabilität mehr in meinem Leben: Exil in der Schweiz Ende 1917, Rückkehr nach Deutschland im Jahre 1920...“ In der Schweiz waren längst jene Zeitschriften und Zeitungen begründet worden, nach denen Annette Kolb im Dresdner Künstlerhaus verlangt hatte. Frans Masereel war dort der zeichnende Ankläger jenes Krieges, ein pazifistischer Propagandist in der Zeitschrift „Les Tablettes“ (1916-1919) sowie der Tageszeitung „La Feuille“ (1917-1920). Hinter ihm steht eine Phalanx europäischer Geister um Romain Rolland.

Masereel findet hier seinen eigenen Stil als Zeichner und Holzschneider, und er wird durch seine Zyklen und Illustrationen jahrzehntelang zum Visionär der Verleger und damit auch der Leser ihrer Bücher.

Aber Dresden ist noch einmal Ort, in den Masereel einziehen sollte, denn seine höchsten Bewunderer waren seit 1920 Carl und Thea Sternheim. Bereits im Dezember 1920 hatte Thea Sternheim in ihrem Tagebuch vermerkt: „Frans Masereels 'Stundenbuch' bläst die Fanfare der Menschlichkeit in diese verfluchte Nacht." Seitdem wurde Masereel zum Ausstatter und Illustrator der Bücher des Dramatikers. Thea Sternheim war geistig vom Werk Masereels erfüllt und beide wurden von einer unerfüllten Liebe erfasst. Im Juni 1922 übersiedelte die Familie Sternheim nach Dresden in die Villa „Waldhof". Conrad Felixmüller erinnert sich an ein Gespräch mit Carl Sternheim: „Sachsen ist doch eine Hoffnung. Hier will ich mich niederlassen. Kennen Sie den 'Waldhof' ... Was - am Wilden Mann liegt er? Das ist ja 'ne tolle Sache: Adresse: Carl Sternheim, Wilder Mann bei Dresden..." Und Felixmüller beschreibt auch die Ausstattung der Villa: „Auf den hellen Wänden leuchten van Goghs Farben tief wie die alten Meister. Hell daneben die dekorativen von Matisse, Gaugin und Vlaminck ... dazwischen Holzschnitte von Masereel und mir." Also wieder war der Flame in Dresden eingekehrt, allerdings ohne die Stadt selbst wahrzunehmen, denn kein Besuch ist im Tagebuch von Thea Sternheim verzeichnet. Otto Rühle, der im Hause „Waldhof" verkehrte, veröffentlichte in seinen Zeitschriften Blätter Masereels. Im Oktober 1924 ist die Dresdner Episode abgeschlossen. Der „Waldhof" wurde von dem Ehepaar Sternheim verlassen. Danach bleibt die Stadt zumindest im Gedächtnis Masereels imaginär haften.

Der Kreis schließt sich wieder in der Pariser Emigration. Romain Rolland hatte im April 1915 in seinem Tagebuch notiert: „Ich mache Annette Kolb und Frau Sternheim einen Gegenbesuch..." Und im November 1933 schreibt Annette Kolb an René Schickele: „Ein herzstärkendes Echo fand ich bei Stoisy (Thea Sternheim). Sie sieht alles wie wir, und Masereels vernichtendes Urteil über die 'Hysterie' hätte dich gefreut." Das ist die gemeinsame Gesinnung gegen die Nazis.

Die Vorgeschichte des Vortrages im Künstlerhaus hat nicht nur Annette Kolb, sondern auch Thea Sternheim und Frans Masereel dahin getrieben: ins Exil, in die Résistance. Sie nicht würdigen zu wollen, wäre für einen jungen Verlag in der DDR eine Sünde gewesen. Masereels Bücher erfüllen noch heute diese Verpflichtung. Der großartige Verleger Pierre Vorms und der unermüdliche Sammler und Bibliograph

Hanns-Conon von der Gabelentz standen dabei an meiner Seite. Ihnen gilt noch heute mein besonderer Dank.

Ingelore und Joachim Menzhausen

Hassebrauk und die „Rückkehrer"

Im Herbst 1958 kehrten die zerbrechlichsten Bestände der Dresdner Museen, die der Porzellansammlung, aus der Sowjetunion nach Dresden zurück, und Hunderte von Kisten füllten Halle, Säle und Gänge des alten Kunstgewerbemuseums auf der Güntzstraße. Denn wohin mit diesen Schätzen, da die alte Heimstatt der Porzellansammlung, das Johanneum, noch nicht wieder aufgebaut und das Japanische Palais schon längst kein Porzellanschloss mehr war.

So wurden nun eilig Regale gezimmert und in die Ausstellungsräume im Obergeschoss des Kunstgewerbemuseums gesetzt, um die Porzellane vorübergehend hier zu beherbergen.

Das eigentliche Auspacken begann im Januar 1959. Es war für uns, die damals jungen Wissenschaftler, die die berühmten Stücke nur aus der Literatur kannten, ein Abenteuer. Ich entsinne mich, dass wir uns aufgeregt und immer wieder die Porzellane zeigten, die wir aus Holzwolle, Pack- und Seidenpapier aus den dunklen Kisten ans Licht hoben und erkennend riefen: „Die 'Stadtler-Laterne'!... die 'Sofagruppe'!..."

Ich erinnere mich nicht, dass auch nur einer von uns je auf den Gedanken gekommen wäre, diese ungewöhnliche Arbeit, ja dieses ganz und gar ungewöhnliche Ereignis zu fotografieren. Ich entsinne mich aber, dass es einen Mann gab, der plötzlich in der Güntzstrasse erschien, fasziniert war von der Atmosphäre der Rückkehr und des Auspackens der Kunstschätze und plötzlich darum bat, dieses zeichnen zu dürfen. Es war der Maler und Grafiker Ernst Hassebrauk (1905-1974).

Ernst Hassebrauk war in der Museumsstadt Dresden aufgewachsen, und was ihr kulturelles Bild und ihre Atmosphäre bis heute prägt, Barock und Romantik, bestimmte auch sein Schaffen von Anfang an. Für Hassebrauk, der von der Wissenschaft kam - er studierte in Leipzig einige Semester Kunstgeschichte und Philosophie - und von der eigenen künstlerischen Neigung her mit der Dresdner Tradition verbunden war, bedeutete die Rückkehr der Schätze der Dresdner Museen ein großes Glück, eine einzigartige Wiederbegegnung mit jenen Kunststrukturen, die ihn selbst mitgebildet hatten, die ihm wahrhaft vorbildlich waren, von denen er ausging. Das Wiedersehen wurde eine

Huldigung und hier zugleich ein Weg nach vorn zur Wiedergewinnung der reichen Form, deren stilbildende Kraft vergessen worden war, entsinnt sich Ingelore Menzhausen.

Auch Joachim Menzhausen erinnert sich genau an Ernst Hassebrauks leidenschaftliches Interesse an den zurückgekehrten Kleinoden:

Unvergesslich ist mir ein Erlebnis, als 1958 die von der sowjetischen Armee geborgenen Kunstschätze nach Dresden zurückkamen. Die Säle der Sammlungen, die Bibliotheken, Depots und Gänge füllten sich mit Kisten und Verschlägen, jedermann war Transportarbeiter. In diesen Tagen wurde ich zum Telefon gerufen, und es meldete sich Ernst Hassebrauk. „Sagen Sie mal", fing er an, „bei Ihnen kommen doch jetzt die Kunstschätze an, ist es schon soweit?" - „Ja", sagte ich, „in Massen, ununterbrochen, wir haben Mühe, alles unterzubringen." - „Packen Sie eigentlich schon aus?" - „Natürlich, wir brauchen Platz, ich bin eben dabei." - „Und was packen Sie aus?" Ich wusste nicht, worauf er hinauswollte: „Kändlers Großplastik", sagte ich, „Löwen, Adler, Gämsen, Affen, Reiher, einen ganzen Zoo." - „Interessant", rief er, „großartig, hören Sie, ich muss das zeichnen. Haben Sie irgendwo Platz für mich, eine Ecke, von der aus man alles sehen kann? Das ist doch ein ganz großes Ereignis, das muss doch dokumentiert werden." Wir hatten gar keinen Platz und ich schlug vor: „Am besten wäre es, wenn ich Sie in etwa zwei Wochen anriefe. Dann könnten Sie im Depot zeichnen, wenig gestört, und dort haben Sie die große Auswahl..." Gerade das wurde entschieden abgelehnt.

Er müsse dabei sein, forderte er, er müsse es frisch haben, in der Atmosphäre der Ankunft. Im Depot könne er immer arbeiten, das nutze ihm nichts. Ich könne das vielleicht nicht verstehen. Er ging aufs Ganze: Er wollte eine Ecke, zwischen Kisten, wenn es sein muss auf Holzwolle. Unbewegt, so gelobte er, wolle er sitzen bleiben, nichts umstoßen, nicht umhergehen. Ich ging, die zuständige Direktorin, Hilde Rakebrand, zu fragen, und Hassebrauk erhielt die Genehmigung. Zwei Tage darauf kam er an, früh um acht, in seiner Kleidung aufs Äußerste gefasst, neugierig und in großer Arbeitslaune.

Hassebrauk hatte es immer eilig, als könne ihm eine ganze Welt wegrennen. Es war künstlerischer Erlebnishunger und sein unaufhaltsamer Drang nach schöpferischer Tätigkeit. Seinem Schnell-Zeichnen ist jahrzehntelanges Studium vorausgegangen, es ist Ergebnis eminenter Arbeit, auf die das Paradoxon zutrifft: „Schnelle Arbeit, die lange dauert."

Ernst Hassebrauk ist ins Zeichnen versunken, ein besessener Schwerarbeiter, täglich fähig zu stundenlanger strenger Konzentration. Er hockt, ein großer, schwerer Mann, zusammengekrümmt über seinem Brett und fixiert den Gegenstand. Seine Stifte, eine ganze Reihe, liegen griffbereit, daneben ein geöffnetes Tintenfass mit einem riesigen, dicken Füllfederhalter. Mit der Linken rückt er noch einige Porzellane beiseite, dreht wiederholt sein Stück in eine bessere Ansicht, kneift Augen und Brauen zusammen und beginnt. In ausfahrender Zackenschrift reißt der Bleistift eine Kontur, setzt neu an beim entgegengesetzten Punkt und beschreibt einen großen, schrägen Bogen: die ovale Standfläche. Jetzt modellieren kurze Schraffuren ein Bein. Die Hand wischt über das Papier und notiert hervorstehende Strukturen der Binnengestalt. In schlängelnder Linie wird der Umriss ergänzt. Die außerhalb der Figur liegende, noch leere Fläche erhält auf einer Seite eine Schraffur, die verwischt wird. Es folgen Binnenschraffuren: Konturteile werden verstärkt; der Radiergummi nimmt einen Arm weg; er wird neu angelegt. Es wird gewischt, ergänzt, vermindert. Schließlich soll es die Tinte machen. Man denkt: Das wird ein schönes Blatt. Da wird es abgenommen, irgendwo ging es nicht weiter. Das Ganze von vorn.

Natürlich störte er uns damals, wenn er uns höflich bat, etwa zwei Gegenstände ein wenig auseinander zu rücken oder ein anderes Porzellangefäß noch nicht wegzutragen, sondern ihm in die Nähe zu setzen. Die Porzellane faszinierten Hassebrauk, ihre oft bizarren, barocken Formen reizten ihn zur Darstellung, und es war offensichtlich, dass das oft rein zufällige Beieinander von Gegenständen und ungewöhnlichen Formen in dieser erregenden Atmosphäre des Auspackens und Entdeckens seine künstlerische Phantasie bewegte.

Es entstanden in jenen Wochen etwa 100 Blätter in rascher Folge, die immer wieder Porzellane allein oder in seltsamen Gruppen mit Kostbarkeiten des Grünen Gewölbes auf oder vor Kisten zeigen und die in ihrer lebhaften, erregten Darstellung etwas von der Atmosphäre jener Zeit offenbaren. Wir haben Ernst Hassebrauk für die künstlerische Dokumentation eines ungewöhnlichen Ereignisses, der Rückkehr der Dresdner Kunstschätze, zu danken. Und wann immer man sich dieses Ereignisses in künftigen Zeiten erinnert - so wie wir es jetzt tun -, wird man den Augenzeugen Hassebrauk befragen können. (1983 schenkte Frau Charlotte Hassebrauk diese Zeichnungen zum Dank für die Ausstellung „Die Wiederbegegnung“ dem Dresdner Kupferstichkabinett.)

Günter Jäckel

Erich Kästners letzter Dresden-Besuch

Freitag, der 17. Februar 1967, 19.00 Uhr. Es begann fast wie eine Groteske, doch sie hatte den Beigeschmack des Tragischen.

Grotesk war gewiss, was sich da hinter verschlossenen Türen abspielte, das Immergleiche, das nur zu erahnen war: die „operativen Maßnahmen“, Vorbereitungen, Planungen, die Sitzungen der Funktionäre, die Hinterstübchen der Parteileitungen, rauchgeschwängert, mit roter Fahne und einer Leninbüste tunlichst. Das schwierige Problem: Anna Seghers las auf Grund einer Vereinbarung des PEN-Clubs in ihrer Geburtsstadt Mainz, und Erich Kästner sollte in seiner Heimatstadt auftreten. Doch vor wem? Konnte man ihn, den „linken Melancholiker“, wirklich als Verbündeten ansehen? Nicht ganz wohl und nicht so recht. Zwar hatten die Nazis am 10. Mai 1933 seine Bücher verbrannt und die neuen Rechten, sie nannten sich „Entschiedene Christen“, waren ihnen 1965 gefolgt und hatten am Rheinufer Bücher von Grass, Nabokov, Camus, der Sagan und auch von ihm ins Feuer geworfen. Er hatte sich gegen den Krieg in Vietnam ausgesprochen. Das war schon etwas. Doch der Moralist und Satiriker blieb ein unsicherer Kandidat, wenn man den verordneten Denkmustern von Parteilichkeit und sozialistischem Realismus folgte. Also besser, den Besuch offiziell zu übergehen. Was in aller Welt könnte doch da auf die Partei zukommen. Wie würden die Werktätigen reagieren? Und vor allem: Was würden die oben sagen?

Die Zeitungen durften nichts veröffentlichen; Schweigen war auch hier Gold. Die Union, Dresdens kulturell aufgeweckteste und nuancenreichste Tageszeitung, hatte manchmal Beiträge über Kästner veröffentlicht, gelegentlich eines seiner Gedichte. Jetzt hatte sie den Mund zu halten, wie alle anderen Zeitungen auch. Die Karten für die Lesung im Gobelinsaal der Gemäldegalerie wurden unter der Hand verteilt, nach einem Schlüssel, der Schriftstellerverband, Kulturbund und natürlich die Partei bedachte. Selbst er, Kästner, so wurde später erzählt, habe nicht genug für Freunde und Verwandte bekommen. Eigentlich waren es ja auch gar keine Karten, sondern unansehnliche kleine Zettel, in linkischer Technik hektographiert. Sie wurden den Besuchern am Eingang wieder abgenommen. Einer der Kontrolleure war ein Parteifunktionär der mittleren Ebene, er sah bei den „Kulturschaffenden“ nach dem Rechten und sollte später in der Gemäldegalerie eine Karriere machen.

Der Saal war voll an diesem Freitagabend. Heinz Kamnitzer, Präsident des PEN-Zentrums der DDR, eröffnete. Seine Worte waren freundlich, gegen seine Ausführungen war nichts einzuwenden. Kästner dankte nicht für die Begrüßung. Er verwies nur knapp darauf, weshalb er hier sei, im Austausch mit Anna Seghers also, der gebürtigen Mainzerin. Er las aus „Als ich ein kleiner Junge war", und wir hörten: „...die Stadt Dresden gibt es nicht mehr. Sie ist, bis auf einige Reste, vom Erdboden verschwunden." Das ging uns direkt an, und einige Tage darauf machte eine Dame vom Schriftstellerverband ihrer Empörung Luft, es sei doch bezeichnend, dass er zum sozialistischen Aufbau Dresdens nichts zu sagen gewusst habe. Er las Epigramme aus „Notabene 45" und jene apokalyptischen Gedichte, die in dem Auswahlband des Aufbau-Verlags von 1962 fehlten: „Das letzte Kapitel", „Die Entwicklung der Menschheit", „Ein Kubikkilometer genügt", „Die Maulwürfe oder Euer Wille geschehe". Er las leise und verhalten; es war sehr still in dem großen Saal. Dann Beifall, lang, anhaltend. Kamnitzer erhob sich (ich weiß nicht mehr, ob eine Ehrendame Gelegenheit hatte, Blumen zu überreichen); Kästner aber ging rasch und ohne Gruß zwischen den Stuhlreihen entlang zum Ausgang. Wir blieben verwundert zurück. Später stand er mit einer älteren Dame, es war gewiss Luiselotte Enderle, an der Garderobe und gab freundlich, aber wortkarg, Autogramme. Er zwinkerte mit einem Auge, als er mir das signierte Bändchen „Das Schwein beim Friseur" zurückgab.

Es war sein letzter Besuch in der Heimatstadt. Er hatte ihren Charme beschrieben und ihr Unglück. Achtundvierzig Jahre zuvor hatte ihm das alte Dresden mit dem „Goldenen Stipendium" den Weg in die Zukunft gebahnt. Über seine Demütigungen durch den „Sergeant Waurich" in der Albertstadt hat er ein faszinierendes Gedicht geschrieben. Seine letzte Demütigung durch die Funktionäre ist nicht zu Poesie geworden. Schade.

INGRID WENZKAT

Kretzschmar kontra Rudolph

„Wir müssen leise reden, der hört immer mit", dämpfte Wilhelm Rudolph (1889-1982) die Stimme, wenn man ihn besuchte. „Der" war sein Intimfeind Bernhard Kretzschmar (1889-1972) und beide, Maler, Grafiker und Professoren der Dresdner Kunstakademie, hatten ihre Ateliers nebeneinander liegend in der obersten Etage auf der Brühlschen Terrasse.

„Der ist immer dort, wo ich bin“, konnte man von Bernhard Kretzschmar hören, und man glaubte manchmal seinen Ohren nicht zu trauen; denn genau dieselbe Anschuldigung hatte beim letzten Besuch sein Nachbar von sich gegeben.

Anziehung und Abstoßen, diese zwanghafte Erbfeindschaft zwischen beiden bestand seit Jahrzehnten, und woher sie eigentlich kam, weiß bis heute niemand zu sagen. Umso mehr aber erfreute es Lehrer, Schüler und Kunstinteressierte, wenn wieder einmal eine Bissigkeit publik wurde.

Warum nur, dachte ich oft, konnte in all der langen Zeit nicht wenigstens einer von ihnen auf die Idee kommen, das Atelier zu wechseln; räumliche Entfernung hätte vielleicht manche Eskapade verhindert. Auf diesen Gedanken aber verfiel keiner von beiden. Sie brauchten sich. Sie brauchten den gleichwertigen Gegner, und jeder Teilsieg des einen veranlasste unwiderruflich ein neues taktisches Manöver in der Strategie des anderen. Waren doch beide scharfsinnige Beobachter und kluge Denker, die Kunst nicht nur als Sache von Auge und Hand, sondern als geistigen Prozess in visionärer Vorausschau betrachteten. Sie konnten bestimmte Situationen so prononciert wie sezierend erfassen und waren intensive Arbeiter an ihrem Werk, die Mätzchen und billige Wirkung grundtief verabscheuten. „Der Radau an den Wänden!“, sagte Rudolph angeekelt. Das war sein ganzer Kommentar zur VI. Kunstausstellung der DDR.

Sogar äußerlich entsprachen sie sich in geradezu absonderlicher Weise. Asket der eine wie der andere, sahen sie aus, als fehlte ihnen die tägliche Scheibe Brot, was schon längst nicht mehr der Fall war und Kretzschmar veranlasste, nachdem das drangvolle Chaos in seinem Atelier meinem Rock einmal einen saftigen grünen Fleck bescherte, bühnenreif verzweifelt auszurufen: „Diese Unordnung, und dabei könnte ich mir einen Diener leisten, einen Düner! Aber wer will hier schon Ordnung hineinbringen? Ich habe überhaupt falsch gelebt!“

Diese Unordnung! Sowohl in den häuslichen Bereichen wie in den Ateliers herrschte ein unglaublich lockeres Nebeneinander von Marmelade und Farbe, persönlichen Dingen und gestapelter Kunst, die hart und unnachgiebig in eigener, vor allem aber fremder künstlerischer Qualität beurteilt wurde.

Das bewies Kretzschmar schon 1932 in der Debatte um eine von Oberbürgermeister Külz angeregte Ausstellung, die der Kunsthistoriker Erich Haenel und der Maler Georg Lührig gestalten sollten. Höchst unzufrieden mit deren Vorstellungen, stand Kretzschmar auf und rief:

„Das wird eine schlührige Haenelkülze, aber keine Ausstellung!“, was den Schwertstreich zum Ende des Vorhabens bildete.

Den ungeliebten Malerkollegen und harten Nationalsozialisten Wolfgang Willrich, der Mitverantwortung an der Aktion „Entartete Kunst“ 1937 trug, verurteilte er ebenso scharfzüngig: „Man muss ein Könnrich und nicht ein Willrich sein!“

1971, zu einem der legendären Aka-Faschinge, erschien er mit eben jenem Kapotthütchen - nun reichlich verschlissen -, in dem er sich in jungen Jahren porträtiert hatte: „Schreiben Sie, dass das hier wirklich große Kunst ist und nicht das, was die da eine Etage höher fabrizieren.“ Zum einen meinte er damit die meisterlichen Dekorationen der Studenten, zum anderen einige der Professoren, für deren künstlerische Arbeit er nur Verachtung hegte.

Ähnlich rigoros bissig reagierte Rudolph. Während eines Atelierbesuches kamen wir auf Otto Dix zu sprechen, für den er bei dessen Hinauswurf aus der Akademie 1933 offen eingetreten war. Mag es der Verdacht gewesen sein, Dix hätte das vergessen oder selbst nicht ebenso gehandelt, mag es fachliche Eifersucht gewesen sein, gleichviel, bei solchen Überlegungen war er auch als Künstler für den Augenblick zumindest unten durch. „Dix“, sagte er dumpf deuterisch, und fuhr sich aufgeregt durch das Stoppelhaar, als wollte er ihn ausradieren, „dieser Kunstgewerbeschüler! Haben Sie gesehen, wie er die Stoffe mit dem Lineal nachzeichnet?“ Ich hatte es nicht gesehen, doch der eine Satz genügte, mir beizubringen, dass für ihn Lineal ein Synonym aller Kunstfeindlichkeit war. Stattdessen verfuhr er frei und diszipliniert souverän mit den Techniken, sogar mit dem Holzschnitt, den er meisterlich beherrschte. Das musste auch Kretzschmar widerwillig anerkennen, so dass er gegenüber Helmut Heinze, der Professor für Plastik an der Akademie war und zur Schülergeneration gehört, geäußert haben soll: „Man müsste die Wälder aufkaufen, damit der keine Holzschnitte mehr machen kann.“

Auch im realen Leben konnten beide demonstrativ neugierig sein. „Sie waren wohl schon bei dem?“, fragte Rudolph misstrauisch, auf die nachbarliche Wand deutend. Das aber hätte ich niemals gewagt, sozusagen Besuche im Doppelpack zu unternehmen, weder beim einen noch beim anderen. Einmal sah er mich auf der Straße mit einem etwas fremdländisch wirkenden Kollegen. Sofort wurde ich gedanklich mit ihm verkuppelt: „Wer war das denn? Der is nischt für Sie. Der sieht ja genau aus wie ä orientalischer Teppichhändler.“

Geradezu berühmt aber war sein uralter Rucksack, der ihn überallhin begleitete. Nach der furchtbaren Zerstörung Dresdens strich Rudolph monatelang durch die Ruinen, den schäbigen Leinenbeutel geschultert mit Zeichenblock, Tusche und einer kargen Mahlzeit für sich und seine Frau, von der er forderte, dass sie an seiner Seite blieb. So verarbeitete er seine große Totenklage für die Stadt in über 150 Blättern, die heute zum bedeutenden Kunstgut unseres Landes gehören.

Sogar als Rudolph den Auftrag zu einem Porträt des Staatsratsvorsitzenden Walter Ulbricht erhielt, zu dem er sich skeptisch bereit fand, fuhr der Rucksack mit nach Berlin. Misstrauisch beäugt von der Wach-Elite, entnahm er ihm wie ein Alchimist die notwendigen Materialien für diese sicher anstrengende Aufgabe, die er in nur sechs Sitzungen erledigte. Etwas später fragte ich ihn vorsichtig nach seinem Eindruck: „Ach“, kommentierte er kurz, die dichten weißen Brauen zwirbelnd, „der Ulbricht, der is ooch nur ä alter Mann.“ Nein, vor Staatsgrößen hatte er überhaupt keinen Respekt. Als er sich einmal bemüßigt fühlte, mir eine Geschichtsvorlesung zu halten, beendete er sie lakonisch: „...und dann kam der junge Mann da!“ Er meinte damit Kaiser Wilhelm II.

Wirklich peinlich aber konnte es mit Rudolphs „Outfit“, an dem auch das Honorar eines Ulbricht-Auftrags nichts änderte, in Straßenbahn oder Konsum werden. Den unvermeidlichen Rucksack geschultert, erweckte er allgemeines Aufsehen, das stark dem Urteil „Landstreicher“ zuneigte. Wenn er, von einer zum Zusprung bereiten Verkäuferin skeptisch beäugt, noch ungeniert ein sehr wenig sauberes Taschentuch ausschwenkte, war er nur zu retten, indem man eilends auf ihn zulief und ebenso laut wie deutlich artikulierend „Herr Professor, wie geht es Ihnen?“ rief.

In den galligen Episoden um diese beiden kategorischen Temperamente ist eine besonders bezeichnend, wenn auch nicht zweifelsfrei verbürgt. Der Zufall wollte, dass beide nahezu gleichzeitig die ihren Ateliers gegenüberliegende Herrentoilette aufsuchten, ohne sich zu erkennen. Als der eine, in die Notlage geraten, Papier erbitten zu müssen, die giftig kommentierte Spende durch den Bodenschlitz erhielt, soll er entgeistert geschrien haben: „Ach Sie, von Ihnen nehme ich nicht einmal Sch...papier!“

Nichtsdestotrotz, hinter allen kauzigen Kapriolen stehen zwei bedeutende und ernst zu nehmende Künstler, die eben Könnriche und nicht nur Willriche waren und sich damit manches leisten durften, was letzteren nicht vergeben würde.

„Lö", der große alte Mann

Wer im Hause der Tageszeitung Die Union Fritz Löffler nicht kannte, mag sich über den behänden alten Herrn gewundert haben, der, leicht gekrümmt, mit eigentümlich vorgestrecktem Kopf und weichem Filzhut die Gänge entlangeilte, um die Kulturabteilung aufzusuchen.

Aber schon diese so beschriebene Situation ist eigentlich ein Paradoxon; denn wer kannte von den Redakteuren Fritz Löffler nicht? Wer übernahm nicht gern einen kleinen Dienst auf den Wegen über die Etagen, und wer wartete nicht gierig auf sein Autogramm, wenn er bei einer der Neuauflagen Löfflers berühmtes Buch „Das alte Dresden" ergattert hatte? Für die zunehmende Kontrastellung breiter Intellektuellenkreise gegen die offizielle Kulturpolitik war Lö, wie ihn Freunde und Vertraute nannten, sogar zu einer Art Leit- und Vaterfigur geworden.

Die oft bis an die Grenzen der physischen und psychischen Existenz gehenden Querelen, die er vorrangig mit der Dresdner Stadtverwaltung, im Weiteren jedoch auch der Allmacht Berlin ausfechten musste, gehören der Vergangenheit an. Geschichte geworden sind sie allerdings noch nicht; denn zu oft erwachen Erinnerungen an die nutzlosen Kämpfe etwa um den Erhalt der Sophienkirche oder an die Brisanz mancher Vortragsabende über „Das alte Dresden". In ihnen schien die Stadt wieder zu erstehen, und die Faszination eines urbanen Lebens zwischen alten und neuen Architekturen, einer weltoffenen Atmosphäre mit Restaurants und Cafés, in denen nicht „platziert" wurde, verdichtete sich bei den Zuhörern zu einem großen, einigenden Wunschbild.

Eigentlich, so sollte man meinen, müsste das Wirken des 1899 in Dresden geborenen Denkmalpflegers, Kunsthistorikers und Freundes der Künstler weitab von aktuellen oder grundsätzlichen politischen Anfeindungen gewesen sein. Tatsächlich aber war jedes Kapitel seiner Arbeitsbereiche von Unterstellungen und Verleumdungen begleitet, so dass Fritz Löffler gar nicht anders konnte, als sich zu wehren und er allmählich „so etwas wie der große alte Mann geworden" ist, als den ihn der Schriftsteller, Bibliothekar und Freund Erhart Kästner schon 1969 charakterisierte.

Lö war neben seiner anderen Arbeit stets ein unkomplizierter Schreiber, der seine Gedanken nicht in höhere Diplomatie verpacken wollte und konnte, sondern gern noch eins draufgab. So eskalierte erstmals 1957/58 der dann lebenslange Streit mit Oberbürgermeister Walter

Weidauer, als der Kunsthistoriker sich in einem Beitrag erinnerte, dass der Zwinger „unter Verkennung seiner Bedeutung der Spitzhacke geopfert“ werden sollte. Weidauer wollte das natürlich vergessen machen, weil ausgerechnet die Sowjetische Militäradministration es war, die gegen den Abriss massiv Einspruch erhob und die Bemühungen des Leiters der Zwingerbauhütte, Hubert Ermisch, unterstützte. So beargwöhnten die städtischen Funktionäre ebenso wie die Bezirksleitung der SED oft begründet die spitze Feder des streitbaren Autors, insbesondere dann, wenn er für die so genannte „Westpresse“ schrieb. Denn der Kosmopolit Löffler empfand es als natürlich, die kulturelle Geschichte des geliebten Dresden oder die architektonischen Reichtümer Sachsens in überregionalen, aber stets seriösen Zeitschriften vorzustellen; und immer war neben dem wertenden Wissenschaftler auch der Mensch beteiligt, der um die „versunkene Stadt“ trauerte.

Damit jedoch lieferte er Weidauer und den ihm ergebenen Kulturfunktionären wie dem Staatstheater-Intendanten Larondelle doppelte Kampfansage: Wie konnte er der „versunkenen Stadt“ Nachrufe schenken, wenn doch die „sozialistische Großstadt schöner denn je“ im Programm des Wiederaufbaus stand? Vor allem aber, wie konnte er das mit der „Stimme des Feindes“ tun und damit jener antagonistischen, kapitalistischen Welt dienen?

In geradezu bizarre Szenen steigerten sich während der folgenden zwei Jahrzehnte die Anschuldigungen gegen Fritz Löffler als Denkmalpfleger wie als Kunsthistoriker und nicht zuletzt auch gegen ihn als Förderer einer avantgardistischen jungen Kunst, so dass er gleich einem Schrei 1967 an einen unbekannten Adressaten schrieb: „Ich bin nur noch ein verstimmtes Instrument. Mein Gesundheitszustand ist durch die monatelangen Aufregungen so geschwächt, dass ich nicht weiß, wie lange ich überhaupt noch arbeiten kann.“ Aber dennoch, Fritz Löffler brauchte über die langwierigen, arbeits- und streitintensiven Buchveröffentlichungen hinweg den unmittelbaren Kontakt mit dem Publikum. Er fand ihn in Vorträgen, aber auch in Rezensionen für Dresdner Tageszeitungen, wo er direkter Resonanz gewiss sein konnte. Vor allem für den Kulturteil der UNION war er mehr als 30 Jahre lang ein engagierter Schreiber und zuverlässiger Mitarbeiter. Zwar boten auch deren Seiten kein wirklich freies Feld der Meinungsäußerung, aber sie bildeten doch eine der Inseln im faden Schwarzweiß sozialistischer Kulturberichterstattung. Hier erwies sich Lö als ein großartig konspirativer Partner, der die mahnenden Briefe, die er zur Substanzerhaltung des Zwingers, zum Wiederaufbau der Frauenkirche oder der

Semperoper an Funktionsträger und Institutionen schrieb, weise mit Veröffentlichungen zur Sache in der UNION verbinden konnte.

So mag es wiederum Erhart Kästner sein, dessen zweite, schon 1964 versandte Grüße noch heute wie von uns gesagt sind: „Du, der du als Einziger auf diesem Posten geblieben bist, bist für mich immer die Verkörperung des alten Dresden... Wahrscheinlich wird dir ein Konto im Himmel eröffnet sein, weil du geblieben bist und alles auf dich genommen hast, was so schwer war und ist. Wir denken viel an dich."

PETER SCHREIER

Der heilsame Irrtum

Meine Studienzeit begann mit einem Irrtum; die ersten Schritte führten mich gleichsam in eine Sackgasse. Ich hatte geglaubt, man könne Gesang sozusagen abstrakt studieren, losgelöst von all dem, was nun einmal zum Sängerberuf gehört und auch eine Hochschulausbildung begleitet, losgelöst also von den theoretischen Fächern, der gemeinsamen Arbeit, der Konfrontation mit anderen Sängern oder Gesangsstudenten, vom Wetteifern, von der Anregung, die von mehreren Lehrern mit vielleicht unterschiedlichen Auffassungen ausgehen kann. Ich hatte mir in den Kopf gesetzt, ein Privatstudium zu beginnen. Mauersberger empfahl mir seinen Studienfreund Fritz Polster in Leipzig als Lehrer. Im Kreuzchor sollte ich weiterhin als stimmlicher Mentor tätig bleiben. Von dem damit verbundenen kleinen Gehalt wollte ich mein Studium in Leipzig finanzieren. Die Folgen einer solchen doch sehr einseitigen Ausbildung habe ich natürlich nicht voraussehen können.

Meine musikalische Erziehung und stimmliche Entwicklung im Kreuzchor erlaubten es mir, schon als Achtzehn- und Neunzehnjähriger kleinere solistische Aufgaben in Kantoreien der Umgebung von Dresden und bis hinein nach Thüringen zu übernehmen. Ich sang den Evangelisten im Weihnachtsoratorium von Bach, auch die Schütz-Passionen, die stimmlich nicht allzu anspruchsvoll sind. Als Altist im Kreuzchor hatte ich bereits solistische Erfahrungen gewonnen und mir auch einen Namen gemacht. Alle diese Umstände ließen mich blind sein gegenüber den Gefahren, denen ich mich aussetzen sollte. Häufig wird man erst durch Schaden klug, und davon will ich hier reden.

Als Zwanzigjähriger erhielt ich - durch Vermittlung von Fritz Polster - das Angebot, erstmals den Evangelisten in Bachs Matthäus-Passion zu singen, und zwar im Dom zu Bremen. Das Werk kannte ich ja recht gut, seit rund zehn Jahren hatte ich die Passion jeweils in der vorösterlichen Zeit zwei- bis dreimal im Knabenchor gesungen, dann auch als Präfekt die Aufgabe erhalten, den Cantus firmus im Eingangschor zu dirigieren. Das war kein ganz leichtes Unterfangen, denn die Cantus-firmus-Knaben standen oben auf der Empore, der ganze übrige Aufführungsapparat aber befand sich im Altarraum der Kreuzkirche. Jeder Musiker weiß, wie schwierig es ist, über beträchtliche Entfernung hinweg exakt einzusetzen. Auf Grund der akustischen Verzögerung durch die räumliche Distanz wäre man in jedem Fall zu spät, ob man nun auf den Schlag des Dirigenten oder gar nach dem Gehör singen wollte.

Jedenfalls gab mir die langjährige Vertrautheit mit der Matthäus-Passion eine gewisse Sicherheit, auch den Mut, die Partie des Evangelisten zu übernehmen. Ich ging relativ unbefangen an die Aufgabe heran, ich hatte den Evangelisten gut studiert. Zu Hause beim Probieren klappte alles sehr gut. Aber dieses Werk stellt stimmlich doch immense Anforderungen, es sind beträchtliche Höhen zu meistern, trotz der erforderlichen Deklamation muss man stimmlich Leichtigkeit bewahren und darf die gesangliche Linie nicht verlieren.

Am Palmsonntag 1956 debütierte ich in Bremen als Evangelist. Das Konzert verlief zufriedenstellend. Sicher bot ich damals keine erstrangige Leistung, aber ich sang zumindest so, dass die Zuhörer in mir einen künftigen Evangelisten erkennen konnten. Doch nun nahte das Verhängnis. Noch in derselben Woche - am Gründonnerstag und am Karfreitag - sollte ich unter Rudolf Mauersbergers Leitung die Matthäus-Passion auch in Dresden singen, in der riesigen Kreuzkirche - vor 3 500 Personen! Mauersberger setzte grenzenloses Vertrauen in mich, und auch mein Lehrer Fritz Polster hatte offenbar keine Bedenken, mich diese umfängliche und stimmlich heikle Partie singen zu lassen.

Bei der Probe gab es auch keine Probleme, ich eiferte jenen Tenören nach, die ich an gleicher Stätte als Evangelisten erlebt hatte und die meine bewunderten Vorbilder waren: Werner Liebing, Rolf Apreck, Lorenz Fehenberger - um nur einige zu nennen. Beim Konzert am Gründonnerstag aber spürte ich schon im ersten Teil deutlich Ermüdungserscheinungen. Sie lassen sich ganz sicher schon aus der psychisch sehr belastenden Situation erklären: In der vollen Kreuzkirche wurde mir plötzlich klar, welche Riesenverantwortung ich da übernommen hatte. Die ohnehin nicht leichte Aufgabe stand wie ein unüberwindlicher Berg vor mir. Mir wurde mit einem Schlage die Vermessenheit bewusst, als unerfahrener Sänger an dieser traditionsreichen Stätte und vor diesem Auditorium die gewaltige Partie durchstehen zu wollen.

Der Gedanke lähmte mich geradezu. Ich musste mich anstrengen, infolgedessen forcierte ich gewaltig, und am Schluss des ersten Teils hatte ich das Gefühl, ich könnte nicht mehr weitersingen. Solche Ängstlichkeit in der ohnehin schwierigen Lage genügte, dass ich tatsächlich nicht mehr singen konnte. Im zweiten Teil sprach, ja flüsterte ich nur noch. Es zeigten sich ganz typische Erscheinungen völlig überanstrengter Stimmbänder, die nicht mehr schlossen und darum keinen Ton mehr bilden ließen. Das Konzert wurde ein Fiasko. Schließlich trägt der Evangelist ganz erheblich die Aufführung, und gerade von dem bekam das Publikum kaum noch etwas zu hören. Mauersberger war selbst nie Sänger, und er hatte wohl nicht einschätzen können, welche Belastung er mir mit dieser Partie zugemutet hatte.

An diesem Abend ging ich völlig geknickt und mit Selbstmordgedanken nach Hause. Meine Eltern erwiesen sich als sehr verständnisvoll, sie sprachen mir Mut zu. Mein ganzes Sinnen war nun darauf gerichtet, bis zum nächsten Abend wieder stimmlich intakt zu sein. Irgendwann hatte ich Sängerprofis davon reden hören, für solche Fälle gäbe es phantastisch wirkende „Silberspritzen“, die das Übel in wenigen Stunden beseitigen. Der Arzt, den ich am nächsten Morgen aufsuchte, musste meine naiven Hoffnungen zerstören. Ein solches Wundermittel, um die Stimme von einer Stunde zur anderen zu reparieren, gäbe es nicht. Und dann machte er mir klar, dass ich gründlich überfordert worden war, dass mir einfach die soliden Voraussetzungen für einen solchen Kraftakt fehlten.

Meine Eltern übernahmen die unerfreuliche Aufgabe, Mauersberger zu verständigen, dass ich am Abend nicht singen könnte. Der alte Herr war außer sich, fühlte sich von mir im Stich gelassen, ich war „erledigt“ für ihn. Man muss seinen Groll verstehen: Die Kreuzkirche war ausverkauft, die Chance, am Karfreitag noch irgendwo einen zulänglichen Evangelisten für die Matthäus-Passion zu bekommen, äußerst gering. Er fand dann wohl auch nur einen Sänger, der die Partie nicht studiert hatte und viel Verwirrung in die Aufführung trug. Das Debakel war kaum geringer als am Abend zuvor. Mein Verhältnis zu Mauersberger war nach dieser Affäre für lange Zeit getrübt. Erst nach einigen Jahren haben wir uns wieder ausgesöhnt. Ich sang dann in vielen seiner Aufführungen und konnte mich also bei ihm voll rehabilitieren. Wie viele von den enttäuschten 3 500 Zuhörern später doch noch meine Konzerte besucht haben, vermag ich nicht zu sagen.

Jener schlimme Gründonnerstag aber bedeutete für mein Leben eine entscheidende Zäsur. Der Weltuntergangsstimmung folgte die Läuterung. Ich begann über mich nachzudenken. Zunächst einmal war ungewiss, ob ich überhaupt wieder singen könnte. Als die Stimme sich erholt hatte, wurde mir bewusst, dass ich meine Sängerlaufbahn auf einer solideren Grundlage beginnen müsste, dass die bisherige Form der Ausbildung nicht ausreichte.

Fritz Polster war ohne Zweifel ein guter Pädagoge - vor allem für Konzertsänger. Für mein Gefühl behandelte er aber die Stimmen zu vorsichtig, zu einseitig. Zum richtigen Singen gehört auch das Bewusstsein, mit der Stimme einen Raum füllen zu müssen. Es genügt nicht, einen Sänger auf ästhetisch schönen Klang zu schulen. In der Praxis sind auch viele andere Momente - wie Resonanzverstärkung und dergleichen - ausschlaggebend. Auf keinen Fall aber dürfte ein Sänger im Frühstadium seiner Ausbildung schon mit so schwierigen Aufgaben betraut werden. All diese Zusammenhänge machte ich mir nun deutlich, und ich entschloss mich dazu, ein reguläres Hochschulstudium aufzunehmen.

In Dresden, wo ich als Altsolist des Kreuzchores schon einigermaßen bekannt war, hatte sich natürlich wie ein Lauffeuer die Nachricht verbreitet: Der Peter Schreier ist gescheitert, ein brauchbarer Tenor wird aus dem nicht. Das stachelte mich zusätzlich an. Ich wollte mir und den anderen beweisen, was in mir steckte. Gerade in jenen Tagen fanden in Dresden an der Musikhochschule die Aufnahmeprüfungen für das neue Studienjahr statt. Ich stellte mich vor, und ein Mann, dem ich bis zu seinem Tode sehr verbunden war, nahm sich sogleich meiner an: Professor Herbert Winkler, der damalige Leiter der Gesangsklasse. Er erkannte, dass bei mir gutes Material vorhanden war, das Schulung und eine Zeit des Reifens brauchte und eine vorzeitige Konfrontation mit dem Publikum in derart nervenaufreibenden Aufführungen nicht vertrug.

Im September begann in Dresden mein erstes Semester an der Hochschule. Dank der vorzüglichen und sehr einfühlsamen Ausbildung durch Professor Winkler hatte ich mich bald gefangen. Ich erkannte, woran ich besonders arbeiten musste, und allmählich wuchs die Stimme, wurde modulations- und auch strapazierfähiger. Nach einem Jahr Hochschulstudium konnte ich schon wieder kleinere solistische Aufgaben übernehmen, die mir Podiumssicherheit gaben - für eine sängerische Entwicklung sehr wichtig. Ich meine, es ist nicht günstig, wenn ein Student gleichsam „im eigenen Saft“ schmort und sich nur in der Hochschule produziert.

Der Lehrplan an der Hochschule schließt viele Disziplinen ein, die für die umfassende Ausbildung eines Sängers förderlich und teilweise unerlässlich sind: Klavier, Musiktheorie, Musikgeschichte, Harmonielehre, Ästhetik, dramatischer Unterricht, Italienisch, Gehörbildung. Der Gesangsunterricht selbst kam - jedenfalls auf dem Papier - etwas knapp weg: mit zwei Stunden in der Woche. Aber durch meinen guten persönlichen Kontakt zu Professor Winkler, der meine sängerische Begabung für viel versprechend hielt, hatte ich fast täglich Gesangsstunden. Manchmal bestellte er mich sogar sonntags in seine Wohnung. Das Studium ließ sich also erfreulich an.

Vom Kreuzchor her hatte ich guten Kontakt zu einem ehemaligen Kruzianer, der an der Hochschule das Fach Dirigieren studierte: Reinhard Tschache. Als Nebenfach hatte er auch Gesang belegt. Im Leipziger Rundfunkchor waren wir uns wieder begegnet und hatten unsere alten Beziehungen aufgefrischt. Reinhard Tschache wollte sich auf Liedbegleitung spezialisieren, und wir haben gemeinsam ganze Programme erarbeitet - mit Werken von Prokofjew, Ravel, Debussy, Reger und anderen. Jedes Stück wurde ausgefeilt mit einer Sorgfalt, als ginge es um große Liederabende - an die ja vorerst gar nicht zu denken war -, als müsste jeder Vers musikalisch und von der Gestaltung her „schallplattenreif" studiert werden. Dieses intensive Proben, fern von Oberflächlichkeit und Beiläufigkeit, hat sich für mich so vorteilhaft ausgewirkt, dass ich auf dem Gebiet des Liedgesanges frühzeitig meine eigenen Wege gehen konnte.

Nach drei Jahren Hochschulstudium hatte ich schon einige Nebenfächer abgeschlossen, die mir aufgrund meiner soliden Vorbildung durch den Kreuzchor keine große Mühe bereiteten - etwa Gehörbildung, Theorie oder Musikgeschichte. Ich konnte mich dafür mehr auf die Gesangsstudien konzentrieren und mich stärker dem dramatischen Unterricht widmen. Gerade in diesem Bereich musste ich nicht nur mich selbst, sondern auch Vorurteile der Lehrkräfte überwinden, die in mir den braven Kruzianer sahen, von dem als Bühnendarsteller nicht viel zu erwarten sei. Doch hier machte ich bald Fortschritte, und erheblich geholfen hat mir dabei die Gemeinschaft der Gesangsklasse. Wir waren etwa fünfzehn Studenten, eine ziemlich lustige Gesellschaft. Wir hatten viel Spaß miteinander, und wir spornten uns gegenseitig an - in jenem Alter ist bei den meisten der Ehrgeiz ausgeprägt.

Die Hochschule für Musik war damals mit einigen Disziplinen in einer großen Villa im Dresdner Ortsteil Blasewitz untergebracht. Dort ging es sehr beengt zu. Die Übungsräume reichten für die große Zahl von Studenten nie aus, zumal viele von ihnen, wegen des Wohnraummangels, zu Hause keine Möglichkeiten zum Üben hatten. Andererseits förderte dieses enge Zusammenleben den persönlichen Kontakt; die Gemeinschaft der Studierenden trug beinahe familiäre Züge.

Bei solchem Zusammenhalt und täglichem Miteinander kommen die verschiedenen Charaktere prägnant zur Geltung. Mit Vergnügen erinnere ich mich an meinen Sängerkollegen Conrad Stopp, ein wirkliches Original. Er hatte zum Beispiel die Angewohnheit, an Tagen, da er besonders gut bei Stimme war, auf den Turm der Villa zu steigen und von dort herab aller Welt kundzutun, was für ein prächtiges hohes C er schmettern konnte. Einmal griff er sich eines der Hühner des Hausmeisters, trug es unter seinem Jackett in den Speisesaal und setzte das erregt gackernde und flügelschlagende Tier einer der ängstlichsten Pianistinnen auf den Teller.

Spaß, Humor und auch Albernheiten lockerten das Leben an der Hochschule auf und trugen dazu bei, dass die Studien nicht gar zu verbissen betrieben wurden. Bei den meisten angehenden Sängern ist beispielsweise die Klavierstunde nicht gerade beliebt, und jeder sucht sich nach Möglichkeit die unbequeme Last zu erleichtern. So kam es, dass ich als ahnungsloser Neuling Opfer einer kleinen Intrige wurde. Es hatte sich unter den Studenten herumgesprochen, dass ich am Klavier bereits mehr leistete, als gemeinhin von Sängern erwartet wurde. Der Zufall hatte es aber gefügt, dass ich einem Klavierlehrer zugewiesen wurde, der als besonders nachsichtig galt und darum besonders begehrt war. Was taten also meine lieben Kommilitonen? Sie verschworen sich, indem sie diesem Mann erzählten, ich sei noch keineswegs reif für seinen Unterricht.

Die Folge war, dass ich einem sehr strengen, weniger beliebten Lehrer in die Hände geriet. Das alles durchschaute ich natürlich erst später. Aber die strenge Zucht tat mir sicher gut. Schließlich hatte ich damals schon Kapellmeisterambitionen, und dafür sind klavieristische Fertigkeiten unerlässlich.

In der Rückschau erscheinen mir die Jahre des Studiums in Dresden als eine glückliche, sorglose Zeit, die mich zu mir selbst kommen ließ. Im Kreuzchor war ich durch meine solistische Tätigkeit in eine Art Ausnahmesituation geraten, herausgehoben aus der Gemeinschaft der Chorsänger, und das ist für einen heranwachsenden Jugendlichen nicht ganz unbedenklich. Ein bisschen hatte ich damals wohl den festen Boden unter den Füßen verloren, insofern war der Einbruch mit der Matthäus-Passion zur rechten Zeit gekommen. Und das Studium half mir, die Wirklichkeitsbeziehungen wieder zu finden. Es war für mich eine Zeit des Neubeginns.

Da ich - wie schon gesagt - einige Nebenfächer vorzeitig abschließen konnte, nutzte ich die Zeit, um neben der Gesangsausbildung noch Dirigieren und Ensembleleitung bei Professor Martin Flämig, dem nachmaligen Kreuzkantor, zu studieren. Die Arbeit eines Chorleiters interessierte mich seit meiner Kruzianerzeit, und als Präfekt hatte ich das ja schon praktizieren müssen. Jetzt konnte ich mich in diesem Fach methodisch schulen und gleichsam Lücken meiner musikalischen Bildung ausfüllen. Ich schloss das Fach Dirigieren und Chorerziehung ab, auch wenn das damals für mich keine Bedeutung hatte. Denn mein Ziel stand fest: die Sängerlaufbahn. Dass mir die Ausbildung als Ensembleleiter später von Nutzen sein würde, konnte ich damals noch nicht ahnen.

Im letzten Studienjahr heiratete ich und war nun stark interessiert daran, in Dresden zu bleiben. Für die Ausübung meines Berufes gab es vor allem zwei Möglichkeiten: entweder an eine kleinere Bühne zu gehen und schon das erste Fach zu singen oder an einer größeren Bühne mit kleinen Partien anzufangen. Ein lyrischer Tenor ist von der stimmlichen Anlage her nicht so robust wie der Charakter- oder Heldentenor, und so schien es mir geraten, zunächst mit kleineren Aufgaben zu beginnen.

Ein günstiger Zufall fügte es, dass gerade zu der Zeit, als ich mein Studium beendete, ein Platz im Opernstudio der Dresdner Staatsoper frei wurde. Ich sang vor - die Bildnisarie des Tamino und „Odem der Lieben" aus „Così fan tutte" - und wurde zu meiner großen Freude angenommen. Mein Anfangsgehalt betrug 350 Mark, darüber war ich sehr froh. Vom Stipendium hatte es sich gerade mal so leben lassen, meine Frau verdiente als Krankengymnastin auch nicht eben viel, und außerdem stellte sich schon im ersten Ehejahr der Sohn Torsten ein. Da war die finanzielle Aufbesserung hochwillkommen.

Die Zeit im Opernstudio verlief ähnlich erfreulich und abwechslungsreich wie die Studienjahre. Wir waren eine muntere junge Schar - auch Siegfried Vogel gehörte dazu -, wir hatten jeden Tag unseren Vortragsunterricht in der Staatsoper. Geleitet wurde er von Kammersänger Rudolf Dittrich, der bei der Arbeit an den verschiedensten Opernpartien seine reichen Erfahrungen als Bühnenkünstler an uns weitergab. Und irgendwann kam dann für jeden von uns die erste Bewährungsprobe: Wir durften in einer kleinen Partie an der traditionsreichen Dresdner Staatsoper auftreten. Meine Bühnenlaufbahn begann mit dem Ersten Gefangenen in Beethovens „Fidelio": am 19. August 1959.

Hans John

Mauersbergers Arbeitsberg und Fast-Fiasko

Rudolf Mauersberger, Dresdner Kreuzkantor von 1930 bis 1971, gehörte zu den großen deutschen Musikerpersönlichkeiten des 20. Jahrhunderts. Er war ein genialer Chorleiter, ein phänomenaler Chorerzieher, Pädagoge, Organist und Komponist. In schwierigster Zeit, während zweier Diktaturen und des Zweiten Weltkrieges, waltete er höchst verantwortungsbewusst und erfolgreich seines Amtes. Der Kreuzchor wurde unter seiner Leitung weltberühmt. Davon künden viele Rundfunk- und Schallplattenaufnahmen, beste Kritiken und, in den 30er Jahren, u.a. zwei längere USA-Reisen.

Mauersberger und „sein" Chor erlebten aber auch die größte Katastrophe der Dresdner Geschichte, den Untergang der Stadt am 13./14. Februar 1945. Es ist deshalb nicht hoch genug anzuerkennen, dass es Mauersberger war, der den nach der Bombennacht in alle Winde verstreuten Chor wieder sammelte, neu aufbaute und ihn zu künstlerischen Höchstleistungen führte, die all jenen, die Zeitzeugen waren, lebenslang in schönster Erinnerung bleiben werden. In jener Schreckensnacht hatte der Kreuzchor seine sämtlichen Wirkungsstätten, das Alumnat, die Kreuzschule, das Archiv, die reichhaltigen Notenbestände und vieles mehr verloren. 11 Kruzianer waren als Tote zu beklagen. Um den künstlerischen Betrieb überhaupt wieder in Gang bringen zu können, mussten zunächst alle Kruzianer, die im Besitz einer einigermaßen lesbaren Handschrift waren, von anderen Kantoreien entliehene Noten abschreiben, Note für Note, Zeile für Zeile, Stimme für Stimme.

Und der Kreuzkantor, der auch ein bedeutender Komponist war, sah sich veranlasst, selbst häufiger als zuvor dem Kreuzchor eigene Werke „auf den Leib" zu schreiben. Hierzu gehörte auch die „Passionsmusik nach dem Lukasevangelium für zwei getrennt aufgestellte gemischte Chöre a cappella" („Lukas-Passion"). Geschaffen hatte Mauersberger diese Komposition im Januar 1947 innerhalb von nur 12 Tagen. Und schon am 1. April 1947 fand in der Dresdner Herz-Jesu-Kirche die Uraufführung statt.

Da Mauersberger in der Zwischenzeit noch kompositorische Änderungen vorgenommen hatte, mussten die Noten in aller Eile aus der Partitur herausgeschrieben werden. Doch das war für uns Kruzianer nicht ganz unproblematisch. Denn der Komponist schrieb nur mit Bleistift. Er konnte somit auf einfache Weise in seinen Partituren Verbesserungen vornehmen. Da Mauersberger angeordnet hatte, dass bei der

Uraufführung des Werkes jeweils drei Sänger eine Abschrift benutzen, bedeutete das bei einer Konzertbesetzung von 80 Sängern, dass etwa 30 Kopien und zusätzlich mehrere Partituren abzuschreiben waren. Das Werk dauert ungefähr eine Stunde - es kam also eine Menge Arbeit auf uns zu. Nun liegt es in der Natur der Sache, dass wir nach getaner Schul- und Probenarbeit nicht gerade sonderliche Lust auf's Notenabschreiben verspürten. Viel lieber hätten wir unsere kärglich bemessene Freizeit mit Fußballspiel und anderen Vergnügungen verbracht. Zudem knurrte uns in jener Hungerzeit ständig der Magen. Und so erledigten wir unsere Fronarbeit mitunter „cum ira sine studio", vulgo: „mit links". Manch ein Kruzianer ließ dabei „aus Versehen" eine Zeile weg, manchmal fehlten auch bloß Takte, Pausen oder die dazugehörenden Texte.

Und so erlebte Mauersberger bei einer ersten Überprüfung sein „blaues Wunder" - und anschließend dann wir das unsere. Unter normalen Bedingungen eine wahre Vaterfigur, bekam der Kreuzkantor vor versammelter Chorgemeinschaft einen seiner berühmt-berüchtigten Temperamentsausbrüche. Wahre Kanonaden von nicht druckreifen erzgebirgischen Schimpfwörtern prasselten auf uns hernieder. Nachdem sich in den nächsten Tagen die ersten Wogen dieser Tempesta-Szenerie geglättet und die chaotischen in weniger fehlerhafte Kopien verwandelt hatten, schien der ordnungsgemäße Ablauf der zwei Wochen vor der Uraufführung stattfindenden Proben für die „Lukas-Passion" gesichert. Doch es kam anders. Obwohl Chaosbeschränkung betrieben worden war, schlug die korrigierte Partitur sich in zahlreichen klanglichen Dissonanzen nieder. Mauersberger wollte sogar die Uraufführung absetzen oder für sie den Termin verschieben. Aber die „Lukas-Passion" passt thematisch nur in die Passionszeit, und die war Anfang April 1947 mit dem Osterfest vorbei.

Bei der Uraufführung kam es deshalb, wie es kommen musste. Die Sopran- und Altsänger des Hauptchores, die auf der Orgelempore postiert waren, „schmissen" mehrmals. Die Christus-Worte wurden von einem Altar-Chor, dem ich glücklicherweise angehörte, intoniert, und an den heiligsten Stellen hörten wir die oben auf der Orgelempore sich abspielenden Schimpftiraden unseres krächzenden und heiser klingenden Kreuzkantors auf die armen Knabenstimmen niedersausen. Dieses Getobe in der Höhe blieb auch zahlreichen Passionsmusik-Hörern nicht verborgen. Manches Gesicht wirkte erheitert oder irritiert. Vielleicht dachten auch einige Besucher, dass die eigenartigen Intonationen da oben realistische Kompositionsbeigaben waren. Nur ein Knabensopran, der über das absolute Gehör verfügte und den Spitznamen „Guffi“ trug, erwies sich als Retter in der Not. Er hielt eisern durch. Ihm gebührt das auch von Mauersberger respektierte Verdienst, die „Lukas-Passion“ vor dem Fiasko gerettet zu haben. Am Ende der Ur-„Aufführung“ war der Dirigent-Komponist fassungslos. Der Knabenchor, die Zierde des weltberühmten Kreuzchors, wurde vorübergehend entlassen (am nächsten Tage allerdings wieder zusammengerufen). Dann nahm Mauersberger den damals 13-jährigen „Guffi“ an die Hand und lud ihn ein, auf der „Loschwitzhöhe“, einst des Kantors Lieblingslokal, mit ihm eine Flasche Sekt zu trinken. Noch lange danach haben wir Tränen gelacht, wenn wir uns der Geschichte erinnerten, die uns „Guffi“ von dem stimmungsgeladenen Umtrunk berichtete. Jedenfalls war am nächsten Tag der Zorn unseres Jupiter tonans verraucht.

Und zusammen mit unserem „Mau“, wie wir den Kreuzkantor liebevoll nannten, haben wir dann noch viele schöne Aufführungen der „Lukas-Passion“ zustande gebracht.

Schola crucis, schola lucis

Im Jahre 1982 erschien in der Evangelischen Verlagsanstalt Berlin (EVA) die erste Auflage meines Buchs „Der Dresdner Kreuzchor und seine Kantoren“. Zu den Schikanen der Stellen, die in der DDR über das Erscheinen nicht eben bei ihnen beliebter Titel zu befinden hatten, gehörten Argumente gegenüber Verlegern und Verfassern wie diese: „kulturpolitisch nicht wichtig“, „zu geringes Leserinteresse“ oder „Bereitstellung des Papierkontingents nicht möglich“. Mir wurden nacheinander alle drei Ausreden und noch weitere offeriert. Gott sei Dank frustrierten derlei Machenschaften nicht den Verlagsleiter der EVA. Er stellte über Umfragen ein erhebliches Leserinteresse am Erscheinen dieses Titels fest. Fazit: Das Buch erschien.

Aber es gab bald nach der Auslieferung Ärger und widerwärtige Reaktionen „offizieller Stellen“. Insbesondere missfiel den SED-Ideologen und Kulturbonzen im Bezirk Dresden mein auf Seite 131 formulierter Text im Nachwort. Es heißt da u. a.: „Er (der Dresdner Kreuzchor) gehört auf Grund der ruhmreichen Tradition, vor allem aber seiner hohen künstlerischen Leistungen und der vielfältigen Aufgaben wegen zu den nicht mehr wegzudenkenden Kulturträgern in unserem Lande. Unzähligen Menschen vermittelte er unter der Leitung bedeutender Kantoren die besten Werke der Musica sacra und leistete damit einen außerordentlichen Beitrag zur Verkündigung der frohen Botschaft, getreu seinem Wahlspruch, der auch das alte Schulgebäude ehemals zierte:

,Schola crucis,
schola lucis,
imus, Domine, quo ducis.'

,Schule des Kreuzes,
Schule des Lichtes,
wir gehen, Herr, wohin du uns führst.'

Möge der Kreuzchor bei allen sonstigen Verpflichtungen auch in Zukunft diesem Wahlspruch treu bleiben."

Der damalige „Direktor für den Dresdner Kreuzchor" rief mich bald nach Erscheinen des Buches an und bestand auf einer Aussprache. Ich schlug ihm daraufhin einen Termin in der Dresdner Musikhochschule vor. Seinerzeit fungierte ich dort als Leiter der Abteilung Musikwissenschaft. Der stets linientreue, parteiergebene Genosse Direktor kam sofort zur Sache. Er stelle mit Befremden und im Einvernehmen mit GMD Professor Martin Flämig, dem damaligen „Leiter des Dresdner Kreuzchors" (der nur noch im kirchlichen Rahmen den Titel „Kreuzkantor" führte), fest, dass ich als Hochschullehrer mit den genannten Schlusspassagen gegen meinen staatsbürgerlichen Erziehungsauftrag, gegen die offizielle Erziehungsdoktrin zum Sozialismus und damit zum Atheismus und gegen die Kulturpolitik der DDR verstoßen und dem Ansehen des Kreuzchors schwer geschadet hätte. Unter diesen Aspekten werde es keine zweite Auflage meines Buches geben.

Als seine Trumpfkarte hielt er mir die Verfassung der DDR vor die Nase, zitierte einen Paragraphen und warf mir schließlich Verfassungsfeindlichkeit vor. Das war nun wirklich starker Tobak für mich. Ich musste reagieren. Zunächst fragte ich den Schulfunktionär und damit, so sollte man meinen, auch Anwalt der geistigen Bildung der ihm anvertrauten Kruzianer, ob er der lateinischen Sprache mächtig sei. Das verneinte er. Darauf zog ich das „Kleine lateinisch-deutsche Handwörterbuch" von K. E. Georges, 4. Auflage, Leipzig 1880, aus der Tasche, in dem sich - zu meinem Glück - auf Seite 1462 unter dem Stichwort „lux" die Ciceronische Auslegung im Sinne von „Aufklärung" findet. Ich konnte nun dem Genossen Direktor erläutern, dass die Kreuzschule samt Alumnat immer eine „Schola pauperum" war, in der die Aufklärung als Erziehungsziel sogar im Wahlspruch festgeschrieben wurde. Sodann empfahl ich dem Direktor, mit seiner Arbeitsgemeinschaft „Junger Historiker“ den aufklärerischen, „progressiven“ Traditionen der Kreuzschule nachzugehen, und riet ihm, sich auch der revolutionären Traditionen zu besinnen. Bekanntlich seien Lehrer und Schüler der Dresdner Kreuzschule bei vielen revolutionären Aktionen im Verlaufe der Geschichte beteiligt gewesen. Das beträfe z.B. die vorreformatorischen Unruhen in Dresden, die Reformation und den Dresdner Maiaufstand von 1849, bei dem der Altphilologe Hermann Köchly und der einstige Kreuzschüler Richard Wagner eine führende Rolle gespielt hätten.

Diese Argumente schienen mein Gegenüber zu beeindrucken. Er wurde nachdenklich und erkannte an, dass man den alten Wahlspruch der Kreuzschule aus marxistischer Sicht neu interpretieren müsse. Er legte mir schließlich nahe, bei künftigen Auflagen des Buchs diese Interpretation stärker und eindeutiger zu formulieren.

Doch ich blieb standhaft; selbst, als ich vom damaligen EVA-Verlagsleiter erfuhr, es sei über Parteikanäle und vom DDR-Kulturministerium Druck ausgeübt worden, das Nachwort bei weiteren Auflagen zu streichen. Und so erschien die zweite Auflage in unveränderter Form. Ja, mit noch größerem Zuspruch als die erste; denn die Attacken, die vielen klugen Anhängern des Kreuzchores nicht verborgen geblieben waren, stellten die beste Werbung für den Titel dar. „Habent sua fata libelli“ - Bücher haben eben ihre Geschichte. In vorliegendem Fall lehrte sie mich, dass Latein-Kenntnisse bei Auseinandersetzungen mit Unkundigen dieser Sprache von Vorteil sein können.

In meiner Stasi-Akte fand ich dann 1999 übrigens den Satz: „Der John hat vor nichts Angst.“ Vielleicht hat auch meine damalige Standfestigkeit dazu beigetragen.

THEO ADAM

Mein „neuer Adam“ und der Alltag

Längst sitze ich wieder zu Hause auf der Gartenterrasse in der angenehmen und wohltuenden Herbstsonne und lasse in Gedanken die vergangenen Tage des für mich so ereignisreichen Festspielsommers 1981 in Salzburg vorüberziehen. Urlaub nach stressreichen Tagen im eigenen Garten mit Familie, Enkeln, Freunden und Bekannten ist für mich immer eine Zeit, in der ich, wie die Marschallin im Rosenkavalier, die Uhren alle stehen lassen möchte. Natürlich klingen das Baal-Erlebnis und der -Erfolg noch tagelang nach.

Wenn man sich in der langen Vorbereitungszeit intensiv mit einer Sache beschäftigt hat, von früh bis abends nur für sie gelebt und gedacht hat, ja, wenn die Spannung vor einer solchen Weltpremiere einen bis in die Träume hinein verfolgt, dann kann man es gar nicht - selbst wenn man es wollte - von einem Tage zum anderen abschütteln. So werden Gedanken und Gespräche, Bilder, Briefe und natürlich Kritiken ausgetauscht. Und deren gab es wahrlich nicht wenige; allein in der Generalprobe sollen 70 Kritiker aus aller Welt gewesen sein. Wie gut, dass ich das nicht vorher wusste! Und merkwürdig: was mich schon beim Studium der Rolle so stark beschäftigte, löste bei vielen Zuschauern und Kritikern die gleichen Fragen aus. Was hat uns diese Baal-Figur eigentlich noch zu sagen, wieso stößt sie uns einerseits ab und berührt uns aber andererseits, wie viel Baal steckt denn in jedem von uns? Keiner, der mich ansprach, am Bühnenausgang in Salzburg, in Wien, im persönlichen Gespräch, am Telefon oder in Briefen, konnte so einfach von diesem Opernerlebnis zur Tagesordnung übergehen. Keiner sagte vereinfachend kategorisch: „Ich lehne das ab, das Thema und die Musik gefallen mir nicht.“ Und ich glaube nicht, dass es nur - wie ja mitunter auch üblich und verständlich - Höflichkeit gegenüber dem Interpreten war. In irgendeiner Weise hatte sich jeder noch lange mit dem Thema dieser neuen Oper beschäftigt. Wer denkt wohl nicht gelegentlich daran, dass er sich die Freiheiten dieses Außenseiters auch einmal nehmen möchte? Wir gehen da alle auf sehr schmalen Pfaden. Denn wer kann schon von sich behaupten, dass sein Leben frei von negativen Einflüssen oder Aggressionen wäre? Die Kunst hat es da leichter, weil sie das alles durch Verwandlung und Verfremdung ausdrücken kann! Nachdem die große stimmliche wie körperliche und geistige Anspannung nun von mir allmählich abklingt und der Alltag mich wieder hat, erfüllt mich doch eine tiefe innere Befriedigung und Freude, dass die enorme Investition in diese ungewöhnliche Rolle, die einen in ihrer gesamten Problematik schon gewaltig fordert, sich wirklich gelohnt und ausgezahlt hat. Dass ich mich daher zufrieden und auch glücklich über einen Erfolg, den ich in dieser Form wirklich nicht erträumt oder gar einkalkuliert habe, im Liegestuhl räkle, dass ich ein wenig stolz darüber bin, „einen neuen Adam“ geschaffen zu haben - welcher Künstler wollte das nicht am Ende ehrlich zugeben?

Die Entscheidung, die allein das Publikum über unsere Arbeit zu fällen hat, wobei ich den Komponisten als einen von „uns“ betrachte, war gefallen. Und zwar in einem solch positiven Sinne, der uns letztlich doch überraschte. Um es vorwegzunehmen: Wann hat es so etwas gegeben, dass Publikum und internationale Presse eine neue Oper in holder Eintracht so enthusiastisch annahmen? Die bisherigen Erfahrungen bestätigten doch in der Regel, dass die Meinungen zwischen Publikum und Presse bei neuen Werken und auch bei Neuinszenierungen des Opernrepertoires weit auseinander klaffen. Hat es dem Publikum gefallen, wird dieses am nächsten Tag in der Presse belehrt, dass es vieles miss- oder überhaupt nicht verstanden hat. Der verwunderte Zeitungsleser fragt dann, ob der Kritiker nicht in einer ganz anderen Aufführung war. Umgekehrt kann man mitunter auch folgende Auslassung lesen: „Dieses Werk hat außergewöhnlichen Rang. Dass einige Besucher das Theater fluchtartig verließen, ändert daran nichts!" Oder - von mir nicht erfunden -: „...durch betont surrealistische Elemente und Abstrahierung im Bild wird nichts beschönigt, sondern aus dem Vordergründigen gerettet. Auch wenn das Publikum Mühe hat, das Symbolische zu erfassen, so wird es zum Mitdenken gezwungen." Das Publikum hat es also nicht kapiert - so wie es die verschachtelten Sätze des Rezensenten wohl auch nicht verstehen wird. Nein, diesmal war die Opernlandschaft - auch in neu erschlossenen Gebieten - heil; was den Erfolg der Uraufführung betrifft, so galt er nicht nur dem Salzburger Premierenabend, sondern setzte sich auch überraschend bei den nachfolgenden Aufführungen des Werkes an der Wiener Staatsoper fort. Die Uraufführung war ja bekanntlich eine Koproduktion der Salzburger Festspiele und der Wiener Staatsoper!

Die Probenzeit in Salzburg von knapp sieben Wochen Dauer gehört dabei mit zu den schönsten und produktivsten Perioden, die ich in meinem Theaterleben erfahren habe, vergleichbar nur noch der Bayreuther Ring-Einstudierung 1965 unter Wieland Wagner. Auch hier war ein erfahrener Theatermann am Werk: Otto Schenk, der Erzkomödiant und Wiener Regisseur, sorgte von Anfang an durch seine freundliche, natürliche und vor allem humorvolle Art für eine zwar produktive, aber auch familiäre Probenatmosphäre. Wenn wir eine der 25 Szenen des Werkes zu probieren begannen, ließ er uns alle zunächst um den auf der Vorbühne platzierten Flügel versammeln. Dann sangen wir ihm und uns den jeweiligen Teil erst einmal vor. Man sah Otto Schenk an, wie konzentriert er uns zuhörte und wie er ganz kreativ im Augenblick das Gehörte in Aktion umsetzte. Die Musik hörte er ja in dieser Form das erste Mal. Er ist kein Freund von großen theoretischen Erörterungen und tief schürfenden Konzeptionen, die ja auch oft genug an der theatralischen Wirklichkeit scheitern. Er will Theater spielen, und zwar so, wie sich das Leben selbst auch ab„spielt" - realistisch, normal. Er ist ein großer Beobachter des Lebens und der Menschen, ein Meister des Details; er lauscht dem Manne auf der Straße, den Leuten im Salon oder auf Empfängen, wenn sie „offiziell“ so unnatürlich werden, ihre Reaktionen förmlich ab und kann sie so herrlich echt wiedergeben. Das kam uns bei der Arbeit an diesem realistischen Musikdrama sehr zugute.

Da viele von den gastierenden Sängern ihr Quartier in Vororten und der Umgebung Salzburgs eingenommen hatten, waren unsere Proben täglich von 10.00 bis etwa 15.30 Uhr angesetzt worden. So brauchten wir den langen Anfahrweg ins Festspielhaus, verbunden mit den leidigen Parkproblemen, nur einmal am Tag zu bewältigen.

Die Mittagspause verbrachten wir meist alle gemeinsam im kleinen Café im Toscanini-Hof hinter dem Festspielhaus. In privaten Gesprächen kamen sich die Kollegen näher, alte Bekanntschaften wurden aufgefrischt, mit den auch pausierenden Bühnenarbeitern konnte man ein paar persönliche Worte wechseln und dabei feststellen, wie auch sie dieses Stück vom Inhalt her interessierte. Otto Schenk gab in diesen Mittagspausen laufend die köstlichsten Geschichten und Theateranekdoten zum Besten, und wir kamen manchmal vor Lachen nicht zum Essen. So wuchsen wir nicht nur auf der Bühne zu einem sehr harmonischen Ensemble zusammen.

In dieser Oper sind ja immerhin 57 Rollen zu besetzen, wobei manche Kollegen drei oder vier Rollen verkörperten, sich also im Laufe des Abends viermal schminken und umziehen mussten. Für diese Episoden standen hervorragende Sänger wie Helmut Berger-Thuna, Emily Rawlins, Marjana Lipovcek, Waldemar Kment, Heinz Holecek, Martha Mödl, Margarete Bence, Herrmann Winkler u.a. zur Verfügung. Eine ganz große Freude für mich war, dass ich in der Gefängnisszene mit dem früheren Dresdner Staatsschauspieler und späteren Burgtheaterdirektor Paul Hoffmann zusammen auf der Bühne stand. Diesen großartigen Künstler, auch aus vielen Filmen bekannt, hatte ich als Schüler in Dresden glühend verehrt; er war als jugendlicher Held das Idol aller am Theater interessierten Teenager und Halbstarken. Nie hätte ich zu träumen gewagt, wenn ich Sechzehnjähriger im Dresdner Schauspielhaus im dritten Rang Seite in der hinteren Reihe saß und mich, um überhaupt etwas zu sehen, weit vorbeugen musste, dass ich im Jahre 1981 eine ganz entscheidende Szene meiner Riesenrolle mit diesem großartigen Grandseigneur der Sprechbühne im Schauspielhaus Salzburg gestalten würde. Braun gebrannt, mit schneeweißem Haar, begrüßte mich der Neunundsiebzigjährige jeden Morgen mit der ihm eigenen Grandezza und Herzlichkeit. Ein großer Schauspieler ohne Star-Allüren, durch Können und Bescheidenheit wahrhaft Respekt gebietend! Dies gehört auch zu meinen unvergesslichen und weiterwirkenden Erfahrungen bei meinen Gastspielen in aller Welt: dass die Begegnungen mit ehemaligen großen Dresdner Persönlichkeiten immer von besonderer Herzlichkeit, Bewegung und Wärme gekennzeichnet sind. Vielleicht trägt das gegenseitige Bewusstsein der großen Dresdner Tradition und die Verbundenheit mit der im Kriege so entsetzlich verwundeten Stadt und schließlich die Freude über ihr Wiedererstehen aus der Asche dazu bei, Gemeinsamkeiten und enge Beziehungen zueinander zu entdecken. Dieses Verbundensein in einer großen künstlerischen Tradition, wie sie Dresden über Jahrhunderte ausstrahlte und seinen Künstlern immer wieder eine verpflichtende Qualität abforderte, ließ bei meiner Zusammenarbeit mit ehemaligen „Dresdnern", wie z.B. Karl Böhm, Joseph Keilberth, Rudolf Kempe, Christel Goltz, Erna Berger, Kurt Böhme, Erich Ponto, Paul Hoffmann, Paul Schöffler, sofort herzlichen Kontakt aufkommen, der weit über das Kollegiale hinausging. Und auch heute gibt es an der Deutschen Staatsoper Berlin, an der ja viele Sänger aus der Elbestadt ständig singen, eine besondere Verbundenheit der „Dräsdner" zu verzeichnen!

Hans Böhm

„Der ist's, den greifet!"

Es war ein Novembermorgen 1958. Wir gingen ins Große Haus zur Generalprobe. Es dirigierte Otmar Suitner, den keiner kannte mit Ausnahme eines Aushilfsmusikers vom Leipziger Rundfunksinfonieorchester, der Auskunft geben konnte, dass er im Jahr zuvor schon einmal in Leipzig aufgetreten sei. Suitner war von Geburt Österreicher. Sehr interessant: Die Mutter war Italienerin. Über Remscheid und andere kleine Orte war er nach Ludwigshafen zum Pfalzorchester gekommen. Das ist kein Orchester höherer Qualität, so dass die in den höchsten Regionen schwebende Kapelle natürlich sagte, den Mann müsse man unter die Lupe nehmen.

An diesem Novembermorgen 1958 wurden die Dresdner eines anderen belehrt. Das Publikum der Generalprobe erkannte die Bedeutung dieses Mannes, der ein ganz fabelhaftes Konzert, unter anderem mit Mozart, ohnehin seine Stärke, und Wagner-Régenys Klavierstücken mit Zechlin, dirigierte. Man vertrat also die Meinung: „Der ist's, den greifet!" Dann kam die Abendvorstellung, dasselbe Spiel wieder. Man war völlig d'accord, Suitner wäre doch der Chef in der cheflosen Zeit, denn

Matacic hatte uns ja zwei Jahre zuvor schon wieder verlassen. Und da muss ich sagen: So auf Herz und Nieren geprüft, dass es beinahe unfein war, hat man wohl noch nie einen zukünftigen Chef der Staatskapelle wie im Fall Otmar Suitner. Er musste fünf Sinfoniekonzerte dirigieren, zwei Aufführungsabende - bei einem war das Violinkonzert von Alban Berg dabei, gespielt von einem Tröber-Schüler namens Wolfgang Marschner, der längst drüben selbständig geworden ist; er muss jetzt ein alter Herr sein.

Suitner musste drei Opern dirigieren: Fidelio, Freischütz und Tristan, Tristan mit drei Proben, eine Probe pro Akt. Erst am 1. August 1960, also nach anderthalb Jahren Probezeit, wurde Suitner zum Chef der Staatskapelle ernannt. Das war die einzige Möglichkeit, um zu beweisen, dass jemand mit diesen Qualitäten gebraucht wurde. Sonst hätte man jeden fast beliebigen Ost-Dirigenten nehmen müssen. Sie hätten auch später gern Kondraschin gehabt. Immer haben sie versucht, sich das Recht auf einen ausländischen beziehungsweise westlichen Dirigenten eigener Wahl zu erhalten. Deshalb hat die Kapelle auch fast jede Bedingung eines Dirigenten akzeptiert. Man hat später sogar in den anfechtbaren Kompromiss eingewilligt, Vonk zu nehmen, obwohl der ihnen nicht recht war. Aber sie wollten sich eben dieses Vorrecht erhalten. Es ist nur seltsam, was man alles von Suitner verlangt hat, während Sinopoli in einer Pause während des Rings in Bayreuth verpflichtet wurde.

Suitners Dresdner Zeit von 1960 bis 1964 ist vermutlich seine beste gewesen, auch wenn er große Sachen wie „Frau ohne Schatten" oder den ganzen „Ring" hier nicht bringen konnte... Dann bekam er den Nationalpreis, war damit gekauft und ging nach Berlin.

PETER ZACHER

Tuchfühlung mit Theodorakis

Eigentlich begann alles schon Ende der sechziger Jahre. Da hörten wir den Namen des griechischen Komponisten Mikis Theodorakis zum ersten Mal, weil er als Symbol des Widerstands gegen die Obristen unter Leitung des CIA-Verbindungsoffiziers Jorgos Papadopulos galt. Die hatten im April 1967 im Rahmen des lange vorbereiteten Prometheus-Plans geputscht und das Kriegsrecht verhängt. Und das wandte die Militärregierung auch gegenüber Theodorakis an. Nicht nur, dass sie per Erlass Nr. 13 - einem ihrer ersten überhaupt - jede Aufführung seiner Musik verbot und sogar den Besitz von Schallplatten mit seinen Werken unter Strafe stellte. Sie verhaftete ihn, im August jenes Jahres, sogar.

Und diese Inhaftierung rief, natürlich, die DDR-Führung auf den Plan - wie immer, wenn anderswo ein Widerstandskämpfer verfolgt wurde. Also startete sie eine landesweite Kampagne, derzufolge die Schüler dem Komponisten schreiben mussten und das auch willig taten. Auch wenn keiner von ihnen Theodorakis oder dessen Musik kannte (höchstens vielleicht den berühmten Tanz aus dem Film „Alexis Sorbas" von 1964). Ob sich das später geändert hat? Ich weiß es nicht. Ich weiß nur, dass *mein* Damaskus-Erlebnis - ich wage es, diesen großen Begriff zu verwenden - damit begann, dass mir eine griechische Freundin eine Platte lieh. Es war Theodorakis' Zyklus „Mauthausen" mit der unvergleichlichen Sängerin Maria Faranduri. Musik und Interpretation packten mich derart, dass ich die „Scheibe" in einer Nacht vielleicht ein Dutzend Mal hörte. 1968 habe ich diesen Liedzyklus und einen zweiten, Romiosini (Griechentum), dann mit Freunden einstudiert und in Dresden erstaufgeführt.

Von Theodorakis, der inzwischen wieder frei und nach Frankreich emigriert war, hörte man inzwischen fast nichts mehr. Die DDR verschwieg seinen Namen geflissentlich, weil sich der Komponist so genannter eurokommunistischer Ideen verdächtig gemacht hatte. 1975 kehrte er nach Griechenland zurück, nachdem dort die Militärregierung einer demokratischen hatte weichen müssen. Drei Konzerte mit dem in Frankreich geschriebenen Oratorium „Canto General" wurden zu Triumphen der neu errungenen Demokratie und der Popularität Theodorakis', dem „das Land zu Füßen lag wie einem siegreichen Feldherrn" (Gail Holst).

Von diesen Konzerten gibt es eine LP, die ich kurz nach ihrer Veröffentlichung in die Hand bekam. Damit war mein zweites Damaskus-Erlebnis fällig. Denn selten hatte mich eine Musik so fasziniert. Und wieder war am Ende einer Nacht der Entschluss gefasst, auch dieses Werk in der DDR aufführen zu lassen. Das aber war nun alles andere als einfach, denn noch eine ganze Weile befand sich der Komponist seines politischen „Abweichlertums" wegen bei den DDR-Oberen in allerhöchster Ungnade. Aber auch in diesem Fall änderten sich die Bedingungen, denn die DDR konnte sich einem international renommierten Musiker und Politiker nicht auf Dauer verweigern, zumal er von anderen Staaten, die Sowjetunion nicht ausgenommen, mit größter Aufmerksamkeit empfangen wurde.

So kam es endlich im Februar 1980 zur DDR-Erstaufführung des

„Canto General“ in Berlin. Der Komponist war nicht nur anwesend, sondern dirigierte das Werk selbst. Waren meine Kontakte mit ihm bis dahin nur telefonische gewesen, so lernten wir uns in der Endprobenphase des Konzerts endlich persönlich kennen. Ich stand einem Manne gegenüber, der mir ein warmherziger und loyaler Freund wurde, obwohl es nicht immer ganz ohne Schwierigkeiten in unserer Beziehung abging. Nicht in jedem Fall konnte ich bei der folgenden intensiven Zusammenarbeit seine künstlerischen Wünsche umsetzen, auch nicht bei den Konzerten, die in Dresden stattfanden. Dabei taten jetzt die für Kultur Verantwortlichen, die einst so störrisch waren, für ihn mehr als für manchen landeseigenen Komponisten, was nicht selten zu gewissen Spannungen führte. Mancher machte Theodorakis darüber hinaus den Vorwurf, er sei mit der SED-Spitze und der DDR insgesamt zu eng liiert. Das scheint äußerlich betrachtet ein berechtigter Vorwurf, denn wer weiß schon, dass es eine interne Anweisung gab, mit dem Griechen keine politischen Diskussionen zu führen. Er blieb trotz allem suspekt, weil er zu souverän war (und noch immer ist), um sich einer fremden Meinung, auch der einer Partei, zu unterwerfen, wenn er diese Meinung für falsch hält. Dennoch hat sich die DDR für das sinfonische Œuvre Theodorakis' mit viel Akribie und künstlerischer Verantwortung eingesetzt, mehr als Griechenland, wo es damals kaum Möglichkeiten einer adäquaten Aufführung großer sinfonischer Werke gab. So etwas lässt Dankbarkeit entstehen.

Als dann die erste Uraufführung in Dresden anstand, reiste der Komponist deshalb an. Zu den Musikfestspielen im Mai 1982 dirigierte er im Kulturpalast sein Volksoratorium „Axion esti“ (Lobgepriesen sei) in der kongenialen deutschen Nachdichtung von Dirk Mandel. Und aus dieser Zusammenarbeit erwuchs schließlich ein Kompositionsauftrag für die Festspiele 1983, genauer für die Eröffnungsveranstaltung, die vom Kreuzchor bestritten werden sollte. Theodorakis schrieb die „Liturgie Nr. 2 - Den Kindern, getötet in Kriegen“; ein Werk, das auf dem Liedzyklus „Ta lirika“ aufbaut und geistlich und weltlich zugleich orientiert ist. Als es dann im Mai 1983 uraufgeführt wurde, konnte Theodorakis es freilich nicht hören. Seiner angegriffenen Gesundheit wegen hatte er nicht nach Dresden kommen können, so dass bei Martin Flämigs letzten Proben ich assistieren musste.

Stellten jene Aufführungen für Dresden schon Ereignisse dar, so übertraf die Uraufführung der „Sinfonie Nr. 7 - Frühlingssinfonie“ im Mai 1984 sie noch. Erneut im Rahmen der Musikfestspiele veranstaltet, ist sie schon deshalb als ein ungewöhnlich aufwendiges Projekt in die

Annalen eingegangen, weil der für das Dirigat zunächst vorgesehene Herbert Kegel forderte, die beiden großen Rundfunkchöre aus Berlin und Leipzig einzusetzen. Das war, trotz der hohen Kosten, eigentlich kein Problem. Doch Kegel verlangte außerdem zwanzig Proben mit beiden Chören. Und das nun war des Guten zu viel. Denn das Ansinnen scheiterte schließlich daran, dass für die Choristen weder in Leipzig noch in Berlin genügend Hotelplätze zu bekommen waren. In letzter Minute sprang Christian Hauschild in die Bresche und erarbeitete das Werk mit dem Beethoven-Chor und der Dresdner Philharmonie. In Berlin studierte Dietrich Knothe den Part des anderen Chors ein. Bei der Uraufführung war dann nicht nur der Komponist anwesend; auch Jannis Ritsos, Librettist dreier von insgesamt vier Sinfoniesätzen, war mitgekommen. Dresden beherbergte damit in jenem Jahr die beiden prominentesten griechischen Künstler, die zugleich in der Weltkultur einen gewichtigen Stellenwert innehatten.

Was also Wunder, dass Horst Seeger, damals Intendant der Dresdner Oper, die beiden Griechen dazu zu bewegen suchte, für sein Haus eine Oper zu schreiben. Beide erbaten sich Bedenkzeit und wollten noch keinen Vertrag unterzeichnen. Als Theodorakis schließlich bereit war und sogar schon ein Werk fertig hatte, war die neue Opern-Intendanz nicht mehr willens, sich an die alten Absprachen zu halten. Schade. Denn damit war die Gelegenheit versäumt worden, in Dresden ein weiteres Stück Theatergeschichte zu schreiben.

Siegfried Thiele

Rolf Ludwigs Fenstersturz

„Nüchtern betrachtet“ Rolf Ludwig sein beschwipstes Künstlerleben: „Klarer pour l’art“, „Ich bin kein Trinker, ich bin ein Suffkopp!“ oder „Ich sauf mich um den Nationalpreis“, so heißen Kapitel in Ludwigs Erinnerungen, die Gabriele Stave 1995 niedergeschrieben hat.

Im Nachkriegsjahr 1947 ist Ludwigs Komödiantenblut noch einigermaßen promillefrei. Eher freudetrunken läuft der 22-Jährige eines Tages zur Villa Rothermundt auf der Mendelssohnallee. Die neue „Akademie für Musik und Theater in Dresden“ sucht junge Talente. Der gelernte Kartograph, der eben aus englischer Kriegsgefangenschaft über Lübeck in seine Heimatstadt Dresden zurückgekehrt ist, hat bislang nur eine Tüte Theaterluft geschnuppert, will aber sogleich ungestüm auf die Bretter, die die Welt bedeuten.

Vorsprechen, nicht versprechen! Als er dann die strengen Blicke der Prüfer auf sich gerichtet sieht, will ihm das Herz in die Hosentasche rutschen. Und, Moment mal, ist das nicht der „Professor Schnauz“ aus der „Feuerzangenbowle“? „Sönd Sö dör neue Schöler?“ Erich Ponto, die Dresdner Theaterlegende! Glücklicherweise sind Pontos Augen voll unendlicher Güte. Zunächst nickt er wohlwollend, sagt „bitte“, wird dann aber leicht ungehalten, als der Grünschnabel von Stanislawski zu schwärmen beginnt. Schließlich mäßigt sich Ludwig und bietet eine Etüde an. Diese nimmt einen dramatischen Verlauf, obwohl sie nicht mit dem Stichwort „Baldrian“ beginnt. Ludwig mimt einen Mann, der einen Brief erhält. Was er darin zu lesen bekommt, bringt seine Züge zum Entgleisen, raubt ihm die Sprache, lässt ihn zittern, wanken, nach Luft ringen. Er öffnet das Fenster. Das reicht noch nicht. Nun taumelt Ludwig in den Raum zurück, geht aufs Ganze, nimmt Anlauf, um seinem Leben ein Ende zu setzen und hechtet kopfüber aus dem Fenster. Ort der Handlung ist das Erdgeschoss, zum Glück, und der Garten hat ein Gefälle. Dennoch, die Etüde endet mit einem Aufschrei. Und Erich Ponto beugt sich aus dem Fenster heraus und schnarrt: „Auf-ge-nommen“.

Tage nach seinem theatralischen Fenstersturz humpelt Ludwig noch einmal zu Ponto mit der Bitte um Privatunterricht. Der besteht darin, dass der Schauspielintendant dem redseligen Fürbitter bei einem Schlückchen Wein geduldig zuhört und definitiv bestätigt: „Ich geb Ihnen das schwarz auf weiß. Sie werden Schauspieler!“ Und zwar ein Urkomödiant, der später am Deutschen Theater Berlin als „Drache“ oder als Truffaldino in „Diener zweier Herren“ ein Kapitel deutscher Theatergeschichte schreiben wird!

Zunächst aber chargiert der junge Ludwig an der Dresdner Volksbühne in der „Constantia“ (heute „Theater Junge Generation“), wo er für 150 Mark im Monat 26 Vorstellungen bedient. Er „spielt alles, quer durch den Garten“, macht als Confèrencier bei Joe Dixie und mit Wolfgang Roeder, dem späteren Oberbrummer, manche Mugge. 1949 wird die Volksbühne vereinnahmt. Martin Hellberg kommt und feuert den jugendlichen Helden wegen seiner respektlosen Klappe.

1996 weilt Rolf Ludwig noch einmal in der Stadt seiner Kindheit und Jugend und liest im „Dresdner Brettl“. Mit ihm stirbt 1999 ein großer Volksschauspieler und „einer der letzten Schelme dieser Welt“ (Thomas Langhoff).

Als Schlotterbeck das Lachen reglementieren wollte

Nichts auf der Welt wirke so ansteckend wie Lachen und gute Laune, schrieb Charles Dickens bereits in alten schlechten Zeiten. Und selbst im tristen Jahre Null fand der Lachbazillus wieder Nährboden.

Es glich einem Auftritt ohne Netz, als Rudolf von den „Drei Palms" den russischen Oberstleutnant Solowjow darum bat, in Dresden gleich ein ganzes Varieté eröffnen zu dürfen. Schließlich hatte man eben erst bedingungslos kapituliert. Der kühne Artist jedoch hatte Glück, er wurde nicht ver-, sondern erhört. Der Russe, in wohlwollender Siegerlaune, muss Palm etwa Folgendes gesagt haben: „Nu, karascho. Gitler kaputt. Fritz wieder lachen. Dawai!"

Jedenfalls eröffnete am 1. Juni 1945 mit dem „Volksvarieté" in der Schauburg die erste Kleinkunstbühne der Nachkriegszeit auf deutschem Boden. Hugo Kirsten spielte auf, Lohse-Bertini jonglierte, die 2 Lindströms rollerten und Gusti Curth sang. Ein Dresdner Pressemann machte böse Miene zum heiteren Spiel: „Was ich sah, war zum Teil beschämend. Es roch nach Plüsch und Gründerjahren. Älteste geistlose Witze..."

Als das Gründerjahr abgelaufen war, zogen sich in der Schauburg die Darsteller wieder auf die Leinwand zurück. Cliff Aeros sprang in die Bresche, zunächst mit seinem Zelt-Varieté aus alten Sarrasani-Beständen, dann im „Reichsadler" auf der Königsbrücker Straße. Das war „Einfach toll mit Werner Kroll" („Se härn de Offnahme").

1950 wechselte der Betreiber. Die Internationale Artistenloge (IAL), als prowestlich beargwöhnt, ließ nun den „Reichsadler" fliegen. Willy Kahle moderierte die Caroll-Schau im Faschingsmonat, und ein „bleeder Heini" riss seine ersten Bühnenwitze, Eberhard Cohrs (29), der gelernte Bäcker aus der Johannstadt. Der Rezensent eines SED-Blattes konnte da nicht lachen und brach sich beinahe die Lokalspitze ab. Der Genosse Stadtrat Schlotterbeck, Leiter des Dezernates Volksbildung, möge doch eingreifen: „Wer sagt es den Artisten? Wir brauchen endlich eine Neugeburt der Kultur!" Denn worüber man zu lachen hat, so sollte es Jahrzehnte lang bleiben, bestimmen wir.

Dennoch feixten wir Dresdner 1950 frech weiter mit den Komiker-Assen im „Lachkabinett", das sich im Festsaal des Sachsenverlages (später Karl-Hermann-Saal) etabliert hatte. Die Kabinettstückchen boten Rudi Schiemann (der „Dresdner Max Pallenberg") und Arthur Altmann (mit seiner legendären Adele-Sandrock-Parodie), Fridel Hönisch mit ihren sächsischen Miniaturen und jener Eberhard Cohrs, der als Nachwuchskomiker im Spiel war.

Fünf Jahre darauf debütierte ein weiterer Nachwuchsspaßmacher: Otto Franz Weidling (damals 31). Ihm blieben genau 30 Jahre, um als „gelernter DDR-Bürger“ die Grenzen des öffentlichen Humors auszuloten und gelegentlich zum Vergnügen des DDR-Staatsvolkes zu überschreiten. 1955 schwang Alexander Bauer (29) in „Dreesd’n se sich“ schon die „Herkuleskeule“. Doch während jener verrückten „goldenen Fünfziger“ waren es noch die Gestandenen, über die Dresden vor allem lachte, über „Pläätbräät-Paule“ Beckers, den singenden Charmeur Georg Wörtge, den kauzigen Hugo Voigt, den „Dialektiker“ Willy Thiele-Koch, über Fred Schanzenbecher (den „Sorgenbrecher“), Ernst Lustig (Nach-nomen est omen) oder über Robby Hanson, Fred Vent und Fred Gigo in ihren besten Jahren.

Unge-Hörig bei „Donaths“

Horschtl, wohin? In die Viere, auf’n Heuboden oder King? Nee, lieber zu Natzn’s, da spielen die Dixies. Also, hinein in die Röhren, ins Nicki, den waschsamtenen Lumberjack drüber und auf in Donaths Neue Welt! Hier „liegt was in der Luft“ im brisanten Jahr ‘53. Billy Bullan und Mona Baptiste waren mit diesem fröhlich-harmlosen Titel in den RIAS-„Schlagern der Woche“. An der Spitze der deutschen Hits: „Anneliese“, Gerhard Wendlands „Jambalaya“-Version, Paul Kuhns „Mann am Klavier“.

Der Mann am Klavier bei Donaths und seine Big Band haben mehr drauf als biedere Tanztee-Rhythmen: „Dobs Boogie“, Harry James „Trumpet Blues“, Glenn Millers „In The Mood“. Die punktierten Achtelnoten machen mich locker. Ich gebe meine Partnerin einfach mal „aus der Hand“, wage einen Ausfallschritt, gestikuliere linkisch und verstohlen, drehe mich im Boogie-Rausch einmal um meine Achse. Halt, halt, dekadent, ich will ja nicht wie Boogie-Ebse und seine Hottbrüder von der Feuerwehr vom Saal gespritzt werden! Eine Legende?

Jedenfalls steht später schwarz auf weiß in der Zeitung: „Flotte Tanzweisen lassen die Dresdner Tanzsinfoniker erklingen. Flotte Tanzweisen, keinen Hott. Wieder denken einige: Wir können es! Sie hüpfen übers Parkett, dass es eine Lust ist. Für sie, andere missbilligen das Treiben aufs schärfste und fordern die Hottbrüder zu anständigem Tanzen auf...“

Am Ende des Jahres dann ist der Tolkewitzer Hott-Palast gesäubert: „Aus ist's mit dem Budenzauber, der heißen Musik und den noch heißeren Tänzern", frohlockt die Parteipresse. Die Inhaberin des Lokals, das nette Fräulein Schwarze, habe seit den Weihnachtsfeiertagen sehr energisch einen Schlussstrich gezogen. Nun wehe ein angenehmes, frisches Lüftchen im sehr geschmackvoll eingerichteten Saal. „Ich habe die Tanzsinfoniker wegschicken müssen", bedauert die Donath-Chefin. „Sie haben mir weniger angenehme junge Leute ins Lokal gezogen. Ich will nun endlich wieder Gäste bei mir sehen, die früher mein Lokal besuchten, einfache und anständige Bürger."

Ich gehöre zu den unerhört ungehörigen, aber herrlich jungen Leuten und ziehe zum Schillergarten. Wer dort spielt? Hörig mit seinen „Dresdner Dampfmechanikern"!

Ein Freund, ein guter Freund...

Ari Leschnikow ist da, „ein Freund, ein guter Freund..." Das Schallplattentheater auf der Webergasse war restlos ausverkauft an jenem Abend des Jahres 1965. In der Hoffnung, doch noch Einlass zu finden, warteten draußen geduldig die Freunde der einst weltberühmten Comedian Harmonists. Hellmuth Näther (1911-1994), Lehrer in Dresden und begehrter Vortragsreisender mit einer einmaligen Plattensammlung der Welterfolge des Sextetts, präsentierte dessen bislang als verschollen erklärten Ersten Tenor.

Nach der Verfolgung des Ensembles und seiner Auflösung in der NS-Zeit war Ari Leschnikow in seine Heimat Bulgarien zurückgekehrt, wo er nach dem Krieg noch vom Ruhm der Harmonists zehrte und gelegentlich im Rundfunk zu hören war. Dann verdingte er sich als Gärtnergehilfe in den Parkanlagen von Sofia. 1962 ging Leschnikow in Rente, die jedoch so gering war, dass er seine Arbeit nicht aufgeben mochte.

Da griff, so erzählte es Hellmuth Nähter, der Zufall in Ari Leschnikows tristes Dasein ein. Mitglieder des Bergsteigerchores „Kurt Schlosser", die auf Tournee waren und im Stadtpark von Sofia spazierten, wurden von einem älteren und sehr aufgeregten Herrn mit Laubrechen angesprochen und gefragt, ob sie aus Deutschland kämen. Ja, das kenne er gut, er sei nämlich der Erste Tenor der Comedian Harmonists gewesen. Hellmuth Näther wollte nicht glauben, was ihm da die Bulgarienfahrer unmittelbar nach ihrer Rückkehr erzählten. Er unternahm alles DDR-Menschenmögliche, um den verlorenen Sänger nach Dresden einzuladen, wurde in der Bulgarischen Botschaft in Berlin vorstellig und konnte dafür sogar Volkskammerpräsident Johannes Dieckmann, selbst ein Verehrer des Sextetts und in dieser Angelegenheit einmal liberal-demokratisch, gewinnen.

Kurzum, zu Beginn des Jahres 1965 empfing Näther den überglücklichen Heimkehrer, beherbergte ihn zwei Monate lang in seiner Wohnung, ging mit ihm auf Tournee, vermittelte einen Auftritt beim Sender Dresden („Irgendwo auf der Welt“) und ein Treffen mit dem musikalischen Leiter des Friedrichstadt-Palastes, Karl Stäcker. Dieser hatte beim ersten Auftritt der Comedian Harmonists 1928 in Charells „Casanova“ als Korrepetitor mitgewirkt. Während seiner zweiten Reise 1968 erhielt Ari Leschnikow die Goldene Ehrennadel des weltberühmten Hauses.

Nun nahmen auch die bulgarischen Behörden wieder von ihm Notiz, zeichneten ihn mehrmals aus und genehmigten das Erscheinen einer Platte mit Soloaufnahmen der 40er Jahre und historischen Aufnahmen des Sextetts. Dennoch hätte der Sänger ohne den Freundeskreis, der damals spontan entstand, in bitterer Armut leben müssen. Ari Leschnikow starb 1978 im Alter von 81 Jahren in Sofia. Hellmuth Näther war nach der Begegnung von 1965 noch drei Jahrzehnte rastlos unterwegs an „Wochenend und bei Sonnenschein“, mit „Liedern, die um die Welt gingen“.

Hoppe, Hoppe, Reiter

„Sind Sie schon mal vom Pferd gefallen?“ - „Laufend!“ Keiner glaubt es, denn ein jeder weiß: Pferde sind seine Leidenschaft. „Ist schon einmal ein Pferd mit Ihnen durchgegangen?“ Als ein neugieriger Bengel diese Frage stellt, ist Rolf Hoppe nicht mehr zu halten. Das Temperament geht durch mit ihm. Mal ist er Pferd, mal Reiter. Der Akteur in 50 Filmen brennt ein mimisches Feuerwerk ab. Die Mädels und Jungen vom Filmklub strahlen, gehen mit, schütten sich aus vor Lachen an diesem überhaupt nicht trüben Novembertag des Jahres 1975.

Und sie fragen dem Gast Löcher in den Bauch (den er hat): „Spielen Sie den Bösewicht oder den Guten lieber?“ Herr Hoppe gesteht, dass seine Töchter ihn zurück auf den Pfad der Tugend führten. In der Schule mussten sie nämlich leiden, wenn olle Gojko durch Vaters Mörderhand den Filmtod fand. Sie beteuerten dann: „Unser Papi ist nicht böse!“ Und sie baten ihn: „Musst auch mal Liebe spielen!“ Das tut er jetzt als

„Meister Röckle", der dem Teufel den Garaus macht. „Probieren Sie Mimik, Zornausbrüche zum Beispiel, vor dem Spiegel?" - „Vor dem Spiegel? Zornausbrüche? Niemals! Deren Wirksamkeit probiere ich an meinen Kindern aus." Wir glauben ihm kein Wort. Der Plausch geht über ins Fachsimpeln. Der Gesprächspartner empfindet es als wohltuend, dass sich die Fragerei nicht im Banalen erschöpft. Etwa: „Ist Filmblut wirklich Marmelade?"

Auf der Bühne kann Rolf Hoppe ein Vollblutkomödiant sein, auf der Leinwand ein Magier der leisen Töne und verhaltenen Gesten. Und er ist auch ein angenehmer und bescheidener Gesprächspartner und Freund der Kinder, die es kaum erwarten können, ihm bald im Kino oder Fernsehen wieder zu begegnen.

Sechs Jahre vergingen. Mit seinem „Mephisto-General" war Hoppe inzwischen unterwegs zu filmischem Weltruhm. Und dennoch versprach er, wieder einmal im Filmklub vorbeizuschauen. Im „Rundkino" auf der Prager Straße, in der Kleinen Bühne, die ich wie so oft zum Vorzugspreis für 26 Mark gemietet hatte, erwarteten etwa 80 junge Filmfreunde den „Ritter von Bredow" und seine „Hosen" mit Rolf Hoppe in „tragender" Rolle. Sie warteten und warteten, aber der Gast kam nicht, und wir führten ein ziemlich lustloses Gespräch zu einem ohnehin nicht allzu lustigen Kinostück. Tags darauf erhielt ich einen leisen Anruf. Der Star bat um Nachsicht, er habe in seinem Grundstück am Heiderand so vor sich hin gearbeitet und den Termin vergeigt. Aber alles werde gut, und er komme, sobald er „Zeiht" habe. Der große Hoppe kam, bereute - und alle „verzien" ihm (das Wortspiel basiert auf einem in der Eile geratenen Verschreiber des Gastes in der Klubchronik).

Inzwischen hat der Weltstar und Mit-„Dresdner des Jahrhunderts" etwa 180 Rollen in Film und Fernsehen bewältigt. Hin und wieder sattelte er dabei seinen Filmgaul, auf dem „langen Ritt zur Schule" etwa oder für eine symbolische Gage in Losanskys „Hans im Glück". Und gelegentlich muss Vater Hoppe leiden, wenn Tochter Christine auf der Bühne des Dresdner Schauspielhauses die Böse ist.

ERNST GÜNTHER

Eberhard Cohrs' zwei Welten

Ein Künstler stirbt zwei Tode. Der erste ist der schlimmere; denn ihm folgt das Vergessen. Drum sucht manch einer den künstlerischen hinauszuzögern bis zum physischen. Der eine stirbt diesen still, der andere mit Pauken und Trompeten. Das bittere Ende des kleinen großen Spaßmachers, der, unter starken Medikamenten stehend, seine Frau fast erschoss, füllte Illustriertenspalten. Mit allen Aspekten eines Trivialromans, die sich ein Schriftsteller nicht dramatischer ausdenken kann.

Eberhard Cohrs' menschliche Tragödie jedoch sollte nicht vergessen machen, dass er für die Menschen des östlichen Deutschland über fünfzig Jahre lang ein „König des Lachens" gewesen ist, der auf der Bühne aussprach, was der kleine Mann der Straße dachte. Der trotz mancher Plattitüde als „bleeder Heini" zeitkritisch war, ohne Satiriker zu sein. Dass das zu DDR-Zeiten nicht problemlos über die Bühne ging, weiß jeder, der hier lebte. Als er 1974 in einem Interview nach seiner Größe gefragt wurde, antwortete er: „Früher bin ich einssechsundfünfzig gewesen. Aber wenn man immer eins auf den Deckel kriegt, wird man noch kleiner."

Dennoch war er nicht der ewige Witzbold. Im Lichte der Ereignisse um den Krebstod erhält eine seiner frühesten Aussagen plötzlich eine tiefe Bedeutung: „In dem Moment, wo man auf der Bühne steht, schlüpft man in eine andere Haut."

Jedenfalls: „Der Kleene" stand in einer großen Tradition, die mit ihm auslief. Als letzter so genannter Hutkomiker setzte er fort und modifizierte, was mit den „Humoristischen Herrensänger-Gesellschaften", einer typisch sächsischen Erscheinung, begann. Trat in die Fußtapfen eines Bernhard Mörbitz, Richard Heinemann, Alex Stamer, Paul Beckers. Wenngleich er, befragt nach Vorbildern, zu antworten pflegte: „Ich habe keine - außer mir." Dafür verstand er es, das Witz- und Gagrepertoire der Vergangenheit auszugraben, aufzupolieren und zu aktualisieren, als habe er es soeben improvisiert.

Eberhard Cohrs (1921-1999), Dresdner, obgleich er die Hälfte seines Lebens in Berlin und anderswo verbrachte, hatte Konditor gelernt. Nach bestandener Komikerprüfung vor der Internationalen Artistenloge Dresden am 11. November 1945 tingelte er durch die zahlreichen Nachkriegsvarietés seiner Heimatstadt.

Ulli Busch öffnete ihm den Rundfunk („Tönende Funkillustrierte" des Senders Dresden), Heinz Quermann das Fernsehen („Da lacht der Bär" 1959), Wolfgang E. Struck 1961 den Friedrichstadt-Palast in Berlin. Damit war die Karriere besiegelt. Mit seinen Stichwortgebern Roby Hanson, Horst Feuerstein und Bobby Bölke, teils auch seiner Frau Dagmar Graf, zog er durch die Lande bis ins letzte Kulturhaus. Trat auch in Varietéspielen und eigenen Revuen auf. War ständiger Gast bei Funk und Fernsehen, produzierte Platten, spielte kleine Rollen im Film und erregte neues Aufsehen, als er 1976 am Volkstheater Rostock den Frosch in der „Fledermaus“ übernahm.

Auf der Höhe seines Ruhms hatte Cohrs die Querelen der Bonzokratie satt. Vom 77er Reichsbahngastspiel in Westberlin kehrte er nicht zurück. Damit war für die offizielle DDR ihr Star(-Ventil) nicht mehr existent. Radikal wurde getilgt, was an ihn erinnern könnte. Die Stasi kassierte bereits gedruckte Programmhefte mit seinem Bild nach Stückzahl-Liste; aus dem Lexikon „Unterhaltungskunst A-Z“ verschwand er samt Vergangenheit...

Cohrs Erwartungen an den Westen allerdings erfüllten sich nicht. Wenngleich er das nie eingestand. Noch im letzten Fernsehinterview sagte er: „Ich hatte vollauf zu tun. Es lief an und für sich.“ Ja, aber was! Rudi Carell hatte ihn kurz nach der Flucht in seiner Show groß herausbringen wollen. Es wurde ein Fiasko. Fortan blieb ihm das so wichtige Fernsehen verschlossen. Kleine Theaterrollen in Westberlin, Hamburg, bei den Karl-May-Festspielen in Bad Segeberg. Hie und da ein Auftritt, von dem die Medien keine Notiz nahmen. Ansonsten schrieb er Gags und Sketche für andere.

Der Verlust der Starrolle machte ihm schwer zu schaffen. Ein historischer Zufall brachte sie ihm zurück. Als die Mauer gefallen war, kehrte er entgegen dem Ratschlag seiner Frau und trotz gesundheitlicher Probleme „wieder heim“. Bei seinem ersten Nach-Wende-Auftritt 1990 in Dresden sagte er mir: „Ich wollt's mit Siebzig noch mal wissen.“ Und fragte angesichts der Ovationen, glücklich wie ein Kind unterm Christbaum, Tränen in den Augen: „Was sagste nu?“

Dresden bereitete dem „verlorenen Sohn“ einen triumphalen Empfang. Und der Erfolg sollte keine Eintagsfliege bleiben. Cohrs gelang, was anderen versagt blieb: nahtlos fortzusetzen, wo es geendet hatte. Nicht zuletzt dank der Förderung durch den MDR, wo er seinen Hit „Keenich von Sachsen“ produzierte. Zuvörderst aber durch seinen eisernen Willen, sich das große Publikum wenigstens im kleineren Teil Deutschlands zurückzuerobern und noch einmal „der Cohrs“ zu sein. Zwar etwas modifiziert und aktualisiert, doch durchaus der Alte. Auf der Bühne, im Rundfunk, im Fernsehen.

So gab Eberhard Cohrs sich und uns Genugtuung. Obgleich er es nicht nötig gehabt hätte. Zum Preis seiner Gesundheit, seiner Familie, eines wohlgefälligen Ruhestandes. In einer Zeit, da schrille, dummdreiste, irre, primitive, antihumane „Comedy“ die Menschen taub macht für heiter-witzig-satirische Wortakrobatik...

Aini Teufel

Katzenjammer

Auf meinem Arbeitstisch - in den 70er Jahren wohnte ich bei meiner Mutter in Leuben - lagen Bewegungsskizzen: Stellungen der Beine, Neigungen des Kopfes, Detailzeichnungen von Augen und Nase einer Katze. Am Abend hatte ich dann eine Katze erfunden, schlank und katziggespannt, mit einer getupften Schleife um den Hals. Nachdem ich weitere elf Bilder für ein Kinderbuch gemalt hatte, besuchte mich der Verleger, in dessen Auftrag ich die Bilder gestaltet hatte.

Ihm gefielen die zwölf Bilder. Was die Katze betraf, meinte er, sie sei zwar ziemlich schlank, aber das Fell habe ich „wunderbar stofflich" hingekriegt. Nur die Schleife - da befürchte er Einwände. Ich wisse ja, als Privatverleger aus Dresden dürfe er nicht entscheiden; Entscheidungen über Druckgenehmigungen treffe man in Berlin.

Tags darauf fuhr der Verleger in dieser Sache in die Hauptstadt. Die zuständige Stelle befand sich im Kulturministerium der DDR und hieß Frau Matz (aber der Name tut schließlich nichts zur Sache). Der Verleger breitete nun auf Frau Matzens Schreibtisch die Bilder für das Kinderbuch samt Titel und Vorsatz aus. Frau Matz fand die Sachen nicht übel. Bis auf die Katze. Die sei zu dürr. Sehe der Verleger das nicht? Zugegeben, sie sei schlank, wagte er zu widersprechen, aber dürr? Es gebe doch solche Katzen! Welch politischer Naivling! - wunderte sich Frau Matz. Eine derart gestaltete Katze schade dem Ansehen unserer DDR! Er möge sich vorstellen, man exportiere das Buch!! Das Tier sehe doch verhungert aus! Nein, die Druckgenehmigung für diese Katze könne sie nicht erteilen.

Also diesmal eine wohlgenährte, das politische Ansehen der DDR repräsentierende Katze, schlussfolgerte ich nach Rückkehr des Verlegers - und erfand eine zweite, rund und wollig. Nur der Ausdruck der Augen war etwas traurig. Der Verleger holte die Katze ab und legte sie Frau Matz beim Geschäftsessen vor, zu dem er die Dame geladen hatte. Sie musterte das neue Katzentier. Die Schleife, meinte sie dann, nein, diese Schleife...! Es widerspreche dem Tierhaften, wenn man Tiere bekleide! Wohingegen man - beispielsweise - Glocken keinesfalls als Bekleidung werten könne. Der Verleger wandte ein, dass die erste Katze ja auch Schleife und keine Glocke getragen und warum Frau Matz erstere nicht gleich beanstandet habe. Damals hätte sie die Richtlinie eben noch nicht gehabt, verteidigte sich Frau Matz.

Bekümmert kehrte der Verleger zurück nach Dresden. Er entschuldigte sich bei mir für das Verhalten von Frau Matz und erbat eine dritte Katze, eine dicke, weichbefellt und mit Glocke.

Nun ja, die Glocke sei da, und das Fell sei auch nicht übel getroffen, urteilte Frau Matz beim abermaligen Geschäftsessen. Aber wieso sitze das Tier? Im Sitzen erkenne man nur zwei Vorderbeine, die hinteren seien völlig unklar! Begreife er nicht, dass Unklarheiten solcher Art unserer Auffassung vom Realismus widersprächen? Schließlich habe eine Katze vier Beine! Oder etwa nicht?

Ob sie ihm einen Rat geben könne, wie er die Künstlerin bewegen solle, eine vierte Katze zu malen, fragte der Verleger. Er möge nicht übertreiben, entgegnete Frau Matz. Künstler müsse man fordern! Durch Fordern fördern! Das sei doch das Schöne an ihrem und seinem Beruf!

Ich glaubte, mich verhört zu haben, als mir der Verleger mitteilte, er habe der Katze wegen noch immer keine Druckgenehmigung für das Bilderbuch erhalten und benötige nun eine vierte, dick und wollig, mit Glocke, stehend auf vier Beinen.

Tagelang saß ich daraufhin vor einem leeren Blatt. Dann zeichnete ich eine Riesenkatze, sehr schlank, katzig-gespannt, mit einer getupften Schleife um den Hals - die erste, die staatsgefährdende Katze! Ich schnitt den Entwurf in Linoleum und druckte ihn, und als der Verleger, beunruhigt von meinem Schweigen, vorbeikam, hing die Katze schon hinter Glas an der Wand. Er fragte schüchtern nach der vierten Katze. Ich öffnete eine Mappe und nahm sie heraus. Die Vierte! Dick, mit Glocke, auf vier Beinen! Diese Katze hatte allerdings einen listigen Ausdruck. Dennoch brachte sie dem Privatverleger den ersehnten Stempel. Das Bilderbuch durfte gedruckt werden, und die etwas hinterhältig blinzelnde Katze erfreute in den folgenden Jahren - vierbeinig - über sechzigtausend Kinder in verschiedenen Ländern Europas. Die staatsgefährdende Katze kam noch weiter herum. Als Druckgrafik reiste sie zu Ausstellungen auf vier Kontinente. Illustratorin und Verleger aber bangten seinerzeit schon wieder eines - natürlich vierbeinigen - Esels wegen. Würde Frau Matz seinen Sattel als Bekleidung werten oder nicht?

Klaus Wilk

Hauptstadt des Dixieland

Es war am Pfingstsonntag 1971. Da zauberten sechs Bands aus vier „Ostblockländern“ solch eine Dixieland-Atmosphäre auf die abendliche Bühne des Kulturpalastes, dass man den Applaus der Jazzfreunde im gesamten Haus vernahm und ein Vorübergehender auf der Thälmannstraße bemerkte: „Wenn die so weitermachen, bricht der Festsaal zusammen. Offenbar ist er total überfüllt!“ War er aber nicht, sondern mit 900 Besuchern gerade mal knapp zur Hälfte gefüllt. Was Wunder! Den ganz großen Jazz-Zuspruch gab es damals in Dresden noch nicht. Und so waren die Konzerte, die Jazzabende im „Kakadu“ des Parkhotels und auch die Jazz-Vorträge nicht immer ganz ausgebucht. Aber auch der Kreis der auftretenden Gruppen war merklich enger.

In jenem Mai aber waren nun gleich sechs Formationen an den Elbestrom gereist! Natürlich ohne zu ahnen, was sie da erwartete. Denn wer von ihnen hätte auch wissen sollen, welche Begeisterung ihre swingenden, fröhlichen Melodien hier auslösen würden. Gerade hier, in der eher e-musik-geprägten Stadt mit ihren Klangtraditionen aus Kreuzchor, Staatskapelle und Philharmonie! Oder vielleicht gerade deswegen? Sei's drum. Die „Kupa“-Besucher jedenfalls hatten erfasst: Da vorn interpretierten unkonventionelle Gruppen und Solisten eine Musik, die sie beschwingte und dazu angetan war, nach Dacapos zu verlangen. Diese Musik wollten sie in ihrer Stadt künftig wieder live hören!

Dass sie an jenem Abend die Geburtshelfer des nachmaligen „Internationalen Dixieland Festivals“ vor sich hatten und somit dessen Premierengäste waren, ahnten freilich auch sie nicht. Das dämmerte ihnen erst ein Jahr später. Beim 2. Festival nämlich jazzten bereits Gruppen aus dem Westen und dem hohen Norden mit, bevor dann auch solche aus dem Süden unseres Erdballs erschienen.

Aber es kam noch besser - beim schließlich achten Jahrgang des Festes. Da nämlich erklärte der Bandleader der österreichischen „Blue Note Seven“, John Evers, Dresden zur „Hauptstadt des Dixieland“. Und schmückte die Elbmetropole somit mit einem Attribut, das unserer Kunststadt nicht nur bis heute gut ansteht, sondern das sie in der Tat verdient hat. Denn die Macher und Organisatoren des inzwischen zum Volksfest avancierten Frühlingsspektakels ruhten sich nicht etwa auf einmal errungenem Lorbeer aus. Immer wieder überraschten sie vielmehr zu den bisherigen Festivals - und das sind inzwischen 30 geworden - die derweil zu Hunderttausenden zählenden Dresdner und auswärtigen Jazzfreunde mit kreativen Einfällen.

Ich denke da nur an das „10.“, das sicher vielen bis heute in guter Erinnerung ist. Schon geraume Zeit, bevor ihr erstes „Konzert“ im Leben beginnen sollte, saßen da die Knirpse und Zöpfchenträgerinnen in den großen Sesseln des Studiotheaters im Kulturpalast. Unruhig mit den Beinen baumelnd und ihre „Instrumente“ festhaltend, erwarteten sie den ersten Takt der Musikanten der „Papa Binnes Jazzband". Und die kleideten dann bekannte alte und auch neue Kinderlieder ins Dixieland-Gewand, zu denen die Besucher im Vorschulalter mit Rasseln, Klopfkisten und Stockflöten, Töpfen, Deckeln, Schöpfkellen, Reibeisen und Quirlen die „Begleitmusik" lieferten. Gebastelt hatten die bewegungs- und musizierfreudigen Jüngsten den Background gemeinsam mit ihren „zweiten Muttis" in rund 20 Kindergärten Dresdens: Eine interessante Neuheit unter dem Titel „Triangel und Klapperholz - Dixieland-Abc für Kinder" war damit ins Programm aufgenommen worden. Zur Freude vor allem für die Kleinsten, die dadurch eine beschwingte Musikgattung wie die dazugehörenden Instrumente und deren Funktion kennen lernten.

Doch das war nicht das einzige Debüt bei diesem Jubiläumsfestival. Auch für die Großen gab es ein Novum. Erstmals pilgerten Zehntausende fröhlich gestimmter Menschen zum sonntäglichen Abschluss an die Johannstädter Elbwiesen. Hier, auf einer improvisierten Bühne, hatten sich die Jazzer von 15 Bands noch einmal zu einer phantastischen Jamsession vereint. Und dabei feierten die Zuschauer und Zuhörer vor allem das muntere, exzellente Spiel des 75-jährigen Festival-Seniors, des Drummers Tommy Benford von der zum ersten Mal in Dresden konzertierenden „Harlem Blues and Jazz Band" aus den USA. Nicht von ungefähr! Denn der bedeutende farbige Schlagzeuger des volkstümlichen Jazz, der 1914 begonnen hatte, die Trommelstöcke in die Hände zu nehmen, und seine ebenfalls seit mehr als einem halben Jahrhundert mit ihren Instrumenten „verheirateten" sechs Künstlerkollegen aus dem New Yorker Negerviertel hatten mit ihrem „When the Saints go marchin' in" und anderen traditionsreichen Titeln die Dresdner schon im Kulturpalast und auf der Freilichtbühne „Junge Garde" mitgerissen. Und: sich umgekehrt von den Dresdnern mitreißen lassen! „Es ist alles okay, die Stadt, das Festival und das freundliche Publikum", strahlte der Senior deshalb abschließend an den Elbwiesen. Völkerverbindung live!

Der Dixieland hatte sich endgültig in Dresden etabliert...

Roland Herrmann

Der letzte Treff mit O. F.

„Treff mit O. F." hieß in den achtziger Jahren eine beliebte Fernsehreihe. Produziert wurde sie im Dresdner Fernsehstudio. Seinerzeit arbeitete ich dort als Programmredakteur, war also hautnah an den Weidling-Treffs dabei - und damit auch an den Aufzeichnungen. Denn aufgezeichnet werden mussten damals fast alle „Live"-Sendungen, und ganz besonders solche wie eben der „Treff". Konnte aus diesen Kopien doch anschließend eine „unerwünschte" Formulierung herausgeschnitten werden. Passiert ist das bei dieser Aufzeichnung allerdings selten. O. F. wusste sehr genau, was er im Fernsehen - und was er in einer Veranstaltung sagen durfte.

Von ihm, seiner Schlagfertigkeit und Wortgewandtheit, lebte die Reihe, und je mehr Zucker er seinem Affen gab, desto stärker kam er in Fahrt. Doch wehe, wenn die Gäste ihm ebenbürtig oder ihm gar überlegen waren! In solchen Fällen wurde aus dem lockeren O. F. ein kämpfender Otto Franz - so seine von ihm streng gehüteten ausgeschriebenen Vornamen -, der nicht unterliegen wollte. In den 23 Sendungen ist das, wenn ich mich recht erinnere, nur zweimal passiert: mit Heinz-Florian Oertel und mit Hans-Georg Stengel. Alle anderen waren mehr oder weniger „Spielballpartner" des wortgewaltigen Moderators. Sie warfen ihm ihre Bemerkungen so zu, dass er sie behände auffangen und sie mit messerscharfer Zunge zurückgeben konnte - gleich, ob es sich um solche Berühmtheiten wie Kurt Masur, Karel Gott oder Ute Freudenberg handelte. Eine prominente Künstlerin weigerte sich seinerzeit jedoch standhaft, zu O. F. zu kommen, obwohl Redakteur Klaus Pinkert sie fast auf Knien anflehte: „die Henne" - Helga Hahnemann. Sie wird gewusst haben, warum.

Gleichwohl war O. F. ein Künstler, der sich nicht schonte. Stand er vor der Kamera, gab er alles, egal, wie er sich fühlte. Und gerade diese lobenswerte Haltung ist ihm schließlich zum Verhängnis geworden. Ich erinnere mich noch genau, wie es dazu kam: O. F. Weidling sollte die Eröffnungsveranstaltung des neuen Berliner Friedrichstadt-Palastes moderieren. Zuvor jedoch hatte ihn eine heimtückische Krankheit ereilt, so dass er sich einer Operation hatte unterziehen müssen. Es war vorauszusehen, dass er zum Eröffnungstermin nicht fit sein würde. Der letzte „Treff mit O. F." war damit fast vorprogrammiert. Kaum aus dem Krankenhaus entlassen, kam er ins Studio. Mit dessen Direktor Rolf Dietz gab es ein Gespräch, an dem auch ich teilnahm. Es ging um den nächsten Treff. O. F. wollte ihn wegen seines Gesundheitszustandes absagen. Der Aufzeichnungstermin lag zwar nach der Eröffnung des Friedrichstadt-Palastes, doch Dietz riet Weidling, auch diese Veranstaltung abzusagen.

Das aber wollte O. F. nicht. So fuhr er - noch mit dem Operationsverband - nach Berlin. Dort, in seinem Hotelzimmer, versorgte ihn seine Frau äußerst fürsorglich. Doch bereits die anschließenden Proben müssen ihm Schmerzen bereitet haben. So kam schließlich der Eröffnungsabend. Er wurde ausnahmsweise live übertragen, denn die gesamte DDR-Politprominenz saß im Saal. Ich erlebte die Veranstaltung vor dem Bildschirm mit. Und merkte schon nach O. F.'s ersten Worten, dass er an jenem Abend nicht der Moderator zu sein schien, als den ich ihn kannte. Er war nicht unsicher, doch die von ihm gewohnte Ausstrahlung „kam nicht rüber“. Und auch er schien es zu bemerken, denn er riskierte einen Ausfallschritt: Er machte Günter Mittag zur Zielscheibe seines Witzes. Mir wurde es mulmig, denn wie ich wusste jeder Insider, dass dieser Mann völlig humorlos war - nur Weidling schien es nicht zu wissen und machte munter weiter. Sozusagen bis zum bitteren Ende. Denn das folgte auf dem Fuße. Noch am gleichen Abend wurde die Leitung des Fernsehens in Adlershof aufgefordert, O. F. Weidling aus der Wiederholungs-Sendung des darauf folgenden Morgens herauszuschneiden. So lief denn ein Torso der Abendveranstaltung über den Bildschirm, vor dem die Bevölkerung vergeblich auf Weidling wartete.

Und auch wir mussten uns leider von ihm verabschieden. Zunächst nur beruflich, denn Adlershof wies unser Studio an, die Sendereihe umgehend einzustellen. Doch der nächste Aufzeichnungstermin war, wie oben erwähnt, schon abgesprochen. So saß der Studiodirektor in der Klemme. Er half sich damit heraus, dass er Weidling mitteilen ließ, es stünde für den Termin kein Ü-Wagen zur Verfügung. O. F. verstand - und hielt sich künftig vom Dresdner Fernsehstudio fern. Und dann dauerte es nur noch kurze Zeit, dass wir und mit uns all seine Fans sich auch von seiner irdischen Leibhaftigkeit verabschieden mussten. Er hatte die an sich selbst gestellte Forderung, das Publikum nie enttäuschen zu wollen, mit dem Höchsten bezahlen müssen.

Peter Kube

Dem Alltag entflohen

Die Notwendigkeit, ein neues Programm auf die Bühne zu bringen, kann bei Schauspielern verschiedene Ursachen haben: Das Alte hängt einem dermaßen zum Hals raus, dass man schon aus Selbstschutz etwas Neues erfindet. Oder: Die Künstlerseele schreit innerlich so laut nach einer neuen Idee, um das, was draußen, um einen herum, passiert, in irgendeiner Form auf den berühmten Brettern zu kommentieren, ein Lebensgefühl zu beschreiben oder herauszuschreien, was einem so die Kehle zuschnürt, dass man es bei Strafe seines Untergangs nicht mehr überhören darf. Oder man hat bereits einen Termin für die Premiere eines neuen Programms vereinbart und steht nun in der Bringepflicht gegenüber dem Veranstalter und dem Publikum.

Für uns, das Zwinger-Trio, trafen 1988 alle Gründe zu. Wir wollten ganz konkret unserem Lebensgefühl in diesem Staat DDR Ausdruck verleihen, wollten politisch Farbe bekennen, ohne dabei ins offene Messer zu rennen. Nein, unserem Prinzip der „zweiten Sprache“, die vom Zuschauer die Fähigkeit verlangte, „zwischen den Zeilen lesen zu können“, mussten wir schon aus Selbsterhaltungstrieb treu bleiben, denn wie schnell die Zensur (auch wenn es sie offiziell ja angeblich gar nicht gab) zuschlagen konnte, hatten wir erfahren. Und was hätte das schönste neue Programm genützt, wenn es nicht an die Öffentlichkeit gelangt wäre. Friedrich-Wilhelm Junge war in diesem Fall Wegbereiter und Anstifter zugleich. Zum einen drängte und ermutigte er uns zu einem neuen Programm und stellte seine Brettl-Bühne im Gewölbe des Kurländer Palais für die Premiere in Aussicht, und zum anderen zwang er uns einen Termin auf, an dem die erste Vorstellung verbindlich stattfinden sollte. Gewagt, denn außer dem festen Willen und der Überzeugung, dass etwas Neues geschaffen werden musste, hielten wir nichts Konkretes in den Händen. Eine Fahrt aufs Land sollte Abhilfe schaffen. Ein wunderschöner, uralter Bauernhof zwischen Dresden und Meißen sollte die entsprechende schöpferische Atmosphäre schaffen. Bei Spiegelei und Bier machten wir es uns in der Küche bequem und versuchten zu „spinnen“.

Eine zündende Idee wurde gesucht, auf deren Grundlage wir unser neues Programm aufbauen konnten. Gegen Mitternacht küsste uns dann endlich die Muse! Natürlich, das war es, eine Campingplatzsituation als Sinnbild für die Verhältnisse in der DDR. Alles ist irgendwie provisorisch, und doch sorgt eine straffe Organisation für Ruhe und Ordnung. Am darauf folgenden Tag versuchten wir, einen groben Fahrplan zu erstellen, mit dem wir musikalische Nummern und Texte ordnen konnten. Vom Morgenappell über Frühsport bis hin zu Wahlen mit Volksfest, von Antragstellen bis Abgrenzen und Biertrinken - alles war in der Grobkonzeption bereits enthalten. Schon das Entree schrie lauthals nach Freiheit:

„Wo die Zelte stehen unterm Himmel,
fühlt der Bürger sich überall zu Haus.
Ob ein kleines, ein großes, ein Steilwandzelt:
Uns ziehts in die Freiheit hinaus.“

Daraufhin wurde der Zuschauer auf dem Zeltplatz „Strahlende Zukunft“ begrüßt, die Belegung des Platzes laut ZBL, der Zeltplatzbelegungsliste, bekannt gegeben, und dann wurde schnell das Radio eingeschaltet, der zentrale Frühsport begann. Das war alles noch sehr harmlos, aber dann folgte das „Lied vom Schwarzzeltler“, und das wurde eindeutig als Lied auf die Ausreisewelle verstanden, die damals wie eine Sturmflut losbrach. Im Anschluss an dieses Lied spannten wir eine rote Leine quer über die Bühne und grenzten uns damit nach „außen“ ab. „Merken Sie, wie still es wird, wenn man sich abgrenzt. Es wird friedlich. Keiner mehr da, der die Ruhe auf unserem Zeltplatz stört. Denn was diese Schwarzzeltler nicht begriffen haben: Freizeit ist die Einsicht in die Notwendigkeit, aber Freizeit ist immer auch die Freizeit des anders Zeltenden. Aber bitte mit gültigem Zeltschein.“ Dieser Text wurde eindeutig verstanden, und schnell sangen wir hinterher:

„Rote Seile im Sommerwind,
zeigen Dir wo die Camper sind
Rote Seile die mahnen streng,
das ist unser Terrain.“

Dann ließen wir den großen Wachaufzug an uns vorübermarschieren, indem wir a cappella einen Marsch intonierten, und Kube sagte anschließend: „Welch ein Zufall, dass Sie gerade an einem Mittwoch (Tag des großen Wachaufzuges in Berlin) zu uns gekommen sind.“ Daraufhin ertönte eine Sirene, denn die wurden mittwochs immer getestet, und spätestens jetzt wusste jeder im Saal, was gemeint war. Sofort ging es weiter, denn Kube eröffnete den Zuschauern, dass sie nicht an irgendeinem Tag den Zeltplatz „Strahlende Zukunft“ besuchten, nein, wir begingen gerade den „bedeutungsvollen zigsten Jahrestag des Zeltplatzes“. Der wievielte Jahrestag es war, konnte man nicht verstehen, denn jedes Mal, wenn dieser Feiertag Erwähnung fand, musste Jürgen laut niesen, so dass immer nur „...zigsten Jahrestag“ zu hören war. Das Jubiläum auf dem Zeltplatz wurde gebührend begangen, so wie das ganze Jahr 1989 für uns DDR-Bürger ja im Zeichen des 40. Jahrestages des sozialistischen deutschen Staates zu stehen hatte. Ein Kanon wurde angestimmt als Ausdruck der demokratischen Politik, jeder hatte seine eigene Stimme, jeder setzte verschieden ein, aber der Text war überall der gleiche. Während des Gesanges wurde ein Transparent entrollt, auf dem stand verschlüsselt: „Seid einig, einig, einig!“ Für das Wort „einig“ war ein weißes Ei gemalt, das einfach durchgestrichen war. Roter Stoff mit weißen Buchstaben, so prangte es auf unserem Zeltplatz „Strahlende Zukunft“, und aus einem großen, alten Radio wurde gerade der Wetterbericht verlesen:

„Hier ist der Sender Freies Zelten, eine freie Stimme unter freiem Himmel. Es ist höchste Zeit, wir bringen den ausführlichen Urlauberwetterbericht. Wie Sie unschwer auf dem Satellitenbild erkennen können, ist mit einer schleichenden Wetterverschlechterung bei ausgeprägtem Ostwind zu rechnen. Die Ursache ist eine Klimaverschlechterung in den oberen Schichten, die als Tiefdruckrinne in den unteren Schichten bemerkbar wird. Das daraus resultierende, über Jugoslawien ausgebildete Tiefdruckgebiet aus dem rumänischen Raum, das über Polen liegen blieb, zieht in nächster Zeit weiter westwärts und beeinflusst spürbar die Großwetterlage in ganz Europa. Der Sender Freies Zelten erlaubt sich Sturmwarnung auszugeben. Abschließend ein Blick zur Uhr... das war der Blick zur Uhr.“ Danach griffen wir nach den Instrumenten und sangen: „Nach dem Regen scheint die Sonne, nach dem Weinen wird gelacht.“

Bald aber trübte sich doch die Stimmung auf unserem Campingplatz, denn Jürgen Josef spähte immer öfter durchs Fernglas in Richtung FKK-Platz. Das störte Kube, und er verlangte die Herausgabe des Fernrohres und wütete in seiner bekannten Art: „Es ist eine Zumutung, sich das mit ansehen zu müssen, was da auf der anderen Seite passiert. Menschen ohne Bekleidung... Wo kommen wir denn da hin? Freier Körper - freies Denken... Bei uns kann jeder seine Badehose wählen wie er will... Toleranz wird dort gepredigt, bei uns ist sie Tagespolitik - bis zu einem gewissen Punkt.“

Das schöne Lied „Schau nicht hin, schau nicht her, schau nur geradeaus“ schloss dieses Thema ab, und während wir es sangen, versuchten wir, die Zuschauer zum Mitsingen zu animieren. Es folgte eine Badekappenmodenschau, die Kopfbedeckungen von der normalen Gummikappe bis hin zur typischen Honecker-Fellmütze zeigte, und dann war es soweit: Der neue Zeltplatzratsvorsitzende wurde gewählt. Wahlscheine wurden ausgegeben, jeder von uns „kreuzte seinen Kandidaten an“, die Zettel wurden in einen kleinen Koffer geworfen, Jürgen verschloss ihn ordnungsgemäß, und dann schütteite er den Koffer, damit die Wahlzettel darinnen richtig „gemischelt“ wurden. Als Jürgen Josef danach den Deckel öffnete, stellte er fest: Eine Stichwahl war notwendig, da keiner der „aufgestellten Kandidaten“ die Mehrzahl der abgegebenen Stimmen auf sich vereinen konnte. Jürgen wetzte einen Trommelstab und stach wahllos in den Koffer hinein. Auf dem Zettel, den er traf, stand der Name des Wahlsiegers: Tom Uwe Pauls. Der war über seine Wahl zum Zeltplatzratsvorsitzenden völlig überrascht und hob trotzdem an zu einer flammenden Rede. Dabei geriet er, je mehr er sich ereiferte, in den Sprachduktus des Ersten Mannes im Staate, „unseres Genossen E. H.“:

„Siegreiche Camper! Seit hier die ersten Heringe in den Abraumboden gerammt wurden und eine neue Epoche der Campergeschichte einleiteten, bewegt sich die Welt unaufhaltsam von Tag zu Tag, von Stunde zu Minute, vom Ich zum Wir, von der Schönheit zur Leistung. Schon damals bestimmten wir, die Camper der ersten Stunde, die historische Position der Zelte und leiteten das beglückende kollektive Erleben: ‘Mit freiem Oberkörper an frei-, nein an frischer Luft’ ein. Es entstand eine Gemeinschaft der Camper, die unter Vorsitz der kühnsten Zeltplatzältesten junge Camperpersönlichkeiten nach ihrem Bilde erzieht und ausbildet. Sicher war dies nicht immer ohne Probleme, doch das Aufblühen des Zeltplatzes ist nur durch die zielstrebige Aufstellung der Zelte und das intensive Ringen nach Zelten in höchster Qualität unter der Losung ‘Leben - Singen - Campen’ möglich gewesen. In all den schweren Jahren waren uns viele der so genannten Camplieder Ansporn und Verpflichtung zugleich. So sangen und singen wir bis heute: ‘Camper, zur Sonne, zur Freizeit’, ‘Du hast ja ein Zelt vor den Augen’, ‘Baus auf, baus auf’, ‘Wenn wir campen Zelt an Zelt’, ‘Es zelten auf sonnigen Wegen’ oder ‘Heute wollen wir das Zeltlein schnüren’. Unter Führung der aktivsten Camper ist das Ansehen unseres Zeltplatzes stets gewachsen und geprägt vom zutiefst textilen Charakter der Campergemeinschaft. Wir sind strikt gegen tief greifende Veränderungen der Badebekleidung und wenden uns gegen die so genannte freie Nacktwirtschaft, wie sie auf anderen Plätzen üblich ist. Die textile Sicherheit ist das A und O unserer Platzwarte. Ein gesundes Maß an Tabus muss erhalten bleiben, damit der Glaube an die Richtigkeit des eingeschlagenen Weges gewahrt bleibt. Es steht jedem frei, sich in der Geborgenheit der Textilien seinen Reim zu machen. Bei uns war und ist es Usus, seine Blöße zu bedecken. Der Zeltplatzkomfort ist deshalb im Grunde auch höher als auf anderen, benachbarten Zeltplätzen, denn wir sagten schon früher: jedem ein, und sagen heute: jedem sein Zelt. Bei uns ist, und das muss nochmals betont werden, kein Platz für Nudisten, Statisten, intellektuelle Randgruppen und die ewig Nackten. Spricht man gern vom Strom der Erholungssuchenden, so hat das schon seine Richtigkeit. Doch zelten wir nicht so, wie es gerade kommt, sondern wir wissen, die Ruhe und Disziplin sind die Mutter des Campingurlaubs. Immer gingen wir von den Klassikern des Urlaubs und ihren Devisen aus: Zufrieden zeltet Groß und Klein, hier steht mein Zelt, hier muss ich sein. Zelt bereit!"

Das war ungeheuerlich! Bisher hatte es noch niemand gewagt, Erich Honecker zu parodieren.

Nach der Rede hörten wir uns die Wasserstandsmeldungen und Tauchtiefen, die vom Sender Freies Zelten übertragen wurden, an, und dann wurde zum Tanzvergnügen gebeten, welches allerdings beinahe mit einem Fauxpas des neu gewählten Zeltplatzvorsitzenden Tom Uwe endete. Angeheizt durch Schunkellieder aus der tschechischen Unterhaltungsszene, in der Art, wie sie Karel Gott zu singen pflegte, sprang Pauls plötzlich auf und schrie mehr als dass er sang: „Einmal um die ganze Welt und die Taschen voller..." Weiter kam er nicht mehr, der strafende Blick seiner beiden Kollegen ließ ihn die Macht des Zeltplatzreglements spüren.

Ein Volksfest mit Blasmusik und Arbeiterliedern beendete den Tag auf dem Zeltplatz „Strahlende Zukunft", und wir gaben unseren Gästen folgendes Lied, nach der Melodie des bekannten Elvis-Titels „It's now or never" mit auf den Weg:

„Ich komme wieder in einem Jahr,
dann wird es wieder so wie es war.
Bis dahin träum ich nur von dir,
von meinem Zeltplatz und kühlem Bier.
Hab ich auch Sehnsucht nach den fernen Ländern,
an meinem Urlaub wird sich nichts ändern.
Ich bin ein Camper, muss im Freien schlafen -
die 'Strahlende Zukunft' ist der Platz für mich."

Am Tag der Premiere gab es eine Generalprobe vor der Leitung des Dresdner Brettls und einigen, uns unbekannten „Dunkelmankos", wie Majakowski in seinem Theaterstück „Schwitzbad" die Genossen der Sicherheit nannte, die im Anschluss an diese Probe mit Fiete Junge diskutierten und offensichtlich versuchten, die Aufführung zu verhindern. Mit uns wurde überhaupt nicht gesprochen. „Na Klasse!", dachten wir. Das war auch eine Methode, Leute einfach zu ignorieren. Es soll der Intendant Gerhard Wolfram gewesen sein, dem damals das Brettl noch unterstand, der kraft seines Amtes die Aufführung unseres Programmes durchsetzte.

Einschließlich der Premierenvorstellung gerieten die Aufführungen des neuen Programms im Bauch der Tonne zu „verschwörerischen"

Versammlungen mit konspirativem Charakter. Jede noch so versteckte Anspielung auf die politische Situation in der DDR wurde haargenau verstanden und durch Reaktionen verschiedenster Art quittiert.

HEINZ WEISE

Die Maulschlacht

Es heißt zwar, dass sich die Sachsen lieber auf dem Felde der Kunst denn auf dem der Ehre raufen. Gleichwohl konnten ihre Ahnen durchaus einen Rechtsausleger anbringen, wenn ihre angestammten Rechte auf dem Spiele standen: damals, als sie ihren Territorialstaat aus der Taufe hoben, den sie dann „Mark Meißen“ nannten und um den sie sich schon mal prügelten, wenn es gar nicht anders ging.

Und es ging ziemlich oft nicht anders in jenem mittleren Elbgebiet! Eben deshalb mussten auch wir anders vorgehen als ursprünglich konzipiert. Wir konnten nicht nur der „Mark“ Pracht-, wir mussten auch ihre Machtfülle, ihr „Markiges“, Wehrhaftes, Kriegerisches reflektieren, sagten wir uns. Vielleicht auch deshalb, weil wir beide aus Dresden stammen, wo jenes Hauen und Stechen personifiziert worden ist: An der Augustusstraße kann man schließlich all den Streitbaren und Strengen, Beherzten und Bedrängten, die hier neben den Weisen, Erlauchten, Sanft- und Großmütigen die fürstliche Wand entlanggaloppieren, ins martialische Porzellanauge sehen. Kurzum, das Buch über Sachsens Wiege, das wir dem Leipziger Verlag 1986 vorgeschlagen hatten, durfte nicht nur Meißen-Sachsens liebliche Melodeien erklingen lassen, es musste auch den Schlachtenlärm intonieren.

Er sollte uns bald selbst einholen! Nicht, dass nun die Verlagslektoren die Schießeisen hervorholten, als ihnen die Modifikation zu Ohren kam. Sie hatten Verständnis für die angestrebte Ausgewogenheit, ja sie unterstützten das Anliegen sogar. Empfahlen aber trotzdem, die unbestrittene Sachkenntnis der unserem Autorenkreis angehörenden Fachexperten nicht zum Maß aller Dinge zu machen. Sondern noch den Rat eines kundigen Politikwissenschaftlers einzuholen. Wir gerieten an einen in DDR-Politik äußerst beschlagenen Vertreter dieses Wissensgebietes. Oder sollte ich eher sagen: verschlagenen? Denn die Sophistik, damals Dialektik geheißen, war sein Spezialgebiet. Und so gab er bei unserer Auftaktvisite in seiner Dresdner Bildungseinrichtung zu bedenken, ob, bei aller uns unterstellten Ernsthaftigkeit und guten Absicht, die vorgesehene Betrachtungsweise am Ende nicht doch das Militante zu stark durchschlagen lasse. Der Einwand, dass dokumentarisch belegte Fakten sich nun einmal nicht klittern ließen, wurde dann mit Verweis auf größere Zusammenhänge, als sie uns kleinen Schreibern vergönnt waren zu überblicken, abgeschmettert: Man musste schließlich die Außenwirkung der Publikation im Auge haben. Und die könnte, nein, würde bei unserem Vorhaben verheerend sein und somit der Friedenspolitik von Partei und Regierung schaden. Außenwirkung? Es war uns neu, dass das Buch westliche Ladentische erreichen sollte; doch vielleicht besaß der Mann einen Draht nach „oben" und wollte ihn spielen lassen. Sollte er doch! Wir jedenfalls hatten nichts gegen einen Export ins NSW. Eben das aber wollte der Politikaster hören, um den Sack zubinden zu können. Falsche Zungenschläge seien also, so sagte er, höchst gefährlich, weil der Klassenfeind sie sofort für seine Zwecke ausschlachten würde. Und deshalb lehne er unseren „Schlachtplan" rundweg ab.

Damit war die Maulschlacht um die Fehden, die Meißen-Sachsens Markgrafen, Herzöge, Kurfürsten und Könige einst ausgetragen hatten, eröffnet! Ließ der Berater von da an doch kaum einen Tag vergehen, an dem er nicht telefonisch insistierte. Er beharrte - nachdem er sich offenbar näher mit Wettins Waffenträgern befasst hatte - nun auf konkreten Streichungen: auf der Eliminierung des Kriegszuges König Heinrichs I. gegen die Daleminzier ebenso wie auf jener der Schlacht bei Mühlberg. Was darauf hinauslief, dass wir auf die Darstellung der eigentlichen Grundlagen für die Entstehung Meißen-Sachsens hätten verzichten müssen, was nicht anging. Das sagten wir ihm dann auch während des mehrwöchigen Telefonkieges - und legten den Hörer schließlich auf. Und als er später gar die Einsichtnahme in das Manuskript verlangte, es zudem einem „zuständigen Kader" vorlegen wollte, lehnten wir ab. Begründung: Es liegt noch kein Skript vor, und es würde auch künftig keines vorliegen, wenn der Exponent offiziöser Friedenspolitik seine Seitenhiebe nicht unterlasse. Das zog; er gab Ruhe. Und wir schrieben weiter - auch am Schlachtengetümmel.

Die Rhetorik-Schlacht freilich ging weiter. Ein Autor war von seiner Verpflichtung zurückgetreten. „Ersatz" musste gesucht werden. Als er gefunden war, konnte nicht vorausgeahnt werden, dass er selbst nicht fündig werden würde. Ihm fiel der Artikelanfang nicht ein. Dafür aber sein Vertrag, der ihn dazu berechtigte, sich „mit allen arbeitstechnischen Belangen seines Beitrages an den Herausgeber", an mich also, zu wenden. Gehörten zu jenen Belangen doch auch schöpferische Blockaden. Oder? - Eines Vormittags versuchten wir, sie gemeinsam zu lösen. Der „Ersatz“ wohnte schön in unserem schönen Dresden: oben an den Elbhängen, wo die „Gedanken freier und klarer sind und das Herz schon froh wird in der ersten Stunde des Tages“, wie er zitierte. Wir bemühten uns, jene gedankliche Klarheit auf seine Arbeit zu übertragen. Das war schwierig; denn den Reservisten beschäftigten weit mehr als das gegenwärtige Schreibdilemma seine grundsätzlichen Daseins- und Schaffensprobleme. Die können jeden ereilen, und besser ist es dann, man zieht einen Seelenmasseur zu Rate als einen Zeilenkneter. Der konnte nur das *divide et impera* probieren, den Bürger also vom Autor zu trennen. Wir schlitterten in einen Diskurs über das Schreiben an sich und das zwischen den Zeilen, das damals eine gewisse Rolle spielte, tauchten dann in Literatur-Ästhetisches hinunter und anschließend auf zu Bölls „Ästhetik des Humanen“, bevor wir zu Sujet und Methode im Allgemeinen und zu Stil und Engagement im Besonderen gelangten. Des Reservisten besonderen Textanfang fanden wir trotzdem nicht. Am Spätnachmittag brachen wir die Maulschlacht, diesmal von „Machern“ geführt, ab; wegen beidseitiger Erschöpfung.

Zumindest der Abend schien damit gerettet. Schien; denn zur Abwechslung erhielt nun ich Besuch von einem Autor. Er war an Rudolf Bahros „Alternative“ heran- und soeben mit ihr zu Ende gekommen. Und jene kritische Analyse des real frustrierenden Sozialismus hatte ihn derart beeindruckt, dass er sich die an- und ausgesprochenen Probleme von der Seele reden wollte. Aber auch schreiben! Einige der hochaktuellen Schlüsse würde er schon ganz gern in seine Historientexte aufnehmen wollen, meinte er. Das war ziemlich weit gedacht. Es müsste allerdings, so kamen wir überein, genauer darüber nachgedacht werden. Und zwar von allen Autoren! Denn wenn Geschichte und Gegenwart kombiniert werden sollten, dann durchgängig im Buch; es musste homogen bleiben. Weniger übereinstimmend waren dann freilich die Meinungen, als wir uns über den Vorschlag später das Maul zerrissen. Die Historikerfraktion verwies auf das dokumentarisch Belegbare ihrer Beiträge, das sie nicht mit Visionärem zu verwässern wünschte. Die Zeitnahen witterten die Chance, aus den gestrigen Schlachten die heutigen aufscheinen zu lassen. Und die Realos erinnerten an den Politikaster, der selbst die vorgestrigen wegzudrücken versucht hatte. Welchen Druck würde er erst machen, wenn wir die Schlächterei übertrieben! Wir übertrieben sie also nicht.

Und so hielten wir es dann auch mit den Redeschlachten. Sie wurden zugunsten des eigentlichen Kampfes, dem am Schreibtisch, eingestellt - was letztlich auch dem Buch bekam; denn es war bald nach seinem Erscheinen nicht mehr zu bekommen. Erst nach der Wende sah ich es wieder - in einem Münchner Antiquariat. Dass sein Transfer vom Genossen Politikwissenschaftler angeschoben wurde, ist allerdings kaum anzunehmen.

Katrin Nitzschke

Mit Martin Walser auf „Kindheitsspuren"

Im September 1989 durfte ich wegen eines „familiären" Anlasses in die Bundesrepublik fahren. Ich nutzte diese Gelegenheit zu einem Besuch der Staufener Literaturtage, um dort über Erhart Kästner zu sprechen, der in Dresden das Buchmuseum der Sächsischen Landesbibliothek gegründet und die letzten Jahre seines Lebens in Staufen verbracht hatte. Vor der Veranstaltung lernte ich bei Anita Kästner, seiner Witwe, Siegfried Unseld kennen, den großen Suhrkamp- und Insel-Verleger. Bereits nach wenigen Minuten fragte er mich, ob ich bereit wäre, Martin Walser bei seinen Recherchen in Dresden zu helfen. Zunächst war ich überrascht, denn ich hatte noch nie solch bekanntem Schriftsteller gegenübergestanden, sagte aber natürlich sofort zu. Unseld ging sogleich zum Telefon, rief Walser an und reichte nach einem kurzen Wortwechsel den Hörer an mich weiter. Von Walser erfuhr ich, dass er an einem Roman arbeite, der einen großen Dresden-Bezug habe. Die Hauptperson, die wirklich gelebt hatte, war hier geboren und verspürte eine lebenslange Bindung zur Elbestadt. Wir verabredeten uns für Oktober, und ich fuhr wieder zurück in das eingemauerte Land, in dem es schon hörbar brodelte.

Als Martin Walser mit seiner Frau Anfang jenes Monats dann hier eintraf, vernahm er natürlich die unüberhörbaren Proteste auf der Straße, die auch bei ihm nicht ohne Wirkung blieben. An einem der folgenden Tage besuchte er schließlich „unsere Landesbibliothek". Natürlich freuten wir uns, im Haus der Bücher einen so berühmten Schriftsteller empfangen zu dürfen. In einem vorangegangenen Telefongespräch hatte ich ihm berichtet, dass Wochen zuvor in der Dresdner Zeitung Die Union Auszüge aus Viktor Klemperers Tagebüchern erschienen waren. Als er erfuhr, dass Klemperer auch in der Zeit täglich seine Vita protokolliert hatte, als Walsers Romanfigur Kind war, gab es kein Halten mehr. Die Landesbibliothek besitzt seit 1977 Klemperers Nachlass, so dass Walser die Originalaufzeichnungen lesen und sich ein Bild vom repressalienreichen Alltag machen konnte, dem der deutsche

Professor jüdischer Herkunft in Dresden ausgesetzt war. Als Resultat seiner Lektüre ließ Walser eine Begegnung des Jungen mit dem Schnee schaufelnden Professor in das Manuskript einfließen.

Am nächsten Tag liefen wir durch die Stadt, Walser war Örtlichkeiten auf der Spur, die in seinem Buch eine Rolle spielen und die er aus genauester Kenntnis heraus beschreiben wollte. Als wir über die Augustusbrücke spazierten und ich beim Anblick der Kuppel des Kunstvereins das uns Dresdnern vertraute Synonym „Zitronenpresse" fallen ließ, sagte er, dass er in den Aufzeichnungen der authentischen Person diesen Begriff wohl gefunden hatte, mit ihm aber nichts anzufangen wusste. Die Nähe zu den Orten war ihm so wichtig, dass wir zu der Stelle fuhren, an der das Wohnhaus des Jungen einst stand, dessen Zerstörung er miterlebt hatte. Auch das Kaffee „Toskana" suchten wir auf und bei einem späteren Aufenthalt Walsers das Wohnhaus Gottfried Schmiedels in Loschwitz. Der nach dem Krieg in der Kreuzschule Lehrende war das Ziel eines Besuches seines Roman-„Helden". Walser wollte auch deshalb an diese Stelle, weil es ihm wichtig war zu wissen, ob das Geländer des steilen Weges rechts oder links angebracht war. Dazu gesellten sich Fragen nach dem sächsischen Dialekt und entsprechenden Redewendungen. Walser wollte sich sprachlich möglichst nah in die Person seines Alfred Dorn versetzen.

Als Jahre später sein Roman „Verteidigung der Kindheit" erschien, erblickte damit ein Buch das Licht der Öffentlichkeit, das auch eine Hommage an Dresden und seine Bewohner ist.

MICHAEL BARTSCH

Vox populi in der Neustadt

Die Atmosphäre erinnerte an bildungsbürgerliche Hauskreise oder Hauskonzerte. Ein öffentliches Wohnzimmer. Es muss zu Zeiten der Kügelgens ähnlich gewesen sein nebenan im berühmten Haus auf der heutigen Hauptstraße. Nun gut, Körner, Friedrich, Tieck, Schlegel oder Kleist waren Profis und erwarben sich Zeiten überdauernden Ruhm. Was sich in den achtziger Jahren des zwanzigsten Jahrhunderts im ersten Stockwerk des benachbarten Kleinen Palais Hoym präsentierte, hoffte erst, sich womöglich einen Namen zu machen. Darauf aber kam es nicht in erster Linie an. Vox populi war hier zu vernehmen, sofern das Volk eine schöne Stimme hatte oder sich eines Instrumentes dazu bedienen konnte.

In das „Volkskunstpodium“ lud ein schlichtes Schild am Torbogen ein. Der Klang des Begriffes assoziierte zu Unrecht Zupforchester oder ausgestellte Häkeltopflappen. Der Volkskünstler sollte dem Volk auch etwas zu sagen haben. Unschwer lassen sich sogar Namen von Stammgästen aufzählen, die von ihrer Kunst lebten oder gerade leben lernten: Gottfried Reinhard mit seinen Puppen, Fiete Junge, Peter Meining, Ralf Herzog, Olaf Böhme, Gunther Emmerlich, das Zwinger-Trio. Auch sie waren das Volk. Eine dem Reichstag vergleichbare Inschrift aber „Der deutschen Volkskunst“ suchte man am Haus vergebens. So blieb unausgelasteten Konzeptkünstlern der zweitausender Jahre die Möglichkeit benommen, hieraus vielleicht einmal „Der sächsischen Bevölkerungskunst“ zu machen. Die Rufe der Bevölkerung „Wir sind das Volk“ ließen im Jahre 89 jedenfalls keinen Zweifel an der Identität beider (Volks-)Mengen.

In diesem Jahr 89 blickte das Bevölkerungskunstpodium schon auf sein zehnjähriges Bestehen zurück. „Wir feiern an 20 Tagen im 40. Jahr der Republik“, hieß es hintersinnig zum Programm der Oktoberfesttage. Auch ich hatte dort über Jahre ein Podium, auch an jenem vierten Oktober, der in Dresden den Auf-, Um- oder Zusammenbruch einleitete. Ich, der ich dem amorphen Volksbegriff immer sehr skeptisch und elitär gegenüberstand und der an diesem Abend einen ersten Eindruck von der Mobilisierungskraft dieses Misstrauen erweckenden Volkes bekam.

Die „Cappella ma non grossa“ spielte alte Musik, ich las dazwischen ausgesprochen heutige Texte, vom Exodus und dem verlorenen Credo. Wie das Anreißen einer hochgespannten Saite. Man konnte sich seines Publikums sicher sein damals. Die Realität, die mich auf dem Heimweg einholte, war schon einen Schritt weiter. Die Blumen fahrradsicher auf dem Rücken verstaut, führte mich mein Weg am Hauptbahnhof vorbei. Schlacht um die von Prag durchfahrenden Flüchtlingszüge. Auftakt für heiße Nächte auf Dresdner Straßen.

Manche der wirklichen Beweger im Jahr 89 waren zuvor rund um das „Podium“ aktiv. So nahm sich die gleichnamige Aktionsgruppe der inoffiziellen Gesellschaftsthemen an: Genussfähigkeit, Behinderung, Erziehung, Macht, Angst, Tod. Chef Rainer Petrovsky initiierte dazu Werkstätten, in denen mit heute unvorstellbarer Ernsthaftigkeit über Lebensthemen jenseits der fertigen Weltmodelle gearbeitet wurde. Am nachhaltigsten in Erinnerung blieben die Maxie-Wander-Werkstätten. Ich war mit meinen Texten in jenem Jahr ein Späteinsteiger. Neben dem Kirchenraum bot sich plötzlich noch eine staatlich subventionierte Bühne. Mit Mitteln des „Volksvertreterfonds“ wurden auch solche ambitionierten Volksgruppen gefördert, die sich nicht mehr vertreten lassen wollten. Rainer Petrovsky hatte es zu verantworten. Mehr als einmal forderte ich seine Zensur heraus: „Kann ich das vorlesen?“ Kein klares Ja oder Nein. „Du musst selbst entscheiden, ob du die Schließung dieses Hauses herausfordern willst oder nicht.“ Es wurde nicht geschlossen. Mit etwas bösem Willen hätte das Überall-Auge gerade mancher Werkstatt oder mancher Lesung eine Art öffentlicher Konspiration gegen die immer lebensmüder wirkende Republik unterstellen können.

Im Herbst, als dann die Dämme auf breiter Front brachen, erübrigten sich vorsichtige Fragen an Rainer Petrovsky. Nach der Künstlerdemo auf dem Theaterplatz am 19. November zog es mehr als 200 Dresdner in die überfüllten Podium-Räume. Walter Janka wurde gelesen, Armin Bock und ich durften ein Intermezzo emphatischen Volkskunststurms gestalten.

Ziemlich ahnungslos hatte Petrovsky nach eigenem Bekunden die Leitung dieses Podiums übernommen, ein Fachschulstudium der Kulturwissenschaften nebenbei nachgeholt. Maria Möbius, ehemalige Stadtbezirksrätin für Kultur, und der Schauspieler Rudolf Donath gelten als die eigentlichen Ideenspender für seine Gründung. Nicht nur das von Donath geleitete Arbeitertheater „Hans Otto“ oder „Spielbrett“, das Kabarett „Die Lachkarte“ und andere Amateurgruppen hatten hier ihre Bühne. Auch die bescheidenen Anfänge einer freien Theaterszene in Dresden, die Vorläufer von „Theater 50“, „projekttheater“ oder Societätstheater sind hier zu suchen.

Mit sehr viel mehr Lampenfieber als bei späteren Lesungen war ich schon seit Mitte der achtziger Jahre am Goldenen Reiter vorbei ins „Podium“ geradelt. Diesmal den Geigenkasten auf dem Rücken. Darin streng genommen keine Violine, sondern die Fiddle. Einmal im Jahr brach der Wilde Westen, Musik aus dem Kernland des Imperialismus, ins Volkskunstpodium ein. Für die beiden Dresdner Bluegrass-Bands „Bluegrass Ramblers“ und „Country Tramp“ die diffizilste Herausforderung, der direkte Leistungsvergleich. Hier hörte man jeden Ton, auch jeden schiefen Doppelgriff des Fiddlers, hier saß das Fachpublikum. Zum letzten Mal am dritten Oktober 1989, also einen Tag vor der Schlacht um den Hauptbahnhof, als der dritte Oktober noch nicht der dritte Oktober war. Wie stets vor ausverkauftem Haus. 98,5-Prozent-Größenordnungen betrafen nicht nur Wahlergebnisse in der DDR, sondern lange vor der Semperoper bereits Auslastungen von Kultureinrichtungen, in die man ganz freiwillig ging. Schon bei meiner letzten Lesung im Januar 1990 war es damit vorbei. Die Zeit des Zuhörens ging zu Ende. Auch die der durchschnittlichen Kartenpreise im Podium: 3,81 Mark der DDR.

KERSTIN LEIßE

Die Zeit ist aus den Fugen

„O welche Lust, in freier Luft den Atem frei zu heben!" Das Publikum schraubt sich still aus rotsamtenen Theatersesseln, mancher Zuschauer auch zögerlich, scheel zur Loge blickend, wo die Parteioberen platziert worden sind. Schließlich aber stehen die meisten der 1 200 Semperoperbesucher, die Hände heben sich fast wie in Trance, und los bricht ein demonstrativer, ein bekennender Applaus auf offener Szene. Verklungen ist der Gefangenenchor aus Beethovens „Fidelio".

Mitwirkende und Zuschauer wissen, es ist eine historische Stunde. Ein Moment, der die Grenzen zwischen Kunstäußerung und realem Leben auflöst, so erschütternd wie einmalig.

Kammersänger Jürgen Hartfiel, der als Minister im „Fidelio"-Finale Menschlichkeit und Gerechtigkeit verkünden soll, versagt vor Erregung die Stimme. Das Ensemble gerät in einen Strudel der Emotionen. In dem Bühnengeschehen - einem Spiegel gleich - brechen sich die Gedanken, wandern nach draußen, wo nicht stummer Protest, sondern immer stärker werdendes, aber friedliches Aufbegehren auf staatliche Gegengewalt trifft.

„O Freiheit! Kehrest du zurück?"

Als Christine Mielitz und Bühnenbildner Peter Heilein ihre Konzeption zur Neuinszenierung von Beethovens „Fidelio" mehrere Monate vor der am 7. Oktober 1989 geplanten Premiere vorstellen, erkennen die Dresdner Opernleute zwar die Brisanz dieser Werkinterpretation, von den späteren Ereignissen können sie zu diesem Zeitpunkt noch nicht einmal etwas ahnen. Die Regisseurin lässt das Drama hinter doppeltem Stacheldraht unter einem Wachturm spielen, dem grauen Gemäuer entströmt nicht der nass-dumpfe Geruch des Vergangenen, sondern der enge Mief sozialistischer Gegenwart. Gefängnisanlagen ähneln sich in allen Diktaturen, auch der des Proletariats - oder besser der Nomenklatura. Spiegel- oder Zerrbild - das Publikum braucht keine Erklärung, um einordnen zu können. Hier ist die Mauer nicht nur um Gefangene, sondern ebenso um vermeintliche Sieger der Geschichte gezogen. Utopien bietet die Mielitzsche Inszenierung nicht, aber immerhin rüttelt das Volk - unschwer als solches, als Brüder und Schwestern zu erkennen - an den Stacheldrahtzäunen.

Mit dem Glauben an Widerstand, an Veränderung, gewaltlose, sind auch zum Zeitpunkt der beiden Premieren am 7./8. Oktober 1989 die Mutigen unter den Dresdnern auf die Straße gegangen. Dahin folgen schließlich viele der Opernbesucher, einige langsamer, andere entschlossener, manche aber auch gar nicht.

Das Ensemble und die Technik der Staatsoper indessen packen erst einmal die Koffer, fahren nach Leningrad und Minsk, auf dem Tourneeplan steht neben Mozarts „Così fan tutte" Beethovens Freiheitsdrama „Fidelio". Ungewissheit, Angst, aber ebenso der Wille, sich zu beteiligen an den Protesten, reisen mit. Aus der Ferne auch, fernöstlicher, können die Dresdner Philharmoniker nur per Fernsehen mitverfolgen, was in ihrer Heimatstadt, in ihrem Land geschieht. Eine Japan-Tournee, sonst höchst willkommen, baut eine nahezu unerträgliche 12 000-Kilometer-Distanz zwischen die Musiker und ihre Familienangehörigen.

Beide Ensembles, das der damaligen Dresdner Staatsoper und das der Dresdner Philharmonie, treten Ende Oktober mit eigenen Resolutionen vor ihr Publikum. Auch ein Dialog mit Vertretern der Staatsführung intensiviert sich - in Versammlungen und auf schriftlichem Wege. Die Partei beeilt sich nun, auf Resolutionen und Briefe zu antworten. Zu spät, vergebens, wie die Geschichte lehren wird. Die Erinnerung an die Zivilcourage der Dresdner und ihrer Künstler aber bleibt.

Aini Teufel

„Belogene, aller Länder, vereinigt euch!"

Sonne und eisiger Sturm an diesem sonntäglichen 19. November 1989. Menschen mit Transparenten und selbst gefertigten Fahnen. Ein Maler trägt eine Erfindung, die einem Maibaum ähnelt: obenauf ein Blumenstrauß mit flatternden Bändern, eingebunden ein Schild: „Herzlichen Glückwunsch zur Entbindung!" Unter den Bändern Luftballons und auf ihnen die Namen Margot und Erich, Tapetenhager, Harri Tisch. Wo der Maler vorbeigeht, Lachen und Klatschen. Ein anderer trägt einen verdorrten Tannenbaum, an ihm ist ein Schild befestigt mit der Aufschrift: „Es reichelt uns!" - eine Bezugnahme auf Umweltminister Reichelt. Verschiedene Schriftbänder. Eines: „Erich, Egon, Eberhard - wo habt ihr unser Geld verscharrt?"

Bewegung kommt in die Wartenden. Die Demonstration beginnt. Wir laufen über den Postplatz. Alle Straßenbahnen stehen. Polizisten sperren die Thälmann-Straße für uns. Auf der Dr.-Rudolf-Friedrichs-Brücke reißt es die Transparente fast weg, sie flattern und knattern. Von der Brücke aus im Nebellicht die Silhouette Dresdens mit Brühlscher Terrasse, dem Schloss, mit Semperoper und Dimitroffbrücke, über die schon die Spitze unserer Künstlerdemonstration zieht.

Auf dem Theaterplatz Menschen um uns und Transparente. Der Sänger Emmerlich eröffnet die Kundgebung. „Lauter, lauter!“, schreien die Leute. Die einführenden Worte sind voll bitteren Humors. „Der Himmel ist blau, obwohl man uns in den letzten Jahren oft das Blaue vom Himmel heruntergelogen hat. Belogene aller Länder, vereinigt euch! Heute, auf dem Theaterplatz in Dresden, einen guten Tag uns allen!“ Wir hätten uns hier zusammengefunden, um für die gesetzliche Festschreibung der Medienfreiheit, Meinungsfreiheit und aller damit zusammenhängenden Freiheiten zu demonstrieren.

Ein Mann vom Theater fordert ein Ende von Gewalt und Blutvergießen in Prag. Die Schauspieler wären aus ihren Rollen herausgetreten, könnten Kunst nicht von Politik trennen. Er schließt mit der Forderung, alle gedemütigten Künstler, die gegen Hagers Version vom Tapetenwechsel protestiert hätten, zu rehabilitieren.

Ein Schriftsteller spricht von der Angst, die überall dabei gewesen sei, Angst, die Wahrheit zu sagen. „Möge niemand mehr aus seinem Herzen eine Mördergrube machen, ja, mögen diejenigen, die andere bis jetzt dazu genötigt haben, nun aus ihrer Mördergrube ein Herz machen!“

Ein Maler der jüngeren Generation erklärt: Die bildenden Künstler zu Lakaien einer selbstherrlichen Ideologie zu machen, habe nicht funktioniert. Er kritisiert, dass der Staat 40 - 50 Millionen für das Panorama-Gemälde in Bad Frankenhausen ausgegeben habe, während in Dresden die Sempergalerie verfiele, und er bringt seine Empörung darüber zum Ausdruck, dass noch vor zwei Wochen ein Mitglied des Zentralkomitees der SED äußern konnte: Die Konterrevolution in der DDR sei von den Künstlern ausgegangen. Er fordert Freiheit der Kunst in der Gesellschaft.

Ein Restaurator informiert über die Bildung eines Koordinierungsausschusses Dresdner Künstler und Kulturschaffender, der das uneingeschränkte Recht der Entscheidung in künstlerischen Belangen erwirken wolle.

Dann tritt der Trompeter Professor Güttler ans Mikrofon. Er fordert, Krenz solle öffentlich und glaubwürdig bekunden, dass die so genannte chinesische Lösung ein Verbrechen gegen die Menschlichkeit war und für uns DDR-Bürger ausgeschlossen bleibt.

Nach ihm spricht eine kleine, blonde Journalistin. Angenehm gegen die laute Euphorie der Männer ihre verhaltene Art zu argumentieren. In den vergangenen Jahren seien die Journalisten zu beliebten Witzfiguren der Nation geworden. Dies sei Teil der Verschwörung der Heuchelei gewesen. „Denn jeder, der seinen Witz an uns übte, wusste recht gut, dass er den Sack schlägt und den Esel meint." Die neue Freiheit habe niemand geschenkt, man habe sie sich genommen. Ihre Zeitung sei dafür als „Stimme des Volkes", doch auch als „Sprachrohr der Konterrevolution" bezeichnet worden.

Die Qualität der Erneuerung, sagt danach Superintendent Ziemer, hänge für ihn an der Frage, ob wir der Wahrheit über uns selbst standhielten. „Die Aufrichtung des gebeugten Rechtes ist unverzichtbar. Eine gerechte Gesellschaft aber ohne Barmherzigkeit wird eine selbstgerechte Gesellschaft sein!"

Frierend trotz warmer Mäntel stehen wir und mühen uns, den Gedanken der Redenden zu folgen. Und noch immer werden neue Redner angekündigt. Mit dem Hinweis auf öffentliche Lesungen aus dem Buch Walter Jankas „Schwierigkeiten mit der Wahrheit" beschließt Emmerlich dann die Demonstration Dresdner Künstler.

KATRIN NITZSCHKE

Erinnerung an Kühls Galerie

Im Herbst 1994 besuchte ich Johannes Kühl in seiner Galerie an der Zittauer Straße in der Äußeren Neustadt. In der Vorbereitungsphase zu einer Ausstellung im Buchmuseum der Sächsischen Landesbibliothek über seinen langjährigen Freund Fritz Löffler wollte ich ihn um Leihgaben bitten und um einen Vortrag anlässlich der Ausstellungseröffnung. Es war nicht mein erster Besuch bei Kühl, aber eine willkommene Gelegenheit, wieder einmal diese unverwechselbare Atmosphäre „einzuatmen" - ohne dass ich wissen konnte, dass ich sie das letzte Mal erleben würde.

Johannes Kühl stammte aus einer alten angesehenen Galeristen- und Künstlerfamilie. Er hatte das Geschäft von seinem Vater übernommen, den Beruf des Malers zugunsten der Galerie in die zweite Reihe gestellt. Die Verkaufsräume hatte der Vater nach der Zerstörung des Domizils in der Innenstadt Dresdens in einer ehemals herrschaftlichen

Wohnung nach dem Kriegsende wieder eröffnet. So wie das Haus in die Jahre gekommen war, hatte der Zahn der Zeit unübersehbar seine Spuren in den Ausstellungsräumen hinterlassen.

Für meine Erfahrungen in der DDR war es schon in den 70er Jahren nicht die Regel, eine private Galerie zu erleben, die dazu nicht in einem Ladenlokal, sondern in einer Wohnung untergebracht war. Gewiss, es gab in der Nachkriegszeit Buchhandlungen, die mangels Möglichkeiten notgedrungen auf diese Variante zurückgriffen, aber eine Galerie dieser Art besaß schon den Reiz von Auserwähltheit. Ein kleines Schild am Straßeneingang wies den Besucher auf die „Kunstausstellung Kühl“ hin. Man stieg die Treppen hinauf, klingelte an der Wohnungstür und wurde oft von Johannes Kühl selbst eingelassen. Er erkundigte sich in seiner freundlich zurückhaltenden Art nach eventuellen Wünschen und zog sich zurück, wenn der Eingetretene sich einfach nur umschauen wollte.

Welche Situation traf man an? Die Räume, einst mit aufwendigem Stuck verziert, waren mit Bildern und Plastiken besetzt, wobei die Hängung oder Stellung die Sensibilität des Künstlers als Galeristen verriet, dazwischen scheinbar zufällig getrocknete Blumensträuße ebenso wie frische Blumen. Da ein Stuhl mit einem Stapel Inselbändchen, dort eine Kiste mit Kunstpostkarten oder ein alter Ständer mit brennender Kerze vor einem Bild von Hans Theo Richter, dessen Geburtstag sich gerade jährte - so habe ich diese Räume erlebt. Kühl war nicht nur Galerist, er war auch Freund der Künstler über Jahrzehnte gewesen.

Ich war oft allein in den Räumen und genoss diese Stille, die mich, so schien es, fast in ein Gefühl von Zeitlosigkeit versetzte.

Der Galerist hatte in Fritz Löffler, dem Nestor der Dresdner Kunstgeschichte, oft einen Redner zu seinen Vernissagen gefunden, der diese Ereignisse an der Zittauer Straße zu unvergessenen Stunden werden ließ. Obwohl in Erwartung drangvoller Enge, ging man zu „Kühl“, auch auf die Gefahr hin, den Eröffnungsvortrag und die einführenden Worte des Hausherren nur dank eines guten Gehörs zu erleben.

Als ich ihn Mitte 1994 dann brieflich gebeten hatte, mir bei der erwähnten Löffler-Ausstellung behilflich zu sein, hatte er mich umgehend zu einem Besuch eingeladen. Und als er uns - auch Ingrid Wenzkat, die gerade ein Buch mit Löffler-Texten zusammenstellte, war anwesend - an jenem Herbsttag dann begrüßt hatte, ging Kühl sofort zu einem seiner Graphikschränke und zog ein Porträt von Otto Dix heraus, das er zur Verfügung stellen wollte. Es folgten weitere Vorschläge. Man fühlte sich wie in einer privaten Schatzkammer Dresdner zeitgenössischer Kunst. Als ich ihn nach Erinnerungen über Löffler befragte, erzählte er mir von einer Einladung der Roten Armee, der er und Fritz Löffler Ende der vierziger Jahre nachgekommen waren. Beiden war hinterher furchtbar schlecht, weil sie in den schweren Nachkriegsjahren schon lange Zeit gutes Essen und Alkohol entbehrt hatten. Während er seinen Erinnerungen ans Tageslicht verhalf, leuchtete sein Gesicht, das einen heiter-gelassenen Eindruck ausstrahlte. Ich habe diesen Gesichtsausdruck noch heute vor Augen, weil wir an diesem Nachmittag beschenkt worden waren mit einem Gespräch von Johannes Kühl. Wenige Tage später war er tot.

ALFRED ZIFFER

Auf der Suche nach dem Jugendstil

Durch einen Spalt zwischen den Vorhängen könnte unser Blick auf die Elbe oder den Schlosspark fallen. Aber wir lassen unsere Augen nur über die Regale und Schränke des Pillnitzer Depots wandern. Denn wir suchen nach anderen Schönheiten, die um die Jahrhundertwende 1899/1900 zum Ruhm der sächsischen Hauptstadt beitrugen. „Jugendstil in Dresden" wird die Ausstellung heißen, für die eine Gruppe von Wissenschaftlern und Mitarbeitern des Kunstgewerbemuseums Dresden nach Exponaten in dem fast 40 000 Objekte umfassenden Bestand Ausschau hält, der von der Gotik bis zur Gegenwart alle Materialgruppen umfasst.

Und warum unter dieser Gruppe ich als Münchner? Forschungen zu den 1898 von dem Tischler und Unternehmer Karl Schmidt gegründeten „Dresdener Werkstätten für Handwerkskunst" hatten mich schon vor mehr als zehn Jahren an die Elbe geführt, außerdem meine Spezialisierung auf die angewandte Kunst um 1900 generell mit ihren bedeutendsten Vertretern vertraut werden lassen.

Ich wusste, dass sich viele Begabungen zwar in München entwickelt hatten, doch andernorts erst erfolgreich wurden. So wechselte zum Beispiel der Genre-Maler und Mitbegründer der Münchner Sezession, Gotthard Kuehl, nach Dresden, um hier sein Talent als Organisator bei der I. Internationalen Kunstausstellung unter Beweis zu stellen. Dresden stand 1897 der Moderne aufgeschlossen gegenüber, und die damalige Präsentation der Möbel des belgischen Architekten Henry van de Velde war eine Deutschlandpremiere mit weit reichenden Folgen für die Entwicklung der „angewandten Künste" allgemein. Sowohl auf der Deutschen Kunstausstellung 1899 als auch auf der Internationalen Kunstausstellung 1901 propagierte Kuehl das Kunstgewerbe als gleichberechtigtes Gebiet neben Malerei und Skulptur - ein glänzendes Forum für die neue Gestaltung alltäglicher Dinge. Die malerische Ausstattung der Schauräume übernahm mehrfach der gleichzeitig mit Kuehl an die Akademie berufene Schwabe Otto Gußmann. Auch wenn diese temporären Werke ebenso vernichtet sind wie seine Ausmalung des Ständehauses oder des Neuen Rathauses - wurde nicht ein großer Vitrinenschrank nach seinem Entwurf von den Königl. Hoftischlern Udluft & Hartmann gefertigt, der seit 1901 der Präsentation neuzeitlichen Kunstgewerbes diente, bis er nach dem Verlust seiner Heimstatt an der Güntzstraße seit dem Krieg nur noch dem Museumsdepot zur Zierde gereichte?

Neues zu fördern und weiterzureichen war auch für Carl Graff als Direktor der Kunstgewerbeschule maßgeblich, berief er doch 1898 den jungen Münchner Karl Groß als Lehrer für kunstgewerbliches und figürliches Modellieren in die Elbmetropole. Handwerklich bestens ausgebildet, verschmolz der Bildhauer und Ziseleur stilisierte Motive aus der Natur zu neuen Formen und Ornamenten. Seinen noch in München ausgeführten Zinngefäßen folgten Klein- und Ausstellungsmöbel sowie im Jahr 1900 die betörend elegante Ausstattung des Festsaales für den Odol-Fabrikanten Karl August Lingner im ägyptisch-modernen Stil. Nach Entwürfen des angehenden Architekten Wilhelm Kreis schuf Groß die Modelle der Friese und Säulen, die von Villeroy & Boch/Dresden in farbig bemalte Keramik umgesetzt wurden. Das Exemplar, das die Steingutfabrik später dem Museum schenkte, sollte in unserer Ausstellung einen besonders guten Platz erhalten. Prägend wurde der Stil von Karl Groß vor allem in der Bauplastik, die er zusammen mit Schülern für zahlreiche öffentliche und private Bauten entwarf, darunter die Strehlener Christuskirche. Obwohl der aufmerksame Betrachter bei einem Spaziergang durch die Villenviertel der Jahrhundertwende vielfach auf üppige Ornamentmotive stößt, deren exotisches Blattwerk zu reich verschlungenen Ranken verschmilzt, ist sein Auge erst durch das Studium alter Abbildungen geschärft.

München war auch Station auf dem Lebensweg einiger bedeutender Sachsen. So hatte Bruno Paul aus Seifhennersdorf in Dresden zuerst die Kunstgewerbeschule besucht, sich dann aber der Graphik zugewandt, nachdem er seine Ausbildung an der Akademie in München abgeschlossen hatte. Als sich dort Maler und Bildhauer entschlossen, ihre Begabung in den „freien“ Künsten auf das vielfältige Gebiet der „angewandten“ Kunst auszudehnen, gehörte er mit zu den Ersten, die Möbel und Kleingerät entwarfen. Für dessen Herstellung wandten sich die 1898 in München gegründeten „Vereinigten Werkstätten für Kunst im Handwerk“ unter anderem an die Metallwarenfirma K. M. Seifert in Dresden-Löbtau. So machte dieses weithin für seine Qualitätsarbeit bekannte Unternehmen auch die Bekanntschaft mit Richard Riemerschmid. Von dem Münchner angeregt, entwickelte ihr „Hausentwerfer“ Richard Müller bald eine eigene, strengere Formensprache, die durch großzügige Behandlung des Materials auf Ausstellungen im In- und Ausland reüssierte.

Liberal-tolerante Tendenzen in München machten es aber auch Frauen wie Emmy von Egidy aus Pirna möglich, über die Beschränkung auf Handarbeiten hinaus eine adäquate Ausbildung als Künstlerin zu absolvieren. Ebenso vertiefte Gertrud Kleinhempel aus Leipzig hier ihre in Dresden begonnene Ausbildung und fand den Weg zur selbstständigen Illustratorin. Obwohl sie zusammen mit ihren Brüdern Erich und Fritz um 1900 in Striesen eine kunstgewerbliche Privatschule eröffnete, blieb den jungen Lehrkräften noch genügend Zeit, Entwürfe für nahezu alle Bereiche der angewandten Kunst zu schaffen - Glas, Keramik, Porzellan, Schmuck, Silbergerät und besonders Möbel. Auftraggeber waren die „Dresdner Werkstätten“ oder ab 1902 die „Werkstätten für deutschen Hausrat von Theophil Müller“, deren handwerklich ausgezeichnetes Mobiliar auf den ersten Blick so unauffällig wirkt. Erst genauere Betrachtung offenbart eine nuancenreiche Behandlung der Details und der Linienführung. Solche Kostbarkeiten zu entdecken, stand uns im Möbeldepot noch bevor.

Auch das Stichwort des Reformspielzeugs ist sowohl mit beiden Firmen als auch, neben den Geschwistern Kleinhempel, mit einer Vielzahl von Künstlern aus ganz Deutschland verbunden. Die Forderung des I. Deutschen Kunsterziehungstages in Dresden 1901, der Jugend kindgerechtes Spielzeug an die Hand zu geben, das an Geschmack und Bildung Anteil nehmen solle, wurde von aufgeschlossenen Herstellern zusammen mit den Künstlern begeistert aufgegriffen und machte die Stadt zum Zentrum des modernen Reformspielzeugs. Ob Holzbaukästen und Schaukelpferde wohl die Feuersbrunst 1945 überlebt hatten?

In Dresdner Haushalten und im Museum hatten wir sorgsam gehütete und gepflegte Erzeugnisse der Dresdener Werkstätten für Handwerkskunst vorgefunden, die seit 1902 den Münchner Richard Riemerschmid als wichtigsten Mitarbeiter besaßen. 1903/04 war den von ihm und anderen Künstlern des In- und Auslands entworfenen Räumen bei ihrer Präsentation im Ausstellungspalast an der Stübelallee durch Karl Schmidt ein solcher Erfolg beschieden, dass dem größten Ereignis der „Angewandten" um die Jahrhundertwende nichts mehr im Wege stand: Die III. Deutsche Kunstgewerbeausstellung im Jahr 1906 vereinte alle bisher erwähnten und noch viele andere Künstler. Dresden wurde zum Fokus der Reformbewegung, zum Prüfstein für die seit 1897 vorangetriebene Entwicklung, Alltag und Leben eine neue Qualität zu verleihen. Und es zeigte sich eine ganz eigenständige „dresdnerische" Sprache in schlichten Formen einer- und üppigem Ornament andererseits, die so spannend war, dass ich mich als Münchner richtig freute, ein vergessenes Kapitel Dresdner Kunstgeschichte wieder ins rechte Licht rücken zu dürfen.

URSULA FUCHS-MATERNY

Beim Wiederbetrachten einer Fotografie: die Palucca

Manchmal nehme ich sie zur Hand - diese kleine, unscheinbare Fotografie. Nicht aus dem Wühlkasten, wo sich die Erinnerungen in kunterbunter Unzahl stauen. Nein, ich greife schon dorthin, wo Wichtiges liegt. Aber irgendwie findet sie sich unter dem Wichtigen schon bescheiden beiseite, diese laienhaft „geknipste" Schwarzweißfotografie. Man sieht, sie entstand in einem flüchtigen Augenblick, aber keinesfalls als sensationeller Schnappschuss. Aus einer Alltagsbegegnung heraus, festgehalten wie ein freundliches Kopfnicken...

Graues Wetter scheint zu herrschen. Etwas Wind zerwirbelt Paluccas schütteres Haar, schlägt ihr den offenen Sportmantel auseinander. Eben ist sie mit ihrem Hund aus dem Tor ihres Grundstücks herausgetreten. Die Zeit ausgedehnter Spaziergänge durch den Großen Garten ist längst vorbei. Vielleicht ahnt man in ihrem Gesicht die sich bald vollendende Lebenszeit. Palucca lächelt verhalten, aber herzlich. Sie schaut auf aus einem schlichten Alltagsgespräch - das sich soeben im Vorübergehen mit einer Nachbarin und mir auf der Wiener Straße ergeben hat - zur Kamera. Sie wendet sich dem Betrachter zu in einer kleinen, aber ganz und gar offenen Bewegung...

...die dann doch wieder alle Erinnerungen an all ihre großen Bewegungen weckt. Wie sie eben in all denen, die sie sahen, weiterleben.

Gret Palucca, 85, in „ihrem" Saal bei der Arbeit mit den Jüngsten. Einmal durfte ich dabei sein. „Ja, es ist sehr schön und interessant, mit den Kleinen zu arbeiten. Und wichtig ist - sie antworten ja auch." Das hatte sie mir schon am Telefon gesagt, als ich mich anmeldete. Dann wurde ich Zeuge, wie liebevoll, in welcher Unkompliziertheit und Offenheit dieses Miteinander geschieht. Was alles Paluccas Aufgeschlossenheit für ihre Schüler einbezieht, das lässt sich - so wird mir im Verlauf der beiden miterlebten Stunden deutlich - eigentlich gar nicht mit Worten erklären. Mit großen, die sie ohnehin nicht mag, erst recht nicht. Aber in Wahrheit machte natürlich gerade das ihre Größe, ihre künstlerische Individualität aus: *ihren* Schulalltag eben.

Ob die Zehnjährigen (so klein ist diese lang aufgeschossene Generation heute ja gar nicht mehr) - ob diese Kinder schon wirklich alles verstehen, was Palucca zu ihnen mit ganz einfachen Worten, in knappen, klaren Sätzen und mit ihrer schönen, ebenso warmen wie energischen Stimme über eigentlich komplizierte Sachverhalte sagt? Dass vieles, was scheinbar nur die Praxis des täglichen Lernens und des künftigen künstlerischen Berufs betrifft, eigentlich viel mehr darüber hinaus meint? Den kleinen, schmalen, lebhaft-offenen und manchmal schon recht angestrengten Gesichtern merkt man an, dass die Saat auf denkbar fruchtbaren Boden fällt.

So sehe ich sie noch in einem der Säle im Haus am Basteiplatz einander gegenüberstehen: Palucca in Hosen und weitem, warmem Strickpullover, der alle Beweglichkeit zulässt, und die zehn, zwölf Mädchen im schwarzen Trikot, die sich flink zur Begrüßung aufreihen. Erwartungsvolle Gespanntheit auf beiden Seiten. „Stellt euch mal vor, damit ich mir eure Namen besser merke." Anke, Nadine, Anja, Susann, Maria, Dana, Nicole, Ramona... An der Seite sitzend, ein Mädchen mit rotem Bademantel und verletztem Bein. Palucca: „Aber zieh dir was Warmes an, und barfuß darfst du nicht gehen. Vergiss nicht, das Knie ist das komplizierteste Gelenk." Auch das andere fehlende Mädchen, das, vor Heimweh und Sorge um die kranke Mutter in Leipzig, im Internat auf der Karcherallee schluchzend im Bett liegt, wird fürsorglich bedacht.

Der Unterricht, von dem Generationen von Tänzern heute noch zehren, nimmt seinen Verlauf. Es geht ums Kennenlernen des eigenen Körpers, der eigenen Bewegungsmöglichkeiten, um Kreativität vor allem, um unbedingten Mut zur Fantasie, um jenes „ihr müsst um euch selbst kämpfen!", das sie immer wieder forderte.

Nein, den exzellenten, lebenssprühenden Unterrichtsaufnahmen der Palucca, vielfach publiziert und ausgestellt, ist jenes wieder betrachtete kleine Foto natürlich nicht zur Seite zu stellen. Aber - beiseite zu legen, das ist es ganz sicher auch nicht. Eine Seite des Menschen Gret Palucca...

Herbst in Moritzburg

Wenn man etwas weitergeht, kommt es einem vor, als sei es immer Herbst in Moritzburg. Auch wenn Sommerhitze über dem touristenbesetzten Parkplatz nahe vorm Schloss gleißt. Oder wenn die Schlittschuhläufer auf den dünn vereisten Teichen einem Wintergemälde der alten Niederländer entwirbelt zu sein scheinen. Vielleicht macht's die Erinnerung an die Hengstparaden, die veranstaltet werden, wenn Moritzburgs Wälder am buntesten glühen. Oder der spektakuläre Karpfenzug steht demnächst an - oder ist gerade vorbei. Wahrscheinlich sind's auch die unzähligen Kastanien, und nicht nur die in Augusts des Starken Allee.

Tiefer Herbst auch war es jedenfalls, als die greise Käthe Kollwitz 1944 nach Moritzburg kam. Von Alter, Krieg und Krankheit gezeichnet, nicht mehr zu künstlerischem Schaffen fähig, ihrer sämtlichen früheren Wohnstätten verlustig. Sinnend und frierend soll sie auf dem kleinen Balkon des „Rüdenhofs" gesessen haben, still und hager, zum Schloss hinblickend, in dem ihr Gönner, Bewunderer und Beschützer Prinz Ernst Heinrich von Sachsen residiert hatte. Vielleicht saß sie zuweilen auch im Park... Lebensherbst einer Künstlerin, einer einsamen Frau. Die den Tod als ein sanftes Zurseitelegen erwartete und wahrscheinlich auch so erfuhr. Wenn die Zeugen, die sie morgens tot im Bett fanden, Recht gehabt haben sollten. Gerade einmal jenen einen Winter hatte sie hier überstanden - bis zum April. Der ihr, es ging damals schon auf ein besonders blühendes Frühjahr zu, vielleicht schon zu unherbstlich war.

Als eine Berliner Zeitung im Juli 1945 der Käthe Kollwitz zum Geburtstag gratulierte, lag sie schon - oder genauer: noch, vor ihrer Umbettung nach Berlin - in Moritzburger Erde. Ihr Herbst, ihr Tod, ein damals kaum wahrgenommenes Ereignis.

Wenig wahrgenommen heute: der Hinweis auf die Gedenkstätte. Es ist schon ein irritierender, aber eben hier selbstverständlicher Kontrast - die barocke Pracht des augustäischen Zeitalters und die herbe Kunst der Kollwitz. „Ich bin einverstanden damit, dass meine Kunst Zwecke hat. Ich will wirken in dieser Zeit, in der die Menschen so ratlos und hilfebedürftig sind." So ihr Lebens- und Wirkensbekenntnis. Und so auch hier die letzten authentischen Räume.

Räume, die jetzt Gedenkstätte sind: mit einer grafischen Sammlung, mit Exemplaren des „Simplicissimus", in denen man nicht nur Arbeiten der Künstlerin findet, sondern literarisch Wiederlesenswertes, mit Ausstellungen von Gegenwartskünstlern, mit Winterlesungen und einem Sommerfest zu Ehren der Namensgeberin.

Aber auch dann, bei einem Glas Wein auf der Gartenbank, ist hier immer irgendwie Herbst in Moritzburg. Schöner, melancholischer, reicher und unsäglich zarter Herbst...

Heidrun Hannusch

Königlicher Rost - abenteuerveredelt

In dem resignierten Schulterzucken unter dem feinen blauen Tuch liegt die ganze Tragik des deutschen Hochadels Ende des 20. Jahrhunderts - vornehm, aber verarmt. Sparsam ist die Geste, mit der jener zum Adels-Jetset gehörende Herr nun bereits zum dritten Mal dem Sothebys-Auktionator signalisiert: Ich gehe mit. Aber weit kommt er wieder nicht. Am Ende reicht es nicht einmal für ein goldenes Milchkännchen.

Es sind andere, die an diesem Vormittag im Dezember 1999 bei der Versteigerung des Moritzburger Schatzes aus dem Hause Wettin im wahrsten Sinne des Wortes zuschlagen. Wie Hollywood-Schauspieler den gerade gewonnenen Oscar präsentieren die drei Kunsthändler Rainer Zietz, Volker Wurster und Francis Norton den Passanten auf der Londoner New Bond Street den Mohrenkopf-Pokal von Christoph Jamnitzer den Passanten, die - durch Kamerateams neugierig geworden - stehen bleiben und begeistert klatschen. Ein wenig zu laut, die drei, ein wenig zu viel Sportsgeist vielleicht, um zu den ganz wirklich feinen Leuten zu gehören, mögen sich die Monarchen-Abkömmlinge unter den Beobachtern der Szene denken. Aber „the winner of the game" dürfte das wenig stören.

Auch nicht, dass das 5,5 Millionen Mark teure Stück auf dem Weg vom Auktionshaus Sothebys in das Kunstgeschäft Philips auf der anderen Straßenseite etwas von dem unangenehmen Londoner Nieselregen abbekommt. Was soll's, es hat schon mehr überstanden - 50 Jahre Kistenleben in Moritzburger Erde. „Es schmeckt bedeutend, egal ob Staub oder Erde drin ist", kommentiert der in London ansässige Kunsthändler Zietz den Schluck Champagner, den er aus dem Jamnitzer-Becher genommen hat. Und, sollte man hinzufügen, mit Moritzburger

Erde drin schmeckt es auch ein, zwei Millionen Mark teurer. Denn gerade in einer Zeit, der es an Abenteuern mangelt, die jene vom Muss des täglichen Brot- und Champagnererwerbs nicht behelligten Bevölkerungsschichten von der Langeweile ablenken könnten, verkaufen sich abenteuerliche Geschichten mitunter besser als Gold.

Man mag sie für nicht ganz glaubwürdig halten, die Story von dem glücklichen Schatzsucher im Moritzburger Wald, man könnte sie nicht ganz unfingiert nennen. Aber abenteuerlich bleibt sie doch. Und zum Abenteuer gehören die ungelösten Fragen. Wie zufällig war der Zufallsfund des Dresdner Postfahrers Hanno Marschner tatsächlich? Denn auch „unweit" kann weit sein. So vage nämlich lautete die Beschreibung jenes Ortes, an dem nach Gerüchten ein königlicher Schatz vergraben war - unweit von Schloss Moritzburg.

Doch es gibt zwei, die es immer schon besser wussten: die Prinzen Gero und Dedo, Söhne von Ernst Heinrich Prinz von Sachsen Herzog zu Sachsen. Die beiden hatten im Winter 1945 aus Furcht vor den nahenden russischen Truppen Kisten mit Silberzeug vergraben. Mehr als 50 Jahre später schlägt über eben dieser Stelle der Metalldetektor jenes bis dahin nie auffällig gewordenen Schatzsuchers aus.

Und, welch ein Zufall, zwei Jahre später wird derselbe noch einmal fündig, noch zwei Kisten mit Schätzen. Andere Schatzsucher, von denen nach dem ersten Fund hunderte nach Moritzburg gepilgert waren, haben weniger Glück. Na ja, vielleicht liegt es ja an Hanno Marschners Detektor, der sensibler als andere auf Monarchen-Metall reagiert - und das zudem noch mit einem außergewöhnlich feinen Gespür für den rechten Zeitpunkt. Der zweite Schatz taucht genau dann auf, als die Verhandlungen der Familie Wettin mit dem Freistaat über die Rückgabe von Kunstschätzen festgefahren scheinen. Aber so ist das eben bei einem echten Abenteuer, manchmal passt alles.

Landeskonservatorin Judith Oexle passt es hingegen weniger, wie da gefunden wird - ziemlich dilettantisch, meint sie, und spricht von Schäden, die Kunstschätze beim zu ungestümen Graben genommen haben. Aber nicht nur der Spaten, auch die Zeit hatte manchem der königlichen Stücke zugesetzt, wie Dinglingers Zugabe zum Goldenen Kaffeeservice Augusts des Starken.

Der edelsteinbesetzte, silbervergoldete Blumenkorb von Dinglinger mag manchen Monarchie-Kritiker zu einem Gleichnis verleiten: unter der mühsam restaurierten Oberfläche blüht der Rost. Dem neuen Eigentümer, einem europäischen Sammler, der das Stück per Telefon für 582 000 Mark ersteigerte, könnte es gehen wie Glücksrittern im Märchen - bei Tageslicht zerfällt das Gold zu Staub. Vielleicht tröstet es ihn, dass er den teuren Rost für eine Summe bekam, die ein Viertel unter dem niedrigsten von Sothebys festgelegten Geschäftspreis liegt. Und angesichts des welken Zustands des Blumenkorbs mag das Herz von Dirk Syndram, Direktor des Grünen Gewölbes, vielleicht ein wenig weniger bluten, dass mangels Geld Augusts Kaffeeservice möglicherweise für immer ein Torso bleiben wird.

Auch den einiges gewöhnten Sothebys-Auktionator überrascht, welche Summen selbst für Rost mit fast nichts drum herum erzielt werden, nur weil dem Produkt eines chemischen Verfallsprozesses königliche Herkunft nachgewiesen werden kann. „Very much“, kommentiert er mit einem Tony-Blair-Lächeln die horrenden Preise. 300 Mark bringt ein völlig verrottetes Brotmesser mit dick von Rost überwuchertem Griff. Aber es ist königlicher Rost. Wie es königliche Salatbestecke sind, die - geschätzt auf bis 9 Mark - am Ende das 50-fache dieser Summe erzielen. Sechs silberne Fischmesser und acht silberne Fischgabeln, auf 250 Mark angepeilt, kommen gar auf knapp 6 000 Mark. Auf dem Flohmarkt dürfte Besteck gleicher Art für ein Zehntel der Summe zu haben sein. Allerdings ohne königliches Wappen.

Dass es unter diesem Wappen nicht immer nur nett zugeht, könnte der Beobachter vermuten angesichts des vergeblichen Mühens von Prinz Alexander von Sachsen, eines der großen vergoldeten Silbertabletts zu ergattern. Der Auktionsneuling ist für das Sothebystempo einfach nicht schnell - vielleicht aber auch nicht reich genug. Er geht leer aus. In anderen Familien hätte man solche Wünsche wohl vor der Auktion berücksichtigt. Aber, wer wüsste es nicht, die Familie Wettin ist eben keine Familie wie andere - jedenfalls nicht wie viele andere. Für 100 Minuten, in denen in dem noblen Sothebys-Auktionssaal für 7,2 Millionen Mark 520 Kunstgegenstände unter den Hammer kommen, sind sie Gleiche unter Ähnlichen. Der deutsche Hochadel ist reich vertreten, so mit Geza von Habsburg und dem Herzog von Württemberg. Und am Ende kann auch der vergeblich mitbietende Herr seine resignierenden Schultern im neu erstarkten Selbstbewusstsein seines Standes straffen. Wenn allein „königliche Provenienz“ den Schätzpreis verfünfzigfachen kann. Wir sind noch wer, mag er denken, wenn er nach Deutschland zurückfliegt.

Wahrscheinlich mit Economy-Class.

Roland Herrmann

„Unser" vergessener Nobelpreisträger

Wenn ich über einen Friedhof gehe und auf den Grabsteinen Namen lese, die ich oft gehört, deren Trägern ich jedoch nie begegnet bin, ergreift mich Ehrfurcht und so etwas wie persönliche Nähe - obgleich ihre Zeit lange vor der meinen lag. Das geht mir auf dem Alten Katholischen Friedhof an den Gräbern Balthasar Permosers, Gerhard von Kügelgens oder Carl Maria von Webers so, auf dem Trinitatisfriedhof an denen von Caspar David Friedrich oder von Carl Gustav Carus und in Laubegast an der letzten Ruhestätte der Neuberin.

Im Mai 2000 führte mich mein Weg zum Friedhof in Klotzsche. Wegen eines von mir vorbereiteten Beitrages suchte ich das Grab von Karl Schmidt-Hellerau, dem Begründer der Deutschen Werkstätten. Dabei fiel mir die große Blumenwiese ins Auge, unter der schon viele Verstorbene ihre letzte Ruhe fanden. Dort steht ein mit Unterstützung der Dresdner Stadtsparkasse restauriertes Grabmal. Es erinnert an einen Mann, der Anfang des 20. Jahrhunderts in Dresden lebte und seinerzeit zu den größten Literaten des Erdballs zählte: Karl Adolf Gjellerup. 1917 hatte er den Nobelpreis erhalten. Wer von den heute in Dresden Lebenden weiß schon darum?

Kaum liest man in unseren Tagen etwas von Gjellerup - und noch weniger über ihn. Er mag ein zwischen den Welten pendelnder Mensch gewesen sein, war Christ und Buddhist. Der Titel seines ersten Romans charakterisiert den Literaten am besten: „Ein Idealist". Geschrieben hat er ihn neben seiner Tätigkeit als Stundenlehrer in Dänemark. Dort, in Roholte auf der Insel Seeland, war Gjellerup am 2. Juni 1867 geboren worden. Kindheit und Jugend erlebte er bei seinem Onkel und Pflegevater, dem Pastor Fibinger in Kopenhagen. Da lag es nahe, dass der junge Mann Theologie studierte. Doch nicht die Kanzel, die Dichtkunst reizte ihn, und so entstand jener „Idealist".

Gjellerup bemühte sich mehr schlecht als recht, in den Kreis der Dichter aufgenommen zu werden. In Dänemark ist ihm das nie so recht gelungen. Anders in Dresden. Wie so oft war es auch in seinem Fall eine Frau, die ihn in die Stadt an der Elbe lockte. Im Kopenhagener Musikverein begegneten sich die beiden zum ersten Mal. Eugenia Bendix war zu dieser Zeit mit einem Violoncellisten verheiratet und hatte drei Kinder. All das und die Tatsache, dass sie um zwei Jahre älter als Gjellerup war, hinderte die beiden nicht daran, sich einander ihrer tiefen Zuneigung zu versichern, aus der schließlich Liebe wurde. Im Mai 1892 folgte der Däne dem Ruf seines Herzens und siedelte zu ihr nach Dresden über.

Inzwischen beschäftigte er sich immer stärker mit dem Buddhismus. Natürlich fand diese Geisteswelt Eingang in seine Werke. 1906 bis 1907 entstand das Drama „Der Pilger Kamanita". Vor allem in der englischen Fassung bescherte es dem Verfasser großen Erfolg. Auch seine beiden Anfang des 20. Jahrhunderts entstandenen Romane „Das Weib des Vollendeten" und „Die Weltenwanderer" behandeln fernöstliche Themen.

Das Jahr 1917 brachte für Karl Adolf Gjellerup den Höhepunkt seines Lebens: Der in Dresden lebende Literat erhielt zusammen mit Hendrik Pontoppidan den Literatur-Nobelpreis. In der Begründung hieß es: „Für seine vielseitige und reiche, von hohen Idealen inspirierte Dichtung". Wenn sich diese hohen Ideale auf das buddhistische Gedankengut im Werk des Dänen beziehen, kamen die Worte zu spät. Gjellerup hatte sich inzwischen mit seinem Roman „Der goldene Zweig" wieder dem Christentum angenähert.

Mit dem Preisgeld konnte er sich einen lange gehegten Wunsch erfüllen und eine Villa in Klotzsche kaufen. Bis dahin hatte er in Mietwohnungen in Johannstadt, Plauen und Strehlen gewohnt. Doch nur eine kurze Zeit war dem dänischen Dichter noch in der Villa „Baldur" beschieden. Am 11. Oktober 1919 verstarb der schon längere Zeit kränkelnde Nobelpreisträger und wurde auf dem Friedhof in Klotzsche beigesetzt. Der Grabstein an der Blumenwiese hält die Erinnerung an jenen Mann wach, dessen Name einst in aller Welt genannt wurde, den heute jedoch kaum jemand kennen würde, wäre nicht Hans-Jürgen Sarfert, ein in Dresden lebender Germanist. 1980 war er bei seinen literaturgeschichtlichen Recherchen auf Karl Adolf Gjellerup gestoßen. Dieser Arbeit habe ich es zu verdanken, dass ich auf dem Friedhof in Dresden-Klotzsche nicht nur neugierig geworden bin, sondern Näheres über den vergessenen Nobelpreisträger in Erfahrung bringen konnte.

LEBENSBILDER III

(1933-1945)

Es wird nur immer
bestehende Tyrannei von kommender abgelöst.
Günter Grass

Heinz Weise

Der „dicke Arthur“

Als der „Führer“ die Macht ergriffen hatte, waren Hedwig und Schorsch davon alles andere als ergriffen. Statt dem Braunauer Anstreicher vertrauten sie lieber sich selbst, weswegen sie sich 1934 dann auch das Ja-Wort gaben. Genauer gesagt: am 26. Juni jenes Jahres; denn genau sollte man schon sein bei diesem Datum. War doch exakt eine Woche zuvor schon einmal eine zustimmende Erklärung abgegeben worden, die dann für das Brautpaar ziemlich bedeutungsvoll werden sollte. Die Bräutigam-Mutter namens Thekla hatte auf die Frage hin, ob sie ihren Neffen wieder erkenne, ausgerufen: „Ja, Arthur!... Ist das denn möglich?“

Es war möglich! Der Mann, der da vor der Tür ihrer und der Heiratswilligen Wohnung in der Berliner Straße 52 stand, stellte sich tatsächlich als ihres Bruders Sohn heraus, den sie dereinst großgezogen hatte. Seitdem waren allerdings 30 Jahre ins Land gegangen; und zwar in jenes namens Holland, in dem er seitdem lebte. Und offenbar nicht schlecht lebte. War der hoch aufgeschossene, spillrige Arthur von ehedem doch eine imposante, vollschlanke, um nicht zu sagen voluminöse Erscheinung geworden, der dicke Arthur eben. Diese Wandlung hin zur Kugelform tat Theklas Wiedersehensfreude aber nicht den geringsten Abbruch. „Arthurchen!“, sagte sie immer wieder. „Dass ich dich auf meine alten Tage noch einmal sehe - wer hätte das gedacht!“ Um ehrlich zu sein: selbst Arthur nicht. Noch im Frühjahr hatte er es sich nicht träumen lassen, dass er im Land der Grachten ein Eisenbahn-Coupé besteigen und in Richtung Dresden abdampfen würde. Aber die Reise war notwendig geworden, obgleich sie ihm nicht gelegen kam. Hatte er zu Hause doch 250 Angestellte unter einen Hut zu bringen, und das in buchstäblichem Sinne. Denn er war vom einstigen Dresdner Kontoristenlehrling inzwischen zum Inhaber einer Amsterdamer Hutfabrik avanciert. Und da sie offensichtlich ganz gut ging, lag es nahe, dass er, sollte sie weiterhin florieren, Hut-Rohformen von mindestens gleich guter Qualität heranschaffen musste. Eben die aber waren neuerdings nur in Dresden zu haben. Da er sie damals noch nicht per Internet bestellen konnte, hatte er sich auf den Weg gemacht: angetan natürlich mit einer jener modischen Melonen, die er selber produziert hatte und die ihm ein solch elegantes Aussehen verlieh, dass seine Tante von ihm regelrecht geblendet war. „Arthurchen, Arthurchen! So ein Glück, dich zu sehen!“, sagte die nun schon wieder. „Und ausgerechnet jetzt, kurz vor der Hochzeit!“ - Heraus war die Neuigkeit.

„Hochzeit?“, stutzte Arthur und begriff dann: „Ihr beiden also! Wann denn, in Gottes Namen?“, fragte er die jungen Leute. „Am 26.“, kam es wie aus einem Munde. Und Hedwig, die Arthur an diesem Abend zum ersten Mal sah, fügte sogleich hinzu: „Bleib doch zur Feier, bitte! So lerne ich gleich meine neue Verwandtschaft kennen.“ Dagegen war ja nun rein gar nichts zu sagen! Deshalb sagte Arthur auch nur: „Versprochen! Ich verlängere; muss morgen nur Auguste anläuten.“ Das aber war so schwierig nicht für den Worldwide-Unternehmer. Schließlich vermochte er nicht nur mit dem neuartigen Fernsprechapparat umzugehen, sondern außerdem mit mehreren Sprachen. Es waren sieben, alles in allem. In welcher er dann am nächsten Tage mit seiner Frau parlierte, ist zwar nicht überliefert, aber die Drähte müssen geglüht haben angesichts der vielen Neuigkeiten, die sich die Ehepartner zu berichten hatten: seine Frau die aus der Firma und er die aus der Friedrichstadt. Letztere scheinen dabei im Mittelpunkt gestanden zu haben. Ließ Arthur doch später durchblicken, Auguste habe ihn inständig gebeten, sie zur Hochzeit ebenso würdig zu vertreten wie sie das derzeit in der Hutfabrik tue. Arthur hatte es versprochen und, Unternehmer, der er war, daraufhin ziemlich Ungewöhnliches unternommen...

Es begann damit, dass er sich an der Prager Straße erst einmal einen neuen Smoking kaufte. Das ging noch an, hätte er diesem Einkauf nicht einen weiteren folgen lassen, der nur als aberwitzig zu bezeichnen war. Der Herr der Hüte, der sich seine Erzeugnisse gratis und stapelweise aufs Haupthaar stülpen konnte und deshalb drei davon im Reisegepäck mitführte, erwarb für teures Geld eine vierte Melone - die obendrein nicht aus seinem Unternehmen stammte! Derart formvollendet erschien er dann vor dem Standesamt an der Kreuzkirche. Und weil er ein Gentleman und dazu einer aus dem Blumenland Holland war, fehlten natürlich auch die roten Rosen nicht. Es waren genau 50, die er der Braut überreichte - ebenso viele wie seine und Augustes jeweiligen, zusammengezählten Ehejahre; denn auch im Namen seiner Frau übergab er die Blumen, wie man sich denken kann.

Woran zu dieser Stunde dagegen noch niemand denken konnte, war das, was der Unternehmer anschließend bei Gassmeyer unternahm. In dieses altdeutsche Lokal in der Schlossstraße hatte sich die vielköpfige Hochzeitsgesellschaft nach der Trauung vom Altmarkt aus auf den Weg gemacht, um die eben erlebte feierliche Zeremonie mit einer gemütlichen Feier ausklingen zu lassen. Und dort, am Löwentisch, wo sonst bei „Doppelkopp“ und Kulmbacher freche Reden flossen, ließ man gerade die Gläser klingen, als der livrierte Hausboy plötzlich eine Riesenkiste heranwuchtete und am Tisch abstellte: der Braut direkt auf die weißen Lackschuhe. Eine ziemliche Farblosigkeit befiel daraufhin auch die Trägerin, sie wurde ohnmächtig. „Oh je! Das konnte ich nicht voraussehen!“, rief Arthur sofort verzweifelt aus seiner Ecke und gab sich damit als Kisten-Absender zu erkennen. Das freilich interessierte in diesem Moment keinen. Jetzt musste, wie ein schon länger dem Ehestand ausgelieferter Hochzeitsgast spitz bemerkte, die Jungvermählte erst einmal von ihrer Fußfessel befreit werden! Es gelang. Ihr Mann atmete auf und die Braut wieder gleichmäßig.

Auch Arthur, der dicke, schöpfte nun wieder Luft. Und weil er gerade dabei war, nutzte er diesen Schwung gleich zu einer Festrede, an deren Schluss er die Braut aufforderte, jetzt aber endlich das auszupacken, was ihr die Sinne hatte schwinden lassen. Das ließen sie und ihr Schorschel sich nicht zweimal sagen. Doch als sie den gründlich verschnürten Packen entknotet und schließlich geöffnet hatten, war die Braut einer zweiten Ohnmacht nahe: Zum Vorschein kam ein 36-teiliges Kaffee- und Teeservice, das auf der Rückseite die blauen Schwerter trug.

Das Stichwort „Meißen“ war damit für Hedwigs mitgeladene Sangesschwestern gefallen. Sie gruppierten sich um den Löwentisch und stimmten das „Meißner Mädel“, Erkennungslied des Gitterseer Gesangsvereins, an. Da die Braut ihm nach wie vor angehörte, hielt auch sie es nicht mehr auf ihrem myrtegeschmückten Platz. Sie reihte sich unter ihre Musenfreundinnen und sang mit: aus Liebe zu ihrem Angetrauten, dem sie ein Ständchen darbringen wollte. Es wurden mehrere.

Diese ungeplanten Auftritte aber verzögerten nun jenen, den Arthur vorbereitet hatte. Ihm war es gelungen, Braut-Bruder Willy zu einem Sketch zu überreden. Und so wartete dieser draußen schon eine Stunde auf seinen Auftritt. Wäre er doch abgetreten - der Herr Damendarsteller, der damals dem zarten Geschlecht so intensiv nachstellte, dass er es schließlich selbst darzustellen vermochte im Löbtauer Kabarett „Dreikaiserhof“! Denn als er sich am Schluss seines Couplets auf Schorschels Schoß setzte und ihm den Kopf zu verdrehen schien, drehte es dessen junge Frau beinahe zum dritten Mal weg. Erst als der Komödiant und Musikant, der weder von seinen Schwestern Hedwig und Martha noch von den vielen Onkeln und Tanten erkannt worden war, sich demaskiert hatte und auf seiner Trompete den „Tag der Freud“ schmetterte, war der freudvolle Tag gerettet.

Zur Freude natürlich auch des dicken Arthur. Konnte er doch am nächsten Tage Auguste vermelden, sein Versprechen eingelöst und sie in Dresden würdig vertreten zu haben.

GÜNTER JÄCKEL

„Für den herrlichen Führer danken wir Dir“

Begrüßten wir Sechsjährigen schon 1933 den Lehrer mit „Heil Hitler“? Auf jeden Fall wurde gebetet; das blieb so, bis markige Morgensprüche oder heldische Lieder den Tag einleiten würden. Von den seelischen Stärkungen dieser ersten Jahre sind mir nur noch Schlussverse geläufig. Schade, denn es war ein schönes Gebet, das wir da sprachen, tiefsinnig, lehrreich, dazu als Gedicht in deutschen Reimen verfasst. „Du straftest unseres Volkes Verrat“, erklang es da im Chor; stehend in unseren engen Schulbänken, die Sitze zurückgeklappt, die Hände gefaltet, die Häupter gesenkt über Tintenklecksen und Kritzeleien auf den schrägen Tischen. „Und segnet'st der Heimat befreiende Tat. / Für den herrlichen Führer danken wir Dir / Segne Ihn und das Vaterland für und für. / Amen.“ Dann folgte der weltliche Teil des Tages: „Setzen. Schreibhefte raus!“ Da ich mich auch an dieses etwas barsche Ende der Segensbitte erinnere, nehme ich an, sie wurde erst im folgenden Jahr gesprochen, zumal wir anfangs noch auf Schiefertafeln kritzelten. Gewiss das Werk eines „Deutschen Christen“, diese Verse; eines SA-Mannes Gottes gleichsam, der Erbauung mit einer aktuellen Deutung der deutschen Geschichte sinnig zu verknüpfen wusste. Keine ganz große Poesie wohl, jedoch, wie man sieht, eingängig und von Langzeitwirkung, jedenfalls für mich. Des Volkes Verrat war natürlich das Werk der „Novemberverbrecher“, die 1918 dem im Felde unbesiegten Heer den Dolch in den Rücken gestoßen hatten - Kommunisten, Sozialdemokraten und Juden zumeist. Deren Schrift war nach links geneigt. „Schreibe nicht wie die Novemberverbrecher“ war später ein beliebter Tadel des Lehrers. Da erfuhren wir auch, dass die Unbelehrbaren unter ihnen in „Konzertlagern“ einmal richtig arbeiten lernten.

Eine geordnete Welt also, dieses Dresden seit 1933! Und eine Stadt im ständigen Hochgefühl der Feste, der Feiern, der Appelle und Paraden. Zu Aufmärschen der SA flatterten Fahnen, man hatte sie mit erhobenem Arm zu grüßen, man tat es oft und gern. Platzkonzerte ließen sonntags mit preußischer Militärmusik die Herzen der Veteranen höher schlagen; in Wohnungen und Schaufenstern ehrte man am 20. April mit girlandenumrankten Führerbildern den Tag, da er der Menschheit geschenkt wurde, abends flackerten Hindenburglichter vor seinen Porträts.

Die Segensbitten unseres Schulgebetes schienen sich mit seinem Besuch in Dresden zu erfüllen - für mich freilich in nicht ganz so glücklicher Weise. Ach ja! War es nicht im Mai 1934, als die lokalen Zeitungen „des Führers Einzug in Dresden" würdigten? Meine Mutter, im Unterschied zu mir leider recht skeptisch gegenüber der glorreichen Zeit, war dennoch neugierig genug, sich das historische Ereignis nicht entgehen zu lassen. Also liefen wir (und aus Gründen der Sparsamkeit liefen wir immer) von der Sedanstraße schräg über den Bismarckplatz, warfen unter den Bahnunterführungen diesmal wohl keinen Blick auf die Reklametafeln der Lichtspielpaläste mit den Fotos der neuesten Filme, ließen die mächtige Front des Hauptbahnhofs links liegen, um von der schmalen Reitbahnstraße über den Dippoldiswalder Platz zur Wallstraße zu gelangen und bald den Postplatz zu erreichen - beflügelt von Marschmusik aus Lautsprechern der Rundfunkgeschäfte; denn ohne heroische Klänge wäre kein Auftritt des Führers denkbar gewesen.

Zwischen dem Hotel „Weber" an der Einmündung zur Ostra-Allee und dem Schauspielhaus fanden wir einen hervorragenden Platz mit freiem Blick nach beiden Seiten, ganz vorn am Fußweg. Die Straßen wurden von Polizisten, SS-, SA-Männern und „Amtswaltern" flankiert; sie hielten sich an den Händen. Vorerst locker und eher probeweise sperrten sie den Fußweg ab, während hinter uns die Reihen der Zuschauer dichter und drängender wurden. Gegenüber am Zwingergraben blieb der Fußweg frei; vielleicht damit sich der Führer vor einem würdigen Hintergrund präsentieren konnte. An die niedrigen, glatt geschnittenen Buchsbaumhecken dort hätte ich schnell einmal gehen sollen: Mich drückte die Blase. Meine Mutter, der ich behutsam Mitteilung davon machte, wies kundig auf diese Lösung. Sie schien mir angesichts der Zuschauer nicht akzeptabel. Bald wurde es auch da drüben eng, die uniformierten Würdenträger schritten immer aufgeregter umher, prüfende Blicke die Straße entlangwerfend, die breiten Gürtel zurechtrückend, aufgeregt gestikulierend und ständig den kühnen Sitz ihrer runden Mützen nachbessernd. Nun aber vermochte ich es nicht mehr zu verkneifen, meine Bitten wurden zu Notrufen, so dass mich meine Mutter endlich durch die dichte Mauer von Menschen nach hinten puffen und quetschen musste. Die Theaterstraße war ruhig und menschenleer. Dort stand ich seufzend vor Erleichterung an der Mauer des Schauspielhauses, im Rücken meine enttäuschte und zornige Mutter („...du dummer Junge, habe ich dir vorhin nicht gesagt...“). Denn zeitgleich mit meiner Verrichtung brauste es von der Ostra-Allee heran: Sieg-Heil-Rufe der verzückten Menge, vermischt mit Marschmusik; es dröhnte, röhrte und schrie nun auch dort, wo eben noch wir gestanden hatten und verklang langsam in Richtung Taschenbergpalais und Adolf-Hitler-Platz. Im Hotel Bellevue, gleich neben der Oper, stieg der erhabene Gast ab. Ob er sich auch erleichtern musste? Und wäre (nach der Chaos-Theorie) die Weltgeschichte anders verlaufen, wenn es ihm etwa am Schauspielhaus so widerfahren wäre wie mir?

Ach, vielleicht hat meinen Morgengebeten doch die rechte Andacht gefehlt. Nie habe ich ihn, den geliebten Führer, zu sehen bekommen. Nur seine Spuren konnte man später noch viele, viele Jahre verfolgen. Zum Glück blieb wenigstens das Schauspielhaus halbwegs erhalten und mit ihm die Wand, vor der ich damals, in Deutschlands „großer“ Zeit, gestanden habe.

Dieser 1. September 1939

Am Nachmittag zuvor war der Himmel über der Stadt voll von Flugzeugen gewesen: dreimotorigen JU 52, Heinkel-Bombern HE 111, aus deren Glaskanzel das Maschinengewehr wie ein dünner Strich herausragte, Messerschmidt-Jägern ME 109, und vor allem waren es JU 87, „Stukas“, einmotorige Sturzkampfbomber mit ihren geknickten Flügeln, die zur Legende des ersten Kriegsjahres werden sollten. Sie kamen in Gruppen von 3, 9 und 27 Maschinen, sie flogen tief, sie sollten wohl ihre Macht demonstrieren; doch gerade deshalb waren sie immer nur für wenige Augenblicke über den Dächern zu sehen, auf ihrem Flug nach Osten.

Der folgende Morgen war still am Himmel, dafür laut im Radio. Die wichtigste Meldung war, dass der Schulunterricht vorerst ausfalle. Dann: der Führer sei nunmehr unwiderruflich entschlossen, den militärischen Schutz des deutschen Reiches in seine Hände zu nehmen. Die Polen - schon Anfang des Jahres hatte er sie als minderwertige Menschen entlarvt - waren in der letzten Nacht in eine deutsche Rundfunkstation eingedrungen und hatten rabiate Dinge verkündet. Ein Skandal! Wo lag eigentlich dieses Gleiwitz? Herrliche Aufregungen also, mit Gesprächen der Erwachsenen im Hausflur, auf der Straße, im Kolonialwarenladen; mit Marschmusik und immer neuen Ankündigungen und Anweisungen im Radio. Der Reichstag sei einberufen, der Führer würde sprechen. Der zivile Luftschutz sei aufgerufen worden - eine pathetische Wendung auch diese letztere, die ins Gemüt ging, obwohl ich mir darunter wenig vorstellen konnte. Erst als der dürre Dekorateur Hans U., dessen köstlich illuminiertes und mit Hakenkreuzfähnchen umranktes Hitler-Bild zu allen Festtagen unser Haus in besonderer Weise hervorhob, aus eigenem Ermessen zur patriotischen Tat schritt, gewann auch ich die rechte Anschauung, was die Stunde geschlagen hatte. Er requirierte nämlich in den Kellern brauchbare Kartoffelsäcke und begann, sie im Garten meiner Tante Lisel, der Hausbesitzerin, mit Erde zu füllen. Ich musste ihm die Säcke aufhalten. Auf meine Frage nach dem Zweck solchen Tuns erhielt ich nur die militärisch barsche Auskunft: „Das wirst du schon sehen, du Knilch!" Was ich sah, war eine Verteidigungsmaßnahme: die Aufrüstung unseres Kellers zum Luftschutzraum für den Ernstfall. Denn die halbvollen Säcke kamen vor die runden Entlüftungsfenster, zum Schutz vor Gas oder Luftdruck oder was auch immer. (Sie hielten bis zum Winter, dann musste die Erde zurückgeschaufelt werden; es geschah ohne Aufhebens, der Endsieg stand ja fast bevor). Frau Richter, eine stämmige, fast schon überreife Vertreterin der Reichsfrauenschaft, schaute zu. Zwangsweise. Sie hatte ihren Wohnungsschlüssel verlegt und musste auf die Tochter warten. Breitbeinig saß sie in der Sonne auf einem Gartenstuhl und verzehrte ein Brötchen (oder zwei) mit 150 Gramm Hackepeter. Den hatte sie sich gegenüber beim Fleischer Kermer gekauft. Das ging noch ohne große Umstände, obwohl es seit einer Woche Lebensmittelkarten gab. Sie musterte unsere Zurüstungen, deren Zweck angesichts der militärischen Lage und der allgemeinen Siegeszuversicht wohl auch ihr nicht so recht einleuchten mochte. Doch Herr U. kannte sich besser aus; er war in der SA. Oft konnte man ihn in seiner schönen Uniform sehen und zugleich hören. Denn die Schuhe hatte er mit eisernen Zwecken beschlagen; und damit die mittelbraunen, beutelnden Breecheshosen, die ein breiter Gürtel mit Schulterriemen abschloss, auch unten in angemessener Weise endeten, trug er über den Waden gleichfarbige Ledergamaschen. Das sah fast nach richtigen Stiefeln aus. Auf jeden Fall konnte man damit würdig und knallend marschieren - die beliebteste Gangart dieser Jahre.

Auch ich hatte eine Uniform, vorerst die des Jungvolks, mit Braunhemd und Schlips, kurzen dunklen Hosen, breitem Gürtel mit Schulterriemen wie Hans U., dazu ein Fahrtenmesser an der linken Seite, auf dem „Blut und Ehre" eingraviert war. Am Nachmittag kam ein Melder, der uns Pimpfe sogleich zusammenrief zu einem Appell. Wir mussten unter Gesang durch die Straßen der Südvorstadt marschieren, zum Klang der großen, schwarz-weiß flambierten Landsknechtstrommeln, und gewiss flatterte uns die schwarze Fahne mit der großen weißen Sieg-Rune voran, die mehr war als der Tod. Das sangen wir auch. Wir sangen Soldatenlieder aus dem Ersten Weltkrieg, die wir längst schon kannten, und vor allem mehrmals jenes Lied der Freikorps von dem jungen Sturmsoldaten aus dem Oberschlesierland, der „Weib und Kind verlassen musst, verlassen musst geschwind", und ich wüsste gern noch jene Strophe, die mit den Versen endete: „Und wenn das Polenblut vom Messer spritzt, hei, dann geht's noch mal so gut!" Wir liefen hinter den dumpfen Schlägen der Trommeln durch die Reichs- und Sedanstraße, durch die Schnorr- und die Lindenaustraße, dann die Werderstraße hinauf zur Lukaskirche.

Wir zogen vorüber an Häusern, von denen nichts bleiben sollte als Schutt und Erinnerung. An der Lukaskirche, deren schlanke Turmhaube noch nicht wie eine Zipfelmütze herunterhing, wurden wir vom Fähnleinführer kraftvoll mit einem „dreifachen Sieg-Heil, Kampf-Heil, Sturm-Heil! Heil Hitler, Kameraden!" entlassen. Gewiss waren wir stolz auf unseren Auftritt an diesem ersten Tag des Krieges. Über der dunklen Stadt verglühte der Spätsommerabend, und am nächsten Tag wollten wir alle ins Arnhold-Bad gehen, das seit längerem „Güntzwiesenbad" hieß. Noch waren wir Kinder, und das alles war Teil unserer Spiele. - Wurden wir klüger im Laufe der folgenden Jahre? Oder einfältiger, je mehr wir auch lernten?

Hans Lucke

Freund hörte mit

Wenn ich morgens am Wettiner Bahnhof aus der Linie 26 stieg, kaufte ich mir am Kiosk am Wettiner Platz gelegentlich ein paar Kaugummis oder Vivil und trabte dann zur „Penne", dem Wettin-Gymnasium. Sechs Jahre lang ging das gut. Dann holte uns der Totale Krieg ein.

Ich war seit Ostern 1937 Gymnasiast und wurde dann - ja, was wurde ich eigentlich? Schüler waren wir nicht mehr, Soldaten noch nicht. Aber Uniformen trugen wir, Uniformen im Schnitt der Hitlerjugend mit der Hakenkreuz-Armbinde, aber im Hechtgrau der Luftwaffe. Man nannte uns „Luftwaffenhelfer". Aber eigentlich wollten wir „richtige" Soldaten sein. Und so streiften wir, wann immer es anging, die Armbinde ab. Wir empfanden sie als ehrenrührig.

Dieser Abschnitt unserer Jugend war der traurigste nicht - obwohl wir nichts zu lachen hatten. Wir sorgten schon selbst dafür, dass Gelächter aufkam. Schon die Tatsache, dass die Pauker zu uns in die Stellung kommen mussten, besserte die Stimmung auf. Als Schüler waren wir ihnen in Deutsch, Geschichte, Mathe usw. fraglos unterlegen; als Luftwaffenhelfer aber kehrte sich das Verhältnis um. Da saßen wir auf hohen Rossen.

Für Heiterkeit in der Stellung sorgte allen voran Mathe-Ass Manfred Schulze, der uns manchen grauen Tag überstehen half. Von ihm hatte einst die halbe Klasse abgeschrieben. Er war auch technisch sehr begabt, was sich schon im Gymnasium zeigte, in der Flak-Stellung aber lebensrettend werden sollte.

Die zweisitzigen Schulbänke in unserer Klasse waren pultartig gebaut und standen in drei Reihen hintereinander. Manfreds Pultfläche hatte ein Astloch, was seinem Erfindungsreichtum gute Möglichkeiten der Entfaltung bot. Er installierte unterm Pult eine Taschenlampenglühbirne und schloss sie an eine Batterie an, die er mittels Fußschalter betätigen konnte. In Latein war Manfred nicht so sattelfest. Deshalb lag die „Klatsche“, die Übersetzung des Textes, die uns als Aufgabe gestellt worden war, beleuchtet unterm Pult. Durch das Astloch konnte Manfred mühelos auf Deutsch lesen, was Cäsar vom Krieg in Gallien zu melden hatte. Sobald der Lehrer nahte, verlosch per pedes das Lämpchen.

In der Baracken-Unterkunft der Flak-Stellung ging es um ernstere Angelegenheiten. Manfred baute ein Radio, mit dem ohne große ätherische Störungen Radio London und der Soldatensender Calais empfangen werden konnten. Auf das Abhören von „Feindsendern“ stand Strafe. Sogar Todesurteile wegen dieses Deliktes wurden offiziell bekannt gegeben. Damit wir bei diesem frevelhaften Tun nicht ertappt werden konnten, baute Manfred eine doppelte Sicherung ein. Sobald jemand den Lattenrost betrat, der auf dem schmalen Gang zwischen den Erdwällen zur Barackentür führte, ertönte ein Klingelzeichen im Radioapparat. Berührte der „Jemand“ dann die Klinke zur Tür, leuchtete eine rote Lampe neben dem Radio auf. Wir wurden nie erwischt, und keinem von uns wäre eingefallen, über den heimlichen Nachrichtenempfang je ein Wort außerhalb der Baracke zu verlieren.

Als wir in der Nähe des Schlachthofturmes in unser HJ-Hechtgrau eingekleidet wurden, herrschte Frostwetter, in der Baracke aber bullerte ein Kanonenofen. Da nahm Manfred zur allgemeinen Verblüffung seine HJ-Mütze, tauchte sie ins Wasser, wrang sie aus und hing sie über den glühenden Ofen. Am Morgen sah sie aus wie ein Blumenkohl mit Henkeln, und damit trat der Luftwaffenhelfer Schulze zum Appell an. Der Hauptwachtmeister war einem Schlaganfall nahe, zumal Manfreds Koppelschloss völlig schief saß und an der Brusttasche ein Knopf fehlte.

Der „Spieß“ brüllte was das Zeug hielt, zitterte fortan aber jedem Appell entgegen, weil Manfred stets mit Mängeln am Dienstanzug erschien. Manfred zu „schleifen“ war jedoch auch problembeladen. Eines Tages verlangte ein Unteroffizier mitten im Gebrüll „Hinlegen!“ und „Aufmarschmarsch!“ Manfred legte sich hin - nur lag er nicht auf dem Bauche, sondern auf dem Rücken, hatte ein Bein übers andere geschlagen und blinzelte, die Hände unterm Hinterkopf, in die Sonne.

Als sich der Regimentskommandeur zu einer Besichtigung angesagt hatte, ergriff der genervte Spieß allerlei Vorsichtsmaßnahmen, um von Manfred nicht reingelegt zu werden. Er steckte ihn z.B. ins letzte Glied. Aber der Oberst kannte solche Tricks natürlich und befahl „Das erste Glied sechs, das zweite drei Schritte vortreten!“ Manfred war frei zugänglich. Zwar konnten wir nicht sehen, wie er sich inzwischen hergerichtet hatte, aber des Obersts Schweigen sagte alles. Dann schneidend: „Mann, wie sehen Sie denn aus??!! Name!“ „Luftwaffenhelfer Schulze, Herr Oberst.“ Darauf jener, noch einen Zahn schärfer: „Was ist denn Ihr Vater, Menschenskind?“ Die Antwort kam gelassen: „Oberst der Luftwaffe, Herr Oberst!“

Der Oberst drehte ab, stiefelte noch zu unserem nagelneuen Funkmessgerät und verließ alsbald die Batteriestellung. - Manfred hatte nicht geflunkert. Sein Vater war Berufsoffizier, Ritterkreuzträger, Kommodore eines Geschwaders. Aber ich habe mein Lebtag keinen militanteren Antimilitaristen kennen gelernt als den Luftwaffenhelfer Manfred Schulze, Sohn eines Offiziers, in Latein schwach auf der Brust, aber in Mathe hervorragend.

ALFRED NEUGEBAUER

Ein sonderbarer Feuerwehreinsatz

Als ich gebeten wurde, für das vorliegenden Kuriositäten-Büchlein meine Geschichte über einen von mir geretteten jüdischen Davidstern zu erzählen, wollte ich zuerst gar nicht. Gut, ich habe als junger Feuerwehrmann der Hauptfeuerwache Annenstraße den Stern in der Kristallnacht im November 1938 vor der Vernichtung bewahrt und 1949 Dresdens Jüdischer Gemeinde zurückgegeben. Seitdem bekrönt er das

Dach der Interims-Synagoge, und bald wird er den Synagogen-Neubau auf dem Hasenberg schmücken. Aber was soll an dieser Story kurios sein? Dass denkmalpflegerische Weitsicht nötig waren, um den Davidstern zu bergen, liegt nahe. Auch Mut gehörte wohl dazu. Schließlich musste ich heimlich vorgehen, um den religiösen Schatz zu verstecken, und durfte nur wenige in dieser nationalistisch verseuchten „Volksgemeinschaft" einweihen.

Aber kurios...?

Das Fremdwort ist lateinisch-französischen Ursprungs; man kann dafür auch auffallend, sonderbar, seltsam oder merkwürdig setzen. Und diese Synonyme veranlassten mich schließlich, doch zu erzählen. Denn sonderbar war es schon, dass meine 50 Kameraden und ich in jener Nacht mit 12 Fahrzeugen und einem Löschboot ausgerückt waren, weil Sempers Synagoge brannte - und dass wir sie nicht löschen durften. Die Nazis hatten alle Löscharbeiten untersagt.

Ich war entsetzt. Nicht nur, weil meine Eltern jüdische Studenten zur Untermiete hatten und ich mich ihnen verbunden fühlte. Das Löschverbot verletzte auch die Ehre meines neuen Berufs. Schließlich war ich nach Abschluss meiner Steindruckerlehre 1933 und der sich anschließenden Tätigkeit in den Grafischen Werkstätten Dresden im Herbst 1938 auch deshalb der Dresdner Berufsfeuerwehr beigetreten, weil ich Brände löschen wollte, anstatt ihnen tatenlos zuzusehen. Schon den Einmarsch ins „Sudetenland", der ja gerade erst vorüber war, hatte ich als einen „Brand" angesehen. Was ich damals natürlich nicht wissen konnte: Das Löschverbot galt im ganzen „Reich". Ja, wären mir 24-Jährigem damals Viktor Klemperers Tagebücher bekannt gewesen, dann hätte ich unter dem Eintrag vom 13.11.1938 lesen können, wie beispielsweise in Leipzig die SA „Benzin in die Synagoge und ein jüdisches Warenhaus gegossen habe, wie die Feuerwehr nur die umliegenden Gebäude schützen durfte, den Brand aber nicht zu bekämpfen hatte, wie man dann den Warenhausbesitzer als Brandstifter und Versicherungsbetrüger verhaftete."

Trotzdem ging ich - nachdem meine Kameraden und ich am Vormittag des 10. November 1938 in Dresden vergattert worden waren, die „Judensymbole" von der ausgebrannten Synagoge zu entfernen - unmittelbar danach daran, einen der beiden vergoldeten Davidsterne sicherzustellen. Ein anderer gelangte als Trophäe ins Dresdner Polizeipräsidium. „Meinen" aber versteckte ich in einer mit Löschsand gefüllten Kiste in der Feuerwache. Diese Kiste „bretterte" ich derart zu, dass kein Fremder mehr an sie herankam. Kurz, bevor ich 1939 einberufen wurde, entnahm ich ihr dann das kostbare Gut, hüllte es in eine Decke und brachte es auf dem Fahrrad in die Wohnung meines Schwiegervaters auf der Prießnitzstraße 22.

Dort ruhte der Stern sechs Jahre lang - bis ich 1945 „aus dem Felde" heimkehrte, dort aber meinen Schwiegervater nicht mehr vorfand. Er war inzwischen gestorben. Der Stern aber lag noch unversehrt auf dem Boden. Und so nahm ich ihn, nachdem ich in der Louisenstraße wieder in die Berufsfeuerwehr eingetreten und dort auch privat sesshaft geworden war, in meine neue Wohnung mit.

Als 1949 die Stadt beschloss, die Begräbnishalle des Jüdischen Friedhofs an der Fiedlerstraße zur Synagoge umzugestalten, war das für mich der Anlass, das alttestamentliche Symbol der Jüdischen Gemeinde zurückzugeben. Zur Weihe der Interims-Synagoge installierte sie ihn auf deren Dach. Ich war froh, dass er nun wieder in jüdischem Besitz war.

Einziger Wermutstropfen: Weder die Gemeinde noch die Kommune oder gar der Staat dankten mir für meine Zivilcourage, die ich in finsterer Zeit wohl bewiesen hatte. Erst 1988, zum 50. Jahrestag der Pogromnacht, erinnerte man sich außenpolitischer Gründe wegen meiner, und die Gewerkschaftszeitung TRIBÜNE durfte über meine Tat und mich berichten.

Die Buchlektoren haben also Recht: An meiner Geschichte ist tatsächlich manches sonderbar und merkwürdig, also „kurios". Vielleicht haben wir den Begriff ja inzwischen semantisch nur eingeengt und sehen darunter lediglich noch humorvolle, ja, heitere Aspekte? Schließlich sind sprachliche Umdeutungen heutzutage ja an der Tagesordnung. Und so ist meine Geschichte zwar nicht heiter - auffallend und des „Merkens würdig" aber schon.

HUBERT SPAHN

Von den Ardennen an die Elbe

Der Bezug meiner Vaterstadt Dresden zum belgisch-deutschen Grenzland ist für mich sowohl Teil früher Erfahrungen mit dem Krieg als auch Teil meiner Familiengeschichte.

Zum einen: Ich war noch nicht dreizehn, als Jungen - nicht viel älter als ich - in der Ardennenoffensive von den Nazis sinnlos verheizt wurden. Bald darauf saß ich im Bombenkeller und erlebte, was Dresdens früherer Bürgermeister Walter Weidauer in seinem Buch über den Februar 1945 als „Inferno Dresden" bezeichnet hat.

Zum anderen: Die Vorfahren meiner Großmutter Cölestine, die ich mit allen Fasern meines Kinderherzens geliebt habe, stammten aus dem Dorf Elsenborn, zwischen Ardennen und Eifel gelegen. Auch mein Vorname hat damit zu tun. Der heilige Hubertus war um das Jahr 700 Bischof von Lüttich. Da meine Oma in dieser Stadt geboren ist, hatte ich später meinen in Dresden seltenen Rufnamen Hubert weg. Und irgendwann fand ich in Großmutters Nachlass eine Ahnentafel, die bis auf Elsenborner Vorfahren von 1750 zurückreicht.

Deshalb bin ich vor kurzem dorthin gefahren, um nach Nachfahren meiner Ahnen zu forschen. Die Familie Litt - meine Großmutter war eine geborene Litt - ja, die sei noch immer im Dorf ansässig. (Natürlich wusste keiner der heutigen Litts mit mir und meinem Namen etwas anzufangen). Pflipsen - ein weiterer Name aus besagter Ahnentafel -, so heiße hier niemand mehr, nur ein bestimmtes Haus im Dorf nenne man so. (Solche Hausnamen stammen noch aus der Zeit vor der Einführung von Familiennamen und wurden meist vom Rufnamen des Erbauers abgeleitet). Pflipsen rühre von Philippsohn her...

So lebt der Name meines Ur-Ur-Ur-Urgroßvaters Hubert Pflipsen noch heute in Elsenborn fort. Besagte Großmutter verschlug es später nach Essen, von wo sie nach Jahrzehnten, indessen verwitwet, ihrer Tochter - meiner Mutter - nach Dresden folgte.

Sehr viele meiner frühesten Erinnerungen drehen sich um diese „Essener Oma“. Sie wohnte bis zu ihrem Tode immer in unserer Nähe, niemals jedoch mit uns in einer Wohnung. „Eine Schwiegermutter im Haus, das hält keiner aus“, pflegte sie zu sagen - einer von zahllosen Sprüchen, die sie auf Lager hatte.

Anfänglich fanden ihre Lebensweisheiten nicht immer meine ungeteilte Zustimmung. Wenn sie mir eine abscheulich schmeckende Medizin wie Wermut-Tee versüßen wollte mit den Worten: „Was bitter ist für den Mund, ist für das Herz gesund“ - mundete das Zeug davon etwa besser? Und wenn ich maulte, etwas schmecke nicht, sagte sie: „Wenn die Maus satt ist, schmeckt das Mehl bitter.“ Was soll das?, fragte ich mich erbost. Die Mäuse fressen auch lieber Speck und Käse als Mehl... Wollte sie meine Liederlichkeit rügen, dann kam der Satz: „Jedes Ding an seinen Ort, spart viel Arbeit, Müh' und Wort'“. Heute weiß ich, dass dieser Vers weise ist.

Menschenkenner sahen Oma vermutlich an, dass sie als junge Frau sehr schön gewesen sein musste. Die Männer haben sie bestimmt gemocht. Wie sie es umgekehrt hielt, kann ich nicht wissen, aber einmal hörte ich, wie sie zu meiner Mutter sagte: „Ein Kuss ohne Bart ist wie Suppe ohne Salz." Zu meiner Zeit allerdings war sie als gute Katholikin nur noch fromm.

Mit ihrer Klugheit kam meine Großmutter natürlich überall durch die Welt. Doch andere Sitten in anderen Gegenden können schon Schwierigkeiten bereiten.

Meine Oma muss wohl deshalb anfänglich beim Einkaufen in Dresden Probleme gehabt haben. Einmal hörte ich, wie sie zu meiner Mutter sagte: „Stell dir vor, da verlange ich doch auf dem Markt Kappes. 'Kappes? Nie gehört!', sagte die Marktfrau. Dabei lag Kappes dort in allen Größen, und ich zeigte darauf." So bekam sie doch ihr Weißkraut, ihren Kohl, wie die Berliner sagen. Solche Alltagsdinge hatte sie natürlich schnell im Griff. Etwas länger dauerte es, bis sie perfekt war in der Übersetzung von Hitsche in Fußbank, Feierriepel in Schornsteinfeger, Giege in Messer, Schäler in Kartoffelschalen, knaupeln in abnagen, jeschen in jagen oder kuddeln in trinken.

Die Weltoffenheit aus dem deutsch-belgischen Grenzgebiet war meiner Großmutter noch im hohen Alter anzumerken. Bei aller katholischen Strenggläubigkeit räumte sie Gesprächspartnern stets das Recht auf eine eigene, andere Meinung ein, auch wenn sie konfessionslos, sogar wenn sie Kommunisten waren. Nur bei Nazis kannte sie keine Nachsicht. „Deren Kreuz hat einen Haken", pflegte sie zu sagen. „Wer so mit den Juden umspringt, verdient kein Pardon."

Sonntags hat sie mich manchmal in die Roßthaler Kirche mitgenommen. Ich weiß noch, dass mich eine Predigt dort lange beschäftigte. Darin war lang und breit von einem Senfkorn die Rede, das zu einem riesengroßen Baum wird. Was der Baum wohl mit Mostrich zu tun hatte? Oma schmunzelte: „Wer unablässig ans Futtern denkt, wird niemals satt..." Andererseits sagte sie, wenn ich ihr bei Tisch etwas abbetteln wollte, verschmitzt: „Selber essen macht fett!" Von ihren Leckerbissen aber bekam ich stets meinen Teil.

Das Leben ist, wie man sieht, widersprüchlich - ein Leben lang.

„Aktion Zuckertüte"

Eines Tages im Jahr 1938 wurde es für mich ernst mit dem Lernen. Zunächst zog meine Mutter mit mir los - zur katholischen Schule in der Löbtauer Bünaustraße, wo sie mich dem Direktor vorstellte. Das war damals so üblich. Die Audienz fand anscheinend im Biologiezimmer statt, denn ich erinnere mich zwar nicht an den Direktor, dafür aber an eine große Eule, die mich durch die Scheibe einer Vitrine drohend anstarrte, als wäre sie der Chef.

Mutti erzählte später gern folgende Geschichte, aus gutem Grund aber erst nach 1945. Der Direx habe von mir dieses und jenes wissen wollen und dann, auf ein Hitlerbild zeigend, gefragt: „Wer ist denn das?“ „Nu, der Adolf.“ Der Pädagoge soll mit feinem Lächeln über meine Antwort hinweggegangen sein. Jedenfalls konnte er sich denken, in welchem Ton bei uns zu Hause über Hitler gesprochen worden ist.

Von der Schuleinführung selbst weiß ich nichts mehr - umso mehr aber vom Drumherum. Die Zuckertüte von den Eltern sah erbärmlich klein aus. Gottlob brachte Vaters Mutter, genannt Stieglitzoma, eine zweite angeschleppt, die war schön groß.

Eine Attraktion stellte der den Soldatentornistern des Ersten Weltkriegs nachempfundene Schulranzen dar. Unsere Schar muss damit ein recht lustiges Bild abgegeben haben, zumal seitlich aus jedem Ranzen an einer Kordel ein faustgroßer, gelber Schwamm herausbaumelte. Der war unerlässlich deshalb, weil wir in den ersten Klassen die Schreibversuche nicht etwa in Schulheften, sondern auf schwarz-grauen Tafeln anstellten. Die Schreibfläche bestand aus dünnem Schiefergestein, das in einen Holzrahmen gefasst war. Unsere krakeligen Zeichen erzeugten wir mit einem Griffel. Der war ebenfalls aus Tonschiefer gedreht. Mit besagtem Schwamm löschten wir schließlich das Ergebnis unserer Mühen aus.

Die Essener Oma schenkte mir ein handtellergroßes Kruzifix, das viele Jahre über meinem Arbeitstisch hing. In das „Rote Kloster“, zum Studium des Journalismus in Leipzig, habe ich es allerdings nicht mitgenommen. Für Oma wäre es ein Sakrileg gewesen: „Ein Kreuz in der Höhle des Antichristen!“, wie sie gesagt hätte, wenn sie zu der Zeit nicht schon gestorben gewesen wäre. Auch würde man die mir liebe Erinnerung in Leipzig gewiss nicht so tolerant betrachtet haben wie der katholische Direktor meinen Kommentar zu seinem Hitlerbild.

In dessen katholischer Schule war ich nur ein halbes Jahr, dann schafften die Nazis die Trennung der Schulen nach Konfessionen ab. Von da an ging ich in eine gewöhnliche Volksschule in Alt-Plauen, gleich hinter der Bienertmühle in der Schleiermacherstraße.

In der neuen Schule war unser Klassenlehrer die Hauptattraktion. Erstens wegen des einprägsamen Namens Mehlhose, und zweitens wegen der Gewohnheit, nur in SA-Uniform zu unterrichten. Er hatte aber noch mehr drauf. Auf das Kommando: „Arme auf den Rücken!“ mussten wir die Hände im Genick verschränken, und in dieser Haltung, die er für gesund und aufmerksamkeitsfördernd hielt, dem Unterricht folgen. Als Musensohn veranlasste er alle Eltern, ihrem Kind eine Blockflöte zu kaufen. Ich kam mit dem Ding nicht zurecht, in der Schule nicht und zu Hause, ohne Anleitung, schon gar nicht. Ich höre zwar jeden falschen Ton, wenn andere singen oder musizieren, kann selbst jedoch weder die Stimme halten noch einem Instrument die richtigen Töne entlocken.

Mein Onkel Rudolf wollte mich trösten, indem er sagte: „Eine Blockflöte klingt sowieso am besten, wenn sie im Kasten liegt. Wenn euer strammer Lehrer auf Pauke stünde, kämest du vielleicht besser zurecht."

Ich mochte Herrn Mehlhose trotz seiner Ticks. Nie hat er ein Kind geschlagen, was damals in allen Schulen gang und gäbe war. Er ließ sich auch außerhalb des Schulalltags manches für uns Kinder einfallen. So vermittelte er - um nur ein Beispiel zu nennen - einen Stadtrundflug für wenig Geld. Ich durfte nicht mitmachen, Papa hätte Blut und Wasser geschwitzt, so lange ich in der Luft gewesen wäre, denn er begleitete jeden seiner und unserer Schritte mit übergroßer Vorsicht. Als ich später Segelflieger war, machte ihn das recht unglücklich.

Hätte mir damals einer prophezeit, ich würde mal Journalist und Buchautor - ein voller Lacherfolg wäre ihm sicher gewesen. Rechtschreibung war anfänglich nämlich nicht meine starke Seite. Als ich jedoch vor einem Milchgeschäft auf einer Holztafel mit Kreide geschrieben das Wort Gwarg statt Quark las, fiel sogar mir auf, dass da orthographisch etwas nicht stimmte. Wenn man seine Muttersprache beherrscht, vergisst man leicht, welche Arbeit es für ein Kind ist, deren Feinheiten zu erfassen, besonders, wenn sie durch Dialekt gefärbt ist.

Herr Mehlhose wunderte sich über nichts. Eines Tages lag Schnee, in der großen Pause machten wir eine Schneeballschlacht. Nach der folgenden Stunde sollte das weitergehen. Einer von uns dachte: Da steckst du dir ein paar Schneebälle in die Hosentasche, damit du zu Pausenbeginn als Erster bewaffnet bist! Als Mehlhose das lange Bächlein sah, das von den Hosenbeinen des Jungen ausging und quer durch die ganze Klasse lief, schüttelte er nur verstohlen mit dem Kopf.

Auch stramme Haltung kann ein gutes Herz oft nicht verleugnen.

„Paules" Doppelpfeffer

Erich Kästner wohnte als Kind in der Königsbrücker Straße, nicht weit von meinem Geburtshaus in der Schwepnitzer, nur um die Ecke. In der

Hechtstraße betrieben vor Urzeiten seine Onkels schwunghaften Pferdehandel. Ich habe dort als Junge noch deren Namen „Augustin" in Großbuchstaben auf einer uralt-verwaschenen Giebelmauer gelesen.

In dem Buch „Als ich ein kleiner Junge war" schrieb Kästner über seine Kindheit kurz nach 1900: „Mein Vorgarten war der Hinterhof, und die Teppichstange war mein Lindenbaum. Ich selber bin eines immer geblieben: ein Kind der Königsbrücker Straße mit ihren Vorgärten am Anfang, ihren Mietshäusern in der Mitte und ihren Kasernen, dem Arsenal und dem Heller, dem sandigen Exerzierplatz, am Ende der Stadt." All das habe ich ebenso erlebt und empfunden, nur 35 Jahre später, nachdem wir 1939 in die damalige, später umbenannte Oppellstraße gezogen waren, die parallel zur Hechtstraße verläuft.

Bei Kästner ist von einem jungen, bergsteigerisch-sportlichen und fortschrittlichen Lehrer namens Paul Schurig die Rede, der bei Kästners zur Untermiete gewohnt hatte. Zu meiner Zeit war er ein rüstiger, aber schon älterer Mann mit grauer Haarbürste. Wir Schüler nannten ihn, unseren Klassenlehrer, liebevoll-ehrfürchtig „Paule". Ob er damals immer noch dem Bergsteigen gefrönt hat wie in der Jugend? Ich weiß es nicht, denn Kästner blieb mir bis 1945 unbekannt, dafür sorgten schon die Nazis, denen er, wie viele andere Humanisten, ein Dorn im Auge war. 1933 hatten sie auch seine Bücher verbrannt und verboten.

Mein Vater, indessen zur Wehrmacht eingezogen, lernte Paule bei einem Heimaturlaub kennen. Schon am zweiten Urlaubstag ging er in die Schule, in der Hoffnung, Gutes über seinen Sohn zu hören. Paul Schurig sagte bei der Begrüßung: „Es ist aber schade, dass Ihr Junge krank geworden ist, wo Sie ein paar Tage hier sind..." Vater fiel aus allen Wolken. Drei Stunden vorher war ich doch putzmunter losgezogen!

Losgezogen schon, aber nicht in die Schule... Es war ein Montag. Am Wochenende davor war eine Spendensammlung gewesen. Ganze Heerscharen klapperten bei derartigen Anlässen mit Sammelbüchsen, sprachen an allen Ecken die Leute an: „Ihr Beitrag für den Sieg!" Wer zahlte, erhielt einen Anhänger aus Bakelit. Mal stellten die Dinger kleine Flugzeuge dar, ein andermal Panzer oder Kanonen.

Diese Abzeichen waren unter uns Schülern begehrte Tauschobjekte, zum „Kaupeln", wie wir auf sächsisch sagten. Montags brauchte niemand mehr die Anhängsel, und wir sprachen die Passanten an: „Würden Sie mir...?" Meist bekamen wir das Ding. Ich hatte mir gesagt, dass frühmorgens die Chancen weit höher sind als nach dem Unterricht. So bat ich einen Klassenkameraden, Paule einen schönen Gruß von meiner Mutter auszurichten, ich sei krank, und ging auf den Neustädter Bahnhof, wo ich reiche Beute machte.

Als ich auf die Minute genau, zu der ich sonst aus der Schule kam, um die Ecke der Erlenstraße bog und beide Eltern am Fenster stehen sah, schwante mir Schlimmes. Schließlich kam es, nachdem Vater und ich eine Weile um den runden Wohnzimmertisch herumgerannt waren - Papa, sein Koppel schwingend, immer hinter mir her - zu einem langen Stubenarrest. Oma sagte dazu: „Ist's noch so fein gesponnen..." Am liebsten hätte ich erwidert: Von wegen fein gesponnen! Es war doch nur meine eigene Dämlichkeit bei der Wahl des Zeitpunktes für das Schuleschwänzen gewesen, die alles „ans Licht der Sonnen" gebracht hatte.

Paul Schurig hat später über die „Krankheits"-Affäre nie wieder ein Wort verloren. Sonst aber ließ er nur wenig straffrei durchgehen. Die damals in allen Schulen üblichen Züchtigungen wendete er allerdings eher in Form einer körperlichen Verwarnung an. Dafür hatte er ein regelrechtes Ritual entwickelt, das unter dem Stichwort „Pfeffer" ablief. Pfeffer war ein sanfter „Hieb" mit dem kurzen Rohrstöckchen auf die Handfläche des Sünders. Doppelpfeffer suchte beide Hände heim. Für besondere Fälle gab es noch Doppel-Doppelpfeffer und doppelten Doppel-Doppelpfeffer. Nach einer Weile ging ich auf den Ruf „Spahn!" automatisch mit geöffneter Hand zum Pult.

Hatte man Paule enttäuscht, fiel der Pfeffer etwas schärfer aus. Das war auch bei mir manchmal der Fall. Ich höre ihn noch heute, wie er eines Tages sorgenvoll murmelte: „Ich möchte bloß wissen, wer frecher ist - Spahn oder Münzberg!" Werner Münzberg hieß mein Freund und Banknachbar. Jeder erzieherische Effekt war dahin, als mehrere dem Lehrer die Entscheidung abnahmen und riefen: „Spahn, Spahn". Das bedeutete die höchste Anerkennung, die man in unserer Klasse gewinnen konnte.

Bei allem war Paul Schurig gerecht. Beispielsweise in der Sache mit den Vitamintabletten. Diese Pillen wurden eine Zeit lang an die Schüler verteilt. Einmal sagte Paule: „Ich habe noch ein paar übrig, wer will, kann vorkommen." Als auch ich in kindlicher Unbedarftheit einen solchen „Nachschlag" holen wollte, sagte er gütig, aber bestimmt: „Nein, du hast das nicht nötig." In der Tat war ich gesund und gut genährt, was man nicht von allen Kindern aus unserem Proletarierviertel sagen konnte.

Erst später begriff ich, wie gut es ist, streng, aber gerecht zu sein.

Der Kampf mit der „Hechtbande“

Nicht weit von uns, aber außerhalb des Hechtviertels, lag ein Wohnkarree unter der Sammeladresse Königsbrücker Straße Nr. 117, mit dem es damals eine besondere Bewandtnis hatte.

Die Häuser dort dienten laut Hörensagen lange vor meiner Zeit als Armenhaus oder Obdachlosenasyl. Die Insassen blieben dort, nachdem die Gebäude in Mietshäuser verwandelt worden sind. Sie und ihre Kinder fanden sich auf der Schattenseite des Lebens auch in der Nazizeit bedeutend besser zurecht als biedere Kleinbürger. Auf die größeren Jungen von dort hatten die grünberockten „Pittel“ - ein Wort, das wir viel für Polizisten gebrauchten und das wohl von Büttel herrührte - ein besonderes Augenmerk. In unserer Schule bildeten die Kleinen aus dieser Ecke den Kern einer Bande von Lausejungen, der auch ich angehörte. Wir nannten uns „Die 117er“ und standen in Fehde mit der so genannten „Hechtbande“.

Meine Freunde bei den „117ern“ nahmen mich zwar nicht zu allen Streifzügen mit, für bestimmte Sachen war ich ihnen offenbar zu dämlich. Aber Kumpels waren sie. So wussten sie, dass ich zu gerne das Fahrrad fahren erlernt hätte, was sie natürlich konnten, obwohl sie ebenso wie ich kein Rad besaßen. Eines Tages kamen sie, vier Mann hoch, brachten ein Rad mit und sagten: „Heute bringen wir dir’s bei.“ „Wo habt ihr denn das Ding her?“, fragte ich. „Es gehört meinem Bruder“, sagte der eine leichthin. „Er hat’s irgendwo gefunden.“ Das war 117er-Stil.

Zunächst wurde ich belehrt, dass man das Rad fahren am besten auf einer glatten, abschüssigen Strecke lernt, wie es der obere Teil der Oppellstraße sei. Dort ging es über 200 Meter bergab - fast bis zu unserem Haus. Wir zogen los, die Straße hinauf. Oben kletterte ich auf den Drahtesel, zwei Freunde hielten ihn fest. „Ab die Post!“, riefen sie fröhlich, und ließen mich los.

Wie leicht das ging! Ich probierte sogar ein paar Kurven, wurde schneller und schneller. In der Nähe unseres Hauses sah ich dessen breites Tor zur Hälfte einladend offen stehen und beschloss: Dort fährst du rein! Ich muss wohl nicht richtig Maß genommen haben, denn meine linke Schulter knallte in der Kurve an den geschlossenen Teil des Holztores. Nachdem meine Fahrlehrer herangehetzt waren, rief einer: „Du blöder Hund, man muss doch bremsen, ehe man wo reinfährt...“ Wie ungerecht, hatte mir doch keiner gezeigt, wie man bremst!

Weil unser Haus in jenem Teil des Hechtviertels stand, der die Hochburg der feindlichen Hechtbande war, hatte ich manchmal Probleme. Dagegen half mir einmal mein Jähzorn.

Im Winter 1941 fiel viel Schnee. Mein Freund Henry Neudel meinte: „Wie wär's? Wir könnten auf unserem Hof eine Schneehöhle bauen." Henry wohnte mit seiner Mutter ein paar Stockwerke über uns. Ich fand den Gedanken prima. Ein Iglu! Los ging's: Viel Schnee auftürmen, immer wieder festklopfen, schließlich den Schneeberg vorsichtig aushöhlen...

Drei Tage haben wir nachmittags fleißig gearbeitet, den letzten Abend den Bau sogar mit Wasser begossen, weil er nachts eine feste Eiskruste bekommen sollte. Dann konnten wir uns häuslich einrichten. Zum Sitzen hatten wir sogar Fußbänke in die Eishütte geholt und pafften aus unserem Vorrat welker Kastanienblätter selbst gedrehte Zigarren.

Als ich ein paar Tage später am Nachmittag nach Hause kam, sah ich schon von der Toreinfahrt aus, wie fünf oder sechs Mann von der Hechtbande dabei waren, unsere Schneehöhle zu zerhacken. Von den nächsten Minuten weiß ich nichts mehr. Augenzeugen berichteten Mutti, ich hätte mit bloßen Händen eine Latte von dem Zaun abgerissen, der unseren Hof vom Nachbargrundstück trennte, und damit auf die Missetäter eingedroschen, bis auch der letzte sein Heil in der Flucht gesucht habe. Von da an hatte ich einen Spitznamen weg: „Der Wut'sche", was auf Hochdeutsch so viel wie Wüterich heißt. Seit diesem Tage hatte ich Ruhe. Man rief mir zwar manchmal in Anspielung auf unseren Familiennamen „Spahnferkel" oder „Grünspahn" hinterher, doch das war geschenkt.

Apropos Fahrrad: Es hat bis Ende der 50er Jahre gedauert, ehe ich ein Rad besaß. Da aber fahren und gefahren werden damals im Gegensatz zu heute etwas Besonderes war, fuhr ich gerne Straßenbahn. Besonders mit den so genannten „Hechtwagen" der Linie 26.

Das hatte zwei Gründe. Zum einen fand ich die Wagen der „26" wie viele andere Dresdner besonders schick. Mit ihrer vorn und hinten spitz zulaufenden Form legten sie tatsächlich den Vergleich mit einem pfeilschnellen Hecht nahe. Zum anderen: Sie verkehrten auf einem Ring, der die Innenstadt einschloss. Diese 26er Linie überquerte zweimal die Elbe - auf der Marien- und auf der Albertbrücke - und berührte neben Haupt- und Neustädter Bahnhof Verkehrsknotenpunkte mit Verbindungen in alle Himmelsrichtungen. Dieser praktische Rundkurs wurde nach dem Krieg leider nicht wieder eingerichtet. Das „leider" bezog sich für uns Lausejungs auf folgende Möglichkeit: Wenn man es geschickt anstellte, konnte man stundenlang im Kreis fahren, ohne ein zweites Mal zu bezahlen...

Geld war für uns Kinder vom Hechtviertel meistens knapp. Oft dachte ich: Wenn doch Mutter bei ein paar Groschen für Eis oder Kino etwas großzügiger wäre! Doch die meinte in Omas Manier: „Viele Gröschelchen machen den Taler."

Germanenmacke und Pimpfendrill

Das Zeugnis der vierten Klasse in der Volksschule fiel zwar „nicht gerade glänzend" aus, wie sich mein Lehrer Paul Schurig ausdrückte, reichte aber für das Gymnasium. So ging ich nun in die Dreikönigsschule, nicht weit von der Albertbrücke nahe der Elbe gelegen. Am Ufer dort stand und steht noch heute ein bronzener Bogenschütze so da, als wolle er die Johannstadt beschießen. Am 8. Mai 1945 sollen siegestrunkene Russen dem Splitternackten ein Loch in einen kleinen, in natura aber empfindlichen Körperteil geschossen haben...

Unsere Penne war nicht so renommiert wie die Kreuzschule, galt aber als solides Bildungsinstitut, vor allem für den Mittelstand. Mit meinen mäßigen Leistungen befand ich mich unter den Offiziers-, Beamten- und Kaufmannssöhnen in guter Gesellschaft. Einige waren sogar regelrecht doof. Hatte denen Vaters Name oder Geldbeutel auf das Gymnasium verholfen?

Als Beispiel: Der Geschichtslehrer hatte als Germanenverehrer in bunten Farben und mit viel Herz geschildert, wie die alten Recken ihre Tage ausfüllten. Ganz ehrfürchtig, nicht so augenzwinkernd wie in dem Studentenlied mit dem Vers:

Es saßen die alten Germanen
zu beiden Ufern des Rheins.
Sie lagen auf Bärenhäuten,
und tranken immer noch eins...

Nein, da wimmelte es nur so von Gefolgschaftstreue, Tapferkeit, edlen Pferden und blitzenden Schwertern. Der Generalssohn Adelbold sollte schildern, was die Gefolgsleute eines Fürsten zu tun pflegten. Er druckste und druckste, der Lehrer bohrte und bohrte. Schließlich sagte der arme Junge verzweifelt: „Nu, vielleicht Giehe hiedn..." Kühe hüten - die Klasse wieherte. Das Gelächter bezog sich zwar auf die Einfalt des Jungen, es zeigte aber, dass wir bereits an die falschen Ideale glaubten, denen germanische Helden angeblich gefolgt sein sollen.

Auch den Studienrat Rußner brachte Adelbold außer Fassung. Im Geographieunterricht sollte er auf der Deutschlandkarte zeigen, wo Dresden liegt. Fehlanzeige. Und die Elbe? Dito. Die Nordsee? Keine Ahnung. Schließlich fiel Herrn Rußner nichts leichteres mehr ein, als sich nach der Bedeutung der unterschiedlichen Farbgebung zwischen Grün und Braun auf der Karte zu erkundigen. Wieder hilfloses Schweigen. Erschüttert murmelte der Lehrer: „Vielleicht hältst du das Grün für Gras, auf dem Schäfchen wie du weiden..." Hoffnungsvoll leuchteten die Augen des Jungen auf: „Das wird's sein..."

„Aber, aber, aber..." stammelte der Lehrer erschüttert. Solche hilflose Reaktion klang bei ihm immer wie „ebe, ebe, ebe". Deshalb hatte er den Spitznamen „Bebbe". Er war im Ersten Weltkrieg verschüttet worden und hatte seitdem diese merkwürdige Sprechweise, wenn er erregt war. Als Humanist und herzensguter, offener Mann berichtete er freimütig von seiner Kriegsbeschädigung. Vorsichtig ließ er durchblicken, dass er den Krieg keineswegs für ein reinigendes Stahlbad der Nation halte. Ihm hätte er vor Verdun den Lebenstraum zerstört, seinen Doktor über geographische Eigenheiten Kretas zu machen.

Für Herrn Hempel, einen Mann mit großer Autorität, genügte statt eines Spitznamens das Wort Hempel, um ihn zu charakterisieren. Er war streng - und mutig. Eines Tages platzte er in unsere Klasse hinein, in der ungeheurer Pausenkrach herrschte, und fragte unverblümt: „Das lernt ihr wohl beim Jungvolk?" In der Regel war Herr Hempel jedoch ein liberaler Fuchs. Das merkte ich besonders Ende der 40er Jahre, als er, ohne anzuecken, keinen Hehl daraus machte, dass er mit uns als FDJ-Leitung und den Marxisten unter den Lehrern ebenso wenig im Sinne hatte wie vorher mit den Nazipaukern.

Als ich in die Dreikönigsschule kam, nahm auch das Jungvolk von mir Besitz. Dort ging es ebenfalls germanisch-heldisch zu. Zunächst war ich begeistert. Uniform mit Schulterriemen, Koppel und Fahrtenmesser, das war was! Und die Marschlieder! „Wir lagen vor Madagaskar und hatten die Pest an Bord" fand ich toll. „Es zittern die morschen Knochen" auch. Über die Liedzeile „Wir werden weiter marschieren, bis alles in Scherben fällt" dachte ich frühestens im Bombenkeller des Februar 1945 nach. Und als Fliegerei-Narr hatte es mir besonders „Wir flogen jenseits der Grenzen..." angetan. Von den Verbrechen der damit besungenen Legion Condor im spanischen Bürgerkrieg, von den Bomben auf Guernica als einem der schlimmsten darunter, wusste ich damals noch nichts.

Heute frage ich mich, ob es taktvoll war, den BRD-Ferienfliegern der

Lufthansa, die oft auch nach Spanien düsen, 1955 den Namen „Condor“ zu geben.

Die Essener Oma versuchte - auf meinen lang gehegten Wunsch bauend, katholischer Priester zu werden - dem Sog der Naziflut, in den ich geraten war, gegenzusteuern und zitierte recht frei den damaligen französischen Premier Daladier mit dem Wort, es sei menschlicher, den Kindern ein Christusbild über das Bett als ein Mordwerkzeug „an den Arsch zu hängen“. Ich dagegen fühlte mich mit dem Fahrtenmesser als Mann. „Wetten, dass überall auf der Welt richtige Jungen so ein Messer haben?“, versuchte ich die Großmutter zu widerlegen.

Sie konterte lakonisch mit einem ihrer Sprüche: „Wer Sinn hat zu wetten, hat Sinn zu betrügen.“

PETER GUNOLD

Das Phantom aus dem Osten

Vor mir auf dem Schreibtisch liegt eine vergilbte Fotografie. Junge Männer mit Fahrrädern streben hintereinander einem unbekannten Ziel zu. Es ist heißer Sommer. Die Männer haben die Ärmel ihrer Jacken aufgekrempelt. Über der Brust der Gurt des schweren Karabiners, links an der Seite der Spaten, die Patronentaschen vorn am Gürtel, Stahlhelm, Gasmaske und Zeltplane am Fahrrad. Im Hintergrund ländliche Häuser mit zerstörten Ziegeldächern, vorwärts rollende Panzer mit Luft schnappenden Panzermännern darauf. An der Spitze der übers Brachland Fahrrad schiebenden Soldaten ein hochgewachsener Blonder, die bebrillten Augen nachdenklich gesenkt: mein Vater. So schrieb es jedenfalls meine Mutter auf die Bildrückseite: Hans nach Russland, 1942. Um dieses Bild rankt sich eine ungewöhnliche Geschichte, die ich oft von meiner Mutter gehört habe. Wie kam es überhaupt in unseren Besitz?

1942 wohnten wir in Dresden-Johannstadt. Nichts als das Pflaster der Hauseinfahrt zur Gerokstraße 31 erinnert noch an das dem damaligen Postamt A 16 gegenüberliegende Gebäudeensemble. Einheitliche Blockbauten prägen heute das Bild.

Friedlich hätte man im dritten Kriegsjahr das Leben im unzerstörten Dresden noch nennen mögen, wenn es Friede in den Herzen und Gedanken der Menschen gegeben hätte. Mit Hoffen und Bangen verfolgten die Zurückgebliebenen die Kriegsmeldungen in der Zeitung und am Radio. Siegesberichte dominierten, von Verlusten war weniger die Rede. Die Realität machte sich erst dann bemerkbar, wenn die regelmäßige Postsendung ausblieb, die einzige Verbindung zwischen Front und Heimat zerriss. Die Feldpostnummer wurde zum Schicksalscode.

Im Juli waren die Nachrichten von Vater ausgeblieben, August, September - kein Lebenszeichen unter 07 444. Jeden Tag der hoffnungsvolle Gang zum Briefkasten, jeden Tag die gleiche bange Frage an den Postboten: Haben Sie heute etwas? - Kopfschütteln war die Antwort.

Wie erträgt man das? Sicher nur, wenn man für Stunden vergessen kann, in eine Traumwelt eintaucht. Das Kino an der Ecke mit dem stolzen Namen „National-Lichtspiele" hielt diese Traumwelt bereit. Leinwandstars, die sich Marika Rökk, Heinz Rühmann, Willy Forst, Zarah Leander oder anders nannten, agierten in Handlungen, in denen nur eines nicht vorkam: Krieg.

Bevor man jedoch ins Ufa-Land Nirwana eintreten durfte, gab es für die Vergessenheit Suchenden einen Happen Wirklichkeit: Die Deutsche Wochenschau. So auch für meine Mutter.

Eingangs, unter achtungsgebietenden Fanfaren, gekrallt auf dem Hoheitszeichen der deutsche Adler, umgeben vom Strahlenkranz Speer'scher Lichtfinger. Dann Berichte von den Kriegsschauplätzen. Afrika, Atlantik, Russland. Schnitt. Bomben werfende Flugzeuge, auftauchende U-Boote, vorwärts rollende Panzerverbände. Schnitt.

Da plötzlich... ein Fahrrad schiebender Soldatentrupp kommt ins Bild. Vorn, für Sekunden zum Greifen nah, ein hochgewachsener Blonder, die bebrillten Augen nachdenklich gesenkt... Hans! Er lebt! Schnitt. Vorbei.

War er es? War es ein Phantom? Warum schreibt er nicht? Wann, wie, wo hat das der Frontkameramann aufgenommen? Dreimal, viermal noch eilt meine Mutter an den nächsten Abenden durch die verdunkelten Straßen dorthin, wo sie eine Antwort auf die quälende Frage erhofft: Ist er es? - Lebt er?

Am vierten Abend fasst sie sich ein Herz, klettert die steile Stiege zur Kabine des Filmvorführers hinauf und erbittet sich eine Sequenz aus der Filmrolle. Und der freundliche ältere Mann tut, was er eigentlich nicht darf: sucht nach der angegebenen Stelle, schneidet drei Bildchen aus dem Film und schenkt diese, nachdem er den Streifen wieder zusammengefügt hat, meiner Mutter. Wie einen Schatz trägt sie am nächsten Tag die aufs Zelluloid gebannten Bildchen in ein Fotohaus, lässt sie vergrößern, schickt die Abzüge an 07 444: Sag mir, warst du es, bist du es - noch? Doch Russland schweigt weiter...

An einem trüben Vorweihnachtsabend klingelte es an der Korridortür. Ein untersetzter Mann in Parteiuniform trat in unsere Wohnstube, stellte umständlich seine schwere Aktentasche auf einen Stuhl, räusperte sich und sprach meiner Mutter sein Beileid aus: Hans G., vermisst für Führer, Volk und Vaterland. Ich stand dabei. Ihr Schluchzen höre ich heute noch.

Der Unglücksbote ließ ein umfangreiches Päckchen auf dem Wohnzimmertisch zurück. Alle Briefe, die Mutter seit dem Sommer nach Russland geschrieben hatte, versehen mit der Aufschrift: Zurück an den Absender. Auch das Bild aus der Wochenschau war darunter.

Von Hand zu Hand ging es in den nächsten Wochen im Kreis der Familie, manch Zukunftsdeuter versuchte in den nachfolgenden Jahren mit über der Fotografie schwingendem Pendel das Schicksal des Abgebildeten zu entschlüsseln.

Vergebens. Das Rätsel blieb ungelöst. Bis heute begleitet der aus meinen Kindertagen in der russischen Steppe Fahrrad schiebende, blonde, junge Soldat mein Leben - als ein Phantom aus dem Osten.

Hubert Spahn

Mit „Böhmischen Kuchen“ ist nicht zu spaßen

Der Winter spielt in meinen Kindheitserinnerungen eine zwiespältige Rolle. Das ging schon früh los.

Wir Jungen trugen damals in der kühleren Jahreszeit keine langen, sondern kurze Hosen, und dazu lange Strickstrümpfe, wie bei den Mädchen mit Strumpfhaltern an einem Leibchen befestigt - welche Demütigung! Kam der Frühling, ging es darum, wer als Erster in Kniestrümpfen zur Schule kam, denn nur der war ein wirklich harter Bursche. Natürlich wollte jeder der Erste sein, aber die Mütter vertraten meist eine andere Ansicht. Meine Mutter hatte den allmorgendlichen Kampf bald satt und sagte: „Schluss jetzt! Sind um sieben Uhr mehr als sechs Grad auf dem Außenthermometer, darfst du kurze Strümpfe anziehen, sonst nicht.“ Sechs Grad, das war recht großzügig.

Einmal ging Mutti mit mir rodeln - aber nur einmal. Wir setzten uns im Dölzschener Bienertpark auf unsere Käsehitsche, wie einfachere Rodelgeräte hießen, und fuhren einen langen Weg hinunter. Der aber hatte es in sich. Alle paar Meter kam eine Wasserabfluss-Querrinne. Immer dort hüpften wir in die Höhe, und Mutti knallte mit dem Po auf das harte Schlittenholz. Am anderen Morgen musste der Arzt zu Rate gezogen werden.

Eine Nachbarin fragte, was sich Mama verletzt habe. „Die hat sich den Scheißknochen verstaucht", klärte ich sie auf. Die Frau lachte, bis ihr die Tränen kamen, und sagte dann: „Das heißt aber Steißknochen; Steiß, verstehst du?" Ich war ziemlich ärgerlich, hatte doch meine Bezeichnung wegen des betroffenen Körperteils eigentlich besser gepasst.

Wenn Eisschollen, die „Böhmischen Kuchen", die Elbe herabkamen, war für uns Jungen ein Held, wer sich traute, auf einer Scholle ein Stück am Ufer mitzufahren. Mein Freund Wolffried Lange und ich schickten uns Anfang 1944 dazu an. Zunächst kletterten wir vom Ufer aus über fast schon geschlossenes Packeis zum ersten Pfeiler der Albertbrücke, um dort eine geeignete Scholle zu erwischen. Ich ging voraus, da hörte ich es hinter mir plumpsen: Wolffried war ausgerutscht und in eines der noch offenen Wasserlöcher gefallen. Sofort zog ihm die Strömung die Beine unter die stromabwärts geschlossene Eisdecke, er konnte sich nur mit Mühe am Eisrand festhalten. Ich hin, und gemeinsam bekamen wir seine Beine wieder aufs Eis.

„Los, sofort zu deiner Mutter", meinte ich. Langes wohnten nicht weit weg. „Um Gottes Willen", lamentierte mein Freund. „Die schlägt mich lahm, wenn sie meine nassen Klamotten sieht." So trabten wir zu uns nach Hause. Es war ein Weg von etwa vier Kilometern, und das bei der Kälte! In unserer Wohnung bügelten wir die Sachen trocken. Bei den Schuhen half ein Föhn, den wir hineinsteckten. Nach drei Stunden, kurz ehe Mutti von Arbeit kam, waren wir fertig.

Wolffried hat nicht mal einen Schnupfen bekommen. Dauerlauf in nassen Sachen bei Frost ist offenbar sehr gesund. Was die Elbe anbelangt, so habe ich sie in meiner Dresdner Zeit mehrmals so fest zugefroren erlebt, dass man von Ufer zu Ufer laufen konnte. Schon von weitem sah man die Trampelpfade, die sich schmutzig vom Weiß der unberührten Eisfläche abhoben.

Meine Fertigkeiten im Skilaufen erweiterten sich nur allmählich. Zunächst in der Dresdner Heide, wo allerdings an den Prießnitzhängen viele Bäume im Weg standen. Als die Züge nach dem Krieg wieder halbwegs verlässlich verkehrten, ging es ins Osterzgebirge, nach Altenberg oder Geising, und abends wieder zurück. Wenn ich richtig gezählt habe, gingen mir bis 1950 insgesamt drei Paar Skier kaputt - Spitzensalat durch besagte Bäume im Weg und so weiter...

Doch die Winter meiner Kindheit hatten auch ihre guten Seiten. In der Vorweihnachtszeit begleitete ich meine Mutter zum Bäcker, zum Stollenbacken. Wie es dort duftete! In Dresden war es damals üblich, dass die Hausfrauen mit ihren Zutaten in die Backstube gingen, zuschauten, wie ihr Teig geknetet wurde, und wie die Luchse aufpassten, dass kein Stückchen davon abhanden kam.

Von zwei Journalistenkollegen, die in der Elbestadt Bäcker gelernt hatten, erfuhr ich später, dass alle Wachsamkeit den Frauen nichts geholfen hat. „Wir hatten in die Bäckerschürze innen eine Tasche eingenäht, in der - schwuppdiwupp - ein Batzen Teig nach dem anderen verschwand“, wurde ich aufgeklärt. Übrigens: Noch heute fahre ich jedes Jahr im November von Berlin nach Cunnersdorf, um für die Familie und Freunde echten Stollen Dresdner Machart zu holen.

Man sieht daran: Der Duft der Kindheit lässt einen niemals los.

Luftschutz - im Dirndlkleid

Als ich am Faschingsabend 1945 kurz nach dem Fliegeralarm die Flucht der Oppellstraße hinunter blickte, sah ich sie: Lichter am Himmel, in Pyramidenform wie die Kerzen eines Weihnachtsbaumes, nur grellweiß gleißend, dazwischen vereinzelt giftgrüne Feuerkugeln. Von da an bekamen bloße Worte wie Bombenteppich, Feuersturm, Leuchtbombe und „Christbaum“ für mich eine fass- und sichtbare Gestalt. Flakfeuer dagegen habe ich während der Bombenangriffe nicht gehört, sah auch weder vor- noch nachher die Leichenfinger der Scheinwerfer am Himmel oder verteidigende Jäger. Ich fühlte mehr als dass ich es begriff: Dresden war schutzlos.

Und das trotz Luftschutz. Der hatte bei den Nazis zwar einen hohen Propagandawert. Doch hielt er auch der Wirklichkeit stand?

Die uns in der Oppellstraße zur Verfügung gestellten Geräte zeigten sich als erbärmlich. Das waren eine Handspritze, Eimer, Schaufeln, Hacken und zwei Feuerklatschen, eine Art Scheuerlappen, die jemand an Besenstiele genagelt hatte. Feuerlöscher bekamen wir nicht, obwohl es solche Geräte zur Genüge gab, zum Beispiel den Minimax. Vermutlich waren sie für Arbeiterviertel am Rande der Stadt zu teuer. Die Firma warb dafür mit dem Slogan: Hast du Minimax im Haus, bricht bei dir kein Feuer aus! „Minimax ist großer Mist, wenn du nicht zu Hause bist“, ergänzten wir Bengels diesen Vers. Mit Schotter gefüllte Splitterkästen befanden sich vor den niedrigen, ebenerdigen Kellerfenstern. Und die Löschsandtüten! Sie standen nicht nur auf dem Dachboden, sondern auch im Treppenhaus auf jeder Etage. Unsere waren allerdings zeitweise zweckentfremdet.

Eines Tages hatte Mutti den Tisch voller Möhren und bemerkte:

„Man müsste eine Kiste mit Sand haben, darin halten sie sich gut." Ich meinte: „Nehmen wir doch den Sand vor der Tür!" Gesagt, getan - rein mit den Mohrrüben in die Tüten. Als der Sand zur Bekämpfung von Stabbrandbomben gebraucht wurde, waren die Möhren gottlob aufgegessen.

Recht gut funktionierte die Verdunkelung. Alle Fenster erhielten Rollos, die bei Dunkelheit kein Licht nach außen dringen lassen sollten. Autoscheinwerfer wurden mit schwarzen Kappen abgedeckt, nur ein schmaler Schlitz blieb frei. Sogar meine Essener Oma, die spät abends immer mit einer kleinen Petroleumlampe von uns nach Hause ging, musste das Funzellicht mit dunkelblauem Glas abschirmen. Die Bomber der Tommies und Amis haben Dresden dennoch gefunden.

Luftschutzübungen der Jahre vor 1945, an denen manchmal auch wir Kinder teilnahmen, waren für die Katz. Ich sehe noch das Bild vor mir: Händchen haltend im Kreis, Kniebeugen mit Gasmaske im Tränengasnebel - meine Mutter sah aus wie ein Fabelwesen im Dirndlkleid. Auch in der Dreikönigsschule probten wir den zügigen Abmarsch in den Keller. Da hockten wir dann in langen Gängen, über uns die Rohre der Fernheizung. Einer der Primaner, in Flakhelferuniform, die von uns Jüngeren neidvoll betrachtet wurde, meinte: „Mann, wenn im Ernstfall diese Rohre platzen..." Es leuchtete mir ein, was dann los wäre.

Viel Aufhebens wurde um die Mauerdurchbrüche zu den Kellern der Nachbarhäuser gemacht. So hätte man, falls das eigene Haus eingestürzt und jeder Ausgang versperrt sein sollte, einen Fluchtweg gehabt. Luftschleusen oder Feuertüren hatten Seltenheitswert. Menschen in der Altstadt, wo nicht nur ganze Straßen, sondern ganze Viertel von den Flammen erfüllt gewesen sind, hätte und hat all das nicht mehr geholfen. Ein solches Bild hatte ich schon lange vor dem Februar 45 gesehen, auf emaillierten Firmenschildern einer Versicherung - Feuersocietät oder so ähnlich hieß sie wohl. Darauf loderten aus der Silhouette Dresdens mit Frauen- und Hofkirche, Georgentor und Zwinger Flammen bis zum Himmel. Welch makabrer Vorgriff! Für manche Werbeexperten damals wie heute ist Fingerspitzengefühl offenbar ein Fremdwort.

Hauptsache, das Geld klingelt in der Kasse.

Gerüchtestadt Dresden

Nach den Luftangriffen hausten die meisten Bewohner unseres Hauses vorsichtshalber im Keller. Im flackernden Schein der Hindenburglichter - Pappnäpfchen mit Kunstwachs und einem Docht darin - erschien alles sehr unwirklich. Die Treffen dort wurden zeitweise zu einer Gerüchteküche.

Jemand wollte wissen, dass es auf dem historischen Friedhof am Sachsenplatz schrecklich ausgesehen habe. Dort sei eine Sprengbombe zwischen die Gräber gefallen und habe uralte Gebeine zu Tage gefördert. Das ging vor allem den Älteren zu Herzen. Warum solche Aufregung, dachte ich, die waren doch ohnehin schon lange tot... Heute verstehe ich die Gefühle der Opas von damals...

Unsere Nachbarin erzählte die Geschichte einer Freundin, die sich beim Nachtangriff in den Großen Garten geflüchtet hatte. Als sie in einem Wassergraben Deckung suchte, lag dort schon einer. Das aber war ein Löwe. Im Laufe der Jahre hörte ich diese Story in verschiedenen Varianten: Mal war's ein Löwe, dann ein Bär, dann ein Tiger. Allen Versionen war eines gemeinsam: Die Tiere sollen verängstigt und ganz friedlich gewesen sein.

Dass Plünderer und Miesmacher sofort erschossen würden, verstand ich damals noch nicht. Miesmacher, was waren das für Leute? Dass damit schon jemand gemeint sein konnte, der nicht den Mund hielt und sagte, unsere Stadt brenne als Vergeltung für die Zertrümmerung Coventrys durch Görings Flieger, haben vielleicht die Älteren begriffen. Sie mögen sich daran erinnert haben, dass Hitler mit dem „Ausradieren" englischer Städte gedroht hatte und „Coventrieren" bald zum Synonym dafür wurde.

Jemand wusste, auf dem Neumarkt sei die Lutherfigur von ihrem Sockel gestürzt. Der gefallene Reformator wurde später oft fotografiert. Die Bilder finden sich in vielen Fotobänden. Nur wenige wissen, dass dabei eine Fälschung im Spiel war. Wenn man genau hinsieht, wird deutlich, dass die schwere Statue keinesfalls dorthin hätte fallen können, wo sie immer wieder geknipst worden ist. Sie lag zu weit weg von ihrem Sockel. Wie ist das möglich? Ganz einfach: Ein Team von Dokumentarfilmern hatte das Standbild des Reformators ein Ende weggerückt, damit es besser ins Bild des Ruinenpanoramas ringsum passte...

Auch wenn ich Berufskollegen nicht gern etwas Böses nachsage: Manchen Journalisten ist um der Quoten und des Geldes willen nichts heilig, und das heute mehr als je zuvor.

Die Nachricht vom Brand und Untergang der Raddampfer an der Brühlschen Terrasse bewegte mich. Wie hatte ich mich vor Kriegsbeginn bei einem 14-tägigen Schiffsurlaub meiner Eltern an Bord der

„Krippen" - ganz vorne unter der goldig glänzenden Schiffsglocke auf Taurollen sitzend - als Kapitän auf großer Fahrt gefühlt! Als ich mich nach den Angriffen selbständig gemacht hatte und das erste Mal allein an der Elbe stand, tröstete mich, dass nur ein paar Schiffe der großen Weißen Flotte verräuchert auf dem Wasser oder auf Grund lagen. Also würden die anderen Dampfer wohl noch heil sein.

Eines Tages hieß es, im nahe gelegenen Soldatenheim an der Königsbrücker Straße gebe es kostenlos Verpflegung, auch wir könnten hingehen. War das nicht für andere gedacht als für uns, deren Haus noch stand? Doch auch ich habe dort wider ein besseres Empfinden Essen geholt, obwohl ich mich schämte, zwischen den Leuten hindurchzugehen, die auf dem Gelände des Heims saßen und lagen, ein Bündel oder eine Tasche an der Seite, teilweise verletzt und nur notdürftig medizinisch versorgt. Manche mussten ihre Suppe mit verbundenen Händen löffeln. Kleinlaut ging ich mit gefülltem Kochgeschirr heim. Ungezügelter Besitztrieb ist eine große, böse Kraft.

Als sich nach Tagen und Wochen Feuer und Qualm verzogen hatten, bin ich wiederholt durch das Zentrum gestreift. Es war eine Welt, wie sie vorher auch die bösesten Albträume nicht hätten hervorbringen können: hoch aufragende Fassaden mit leeren Fensterhöhlen, dazwischen auf die Straße niedergebrochene Mauern, Totenstille.

Später wurde publik, dass manche Stellen in der Trümmerwüste so menschenleer doch nicht gewesen sind. Hier und da hat man in Ruinenkellern Diebeslager entdeckt, von denen aus Raubzüge und Überfälle auf Menschen unternommen worden waren, die zu Fuß die Innenstadt durchqueren mussten.

In Gegenden mit etwas lockerer Bauweise waren Bäume und Sträucher in Ruinennähe zu schwarzen Gerippen verschmort. Abrasierte oder umgeknickte Telefonmasten hingen in ihren Drähten. In den Straßen sah man hier und da ausgebrannte Lieferautos, Pferdewagen und Straßenbahnen. Lebhaft erinnere ich mich an einen der von mir so geschätzten Hechtwagen. Er war durch Feuer und Bombensplitter schlimm zugerichtet, die zerrissene elektrische Oberleitung hing, sich ringelnd, darüber.

Menschen begegnete ich bei diesen Rundgängen kaum, zumindest nicht dort, wo alles zerstört war. Die Leichen hatte man schon weggebracht. Doch Spuren der Lebenden und der Toten waren allgegenwärtig. An vielen Wänden konnte man Nachrichten lesen, auf Papier oder Pappe geschrieben, oft anscheinend mit verkohlten Holzresten, oder in den Putz gekratzt, etwa: „Sind bei Erwin in Tharandt." Ein

Spruch an solcher Stelle hat mich tief berührt in seiner Hilflosigkeit: „Mutter, wo bist du?"

Ich werde diese vier Worte mein Lebtag nicht vergessen.

Aini Teufel
Irrlichter

Nach dem Luftangriff auf Dresden im Oktober 1944 haben wir Schülerinnen der Clara-Schumann-Schule Erkennungsmarken bekommen. Das sind ovale Anhänger aus Metall mit einer Nummer darauf. In einer Brusttasche aus Leder müssen wir sie um den Hals tragen. Falls wir verschüttet werden oder verbrennen. Damit man dann weiß, wer wir waren. Unsere Clara-Schumann-Schule auf der Marschnerstraße ist Lazarett geworden, ein Krankenhaus für Soldaten. Wir gehen jetzt in der Innenstadt in eine Schule und haben oft erst am Nachmittag Unterricht.

Es ist ein bisschen gruslig und auch ein bisschen schön, danach im Dunkel durch die Stadt zu laufen. An allen Fenstern der Häuser sind die schwarzen Rollos heruntergezogen, so dass kein Lichtschein auf die Straßen fällt. Auch die Scheiben der Gaslaternen sind bis auf einen kleinen Rand unten schwarz zugestrichen. Dieser Rand leuchtet grün. Auf dem Fußweg hat die Laterne dann einen runden, grünen Schein. Der sieht aber hübsch aus. Wie ein Mond, der vom Himmel gefallen ist. Und da sind auch noch viele kleine Monde, die im Dunkel herumzittern. Die Leute haben die Zittermonde anstecken.

Es sind grüne Leuchtplaketten. Die müssen wir an Mänteln oder Jacken haben, damit wir nicht zusammenrennen. An der Straßenbahnhaltestelle zittern immer besonders viele kleine, grüne Monde. Sie sehen aus, als schwebten sie hin und her. So stelle ich mir Irrlichter vor. Ich mag die Irrlichter und wie sie schweben. Nicht mag ich, wenn es draußen finster ist und wir in der Schule sitzen und die Sirenen heulen. Dann brennt in den Gängen nur ein Notlicht, und es gibt Gedränge und Geschubse auf den Treppen hinunter zum Luftschutzkeller. Fast jeden Tag und jede Nacht haben wir jetzt in Dresden Fliegeralarm.

Abends, vor dem Einschlafen, zaubere ich gern. Ich zaubere einen Traum: Ich komme aus der Schule, ich steige aus der Straßenbahn und sehe: Flugzeuge haben Bomben abgeworfen auf das Haus, in dem ich wohne. Unser Haus brennt. Ich renne die Treppe hinunter in den Luftschutzkeller und rette Großmama und alle Hausbewohner! Danach sause ich die Treppe hinauf zu unserer Wohnung und rette so viel, wie ich tragen kann. Wo soll ich es aber hinlegen? Ich beginne meinen Traum von vorn.

Nachts wache ich auf. Ich wache jetzt oft mitten in der Nacht auf. Obwohl alles still ist, fühle ich sie schon, die Sirene. Gleich wird sie kommen, gleich! Ein schauerliches Geheul! Wir springen aus den Betten, ziehen Schuhe und Mäntel über und greifen nach den Taschen, die neben der Tür bereitstehen. Im Haus wird der Gong geschlagen. Wir eilen zum Luftschutzkeller. Draußen dröhnt es wie von tausend Motoren. Ich gehe mit Mutti und unserem Luftschutzwart zur hinteren Kellertür. Es dröhnt immer lauter. Und auf einmal sinken vom schwarzen Himmel unzählige leuchtende Christbäume. Der Himmel wird heller und heller. Nie habe ich etwas Schöneres gesehen! Mein Spielplatz im silbernen Licht! Ich möchte schauen und schauen. Doch ein entsetzliches Krachen beginnt. Ich werde fortgerissen in den Luftschutzkeller. Das elektrische Licht verlöscht. Die Wände wackeln. Die Erwachsenen zerren sich Gasmasken über die Köpfe und hucken ihre Rucksäcke auf. Wie grässliche Rüsseltiere sehen sie aus! Wir sitzen. Die Bomben krachen.

Dann wird es ruhiger draußen. Eine Sirene gibt Entwarnung. Wir kriechen aus dem Keller. Über die Dächer fegt der Sturm. Am Himmel glüht ein roter Feuerball. Rauchwolken quellen über den Flammen empor. Die Wohnungen werden nach Blindgängern abgesucht. Danach laufe ich in jedes Zimmer. Ich begrüße und streichle Tisch und Stühle, das Sofa, den Schrank, mein Bett, die Bilder an den Wänden. Mir ist, als hätte ich das alles ganz neu geschenkt bekommen. In Gedanken nehme ich jede Nacht Abschied von allem.

Drei Stunden später heulen wieder die Sirenen. Auch nach diesem Bombenangriff stehen die Menschen auf dem Hof. Der Feuersturm peitscht Funken an unsere Häuserwände. Rauchwolken wachsen zu schwarzen Bergen über dem roten Himmel. Dazwischen zucken helle und orangene Flammen. Immer noch kracht es fürchterlich. Alle sind aufgeregt. Ich auch. So ein komisches Zittern in mir will gar nicht aufhören. Es muss die Hölle los sein in der Stadt!, sagen die Leute und erzählen von Verwandten und Freunden, um die sie sich sorgen. Doch niemand geht los, um sie zu retten. Sei froh, dass du noch lebst. Dort kann jetzt keiner hinein!, antwortet Mutti, als ich ihr meine Gedanken sage.

Die Menschen verbrennen in der Stadt. Das Feuer ist mächtiger als die Menschen, es frisst Häuser und Menschen auf. Und Träume. Nie mehr kann ich träumen, ich rette Großmama und die Hausbewohner. Man kann niemanden retten. Keiner kann dort hinein.

PETER HAUSCHILD

16 minus 1: Bilanz des Grüßens

Das Haus Schäferstraße 73 ist ein stattliches Gebäude und zieht sich bis auf die Vorwerkstraße hin. Und ebenso stattlich war in der Zeit, in der sich die folgende Episode zutrug, der „tausendjährigen" nämlich, die Anzahl der im Gründerzeithaus wohnenden Mieter: 16 Parteien bevölkerten es. Doch keiner scheint deswegen völkisch geworden zu sein. Denn alle begrüßten sich mit einem freundlichen „Guten Tag!" Fast alle, jedenfalls. Nur Frau Wünsche, weil braun eingefärbt, ließ stets ein strammes „Heil Hitler!" ertönen, das über alle vier Etagen hallte. Sie war wohl etwas schrullig, angejahrt und ohne Mann.

Eben das aber traf auf mich nicht zu, und so machte ich es wie die anderen auch und grüßte höflich mit „Guten Tag!" Das Ergebnis war schließlich, dass Frau Wünsche im Laufe der Zeit zur Weißglut aufkochte und dafür sorgte, dass ich, kaum in die 3. Volksschule aufgenommen, zu den Pimpfen am Peterberg pilgern musste. Zwecks Schulung meiner Urteilsfähigkeit.

Die Luftlagemeldungen Anfang der vierziger Jahre aber waren so, dass der Pimpfentreff recht selten stattfand. Außerdem befielen mich des Öfteren schwere Erkrankungen, so dass meine politische Bildung nicht recht vorankam und ich weiter auf „Guten Tag!" auswich.

Als im Februar 1945 auch das NSDAP-Haus einen Treffer abbekam, lösten sich die politischen Fragen langsam aber sicher im Selbstlauf. Im April hörte auch Frau Wünsche, wiewohl schon von Altersschwerhörigkeit gezeichnet, Kanonendonner in der Ferne. Dadurch geriet ihr der Hitler-Gruß sowohl leiser als auch undeutlicher, und der erhobene Arm machte auch nicht mehr richtig mit. Anfang Mai 1945 - Dresden war schon längst zur Festung erklärt worden - verschwand Frau Wünsche auf Nimmerwiedersehen. So sicher schien ihr die Festung nun auch wieder nicht zu sein.

Von da an grüßte die Schäferstraße 73 wieder ausnahmslos mit „Guten Tag". In den 90er Jahren des vergangenen Jahrhunderts gesellte sich gelegentlich ein „Hallo" hinzu, natürlich als englisches „Hello" artikuliert. Das hätte Frau Wünsche wohl noch weniger verkraftet: die

Sprache des einstigen Erzfeindes! Das Leben hält eben mitunter merkwürdige Wendungen bereit.

HANSJOACHIM PAECH

Stoßtrupp ins Niemandsland

Ende April 1945 verlief die Westfront irgendwo zwischen Meißen und Oschatz. Wo genau, wusste niemand. Sie befand sich also im Niemandsland und bedurfte der Aufklärung. Dies hatte von Dresden aus zu geschehen, wo im Westteil der Stadt, an geheimem Ort, Pimpfe und Hitlerjungen kampierten, die unter Führung von Wehrmachtsoffizieren auf den Einsatz in der Waffen-SS vorbereitet werden sollten und das Reich mittels Eierhandgranaten zu retten hatten.

Ehe ich mich jedoch auf die Feinderkundung einlasse, erlauben Sie eine semantische Abschweifung ins Niemandsland; denn nichts verrät uns so deutlich wie dieser Begriff, dass Krieg herrscht.

„Niemandsland“ bezeichnet das Gelände zwischen den gegnerischen Fronten, wenn wir davon absehen wollen, dass es mitunter auch auf unbesiedeltes Gebiet angewendet wird. Aber zwischen Meißen und Oschatz war 1945 schon alles besiedelt; es gehörte also jemandem, war sozusagen „Jemandsland“. Diese Jemande standen in diversen Grundbüchern und nannten Flurstücke ihr Eigen. Nun wird jedem einleuchten, dass bei wechselndem Kriegsglück und flotten Frontverläufen die jeweiligen Sieger nicht so schnell in die Grundbücher eingetragen werden können. Deshalb ist „Jemandsland“ letztlich stabiler als „Niemandsland“; denn sobald wieder Frieden einzieht, kann man an den Grundbüchern erkennen, dass das Flurstück Nr. Soundso nicht den Westlichen Alliierten oder der Roten Armee gehört, obwohl sie es einst erobert hatten, sondern - zum Beispiel - dem Landwirt Herrn Feldmann.

Die Sowjetrussen sind zwischenzeitlich von diesem Prinzip abgewichen, als sie das eroberte Jemandsland in Volkseigentum verwandelten und auf diese Weise eine moderne Form des Niemandslandes schufen, weil sich für das Volkseigentum auch niemand verantwortlich fühlte. Natürlich hätten sie die Ostzone auch Walter Ulbricht und dem Politbüro schenken können, aber dann hätten selbige ja die Verantwortung für ihren Landbesitz übernehmen müssen, und das war politisch nicht gewollt.

Die Aufklärung des Niemandslandes zwischen Meißen und Oschatz Ende April 1945 oblag einem so genannten Stoßtrupp, der sich aus einem Leutnant und zwei Mann, einem Pimpfen und einem Hitlerjungen, zusammensetzte. Dass der Leutnant die Truppe befehligte, verstand sich angesichts seiner militärischen Erfahrung von selbst, weil der Pimpf mit seinen 16 Jahren - was meine Person als „Jungzugführer“ war - ebenso wenig Niemandslanderfahrung hatte wie der Hitlerjunge mit seinen 17. In der Nazi-Hierarchie gelangte man vom Pimpfen über den Hitlerjungen zum Parteigenossen. Dieses Prinzip haben die antifaschistischen Gegner Hitlers insofern übernommen, als man auch bei ihnen vom Jungen Pionier über den FDJler zum SED-Genossen aufsteigen konnte. Aber weder die erste noch die zweite Stufenleiter haben funktioniert.

Der Stoßtrupp war mit Fahrrädern ausgerüstet, weil um diese Zeit erstens das Benzin knapp war und zweitens unauffällig vorgegangen werden sollte. Die Bewaffnung des Trupps bestand aus drei Pistolen, einer Maschinenpistole für den Leutnant und zwei Gewehren für die jungen Krieger. Diese Waffen besaßen ein Magazin mit fünf (oder waren es zehn?) Schuss, die ohne nachzuladen abgefeuert werden konnten, was sich noch als äußerst nachteilig erweisen sollte. Kurz vor Meißen verlor sich der Stoßtrupp aus ungeklärter Ursache vorübergehend aus den Augen, fand aber wieder zusammen, nachdem der Pimpf, wie für solche Fälle vereinbart, einen Schuss in die Luft abgegeben hatte. Dabei vergaß er, in solchen Sachen ungeübt, das Gewehr zu sichern.

In Meißen wimmelte es von Angehörigen der Deutschen Wehrmacht. Viele strebten einem großen Gebäude zu, in dem man wohl die Ortskommandantur zu sehen hatte. So auch unser Leutnant, der in einem Zimmer des oberen Stockwerks zur Entgegennahme neuer Befehle verschwand und seinen beiden Adlaten gebot, auf dem Flur zu warten.

Es wurde langweilig, und wir begannen, unsere Waffen einer näheren Prüfung zu unterziehen. Ich muss an den Abzugshahn gekommen sein; jedenfalls löste sich ein Schuss, der sofort für Totenstille im Gebäude sorgte. Sollte der Ami bereits in Meißen einmarschiert sein...?

Dann setzte ein merkwürdiges Geräusch ein. Es hörte sich an, als ob ein Bächlein, lustig plätschernd, seinen Weg über Stock und Stein sucht. Die Kugel hatte einen Zentralheizungskörper getroffen, aus dem nun das Wasser in starkem Strahl heraustrat und das Treppenhaus flutete.

Trotz der einsetzenden Aufregung überkam mich zunächst ein Gefühl glücklicher Erleichterung. Der Schuss hätte ebenso gut einen der Soldaten treffen können, die die Treppen hinauf- und hinunterhasteten. Dennoch befürchtete ich das Schlimmste und rechnete mit baldiger Erschießung.

Nachdem der Leutnant sich über den Sachverhalt informiert hatte, zog er sich zur Beratung mit dem Hausherrn, einem höheren Dienstgrad, zurück, und es dauerte eine Ewigkeit, bis ich mein Urteil erfuhr: Bewährung im Rahmen des bevorstehenden Auftrags. Diese Milde hatte ihren Hintergrund.

Man schrieb den 30. April 1945. Der Führer und Reichskanzler hatte sich in Berlin selbst entleibt, d.h., er war im Kampf gefallen, und hatte die Macht an Großadmiral Dönitz übergeben. Aus diesem außerordentlichen und eigentlich von der Vorsehung nicht vorgesehenen Anlass verzichtete man in Meißen auf härtere Bestrafung in meinem Fall. Daher kam mir der Tod des Führers außerordentlich gelegen.

Ich bewährte mich in vorbildlicher Weise, indem ich mehrere amerikanische Offiziere - es muss sich um einen Generalstab gehandelt haben - außer Gefecht setzen half. Zu diesem Zweck radelte unser Stoßtrupp unaufhaltsam weiter in Richtung Westen, wo die Front zu vermuten war. So gelangten wir in ein Dorf, dessen Bauern inzwischen Angst vor ihren ehemaligen Knechten bekommen hatten; denn diese Knechte waren in ihrem früheren friedlichen Leben in Polen aufgewachsen und als sogenannte Fremdarbeiter in das Gebiet zwischen Meißen und Oschatz deportiert worden. Sie nutzten, was man verstehen kann, den Status als Niemandsland und hatten sich bereits von ihren ehemaligen Herren verabschiedet.

In diese nach allen Seiten offenen Machtstrukturen radelte unser Stoßtrupp und wurde alsbald von den Landwirten begeistert begrüßt, da sie annehmen durften, dass wir als Waffenträger die alte Ordnung unverzüglich wieder herzustellen in der Lage waren.

Es sollte anders kommen. Auf der Dorfstraße hatte sich eine Menschenmenge angesammelt, die bedrohlich anschwoll und in Richtung Ortsausgang quoll. Wir vermuteten in ihr vor allem die einstigen Fremdarbeiter, die sich die Freiheit genommen hatten, die ihnen zustand. Sobald sie auf unseren Stoßtrupp treffen würden, war eine Konfrontation unvermeidlich. Der Leutnant stand vor einer strategischen Entscheidung größerer Tragweite und nutzte sie auf seine Weise. Anstatt die Fahrräder zu besteigen und das Weite zu suchen, ließ er uns im Straßengraben in Stellung gehen und die Gewehre in Anschlag bringen - offenbar entschlossen, ein Blutbad anzurichten.

Ich lag mit ihm links der Straße, unser Hitlerjunge rechts. Auf Kommando sollte das Feuer eröffnet werden. Ich zitterte am ganzen Leibe, hatte noch nie auf einen Menschen geschossen, war aber immerhin durch das Soldatenspielen so verroht, dass mich Fliegen und

Mücken im Nudeleintopf schon nicht mehr störten. Wer weiß, wozu ich noch fähig sein würde!

Aber wiederum hatte das Schicksal eine Lösung parat, auf die kein irdischer Regisseur gekommen wäre. Der Lindwurm, der auf uns zukroch, war etwa 250 Meter entfernt, als sich - mal bildlich gesprochen - sein Maul öffnete und ein Fahrzeug ausspie, als hätte er Schwierigkeiten mit dessen Verdauung gehabt. Es war ein Opel „Olympia" grüner Farbe, der nun langsam auf unseren Stoßtrupp zufuhr, ohne ihn indes bemerkt zu haben. An der Stirnseite des Daches war mit Leukoplaststreifen die Identität geklebt worden: US-Army. Es gibt Situationen im Leben, die man nicht proben kann und wo eine Fehlentscheidung entweder Leben oder Tod bedeutet. Da ich dieses Manuskript fertig gestellt habe, muss die Entscheidung des Leutnants am 1. Mai 1945 im Niemandsland bei Oschatz richtig gewesen sein.

Er sprang, etwa 3 Meter vor dem Opel, mit vorgehaltener Maschinenpistole aus dem Straßengraben, was den sofortigen Halt des Wagens zur Folge hatte, zumal wir rechts und links ebenfalls die Deckung verlassen hatten und mit Gewehren im Anschlag standen. Der Coup gelang wegen seines Überraschungseffekts. Die Amis, die keine Ahnung von der Truppenstärke haben konnten, die gegen sie stand, ergaben sich sofort und verließen das Fahrzeug mit erhobenen Händen: drei Offiziere mit viel Lametta und gut gebügelten Uniformen. Der Leutnant deutete ihnen mit seiner MP die Richtung an: zurück, woher sie gekommen waren, diesmal allerdings zu Fuß; denn den Opel besetzten wir und fuhren davon.

Der ganze dramatische Vorgang hatte wahrscheinlich nur Sekunden in Anspruch genommen, war aber ohne Blutvergießen beendet worden. Wir stellten mit Befriedigung fest, dass der Generalstab, wie ich ihn mal nennen will, uns Rotwein, Zigarren und Schokolade in ziemlicher Fülle überlassen hatte, und so konnten wir uns schon ausmalen, wie der Abend verlaufen würde. An Zigarren war ich zwar weniger interessiert, aber der Rotwein verhieß eine Orgie, bzw. das, was ein 16-Jähriger sich darunter vorstellt. Inzwischen haben sich meine Erwartungen an eine Orgie natürlich gesteigert und ich weiß, dass mehr dazu gehört als ein Leutnant und zwei Mann.

Da griff abermals ein überirdischer Regisseur ein - diesmal beinahe zu unseren Ungunsten. In der Eile, die uns vorantrieb, hatte niemand daran gedacht, die Leukoplaststreifen oberhalb der Frontscheibe zu entfernen. Deshalb staunten wir nicht schlecht, als sich nach wenigen Fahrkilometern eine Panzerfaust aus einem Mannloch gegen uns - die eigenen Leute! - richtete. Der Volksstürmer hatte „US-Army“ gelesen und war zu allem bereit. In letzter Sekunde konnten wir den Irrtum mit vertrauten sächsischen Lauten aufklären. Wir haben aus Dankbarkeit großzügig gespendet, was uns die amerikanische Nation lange vor dem Marshallplan zugesteckt hatte.

Anschließend rasten wir mit immerhin 60 Sachen nach Dresden zurück, um den Frontverlauf zu melden. Die Straßensperre der „Kettenhunde“ (durch ihre Brutalität berüchtigte Militärpolizei) an der Kesselsdorfer Straße wäre uns bald zum Verhängnis geworden; aber da wir stärker bewaffnet waren, durchbrachen wir sie kurzerhand mit steifem Gasfuß.

Sicherheitshalber - man kann nie wissen! - wechselten wir im Kasernengelände von Nickern den Wagen und tauschten ihn gegen einen „Kübel“ ein. Ich vermute, dass die Gangster, die immer die Banken ausrauben, diese Methode des Wagenwechsels von unserem Stoßtrupp übernommen haben - obwohl wir sie nicht zum Patent angemeldet haben. Was hätte man heute daran verdienen können!

Als ich dann später einen Dienstwagen der Marke Opel Olympia, 1,3 l, fuhr, hatte ich mit der Bedienung keine Schwierigkeiten. Das ist einer der wenigen Fälle, da man im Kriege etwas für den Frieden lernen kann - vorausgesetzt, man kommt lebend davon.

Heinz Weise

„Albert, ein Spät-Fastnachtler!“

An jenem Faschingsabend 1945, dem 13. Februar kurz vor zehn, passierte zweierlei gleichzeitig: Mutter riss mich aus dem Schlaf, und die Nachbarn läuteten Sturm an unserer Wohnungstür. „So kommt doch! Kommt! Sie sind schon über uns!“, riefen sie uns zu und polterten dann die Treppe hinunter. Übertönt wurde dieses Geräusch nur von einem starken Brummen am Himmel. Fliegerangriff!

Wie Mutter es fertig brachte, mir noch den Mantel über die Nachtwäsche zu stülpen, mir sogar Strümpfe und Schuhe anzuziehen, kann ich nicht sagen. Ich weiß nur noch, dass Vater, der mich abwechselnd auf den Armen trug und hinter sich herzerrte, beruhigend auf mich einredete: „Keine Angst. Wir schaffen es schon!“ Wir schafften es tatsächlich noch, von der vierten Etage ins Freie zu gelangen und, die Berliner Straße entlanghastend, den Bunker zu erreichen. Aber gerade so; denn kaum hatten sich seine schweren Eisentüren hinter uns geschlossen, waren die ersten Detonationen zu hören. Frauen begannen aufzuschreien, Kinder zu wimmern. Dann folgte Einschlag auf Einschlag, und niemand schrie oder wimmerte nun mehr, es war still geworden. Alles atmete leise vor sich hin; die Luft begann knapp zu werden hier unten, im ehemaligen Weinkeller des Großrestaurants „Kristallpalast". Drängten sich in dem Gewölbe, das sich von Friedrichstadts Schäfer- bis zur Berliner Straße erstreckte (heute Gaststätte „Lyra") doch beinahe doppelt so viele Menschen, als es fasste. „Etwa 800", schätzte mein Onkel Robert, der vorn an der Bunkertür stand und, durch deren dickglasige Luke nach draußen spähend, aktuelle Lageberichte abgab. „Immer noch Sprengbomben, seit fünfzehn Minuten nun schon", sagte er jetzt, und wie zur Bestätigung schlug es erneut ein. Dann Stille. Minuten summierten sich zu einer Stunde, zu zwei. Nichts geschah mehr. Da platzte plötzlich Putz von den Wänden, die blakende Deckenbeleuchtung erlosch. Panik kam auf. Die Menschen, eben noch in Hock- oder Kauerstellung, hatten sich erhoben und drängten, aufkreischend und sich fast erdrückend, zur Tür. Irgendjemand schob sie dann auf, und die Masse zwängte sich durch sie nach draußen.

Dort standen auch wir drei nun: verstört, dabei komisch wirkend mit unseren Mundschützern, die Mutter genäht hatte; prophylaktisch zwar nur, aber jetzt unverzichtbar, um den beißenden Qualm zu ertragen, der von den ringsum brennenden Häusern aufstieg. War auch unseres getroffen worden? Wir liefen zum oberen Straßenteil, mussten kurz darauf aber umkehren: die zweite Angriffswelle rollte heran. Und donnerte dann mit gleicher Wucht wie die erste über den Bunker, diesmal mehr als zwei Stunden lang. Als wir auch sie überstanden hatten und wieder auf der Straße standen, drohte der Mahlstrom umherirrender Menschen und apokalyptisch dahinjagender Feuerwinde uns fortzuspülen. Nur weg von hier! Doch wohin? „Ins Zentrum!", rief Vater uns zu. „Nein", schrie jemand, „die ganze Stadt brennt!" Wir schlugen die Gegenrichtung ein, erreichten unser Haus. Die Bomben hatten es vertikal geteilt, eine Seite vom Dach bis zur zweiten Etage zerstört, die andere stehen gelassen. Unsere Wohnung, die in diesem Teil lag, gab es also noch. Sie war jetzt deutlich auszumachen im hellen Feuerschein. Auch das Treppenhaus, das in der Luft zu hängen schien.

Auf ihm krochen wir später - das Morgenlicht hatte sich nun durch den Rauch gekämpft - auf allen Vieren nach oben. Die Wohnungstür musste gewaltsam geöffnet werden; innen lagen die Möbel davor, die von den Druckwellen durcheinander gewirbelt worden waren. Wir versuchten, sie in den folgenden Stunden wieder an ihren angestammten Platz zu wuchten. Dann verstaute Mutter in ihrem Täschchen ein paar Utensilien und Vater rettete den Vogelbauer mit Putzi, dem Kanarienvogel, der ziemlich verrückt spielte.

Da unterschied er sich aber kaum von uns. Mussten wir doch plötzlich Hals über Kopf wieder nach unten - „oben" brummte es schon wieder. Und jetzt konnten wir die Verderben bringenden Vögel sehen, sie glitzerten zu Hunderten in der Mittagssonne. Als sie dann ihre Bombenlast abgeworfen hatten, ahnten wir, dass sie nicht gleich wiederkommen würden: Sie hatten ganze Arbeit geleistet. Auch an unserem Haus. Denn als wir uns diesmal vom Bunker aus zu ihm durchgeschlagen hatten, fiel es, lichterloh brennend, soeben zusammen. Stabbrandbomben hatten ihm den Rest gegeben. Es war das erste Mal, dass ich Vater weinen sah. Auch ich konnte nicht anders. Mutter tröstete mich, dabei beugte sie sich zu mir herunter. Glücklicherweise! Pfiff in diesem Moment doch ein handtellergroßer Eisensplitter über sie hinweg und vergrub sich gegenüber in der Sockelruine unseres Hauses. Drüben im Friedrichstädter Bahnhof war ein Munitionszug explodiert. Wir suchten das Weite.

Erreichten schließlich die Hamburger Straße. Liefen weiter landwärts, vorbei an zerfetzten Menschen und Häusern, brauchten dann Stunden, um am Flügelweg die Senke nach Cotta zu queren: Sie war bis obenhin voll gelaufen, mit Wasser aus zerstörten Leitungen. Irgendwann in der Dämmerung hatten wir es dann geschafft. Die Herbertstraße in Löbtau! Vater atmete auf, das Haus seines Bruders stand unversehrt. Ob Albert uns aufnehmen würde? Drei Ausgebombte - etwas viel auf einmal.

Mutter und ich hielten uns im Hintergrund, als Vater klingelte. Es dauerte seine Zeit, bis sich hinter der Tür etwas tat: Erna, Vaters Schwägerin, öffnete sie - und prallte zurück. Die Frau erschrak beim Anblick des Mannes mit dem schwarzen Antlitz und dem Feuerflecken-Aufzug. Das jedenfalls musste man ihrem Ausruf entnehmen, den sie sofort in Richtung Wohnungsinneres ausstieß: „Albert, ein Spät-Fastnachtler!" Es war schließlich Aschermittwoch.

Albert kam angerannt. Erkannte den Bruder - und gewährte uns sofort Unterkunft.- Wir waren gerettet. Und konnten Tante Ernas tragikomischer Verwechslung später sogar ein Lächeln abgewinnen. Obwohl es nicht leicht von unseren aschigen Gesichtern kam.

Edgar Roschig

Als die Frauenkirche versank

Im Jahre 1995, vor dem 50. Jahrestag der Zerstörung Dresdens, erschien in der Sächsischen Zeitung eine Anzeige, in der Zeitzeugen gesucht wurden, die den Einsturz der Frauenkirche gesehen haben. Man wollte wissen, ob die Kuppel senkrecht oder seitlich zusammengestürzt war, um daraus Rückschlüsse auf die Hitzeeinwirkung zu ziehen. Ich meldete mich, denn ich hatte sie mit eigenen Augen fallen sehen. Sie sank - und so berichtete ich es auch dem MDR und dem ZDF, die mich dazu interviewten - senkrecht in sich zusammen, wie eine Taucherglocke. Wieso mir diese „technische Feinheit" damals auffiel? Ganz einfach: es hängt mit meinem „technischen" Lebenslauf zusammen.

Er begann 1908 am Wilden Mann. Mein Vater Richard war damals Obermonteur bei Siemens, installierte unter anderem die kleine Drahtseilbahn zum Lingnerschloss, die heute nicht mehr existiert. Und so ist es kein Wunder, dass auch ich bald mit technischen Problemen konfrontiert wurde. Außerdem erlebte ich mit sechs Jahren Explosionen im Arsenal, angeblich Sabotageakte französischer Kriegsgefangener: Technik und immer wieder Technik also. Als ich dann später im „Ehrlichschen Gestift", einer privaten Anstalt, und im Stift Blochmannstraße die Realschulbildung bzw. mittlere Reife beendet hatte, trat ich mit der Werkzeugmacher- und Elektrikerlehre deshalb folgerichtig in die technischen Fußtapfen meines Vaters.

Dann kam das Jahr 1929. Ich war nach entsprechender Bewerbung in die „Technische Nothilfe" (TN) aufgenommen worden, wurde an den Wochenenden in der Weinbergstraße theoretisch und praktisch ausgebildet, baute zusammen mit meinen Kameraden Brücken und ähnliche nützliche Sachen, ohne zu ahnen, dass wir unsere praktischen Kenntnisse bald brauchen würden. Denn im Juli jenes Jahres gehen über dem Erzgebirge verheerende Wolkenbrüche nieder. Die Gottleuba und die Müglitz treten über die Ufer. In Berggießhübel stapeln sich die Särge. Einhundert Tote wurden aus dem Sand gebuddelt. Es sollte meine so genannte Feuertaufe werden.

Reichlich 15 Jahre später erlebte ich dann, wie furchtbar das Element selbst wüten kann. Da lag die Feuertaufe zwar längst hinter mir; der Feuertod aber stand noch bevor.

13. Februar 1945: Die TN hat eine Lagebesprechung im Bunker unter dem Albertinum, und auch ich bin dabei. In diesem Bunker legte

die Polizei, der unsere Organisation inzwischen unterstellt und die von Hitler nun militärisch organisiert worden war, damals die Einsatzpläne und Rettungsmaßnahmen fest. Nachdem unsere Beratung gegen neun Uhr abends beendet war, befand ich mich gerade auf dem Nachhauseweg Richtung Striesen, als plötzlich Tiefflieger angreifen. Ich also zurück in den Bunker, schon sind die ersten „Christbäume" über Dresden. 21.45 Uhr: der erste Angriff rollt. Ich überlebe ihn, und so schlage ich mich danach umgehend nach Hause durch. Das ganze Stadtzentrum brennt, Phosphor an allen Ecken. In Johannstadt springen Kranke im Nachthemd aus brennenden Kliniken, und als ich in unserer Straße ankomme, sehe ich, dass auch unser Haus brennt; meine Frau ist verschwunden. Ich haste zurück zum Albertinum und erhalte dort den Einsatzbefehl zur Rettung Überlebender. Wir arbeiten die ganze Nacht hindurch, dann schickt mich der Vorgesetzte nach Hause. Rette, was noch zu retten ist!

14. Februar 1945: Gegen Mittag die zweite Angriffswelle. Sprengbomben fallen. Wieder in die Dienststelle, danach Rettungs- und Bergungsarbeiten. Wer noch Arme und Beine hat, muss wegen der Seuchengefahr den Altmarkt absperren, wo sich die Leichen buchstäblich stapeln. Wie wir das alles überstanden haben - ich weiß es nicht mehr.

15. Februar 1945: Gegen Mittag TN-Einsatzberatung am Türkenbrunnen auf dem Neumarkt, wo in den kleinen Gassen (Münzgasse, Rampische Straße) noch alles brannte und qualmte. Der Einsatz begann mit Unterstützung durch Polizei und Volkssturm. Doch viele Keller waren wegen der Gluthitze nicht begehbar.

Plötzlich stehe ich mit meinen Kameraden Helmut Kaule und Georg Veit allein auf weiter Flur. Weitflächig niemand zu sehen; der Neumarkt ist abgeriegelt. Dann geschieht es. Ein Furcht erregender Knall, eine ungeheure Druckwelle, der ganze Neumarkt in eine Staubwolke gehüllt, wir werfen uns auf den Boden und erleben, von Furcht gebannt... den Untergang der Frauenkirche. Ihre Kuppel versinkt senkrecht. Wie eine Taucherglocke!, schießt es mir unwillkürlich durch den Kopf. In ähnlich majestätischer Größe muss wohl die „Titanic" untergegangen sein.

Später, viel später ermittelte man dann, dass die Fenster der Frauenkirche prophylaktisch zugemauert worden waren - bis auf zwei. Und durch sie muss das Feuer in den Innenraum gedrungen sein, der völlig ausbrannte. Die Hitzeentwicklung hat dann die Innen-Pfeiler zusammenstürzen lassen, wodurch schließlich die gesamte Kuppel instabil wurde und senkrecht in die Tiefe fuhr. Die statisch mit ihr verbundenen Außenwände wurden mitgerissen.

Was aber, wenn die zwei offenen Fenster nicht gewesen wären und die Frauenkirche den Angriff überstanden hätte? Sprengbomben hatten ihr ja nicht ernsthaft zugesetzt. Folgendes Szenarium ist denkbar: Politiker Ulbricht, der die Sophienkirche auf dem Gewissen hat, lässt auch die Frauenkirche abreißen. Falls das nicht zu erwarten gewesen und die Frauenkirche erhalten geblieben wäre, hätte sich die DDR-Diskussion um das „Mahnmal Frauenkirche" - weil gegenstandslos - erledigt. Wiederaufbau, Förderverein, Stiftung: nicht erforderlich.

Hätten zwei offene Fenster, möglicherweise eine Pflichtvergessenheit, die Stadtgeschichte ändern können? Eine unseriöse, ziemlich kuriose Frage.

ALLES RANNTE ZU RENNER

TECHNIK IST DIE
ANSTRENGUNG, ANSTRENGUNG ZU SPAREN.
JOSÈ ORTEGA Y GASSET

Günter Voigt

Emil Römmlers „lichter" Einfall

Immer wenn ich die Blasewitzer Straße entlangfahre, erinnere ich mich meines Urgroßvaters. An einen Urgroßvater, den man nie erlebt hat, ist ein Erinnern nicht möglich, werden Sie sagen. Das stimmt wohl im engeren Sinne, nicht aber, wenn man „erinnern" mit „gedenken" gleichsetzt. Und Emil Römmlers gedacht wird allenthalben immer mal wieder. So, wenn Dresdens Gewerbe-Geschichte zur Rede steht. Vor allem aber, wenn unsere heute über die ganze Welt verteilte Familie zusammenkommt. Treffen wir, seine vielen Nachkommen - 54 hatte er noch selbst erlebt - uns im zurückerworbenen Alterssitz meines Urgroßvaters auf der Calberlastraße, sitzt gedanklich auch er immer mit in der großen Runde. Und dann wird geschwärmt: von seinen Leistungen, seinen kuriosen Einfällen und seinem Charisma. So lange ich denken kann, wurde so vom „Großvater" berichtet. Was übrigens nahe lag, schließlich hat er selbst davon berichtet: in seinen Lebenserinnerungen, die er noch im hohen Alter aufgeschrieben hat und die nun jeder nachlesen kann; denn ich habe sie inzwischen herausgegeben und verlegt.

Doch zurück zu meinem obigen Erinnerungsanlass, dem Areal zwischen Fetscher- und Lortzingstraße. Hier, an der Ecke zur Blasewitzer Straße, liegt das Grundstück Nr. 27. Die Hausnummer hängt noch, etwas windschief, aber erhaben geprägt, am Pfeiler des Eingangstores. Und das führte zu eben jener Großdruckerei, dem Verlagshaus und der eleganten Fabrikantenvilla, die, von Emil Römmler als dem Chef von „Römmler & Jonas - Königl.-Sächs. Hofphotographen, Kunstanstalt für Lichtdruck, Autotypie und Dreifarbendruck" einst errichtet, den Mann in Dresdens Gewerbe-Geschichte eingehen lassen sollten.

Dabei war ihm das keineswegs an der Wiege gesungen worden. Denn mein Urgroßvater entstammte ärmsten Verhältnissen. Als seine Eltern mit den vier Kindern von Mittweida nach Magdeburg zogen, kampierten sie in einem Zimmer und auf Strohsäcken. Doch als er am 15. Januar 1941 mit fast 99 Jahren starb, war er Hoffotograf, Kommerzienrat und einer der bekanntesten und beliebtesten Industriellen Sachsens. Zu seinen Auftraggebern, Kunden und Bekannten zählten Könige, Prinzen, Fürsten, Generäle und Gelehrte, Hofräte, Künstler, Verleger, Museumsdirektoren und Industrielle.

Das hatte er sich 82 Jahre zuvor nicht träumen lassen. Noch keine 17 Jahre alt, war der soeben die Porträtfotografie für sich entdeckende Jüngling damals, „mit dem notwendigen fotografischen Kram ausgerüstet", nach Lichtenstein-Callenberg gereist und hatte dort - sein erster kommerzieller Vorstoß - die Herren des Amtsgerichts abgelichtet. „Mit diesen wurde ich ganz vertraut, spielte auch Billard mit einigen." Urgroßvater bezeichnete sich damals zwar als „grünen Jungen", gelangte indes zu einer „gewissen Selbständigkeit, aber auch Frechheit" und wollte deshalb alleine nach Paris. Das gelang ihm schließlich auch. „Was ich dort für mein Fach gesehen und gelernt hatte, stellte mich zufrieden." Freilich waren auch kuriose Dinge darunter. „Interessant war mir das Atelier, in dem Personenaufnahmen Nebensache und Nacktaufnahmen Hauptsache waren." Zum Reinfall geriet ihm allerdings eine andere Pariser Hauptsache: die Werbung. Als er, wie in Frankreichs Metropole gesehen, später in Dresden oktavgroße Reklamezettel für sein Fotoatelier drucken und von zwei Dienstmännern auf den Straßen verteilen ließ, machte man ihm mit drei Talern Strafe klar, dass er dafür eine Erlaubnis brauchte und bestellte ihn zur Polizei.

Seiner Liebe zum Fotografischen tat das keinen Abbruch. Im Gegenteil, es wurde sein Lebenswerk: Er brachte als einer der Ersten den Lichtdruck nach Dresden. Dieses Verfahren stand um die Jahrhundertwende in voller Blüte. War es mit ihm doch erstmals möglich, Fotos in hoher Auflage und in einer Qualität zu drucken, die selbst heute nur bei Faksimiledruck erreicht wird: eine Revolution für jene Zeit! In der inzwischen von meinem Urgroßvater und seinem Freund gegründeten „Kunstanstalt für Lichtdruck" hergestellte, großformatige Bildmappen, Architektur-Bände, Sachbücher des Denkmalschutzes und Postkarten-Leporellos mit Stadt- und Landschaftsansichten verkauften sich deshalb ausgezeichnet (heute liegen sie wohlbehütet bei Sammlern und in den großen Archiven und Bibliotheken der Welt). Dies umso mehr, als Emil Römmler das damals neue Verfahren großmaschinell anwandte. Aber auch deshalb, weil er echte „Gründerzeit-Geschäftigkeit" und einen ausgezeichneten Spürsinn für gesellschaftliche Kontakte entfaltete.

Schon frühzeitig hatte er sich dabei die Patente für den allgemein noch kaum bekannten Farb-Offsetdruck gesichert und experimentierte damit. Bereits 1911 war der Betrieb dann vollständig auf Offsetdruck und damit auch auf Farbdruck umgerüstet worden. Reproduktionen aus den großen Gemäldegalerien Deutschlands, Postkarten mit Ansichten von nah und fern - ob aus Dresden oder Peking, dem Balkan oder Ägypten - und Automatenbilder in Millionenhöhe sowie ungezählte andere Druckerzeugnisse verließen das Unternehmen, das nun Weltruf und Kunden in ganz Europa hatte.

Der Lichtdruck bildete schließlich das Sahnehäubchen, ließ Emil Römmlers ständig wachsende und prosperierende Firma und ihn selbst schließlich in Dresdens Annalen eingehen. Den Kopf verdrehte es Urgroßvater trotzdem nicht. Nie vergaß er den Stand, aus dem er stammte. So rief er beispielsweise einen Bauverein für Arbeiter und so genannte „kleine Leute“ ins Leben. Als er von Banken keinen Kredit für das Projekt erhielt, wandte er sich an den König, der ihm eine Hypothek von 90 000 Mark gewährte. „Sobald es hieß, ‘der König ist dabei’, ging alles glatt“, schreibt Urgroßvater in seinen Memoiren. „Nun bauten wir in allen Teilen der Stadt Häusergruppen. Im Verlaufe von 10 Jahren 600 Wohnungen.“ Sie sind als „Römmler-Häuser“ in Dresden bekannt geworden.

Verstehen Sie nun, warum das Grundstück an der Blasewitzer Straße, obwohl es inzwischen platt gewalzt ist, eine Fülle von Erinnerungen wachruft? Ob die Lichtdruckmaschinen, die heute im Druckhaus Dresden auf der Bärensteiner Straße arbeiten, aus den Beständen der Firma „Römmler & Jonas“ stammen, lässt sich leider nicht mehr feststellen. Aber noch immer liefert dieses Verfahren eine hervorragende Druckqualität - nun schon im dritten Jahrhundert, wenn man so will.

Siegfried Thiele

Odol-König Lingner und sein Elbhang-Schloss

Der Blick macht einen schier betrunken, schaut man von der Terrasse des Lingnerschlosses hinein in die Elbtalweitung. Aber Spaziergänger, dreh dich bloß nicht um! Es triebe dir die Tränen ins Gesicht. Seit einem knappen Jahrzehnt nämlich steht die Villa Stockhausen, wie der Bau historisch korrekt heißt, verlassen und verludert am Loschwitzer Elbhang. Lingner würde sich im Mausoleum umdrehen, da unten an der Mauer zum Elbeweg, wenn er solches sehen könnte. An jener ewigen Ruhestätte befand sich schon zu Lebzeiten des Schlossherrn Lieblingsplatz. Als Lingner später, kränkelnd und geschwächt, die steilen Stufen am Hang nicht mehr zu nehmen vermochte, ließ er sich eine Standseilbahn bauen für acht Personen. Auch sie verrottete, aber schon kurz nach Lingners Ableben. Mit ein wenig Phantasie erkennt man noch die als Schuppen getarnte „Bergstation“ sowie Reste der Gleisführung.

Steil nach oben zum Karrieregipfel und in Ruhmeshöhe führte auch Karl August Lingners (1861-1916) Lebens-„Bahn“. Der Multimillionär begann 1888 ganz unten, nicht als Tellerwäscher, sondern als Gartenlauben-Laborant in der Wölfnitzstraße in der Nähe des Güterbahnhofes Friedrichstadt. Er beschäftigte drei Mitarbeiter und fertigte zunächst Rückenkratzer und Stiefelzieher. Das große Geld im großen Werk in der Nossener Straße brachte ab 1893 sein Mundwasser „Odol" in jener seltsamen Flasche mit dem Seitenhals. Bald war es „in aller Munde" wie auch Lingners Name.

Es ist kaum möglich, all die Leistungen und Verdienste des Unternehmers aufzulisten. Ihm verdankt Dresden vor allem eine der ersten deutschen Säuglingsstationen, die Zentralstelle für Zahnhygiene, eine Desinfektionsanstalt, die erste Lesehalle der Stadt, das Serumwerk und nicht zuletzt die Sonderausstellung „Volkskrankheiten und ihre Bekämpfung" während der Städtebauausstellung 1901. Deren Erfolg beflügelte Lingner zu seinem Lebenswerk, der „Internationalen Hygiene-Ausstellung" 1911 und zur Vision für ein „Hygiene-National-Museum" in Dresden.

Seine Exzellenz, der Königlich-Sächsische Wirklich Geheime Rat, Komtur und Ritter hoher Orden, Kommerzienrat und Ehrenbürger der Stadt Dresden, Dr. h. c. Karl August Lingner, konnte es sich im Jahre 1906 leisten, seine Prachtvilla in der Leubnitzer Straße mit einem Schloss zu tauschen. Er erwarb die Villa Stockhausen, die kleine Schwester des Schlosses Albrechtsberg, vom Sohn des Dresdner Nähmaschinenfabrikanten Bruno Naumann.

Kein Geringerer als Wilhelm Kreis, der spätere Architekt des Dresdner Hygiene-Museums, gestaltete die Villa nach den Wünschen des Hausherren um. Lingner konnte sich nun alles leisten, auch einen dezent aristokratischen Lebensstil mit angemessener Dienerschaft und gewissen Extravaganzen. Zunächst frotzelte er die Nachbarn, die Grafen von Hohenau, indem er seine Villa provokant als „Schloss Albrechtsberg" bezeichnete. Auf der anderen Seite des Parks ließ der „Odol-König" einen Miniaturzoo anlegen, in dem das Federvieh kreischte. Darüber sowie über ein unanständig knatterndes Automobil ärgerte sich maßlos die Witwe Wunderlich, die auf Schloss Eckberg residierte. In seiner Villa orgelte der Musenfreund störungsfrei auf drei Instrumenten. In die große Jehmlich-Orgel im Festsaal ließ Lingner ein Spezialtelefon einbauen, damit er sein Spiel auf Wunsch und Nachfrage im Freundeskreis übertragen konnte.

Karl August Lingner erreichte nahezu alles in seinem allerdings nicht sehr langen Leben. Allein den heiß ersehnten Adelstitel, möglichst über das „von" hinaus, versagte ihm der andere August, der Friedrich vom Schlosse in der Stadt. Das Genie Lingner hatte noch weitere Vorlieben, die Burgruine Tarasp im Engadin zum Beispiel, auch mehrere Geliebte. Seine ganz große Liebe aber hieß Dresden, und so vermachte er neben einer 10-Millionen-Mark-Stiftung das gesamte Anwesen Stockhausen der Stadt. In einem Vermächtnis verfügte Lingner, ein jeder dürfe den Park betreten und im Schlosse sei eine Gaststätte einzurichten mit Angeboten zu erschwinglichen Preisen. Der neue Investor, der sich nun des maroden Baus erbarmen und dort ein Bio-Informatikzentrum einrichten möchte, hat sich bereits für eine „eingeschränkte öffentliche Nutzung" des gesamten Anwesens ausgesprochen.

Ilgen, der Hofrat mit der Giftküche

Tusculum hieß die antike Stadt mit den Villen reicher Römer. Ein Tusculum, einen Ruhesitz, und zwar im spätklassizistischen Tempelstil, setzte der spätere „Kino-Architekt" Martin Pietzsch 1891 an die alte Blasewitzer Residenzstraße. Der Ersteigentümer, der Herr Leutnant Neumann, hatte sich wohl mit der gewichtigen Prachtvilla ein wenig überhoben und verkaufte das Anwesen um die Jahrhundertwende an Hermann Ilgen. Der war stinkreich, was etwas mit der Mäuseplage in der Provinz Baden zu tun hatte.

Vater Ilgen wollte seinen 1856 in Wurzen geborenen Sohn eigentlich in eine klerikale Laufbahn bringen. Hermann aber setzte mit freundlicher Unterstützung der Mutter seine naturwissenschaftlichen Neigungen um und studierte in Leipzig Chemie und Pharmazie. 1880 setzte sich der junge Ilgen von Freiberg in den Zug nach Kötzschenbroda und kaufte am Ort eine Apotheke. Hier hörte er von einer landesweiten Mäuseplage, die in Baden die Bauern zur Verzweiflung und an den Rand des Ruins trieb. Da zog sich der tatendurstige Jungpharmazeut in seine Giftküche zurück und drehte phosphorhaltige Pillen, mit denen man lästige Nager flächendeckend mausetot machen konnte. Bis zu 30 Zentner Mäusegift täglich verließen Ilgens Labor. Es kehrte in rauen Mengen als Bimbes zurück nach Kötzschenbroda.

Was nun tun mit all dem Reichtum? Erst einmal kaufen, kaufen, kaufen, am besten gleich den ganzen Kaiserpalast am Pirnaischen Platz und Häuser noch und noch auf der Prager Straße. Die könnte ja einmal Dresdens Einkaufsmeile werden. Und dann eben jene Villa an der heutigen Loschwitzer Straße als Ruhe- und Alterssitz mit einem dort zur Schau gestellten Luxussarg für alle Fälle.

Ja, ein wenig verrückt war der Ilgen schon und ziemlich eitel. Er schuf und stiftete sogar eine Goethe-Plakette, die er mit dem Nobelpreis verglich. Er selbst sammelte gern Orden und Titel, die Große Goldene Medaille der Stadt Dresden oder den Geheimen Hofrat. Einen preußischen Adelstitel aber schlug der Sachse tapfer aus.

Wie sein Pharma-Kollege Lingner war Ilgen ein „Rundumsponsor", ein richtiger kommunaler Wohltäter. Er selbst sah sich als „Vater des Sports" von Dresden, ließ am Großen Garten 1923 die „Ilgen-Kampfbahn" (Rudolf-Harbig-Stadion) errichten, stiftete Sport- und Wanderpreise en gros. Anlässlich des 100. Todestages des Dichters 1932, finanzierte er den Bau der „Goethe-Kulturhalle" in Leipzig. Er hatte freilich auch ein Herz für den Not leidenden Künstler von nebenan. Der schreibende Pfarrer Karl Josef Friedrich wusste von Ilgens „Geldmaschine" zu berichten, einer Walze mit einem Drehling an der Seite. Sie produzierte unverdrossen Zwanzigmarkscheine aus weißem Papier. Eine Bitte allerdings pflegte der noble Fälscher dem Geldschein noch nachzuschieben: „Bitte verraten Sie mich nicht, lieber Freund!" „Nein, nein, Ehrenwort!" Das galt bei Geld schon damals.

Mayenburgs Chlorodont und Rosen

Nicht marode und verschlossen, sondern fein saniert und offen für zahlkräftige Zecher und Hotelgäste präsentiert sich Lingners Nachbarschloss. Und nobel residierte hier die Prominenz bereits in guten alten Zeiten. Mit einem „Leb wohl, o Erde..." verließen im Jahre 1925 Opernliebling Tino Pattiera und seine Gräfin Schaffgotsch den Eckberg.

Dann zog Dr. Ottomar Heinsius von Mayenburg in das jüngste (1861) der Loschwitzer Elbhangschlösser ein - und mit ihm eine wahre „Blüte"-Zeit. Der neue Schlossherr schuf hier in den wenigen Jahren, die ihm noch blieben, ein Blumenparadies ohnegleichen und öffnete es an Sonn- und Feiertagen für den Besucher. Zehntausende kamen allein im Frühjahr, um die Krokus- und Märzenbecherwiesen zu erleben. Im Sommer beherrschte die Rose in allen Farben und Formen das Revier. Vom Ufer der Elbe aus leuchtete weithin sichtbar die legendäre Rosenmauer. Noch heute kündet auf der Terrasse Sascha Schneiders „Sonnenanbeter", der Antlitz und Arme gen Himmel erhebt, von Mayenburgs tiefer Naturverbundenheit.

Der promovierte Botaniker und sächsische Heimatschützer hat als Unternehmer weltweit Ruhm erworben. 1865 in Schönheide im Erzgebirge geboren, studierte der Beamtensohn in Leipzig Pharmazie und

Botanik. Eine Zeit lang arbeitete von Mayenburg an der Dresdner Hofapotheke in der Schlossstraße, bevor er 1907 die Löwenapotheke am Altmarkt pachtete. In einem Labor im Dachstübchen der Apotheke entstanden damals die ersten Tuben Zahnpasta. Es war die Geburtsstunde der „Leo-Werke“ und des Markenzeichens „Chlorodont“. Drei Mitarbeiter gingen von Mayenburg zur Hand. Nach dem Umzug des „Laboratoriums Leo“ auf die Königsbrücker Straße waren es bald Hunderte. Das Unternehmen, inzwischen eine Aktiengesellschaft mit Generaldirektor von Mayenburg an der Spitze, expandierte. Die Firma verfügte über eine eigene Tuben- und Kartonagenfabrik, eine Destillationsanlage für Pfefferminzöl, ja sogar eine eigene Pfefferminzplantage in Siebenbürgen, mit der sie kostspielige Importe umging. Weltweit entstanden „Chlorodont“-Niederlassungen von Chicago bis Moskau.

Der sozial gestimmte Zahnpastamillionär, Blumenfreund und Kunstmäzen, der sich auch um Erhalt und Pflege von Schloss Kuckuckstein bei Liebstadt verdient machte, starb kurz nach dem 25-jährigen Betriebsjubiläum, am 24. Juli 1932, auf seinem Sommersitz „Roseneck“ am Wörther See.

1950 wurde das Unternehmen von „volkseigener“ Treuhand verwaltet, zwei Jahre später enteignet, zunächst unter VVB Sapotex, dann als VEB Elbe-Chemie weitergeführt. 1990 ging der Betrieb in die Dental-Kosmetik GmbH über. Neuer Gesellschafter seit 1992 ist die ARGENTA München, die zuvor mit von Mayenburgs Erben die Reprivatisierung eingeleitet hatte. Und so blitzen die Chlorodont-Zähne weiter.

Jasmatzi, der Ramses von Striesen

Der „blaue Dunst“, den unsere Altvorderen um 1850 abließen, stammte meist aus Zigarren oder Pfeifentabak des Hauses Collenbusch auf der Hauptstraße. Die mit fein geriebenem Tabak gefüllten Papierröllchen aber waren damals eine Spezi der Türken und Russen. Im Krimkrieg, dem ersten Stellungskrieg der Militärgeschichte, rauchten nicht nur die Granaten. Türken boten während der Gefechtspausen den Verbündeten aus Mitteleuropa ihre Glimmstengel an, und der Gegner paffte Papyrossi. Russische Juden, auf der Flucht vor Pogromen, verhalfen der Zigarette zum Sieges-„Zug“ durch Europa und machten dabei auch in Dresden Station. Die Zentren der neuen Sucht blieben vorerst St. Petersburg und Konstantinopel. Der Grieche Georg A. Jasmatzi, dessen Mutter den klangvollen Namen Kerikiza Hatzifoti trug, kam in Konstantinopel zur Welt und in Dresden mit dem Duft des Orients zu Reichtum und Ehren.

Beim Petersburger Zigarettenfabrikanten Baron Joseph von Huppmann, der 1861 in Dresden eine Filiale mit einem Tabakschneider und sechs Arbeiterinnen gegründet hatte, begann des Griechen Karriere. 1868 nahm er in Huppmanns „Laferme" auf der Ostra-Allee die Stelle eines technischen Werkführers an. Dann machte sich Jasmatzi selbständig. In einem Laden am Gutenbergpalais neben dem Café König in der Waisenhausstraße bot er seine Orientstäbchen an und fand dafür reißenden Absatz. Kenner rühmten das besondere Aroma der Tabakmischungen der Marken Ramses, Cheops oder Hellas. Jasmatzis Zigarettenduft verbreitete sich weltweit. 1889 expandierte das Unternehmen. Es entstand eine große Fabrikanlage zunächst auf der Blasewitzer, später Schandauer und Glashütter Straße.

1901 wurde das Familienunternehmen eine Aktiengesellschaft, die bald von der British American Tobacco Company kontrolliert wurde, was den Begründer schon ein Jahr darauf zum Austritt veranlasste. Erst nach sechs Jahren machte der Dresdner Zigaretten-Ramses mit seiner neuen Firma „Georg Jasmatzi & Söhne" (Anton und Konstantin) als Produzent von Zigarettenmaschinen wieder von sich reden. Und 1911 produzierten die Jasmatzis mit eigenen Maschinen wieder Zigaretten. Die Dubec-Gold, Hänsom, Sphinx und Zwei Kaiser lösten sich gewinnträchtig massenweise in Rauch auf. Echt starker Tobak!

So avancierte der „Gastarbeiter" aus der türkischen Hauptstadt von einst zum Begründer der modernen Dresdner Zigarettenindustrie. Mit den zahlreichen großen und kleinen Firmen in der Stadt hatte Sachsen 1929 ein Tabaksteueraufkommen von üppigen 250 Millionen Reichsmark aufzuweisen. Die Initiative Jasmatzis machte Dresden zu einem der größten Stapelplätze für Orienttabake und einem bevorzugten Standort der Zigarettenmaschinenindustrie. Der rührige Unternehmer im Range eines griechischen Konsuls starb 1922. Seit 1992 präsentiert sich das Striesener Stammwerk nun technisch up to date - wie der neue Hausherr Philip Morris sagen würde.

„Milchmann" Pfund

Irgendwann soll man hier, an der Bautzner Straße, einen republikbunten Schluck „Hundertwasser" nehmen können. Noch aber ist es der „schönste Milchladen der Welt", der kundige Kunden anlockt. Dem

Fremden kann es dabei durchaus geschehen, dass er den Laden als potentieller Käsekunde betritt und, überrascht von der Pracht der Molkerei-Ikone, als konsumgeläuterter Galeriefreund wieder verlässt. Die einst von Villeroy & Boch gestaltete und mit freundlicher Beihilfe dieses ehemaligen Dresdner Keramikbetriebes nach 100 Jahren zu neuem Glanz sanierte Milchkunsthalle war das Herz eines unternehmerischen Imperiums.

Der „Imperator“ hieß Paul Gustav Leander Pfund, geboren 1849. Mit Frau Mathilde, sechs Kühen und etlichen Schweinen war der Landwirt aus Reinholdshain 1879 nach Dresden gekommen. Gemeinsam mit Bruder Friedrich, einem Schauspieler, der schon 1883 starb, später mit seinen Söhnen Kurt und Max, überzog der erfolgreiche Milchmann die Stadt mit einem Versorgungsnetz für Molkereiprodukte. Genau 32 einschlägige Geschäfte gehörten den Pfunds zum 25. Betriebsjubiläum. Die 125 „mobilen Milchläden“ mit schmuck uniformierten Kutschern und flotten Austragsburschen zählten lange Zeit zum Dresdner Stadtalltag.

Paul Pfund war ein Molkerei-Revolutionär. 1886 produzierte er die erste deutsche Kondensmilch, zur Jahrhundertwende führte er die Dauerpasteurisierung ein. Pfund entwickelte Kindernahrung in Muttermilchgüte, Milchseife für Babyhaut und schuf mit einer Verpackungsfabrik (bis zu 40 000 Blechdosen täglich), mit Druckerei und Wagnerei oder Verzinnerei für Kannen, einem Molkereihof mit Musterstallung und zahlreichen weiteren Zweigbetrieben ein nahezu autarkes Großunternehmen. Die Gebrüder Pfund fassten in Berlin und Hamburg Fuß, auch in Böhmen, unterhielten ein Handelsbüro in London und machten selbst im heißen Afrika müde Männer wieder munter.

Als vorbildlich für jene Pionierzeit galten die sozialen und kulturellen Einrichtungen: die eigene Betriebskrankenkasse seit 1890, das Bad, ein Festsaal mit Bühne, der Kindergarten, Dienstwohnungen und nicht zuletzt eine „Bierschwemme“ für Milchkutscher nach Dienstschluss.

Paul Pfund, der 1923 verstarb, wurde 1900 mit dem Titel „Königlich-Sächsischer Kommerzienrat“ geehrt. Das Unternehmen, zunächst von den Söhnen weitergeführt, verkam nach der Verstaatlichung 1972 zusehends. Doch finanzkräftigen und traditionsbewussten Investoren ist die Wiederbelebung eines großen Namens und eines kleinen Kunstwerkes gelungen. Und mit diesem Pfund darf man getrost wuchern.

Noble und das Geheimnis von San Remo

Die Villa San Remo an der oberen Bergbahnstation unweit vom Luisenhof lässt den kundigen Dresdner weniger an den mondänen Badeort am Mittelmeer, sondern eher an ein Märchen aus dem Tausendjährigen Reich denken.

Märchenerzähler war ein gewisser Max Seydewitz. In seinem Buch, „Die unbesiegbare Stadt“ (1961), widmete er dem Niedersedlitzer Kameraproduzenten Charles Noble gleich mehrere Seiten, und dies nicht, weil er dessen Kamera „Praktiflex“ schätzte, sondern weil er ihn zum abgefeimten Politschurken machen wollte. Die Nobles seien jene Herren, so behauptete der ehemalige Ministerpräsident von Sachsen (1947-1952), die den Befehl zur Zerstörung Dresdens gaben. Und er unterstellte dem Unternehmer, in der Nacht des Faschingsdienstages 1945, pünktlich wie vereinbart, auf die „Christbäume“ über Dresdens nachtdunkler Silhouette gewartet zu haben. Des Autors böse Phantasie gipfelte in der Aussage: „Gewiss hat Mister Noble dann am Fenster der Veranda seiner Villa San Remo gestanden und das grauenhafte Schauspiel der auflodernden Flammen und den Zusammensturz der kostbaren Kulturdenkmäler genossen...“

Charles A. Noble - was wollte „ein Amerikaner in Dresden“? Karl Spanknöbel wurde 1892 in der Nähe von Kassel geboren. Er hatte sieben Geschwister und sollte eigentlich Prediger und Missionar werden. Der Krieg jedoch gab Karls Lebenslauf eine andere Richtung. Mit seiner Frau, einer Fotografin, wanderte er in die Schweiz und 1921 in die Vereinigten Staaten aus, wo er zunächst dem deutschen Namen amerikanischen Schliff gab. Nach harten Jahren in Detroit gelang es den Nobles, gegen Ende der Depression ein Fotolabor aufzubauen, das bald zu den größten im Lande zählte. Allerdings hatte die jahrelange Laborarbeit Nobles Gesundheit angegriffen. Deshalb weilte er des Öfteren zur Kur in Bad Kissingen. 1937 las Charles Noble in einer Detroiter Zeitung, dass ein gewisser Benno Thorsch aus Dresden seine „Dresdner Kamerawerkstätten“ zum Verkauf anbot. Wie sein Teilhaber Paul Guthe war der Kameraproduzent jüdischer Abstammung. Der Vertrag, den Noble und Thorsch in Detroit abschlossen, bedeutete mehr als einen bloßen Besitztausch. Er war Thorschs Existenzrettung.

Spanknöbel-Noble also kehrte nach Deutschland zurück und erkannte als erfahrener Kaufmann den hohen Marktwert der Kleinbildkameras, modernisierte und erweiterte den Betrieb und schuf vor allem ein förderliches Arbeitsklima. „Man kann keine Verantwortung erwarten, wenn man keine Verantwortung vergibt“, war sein Leitsatz. Zur Frühjahrsmesse 1939 in Leipzig sorgte Nobles „Praktiflex“ für Aufsehen. Dann kam der Krieg, und mit dem Eintritt der USA 1941 zwang man den Unternehmer, die Produktion zu drosseln und für die Rüstung zu arbeiten. Die Nobles wurden wie andere „Personen aus Feindesland“ schikaniert, durften beispielsweise nur in besonderen Geschäften einkaufen, und Familie Noble bangte am 13. Februar 1945 wie hunderttausende Dresdner im Luftschutzkeller um Besitz und Leben.

Charles Nobles Sohn John, damals 20 Jahre alt, hisste beim Einmarsch der Sowjets auf „San Remo“ die US-Flagge. Am 5. Juli wurden Vater und Sohn verhaftet und im berüchtigten Todeslager Mühlberg interniert. Über Buchenwald gelangte John Noble in den sibirischen Gulag Workuta. Sein Vater, 1952 aus Waldheim entlassen, bemühte sich in den USA, über zahlreiche Petitionen den Sohn freizubekommen. Schließlich gelang dies 1955, nachdem Noble die Presse mobilisiert und Präsident Eisenhower sich für die Freilassung eingesetzt hatte. Charles A. Noble war noch viele Jahre als Berater in der Fotoabteilung von General Motors tätig. Er starb 1983 in Detroit. Sir John kehrte nach 50 Jahren in die Stadt der Jugendzeit zurück und begann das Wagnis, auf einem übermächtigen Markt seine Kameras unterzubringen.

Naumann und die Nähmaschinen

Im Jahre 1910 brachte das Dresdner Unternehmen „Seidel & Naumann“ eine Reise- und Kleinschreibmaschine auf den Markt mit dem Namen der Enkeltochter des Firmenbegründers: „Erika“. Opa Bruno war sieben Jahre zuvor verstorben. Bruno Naumann galt in Dresden als schillernde Persönlichkeit und als Unternehmer, wie er nicht nur bei Marx im Buche stand, nämlich als profitbewusster, Respekt heischender Herr im Hause mit zuweilen bedrohlicher Tuchfühlung zu seiner Belegschaft, aber auch über Betriebskrankenkasse oder Kantinenessen stets auf sozialen Frieden bedacht. Den rettete der selbstbewusste Fabrikchef notfalls auch mit demagogischen Worten. Als in einer Werksabteilung ein Streik für höhere Löhne drohte, erklärte er den Aufmüpfigen, wenn er heute sein gesamtes Vermögen an sie verteilte, würde er morgen auf der Schäferstraße eine Kneipe aufmachen und in einem Jahr sein verschenktes Geld wiederhaben. Er könne auch nur wie seine Arbeiter Beefsteak essen. Im Übrigen sei es sein Bestreben, für alle Arbeit zu schaffen.

Als Herr der Villa Stockhausen, die später Lingner kaufte, zeigte der Geheime Kommerzienrat aristokratische Züge, jagte im eigenen Revier oder in Ungarn, erwarb die Standesherrschaft Königsbrück, blies als Gast in der Königlichen Kapelle das englische Horn oder schickte „Namouna“ aus eigenem Gestüt landesweit erfolgreich ins Rennen.

Der Sohn eines Strumpffabrikanten wurde 1844 in Dresden geboren, besuchte hier die Schule des Vereins zu Rath und That und begann anschließend eine Lehre als Feinmechaniker. Von obligatorischer Wanderschaft zurückgekehrt, stillte er seinen Bildungshunger in Abendkursen, erlernte die Sprache der Griechen, widmete sich der Philosophie und Religionswissenschaft.

1868 eröffnete Naumann dann auf der Langen Gasse (später Zinzendorfstraße) eine Maschinenschlosserei. Damit war der Unternehmer so erfolgreich, dass er mehrmals in größere Räumlichkeiten umzog und schließlich 1884 an der Hamburger Straße seine Fabrik errichtete. In Emil Seidel fand Naumann einen finanzkräftigen Geldgeber, von dem er sich jedoch bald wieder trennte. Das Unternehmen, das zunächst Singer-Nähmaschinen produzierte, erweiterte sein Profil 1887 mit der Fahrradmarke „Germania“ und 1899 mit der Schreibmaschine „Ideal“. Über 10 000 dieser auf lange Zeit marktführenden „idealen“ Maschinen hatten das Werk verlassen, als Bruno Naumann auf dem Höhepunkt seines Schaffens 1903 den Herztod starb.

Er sei ein Genie der Arbeit gewesen, hätte im Verein mit Glück Großartiges geleistet und sich an die Spitze der Industriellen Deutschlands zu schwingen vermocht, hieß es in einer Gedenkrede.

Das Werk, bei Luftangriffen stark beschädigt, wurde seit 1946 als VEB Schreibmaschinenwerk weitergeführt, 1980 dem Kombinat Robotron zugeordnet und um 1990 geschlossen. Ein Teil der Gebäude wird heute als Technisches Rathaus genutzt.

Gutmann - der gute Mann der Dresdner Bank

Dresdner Bank? Für uns Dresdner über 40 Jahre nicht mehr als eine Sitzgelegenheit. Dabei hatte das Geldinstitut seinen juristischen Sitz noch ein Jahr nach Gründung der DDR in Dresden. Wer wusste das schon? Als Jürgen Ponto, der Vorstandssprecher, im Jahre 1977 von einem RAF-Kommando ermordet wurde, entstand ein mehr zufälliger

Dresden-Bezug. Der Onkel des Ermordeten nämlich war Erich Ponto, eine Dresdner Theaterlegende.

Die Banklegende aber beginnt mit dem Namen Gutmann. Und es ist kein Bankgeheimnis: Der kometenhafte Aufstieg der Grünweißen am internationalen Finanzhimmel war in erster Linie dem Wirken ihres Stammvaters zu verdanken, des Geheimen Kommerzienrates Eugen Gutmann. Wie zahlreiche Bankiers der Stadt entstammte er einer wohlhabenden jüdischen Familie.

Vater Bernhard brachte den 1840 geborenen Sohn nach der Schulzeit in der Branche unter bei Günther & Palmie, der späteren Allgemeinen Deutschen Kreditanstalt. Zeitweilige Holzgeschäfte in Budapest befriedigten den jungen Gutmann nicht. Er kehrte in seine Geburtsstadt zurück und veranlasste den befreundeten Carl Freiherr von Kaskel und dessen Sohn Felix, ihr angesehenes Bankhaus in eine Aktiengesellschaft umzuwandeln, aus der 1872 die Dresdner Bank hervorging. Gutmann, der anfangs mit 670 000 Talern am Grundkapital beteiligt war, übernahm 32-jährig die Direktion. Den Aufsichtsrat, zu dem auch neun Dresdner Persönlichkeiten zählten, leitete der 38-jährige Felix von Kaskel. Jung und dynamisch musste man schon damals sein im Bankgewerbe, was Banker Georg von Siemens (1839-1901) den makabren Spruch klopfen ließ, alle Bankdirektoren jenseits der 50 solle man totschlagen.

Als Eugen Gutmann in die Jahre kam, verhalf er seiner Bank 1904 noch durch einen profitablen Staatsvertrag mit Preußen zum Status Weltbank. Der Patriarch hatte seit 1884 seinen Chefsessel in der Berliner Behrensstraße. In die Heimatstadt aber, zum Stammhaus in der König-Johann-Straße 3 (am heutigen Kulturpalast), kehrte er des Öfteren zurück. Bereits 80-jährig, wirkte er noch als Ehrenpräsident. 1925 starb der Finanzmagnat, von dem man sagt, er sei ein Musterbeispiel an Optimismus, Wagemut und Initiative, gepaart mit visionärem Denken und Realitätssinn, gewesen. Und ein Kunstnarr war Gutmann, besaß eine einzigartige Silber- und Kleinodiensammlung, „so etwas in der Art des Grünen Gewölbes“, wie es Enkelin Lily Collas Gutmann, die heute in Florenz lebt, aus der Sicht eines Schulmädels in Erinnerung hat.

Anlässlich der 125-Jahrfeier eröffnete die Bank am Brandenburger Tor eine repräsentative Filiale, das Eugen-Gutmann-Haus. Zur Einweihung 1998 waren auch Lily Collas Gutmann, deren Eltern 1943 im KZ ermordet wurden, sowie weitere Angehörige zugegen. Ehren wolle man den Stammvater der Dresdner Bank, so vernahm man aus der Frankfurter Zentrale, indem im Berliner Haus nicht nur Geldgeschäfte getätigt werden, sondern auch ein Forum entsteht für freimütigen Gedankenaustausch und anregenden Kunstgenuss.

Bilz, der Wellenbader

Erste Internationale Hygieneausstellung 1911 in Dresden, Halle 65. Ein rüstiger Voll(bart)mann von 70 Jahren stand an mehreren Tagen fasziniert am Rande des „Undosa"-Wellenbassins, Eduard Bilz, der Natur-Apostel aus Oberlößnitz. Sein Entschluss stand fest, die Wellenmaschine muss ins Luft-Licht-Bad. Und seit 1912 steht sie dort zum Nutzen der Muskelverspannten und zum Vergnügen der Bademäuse. Die ehrenwerte Großmutter der bewegten Erlebnisbäder dürfte heute die weltweit altersschwächste sein, obwohl sie sich gemeinsam mit dem gesamten Badkomplex einer sanften Verjüngungskur unterzogen hat.

Friedrich Eduard Bilz war mehr als Gesundbader. Der Gärtnerssohn, 1842 in Arnsdorf bei Penig geboren, ging nach Abschluss der Lehre als Weber auf Wanderschaft und wurde in Meerane sesshaft, wo er sich zunächst mit einem Familienbetrieb als Weber, dann als Lebensmittelhändler selbständig machte. In dieser Zeit begann Bilz zu schreiben und sich eingehend mit gesunder Lebensführung zu befassen. Mehrere Krankheiten, die er in jungen Jahren durchmachte, auch der Tod von vier seiner zwölf Kinder, dürften Bilz dabei motiviert haben. Im eigenen Verlag erschienen die ersten umfänglichen Veröffentlichungen und 1888 das erste Bilzbuch: „Bilz, das neue Heilverfahren, ein Nachschlagebuch für jedermann in gesunden und kranken Tagen." Das bibeldicke und preiswerte Buch war bald vergriffen, der Autor in seinem Meeraner Häuschen überfordert.

Und so siedelte die Familie 1889 nach Dresden über, wohnte zunächst im Eckhaus Obergraben 2 und erwarb schließlich in Oberlößnitz, dem „sächsischen Nizza" (seit 1934 zu Radebeul), das ideale Anwesen für einen Lebenstraum: die Naturheilanstalt „Schloss Lößnitz". Als der Begründer 1922 starb, war die „GmbH Bilz-Sanatorium" europaweit bekannt und bot vor allem für Erkrankungen des Nervensystems und der Luftwege ein gediegenes Spektrum an naturverbundenen Heilverfahren an. Eduard Bilz war auch weit über die Landesgrenzen hinaus mit einem alkoholfreien Erfrischungsgetränk, der „Bilz-Brause", sowie zahlreichen diätischen Lebensmitteln, dem „Bilz-Nährsalz" oder „Bilz' Mandelmilch-Kindernahrung", erfolgreich.

Obwohl bis zum Jahre 1938 etwa 3,5 Millionen große „Bilz-Bücher" in zwölf Sprachen vertrieben wurden, gerieten der auch sozial engagierte Naturheiler und seine rührigen Nachkommen vor allem mit der Auflösung von Verlag und Sanatorium nach 1945 nahezu in Vergessenheit. Das Bilz-Licht-Luft-Sonnen-Wellenbad jedoch blieb für Dresdens Kinder ein beliebter Naherholungsspaß.

„Nasen-Adolph" Renner

Trug der Kaufhausgründer etwa einen Gesichtserker? Oder waren Pappnasen die Spezialität des Hauses? Mitnichten! „Auf Nase kaufen" hieß in der Sprache der zwanziger Jahre auf Raten kaufen, „auf Pump". Und Renners Kreditangebote waren verlockend in so kargen Zeiten. Da konnte man um 1930 schon in Kaufrausch geraten, wenn man in nur eines der 60 Schaufenster blickte. Das Konsumparadies mit dem Rennpferd im Firmenzeichen bestand aus einem reizvollen Komplex von 12 architektonisch unterschiedlichen Bürgerhäusern, von denen zwei sogar über die Schreibergasse hinweg durch eine Passantenbrücke verbunden waren. Renner beschäftigte bis zu 1 200 Mitarbeiter in 56 Fachabteilungen. Der Kunde betrat zunächst einen prachtvollen Lichthof mit zwei Galerien. Von da aus führten Rolltreppen in die vier Verkaufsetagen. Renners rollende Treppen beglückten mehrere Kindergenerationen.

Doch auch ein Renner begann einmal zu laufen. Das war 1854, als Johann Traugott Adolph Renner im Eckgebäude Badergasse/Altmarkt ein kleines Textilgeschäft eröffnete, aus dem nach und nach das Kaufhaus hervorwuchs. Dabei, so erinnerte sich Adolph Renners Sohn Martin, sei bei all diesen Erweiterungen nie irgendjemand ausgemietet worden. Mit Angeboten an Wohnungen und Häusern sei man stets an die Renners herangetreten.

Martin Renner wurde 1864 geboren und trat als 21-Jähriger in die väterliche Firma ein, die er nach dem Tode des Begründers im Jahre 1897 zunächst mit dem älteren Bruder (gest. 1909) gemeinsam leitete. Zum 75-jährigen Betriebsjubiläum konnte Martin Renner eine stolze Bilanz ziehen, Dresdens beliebtestes Kaufhaus sein Eigen nennen und Mitarbeiter wie Freunde zu einer Festvorstellung ins Opernhaus einladen. Über dem Hauptportal des Kaufhauses am Altmarkt war zu lesen: „Hier schuf 1820 C. M. von Weber den Freischütz." Und dieser stand folgerichtig auf dem Festprogramm. Fritz Busch dirigierte, Karl Pembauer leitete die Chöre und Friedrich Plaschke sang den Kaspar, Max Lorenz den zweiten Jägerburschen, Elisa Stünzner die Agathe.

Als der Firmenchef 1939 starb, hieß es in einem Nachruf der „Kaufhaus Renner GmbH", der Verstorbene habe in über 50-jähriger genialer schöpferischer Tätigkeit das Haus Renner, an dem er mit ganzem Herzen hing, zu heutiger Größe gebracht. Der Betriebsführer, so die verordnete NS-Sprachregulierung, sei ein leuchtendes Beispiel für Pflichterfüllung sowie väterlicher Fürsorge für seine Gefolgschaft gewesen. Für ihn habe stets das Goethewort, „des Mannes höchste Zierde ist die Tat", gegolten. Bereits 1929 hatten die Firmeninhaber 500 000 Goldmark in eine Pensionskasse eingezahlt, einige Jahre später die Betriebserholungsstätte Schwarzbachtal eröffnet.

Martin Renners Sohn Herbert musste den Untergang des Hauses erleben: die Notzeit des Krieges, die Zerstörung in der Bombennacht von 1945, den mühseligen Neubeginn auf der Königsbrücker Straße, die Schikanen der neuen Machthaber und schließlich die Enteignung der Grundstücke am Altmarkt 1962. Und dann kam nach 1990 die allerletzte große Enttäuschung für die Erben um Herbert Renners Tochter Annelies Klostermann. Die Stadt verweigerte die Rückgabe der Grundstücke, bot sie für 10 000 DM pro Quadratmeter zum Rückkauf an. Damit war die Familie finanziell überfordert. Ohne eigene Grundstücke lässt sich die Legende von Renner am Altmarkt nicht mehr beleben.

Manfred von Ardenne
Ankunft in Dresden

Als der Triebwagen auf dem Dresdner Hauptbahnhof eintraf, wurden wir schon von den ersten Mitarbeitern meines Instituts erwartet und feierlich empfangen. Das Auto stand bereit, um meine Familie und mich zu unserem Haus auf den Weißen Hirsch zu bringen. Wir entschieden uns jedoch dafür, gemeinsam mit den Kameraden der Suchumi-Zeit im Omnibus zum Hotel Astoria zu fahren und dort die erste Nacht auf deutschem Boden zu verbringen. Gleich auf den Weißen Hirsch zu fahren, hatten wir fast ein wenig Angst: die Konzentration und Intensität an freudigen Eindrücken wäre zu groß gewesen. Auch ein Übermaß an Freude kann schädlich sein. Aus dieser Einsicht heraus verteilten wir die mit unserer Rückkehr verbundenen tief erregenden Erlebnisse bewusst auf mehrere Tage.

Das Abendessen im Astoria führte uns alle noch einmal zusammen. Daran schloss sich ein kurzes Orientierungsgespräch an, bei dem ein Vertreter vom Rat des Bezirkes Dresden und der schreckliche spätere Fernsehkommentator Karl Eduard von Schnitzler anwesend waren.

Am nächsten Morgen musste ich meine Frau beruhigen. Sie stand am Fenster und staunte, und mir ging es nicht viel anders: Die deutschen Mädchen, die als Studentinnen der Technischen Hochschule zur Vorlesung gingen und in Scharen den Platz überquerten, sahen so ganz anders aus als die russischen Frauen, an deren Typ wir uns in den zurückliegenden zehn Jahren gewöhnt hatten. Andererseits muss das Äußere der eigenen Familie damals erheblich von der Dresdner Norm abgewichen sein, denn wir erregten bei den ersten schüchternen Ausgehversuchen beträchtliches Aufsehen. Vielleicht lag es an der altmodischen Kleidung, vielleicht waren aber auch die langen Zöpfe unserer Tochter dran schuld.

Nachdem wir Personalausweise erhalten hatten, brach ich mit meiner Familie zum Weißen Hirsch auf. Schon die Anfahrt längs des südlichen Elbufers mit dem Blick auf den Hirschberg war beeindruckend schön. Als das Auto dann vor dem Haus in der Plattleite hielt, standen die Hausangestellten am Eingang und überreichten uns nach alter Sitte feierlich Brot und Salz. Beim anschließenden Rundgang durch die Gebäude begrüßten wir jedes Möbelstück, jeden Gegenstand wie einen vertrauten Bekannten. Alles war genau so eingerichtet, wie es aus der Ferne geplant war.

Der Wissenschaftliche Direktor der Akademie der Wissenschaften zu Berlin, Professor Dr. Wittbrodt, der in der Aufbauzeit oft geholfen hatte, ließ es sich nicht nehmen, uns auf diesem Rundgang zu begleiten. Als die Tür zum ehelichen Schlafzimmer geöffnet wurde, trat er erschrocken zurück und entschuldigte sich sehr verlegen. Er glaubte, auf dem Bett die Rückenpartie einer unbekleideten jungen Dame erblickt zu haben. Die optischen Gründe für diese Vision klärten sich schnell auf. Wir hatten von Suchumi aus eine Kopie des berühmten Gemäldes „Venus mit dem Spiegel“ von Velázquez etwa in Originalgröße anfertigen lassen. Dieses Bild stand noch ungerahmt so, dass es im gegenüber angebrachten Spiegel wirklich aussah, als ob die Venus auf dem Bett ruhe. In den Laboratorien und Werkstätten fanden wir die alte Einrichtung, ergänzt durch viele neu erworbene Anlagen und Maschinen, fertig installiert und betriebsbereit an den vorgesehenen Plätzen. So konnte zugleich mit unserer Ankunft am Freitag, dem 25. März 1955, auch die Arbeit auf dem Weißen Hirsch beginnen.

Am folgenden Tag traf um elf Uhr vormittags der erste Stellvertreter des Vorsitzenden des Staatsrates, Walter Ulbricht, ein. Er zeigte sich an unseren Plänen außerordentlich interessiert und blieb nach dem gemeinsamen Mittagessen sogar bis zum Nachmittag. Diese ausführliche

Unterredung ist für die weitere Entwicklung des Instituts von entscheidender Bedeutung gewesen und hat, wie ich später erfuhr, auch großen Einfluss auf die Organisation der gesamten Kernphysik-Vorhaben im Raum Dresden gehabt. Wir erhielten als Ergebnis der Besprechung einen Vertrag, der Staatsaufträge in bestimmter Höhe pro Jahr garantiert und so eine stabile finanzielle Basis für wirklich großzügige Forschungen bot. Damit war dem Institut bei erfolgreicher Arbeit eine schnelle Entwicklungsmöglichkeit gesichert.

In Walter Ulbricht war ich einem Mann der Tat begegnet, der schnell das Wesentliche erkannte, sich die Argumentation des Gesprächspartners aufmerksam anhörte und dann nicht lange mit der endgültigen Entscheidung zögerte. Ulbricht war die damals politisch bestimmende Persönlichkeit der DDR. Ich habe mir deswegen immer wieder erlaubt, aus meiner Sicht Empfehlungen über notwendige Maßnahmen, Veränderungen oder Festlegungen an ihn heranzutragen. Die Persönlichkeit Walter Ulbrichts wurde in der westlichen Welt lange Zeit sehr unterschätzt. Im Gegensatz zu ihm interessierte sich sein Nachfolger kaum für Wissenschaft, Technik und Wirtschaft.

Eine besonders erfreuliche Folge des Ulbricht-Besuches zeigte sich eine Woche später, als der Oberbürgermeister von Dresden, Walter Weidauer, zu uns kam. Nachdem wir einige schwebende Fragen besprochen hatten, bat er mich, ihn zur Eingangstür des Hauses zu begleiten. Dort übergab er mir als Geschenk Walter Ulbrichts einen nagelneuen sowjetischen SIS-Wagen. Diese starke und sichere Limousine hat uns lange Zeit besonders bei den vielen Fernfahrten auf der Autobahn zwischen Dresden und Berlin ausgezeichnete Dienste geleistet. Unzählige Aufsätze und Briefe habe ich auf dieser Strecke, ungestört vom Getriebe des Instituts, in dem geräumigen SIS diktieren können.

Wenige Tage später lernten wir bei einem gemeinsamen Essen im benachbarten Luisenhof die Arbeiter und Handwerker kennen, die in den vorausgegangenen Jahren mit großer Sorgfalt das Institut auf dem Weißen Hirsch auf- und ausgebaut hatten. Während dieses harmonischen Beisammenseins, wo ich von unseren Zukunftsplänen erzählte, erhielt ich als Gastgeber feierlich ein schön gebundenes Buch überreicht, in dem auf mehr als hundert Seiten falsche, zum Teil recht unfreundliche Gerüchte verzeichnet waren, die uns und den Aufbau unseres Instituts in der Plattleite umgaben und die später in der westdeutschen Presse oft als „Wahrheit“ serviert wurden. Beispielsweise war das Märchen aufgezeichnet, die Regierung der DDR habe mir ein Bankkonto von unbegrenzter Höhe zur Verfügung gestellt, oder es stand dort, ich

LEBENSBILDER IV

(1945-1948)

Es ist so viel Energie
in der Welt wie Hoffnung in ihr ist.

Albert Schweitzer

Hubert Spahn

Die eigene und die fremde Not

Als ich meinte, die Wirren des Krieges seien vorbei, braute sich erneut ein Unheil zusammen. Zunächst hatte ich seinen Ausgangspunkt als Zuschauer arglos betrachtet.

In der Gegend um die damalige „Heeresallee“ zwischen Prießnitzbrücke und Königsbrücker Straße hielt ich mich schon zu friedlicheren Zeiten gerne auf. Dort stand „meine“ Garnisonskirche, die aus zwei Gotteshäusern unter einem Dach bestand, einem katholischen und einem evangelischen. Ich fand es hochinteressant, wie die Soldaten zum Gottesdienst ankamen. Exerziermäßig marschierten sie auf den Vorplatz. Auf mehrere zackige Kommandos hin teilte sich die Truppe, fügte sich zu zwei Einheiten neu zusammen. Die größere stiefelte zum protestantischen Kirchenportal, die kleinere zog per „Reihe rechts!“ zur katholischen Pforte. Ob drinnen meine katholischen Glaubensgenossen ebenso militärisch straff an die Beichtstühle geführt wurden?

Es mag Ende Mai oder Anfang Juni 1945 gewesen sein, als sich auf dem großen, parkähnlichen Platz gegenüber dieser Kirche immer mehr Menschen ansammelten. Alle Altersgruppen waren vertreten, von halben Kindern bis zu Männern und Frauen, die schon fast im Greisenalter standen. Erst mögen es hunderte, dann tausende von Leuten gewesen sein. Unter den großen Bäumen lagerten sie bei Tag und Nacht, ohne Zelte oder anderen Schutz. Einmal beobachtete ich, wie sie unter großem Geschrei in mir unverständlicher Sprache ein gestürztes Pferd töteten, zerlegten und verteilten. Das Fleisch wurde sofort gekocht, in zerbeulten Töpfen, Tonschüsseln und Eimern.

Es waren Zwangsarbeiter, von den Nazis aus ganz Europa, vor allem aus dem Osten, zusammengetrieben. Wie ich später las, hatte man nach Dresden besonders viele von ihnen verschleppt. Allein „Zeiss -Ikon“ und „Universelle“ beschäftigten zeitweise rund 2 600 beziehungsweise 3 000 solcher ausländischen Arbeitskräfte für Hungerlöhne.

Nun wollten diese Menschen nach Hause, aber das ging nicht so schnell wie es sich auch ihre russischen Befreier gewünscht hätten. So mussten die Fremden selbst sehen, wie sie zurechtkamen, wo sie etwas zum Essen, Feuern und Bekleiden ergattern konnten. Ergattern - aber wo? Die nächstgelegene, Erfolg versprechende Gegend war unser Hechtviertel.

Als die ungebetenen Besucher bei uns eintrafen, sägte ich gerade im nun Gott sei Dank funktionslosen Luftschutzraum Holz und hörte durch die Kellerfenster zur Straße einen undefinierbaren Lärm. Mutti kam angestürzt und rief außer Atem: „Komm schnell, draußen ist der Teufel los!“

Ein Blick aus dem Küchenfenster genügte, um zu erkennen, was da los ging. Den Oppellberg herunter kamen sie an, zwanzig oder dreißig Mann, schlugen Erdgeschossfenster der Häuser ein, versuchten, Haustore aufzubrechen. Ich wusste sofort: Das ist zwar nicht der Teufel, aber das sind die Fremden von der Heeresallee! Als Erstes verrammelten wir das Eingangstor unseres Hauses, doch das würde nicht viel helfen.

Draußen ging das Getümmel weiter. Die ersten Plünderer schleppten alles, was nicht niet- und nagelfest war, fort: Bettwäsche und Lampen, Stühle und alle möglichen Packen undefinierbaren Inhalts. Einer hatte sogar einen sich heftig sträubenden Hund umklammert, der offenbar in die Pfanne sollte. Andere waren nur noch drei Häuser von unserem entfernt, bald würde die Welle der Gewalt auch uns erwischen.

Da kam Hilfe aus Richtung Bischofsplatz: Männer, wahrscheinlich irgendwie um die Gefangenschaft herumgekommen, Knüppel, Steine, Eisenstangen und sonst was in den Händen, griffen an. Steine flogen. Einige der Fremden wollten sich erst verteidigen, aber bald suchten alle das Weite. Zurück blieb nur einer. Er lag reglos mitten auf der Straße, um seinen Kopf und den Ziegelstein daneben bildete sich eine Blutlache.

Noch einmal davongekommen dachten wir aufatmend von uns. Für den Verletzten habe ich keinen Gedanken gehabt. Gewalt verroht, egal von wem sie ausgeht...

Doch die Zurückgeschlagenen kehrten zurück und brachten das Mehrfache an Verstärkung mit. Wie wir später hörten, fielen sie auch über die benachbarte Hechtstraße her. „Was sollen wir nur tun?“, fragte Mutti, die sonst immer entschlossen war und Rat wusste. Ich ging in den Keller und holte den dort versteckten österreichischen Säbel hervor, der früher als Zierde über meinem Schülertischchen gehangen hatte. So bewaffnet postierte ich mich hinter unserer Wohnungstür. Ich gebe zu, dass ich mir selbst ein bisschen komisch vorkam - säbelschwingend in kurzen Hosen.

Ab und zu ging ich zum Fenster, um zu sehen, ob die wütenden Kerle nicht doch von uns abließen. Doch sie kamen immer näher. Da brauste plötzlich ein Jeep heran, besetzt mit sowjetischen Militärs. Ihren Offiziersrang konnte man an den breiten, gelbglänzenden Schulterstücken erkennen, von uns spöttisch Quarkkuchen genannt. Sie zogen die Waffen und schossen in die Luft. Ich sah noch einen jungen Mann mit einer Mandoline unter dem Arm aus dem Fenster der Kneipe gegenüber springen. Dann war der Spuk der Gewalt vorbei.

Wenn ich mir die Welt von heute besehe, dann frage ich mich manchmal: War er damals wirklich für immer vorbei?

WINFRIED SCHNEIDER

„Endsieg" Wohnung

Es war kurz nach dem furchtbaren Feuersturm auf Dresden, am sechzehnten Februar 1945, als das Rote Kreuz meine Mutter in Radebeuls provisorische Entbindungsklinik „Rosenhof" einwies. Sie sah zum dritten Mal einem freudigen Ereignis entgegen: der Geburt meiner zweiten Schwester. Da sie meine damals fast zweijährige Schwester Klara gleich in das ihr zugewiesene Zimmer mitgenommen hatte, blieb ich im Radebeuler Auffanglager „Capitol", wohin wir uns von Dresden aus nach der Bombennacht gerettet hatten, bei Großmutter zurück. Das war mir ganz recht, denn mit ihr verstand ich mich prächtig. Vielleicht auch deshalb, weil sie immer zu wissen schien, was zu tun war.

Auch diesmal war das so. Kaum hatten wir uns von den beiden Rosenhof-Neubewohnern verabschiedet, sagte sie bestimmt: „Eine Wohnung muss her!" Und sie fügte hinzu: „Und dabei ist keine Zeit zu verlieren. Denn schon in wenigen Tagen ist Mutter wieder draußen. Bis dahin muss die Wohnung gefunden sein." Sprachs und schritt zur Tat mit Ziel Wohnungsamt. Und dort nun erlebte ich mit - denn ich war immer dabei -, wie sie dem Wohnungsbeschaffer in bühnenreifer Rhetorik und Mimik ihr Anliegen vortrug, unserer Familie ein neues Zuhause bereitzustellen. Solche Wünsche wurden dem Beamten freilich jetzt täglich vorgetragen. Und da er kaum einen davon zu erfüllen vermochte, verwies er auch uns auf den uns demnächst schriftlich zugehenden Bescheid. Als die Antwort dann eintraf, war sie negativ.

Großmutter aber erschütterte das nicht. Am nächsten Tag stiefelten wir wieder aufs Amt, am übernächsten erneut, und auch am dritten Tag erklärte sie dem Beamten, was sie ihm jedes Mal sagte: „Wir sind zwei Erwachsene, dazu jetzt schon zwei und bald drei Kinder, denn eines soll übermorgen geboren werden. Reicht das nicht zur Begründung?" Es reichte auch dieses Mal nicht. Und so reichte es diesmal Großmutter. „Sie Hohlkopf!", fuhr sie den wie stets nur die Schulter zuckenden Stoiker an und schlug die Tür hinter sich zu. So hatte ich sie noch nie erlebt, auf dem gesamten Rückweg konnte sie sich nicht beruhigen. Und es schien mir, als setze ihr Zorn soeben eine neue Kampf-Qualität bei ihr frei.

Ich sollte mich nicht getäuscht haben. Am nächsten Morgen sprach sie: „Auf gehts, Junge, wir müssen wieder auf Achse!“ Und natürlich war damit der neuerliche Gang zum Wohnungsamt gemeint. Diesmal aber fügte sie hinzu: „Heute werden wir siegen!“, ergriff ihren Krückstock und stürmte derartig schnell aus dem Capitol, dass ich ihr nur mühsam zu folgen vermochte.

Wir betraten das Amtszimmer. Und natürlich schaute der Amtmann sogleich genervt an die Zimmerdecke. Und schon hub er wieder an: „Bedauerlicherweise...“ - aber diesmal kam er nicht weiter. Großmutter hob, sich mit der Linken am Schreibtisch festhaltend, ihre Krücke und stieß sie in Richtung Schreibtischverwalter nach vorn. Der Mann zuckte zurück. Doch die Krücke stieß nach, gefolgt von der ganzen, nun schräg über dem Tisch liegenden Großmutter. Und die unterstützte ihren Vorstoß jetzt mit rhetorischem Flakfeuer: Ihre Tochter, so donnerte sie, müsse wohl einen Pelzmantel wie die Bonzendamen tragen, um eine Wohnungszuweisung zu erhalten?! Denn offenbar genüge es nicht, dass dieser Staat sie und ihre Familie dem Bombenhagel ausgesetzt, um Hab und Gut und beinahe auch um ihr Leben gebracht habe...

Danach war Stille. Wie würde der Büromann reagieren? Großmutter und mich des Zimmers verweisen? Der, immer noch intakten, Gestapo überstellen? Er tat nichts dergleichen. Hob jetzt vielmehr beschwörend die Hände, blinzelte ängstlich hinter seiner Halbgläserbrille hervor - und schob im nächsten Moment eine Zuweisung über den Tisch. „Hier ist sie“, flüsterte er und legte den Zeigefinger auf den Mund, „aber sie gilt nur für vier Personen. Die fünfte ist ja noch nicht geboren, für sie kann später ein Zusatzantrag gestellt werden.“

Uns genügte erst einmal diese. Erst später - wir nunmehrigen Fünf feierten in unserem neuen Zuhause soeben Großmutters „Endsieg“ - meinte die Siegerin nachdenklich, dass ihr Auftritt auch hätte schief gehen können. Und in diesem Falle hätte unsere Familie nicht nur keine Wohnung erhalten, sondern wahrscheinlich auch Großmutter verloren.

Die gewitzte Großmutter

Die ersten Tage im Mai 1945 waren geprägt von Plünderungen durch die eigenen Landsleute. Vornehmlich die kleineren Filialen der großen Kaufhäuser waren ein begehrtes Zielobjekt. Auch die des „Kaufhauses

Renner" blieben davon nicht verschont. Noch bevor die Russen einmarschierten, fielen nicht wenige Geschäfte den Plünderungen zum Opfer.

An einem sonnigen Frühlingstag im Mai waren Großmutter und ich mit der Straßenbahn unterwegs. Wir kamen aus der Großstadt. An der Endhaltestelle gewahrten wir mit Entsetzen das unmittelbar an dieser Station gelegene, erheblich demolierte Zweiggeschäft des genannten Kaufhauses. Zerschlagene Schaufensterscheiben, herumliegende Pflastersteine und unzählige Kartons sowie verschiedene Utensilien boten ein Bild totaler Verwüstung auf dem Bürgersteig vor dem Geschäft. Das Innere des Ladens sah nicht anders aus. Einzig und allein ein Ständer mit Spazierstöcken, der als Auslage gedient hatte, stand noch unversehrt hinter der zertrümmerten Schaufensterscheibe.

Zu diesem Zeitpunkt befand sich keine Menschenseele am Ort des Geschehens. Die Plünderung musste also erst vor wenigen Minuten passiert sein. Fragend sah ich Großmutter an, als ich die nagelneuen Spazierstöcke „verlassen" stehen sah. „Die nehmen wir mit, die gehören jetzt uns", hörte ich da Großmutter sagen. Vorsichtig mahnte ich an, dass Plünderungen streng bestraft werden. Großmutter erwiderte schroff: „Wir plündern nicht, mein Junge! Wir räumen hier nur auf und stellen sicher! Geplündert haben andere, bevor wir hier waren." Diese Worte wirkten auf mich wie ein Signal. Schnell und unauffällig klemmte ich die sechs Stöcke unter den Arm.

Inzwischen hatte Großmutter das Innere des verwüsteten Ladens durchstöbert. Plötzlich winkte sie mich zu sich und zeigte auf einige unversehrte, neben der Tür liegende Schuhkartons. Das selbige keinesfalls herrenlos bleiben sollen, war für Großmutter ebenso klar, wie die Tatsache, dass wir uns nicht erwischen lassen dürfen.

Es handelte sich dabei um drei Kartons echter Salamanderschuhe. Ich gab zu bedenken, dass Größe und Art der Schuhe für sie nicht zu gebrauchen wären. Großmutter konterte sofort, als hätte sie auf diesen Einwand gewartet: „Egal, wir werden sie trotzdem noch gut gebrauchen können - wenn das Hamstern beginnt und es im Laden nichts mehr zu kaufen gibt. Dann werden wir diese Sachen gegen Lebensmittel eintauschen müssen." Sie deutete mit Gesten und stillschweigend an, dass wir beide nun schnellstens „verschwinden" müssten, bevor der Gendarm käme und wir beide mit zur Wache müssen. Das aber wollten wir auf keinen Fall riskieren.

Auf dem Nachhauseweg schritt ich schnell voran. Dass Großmutter nicht mehr wie ich ausschreiten konnte, war mir völlig entgangen. Mir saß in Gedanken schon der Gendarm im Nacken, so dass ich Großmutter in ungehöriger Weise vergessen hatte. Sie schwang deshalb hinter mir ihre Krücke und rief mir atemlos hinterher: „Junge, Junge, nimm mich mit und renne nicht so schnell, sonst denken andere noch, wir hätten geplündert.“ Dabei zog sie schwerfällig die geschnürten Kartons hinter sich her.

Unterwegs überholte sie ein Wehrmachtsoffizier, der die Straße entlangstürmte und unentwegt schrie: „Hängt die weiße Fahne raus, hängt die weiße Fahne raus...!“ Diese Aufforderung zur Kapitulation wiederholte er so dringlich, dass nun auch andere Passanten die Aufforderung zu rufen begannen. Man hätte denken können, der Rattenfänger von Hameln sei unterwegs. Großmutter schloss sich ihm an. „Ja, ja, ja - macht das so, macht das alle so, Leute!“, rief sie - neben dem Uniformierten einherlaufend - ihren eigenen Text so laut, dass ihre Stimme sich fast überschlug. Fenster öffneten sich. Leute schauten nach unten: neugierig und zugleich erstaunt über den Wagemut des Offiziers, der nach der weißen Fahne verlangte und damit die Fahne des „Führers“ verließ. Mit dieser Desertation aber setzte er sein Leben aufs Spiel, das er schließlich auch verwirkte: Nahe dem Waldpark streckten ihn kurz danach „Kettenhunde“ genannte, berüchtigte Militärpolizisten mit Pistolenkugeln nieder. Als Großmutter später davon erfuhr, sagte sie ziemlich kleinlaut zu mir:

„Menschenskind, die hätten doch auch mich glatt erschossen, wenn ich dem Offizier weiter gefolgt wäre.“ Doch das sah ich etwas anders. Schelmisch entgegnete ich ihr, dass sie sich schließlich mit ihrer Krücke hätte verteidigen können. Es war das erste Mal, dass mir Großmutter eine deftige Ohrfeige verpasste.

Das Glockenspiel in der Hose

Der 45er Frühling zog ein - und mit ihm die Russen. Und sofort hieß es, dass sie Frauen Gewalt antun und „bessere“ Wohnungen beschlagnahmen würden. Mutter sagte ängstlich: „Hoffentlich nehmen sie uns unsere nicht weg. Wir sind doch gerade erst in sie eingezogen.“ In der Tat hatten wir, durch Großmutters schon geschilderten Einsatz, in Radebeul soeben erst in einer Villa Zuflucht gefunden. „Bestimmt“, sagte Mutter, „kommen sie hierher.“ - und hatte mit ihrer Ahnung wieder mal Recht: Schon tags darauf erhielten wir „Besuch“, den ersten überhaupt im neuen Heim.

Ein gewaltiges Rütteln am Gartentor und mehrere Gewehrschüsse kündigten ihn an. Jetzt sind wir dran, sagte Urgroßvater Hermann, der inzwischen aus Dresden zu uns gezogen war, und betrachtete wehmütig seine Taschenuhr. Golden, mit Sprungdeckel versehen und den Ersten Weltkrieg überstanden, war sie ein Erbstück seines Vaters. Die gäbe er nicht her, murmelte Urgroßvater, vor seinem Bette stehend. Mutter lief in ihrer Angst indessen zum Küchenherd und schmierte sich Ruß ins Gesicht, übergab sich dann zitternd und hockte sich schließlich in eine Ecke. Inzwischen hatte Großmutter Linda die Gartenpforte geöffnet. Im Nu stürmten drei Soldaten, an ihr vorbei, die Treppen herauf und standen im nächsten Augenblick in unserem Wohnzimmer. Hier fuchtelten sie mit ihren Gewehren herum und radebrechten wild durcheinander. Kein Zweifel: Sie hatten zu tief ins Glas geguckt, und einer von ihnen wohl sogar bis auf den Boden.

Er auch war es schließlich, der sich mit seinem Gewehr plötzlich vor Urgroßvater aufpflanzte und ihn anzuschreien begann: „Uhri, Uhri!" Was sollte Urgroßvater da machen! Er griff in seine rechte Hosentasche und zerrte etwas hervor. Es war die Uhrkette. Das Utensil aber, für das sie bestimmt war - Fehlanzeige. Der Alkoholisierte schien mit einem Mal nüchtern. Eine Uhrkette ohne Uhr, das war ihm zu viel, vielmehr zu wenig. Wieder fuchtelte er deshalb vor Urgroßvater herum: „Uhri, Uhri!" Und wieder zeigte ihm der alte Mann nur die Kette. Dem Eindringling reichte das nun. Er brachte sein Schießeisen in Anschlag und verkündete in wohl im Schnellkurs erlerntem Deutsch: „Drei Minuten Zeit, dann schießen!"

Alles schrie auf. Nur Urgroßvater nicht. Ohne mit der Wimper zu zucken, zeigte er immer wieder nur die an seinem Beinkleid befestigte Kette, stülpte als Zugabe noch seine Hosentaschen um und hob bedauernd die Schultern.

Da entsicherte der Russe die Waffe. Was konnte ein Enkel von gerade mal neun Lenzen da noch tun? Eigentlich nichts. Es sei denn, er greift ins Gewehr und verhindert den Schuss. Genau das tat ich in diesem Moment. Wie ein Puma sprang ich zum Schießprügel und klammerte mich an ihm fest, überhörte die Aufschreie von Mutter und Großmutter und kämpfte mit meinem Gegner einen erbitterten Kampf. Was dabei und dem Folgenden herausgekommen wäre, lässt sich denken, wenn mein Gegenüber nicht plötzlich von mir abgelassen hätte.

Im Wohnzimmer stand plötzlich ein russischer Offizier. Soeben noch mit freundlicher Miene hereingekommen, hatte sie sich nun verfinstert. Die Ursache dafür waren aber nicht wir, sondern seine Landsleute. Entsprechend fielen dann wohl auch seine Befehle an sie aus, denn sie verließen sofort unsere Wohnung. Doch damit nicht genug. Im Hinausgehen versicherte uns der Offizier: „Ihr alle Arbeitsleut', Quartier behalten."

Als Erster fing sich Urgroßvater. „Ist doch ein Wort!", rief er dem Retter nach und bezog es auf die Garantie, in der Wohnung bleiben zu dürfen. Das nahm er denn auch gleich wörtlich, rührte er sich doch nicht von seinem Bett, an dem er immer noch stand. Er wusste, warum. Denn kaum war der Offizier durchs Gartentor, verschwand er unterm Bettzeug, um kurz danach wieder aufzutauchen - mit seiner Uhr. Seelenruhig hakte er sie wieder in die Kette und steckte sie lächelnd in die Hosentasche.

Der Schreck aber folgte auf dem Fuß. Das Chronometer war soeben verstaut, da ertönte sein Glockenspiel. „So ein Leichtsinn, Vater!", schrie Großmutter auf, und das war nahe liegend. Hätte die Uhr sich während der Russenvisite gemeldet, Urgroßvaters letztes Stündlein hätte dann wohl geschlagen gehabt. „Warum hast du die Zwiebel auch noch aufgezogen, nachdem du sie im Bett versteckt hattest?" Großmutter war nicht zu beruhigen. „Ganz einfach", sagte ihr Vater und ließ den Uhrendeckel hochschnellen, „ich hab die Glocke auf zwölf gestellt, weil wir da immer zu Mittag essen. Wo bleibt es denn heute?" Dieser Mann!, dachte Großmutter. Laut aber sagte sie: „Und wenn die Russen nun länger geblieben wären?" - „Dann hätten sie mich eben erschossen - so ist das im Krieg", antwortete Urgroßvater gelassen und sah schon wieder auf seine Uhr.

Da kam auch Mutter wieder zur Besinnung. Ihr fiel jetzt die eigene Uhr ein. Ebenfalls golden, und zierlich dazu, eine Damenarmbanduhr eben. Sie hatte sie in der Aschegrube versteckt. Sie rannte hinunter, wühlte darin. Stunde um Stunde, auch ich half mit. Es half aber nichts. Die Uhr blieb verschwunden. „Wahrscheinlich verglüht!", rief Urgroßvater vom Balkon. Und setzte, auf sächsisch, noch eins drauf: „Tja, meine Liesel, hättste den Seecher mit in mei Bette gelegt, dann wüsstest du jetzt, wie lange du schon suchst."

Straßen-Sirup

Das Jahr 1947 wurde auch in Dresden von Hunger und Elend bestimmt. Große und kleine Schieber, Schwarzhändler und Spekulanten beherrschten nach Kriegsende die Szenerie. Der so genannte „Schwarze

Markt" entwickelte sich. Und wie ich von den Erwachsenen gehört hatte, würden dort die Geschäfte mächtig „erblühen".

Allerdings war mir in meinem Alter nicht so richtig klar, um welche Art von Geschäften es dabei ging und in welcher Form sich dieses Marktgeschehen abspielen sollte. Ich war neugierig geworden. Die wenigen Schulstunden am Vormittag hatte ich soeben überstanden. Zwei Stunden über Geografie bei Lehrer Lawede waren wegen seiner Grippeerkrankung ausgefallen. So verfügte ich unvorhergesehen über erheblich mehr Zeit, um bummeln zu gehen und den Markt zu suchen.

Ich schlenderte durch die Straßen von Pieschen. Von einem schwarzen Markt war aber weit und breit nichts zu sehen. Ich konnte noch nicht wissen, dass dieses Marktgeschehen eigentlich ein verbotenes war. Denn dort wurden Waren angeboten, die es in den Geschäften nicht mehr zu kaufen gab und hohe Preise aufwiesen. Auch Tauschgeschäfte prägten das Geschehen. So wurde beispielsweise für ein kleines Brot eine Stange Zigaretten gegeben oder Nylonstrümpfe gegen Bohnenkaffee getauscht. Ich aber fand ihn nicht, diesen Markt. Ich vernahm auf der Straße lediglich ein Gespräch zwischen zwei an mir vorübereilenden Männern, von denen der eine gehetzt von sich gab: „Das hätte aber schief gehen können, wenn die Polente die zwanzig Stangen 'Camel' erwischt hätte!" Offenbar waren sie gerade einer Razzia entwischt.

Mein Weg führte mich zum Stadion an der Bernsdorfer Straße, ganz in der Nähe der Hansastraße. Dort trainierten die Bahnradfahrer. Die wollte ich sehen. Als ich am Bahndamm in die Riesaer Straße einbog, beobachtete ich folgendes interessante Geschehnis:

In einer Entfernung von etwa hundert Metern tuckerte vor mir ein kleiner, dreirädriger „Hanomag" in Richtung Stadtzentrum. Er war schwer beladen, eigentlich schon überladen. Infolge der hohen Transportlast schlich er wie eine Schnecke auf dem holprigen Kopfsteinpflaster dahin. Seine Hinterachse bog sich von Meter zu Meter immer stärker. Nicht auszudenken, wenn jetzt die Achse bricht, dachte ich!

Und hatte den Gedankengang kaum beendet, als es krachte und knirschte. Es hörte sich an, als hätte Rübezahl einen uralten Baum im Riesengebirge mit seinen Händen zerdrückt und die Äste einzeln mit der Hand herausgerissen. Das, was ich befürchtet hatte, war passiert. Das Fahrzeug blieb mit einem Ruck stehen und gab keinen Mucks mehr von sich. Die Hinterachse war zerbrochen. Ein Rad machte sich selbständig und rollte quer über das Straßenpflaster. Die Ladung des kleinen Fahrzeuges, das wie ein Laubfrosch aussah, bestand aus mehreren dunkelbraunen Pappeimern. Diese mit Sirup gefüllten Behältnisse sollten in den folgenden Minuten für ein seltenes Spektakel sorgen. Einige dieser Eimer kippten zur Seite und rollten über die hintere Bordwand, bis sie vom Wagen krachten und sich der schwarze Saft auf die Straße ergoss.

So floss der damals begehrte, aus Rübensaft hergestellte schwarze Sirup unaufhaltsam, aber sicher wie ein Lavastrom auf das Straßenpflaster.

Die am Bahndamm spielenden Kinder bekamen zunächst einen Schreck, als sie das defekte Rad auf sich zurollen sahen. Doch als der Sirup aus den Eimern floss, jubelten sie.

Rosi, ein kleines Mädchen, erkannte die zähflüssige und dunkle Masse sofort als süße Leckerei. Denn sie hatte schon lange Zeit keine Süßigkeiten mehr gegessen. Woher auch sollten sie kommen? Schließlich lebte man nicht in der amerikanischen Zone, wo die Amis Schokolade an die Kinder verteilten.

Nur wenige Augenblicke vergingen, als sich einige der klapprigen Fensterflügel eines mehrstöckigen Mietshauses öffneten. In der vierten Etage wurden gleich zwei Fensterflügel aufgeschlagen, und eine kräftige Stimme rief der als Süßschleckermaul in der Straße bekannten Fünfjährigen zu, dass es nur so über das Straßenpflaster schallte: „Bleib dran, Rosi, ich komme sofort und bringe Löffel und Napf!“ Rosis Mutter, eine damals echte „deutsche Eiche“, wie Mütter mit kräftiger Gestalt genannt wurden, sprang die Treppen hinab und brachte die notwendigen Geräte.

Unterdessen hatten die Kinder begonnen, den „Schwarzen Sirup“ mit den Fingern vom Straßenpflaster zu kratzen und gemeinsam mit vielen Müttern in die Gefäße zu löffeln. Der Fahrer des alten „Hanomag“ aber stand kreidebleich, ziemlich verlegen und machtlos neben den hastig Kratzenden, die Tasse für Tasse und Napf für Napf mit der leckeren Masse füllten. Dabei fielen nicht nur die verschütteten, sondern auch die wenigen noch auf dem Wagen befindlichen Eimer den Hungrigen anheim.

Das Gute an der Sache bestand darin, dass viele Menschen für mehrere Tage ausreichend Sirup als Brotaufstrich verabreichen konnten und der „Schwarze Sirup“ nicht auf dem Schwarzen Markt landete. Denn die seinerzeit besonders umsichtig sorgenden Mütter hatten schnell erkannt, dass es sich hierbei um einen „Schwarzfahrer“ in doppelter Hinsicht handelte. Nachdem dessen Schrecksekunden vorüber waren, verließ er eiligst den „Tatort“ und ward nicht wieder gesehen. Noch viele Wochen danach stand das alte motorisierte Dreirad am

Straßenrand und diente den Kindern als Spielobjekt. Rosis Kleidchen aber wies noch Tage nach dem freudigen Erlebnis kleine, klebrige, schwarze Pünktchen auf, die davon zeugten, dass sie offenbar immer noch etwas Süßes im Autowrack gefunden hatte.

HUBERT SPAHN

Mit dem Mausesack beim Iwan

Beim Einmarsch der Russen staunte ich: Aus jeder Wohnung hing ein Bettlaken - sehr weiß und sehr groß. Auf einmal war unsere Oppellstraße in die Farbe der Friedfertigkeit gehüllt, als hätte es nie das Meer der Hakenkreuzfahnen gegeben...

Als Nächstes bewegte mich wie viele in der zertrümmerten Stadt die Frage: Wo ist was zu holen? Was Wunder, herrschte doch Mangel an allem, vor allem an Essbarem. So zog ich bald los in Richtung der vielen Kasernen, die wochenlang Niemandsland waren - nicht weit von uns, am Heller. Doch womit die gemausten Sachen transportieren? Mutter nähte an einen Kartoffelsack zwei breite Gurte aus der Polsterwerkstatt in unserem Haus. Solche Gurte halten noch heute in älteren Sitzmöbeln die Spiralfedern zusammen. Das Ding - es hieß später unter uns Mausesack - war praktisch: Leer konnte ich es unter die Jacke stecken, bei Bedarf ging viel hinein.

Bei den geplanten kriminellen Aktivitäten hatte ich keine deutschen Ordnungshüter zu fürchten - die gab es nicht. Kriminell? Dieser Begriff hatte unter den gegebenen Umständen für mich und auch viele Erwachsene keine Beziehung mehr zur Wirklichkeit. Ordnungshüter? Einige Tage nach dem 8. Mai stolzierte ein Mann mit roter Armbinde durch unsere Straße und spielte sich auf, als habe er den Krieg gewonnen. Ich hörte, wie er sich mit einem Sowjetsoldaten stritt, und, auf die Binde weisend, immer wieder rief: „Ich deutsches Kommissar!" Den Iwan kümmerte das einen Dreck.

Wahre Kommunisten dagegen, die bald wie auch mein Onkel Rudi mit anderen Demokraten versuchten, das Leben wieder in Gang zu bringen, haben sich für ihre Mitbürger aufgeopfert.

Mit dem Spezialsack trug ich im Laufe der allerersten Zeit viel zusammen. Ich erinnere mich an Sparta-Fußpuder in schöner grüner 4711 Verpackung und an Schreibpapier. Oder an Löffel und Gabeln aus einer Aluminiumlegierung, recht praktisch, weil sehr leicht. Damit haben noch meine Enkel bei Picknicks auf unseren Wanderungen gegessen.

Eines Tages fand ich eine Art Boot, etwa zweieinhalb Meter lang und 70 Zentimeter breit, die Seiten aus Holzlatten geklinkert und weiß angestrichen. Ich kannte die Dinger aus der Wochenschau, von Winteraufnahmen an der finnisch-sowjetischen Front im hohen Norden. Mann, dachte ich, ein Maschinengewehrschlitten. Das ist das richtige Fahrzeug, um auf dem Wasser herumzugondeln!

Mir fiel ein junger russischer Soldat ein, den ich ein paar Tage vorher an der Elbe beobachtet hatte, wie er Handgranaten abzog und ins Wasser warf. Das Wasser sprang bei jeder Explosion als Fontäne in die Höhe, und bald schwammen tote Fische an der Oberfläche. Die sammelte er von einem Faltboot aus, das sehr zivil und deutsch aussah, auf. Zwei der Fische schenkte er mir, dann paddelte der uniformierte Fischer mit einem „Doswidanja! Widdersähn!" davon. Das war nach „Dawai!" die zweite russische Vokabel, die ich lernte.

Neidvoll dachte ich: So ein Boot, das wäre was! Nun fand ich „so was". In den Spezialsack passte das Schlittenboot natürlich nicht. Ich musste es hinter mir her nach Hause zerren. Das erwies sich als sehr mühselig, hat sich aber gelohnt. Mit verflüssigtem Baumharz aus der Dresdner Heide abgedichtet, hat es mir später auf der Elbe gute sportliche Dienste geleistet.

Ein weiteres Abenteuer spielte sich in einem Kasernenareal nahe dem Industriegelände ab - gegenüber der später zu DDR-Zeiten gebauten Turbinenfabrik. Dort zieht sich noch heute längs der Königsbrücker Straße ein langer Flachbau zwischen zwei höheren Gebäuden hin.

Über einen Sandhaufen stieg ich auf die Kasernenmauer, und von dort war es einfach, durch ein kaputtes Fenster in den Gebäudekomplex zu gelangen. So schlich ich über die Treppen auch in besagten Flachbau. Er erwies sich als eine Flucht von Schreibstuben, die alle zur Straße hin von einem langen Gang abzweigten.

Ich guckte mich überall um. Etwa in der Mitte des Ganges stand in einem der büroartigen Räume sehr einladend eine Schreibmaschine. Ich war gerade im Begriff, sie einzupacken, da klappte am Ende des Ganges die Tür, laute Stiefelschritte und Stimmen ertönten. In Russisch! Zum Fenster hinaus konnte ich nicht, es war vergittert. Deshalb verschwand ich schleunigst in einem der stählernen Wehrmachtsspinde, die eine ganze Wand des Raumes ausfüllten. Ich passte mühelos hinein. Wer sollte ausgerechnet in meinen leeren Schrank gucken, in einen von mehreren hundert vielleicht im ganzen Objekt?

Da fiel mir ein: Du hast den Mausesack neben der Schreibmaschine liegen gelassen, und die Zimmertür steht sperrangelweit offen! Nun pochte mir doch das Herz bis zum Halse. Erst eine ganze Zeit, nachdem die Soldaten gegangen waren, machte ich mich davon. Ohne Schreibmaschine.

Nicht, dass ich vor den fremden Soldaten besondere Angst gehabt hätte. Ich kannte sie seit ihrem Einmarsch als ganz normale Menschen, die obendrein gegenüber Kindern freundlich und freigebig waren. Aber wer lässt sich schon gerne beklauen? Dresche hätte ich bestimmt bekommen, damit waren die Russen schnell bei der Hand.

Oma sagte hinterher, dass nicht nur Besoffene, sondern auch Kinder einen guten Schutzengel haben.

PETER HAUSCHILD

Vertreibung aus dem Paradies

Wer kurz nach dem großen Krieg in einer Großstadt des vergangenen „Großdeutschen Reiches" gelebt hat, wird sich gewiss eines erinnern: des permanenten Magenknurrens. Denn es war die Zeit, in der die Orientteppiche in die Kuhställe wanderten, weil der Städter beim Bauern noch Essbares vermutete und zum Tausch, wenn auch ungern, bereit war.

Eines heißen Sommertags machten Rolly, Menek, Anna, Mola, Kuttlich, Mulus und ich uns auf in der Absicht, die hungrigen Mägen zu besänftigen. Da wir erst zehn, höchstens 12 Jahre auf dieser Mangelwelt waren und keine Orientteppiche besaßen, kam ein Tausch von vornherein nicht in Frage; es blieb nur ein Felddiebstahl übrig, eine Art Mundraub, was allemal besser klang als Diebstahl. Zuvor aber waren von unserem Ausgangspunkt Friedrichstadt aus einige Kilometer zu überwinden - an der Eisenbahnlinie des Kemnitzer Grundes entlang in Richtung Mobschatz. Da unser Septett mit Leinensäcken ausgerüstet war, musste allerdings vermutet werden, dass der Terminus „Mundraub" den Charakter der Unternehmung nur ungenau wiedergab; möglicherweise waren unsere Münder auch bloß besonders groß.

Als in der Ferne die heiß ersehnten Obstplantagen auftauchten, hieß es: „Freiwillige vor!" Kuttlich übernahm sofort die Initiative, stürmte an die Obstfront und schwang sich in die Äste, behände wie ein Affe. Die Ernte war reichlich, die Leinensäcke bald prall gefüllt.

Dieser Erfolg verleitete uns zum Übermut. Anstatt sofort abzudrehen, zelebrierten wir den so genannten Juggetanz. Es handelt sich dabei um einen Freudentanz, den wir im Adamskostüm absolvierten. Möglicherweise suchten uns dunkle Assoziationen an den Garten Eden heim, in dem ja auch ein Apfelbaum an der dramatischen, oft kriminellen Entwicklung der Menschheitsgeschichte schuld gewesen sein soll.

Sieben Nackte, die mit lauten Gesängen um pralle Obstsäcke tanzen - das konnte selbst den taubsten Flurschützern nicht entgehen, zumal die Herrn mit Hunden ausgerüstet waren und auf diese Weise über ein ausgezeichnetes Gehör verfügten - ganz zu schweigen von den drohenden Eckzähnen, die uns schließlich zur Obstablieferungsstelle in Mobschatz eskortierten. So wechselten die süßen Früchte abermals den Besitzer, und wir traten mit hängenden Köpfen den Heimweg an.

Als dann nach ermattendem Fußmarsch in der Friedrichstadt in Höhe Walther-/Schäferstraße ein gemüsebeladener Elektrokarren auftauchte, der der Großmarkthalle zustrebte, inszenierten wir zwar noch einen „Blitzüberfall“ auf sein Hinterteil, der uns das Abendbrot sicherte - aber was war das schon gegen das Paradies in Mobschatz! Anscheinend sind Paradiese öfter vertreibungsgefährdet. Man sollte sie daher niemals nackt betreten.

Hansjoachim Paech

Kreativ im Mangel

Meine Mutter, Jahrgang 1902, war Zeit ihres Berufslebens Köchin. Das Hochzeitsbild meiner Eltern (1928) zeigt eine schöne und schlanke Frau. Porträtfotografen, die sich auf den Beginn der Ehe spezialisiert haben, sollte man beneiden: immer - na ja, meistens - junge, schöne und glückliche Paare im Sucher. Jahre später entfaltete meiner Mutter Beruf seine beleibende Wirkung. Noch in den ersten Kriegsjahren dürfte ihr Körpermaßindex über 33 gelegen haben, dort, wo die Adipositas beginnt. Dann kümmert sich kaum noch ein Porträtfotograf um die Gattin; dann ist sie nur noch für Familienfotos gut - als Mutter, Oma, gelegentlich auch Uroma. Unser aller Liebe zu ihr tat das jedoch keinen Abbruch. Sie war, das wussten wir, die beste aller Mütter und Großmütter.

Mutter verlor im Kriege durch feindliche Bomben ihre Wohnung im Zentrum der Stadt, und sie verlor nach dem Kriege durch Mangelrezepte ihre Adipositas. Sie sah 1948 fast so aus wie 1928. Ich weiß natürlich, dass es politisch gefährlich ist, dem Kriege eine gute Seite abzugewinnen. Mutter in einer Reihe mit Kriegsgewinnlern! Dennoch war es nicht zu leugnen, dass die mageren Rezepte der Nachkriegszeit ein Gewinn für ihre Figur waren.

Mutters Spezialität war „falsche Leberwurst". Dabei wurde „aus ein klein wenig Fettigkeit und etwas Mehl" eine Einbrenne hergestellt, Hefe hinzugegeben und als Gewürz Majoran, schließlich „etwas" Salz. Das Ganze ließ sie aufkochen. Bei uns Kindern war „Knäckebrot" weniger beliebt. Es kam dadurch zustande, dass die dünnen Schalen von Pellkartoffeln auf der Herdplatte getrocknet, dann zerkrümelt und mit Wasser und einer Prise Salz wieder breiig gerührt wurden. Die Masse gelangte - möglichst dünn - auf einem Backblech zum Dörren in die Backröhre des Kohleherds. Auf ähnliche Weise entstanden die „Kartoffelpuffer", deren Grundsubstanz ausgepresste Zuckerrübenschnitzel waren. Man ließ sie in wenig Wasser aufquellen und strich sie in kleinen Fladen auf die erhitzte Herdplatte. „Von beiden Seiten backen lassen!" Mitunter blieben sie, mangels Fettigkeit, natürlich hängen. Runkelrübeneintopf bestand aus geschälten und geschnitzelten Futterrüben. Falls Möhren und grüne Erbsen vorrätig waren, erwiesen sich diese Zutaten als segensreich. Kakao stellte ich selbst her, sofern wir Rote Rüben beim Bauern hamstern konnten. Ich schnitt sie in Streifen, ließ diese auf der Herdplatte dörren, zermalmte die Schnitzel und gab das Pulver in warmes Wasser. Schätze, die Erfindung des Instantpulvers geht ursprünglich auf mich zurück.

Mutter verfügte auch in anderen Bereichen über raffinierte Hinweise, die sie einem „Ratgeber für alle" entnahm, der 1 000 Ratschläge und Winke für Haus und Hof enthielt und bei R. Oldenbourg in München gedruckt worden war. Da es dort auch um „Kampf dem Verderb" ging, wird er wohl in den 30er Jahren entstanden sein. Deshalb musste er am 29. März 1946 entnazifiziert werden, was ihm einen Prüfstempel einbrachte. Tipp 379 lautete: „Alte Filzhüte lassen sich nach tüchtigem Waschen noch als Einlegesohlen verwenden." Tipp 35 konnten wir kurz nach dem Kriege nicht anwenden: „Fangmittel für Marder und Iltis ist am besten ein Hering." Aber woher den Hering nehmen? Und auch Iltisse waren seinerzeit knapp. Wussten Sie schon, dass Brotwasser „ein prima durststillendes Mittel ist"? Man gewann es aus trockenen Brotresten. Löcher im Emailleeimer, Tipp 488, sollten wir „mit Zement flicken" und „nach dem Trocknen glatt schleifen".

Dieser nützlichen Hinweise konnten wir uns auch gelegentlich beim Hamstern bedienen. Wenn wir einen Stall erlebten, in dem die Schweine sich nicht vertrugen, empfahlen wir dem Landwirt, Kopf, Schwanz und Ohren der Tiere gemäß Tipp 444 mit Petroleum einzureiben. Und sofort war Ruhe im Stall.

Diese Dienstleistung brachte mitunter mehrere Kilo Kartoffeln ein und hob unser Gebettel gleich auf das Niveau eines Geschäfts auf Gegenseitigkeit. Wir hatten eine Marktlücke gefunden.

Mutter hat die Angebotsfülle eines Supermarktes nicht mehr erlebt. Sie ernährte sich auf HO-Niveau und konnte ihre Figur dadurch halten. So gesehen, hat auch die HO ihre guten Seiten gehabt.

AINI TEUFEL

Die Arbeit beginnt wieder

Nachdem der Krieg zu Ende ist, soll in allen Betrieben Dresdens wieder mit der Arbeit begonnen werden. Mutti muss sich deshalb am Montag nach Pfingsten bei ihrer Arbeitsstelle, dem Kühlhaus Dresden, melden. Weil wir Kinder seit dem Bombenangriff im Februar keine Schule mehr haben, nimmt Mutti mich mit.

Ich habe meine Stadt seit dem 13. Februar, als sie zerstört wurde, nicht gesehen. Ich bin ganz erschrocken. So riesighohe Trümmerberge hätte ich mir nie vorstellen können! Irgend so ein Trümmerberg muss meine Clara-Schumann-Schule sein! Nicht einmal die Straße ist mehr da, auf der sie stand! Gruslig, diese Ruinengebirge mitten in der Maisonne! Und unter den Steinmassen liegen Menschen. So ein Glück, dass die Flugzeuge nicht am Nachmittag gekommen sind, als wir in der Schule waren!

Beim Kühlhaus angekommen, ruft Mutti entsetzt: Das soll doch nicht etwa mein Betrieb sein? Im Hof des Kühlhauses wimmelt es von Leuten. Auf einer Holzkiste am Eingang sitzt ein junges Mädel und spielt Ziehharmonika. Zwei Russen tanzen miteinander zu der Musik. Und überall lagern auf Decken und Pappen Frauen mit Kindern. Manche kochen über Holzfeuerchen irgendetwas, was komisch riecht.

Muttis Chef ist auch auf dem Hof und viele Arbeitskollegen von ihr. Der Chef erklärt, das Verwaltungsgebäude läge voller Polen. Diese Fremdarbeiter wären auf dem Weg nach Hause und wollten sich hier im Betrieb ein paar Tage ausruhen. Das geht aber nicht, weil alle mit der Arbeit wieder anfangen sollen. So holt der Chef den sowjetischen Kommissar. Der Kommissar unterhält sich erst eine Weile mit den Polen, dann schreit er sie mit Donnerstimme an. Mittags sind alle vom Hof.

Nun gehen die Leute vom Kühlhaus in ihre Arbeitsräume. Hier sieht es vielleicht lustig aus! Bei den Schreibtischen fehlen die Fächer, bei Stühlen die Beine oder Lehnen! Und überall liegen Lumpen und alte Kleidung und schmutziges Geschirr herum! Mächtig interessant! Herrlich, dass mich Mutti mitgenommen hat! Außerdem: Mutti nimmt mich jetzt gern mit, wenn sie irgendwohin geht. Alle Muttis nehmen ihre Kinder jetzt gern mit. Wir sind ihre Schutzengel, sagen sie. Manche Russen tun Böses mit deutschen Frauen. Genau weiß ich nicht, was es ist. Aber haben Frauen ihre Kinder mit, tun die Russen es nicht.

Ich kraxle in dem Durcheinander herum und suche nach Dingen, die ich brauchen kann. Natürlich habe ich Glück! Schutzengel müssen ja auch Glück haben! Ich finde einen hellblauen gestrickten Schal, einen roten Kinderpullover, eine Sonnenhose, eine handgestrickte Männersocke und ein kleines Frottierhandtuch! In das Handtuch wickle ich alles andere hinein. Bis auf den Strumpf. Mit ihm binde ich das Bündel zu. Danach sammle ich Stuhlbeine. Viele finde ich nicht. Sicher haben die Polen die Beine für ihre Feuerchen gebraucht. Stuhlsitze gibt es jede Menge.

Bis abends räumen und wischen und waschen Mutti und ihre Kollegen in ihren Arbeitszimmern. Dann sind alle müde und beschließen, nach Hause zu gehen.

Von diesem Tag an muss Mutti wieder regelmäßig zur Arbeit. Doch an einigen Tagen fehlt Mutti im Betrieb, obwohl sie morgens wie immer fortgegangen ist. Der Grund: Unsere Straßenbahnen fahren alle nur bis dahin, wo die Innenstadt beginnt. Sie können gar nicht weiterfahren, weil es in der Innenstadt keine Straßen mehr gibt. Nun sollen die früheren Straßen wieder frei geschaufelt werden. Das antifaschistische Komitee organisiert die Arbeiter dafür. Das sind meist Leute, deren Betriebe nicht repariert werden. Aber diese Arbeiter reichen nicht aus. Da helfen die sowjetischen Soldaten und schaufeln und graben mit. Doch sie helfen auch anderweitig. Das machen sie so: An der Haltestelle Altleuben steigen plötzlich sowjetische Soldaten in die Straßenbahn. Sie besetzen alle Eingänge und Ausgänge. Niemand kann jetzt mehr hinein oder heraus. Bis zum Stübelplatz fährt die Straßenbahn durch, ohne anzuhalten. Am Stübelplatz müssen alle Leute aussteigen und unter Bewachung der Soldaten zu einem der Trümmerberge marschieren. Hier bekommt jeder eine Hacke oder Schaufel oder einen Spaten.

Jetzt ist Mutti schlau. Sie läuft immer erst drei Haltestellen, und hier steigt sie dann in eine Bahn, die anhält. Die von den Russen besetzten Bahnen halten hier nicht mehr. Trotzdem muss Mutti noch einmal mit zum Enttrümmern. Das ist Muttis neuem Chef zu dumm geworden. Er braucht doch Mutti als Sekretärin!

Und deshalb hat Mutti eine weiße Armbinde bekommen mit Stempel und der Nummer 57, außerdem einen Werksausweis in russischer und deutscher Sprache. Darauf steht: Man darf Mutti nicht zum Enttrümmern oder anderen Arbeiten einsetzen und ihr auch das Fahrrad nicht wegnehmen, weil sie im Kühlhaus Dresden arbeitet, das für die Ernährungssicherung sehr wichtig ist.

Rudolf Roch

Altes Eisen - neu gebogen

Anfang Juni 1945 erhielt mein Vater, der Kunst- und Bauschlosser Richard Roch, die Möglichkeit, in einem Kellerraum auf dem Falkensteinplatz in Gruna eine eigene Schlosserei zu eröffnen. Bedingung war, dass er sich am Aufbau der zerstörten Stadt beteiligt. Er richtete sich ein, alte Kisten dienten als Werkbank. Werkzeuge wie Hammer, Zange, Schraubenzieher besorgte ihm ein Freund. Material musste aus den zerbombten Häusern geborgen werden. Dazu gab es beim Stadtbezirk einen Bergungsschein. Er berechtigte seinen Besitzer, aus einem zugewiesenen Geviert eine bestimmte Menge Metalls zu bergen. Vater erhielt ein Stück Trümmerlandschaft zugeteilt, das innerhalb der Grunaer Straße, Amalienstraße, Serrestraße, Neue Gasse - oder was von diesen Straßen noch übrig war - lag.

Hier wurde nun das ausgebaut, was den meisten Nutzen brachte: Flach- und Vierkanteisen, aus dem Schutt ragende Treppengeländer oder verbogene Schaufensterrahmen, Türen und Tore. Ausgebrannte und defekte Schlösser wurden zum Beispiel zur Schlossfabrik Zahn nach Laubegast gebracht und nach erfolgter Reparatur wieder verwendet.

In der ersten Zeit bewegte sich alles zu Fuß oder per Fahrrad. Straßenbahnen verkehrten noch nicht wieder. Diese Touren gingen nicht immer ohne Zwischenfälle mit der Besatzungsmacht ab. So wurde mein Vater, der zumeist mit dem Fahrrad unterwegs war, hin und wieder von russischen Soldaten kontrolliert. Aber er besaß ja den Schein, der ihm gestattete, sich mit dem Drahtesel fortzubewegen. Trotzdem wurde er einmal weggefangen und für einen halben Tag ins Dresdner Rathaus zum Holzhacken für die russische Küche abkommandiert.

Ende 1946 kehrte ich aus amerikanischer Kriegsgefangenschaft heim und fing bei meinem Vater als Umschüler an. Sein „Unternehmen“ hatte er inzwischen in einem Pferde- und Kuhstall in Altseidnitz etabliert. Von da aus war es eine Stunde Fußmarsch bis zu unserem Trümmergeviert im Stadtzentrum.

Eine Bergeaktion dauerte im Schnitt drei bis fünf Tage. Die Geländer mussten ja rausgeschlagen oder mit der Handsäge abgesägt werden. In den Trümmern richteten wir dann jeweils eine Stelle ein, wo das Gefundene gelagert und später günstig auf die Handwagen verladen werden konnte. Vorschlaghammer, Meißel und Leiter wurden in einem Keller versteckt. Es kam auch vor, dass man morgens ankam und außer dem Materialhaufen nichts mehr vorfand. Überhaupt war es nicht ungefährlich, sich innerhalb der Ruinen zu bewegen. Immer wieder fiel etwas zusammen. Auch drückte sich hier lichtscheues Gesindel herum. Aber wir hatten Glück, uns hat niemand belästigt.

Hatten wir genug Material beisammen, beluden wir den zweirädrigen Handwagen und schoben ihn die Bodenbacher Straße in Richtung Werkstatt. Später gab es Wagen, die den heutigen Pkw-Anhängern ähnelten. Die durfte man an die Straßenbahn anhängen. Die Bahn hatte dafür extra entsprechende Kupplungen angebracht. Man meldete sich beim Fahrer und sagte ihm, dass man angekoppelt hat und wie weit man mitfahren möchte. Die Wagen rumpelten auf ihren Hartgummirädern dann der Bahn hinterher und mussten einiges aushalten. Befanden sich auf der Strecke Hindernisse oder Baustellen, hielt der Straßenbahnfahrer kurz an, so dass man schnell aus der Bahn springen und abkoppeln konnte. Dann gab es zwei Möglichkeiten: Entweder man rannte mit seinem Wagen um das Hindernis herum und koppelte wieder an oder man musste auf die nächste Bahn warten. Der Fahrer hatte ja einen Zeitplan einzuhalten.

Gefertigt wurde aus dem alten Eisen in unserer Werkstatt dann alles Mögliche, denn die langsam wieder eröffnenden Geschäfte brauchten vieles: Blechtüren, Schaufensterrahmen, Gitter. Von uns stammen beispielsweise die Geländer und Gitter für die Studentenwohnheime Gagarin- und Güntzstraße, für die Verkehrshochschule, die Katholische Hofkirche und für die Reformierte Kirche. Einmal fand ich eine ausgebrannte Nähmaschine im Schutt. Den Kopf habe ich bei Seidel & Naumann reparieren lassen. Auf der Leipziger Straße gab es ein Nähkabinett. Die haben einen Schrank dazu gebaut. Auf der Maschine hat meine Frau später noch lange genäht.

Mein wertvollster Fund aber war ein Leuchter, der zweifelsfrei aus der Wohnung meiner Eltern stammte, die in der Grunaer Straße ausgebombt wurden. Entdeckt habe ich ihn eine Straße weiter. Er steht noch heute in meinem Wohnzimmer.

Hans Lucke

Heimat, deine Scherben...

Es war ein milder Spätherbsttag, als der Zug langsam in das einrollte, was vom Hauptbahnhof übrig geblieben war. Das Bogengerippe ohne Glas ließ immerhin der Erinnerung an Sonntage Spielraum, da der kleine Hansi von hier aus, nach dem Treffen „unterm Strick“, in einen Zug nach Gottleuba, Rathen oder Altenberg gestiegen war; Vater unternahm mit Freunden viele Ausflüge, ohne Rücksicht auf das Wetter.

Jetzt bot der Bahnhof einen Anblick, der selbst dem jungen Mann, der als Soldat grausige Zerstörung gesehen hatte und nun aus Gefangenschaft heimkehrte, tieftraurig stimmte. Ich hatte das unversehrte Dresden verlassen, hatte das Stadtbild mit der berühmten Silhouette am Elbbogen im Kopf, die Gassen und Plätze mit den Barockfassaden, die Wilsdruffer und die Prager Straße mit ihren Geschäften, Hotels, Restaurants, Cafés und Kinos. Natürlich hatte ich von den Bombenangriffen gehört, natürlich war ich auf einen düsteren Anblick gefasst, auf den ich mich innerlich einzustellen versuchte, als der Zug von Großenhain endlich weiterfuhr. Dort nämlich war vorerst Ende der Fahrt von Frankfurt her gewesen, ich weiß nicht mehr warum, vermutlich war die Kohle alle. Eines weiß ich desto besser noch: In der Bahnhofsmission von Großenhain bekamen wir einen Teller Suppe. Es war Kastaniensuppe, nicht etwa aus Maronen, aus simplen Kastanien, zermahlen und gekocht. Den bitteren Geschmack habe ich auf der Zunge, sobald ich daran denke. Aber ich hatte schon Schlimmeres verschlungen, Hunger macht bescheiden. Und vielleicht war die bittere Speise eine ganz gute Vorbereitung auf das, was einen in der Heimatstadt erwartete.

Ich verließ das Riesengerippe mit den zerbrochenen Innereien und trat hinaus ins Sonnenlicht, um mich nach einer Fahrgelegenheit zum „Wilden Mann“ umzublicken. Vis-à-vis dem Ausgang ragten die Reste der Prager Straße, deren Anfang von zwei stattlichen Bürohäusern flankiert worden war. Diese Trümmerfassaden standen ebenso traurig wie alle anderen, und dennoch musste ich grinsen: In großen, ausgebrannten Blechbuchstaben kündete die rechte Ecke immer noch werbend von der „Dresdner Feuerversicherung“. Angesichts dieser bösen Ironie wurde mir merkwürdig leicht ums Herz.

Ich erreichte den Neustädter Bahnhof mit einer Straßenbahn, fand dort gar ein funktionierendes Telefon und rief in Trachau an, um meinem Vater, der nichts von meiner Ankunft ahnte, zu sagen, dass ich bald vor seiner Tür stehen würde. Da es mir gelungen war, einem früher heimkehrenden Kameraden einen Brief mitzugeben, konnte ich annehmen, mein Erzeuger wisse von meinem Überleben. Um ihm jedoch einen freudigen Schreck zu ersparen, der womöglich gesundheitliche Folgen haben würde, stellte ich mich zunächst in schönstem Sächsisch vor als Kameraden, der Grüße von seinem Sohn zu überbringen habe. Er geriet aus dem Häuschen, fragte, wo ich sei und ob ich so lange warten könne, bis er am Neustädter Bahnhof eintreffe, um Näheres über das Schicksal seines Hans zu erfahren. Da sprach ich: „Bleib nur derheeme, Vader, ich komm glei selber." Tiefe Stille am anderen Ende der Leitung, dann die schüchterne Frage: „Hans?" Ich bestätigte meine Identität und konnte umgehend Ratschläge hören, wie ich zum „Wilden Mann" käme, denn die Straßenbahnen fuhren zwar, aber beileibe nicht regelmäßig und durchgehend. In der Bahn genoss ich den Übergang aus der Trümmerlandschaft in Gegenden, die verschont geblieben waren vom Inferno. Die Großenhainer Straße schien fast wie früher, als ich am Kino gestanden hatte, mit kurzen Hosen, und mir ein paar Tränen abquetschte, um von einer mitleidvollen alten Dame gefragt zu werden nach dem Grund meines Kummers. Ich log dreist, ich hätte den Groschen verloren, das Eintrittsgeld, und bekam eine Münze geschenkt. Mein Vater hatte mir das Geld verweigert, weil ich den Western „Die Schlacht am Blauen Berge" schon zwei Mal gesehen hatte. Darum konnte ich ihm nachher nicht sagen, wo ich gewesen war und habe irgendetwas erfunden. Als ich nun, ein hoffnungsvoller Heimkehrer, am Wilden Mann aus der Bahn stieg, stand er da, etwas schmal geworden, aber heiter.

Ich trabte an seiner Seite den altvertrauten Weg die Schützenhofstraße bergab, vorüber am Eckhaus zur Wilder-Mann-Straße mit dem Lebensmittelladen, der jetzt kaum Überlebensmittel anzubieten hatte, vorbei an der Stephanstraße, vorüber an dem Haus, in dem mein Freund Jochen gewohnt hatte, der aus dem Kriege nicht mehr heimkam. Und ich erinnerte mich des Abends in der Weihnachtszeit 1941 oder 42, da der erste Fliegeralarm die Dresdner überraschte und wir im Keller hockten. Damals fing mein Alter plötzlich an zu singen - er hatte eine kräftige Stimme - nach der Melodie „O du fröhliche...": „Churchill ist erschiehienen, uhuns zu bediehienen, freue dich...!" Was damals noch ein bitterer Scherz war, ist nun längst historische Wirklichkeit. Die Dresdner waren bedient. Die Mitbewohnerin des Hauses, die beim Fensterputzen gesungen hatte „Bomben, Bomben, auf Engeland!" war stiller geworden, der kleine Postbeamte, der immer fürs Winterhilfs- und andere Werke gesammelt hatte, saß mit einem großen Sieb auf den

Knien im Hofe und sonderte die Spreu von den Körnchen - mühsam bei Bauern weitab ergattertes Schrot oder ähnlich nur für Tierfutter gehaltenes Zeug, eingetauscht gegen ein Paar gerettete Schuhe oder dergleichen, musste aufbereitet werden für den Kochtopf. Der Schreibwarenhändler, bei dem ich immer meine Schulhefte und Redis-Federn gekauft und folgsam „Heil Hitler“ gerufen hatte beim Betreten des Ladens, nachdem er mich angepfiffen hatte ob meines artigen „Gudn Dach“, war nicht mehr da. Leider gab es auch den alten Schuhmachermeister nicht mehr, bei dem ich als Junge so gerne weilte, denn er erzählte lustige Geschichten beim Nageln und Nähen. Die Nazis hatten ihn genötigt, sein stolzes Firmenschild abzunehmen, weil darauf stand: „Zum Pelle“, womit gemeint war „Pelle der Eroberer“ von Andersen-Nexö. Mein Vater hatte mir damals zu erklären versucht, worum es da eigentlich ging und wie gefährlich es für den Schuster werden konnte, wenn er halsstarrig blieb. Obendrein gab er mir den guten Rat, beim Schreibwarenhändler stets laut und undeutlich zu grüßen: „Drei Liter!“ Ich habe das nicht gewagt, aber ihn das tatsächlich sagen hören bei anderer Gelegenheit.

Wenig später, als ich jeden Tag bei bitterster Kälte nach Blasewitz fuhr, um in der Mendelssohnallee Schauspielerei zu studieren, wusste ich das Roggenzeug zu schätzen, das aufgekochte, Vater hatte aus geheimnisvollen Quellen einen halben Zentner Kleie und Schrot aufgetrieben, einen kleinen Topf, wohleingepackt in ein Tuch, bekam ich mit auf die lange Fahrt zur Akademie für Musik und Theater. Ich sollte die seltsame Suppe als Pausenbrot genießen. Dazu kam es nie, in Blasewitz war der Topf schon leer. Oft unter den neidvollen Blicken anderer Fahrgäste. Hätte das Konservatorium noch gestanden, wo ich im Frühjahr 44 Erich Ponto vorsprach, wäre der Weg nicht gar so weit für mich gewesen, und der Topf hätte eine Chance gehabt, am Seydnitzer Platz noch voll zu sein. Aber gerade dieses Viertel lag platt und wüst. Der gute Ponto konnte, als er mir die bestandene Aufnahmeprüfung bescheinigte, nicht ahnen, dass ein halbes Jahr später in Deutschland kein Theater mehr gespielt werden durfte, die Konservatorien geschlossen wurden. Und ein ganzes Jahr darauf brannten die Semperoper und das Schauspielhaus.

Ich hatte dann oft Mühe, mich in der Trümmerlandschaft zurecht zu finden. Die zum Teil recht hoch ragenden ausgebrannten Fassaden verwehrten den Blick auf Orientierungspunkte wie Rathausturm oder den der Dreikönigskirche. Straßenschilder aber hatten den Feuersturm kaum überstanden und wenn, dann waren sie womöglich demontiert, weil sie „tausend Jahre“ die Namen derer getragen hatten, die nun in Nürnberg auf der Anklagebank saßen. Folglich stand man häufig wie der Verirrte im Nebel und sah hilflos fragend ringsum. Kam dann eine hilfsbereite gute Seele, die sich auskannte, konnte man seinen Weg fortsetzen, aber bisweilen musste man einfach drauflos gehen, in der Hoffnung, wenigstens halbwegs die richtige Richtung eingeschlagen zu haben. Am Tage ging das noch an, weil selbst bei bedecktem Himmel noch die Sonne erahnt werden und die Himmelsrichtung bestimmt werden konnte. Das hatte man schließlich in der Hitler-Jugend gelernt, wenn auch nicht in Erwartung von Orientierungsproblemen in zerstörten deutschen Städten.

Einmal hat mir der Sternenhimmel geholfen, heimzufinden. Ich hatte die Abendstunde verpasst, die noch Gelegenheit bot, per Straßenbahn von Leuben nach Trachau zu gelangen. Das war verständlich, denn die Nähe der Angebeteten lenkte ab von einem Blick zur Uhr, ganz abgesehen von der Tatsache, dass ich keine besaß. Nächtigen jedoch durfte ich bei Ruth nicht, das verbot die sittenstrenge Stiefmama, und so machte ich mich auf den Weg durch die kalte, aber auch sternklare Nacht. So still und ohne jedes Leben habe ich meine Heimatstadt weder vor- noch nachher erlebt. Die Ruinen hatten etwas Unwirkliches, Gespenstisches und doch auch Malerisches, mein eigener Schritt war die einzige Begleitung, nur hin und wieder huschte ein kleines Wesen über die Steine vor oder neben mir, Ratten. Müdigkeit kam nicht auf, nicht nur weil ich jung war, die Minusgrade verboten einfach jede Rast, und ein Hinsetzen, das wusste ich, konnte den sicheren Tod bedeuten, weil man sich allzu leicht dem Schlummer hingeben mochte, aus dem es kein Erwachen gab. Zudem machten Gerüchte die Runde von nächtlichen Überfällen auf einsame Passanten, sei es durch streunende Flüchtlinge aus der Tschechei, die partout Berlin erreichen wollten, sei es durch Soldaten der Besatzungsmacht, die Zivilsachen zu erbeuten suchten, um ebenfalls in die Viersektorenstadt zu gelangen. Wie viel daran erfunden war, wie viel stimmte, war kaum abzuschätzen, wo strenge Zensur herrscht, haben Gerüchte Konjunktur. Ich kam unbeschadet in Trachau an, mehr als gut zwei Stunden hatte ich für den Weg nicht gebraucht.

Am hellen Tage aber stand ich einmal in der Altstadt und wusste partout nicht, wo. Die Ruinen um mich herum boten der Erinnerung keinen Anhaltspunkt, eine markante Orientierungshilfe war nicht zu sehen, kein Mensch in der Nähe. Ich war drauf und dran, eine beliebige Richtung einzuschlagen, um irgendwo endlich auf bekannte Zeichen und Male zu stoßen, als ich an einer ehemaligen Hauswand, nicht allzu weit überm Boden, ein paar bunte Kacheln gewahrte, Majolika. Ich grübelte, wozu die gehörten, welches Haus, welche Fassade sie einst geschmückt hatten, und nach kurzer Zeit ward ich fündig in meinen Ganglien: Diese so ziemlich einzigartigen Fliesen zierten die Mohren-Apotheke, ich stand auf dem Pirnaischen Platz!

ROLF KROKER

Heimkehrer mit Nebenjob

An einem sonnigen Junitag des Jahres 1945 klingelte es Sturm in unserer Wohnung auf der Vorwerkstraße. Sollten die Russen schon wieder...? Ihren Besuchen waren wir prophylaktisch begegnet, indem wir die Haustür mit einer Eisenbahnschwelle regelrecht verrammelt hatten. Etwas sicherer fühlte man sich dadurch doch. Aber diesmal war Vorsicht fehl am Platze: unten stand mein Vater! Er kam aus amerikanischer Kriegsgefangenschaft. Mutter und ich hatten nichts Eiligeres zu tun, als aus der dritten Etage hinunterzuhasten und das Bollwerk schnellstens zu öffnen. Die Freude des Wiedersehens war groß. Und die Bahnschwelle hat wohl das erste Mal in ihrem Dasein Freudentränen aufgefangen - was ja bei Bahnschwellen selten vorkommt! Dann musste sie ihren Platz hinter der Haustür wieder beziehen und Wache halten. Wir aber hatten oben viel zu erzählen. Schauten rückwärts und schauten vorwärts und waren glücklich, einander wiederzuhaben. Vater hatte den ganzen Krieg mitgemacht und war von den Amis in Zwickau entlassen worden. Von dort kam er zu Fuß nach Hause.

Wie sollte es nun weitergehen? Vaters größter Wunsch war schon immer gewesen, eine eigene Fleischerei zu besitzen. In diesem Gewerbe hatte er es bis zu Meisterehren gebracht. Und nun wollte er versuchen, sich diesen Wunsch, der ihm in Kriegszeiten verwehrt blieb, in Friedenszeiten zu erfüllen. Er schrieb ans Gewerbeamt. Und siehe da: aussichtslos schien das Vorhaben nicht zu sein. Er bekam zunächst Gelegenheit, eine Fleischerei als Treuhänder zu übernehmen, da der einstige Besitzer, weil Mitglied der NSDAP, enteignet worden war. Er muss wohl ein höherer Bonze gewesen sein, dass dieses Los ihn traf, oder er hatte die deutsche Wehrmacht zwecks Durchhalten mit Blutwurst beliefert; möglicherweise trifft auch beides zu. Egal wie: Vater zahlte seit 1946 Pacht und ernährte seine Familie redlich.

Aber leicht war das nicht! Die damalige Versorgungslage ließ keine großen Sprünge zu. Fleischmarken bestimmten das Geschehen und regelten, wer was und wie viel zu kriegen hatte - und das in Portionen ab 50 Gramm! Deshalb kam Vater auf die Idee des „Nebenjobs“, die eigentlich erst Jahrzehnte später Mode werden sollte. Er bewarb sich bei einer Speditionsfirma, die ihren Sitz im Ostra-Gut, Friedrichstraße, hatte und wurde eingestellt. Der aufmerksame Leser wird bemerkt haben, dass zwischen Vorwerk- und Friedrichstraße gerade mal zwei Häuserecken liegen. Mit anderen Worten: Vater war in höchstens 10 Minuten zu Fuß in seinem neuen Betrieb. Diese Lösung mag aus heutiger Sicht, wo der Mensch ein Auto benötigt, um ins Gewerbegebiet am Rande der Stadt zu gelangen, höchst altmodisch erscheinen, war jedoch ziemlich praktisch. Wir kamen ohne Auto aus. Es gab ohnehin keins, was zur Folge hatte, dass in unserer Familie niemals Benzinpreisdiskussionen geführt worden sind. Wir hatten deshalb auch keinen Grund, auf die „Grünen“ böse zu sein, zumal damals ohnehin nur „Rote“ und „Schwarze“ existierten. Auch die Affären hielten sich in Grenzen und drehten sich mehr um den Mangel als um den Wohlstand. Von Millionen ganz zu schweigen!

Vater verpackte während seines Nebenjobs in der Speditionsfirma Rechen- und Schreibhefte in große Holzkisten, die im Alberthafen auf Zillen verladen wurden. Die hatten mit Heinrich Zille aus Radeburg nichts zu tun. „Zille“ nannte man die aus Holz gebauten, flachen Frachtkähne, die in „Knaurs“ Konversationslexikon von 1936 noch zu finden sind, im „Brockhaus“ von 1999 hingegen nicht mehr auftauchen. Vielleicht werden sie nicht mehr benötigt; denn außer dem flachen Boden waren sie nur teilweise abgedeckt. Und man fragt sich, wie die Hefte, die Vater verpackt hatte, bei Regen in der Großen Sowjetunion angekommen sein mögen; denn das war ihr Bestimmungsland.

Der Nebenjob im Ostra-Gut war vom Fleischereigewerbe nicht so weit entfernt, wie ein Laie annehmen mag. Da man von dort aus die Esse des Schlachthofes sah, konnte Vater jedes Mal, wenn sie rauchte, sicher sein, dass wieder eine Fleisch-Zuteilung ins Haus stand. Dann ließ er für zwei, drei Tage den Bildungsauftrag für die Große Sowjetunion liegen und widmete sich der Magenfrage seiner Kunden. In den Amtlichen Bekanntmachungen der Zeitungen wurde mitgeteilt, welche Lebensmittelabschnitte aufgerufen waren und beliefert wurden. Man durfte Marken auch „sparen“, was zu Festlichkeiten genutzt wurde, um eine größere Portion zu bekommen. Ich erinnere mich noch, wie eine Kundin, die sich dieser Möglichkeit bedient hatte, vom vielen Essen schwärmte: „So viel hatten wir lange nicht. Wir haben nicht mehr gegessen, wir haben gefressen, und mein Mann hat doch tatsächlich geko... Na, Sie wissen schon, was ich meine."

Daran mag man ein weiteres Mal erkennen, was ohnehin jeder weiß: Völlerei ist aller Laster Anfang! Vor Weihnachten verkauften wir auch Geflügel - natürlich auf Marken, und wer lange gespart hatte, konnte sich sogar eine Ente leisten. Es war an einem 27. Dezember, als ein wütender Mann mit einer Pfanne unterm Arm im Laden stand, einen ungenießbaren Entenbraten vorwies und vom Vater Ersatz verlangte. Der stellte nach kurzer Prüfung fest, dass der Mann die Ente gebraten hatte, ohne die Innereien zu entfernen.

Um auf diesen Geschmack zu kommen - er lässt sich schlecht beschreiben -, müssten Sie das Rezept einmal selbst probieren. Das ist heute ja problemlos möglich, wo Kaufhallen und Fleischerläden Geflügel in rauen Mengen anbieten - mit und ohne Innereien und sogar ohne Marken.

DIETER EDELMANN

Meine „Friedensfahrt"

Uns Jungen aus dem Dresdner Westen konnte man durchaus als Tunichtgute bezeichnen - damals, in der Nachkriegszeit! Was Wunder also, dass wir bald als die „Friedrichstädter Rebchen" galten; eine, wie ich heute meine, eher noch verharmlosende Bezeichnung, genau genommen waren wir vielmehr die Rabauken-Elite der Stadt... Denn wir klauten den sommers zur Markthalle rumpelnden Gemüsefahrern die Gurken von ihren E-Karren und den Schrebergärtnern an der Berliner Straße ihre paar Salatstauden, verdroschen zu Fastnacht die „Peter-Bande", wie wir die Gleichaltrigen aus gleichnamiger Straße nannten, und erledigten die schulischen Hausaufgaben... na, wie schon: en passant natürlich.

Schließlich hatten wir Aufregenderes im Sinn. Wir jagten, kaum dass es „draußen" warm wurde, barfuß dem Stofffußball (Lederbälle gabs damals nicht) nach, organisierten Vorstellungen unseres selbst gegründeten „Zirkus Krone" oder suchten die umliegenden Ruinen nach Brauchbarem ab: nach Fahrradteilen etwa, aus denen wir Acht- bis Zehnjährigen - Peter, Rolly, Menek, Mulus, Mola, Heini, Hansel, Werner und all die anderen - uns einen halbwegs funktionsfähigen Drahtesel zusammenmontierten, den wir am „Berg" des Hohenthalplatzes dann auch zusammen traktierten.

Doch Letzteres, so ging es mir eines Tages durch den Sinn, konnte natürlich nicht so weitergehen. Also bedrängte ich meine Mutter, sie möge mir doch ein eigenes Fahrrad kaufen. Mein Gott, welch Ansinnen! Die verwitwete Frau - mein Vater war kurz vor Kriegsende gefallen - hatte genug damit zu tun, ihre beiden halbwüchsigen Söhne und sich über Wasser zu halten. Und so schuftete sie an der Hamburger Straße und im Alberthafen bis tief in die Nacht wie ein Schwerarbeiter, schaufelte Kohle und Zement aus Eisenbahnwaggons und schleppte Holz von den Kähnen, um von den verdienten Pfennigen etwas Essbares aufzutreiben. Und ich wollte ein Fahrrad!

Und - erhielt es am 23. Mai 1949! Ich weiß bis heute nicht, wie meine Mutter es sich vom Munde abgespart hat. Und natürlich weiß ich auch nicht, ob sich ein gleichaltriger Junge unserer Tage noch vorstellen kann, was ich empfand, als es an meinem Geburtstagstisch lehnte - blau lackiert, das „Möwe"-Signet am Lenker, den obendrein eine „12" zierte: So alt war ich an jenem Tage geworden. „Halte das Radel in Ehren", sagte Mutter nur, und das tat ich dann auch gleich. Ich buckelte es aus der zweiten Etage der Schäferstraße 50, in der wir damals wohnten, die Treppen hinunter und drehte unten eine Ehrenrunde.

Damit war der Startschuss gefallen. Von nun an verging kaum ein Tag, an dem ich die Straßen nicht unsicher gemacht hätte, und das im Wortsinn. Denn anfangs bewegte ich mich mit dem nagelneuen Gefährt äußerst zurückhaltend. Ja keinen Kratzer verursachen! Später gab sich das dann. „Der Bock muss gefordert werden!", sagte Heini, mein Freund und Hausmitbewohner. Und so forderte ich denn die Mühle auf den holprigen Innenstadt- und den noch holprigeren Landstraßen der Dresdner Umgebung, dass die Reifen nur so rauchten. Der rauchende Höhepunkt aber kam dann bei einem von uns veranstalteten Radrennen (auch meine Freunde hatten inzwischen eigene „Mühlen"). Der Kurs, sinnigerweise rund um den Matthäus-Friedhof führend, gestaltete sich zu einer derartigen Tort(o)ur, dass man fürchten musste, die alte Schädelstätte erhalte neuen Zuwachs. Doch alle kamen durchs Ziel. Ich sogar unter den Platzierten. Als Trostpreis erhielt ich einen Eimer voller Äpfel - von den Rebchen aus den Schrebergärten „organisiert". Mir mundeten sie trotzdem.

Weniger schmeckte mir dagegen, dass aus meinen Fahrradmänteln nun die Leinwand guckte. Ich sah mich also nach neuen um, blickte aber nur in leere Regale. Voll, das wusste ich, waren sie nur in Westberlin. Doch wie hinkommen? Autostop fiel ebenso aus wie Eisenbahn, das eine wegen damals noch mangelnder Autofrequenz, das andere wegen mangelnden Geldes. Vom Rübenziehen während der großen Ferien waren mir gerade noch so viele Alu-Chips verblieben, dass sie für zwei West-Reifen reichten. Es nützte also nichts, ich musste per Fahrrad über die damals noch offene Grenze. Aber allein? Just in diesen Tagen gab Heinis Radioröhre ihren Geist auf. Und damit hatte ich einen Verbündeten. Denn auch er guckte beim Kaufversuch einer neuen dresdenweit in die Röhre und schielte deshalb nach Westberlin.

Dorthin starteten wir dann Mitte September 1951. Und zwar schon morgens gegen halb vier, hatten wir doch fast 200 Kilometer vor uns und dazu auf dem Rücken „gewichtige" Rucksäcke: voll gestopft mit Mutters Stullenpaketen und teegefüllten Thermosflaschen sowie unserer „eisernen" Ration - bestehend aus mehreren Kilo Äpfeln und Pflaumen. Bis zum Spätvormittag „lief" es ganz gut. Kilometer um Kilometer ließen wir auf den Landstraßen via Großenhain, Bad Liebenwerda und Elsterwerda hinter uns. Dann aber stieg die Sonne höher und höher - und wir immer öfter vom Rad. Was, wenn ich, inzwischen knapp über „14" und ziemlich mager, schlapp machte? Oder meine Reifen nicht durchhielten? Nun, sie hielten zu mir - ganz im Gegensatz zum Kugellager der rechten Pedale, die plötzlich senkrecht feststand. Was tun Friedrichstädter Rebchen bei solch einem Notstand? Sie wissen sich zu helfen. Also verhalfen wir der Pedale mit „strahlendem" Pipi wieder zum Drehen - und uns selbst damit zur Weiterfahrt. Am Spätnachmittag hatten wir es überstanden: Berlin-Teltow! Zerschlagen stiegen wir von den Rädern und, nachdem wir sie abgestellt und gesichert hatten, in die S-Bahn um. Ohne Kontrolle brachte sie uns in den Westsektor. Und dort gingen uns erst einmal die Augen über. Welch Glitzer-Auslagen! Im KaDeWe bekamen wir dann alles: Heini seine Radioröhre. Ich meine beiden Radmäntel - für 15 Mark-West, Kurs 1:4. Damit war ich pleite.

Also zur S-Bahn zurück. Doch auf dem Bahnhof diesmal Stichkontrollen. Wir umgingen sie. Und auch das Nächste ging gut: die Räder standen noch da. Und meines erhielt natürlich sofort seine neuen Reifen, bevor uns kurz danach die Landstraße wieder im Griff hielt. Zum Glück stand die Sonne jetzt tiefer. Fast so tief wie nun unser Abenteuer-Barometer. Und es fiel weiter, als die Nacht kam. Gut, dass wir Lampen am Rad hatten. Doch wir verfuhren uns trotzdem. An einer Straßengabelung hatten Kraft- und Konzentrationsschwund uns falsch abbiegen lassen: direkt in einen Wald hinein, aus dem wir nicht mehr herausfanden. Wir riefen um Hilfe, eine geschlagene Stunde lang. Erst dann nahte der rettende Flurschutz. Er brachte uns zur Straße zurück, so dass unsere „Friedensfahrt“ aus der „Front“- zurück in die Heimatstadt weitergehen konnte. Sie ging nonstop voran, die ganze Nacht hindurch. Erst am Morgen, es dämmerte schon, hörten wir Glocken. Es waren die der Moritzburger Kirche. Sie läuteten die sechste Stunde ein. Geschafft! Gleich jedenfalls, sagten wir uns - dann sagten wir nichts mehr. Vor Erschöpfung hatten wir uns ins Gras fallen lassen. Erst am Spätvormittag sahen wir wieder auf. Aber so richtig wach schien ich noch nicht zu sein. Denn kurz vor dem Ziel wäre ich fast noch gescheitert: An der Ecke Weißeritz-/Friedrichstraße konnte ich dem einzigen Auto, das hier um die Mittagszeit dahintuckerte, gerade noch ausweichen.

Wie ich danach in mein Bett gekommen bin, weiß ich nicht mehr. Ich erinnere mich nur, dass Mutter, als sie abends von Arbeit kam, mich wachgeküsst hat: mit Tränen in den Augen, weil sie mich wieder - und ich ihr eine Tafel West-Schokolade auf den Tisch gelegt hatte.

STEINE DES ANSTOßES

AUCH MIT STEINEN, DIE DIR IN DEN WEG
GELEGT WERDEN, KANNST DU ETWAS SCHÖNES BAUEN.
ERICH KÄSTNER

Siegfried Thiele

Das barocke Kraftwerk

Es war abends vor der Oper und schon ziemlich dunkel. Herr Schniggenfittich mit Gemahlin, ortsunkundig, weil aus Demnitz-Thumitz, war spät dran. Das Entree zum Opernhaus war schon geschlossen, und so klopften beide in der Hoffnung, doch noch Einlass zu finden. Schließlich öffnete der Portier. Da dieser jedoch keine Livree trug und eher hemdsärmelig wirkte, wollte sich Frau S. vergewissern: „Sie geben doch heute Elektra?“ Worauf der Türöffner antwortete: „Nee, Gudsde, mer gäh'm nich', mer mach'n Elegdra. Un' dazu beheez'n mer och de Ober, glei' nähm'an.“ Eine Tragödie für die Schniggenfittichs, aber nicht von Richard Strauss.

Neun Jahre vor der Welturaufführung von „Elektra“ an der Dresdner Hofoper, am 15. Dezember 1900, war an der Großen Packhofstraße das erste kombinierte Fernheiz- und Elektrizitätswerk Dresdens ans Netz gegangen. Es war ein Bau im Stilgemisch mit einem kunstvoll verkleideten Schornstein, den der Fremde aus der Ferne durchaus in die berühmte Dresden-Silhouette einbeziehen konnte. Eine Geschmacklosigkeit, Schandmal am Rande des heiligen Barockensembles, wetterten Architekten, Künstler und weitere kunstsinnige Residenzler. Der technisch Kundige dagegen lobte den Bau des renommierten Architektenbüros Lossow & Viehweger. Vor allem versorgte das Werk die brandgefährdeten Bauten im Zentrum mit Strom und Wärme.

Ab 1929 diente es nur noch als Umspannwerk. Der Schornstein des Anstoßes wurde abgerissen. Den Rest besorgten später die Engländer aus der Luft.

Die Moschee im Blauen Dunst

Unweit vom „Kraftwerk Semper“ zwängte sich seit 1909 ein zweiter Fremdkörper in Dresdens edle Stadtsilhouette, die „Tabakmoschee“.

Es ist nicht überliefert, ob hier jemals muslimische Touristen nach einer Fußwaschung getrachtet oder nach dem Muezzin Ausschau gehalten haben. Ein Rufer vom Schornstein- oder Entlüftungsminarett - welch ein Werbegag, den sich der Bauherr und erste Inhaber, der Sächsische Geheimrat, Königlich-Bulgarische Generalkonsul, Ritter pp. und Hoflieferant S. M. des Königs von Sachsen, Hugo Zietz (1857-1927), entgehen ließ. „Salem Goooold!“ hätte er in die Stadt hineingerufen oder „Salem Alleeeeeikum!, Friede sei mit dir!“ - dieser Ruf hätte vermutlich auch dem Architekten Martin Hammitzsch wohlgetan. Es heißt, er sei wegen Geschmacksverirrung aus der Architektenkammer ausgeschlossen worden.

Am Duft der großen weiten Tabak-Welt kann es nicht gelegen haben, und auch der König, der 1910 dem geschmähten Bau seine Referenz erwies, zeigte sich recht angetan.

Eine Moschee im Blauen Dunst? Mit dem bahnbrechenden Stahlbeton-Skelett-Bau stand Zigarettensultan Zietz ganz auf der Höhe seiner Zeit. Und irgendwann verstummten auch die Kritiker und segneten bald den architektonischen Stadtfremdling: Friede sei mit dir, das Denkmal schütze dich!

Ein Tanzpalast für Eva Braun

Hellerau mit seinem Festspielhaus sei ein kleines Europa gewesen, und einst habe alle Welt gewusst, was es war und bedeutete. Jetzt muss man es erklären, stellte Peter de Mendelssohn, der bis 1926 in Hellerau wirkte, einst mit Bedauern fest. Nachdem sich hier 1912 Emil Jaques-Dalcrozes Bildungsanstalt für Musik und Rhythmus etabliert hatte, gaben sich Prominente vom Feinsten in Hellerau ein Stelldichein: Kafka und Kokoschka, Reinhardt und Rilke, Shaw und Strawinski. Und man schwärmte grenzenlos von kühnen Inszenierungen wie Glucks „Iphigenie in Aulis“ unter der Stabführung von Fritz Busch.

Später begannen die braun gesinnten Kunstwarte, Tessenows funktionalen Theaterbau als „Prototypen nationalsozialistischer Baugesinnung, in dem der griechische Tempel endgültig eingedeutscht“ sei, zu vereinnahmen. Schließlich missbrauchten sie den eher entartet eingestuften avantgardistischen Bau als Kaserne, zunächst für die Reichspolizei, dann für SA und SS.

Braunhemden begegnete man also damals im Festspielhaus zur Genüge, einer gewissen Eva Braun wohl kaum. Russische Offiziere, so geht die Fama, sollen noch lange Zeit geglaubt haben, der „kaputte Gitler“ habe das Haus seinerzeit als Tanzschule für seine Geliebte bauen lassen. Die neuen Bes(a)itzer setzten erst einmal an Stelle des Yin-Yang-Symbols ihren roten Stern an den Giebel des Festspielhauses und funktionierten es zum Lazarett um. In der heiligen Festspielhalle turnten sich nun die Lahmen und Kranken gesund.

Und im lazarettreifen Zustand hinterließen uns die Sowjets, als sie

1992 endlich heimwärts zogen, dieses gute, von der UNESCO noch nicht aufgelistete Stück Weltkulturerbe.

Ein Haus zum Kugeln

Es war die Attraktion der Jahresschau „Die technische Stadt“ 1928. Ein Beispiel ohne Beispiel. Der Münchner Architekt Prof. Peter Birkenholz (1876-1961) hatte mit seinem Entwurf zu einem kugeligen Völkerbundgebäude in Genf schon Jahre zuvor internationales Aufsehen erregt. Jedoch erst in Dresden nahm des Professors Wohnkugel stählerne Gestalt an und schoss 30 Meter in die Höhe. Selbst der deutsche Urvater des utopischen Romans, Hans Dominik, schwärmte von der kühnen Konstruktion, bezweifelte aber ihre Tragfähigkeit für die Zukunft. Die Dresdner jedenfalls, damals noch weltoffen und avantgardistisch gestimmt, nahmen den „Big Äppel“ an und besuchten noch über Jahre hinweg das „Café Kugelhaus“ in der obersten Etage, von wo aus man einen wunderbaren Rundblick über das Ausstellungsgelände am Stübelplatz hatte. Und die baupolizeiliche Genehmigung, die zunächst nur bis 1931 erteilt worden war, musste immer wieder verlängert werden.

Doch dann kamen die braunen Kulturwächter und fanden „rund“ undeutsch. Eckig, zackig und hoch hinaus waren angesagt. Vor allem missfiel denen der Architekt. Denn Professor Birkenholz war Jude. Und so befahlen sie 1937 den Abriss der Dresdner Bauattraktion und führten die 270 Tonnen Stahlschrott der Rüstungsindustrie zu, wo runde Formen durchaus gefragt waren.

Heutzutage baut man auf ehemaligen Ausstellungsarealen Glas- statt Kugelhäuser.

Das Ding und der Kasten

„Fort mit den Trümmern und was Neues hingebaut und heraus gegen uns, wer sich traut!“ Die Architekten und Denkmalschützer trauen sich im Jahre der Gründung des, wie man später sagen wird, einzig rechtmäßigen (eher recht mäßigen) deutschen Staates. Sie nennen 42 „zerstörte, aber erhaltungswürdige Baudenkmale“ in Dresden. Die Stadtverwalter streichen sie auf 18 zusammen. Als „nicht wieder aufbaufähig“ gelten demnach die Oper, das Schloss, das Taschenbergpalais. Bei Blockhaus und Sophienkirche wird die Rekonstruktion zwar für möglich gehalten. Jedoch fehle ein Verwendungszweck. Wozu sind die Kirchen da?

Oberster Plattmacher der DDR-Gründerjahre war ein mit Allmacht ausgestatteter sächsischer Mundartkomiker. Das Residenzschloss nannte er flapsig „den Kasten", die Sophienkirche „das Ding". In einer SED-Stadtleitungssitzung von 1956 äußert er sich: „Unten baut ihr sie zu und lasst nur die Türme rausgucken. Das stimmt doch nicht, dass ihr die Baudenkmäler respektieren wollt, denn ihr baut sie ja zu und seid auch nicht ganz im Klaren. Soll man doch hier entscheiden, ob dieser Trümmerhaufen wieder aufgebaut werden soll. (Zwischenruf: Nein)."

Die Zwischenrufer gewinnen schließlich Oberwasser, und am Vorabend des 1. Mai 1963 werden ungeachtet einer Flut von Protesten auch noch die Reste der Nordwand der ehemaligen Franziskanerklosterkirche aus dem 13. Jahrhundert abgerissen. Zuvor hatte der Gralshüter der deutschen Nationalkultur vor seinen Dresdner Genossen gesagt: „Wenn ich mit meinem Auto an der Sophienkirche vorbeifahre, möchte ich am liebsten das Ding umfahren, ju."

ANDREAS RENÉ LUX

Die „Wunderbrücke"

Die Dresdner und ihre Brücken - das ist ein ganz besonderes Verhältnis. In der Geschichte der Elbestadt hatten gerade immer wieder die Stromübergänge große und schwere Belastungsproben zu bestehen. Dass die Stadt der sieben (Straßen-)Brücken - von der Berliner Rockgruppe Karat im Frühjahr 1978 beim Internationalen Schlagerfestival in Dresden sogar als Rockhymne verewigt - ihren Flussüberführungen von jeher große Wertschätzung entgegenbringt und diese um ein Vielfaches ihr vorausgesagtes Lebensalter überdauerten, ist nicht zuletzt dem beherzten Engagement ihrer Bürger zu verdanken. Als beispielsweise im März 1813 Dresdens ältester Elbübergang, die Augustusbrücke, im Zuge der Befreiungskriege gesprengt werden sollte, rief das die Dresdner auf den Plan: Sie verprügelten zunächst den Dienst habenden Ingenieur-Offizier, dann demolierten sie dem kommandierenden General die Fenster, und schließlich reichten sie Bittschriften ein, um die Brücke zu retten. Sie ist zwar dennoch gesprengt worden, aber schon ein Jahr später begann man in Dresden mit dem vollständigen Aus- bzw. Wiederaufbau der steinernen Bogenbrücke.

Auch der von 1891 bis 1893 errichteten Blasewitz-Loschwitzer

Brücke, zunächst mit Skepsis begleitet und vom Volksmund doppeldeutig „Blaues Wunder" genannt, wurde schon vor der Einweihung ein baldiges Ende prophezeit. Doch einem Wunder gleich spannt sich die stählern-blaue Brücke noch heute in elegantem Bogen über die Flusslandschaft, sich in sie so harmonisch einfügend, als hätte diese sie selbst hervorgebracht. Wunderlich und des Bewunderns wert ist auch die Rettungsgeschichte dieses im Industriezeitalter errichteten Stahlriesen, der allen Kriegswirren zum Trotz durch die Besonnenheit und die Zivilcourage verschiedener, unabhängig voneinander handelnder Menschen der Nachwelt erhalten blieb. Doch wer waren diese Menschen? Im Verlaufe der letzten Jahrzehnte hat sich die Grenze zwischen Dichtung und Wahrheit merklich verwischt. Die Teilung Deutschlands und der Verschluss bedeutsamer Akten leisteten der Legendenbildung dabei Vorschub. Als der „Eiserne Vorhang" fiel und sich neben den Grenzen auch die Akten öffneten, hatte Dresdens schönste Stromquerung mit einem Male insgesamt 20 Brückenretter.

Einer, der sich schon vor über fünfzig Jahren als solcher bezeichnete, war der Büroarbeiter Max Mühle (1891-1974). Er habe, so insistierte er nach dem Kriege, am 17. April 1945 die Zündschnüre durchgetrennt, wobei ihm eine ME 262 ungewollte Hilfe geleistet habe. Sie sei während des Fliegerangriffs der 8. amerikanischen Luftflotte so niedrig über ihn hinweggeflogen, dass der damals 54-Jährige beim Überqueren der Brücke sich habe zu Boden werfen müssen. Und diese Gunst der Sekunde habe er genutzt, um an die Zündschnüre heranzukriechen und sie zu durchtrennen. Doch als er für diese Tat nach 1945 um öffentliche Anerkennung nachsuchte, nahmen ihm die Offiziellen der Stadt seine Geschichte nicht ab. Verbittert verstarb der in Rochwitz Beheimatete im Dezember 1974. Gleichwohl erinnerte bis 1996 auf dem Bühlauer Friedhof ein Holzkreuz mit der Inschrift „17. 4. 1945 - Retter des Blauen Wunders" an die Tat des abgewiesenen „Helden".

Auch für Horst Kalusche, Führer der Kampfgruppe „Blaues Wunder", und Pionierleutnant Paschke vom Führungsstab des Brückenkommandos war die Sprengung ein sinnloser Opfergang, weshalb sie sich ihrer Lesart zufolge dem Befehl zur Sprengung der Brücke widersetzten und diese in den letzten April-Tagen einem Vorkommando der noch im Raum Bautzen operierenden Division „Hermann Göring" übergaben. Die Verhandlung über die Brücken-Übernahme habe darauf gezielt, den Rückzug der Division auf westelbisches Gebiet zu sichern.

Verhandelt in Sachen Sprengungsverhinderung hat auch der bekannte Dresdner Arzt und Wissenschaftler Prof. Dr. Rainer Fetscher (1895-

1945). In seiner allgemeinärztlichen Praxis, die sich in jenen Tagen zu einer Schaltzentrale des Widerstandes entwickelte, beauftragte er den Polizei-Offizier Woyte, die geplante Sprengung abzuwenden. Woyte soll diesen „Auftrag“ mit anderen Militärs ausgeführt haben. Der Zeitpunkt ist allerdings nicht überliefert.

Zu den Männern, die sich ebenfalls für den Erhalt der Blasewitzer Brücke einsetzten, gehören auch vier Wachsoldaten einer Dresdner Luftwaffeneinheit. Sie hatte im Frühjahr 1945 am südwestlichen Rand des Blasewitzer Waldparkes eine raketenbestückte Werferstellung bezogen. Dass diese Werferbatterie einschließlich der in der Deutschen-Kaiser-Allee die Brücke in die Luft jagen sollte, falls die vorgesehene Sprengung des „Blauen Wunders“ nicht funktionieren sollte, wurde erst in heutiger Zeit bekannt. Dem Dresdner Helmut Teichmann ist es zu verdanken, dass die Geschichte der vier Soldaten an die Öffentlichkeit gelangte und damit nicht unwiederbringlich verloren ging. So war von ihm zu erfahren, dass das Quartett am frühen Abend des 7. Mai die Zündköpfe entfernte, die Startanlagen samt der Geschosse zerstörte und seinen Posten mit unbestimmtem Ziel verlassen hat.

Ein weiterer lange Zeit unbekannter Retter des „Blauen Wunders“ ist Carl Bouché (1889-1946). Der selbständige Büroausrüster wohnte und arbeitete nahe der Elbbrücke, in der Avenariusstraße 8, von wo aus er die Sprengungsvorbereitungen genaustens beobachten konnte. Dass er zu den Männern gehört haben soll, die das „Blaue Wunder“ vor der Vernichtung bewahrten, wurde erst 1947 bekannt. Doch da war Deutschland schon in Besatzungszonen aufgeteilt, eine Verifizierung bereits schwierig geworden. Und bis heute ist nicht bewiesen, ob diese wie auch die Rettungsgeschichte manch anderer den Tatsachen entspricht. Und wer will schon sagen, was an dem Erzählten überschäumende Fantasie, verzerrte Überhöhung, Halbwahrheit oder bewusste Geschichtsfälschung ist? Die wahren Hintergründe werden wir wohl nie erfahren. Erwiesen ist nur: Die Sprengleitungen waren vor dem 6. Mai nicht mehr in Ordnung, es scheint also vorher Rettungsaktionen gegeben zu haben. Zumal die SS am Morgen des 6. Mai neue Sprengkabel entlang der Brücke legte.

Das war dann der Zeitpunkt für die beiden Dresdner Volkssturmmänner Paul Zickler (1884-1964) und Erich Stöckel (1893-1964), die unabhängig voneinander die zur Sprengung der Brücke vorgesehenen neuen Kabel zerschnitten bzw. voneinander trennten.

Ins Blickfeld der Brückenrettungsgeschichte geriet nach der politischen Wende schließlich auch der Führungsstab der „Dresdner Festung“.

So ist für ehemalige Weltkriegsteilnehmer auch der General der Infanterie Werner Freiherr von und zu Gilsa ein Brückenretter. Er soll beim Verlassen der Stadt Dresden am 6. Mai - in Anbetracht der militärischen Lage - den ausdrücklichen Befehl gegeben haben, die Brücke zu schonen. Dass die Elbquerung für die so wichtigen Abzugsbewegungen aus dem Osten zu einem Überlebensfaktor geworden war, erkannte auch der 1. Generalstabsoffizier der „Festung Dresden", Eberhard Matthes. Als er am 7. Mai den Divisionsgefechtsstand in der „Heidemühle" räumte, soll er als letzter Befehlshaber angeordnet haben, die Brücke für den Abzug der letzten Truppenteile intakt zu halten. Die Erklärung dafür ist ziemlich schlüssig: Schließlich bewegten sich über den östlichsten Dresdner Stromübergang schon seit Frühjahrsbeginn 1945 starke Verkehrsströme. Es ist also nicht von der Hand zu weisen, dass die Wehrmacht diesen strategisch wichtigen Rückzugsweg benötigte. Deshalb besorgte der Führer der Vorausabteilung, Leutnant Walter Flechsig, mit zwei Schützenpanzerwagen den Schutz dieser Brücke, während das Panzergrenadier-Regiment des Fallschirmpanzerkorps „Hermann Göring" den Brückenkopf verstärkte, um den Abzug der anderen Truppenteile zu gewährleisten. Nachdem Major Matthes Dresden in Richtung Erzgebirge verlassen hatte, übernahm dann eine kleine Einheit dieses Regiments die Befehlsgewalt über das „Blaue Wunder".

Dass jene Einheit die Brücke nicht sprengen wollte, ist freilich eine kaum haltbare Behauptung. Wird sie doch von über 30 Zeugenaussagen widerlegt, die in der Akte No. T-77 des amerikanischen National Archives festgehalten sind. Ihr zufolge war ein Hauptmann Wirth Sprengkommandant am Ortsstützpunkt „Blaues Wunder". Der gebürtige Bayer und Kommandeur der Waffen-SS gehörte zur Kampfeinheit des SS-Pionier-Ausbildungs- und Ersatz-Bataillons 1 Dresden, das im März 1945 die Sprengkommandos für die Dresdner Brücken zu stellen hatte, während die verantwortlichen Brückenkommandanten von der Deutschen Wehrmacht kamen. Wirth wurde in den letzten Kriegsstunden der Befehl erteilt, das „Blaue Wunder" zu sprengen. Doch der studierte Kunstwissenschaftler lief in den Keller der Zündzentrale Schillerplatz 2 und trennte die Sprengkabel von der Batterie. Die letzten Brückenretter waren dann fünf Volkssturmmänner, die, als Pendelposten eingeteilt, beim Verlassen ihrer Posten in den Abendstunden des 7. Mai 1945 das Zündsystem für die Sprengladungen endgültig unterbrachen.

Wer also sind nun die Sprengungsverhinderer, die Retter des technischen Denkmals? Entspricht der Ablauf der geschilderten Geschehnisse der Wahrheit? Müßige Fragen. Ob nun aus Verantwortungsbewusstsein oder Ungehorsam, aus Heldentum oder aus Heimat- bzw. Kunstliebe - entscheidend ist, dass sich überhaupt Menschen fanden, die den Mut und die Courage aufbrachten, weitere Zerstörungen in der damals ohnehin schwer geschundenen Stadt zu verhindern. Wie immer das Urteil der Geschichte über die Brückenrettung ausfallen mag, wichtig ist und bleibt, dass der Stromübergang gerettet worden ist. Somit ist allen Beteiligten zu danken, dass uns die „Wunderbrücke“ erhalten blieb.

Heinz Weise

Barock und Barack

Es muss kurz nach der Wende gewesen sein, als Fischers Friends zum ersten Mal auf Wa(h)lfang gingen. Die grünen Maate hatten an Dresdner Tankstellen ein paar Ölflecken aufgespürt und machten mit diesen Pfützen sofort die roten Vorläufer madig. Zum größten Umweltverschmutzer Europas degradierten sie den ehedem zehntgrößten Industriestaat der Welt!

Weshalb nur, so frage ich mich bis heute, habe ich diese Verfechter der reinen Öko-Lehre damals nicht in meinen Kiez eingeladen? Im Frühling natürlich, wenn alles sprießt und die grünen Jungs ihre Brennnesselsuppe endlich wieder wiesenfrisch zubereiten können. Kein Zweifel, es wäre die richtige Zeit gewesen, sie durch die Äußere Neustadt zu führen. Dann hätten sie mit eigenen Augen sehen können, wie umweltbewusst hier schon gedacht und gehandelt wurde, als bei uns noch gar nicht an sie zu denken war.

Eindrucksvoll wucherte ihr grüner Geist zum Beispiel in der Kamenzer Straße. An deren Häusern blühten ab Mai nicht nur die Fassaden aus, sondern aus den Fensterhöhlen zugleich prächtige Goldregenbüsche. Und erst die Dächer der gründerzeitlichen Vier- und Fünfstöcker! Auf ihnen hatten sich - schönes Resultat vierzigjähriger realsozialistischer Umweltpolitik! - regelrechte Biotope entfaltet. Heimisch geworden waren dort vor allem die seltenen baumförmigen Sporenpflanzen des Namens Farne, doch hatten auch richtige Bäume den Weg durch die Dachziegel gefunden. Trauerweiden etwa. Mietmuffel von ganz oben bezeichneten dieses Gehölz zwar abwertend als ein ihrem Gebäudezustand angemessenes; aber das geschah eher selten, denn es wohnte ohnehin kaum noch einer dort. Die Weiden hatten, nachdem sie - traurig genug! - erst mühselig die Dielen aufbrechen mussten, zunächst die Wohnzimmerbüffets und anschließend deren Besitzer nach unten durchgereicht. Von da an konnten die Kätzchenträger sich dann endlich voll entfalten. Sie taten es, indem sie ihr Rutengeflecht zunächst durch die Fensterscheiben stießen, um es danach, unterstützt vom umtriebigen Kamenzer-Straßen-Wind, zu einem undurchdringlichen Dickicht anwachsen und es schließlich bis zur zweiten Etage hinabhängen zu lassen.

Damit verfügten die Neustädter nun über Hängende Gärten. Und über was für welche! Im Vergleich zu ihnen müssen die babylonischen geradezu dürre Schafsweiden gewesen sein. Was wohl daran lag, dass an diesen terrassenförmigen Formspielereien ständig herumgeschnipselt worden war, während die unseren sich nach den englischen, das Wildwachstum bevorzugenden Landschaftsgarten-Grundsätzen entfalten konnten. Jeder Laubenpieper weiß, dass die Botanik solche Pflege zurückgibt. Unsere dankte es mit neuartigen Wirkungseffekten. Sie kaschierte - und damit unterschied sie sich grundsätzlich von der funktionslos herunterhängenden altertümlichen - die Skrofulose an den Häuserfassaden. Es war aber nicht ihr einziger Vorzug gegenüber dem ausländischen Weltwunder, es gab noch einen pekuniären. Denn hatte Assyriens Erste Dame Semiramis für ihre Hausgärten damals tief ins Staatssäckel greifen müssen, erhielt Dresdens Erster Sekretär die seinen umsonst. Doch er bekam nicht nur die Gärten gratis. Auch für den von ihnen verursachten Einsturz des neustädtisch-großstädtischen Gebäudeensembles, das eifernde Denkmalschützer wegen seiner Geschlossenheit als einzig in Dresden noch erhaltenes bezeichneten, brauchten die Stadtverweser keine Devisen zu berappen.

Jene altbauschützenden Gestrigen meinten daraufhin zwar, dieser Häusermord gehe über ihr Verständnis von Umweltpolitik. Und ein bunter Neustadt-Vogel verunzierte eines der malerischen Öko-Objekte gar mit dem Sprüh-Spruch: „Ruinen schaffen ohne Waffen!" Aber da mussten die verantwortlichen Genossen doch sehr bitten! Aus den Ruinen hatte Becher sie längst auferstehen, sie sogar der Zukunft zuwenden lassen. Und dieser hymnischen Wegweisung waren sie ja wohl gefolgt. Oder hatten sie etwa nicht das Alte in Gestalt der Altbauten geschleift und dafür Neues errichtet, wie die neuartigen Hängenden Gärten zeigten? Sie konnten aber einen noch weit wichtigeren Beleg für gelungene bauliche Vergangenheitsbewältigung vorweisen. Hatten sie Dresdens verstaubtem Barock doch ihre praktischen Baracken an die Seite gestellt! Jenen fortan als „Barack" bezeichneten Baustil also, der endlich die unvergleichlichen Schwünge augustäischer Provenienz überwand, die, streng in den Grundstrukturen, ins Üppig-Bewegte, Anmutige, Elegante hinüberschwingen und Dresden einst aus der Ansehnlichkeit in die Einzigartigkeit eines „deutschen Florenz“ erhoben.

Einst, wie gesagt. Doch zum Glück war's in der Deutschen Kratischen Plik vorbei mit all diesen deutsch-tümelnden Begriffen, sieht man einmal vom Staatsnamen ab. Und „Florenz“? Geschenkt! Es gehörte zum Nichtsozialistischen Wirtschaftsgebiet, ergo zu den unerwünschten Reise- und Bauvorbildern. Worum es jetzt ging, war nicht mehr Einzigartigkeit, sondern einzig artige Beliebigkeit. Und die hatten sie, das durften die führenden Greise wohl von sich sagen, mit ihrem neuen Barack kongenial umgesetzt, ebenso übrigens wie mit ihrem Platten-Knack.

Wie bitte? Ob die Trümmerfrauen, mit dem alten Licht im Auge noch, etwa für diese Erbärmlichkeiten geschuftet, dafür den Kriegsschutt recycelt hätten in der Hoffnung, alles werde besser, schöner? Und wann dieses Licht erloschen sei? Welch' Fragen an Dresdens zweite Zerstörer! Das musste sie ja nachgerade zu der Gegenfrage herausfordern: Erlosch dieses Licht überhaupt? Etwas geflackert hatte es vielleicht, als Rampische Straße, Sophienkirche, Postplatz, Schäferstraße und andere Torsi geschleift wurden. Aber war es denn nicht wieder aufgeflammt angesichts des neuen Altmarkts und Kulturpalastes? Und gänzlich zu strahlen begann es ja wohl wieder beim Aufbau der Prager Straße, deren Lichter sibirische Weiten spiegelten. Niemand hatte später also Veranlassung, trübe drein oder gar auf westliche Glitzerfassaden zu blicken. Die schönsten Fassaden gab es noch immer bei uns, wie die der Kamenzer Straße belegten. Wer deshalb sein Wohn- trotzdem als Abrisshaus bezeichnete, dem muss unterstellt werden, dass er das Neue bewusst ignoriert hat, das dort empor- bzw. herunterwuchs. Damit aber hat er zugleich unseren buchstäblich wachsenden Beitrag für eine intakte Umwelt kleinzureden versucht.

Das ist umso bedauerlicher, als die Gäste unserer Stadt diese unsere großen Bemühungen durchaus zu würdigen wussten. Noch zu Beginn der 90er Jahre habe ich erlebt, wie ein älterer Herr die nun schon mehrmals erwähnten Hängenden Gärten in der „Kamenzer “ bestaunte. „Wie nur ist es Ihnen gelungen, sie anzulegen?“, sprach er mich an, als ich an ihm vorüberwollte. Sein Interesse war verständlich. Würden doch, wie er mir anvertraute, auch in seinem Grundstück prächtige Bäume wachsen - leider nicht auf dem Dach seiner Villa. „Erhalten Sie sich also dieses Denkmal“, meinte er, „Dresden wäre sonst ärmer.“

Dann stieg er in sein Auto und fuhr, mir freundlich zuwinkend, davon. Kurz darauf war der Daimler mit dem „M“ im Kennzeichen entschwunden.- Schade eigentlich; denn damit war die Chance dahin, die Grünen mit einem profunden Fürsprecher unserer Hängegärten bekannt machen zu können.

HANSJOACHIM PAECH

Theorie im „Blauen Wunder"

Dresdens „Blaues Wunder" dürfte in der Welt so bekannt sein wie die Golden Gate Bridge in der San Francisco Bay, die fast drei Kilometer lange Hängebrücke. Blau ist das Wunder wegen seines Farbanstrichs. Dass in Dresden - noch - ein zweites „Blaues Wunder" existiert, wissen höchstens einige Heimische. Die nannten es seiner Nähe zum Zoo wegen auch „blauer Esel". In San Francisco ist dieser blaue Esel aber kaum bekannt, obwohl er acht Stockwerke auf die Waage bringt. Aber wohl nicht mehr lange; ihm droht der Abbruch, nachdem die Bundesanstalt für Arbeitsschutz ausgezogen ist. Früher saß hier das Zentralinstitut für Arbeitsschutz beim Staatssekretariat für Arbeit und Löhne.

In diesem Haus ist für den DDR-Arbeitsschutz viel Vernünftiges geleistet worden - so vernünftig, dass heute gelegentlich in den alten Bundesländern als neu verkauft wird, was in den neuen Bundesländern bereits alt war.

Unvernünftiges ist im „Blauen Wunder" allerdings auch zustande gekommen, und zwar in einem Maße, dass es erst nach seiner Abwicklung geäußert werden konnte. Das liegt in der Natur der Sache. Überall, wo geforscht wird, stößt man auch auf Ideen, die man besser für sich behält, weil Politik und Wissenschaft sich mitunter so in die Haare geraten, dass die Wissenschaft sie verliert.

So auch im „Blauen Wunder" Nr. 2. Dort waren Grübler, spitzfindige Theoretiker mit satirischer Ader, auf die Tatsache gestoßen, dass man die hohen Aufwendungen für den Arbeitsschutz glatt einsparen könnte, wenn man die Arbeit abschafft. Dagegen war theoretisch nichts zu sagen; nur stand damals die Politik im Wege, die unbedingt Vollbeschäftigung haben wollte. Heute hingegen ist man dem einstigen Gedanken schon ein gutes Stück näher gekommen.

Dieselben grübelnden Wissenschaftler hatten aber auch herausgefunden, dass die Abschaffung der Arbeit so wünschenswert wiederum nicht ist, weil auf diese Weise auch ihre eigenen Arbeitsplätze verloren gehen müssten. Sie waren deshalb dafür, wenigstens ein Mindestmaß an Arbeitsunfällen, Berufskrankheiten, körperlicher Überforderung und geistiger Unterforderung zu erhalten. Diese Überlegung war immerhin so systemkonträr, dass sie zu DDR-Zeiten gewiss den Ausschluss aus dem Freien Deutschen Gewerkschaftsbund nach sich gezogen hätte. Vielleicht sogar aus der Gesellschaft für Deutsch-Sowjetische Freundschaft!

Die revolutionären Gedanken konnten also nur nach der Wende der Öffentlichkeit unterbreitet werden. Das geschah am 26. Oktober 1993 auf einer Funktionärsveranstaltung von Arbeitsschützern in Düsseldorf. Dort konnte man dann aus einem ehemaligen DDR-Munde folgende Sätze hören:

„Vielmehr sind die Gefahren, die uns umgeben, ebenso zu schützen wie die Arbeit selbst. Kluge Köpfe haben das seit langem erkannt und dafür den Begriff 'Gefahrenschutz' geprägt. Genau das ist es, was wir brauchen und was auch in Zukunft seinen Mann... ernähren wird. Der Arbeitsschutz wird nur gedeihen, wenn er das pflegt, was er verhindern will."

Man wird verstehen, dass diese Art Dialektik für die DDR, die sich ohnehin für „gefahrenfrei" hielt, zu kühn war - bis der Betriebsunfall von 1989 passierte.

Just in jenem Jahr führte ein Vater seinen Jungen in den Zoo, und der Knabe wollte partout wissen, wie viele Leute in dem großen blauen Hause gegenüber arbeiten. Natürlich hatte der Mann keine Ahnung vom Personalbestand des Zentralinstituts, aber er wusste sich zu helfen und antwortete: „Mindestens 50 Prozent".

LEBENSBILDER V

(1949-1989)

Die gefährlichste aller Weltanschauungen
ist die der Leute, welche
die Welt nie angeschaut haben.

Alexander von Humboldt

Günter Klieme

ABM made in GDR

Zur Verwertung seiner Arbeitskraft Ende der fünfziger Jahre dringlich an das traditionsreiche Berggymnasium der Elbestadt beordert, trat K. - nach seiner Meinung früh genug - beim Präfekten der dortigen Anstalt ein, um sogleich von ihm zu hören, die K. eigentlich für den Vormittag zustehenden Genussscheine seien bereits eingezogen worden, da er nicht zur obligatorischen Frühmorgenversammlung anwesend gewesen wäre, mit welcher ausnahmslos jeder Arbeitstag zu beginnen habe.

Sodann führte der Präfekt den kaum Schritt haltenden K. über Haupt- und Hintertreppen sowie durch schier endlose Korridore des an Zimmern und Kabinetten reichen Gymnasialgebäudes, das sich durch wirbelnde Staubflöckchen und winkelbeherrschende Spinnweben ebenso auszeichnete wie durch eine ungewöhnliche Stille, die gar ungeheuerlich auf den jahrzehntelang abgestandenen Luftsäulen lastete. Endlich wurde K. von dem gestrengen Aufsichthabenden zu einer gerade spaltbreit geöffneten Tür gewiesen, die dem lauschenden Ohr das sonderbare Geräusch freigab, als kratzten unzählige feine Krallen auf gewalkten Lumpen. Da wurde K. auch schon der langen Tafel gewahr, wie sie in Konferenzzimmern üblich sein mochte; auf unbequemen Stühlen mit hoher geschnitzter Lehne sitzend, beugten sich eigenartig vermummte Köpfe über braun-, rot- und schwarzlederne Folianten, aus denen behände Schreiberpfötchen schier endlose Exzerpte herausextrahierten. Alle fast einheitlich mittelgroß scheinenden Häupter waren mit kunstledernen Käppchen bedeckt, die im Nacken mit einer Art schulterumhüllenden Kragens fest verbunden waren, der wiederum vorn soweit hochgeschlagen war, dass es unmöglich gewesen wäre, auch nur aus den Augenwinkeln heraus das Tun oder Lassen der zunächst Sitzenden zu beobachten. Das kratzende Geräusch erwies sich nun als verursacht durch altmodische Stahlfedern in traditionellen Schülerfederhaltern, die beständig in Tintenfässer einzutunken waren, um den ununterbrochenen Fluss des schwarzen Mediums zu gewährleisten. Genau so mochte das vor einem Jahrhundert hier üblich gewesen sein.

Um die auch an diesem Ort andächtiger Arbeit obwaltende völlige Schweigsamkeit nicht zu stören, wies der Präfekt darum K. in einen Nebenraum, der von einer wuchtigen Maschine fast ausgefüllt wurde, unter welcher und um welche herum vielerlei Papierspäne und -fetzchen liederlich verstreut waren; dies ganz im Gegensatz zu der vollendeten Exaktheit, die ansonsten in jener Anstalt die Oberhand zu haben schien.

Hier nebenan im Arbeitssaal, so eröffnete der Präfekt dem angestrengt lauschenden K., habe man - nach der frühmorgendlichen Versammlung - seine Zeit bis sechs Uhr nachmittags mit der Lösung der Hauptaufgabe zu verbringen, nämlich die sakrosankten Werke der großen Vordenker unseres Lehrgebäudes (oder meinte er „Leergebäudes"?) Zeile für Zeile zu studieren und zugleich Seite um Seite abzuschreiben. Er nannte K. den festgelegten, stündlich zu bewältigenden Akkordsatz (anderswo auch „Norm" genannt, fraglich ob „Normales" bezeichnend?); eindringlich wies der Präfekt darauf hin, dass man sich zu sputen habe, somit dürfe selbstverständlich keinerlei Zeit auf etwaige Schwätzereien mit den Kollegen oder auf abwegige Gedankenspaziergänge verwendet werden. Im Übrigen sei das „Schreibwerk", wie er es nannte, völlig fehlerfrei in allerhöchster Qualität zu liefern; denn am Ende jedes Arbeitstages fände eine computergesteuerte Kontrolle des Geleisteten hinsichtlich der Güte und des Umfanges statt. Der Computer, hier in einem Dresdner Großbetrieb gefertigt, stelle dann auch automatisch für jeden die entsprechende Anzahl Genussscheine aus. Danach sei es dann Pflicht eines jeden, sich nach Ende der Arbeitszeit in den einzelnen Läden der Dresdner Innenstadt anzustellen, wo bekanntlich in dem einen nur Brot, im nächsten nur Schmalz, im folgenden nur Salz und sofort gegen Hingabe der - allerdings lediglich am selben Tage gültigen - ausreichenden Menge von Genussscheinen verausfolgt würde.

Wohlüberlegt und weise vorausgesehen, fuhr der Präfekt fort, habe hier alles bis ins kleinste seinen unbezweifelbaren Sinn. Diese Maschine, auf die er sich stützte, sei zum Beispiel der Papierreißwolf, der am Abend das tägliche „Schreibwerk" des einsitzenden Kollegiums wieder zu Makulatur verarbeite, selbstverständlich erst nach computergesteuerter Prüfung und Bewertung der eingegebenen Papiere. Er selbst, so fügte er bedeutsam hinzu, müsse sich ja glücklicherweise nicht mit solch niederen Kontrolltätigkeiten abgeben, denn er habe vielmehr Ordnung und Disziplin der gesamten Anstalt zu beaufsichtigen. Was das „Schreibwerk" beträfe, so haben vorgesetzte Dienststellen eben keine anderen Wege gesehen, um sämtliche Reserven an Intelligenz auf ein Ziel festzulegen und gebündelt auszuschöpfen. Denn wenn man erst die Leute ihren eigenen Gedanken überließe, so seien die Folgen bekanntlich unabsehbar, wie eben allerlei Beispiele bereits gezeigt hätten. Daher habe man nach langen Erwägungen und Erprobungen diese Arbeitsweise als optimalste Variante zum unumstößlichen Beschluss erhoben. Denn ganz ohne Zweifel seien die hehren Worte und Lehren unserer verehrungswürdigen Vordenker in jedem, so auch in diesem Falle der einzige Gegenstand, mit dem man sich auf ewig beschäftigen könne und müsse. Anfänglich habe man dem einsitzenden Kollegium die Folianten nur zum Lesen vorgelegt, aber es habe sich leider nicht exakt kontrollieren lassen, ob die allzu mechanisch umgeblätterten Seiten auch tatsächlich gelesen worden seien. Im Übrigen lasse sich mittels des Abschreibens weit besser die wirkliche Tagesleistung ermessen, die in Dresden leider noch immer unter dem gewünschten Niveau liege.

Dies abschließend noch: Schüler habe das Dresdner Berggymnasium zwar keine mehr, auch entbehre man solcherlei Unruhestifter durchaus nicht. Aber entlassen dürfe man das Kollegium eben auch nicht, um niemanden in die hoffnungslose Arbeitslosigkeit zu verstoßen. Damit am Schluss seiner Erläuterungen, öffnete der Präfekt die angelehnte Tür zu dem saalartigen Raum nebenan, der von den kratzenden Geräuschen der eifrigen Federn erfüllt war, und wies K. an der langen Tafel den einzigen noch leeren Platz zu. Es schien K., als habe eben dieser Stuhl gerade noch auf ihn gewartet, um ihn hier als Beschäftigten bis zu seinem Lebensende festzuhalten.

„Mutabor“ oder: Unvollständige Rückverwandlung

Nur wer neu zum Besucherkreis in das Haus der renommierten Dresdner Familie C. am Rande der Dresdner Altstadt hinzukam, hätte sich noch über jenen Vorfall wundern können, der sich regelmäßig an den dort üblichen offenen Abenden wiederholte. Für ständige Teilnehmer dieses traditionellen geselligen Kreises der Elbestadt gehörte jener kurze Vorgang wie eine Art unabdingbare Einlage zum ablaufenden Programm einer Vielzahl aufschlussreicher Gespräche, deren geäußerte Gedanken wie Tennisbälle zwischen den Beteiligten hin- und herflogen. Keiner der Anwesenden würde sich daran erinnert haben, von dem hier zu berichtenden Intermezzo irgendwie besonders berührt gewesen zu sein oder gar auch nur die leiseste Spur aufkeimenden Widerwillens empfunden zu haben. Da es in der stets angeregten Runde als stillschweigend vereinbart galt, den reichlich bereitstehenden geistigen Getränken nur mäßig zuzusprechen, waren sich alle Gäste ausnahmslos darin einig, jedenfalls keiner bloßen bewusstseinstrübenden Augentäuschung oder gar anderweitiger Spiegelfechterei platterdings aufgesessen zu sein.

Etwa in der Mitte der abendlichen Zusammenkünfte pflegte es sich nämlich zu ereignen, dass ein vorerst verhaltenes Geräusch an der Verbindungstür zwischen dem großen Salon und dem daneben liegenden Herrenzimmer zu hören war. Bald nahm das Kratzen an Stärke zu, begleitet von einem halb gehauchten, flüchtigen Stöhnen. Mit einem Mal sprang da irgendetwas an der Außenseite der Tür hoch, wie von Geisterhand wurde die Türklinke heruntergedrückt, und aus der dunklen Tiefe, die nebenan herrschte, zwängte sich ein Vierbeiner von respektabler Größe durch den rasch weiter geöffneten Spalt. Obwohl von der ohnehin gedämpften Beleuchtung des Salons kaum geblendet, verharrte das schwarze Monstrum einen Augenblick, hob blinzelnd den mit herrlichen Wuschelohren versehenen Kopf, bellte ein einziges Mal wie zur Begrüßung der Anwesenden und trottete gemächlich zum Sitz der Gastgeberin, um sich mit raumgreifender Behaglichkeit zu deren Füßen niederzulassen. Die durchaus nicht unterbrochene Unterhaltung fortführend, kraulte die Dame des Hauses den sich halb aufrichtenden Gast aus dem Tierreich an Kinn und Ohren. Wie um dadurch entstandene Unordnung aufzuheben, ging ein leichtes Schütteln durch den großen, dennoch muskulösen Körper, dessen dichtes, etwas zottiges Fell die Illusion eines sehr wertvollen Herrenbekleidungsstücks in der Art eines tiefschwarzen Pelzpaletots hervorrufen mochte.

Ohne unangebrachte Verwunderung zu zeigen, nahmen die Anwesenden dennoch nichts weiter wahr als ein offenbares Prachtexemplar eines mächtigen Neufundländers. Mit dem voluminösen Kopf im Schoße seiner Herrin, also an einem seiner bevorzugten Ruheplätze, bot das Tier ein beinahe märchenhaftes Musterbild eines braven, wohlgesitteten Hundes, der offenkundig eine gute Erziehung nicht nur absolviert hatte, sondern dies auch in seinem Verhalten zu zeigen wünschte. Umso mehr musste sein plötzliches Aufbegehren auffallen, als er mit einem fast schon bösartigen Knurren die Suada des hochwürdigen Pastors Möller unterbrach, der sich in bewegten Worten über die weitverbreitete unkirchliche Glaubenslosigkeit gegenwärtiger verderbter Menschheit ereiferte sowie deren abergläubische Anfälligkeit für allerlei sektiererischen Götzendienst bis hin zu primitivem Satanskult geißelte. Daraufhin hielt es die Hausherrin für angeraten, unverzüglich das breite Halsband ihres vierbeinigen Vertrauten zu ergreifen.

Übrigens hätte keiner der Anwesenden es jemals gewagt, die offenkundige Tatsache auszusprechen, das ausdrucksvolle Hundegesicht des hier residierenden Neufundländers weise in gewissen mimischen Attitüden eine unverkennbare Ähnlichkeit mit einem Angehörigen der gastgebenden Familie C. auf.

Niemand hätte sich jemals wieder eine Anspielung auf diese sonderbare Gleichheit erlaubt, seitdem die Frau des Hauses einst einen solchen verbalen Versuch mit schneidender Kürze nachdrücklich zurückgewiesen hatte.

Wie um ihren Gästen anzudeuten, es sei nun auch für sie bald Zeit zu gehen, führte die Dame des Hauses ihren dennoch leicht widerstrebenden schwarzen Gesellen ebenda wieder hinaus, von wo er vor Stunden so zutraulich hereingelaufen war. Hinter fast schon verschlossener Tür sprach die Herrin zu ihrem Begleiter wohl noch ein offenbar beruhigendes Wort, dessen Inhalt den im Salon Versammelten verborgen blieb, ohne dass jemand hätte danach forschen wollen.

Wer zu den Stammgästen im Hause C. gehörte, nahm auch eine weitere Sonderbarkeit hin, die vermutlich anderswo einiges Aufsehen erregt hätte. Gar nicht lange nach üblicher Begrüßung der Gäste pflegte sich nämlich der Hausherr unauffällig zurückzuziehen. Doch wusste sich niemand weder über sein Verbleiben Rechenschaft zu geben noch hätte jemand vorwitzig danach fragen mögen. So überließ man denn den Abtrünnigen seinen Beschäftigungen, denen er in irgendeinem entlegenen Winkel des herrschaftlichen Hauses mutmaßlich nachgehen würde. Noch bevor er sich dorthin begeben hatte, war ihm die Hausfrau kurz gefolgt, hatte ihm wohl noch einen Gute-Nacht-Gruß gesagt, und während sie in den Salon zurückkehrte, konnte man hören, wie sich hinter wieder verschlossener Tür jemand tappend entfernte. Auch diesem allabendlichen Abschied haftete nicht der Charakter des Ungewöhnlichen an, sondern blieb im überschaubaren Bereich des alltäglichen Üblichen.

Einmal aber geschah doch das Unerwartete, das völlig aus dem Rahmen des Gewohnten fiel:

Die tappenden Schritte, vorhin noch in der dunklen Tiefe des Hauses verklungen, näherten sich wieder eilends; das schwarze Ungetüm huschte noch einmal herein, lief aber diesmal schnurstracks auf jenen kleinen Beitisch am Eingang des Salons zu, wo die neu eintretenden Gäste kleine Willkommensgeschenke in der Art von Mitbringseln niederzulegen pflegten. Gerade dort hatte der stark kurzsichtige Hausherr seine Augengläser hinterlassen, um offenbar eines der mitgebrachten Büchlein aus nächster Nähe eingehender zu mustern. Noch mitten im

Lauf bemächtigte sich nun aber das Hundetier der liegen gebliebenen Sehhilfe. Mit der goldgeränderten Brille auf seiner Hundenase, ein wahrlich kurios unfassbarer Augenblick, nahm der Neufundländer unverzüglich wieder Reißaus durch die noch offene Tür zum Herrenzimmer.

Wie um sich zu überzeugen, dass ihr Vierbeiner mit dem entführten Gegenstand nicht etwa einen fatalen Schabernack spiele, folgte ihm die Herrin sogleich auf dem Fuße. Draußen schien es einen kurzen Wortwechsel gegeben zu haben, obwohl nicht im einzelnen verständlich, hätte man glauben können, zwei menschliche Stimmen unterschiedlicher Höhenlage zu vernehmen. Tatsächlich traten kurz darauf beide wieder in den Salon, voran die Gastgeberin mit der ihr eigenen katzenhaften Gewandtheit, gefolgt von ihrem ebenso sehenswerten Ehemann; sie anziehend und freundlich lächelnd wie immer, er jeder Zoll ein Gentleman, das vergeistigte Antlitz veredelt durch die bekannte goldgeränderte Brille, deren Rahmen wie Gläser magisch zu funkeln schienen. Aber das brillierende Licht genügte doch nicht, von einem sonderbaren Anblick abzulenken, der sich den Anwesenden zu nicht geringem Schrecken so unverhofft darbot. Denn seltsamerweise zierten den Charakterkopf des Hausherrn die schwarzen, fellüberzogenen Wuschelohren des Neufundländers, und zwar so echt und innig, dass zweifelsohne Menschenkopf und Hundeohren eine fest verwachsene Einheit miteinander bildeten.

In das lähmende Schweigen hinein tönte endlich der Entsetzensschrei der Hausherrin: „Himmel und Hölle, da habe ich das erlösende Schlüsselwort 'mutabor' doch nicht richtig ausgesprochen." Die Auflösung der Verwandlung (denn nichts anderes besagt die mittelalterliche Zauberformel „mutabor") war also nur unvollständig geglückt! Ohne weiter zu zögern, drängte sie ihren so peinlich verunstalteten Ehegemahl wieder hinaus; hinter der verschlossenen Tür glaubten die zur Salzsäule erstarrten Gäste ein fast donnernd gesprochenes Wort gehört zu haben. Unmittelbar danach betraten, mit Verzeihung erheischendem Lächeln, die beiden Eheleute Hand in Hand wieder den Salon; sie verführerisch wie zuvor, und auch er mit seinen artgerechten Menschenohren am hocherhobenen Haupt.

Ohne weiter irgendwelche unangebrachte Verlegenheit zu zeigen, forderten beide jedoch den Anwesenden vorsichtshalber das strikte Ehrenwort ab, über das Vorgefallene zu jederzeit und zu jedermann unverbrüchliches Stillschweigen zu wahren. Irgendjemand muss das Geschehnis gegenüber dem Erzähler dieser Geschichte doch ausgeplaudert haben...

Günther Frank

Der „Mann mit der Mütze“

„Wir DSC-Spieler gingen vom Bahnhof zum Rathaus zu Fuß. 10 000 Dresdner feierten uns, nachdem wir die Deutsche Meisterschaft 1943 geschafft hatten.“ So erinnert sich ein ehemaliger Dresdner in seinem Buch „Fußball“, das 1978 erschien und längst vergriffen ist - Helmut Schön. In Fußballerkreisen weltweit als Idol verehrt, ist sein Name Legende oder, richtiger gesagt, sind seine Namen Legende. Denn seine Mitspieler nannten ihn „den Langen“, seine sächsischen Bewunderer titulierten ihn in den 40er Jahren - da wurde der Dresdner Sportclub je zweimal Deutscher Titelträger und Pokalsieger - „Meester“, und Udo Jürgens besang ihn als „Mann mit der Mütze“. Sehr treffend, übrigens. Trug Trainer Schön doch wegen der ihm frühzeitig beschiedenen „hohen Stirn“ stets die berühmte Schirmmütze.

Damals, als ich ihn erstmals kicken sah, allerdings noch nicht. Wir Zschierener Kinder, die zu jener Zeit an den Elbwiesen barfuß ans runde Leder beziehungsweise an zusammengenähte Lumpen stießen und diese zwischen die aus Schulranzen gebildeten „Torpfosten“ zu befördern versuchten, waren an jenem sonntäglichen 16. April 1950 ins ehrwürdige Ostragehege gepilgert: zum Spiel zwischen der SG Friedrichstadt gegen Horch Zwickau, das über die Ostzonen-Meisterschaft entscheiden sollte. Und hier erlebten wir zusammen mit 60 000 Zuschauern dann das unschöne 1:5 von Schön und den Seinen mit. Unschön deshalb, weil seine Mannschaft „auf Anweisung von oben“ um den Sieg gebracht wurde. Denn Friedrichstadt, Nachfolgeverein des in der Ostzone als „bürgerliches Relikt“ geltenden DSC, durfte nicht Meister werden. Der Schönebecker Schiedsrichter Schmidt war deshalb im Vorfeld zur „fortschrittlichen Spielleitung“ aufgefordert worden. Wie diese „progressive Pfeiferei“ aussah, konnten auch wir mitverfolgen: Zum Schluss hatte Friedrichstadt nur noch acht Mann auf dem Feld. Was Wunder, dass die erboste Fangemeinde der Dresdner unmittelbar nach dem Abpfiff aufs Spielfeld stürmte und den Schiedsrichter verhauen wollte. Doch da mitzutun, war ich zu klein, ich zog von dannen. Und gewahrte so nicht mehr, wie Walter Ulbricht persönlich die Meisterurkunden und -nadeln an die „Sportfreunde einer großen Betriebssportgemeinschaft eines volkseigenen Betriebes“ übergab.

Es war zum „Übergeben“. Auch und gerade für die Friedrichstädter Mannschaft. Und deshalb zog sie es vor, kurz danach komplett in den Westen zu gehen. Die SG Friedrichstadt existierte nicht mehr…

Viele Jahre später verbreitete sich auf der Steintribüne des Heinz-Steyer-Stadions dann wie ein Lauffeuer die Nachricht: „Dort oben sitzt Helmut Schön!“ Sein Name wurde indes nur geflüstert, denn die DDR-Sportführung schwieg ihn tot - was dann allerdings nicht nur einmal fatale Auswirkungen hatte. Ein Beispiel dafür ist das 1963 im SÄCHSISCHEN TAGEBLATT veröffentlichte Foto der beiden deutschen Auswahlmannschaften, die seinerzeit Ausscheidungsspiele für die Olympischen Spiele bestritten. Just während der Imprimatur der Sportseite stach einem ganz Schlauen in der Bildunterschrift ein auf dem Index stehender Name ins Auge. Da damals noch in Blei gegossen wurde, musste der Metteur ihn in letzter Minute herausmeißeln mit dem Ergebnis, dass inmitten der Kicker aus Ost und West ein „anonymer“ Spieler zu sehen war. Es war Helmut Schön - den die Fußballgemeinde zwischen Friedrich- und Neustadt freilich auch ohne namentliche Nennung erkannte.

Schließlich war er ein Kind ihrer Stadt. Am 15. September 1915 als Sohn eines Kunsthändlers hier geboren, hatte Schön eigentlich Chirurg werden wollen, erlernte jedoch nach dem Abitur den Beruf eines Bankkaufmanns. Und „nebenbei“ das Kicker-Abc - zunächst auf Wiesen und in Hinterhöfen und später bei seinem ersten Verein „Dresdensia“. Hier entdeckte ihn dann der englische DSC-Trainer Jimmy Hogan. Zum Glück, wie wir inzwischen wissen, denn Schön entwickelte sich zu einem Spieler, der die Fußballkunst ästhetisch zu zelebrieren verstand. Mich, der als Sportjournalist jene Erfolge besonders verfolgte, verwunderte es deshalb auch nicht mehr, dass er schließlich als Bundestrainer berufen wurde und Deutschland 1972 zum Europameister- und 1974 zum Weltmeistertitel führte. Natürlich mit seiner karierten Sportmütze auf dem Kopf. Bis er sie dann für immer abnehmen musste: Nach langer schwerer Krankheit verstarb Helmut Schön am 23. Februar 1996 in Wiesbaden.

„Ich bin davon überzeugt, dass die überwältigende Mehrheit der treuen Zuschauer eines sehen will, guten, echten, spannenden, sportlichen Fußball - und keinen Firlefanz“, hat er einmal gesagt. Sein Nachfolgeverein, der „neue“ Dresdner SC Fußball 98, schickt sich derzeit an, dieses Credo umzusetzen und einstige Höhen wieder zu erklimmen - nicht zuletzt im Andenken an Dresdens legendären Fußballer, der auch mir unvergessen bleibt. Und das nicht nur wegen des DSC-Wimpels, der Helmut Schöns Autogramm trägt und der einen Ehrenplatz in meiner Trophäensammlung einnimmt.

Jens Wonneberger

Wie Ulbricht mir die Unschuld rettete

Es war ein heißer Augusttag des Jahres dreiundsiebzig, die ersten Delegierten der X. Weltfestspiele der Jugend und Studenten in Berlin waren bereits abgereist, nicht ahnend, dass unter vielen Blauhemden die Vereinigung der Proletarier aller Länder bereits Früchte trug. Diese Folgen würden sich die Jugendfreundinnen nach einer Frist von maximal zwölf Wochen auf Gynäkologenstühlen austreiben lassen, oder die kleinen Internationalisten würden nach neun Monaten in den großen Kreißsälen der kleinen Republik das Licht der aufgehenden Sonne erblicken. Mir aber hat an diesem Tag kein Geringerer als Walter Ulbricht die Unschuld gerettet.

Wir, die wir in Dresden daheim geblieben waren und des großen Festes nur mittels platonischer Grußbotschaften teilhaftig werden konnten, hatten uns wie gewöhnlich im Freibad getroffen. Wir Jungen lagerten am Rande des Fußballfeldes, die Mädchen hatten ihre Decken inmitten der Liegewiese so ausgebreitet, dass wir, wenn wir unsere schwitzenden Leiber nach dem Spiel im Wasser abkühlen wollten, ihr Lager passieren mussten. Wir hätten das ohnehin getan, betrieben wir das Vorspiel auf dem Fußballfeld doch nur für diesen Moment, da wir mit hochroten, schweißtriefenden Gesichtern über die Wiese jagten, hinein in die quiekende Schar der Mädchen, sie mitreißend bis ans Ufer des Sees, wo wir sie noch stehen sahen, wenn wir nach einem kühnen Sprung ins Wasser prustend auftauchten und uns mit einer schnellen Drehung des Kopfes das nasse Haar aus den Gesichtern warfen, um gleich darauf wieder zurückzustürzen und die noch immer in bizarrer Gespreiztheit Verharrenden mit Wasser zu bespritzen. Es war ein Ritual, dessen nächster Schritt es vorsah, dass wir nun wieder von ihnen abließen, uns erneut ins Wasser stürzten, es zerpflügten, in einem ebenso spielerisch wie verbissen geführten Wettkampf, dessen Ziel eine mit roten Korkkugeln bestückte Leine markierte, von wo aus wir wieder zurückblickten, eine Linie aufgereihter Köpfe an der Trennlinie zwischen Nichtschwimmer- und Schwimmerbereich. Dort warteten wir, bis die Mädchen, noch immer kichernd, uns erreicht hatten, und schwammen gemeinsam auf den See.

Es war, als übertrage sich die Stille der dunklen Ebenheit der Wasseroberfläche nun auf uns, die wir in gleichmäßigen Bewegungen schwammen, im Pulk zunächst, doch je weiter wir uns vom Ufer entfernten, je mehr das Getose des Bades hinter uns blieb, desto mehr zerfiel die Gemeinschaft, immer wieder scherte jemand aus, blieb zurück, fast unmerklich bildeten sich Paare, nur einige Übriggebliebene spielten das Spiel noch weiter, doch ihre Albernheiten perlten von uns ab, wie die Wassertropfen vom Gefieder der Enten und Blesshühner, wenn sie nach gelungener Flucht weit vor uns wieder auftauchten. Vom See aus blickten wir zurück auf die Wiese mit dem Fußballfeld, auf die langen, braunen Reihen der Holzkabinen, in deren Trennwände wir Löcher gebohrt hatten, durch die wir einen ersten scheuen Blick auf das schneeweiße, im Dämmerlicht feenhaft leuchtende Fleisch unserer Mitschülerinnen wagten und sie danach mit den Filtern der ersten, hastig gerauchten Zigaretten wieder verschlossen. Wir waren sehr ernst geworden, auch Karin, die neben mir schwamm und das Wasser bei jedem Schwimmzug vor ihren fest aufeinander gepressten Lippen für Augenblicke zusammenschob, woraufhin es über die Wangen glitt, das Haar glattstrich und hinter ihr kleine Wirbel bildete. Wir sprachen kein Wort, nur manchmal sahen wir uns an, mit einem Blick, der jetzt fast ängstlich war und in dessen Tiefe wohl eine Ahnung des Kommenden lag. Ohne Absprache also hielten wir auf jene Stelle zu, wo der Schilfgürtel des Sees sich zu einem schmalen Spalt öffnete und wo neben dem verkrauteten Zufluss das Moorloch lag, in dem, wie die Alten des Dorfes sich erzählten, einmal ein Fuhrwerk samt Pferd und Reiter versunken sein sollte. Bisher hatten wir es nicht gewagt, uns dieser Stelle zu nähern, es war ein beinahe mythischer Ort, von dem wir nicht mehr kannten als die riesigen Erlen, deren Kronen wie eine mächtige grüne Wolke über dem Wald hingen. An der Nähe des Ufers tasteten unsere Füße nach dem Grund, fanden aber nur eine weiche, schlammige Masse, in der sie bis an die Knöchel versanken. Wir kletterten auf den Anglersteg und legten uns nebeneinander auf das warme Holz. Trotz der Wärme zitterten unsere Körper, das von ihnen herunterrinnende Wasser färbte das Holz dunkel. Karin lag auf dem Rücken und hatte die Augen geschlossen, auch ihre Lider zitterten. Ich sah ihre Brüste sich heben und senken, sah die sich unter dem Stoff des Bikinis deutlich abzeichnenden Brustwarzen und den Wassertropfen, der unterhalb des Nabels zwischen den weichen Härchen ihres Bauches hing. Als ich mich über sie beugte, über ihre auch im Schatten meines Kopfes noch zitternden Lider und ihre kalten Lippen küsste, musste ich an den Fuhrmann denken, der ganz in unserer Nähe für immer versunken war. Unter uns war nur das leise Glucksen des Wassers zwischen den Stützen des Steges, als die Stille von einem langgezogenen grellen Pfeifton zerrissen wurde, dem gleich darauf die hallende Stimme eines Nachrichtensprechers folgte, der über die alte Lautsprecheranlage der Landfilmstelle den Badenden verkündete, dass sich das Kämpferleben von Walter Ulbricht, dem großen Sohn der deutschen Arbeiterklasse und konsequent proletarischen Internationalisten, vollendet habe. Dann war wieder Stille, wir lagen uns noch immer in den Armen, doch die tastenden Hände hielten plötzlich inne. Jetzt nicht, sagte Karin, und ich glaubte den Vorwurf und die Erleichterung in ihrer Stimme zu hören. Wir lösten uns voneinander, ließen uns vorsichtig ins Wasser gleiten. Schweigend schwammen wir zurück und verloren uns bald darauf im Gewühl des Schwimmbades.

Als ich am nächsten Tag in der Zeitung las, dass es der letzte Wille des großen Kämpfers gewesen sei, dass die Jugend der Welt ihre Feste feiert, wie sie fallen, war es für mich allerdings zu spät.

AINI TEUFEL

Im Schatten des „Frauentages"

Vor der Garderobe des Kulturpalastes - es war in den 70er Jahren - standen viele Damen, auffällig ihre Kleidung, apart die Frisuren. Eine Ältere - sie glich einem lebenden Bild - erkundigte sich bei der Garderobiere, wo die Feier anlässlich des Internationalen Frauentages vonstatten ginge.

Was? Jetzt im Mai? Sind die Feiern nicht schon alle durch? Sie befragte ihre Kollegin. Die Feier könnte nur im zweiten Stock im Blauen Salon stattfinden, vermutete diese.

Wir erstiegen die Treppen, öffneten dann eine Glastür. Dort kniete eine Frau und wischte den Fußboden. Ja, das sei der Blaue Salon, aber von einer Feier wisse sie nichts, meinte die Reinigungskraft. An der Treppe lehnend, erwarteten wir die Mitglieder der Frauenkommission, die zur Feier geladen hatte. Diese Damen erfuhren von der Leitung des Kulturpalastes, dass die für die heutige Feier Verantwortliche erkrankt wäre. Doch gegen sechzehn Uhr erschiene ein Herr Ober. Wenn die Frauen ihm etwas unter die Arme greifen könnten...?

Der Herr Ober kam. Bedauerlicherweise wusste er nicht Bescheid, da er in letzter Minute für einen ebenfalls erkrankten Herrn Ober eingesprungen war. Der nicht erkrankte Herr Ober legte der Reinigungskraft nahe, den Salon ein andermal zu vollenden, und versicherte den Künstlerinnen, er werde den zu Bett liegenden Kollegen befragen, wo sich die kulinarischen Kostbarkeiten befänden. Inzwischen war auch die für die Festlichkeit engagierte Chansonsängerin mit ihrer Gitarre eingetroffen, und so erfreuten wir uns vorerst am Kulturprogramm.

Den Mitgliedern der Frauenkommission allerdings war dies nicht vergönnt. Es hatte sich ergeben, dass der gesunde Herr Ober nach dem Telefonat zwar wusste, wo sich die Esswaren befanden, die Getränke allerdings fielen ins Ressort einer Kollegin, die auch erkrankt war und nicht einmal Telefon hatte. So eilten die Damen der Kommission zum Spirituosengeschäft nebenan, um dreiunddreißig Flaschen Wein und einige Korkenzieher sowie Flaschenöffner zu kaufen. Schnelligkeit war geboten, denn die Kommissionsdamen mussten vor Beendigung des Kulturprogrammes zurück sein.

Sie schafften es. Anschließend waren sie dem Herrn Ober behilflich, hundert belegte Stullen, die auf einem großen Tablett übereinander geschichtet lagen, auf Teller zu verteilen. Der Lehrling hatte die Stullen am Morgen zubereitet. Da waren sie sicher noch ansehnlich und weniger krumm. Die Teller bugsierte der Herr Ober auf einen Tablettwagen. Auf einen anderen hatten die Kommissionsdamen einhundert Brausegläser gestellt. Und als die Sängerin mit Schlussbeifall bedacht wurde, schoben der Herr Ober und die Damen der Kommission die klingelnden Wagen in den Saal. Er und die Kommissionsdamen stellten die Gläser auf die Tische. Der Herr Ober wünschte allen „Guten Appetit“ und verabschiedete sich. Er hatte noch anderweitig zu tun.

Die Sitzenden wurden seitens der Frauenkommission informiert, dass jedem eine Stulle aus dem oberen Teil des Wagens und eine Brause aus dem unteren zustünde. Selbstbedienung!, rief die Vorsitzende. Bitte der Reihe nach anstellen!

Schließlich waren alle Künstlerinnen im Besitz einer Stulle und einer Brauseflasche. Manche konnten vor Lachen nicht essen, zeigten sich ihre Stullen oder tauschten sie, verteilten sogar die Zwiebeln einer Hackfleischstulle auf zwei Mettwurstschnittchen. Einige ältere Damen hingegen wussten nicht, wie sie den erstarrten Stullen mit den dritten Zähnen beikommen sollten. Der wieder herbeigerufene Herr Ober aber kam nicht an den Besteckschrank heran. Eine junge Frau reichte den Hilfebedürftigen einen Flaschenöffner. Und eine alte Dame - schwarzes Samtkleid mit leuchtend weißem Haarknoten - betätigte dann erfolgreich das ungewöhnliche Werkzeug auf der Bratenstulle - wobei die Stulle williger war als der Braten. Sie verschenkte ihn deshalb an eine Dame mit Leberwurststulle.

Die Frauen der Kommission brachten die Weinflaschen. Gießt euch ein! Wir wollen zusammen anstoßen!, rief die Vorsitzende. Wohin mit dem Wein?, fragten die noch Essenden. In die Brausegläser! Der Herr Ober hat keinen Schlüssel für den Gläserschrank! Einige tranken rasch die Brause aus, andere füllten sie in die Flaschen zurück. Dann erhoben sich die Künstlerinnen und stießen auf ihren Festtag, den Internationalen Frauentag, an. Sie ließen sich hochleben, dreimal, wie üblich.

Wo bleiben eigentlich unsere Männer?, rief jemand. Sie lassen sich entschuldigen!, antwortete die Vorsitzende. Aber seid gewiss: Denen werde ich morgen etwas erzählen!

Nächstes Jahr, so versicherten tags darauf die männlichen Künstler den Künstlerinnen, werden wir euch eine Feier organisieren, da werdet ihr staunen! Die Überraschung gelang den Männern. Die Frauentagsfeier fiel aus.

UWE ZIMMER

Abgetaucht

Sieben Uhr. Ein schriller Pfiff zerreißt die morgendliche Stille, dann eine, noch schrillere, Stimme: „Aufstehen, ihr faulen Säcke! Wer in fünf Minuten nicht draußen ist, dem schütten wir einen Eimer Wasser ins Zelt!" Nach diesem unsanften Wecken sind wir acht Tauchschüler und die beiden Tauchlehrer zur vorgegebenen Zeit fertig zum Abmarsch. Im Laufschritt geht es zu einer höher gelegenen Wiese. Gymnastik. Zum Schluss noch 30 Liegestütze, bevor wir zum Lager zurückhasten und danach unsere Glieder im Wasser des nahen Steinbruchs kühlen. Nur die für diesen Tag eingeteilten beiden Backschafter (seemänn. Küchenhilfe) sind vom Morgensport befreit. Sie haben jeweils ganztägig fürs Essen zu sorgen, das wir uns an diesem sonnigen Juni-Morgen nun schmecken lassen...

Jeden Sommer veranstaltete die Sektion Tauchsport des VEB Mess-Elektronik Dresden bei der Gesellschaft für Sport und Technik Anfang der siebziger Jahre bei Schmölln solche Rituale: während ihrer vormilitärischen, jeweils zwei Wochen dauernden Ausbildungskurse, die ihnen der Meinung des Sektionsleiters nach gut zu Gesicht standen. Zum einen schon deshalb, weil sie ihnen „real-sozialistische" Vorteile (mehr Schwimmhallenzeiten und technische Geräte) einbrachten; zum anderen, weil solche Veranstaltungen als Treuebeweis zu Partei und Staat gewertet wurden und ihnen hohe gesellschaftliche Anerkennung eintrugen. Wurden die 15- bis 17-Jährigen in diesen Lagern doch auf ihren

Wehrdienst in der Nationalen Volksarmee vorbereitet, offiziell jedenfalls. Inoffiziell dagegen nutzten die jungen Leute ihr „politisches Engagement“ zugleich dazu, ihrem ganz privaten Tauch-Hobby frönen und im Lager die Taucher-Grundprüfung ablegen zu können. Darauf vorbereitet worden waren sie in den Winter- und Frühjahrsmonaten in Dresdner Schulen und Schwimmhallen, wo sie das theoretische und praktische Tauch-Abc erlernt hatten. Auf den bestandenen Prüfungen baute die Armee dann später auf, indem sie die jungen Soldaten im Grundwehrdienst zumeist als Pionier- oder - eine besondere Auszeichnung! - als Kampftaucher ausbildete. Wie sich später herausstellte, war das für mich so schlecht nicht; konnte ich doch einfach abtauchen, wenn die ideologische Flut wieder mal anrollte.

Unser Frühstück ist nun beendet, der Ausbildungstag beginnt: zunächst mit der Übung „Blinder und Lahmer“ (dabei müssen zwei Taucher - einer ohne Maske, der andere ohne Flossen - unter Wasser eine bestimmte Strecke schwimmen und dabei aus einem Gerät atmen), dem dann Notaufstieg, Gerätewechsel (dabei legt der Taucher das Gerät auf dem neun Meter tiefen Grund ab, taucht nach oben an die Wasseroberfläche, um dann erneut auf den Grund zu tauchen und es wieder aufzunehmen) und schließlich die „Wasserpfeife“ (dabei müssen vier Taucher unter Wasser abwechselnd aus nur einem Gerät atmen) folgen.

Anschließend zwängen wir uns in die „Tschecho-Bretter“ - wie wir die aus der ČSSR stammenden Neopren-Tauchanzüge damals ironisch nannten, weil sie nass so steif wie Bretter wurden -, während die Ausbilder ihre flexiblen, allerdings schon an vielen Stellen geflickten französischen Modelle anlegen. Dann aus der Taucher-Klatte aussteigen und hinunter ins 14 bis 16 Grad „warme“ Wasser, in dem wir gerade mal Sichtweiten von zwei bis drei Metern haben. Anschließend wieder hoch, wieder hinunter, erneut hoch... anderthalb Stunden lang. Danach war die in den Sieben-Liter-Stahlflaschen auf 200 bar komprimierte Luft aufgebraucht, und wir konnten wieder Sommerluft atmen. Und schließlich und endlich unser Mittagessen hinunterschlingen, das vom nahe gelegenen volkseigenen Neustädter Mähdrescherwerk „Fortschritt“ angeliefert worden war.

Fort schritt dann auch die Mittagspause ziemlich schnell, denn bereits 14 Uhr gings weiter - diesmal mit Orientierungstauchen. Rund 300 Wassermeter waren schnorchelnd und in voller Montur bis zum gegenüberliegenden Ufer zurückzulegen, das dortige Ziel mit dem Kompass anzupeilen und unter Wasser anzuschwimmen. So mancher Tauchschüler drehte sich dabei wie ein blinder Axolotl um sich selbst, um dann irgendwann doch noch anzukommen. Natürlich unter mitleidigem Lächeln der bereits Eingetroffenen.

Doch immerhin: An diesem Tage wurde noch gelächelt! Mehr noch: Am Abend stieg sogar eine „Malzbiersause“, und sie war so heftig, dass sie nur von den Standhaftesten durchgestanden wurde. Mit alledem war es an den darauf folgenden Tagen dann allerdings vorbei. Am nächsten wurde es erst einmal militärisch-ernst: beim Schießen mit Kleinkaliber-Gewehren auf einem nahe gelegenen Schießplatz. Hielten beim Pfeifen der Geschosse doch selbst die wildesten unter uns Tauchschülern freiwillig Disziplin, weil auch sie gesund nach Hause zurückkehren wollten. Am vorletzten Tag zwangen die praktischen Prüfungen zu konzentriertem Ernst. Und am letzten schließlich verging uns dann bei der so genannten Bewährungsprobe das Lachen. Denn nachdem wir zwei Uhr morgens aus unseren Schlafsäcken geholt worden waren, wurden wir in einen 40 Kilometer entfernten Wald gekarrt, dort in Zweier-Gruppen aufgeteilt und die an unterschiedlichen Stellen abgesetzten Duos sich selbst überlassen. Nur mit Karte und Kompass ausgestattet, hatten wir verschiedene Kontrollpunkte anzulaufen und so schnell wie möglich ins Lager zurückzufinden.

Nun ja, wir fanden zurück, denn wir wussten uns zu helfen: Als wir uns irgendwann zu einer Landstraße durchgekämpft hatten, hielten wir einen Lkw an und fuhren die restliche Strecke auf ihm zurück...

Zum Schluss unserer Ausbildung waren aus uns somit nicht nur Taucher geworden, sondern Jugendliche mit weit mehr Selbständigkeit und Durchhaltevermögen, als wir vor dem Lagerleben besessen hatten. Das bemerkte auch Mutter sofort, als ich wieder zu Hause in Dresden war. Eines Tages sagte sie zu ihrer Kollegin: „Seit mein Sohn von der GST zurück ist, schmiert er sich nicht nur seine Schnitten selbst, sondern trinkt auf Festen plötzlich jeden unter den Tisch!“

NORBERT WEIẞ

Burschenschnitt

An der hinteren Seitenwand des Schleiflackbüffets, das die gesamte Breite der Wohnküche einnimmt, hat die Mutter ihre Arbeitsunterlagen mit Reißzwecken angeheftet. Das Kalendarium aus der SÄCHSISCHEN ZEITUNG und ein in Wachstuch geschlagenes dünnes Heft, das an einer Schlaufe aus Papierschnur an der unteren linken Zwecke hängt. Es trägt den schönen Titel „300 Winke für die sparsame Hausfrau“, verspricht gleich auf der ersten Seite viel Ersparnis im Haushalt bei Beachtung dieser Winke und hat im Jahre 1932, dem Hochzeitsjahr der Eltern, fünfundvierzig Pfennige gekostet. Unter dem Sparversprechen aber ist drohend vermerkt: Buch oder Betrag wird in diesen Tagen wieder abgeholt.

Das nun hält der Junge, nach so vielen Jahren, für unwahrscheinlich. Andererseits wundert es ihn schon, dass die Mutter irgendwann in ihrem Leben einmal Geld für Gedrucktes ausgegeben haben soll...

Im Kalendarium an der Schrankwand, das auf alle Fälle kostenlos in die Küche gelangt ist, weil der Vater die Zeitung jeden Abend aus dem Büro mitbringt, sind mit Kopierstift zunächst alle Plagen vermerkt, die der Mutter in nächster Zeit das Leben schwer machen werden. Die Wasch- und Putztage, Hausordnung, Heißmangel, Kohlenlieferung oder Eismann - je nach Jahreszeit, und, schwarz eingerahmt, der nächste Elternabend in der Schule. Mit roter Tinte hingegen sind markiert die Gehaltstage des Vaters, Familienfestlichkeiten und Mutters vierteljährlicher Friseurtermin, den ein zusätzliches Kreuz als unverrückbar kennzeichnet.

Der Junge hasst diesen Tag, der ihn, obwohl voraussehbar, jedes Mal wieder aus heiterem Himmel trifft. Nichtsahnend kommt er mittags aus der Schule. Der Vorsaal, dem ansonsten Eintopf- und Bohnerwachsgeruch anhaftet, duftet nach man weiß nicht was. Parfüm oder Haarlack oder beides miteinander. Die aufgekratzt gestimmte Mutter umhalst ihn, weil sie so glücklich ist über ihre neue alte Frisur. Aber dann, mit völlig verändertem Gesichtsausdruck, packt sie den Jungen bei den Ohren, damit der den Kopf mal ruhig hält und sich anschauen lässt. Und die Mutter hat es geahnt und schlägt in gespielter Entrüstung die Hände vor der Brust zusammen bei der Entdeckung, dass dem Jungen die blonden Haare strähnig und ungepflegt in die Stirn hängen und an den Schläfen gar die Ohren zu überwuchern drohen.

Das ist der Moment, in dem der Junge resignierend feststellen muss, der Nachmittag hat als verloren zu gelten. Die Mutter klaubt Markstück und Trinkgeldgroschen aus der Kittelschürze, beaufsichtigt die flüchtige Halswäsche des Jungen und drängt ihn zur Tür.

Der Damensalon Naumann, dem die Mutter ihre neue Altfrisur verdankt, liegt im oberen Teil der Kesselsdorfer Straße, zwischen Milchladen und Spiegelglasfabrik und besticht schon in seiner Schaufensterdekoration durch eine weltläufige Eleganz, die einer ganz fernen Zeit anzugehören scheint. Mit Seide drapierte Sockel, auf denen Frauenköpfe aus Pappmaché mit gebleichten Perücken thronen. Kleine geschliffene Flakons mit farbigen Wässern gefüllt und inmitten das handkolorierte, wahrscheinlich aus einem alten Filmprogramm entnommene und gerahmte Porträt einer wuschelköpfigen jungen Dame, die mit künstlichen, weit hochgezogenen Augenbrauen und verführerischem Blick jedwedem Betrachter entgegenlächelt.

Bei Naumann ist jeder Mensch, sofern er den Laden betreten und sich in einen Kunden verwandelt hat, ein König. Auch dann, wenn er im hohen ledernen Frisiersessel zu versinken droht und keinen Fuß mehr auf die Erde bringt. Dann nämlich wird er höflich gebeten, wieder aufzustehen und im Drehstühlchen Platz zu nehmen, das vorn durch eine Art hölzerne Schranke ein Herausfallen des zu frisierenden Kindes verhindert und zudem über hartgummibereifte winzige Räder verfügt, die gestatten, den mobilen Thron zwischen den unter silbernen Hauben trocknenden Damen hindurch, ganz nach vorn vor einen der hohen, blank polierten Spiegel zu schieben, damit das Lehrmädchen, verantwortlich für die Versorgung der Altersgruppe sechs bis zehn, sich anschicken kann, mit Kamm, Schere und klappernder Haarschneidemaschine, der Forderung des Jungen, der im Übrigen seit mehreren Monaten dem Stühlchenalter entwachsen ist, zu entsprechen, der präzisen Forderung nämlich nach einmal Fassonschnitt gemäßigt, trocken. Trocken insofern, weil diesen Teil der sonst üblichen Behandlung: waschen, shampoonieren und fönen, die Mutter aus Kostengründen daheim übernehmen wird. Nicht verzichten muss der Junge hingegen auf die abschließende Besprühung seiner begradigten Frisur aus einem Parfümzerstäuber, mit dem das Lehrmädchen um den Drehstuhl des Jungen herumtänzelt, bevor sie mit einem etwas übertriebenen Augenaufschlag Markstück und Trinkgeldgroschen in Verwahrung nimmt und den Jungen zur Ladentür begleitet.

Auf der anderen Seite der Kesselsdorfer Straße, gleich neben Schletzers Papier- und Schreibwarenladen, hat sich ein zweites Friseurgeschäft etabliert. „Beiers Herrenhaarschnitt und Rasur" steht in steilen Buchstaben über der Eingangstür, und die Auslage hinter dem mickrigen Schaufenster hätte eher zu einer Drogerie gepasst: Brillantinerollen, Rasierseife, Klingenpäckchen und eine stattliche Zahl toter Fliegen auf zwei klebrigen Streifen, die die Auslage malerisch auf beiden Seiten einfassen.

In Beiers armseligem Laden, der nur über fließend Kaltwasser verfügt, weshalb man in regelmäßigen Abständen das durchdringende Pfeifen eines Kochkessels bis auf die Straße hören kann, in diesem Laden ist Herr Beier der König. Hier werden mit unglaublich schnellen und geschickten Bewegungen Rasiermesser an Lederriemen gewetzt, Waschlappen in mit heißem Wasser gefüllte Schalen getaucht und alten Männern nach der Rasur ins Gesicht gedrückt. Es riecht nach Seifenschaum, Birkenhaarwasser und zweierlei Arten von Schweiß. Dem Achselschweiß des Geschäftsinhabers, der sich gelbfleckig unter dessen Ärmelansatz ausbreitet und dem Angstschweiß der Kunden, denn der korpulente Herr Beier, der weder über Lehrlinge noch eine helfende Ehefrau verfügt, macht alles selbst - Rundschnitt, Fasson, Rasur, Warzenentfernung mit Höllenstein - und zwar blitzschnell, so dass es hin und wieder zu kleineren Verletzungen kommt, die in der Regel Kinn, Wange und Hals der Kunden, zuweilen aber, wenn auch selten, die Finger des Meisters betreffen.

In Beiers Salon hat man als Halbwüchsiger stehend zu warten, bis der Meister zu gegebener Zeit, das heißt, wenn keine erwachsenen Kunden mehr vorrätig sind, einen zum Frisierstuhl herübernickt, der von einer an mehreren Stellen aufgeplatzten Kopfstütze überragt wird, und in dem man so tief versinkt, dass man im blättrigen Spiegel über der flachen Waschschüssel keineswegs genau verfolgen kann, was Herr Beier in der Höhe mit Kamm, Schere und geschärftem Messer mit einem anstellt. Natürlich kann man höflich und mit belegter Stimme um Fasson, gemäßigt, trocken bitten - doch der Meister, auch wenn er ein verständnisvolles Grunzen verlautbaren lässt, fabriziert ungerührt stets das, was er selbst für angezeigt hält und als Burschenschnitt bezeichnet, für den er nicht mehr und nicht weniger als einen Fünfzigpfennigschein verlangt und großzügig auf den Trinkgeldgroschen verzichtet - denn der Burschenschnitt wird von Herrn Beier innerhalb weniger Minuten absolviert. Bleiben dem Jungen also unterm Strich, wenn er sich, statt Naumanns Dienste in Anspruch zu nehmen, für Beiers Burschenschnitt entschiede, fünfzig Pfennig und ein Groschen, die er nach bestandener Prozedur in Schletzers Geschäft für Gedrucktes ausgeben könnte...

Der Junge hasst diesen Tag, an dem die Mutter Markstück und Groschen aus der Schürze nestelt, ihn zur Tür drängt. Dann durch die Wohnstube zum Fenster läuft, dem Jungen nachwinkt und ein klein wenig mit dem Finger droht.

Der Junge biegt um den Häuserblock, schlendert die Williamstraße entlang und erreicht viel zu früh die Kesselsdorfer. Spätestens in Höhe des Milchladens wird er sich entscheiden müssen.

Provianthof

Am Nordrand der Stadt, abseits der Bahngeleise, hinter verrotteten Industrieanlagen und Speichern und den Handtuchparzellen der Schrebergärtner, drängt sich der Heller zwischen Junge Heide und Fernstraße. Karg bewachsenes Gelände, Halden, aufgeschüttet aus Trümmerschutt und Abfallstoffen, tiefe Sandgruben, Kuhlen und schwach befestigte Unterstände, auf deren Böden man Patronenhülsen und Papyrossikippen finden kann. Auch Kopeken und Ehrenzeichen aus Schaumgold und noch ganz andere Sachen.

Großmutter hat es mit eigenen Augen gesehen, wie die Frauen des Umsiedlertrecks, der im Provianthof der Hellerkaserne Unterkunft gefunden hatte, sich allen entbehrlichen Gutes entledigten, wie Gruben und Kuhlen sich füllten mit sperrigem Hausrat, Büchern, Ölbildern, Geschirr, mit allem, was schnelleres Fortkommen zu behindern drohte. Denn westwärts zog es die meisten, weg von der Trümmerstadt, über der eine Dunstglocke waberte, weg von den Russen, wenn es schon keine Umkehr mehr gab.

Das liegt weit zurück. Zwölf Jahre und mehr, doppelt so lange wie der Junge auf der Welt ist. Eine Ewigkeit also. Mit eigenen Augen sieht Großmutter gar nichts. Sie hat es lange für sich behalten, so gut es ging, lief morgens im kalten November mit der Kanne zum nahe gelegenen Milchladen und fand nicht zurück die paar Ecken. Der Hauswart brachte das zitternde Bündel bis vor die Wohnungstür und strafte uns, die man noch immer die Flüchtlinge nannte, mit dem verächtlichen Blick des Alteingesessenen.

Seither hat Großmutter die Wohnung nur noch selten verlassen. Sie nutzt im Sommer den Balkon, setzt auch einen Fuß vor die Wohnungstür, wenn der Briefträger klingelt, und manchmal wagt sie sich noch die Treppe hinunter in den Kohlenkeller, um ein paar Briketts in der Schürze nach oben zu tragen. Jetzt ist Sommer. Großmutter sitzt mit durchgedrücktem Rückgrat auf dem Stuhl in der Küche und wartet darauf, dass der Junge aus der Schule kommt. Großmutter kann alte Pullover aufdröseln, Wolle wickeln, geputztes Gemüse schneiden, Einweckgläser mit Obst füllen und ausdauernd singen: Sie beherrscht das Repertoire des Landeshuter Arbeitergesangsvereins, dem ihr Mann vorgestanden hatte, von „Brüder zur Sonne“ bis „O du mein Schlesierland“; und sie kann Geschichten erzählen, die es in sich haben.

Großmutter sagt, sie hat noch den Schimmer, besonders um Mittag. Milch oder Schnee.

Der Junge hat den Schein der Signallampe minutenlang über ihr Gesicht geistern lassen. Rot, Grün, Blau und nacktes Gelb. Großmutter lügt. Sie hat keinen Schimmer.

Wenn der Junge Geschichten von früher hören will, holt er eines der Beutestücke, den braunen Henkeltopf zum Beispiel, aus dem Küchenschrank und drückt ihn der Großmutter in den Schoß.

Mutter straft den braunen Topf durch demonstrativ zur Schau gestellte Nichtachtung. Sie jedenfalls hatte es ihren beiden Kindern und der damals noch recht scharfäugigen Großmutter streng untersagt, in den Sandgruben zu stöbern, sich am Zeug fremder Leute zu bereichern. Für Großmutter aber gab es seit dem frühen Tod ihres Mannes überhaupt nur noch einen in der Familie, auf den sie halbwegs gehört hätte: Schwiegersohn Hermann. Doch der hat Fünfundvierzig weit weg an der Wolga im Lager gesessen, in das man den Rest des aufgeriebenen Strafbataillons kurz vor Kriegsende verbracht hatte. Spät heimgekehrt, war es ihm nicht in den Sinn gekommen, Großmutter der Plünderung zu bezichtigen, ihr Töpfe und verfranste Klammerbeutel, Ballongummischürze, Besteckteile und angeschlagene Teller unter die Nase zu reiben, Dinge, die jetzt durchaus sinnvoll einen Haushalt ergänzten, der fast vollständig aus dem Mobiliar bestand, das die Stadtverwaltung den Umsiedlern überlassen hatte. Da störten ihn schon eher Bücherschrank, Servante und Rauchtisch.

Großmutters Geschichten, von denen der Junge nie genug bekommen kann, kennen weder Anfang noch Schluss, sind einfach und verworren zugleich. Sie erinnern an Streiche und kindliche Katastrophen, in deren Mittelpunkt die großen Geschwister des Jungen stehen, Bruder und Schwester, längst aus dem Haus.

Streiche und Katastrophen. Die ganze weitläufige Verwandtschaft, die sich nur an Geburtstagen und zum Weihnachtsfest mit Kartengrüßen - Päckchen hatte sich der Vater, der kein Bettler sein will, verbeten - aus Westfalen und dem Sauerland meldete, wohin es den vom Heller aus weiterziehenden Treck verschlagen hatte, wurde von Großmutter ins rechte Licht gerückt.

Aus ihrem Munde erfährt der Junge von der reichen Breslauer Blase, die einen winzigen Butterladen ihr Eigen genannt hatte, von der armen, sehr schönen Tante Liesbeth, deren beherzter Todessprung aus dem Fenster des zweiten Stockwerkes - ein Marodeur hatte sie bis in das Haus verfolgt - dem Jungen öfter als zuträglich im Traum erscheint. Er lernt die Sippschaft aus Peterswaldau verachten, im Besonderen Ludwig, das jämmerliche Familienoberhaupt, dem in unruhiger Zeit nichts

Besseres eingefallen war, als Türen und Fenster mit Brettern und Pappe zu vernageln und bibbernd unter den Küchentisch zu kriechen. Dass dieses Ereignis aus dritter Hand überliefert war und sich vor doch sehr langer Zeit, nämlich während der Weberunruhen des Jahres 1844 abgespielt haben sollte, focht die Großmutter in ihrem einmal gefällten Urteil nicht an. Edelmut geht, garstig bleibt immer.

Selten nur ist vom Vater die Rede, von polizeilicher Festnahme und Hausdurchsuchung, vom Versteck im Kaninchenstall, von den allsonntäglichen Besuchen der Mutter im Zuchthaus Brieg. Sechs Jahre lang.

Familienstreitigkeiten aber, Inflation, Hochwasser und strenge Winter tauchen in den Geschichten der Großmutter regelmäßig auf, geradeso wie die Untaten des Massenmörders von der Leine, auf die sie, ausgesprochen freudig erregt, immer wieder zu sprechen kommt. Ja, schamlos gibt die alte Frau auch das als am eigenen Leibe erfahren aus, was offensichtlich verblichenen Zeitungen und Bänkelliedern entlehnt war. Und mit verbohrter Boshaftigkeit, die der Junge heimtückisch zu fördern weiß, kehren ihre Erinnerungen immer dann, wenn die Mutter in Hörweite hantiert, zurück zu den praktischen und geheimnisvollen Dingen, die aus den Sandgruben hinter dem Provianthof zu bergen ihr leider nicht mehr vergönnt gewesen war, weil Mutter in ihrer dämlichen Ehrlichkeit jede Hilfe verweigert hatte.

Großmutter hat es dem Jungen in die Hand versprochen. Wenn sie die Operation gut übersteht, wenn sie wenigstens auf dem Auge wieder sehen kann, das ihr mittags den hellen Schimmer verschafft, dann werden sie sich auf den Weg machen. An einem der Wochenenden womöglich, an dem die Eltern zum Ziegelputzen in die zerstörte Innenstadt fahren.

Der Junge aber hat Mutter und Nachbarin im Treppenhaus belauscht und sich zusammengereimt, dass es keine Operation geben wird. Großmutter ist zu alt, hat der Doktor entschieden. Man muss es ihr schonend beibringen.

Also wird er allein losziehen müssen. Oder besser mit Harald, der die vierte Klasse bereits zum zweiten Mal absolviert. Mit Buntstiften haben sie einen Lageplan gemalt, auf dem der Heller wie eine sandige Insel mit Halden, Gruben und Kuhlen prangt, darauf das Barackengeviert, Schlagbaum und Schilderhaus, von Menschen verlassen.

Überhaupt ist es besser, wenn Großmutter nichts von dem Ausflug erfährt. Denn sie ahnt nicht, was den Jungen wirklich zum sandigen Hinterland des Provianthofes zieht. Über Uhren, Bilder, Porzellanfiguren hat er nur ihretwegen gestaunt. Er selbst hat es auf die schwach befestigten Unterstände abgesehen, in denen unzählige Patronenhülsen zu finden sind.

Für Hülsen, die man zum Basteln von Knallkörpern verwenden kann, zahlt der lange Silbermann aus dem Haus gegenüber, der ungekrönte Straßenkönig, mit echt amerikanischem Kaugummi. Der Junge war dabei gewesen, als Silbermann mehrere nach Minze duftende Gummistreifen gegen eine Handvoll verkrusteter Hülsen tauschte, die der ewig grinsende Fredi mit seinen dicken Fingern aus dem Schlierwasser des Schweinegrabens gebaggert hatte.

Für scharfe Geschosse, auch die sollen sich ab und zu finden lassen, hat Silbermann gar den vollständigen Inhalt eines Westpakets in Aussicht gestellt: Seife, Zigaretten, nahtlose Strümpfe, Zuckerstangen, Kaffee und Maggiwürfel. Zwar weiß der Junge weder, wo er das Paket vor den Eltern verstecken, noch, was er mit nahtlosen Strümpfen, Kaffee oder gar Seife beginnen soll. Doch die Maßlosigkeit des Angebotes hatte ihn dermaßen überzeugt, dass er sich um jeden Preis auf Hülsensuche begeben musste. Mit Harald. Wem sonst.

Wochen später, als alle notwendigen Vorbereitungen getroffen waren, als die abgesparten Groschen endlich für Straßenbahnfahrkarten reichten und einer der Sonntage nahte, den die Eltern beim Ziegelputzen verbringen wollten, hatte sich die Sache von selbst erledigt. Der lange Silbermann war spurlos verschwunden. Nach drüben zu seinem Vater, meinten die einen. Zur Fremdenlegion, war Harald überzeugt. Nach Amerika, orakelte die Großmutter und musste nicht allzu lange in ihren Erinnerungen kramen, bis sie die dazu passende Geschichte gefunden hatte, für deren Wahrhaftigkeit sie mit ihrem Augenlicht bürgte.

GÜNTER KLIEME

Das verhängnisvolle Komma

Es war an einem heißen Frühsommertag Mitte der siebziger Jahre. „Erscheinen Pflicht“ stand wie immer unverhüllt drohend unter der Einladung der Dresdner Ingenieurhochschule zu einer jener turnusmäßigen „Agitationsveranstaltungen“, im Volksmund schlicht „Rotlichtbestrahlungen“ genannt. Da saßen nun alle „Kollechinnen und Kollechen“ sowie die Genossen der Staatspartei im großen Hörsaal, vertrödelten kostbare Lebenszeit, die jeder lieber auf andere, sinnvollere Weise verbracht hätte. Monoton in einem fort spulte der Vortragende (denn ein wirklicher Redner war er nicht) seinen Text ab, geradezu ängstlich darauf bedacht, sein linientreues Typoskript auch ja wortwörtlich darzubieten. Wie es sich eben für einen hochkarätigen Funktionär geziemte: nur keine Experimente, nur keinerlei Abweichungen...

Deshalb war es inhaltlich die längst bekannte Leier, die Vorzüge der strahlenden Sonnenseite im Osten gegenüber den Schattenseiten des Gesellschaftssystems „drüben". (Bei letzterem hätte es sich vielleicht gelohnt, kritisch zuzuhören; aber wer wusste das damals schon?)

So vertieft schien der gut sächsisch sprechende Parteimann in seine Leseaufgabe, dass er nicht bemerken konnte oder wollte, wie die im Saale Anwesenden allmählich vom (Sitzungs-)Schlaf übermannt wurden. Dennoch hätte keiner offen zeigen dürfen oder wollen, wie umflort sein Kopf schon war.

Plötzlich schreckten alle hoch: Kaum zu glauben, da hatte doch einer aus vollem Halse gelacht! Auch die stets einsatzbereiten informellen Aufpasser, sorgfältig im Publikum verteilt, waren mit einem Schlage wieder hellwach. Mit Argusaugen hatten sie den frechen Verhöhner der dargebotenen ewigen Wahrheiten erspäht und warteten nur auf das Ende der verbalen Berieselung, um den Unbotmäßigen dingfest zu machen.

Schließlich in einen Nebenraum hineingedrängt, fand das hochnotpeinliche Verhör statt. „Wir lassen uns nicht provozieren", belferte der zuständige Parteisekretär los, „und schon gar nicht von einem Klassenfeind. Von solchen Elementen werden wir uns trennen, und zwar sofort. Bei unserer Partei, da gibt es nichts zu lachen." (Wie wahr!)

Der Gewerkschaftsvorsitzende, selbst ein angestammter Dresdner, lebenserfahren und weitaus klüger als der fanatische junge Parteimann, versuchte einzulenken: „Kollege, warum haben Sie denn vorhin gelacht?" Umstanden vom Femegericht der lauernden Apparatschiks gab der Befragte ruhig Auskunft. „Der führende Herr Genosse hat vorhin das Satzzeichen mitgelesen. Er sagte: '...das lehrt uns *Komma*, dass der Gegner...'"

Ringsum total versteinerte Mienen, darauf der also getadelte Vortragende: „Ich verbitte mir diese verleumderische Provokation; zum Hohngelächter nun auch noch eine solch infame persönliche Beleidigung. Das hat politische Konsequenzen!"

Wiederum legt sich der Gewerkschaftsmann ins Mittel: „Wie ich gesehen habe, standen auf dem Rednerpult zwei Mikrofone, das eine wohl für die Saalbeschallung, das andere vielleicht für eine Tonbandaufzeichnung?" Einer der sofort gerufenen Techniker der Hochschule eilt mit einem tragbaren Tonbandgerät herbei. Und nach einigem Vor-

und Zurückspulen findet sich die bewusste Stelle. Die Femerichter müssen wohl oder übel das fatale Wörtchen Komma mithören, einwandfrei technisch dokumentiert. Aber wer würde nun etwa zu lachen wagen angesichts des noch immer hochroten Vortragenden, der aber weiß nur hervorzustammeln: „Früher als Lehrer hier in Dresden habe ich im Unterricht beim Diktieren die Satzzeichen immer mit angesagt."

Erleichtert macht sich der Lacher davon, innerlich triumphierend, war er doch offenbar der Einzige unter den mehr als hundert Schläfern im großen Hörsaal gewesen, der - wohl zufällig - gerade einmal zugehört hatte... Und als Lehre aus der Affäre nimmt er mit: Immer schön wachsam sein, vor allem gegenüber einem politischen System, das uns total einschläfern will. Spöttisch lachend überwinden, wer und was uns bedrückt.

HOLGER OERTEL

Selbst in der Südvorstadt

Auch mich treibt es zuweilen dahin zurück, wo alles begann. Dazu muss ich nicht, wie etwa der werte Herr Blobel, einen großen Teich überwinden, sondern: Brauche nur ganz bequem mit der Elektrischen über den Fluss zu rutschen, und schon bin ich dort. Dann bin ich überelbsch, wie einige meiner Freunde alles nennen, was der Altstädter Seite Glanz und Elend verleiht: sächsische Hochkultur, bürgerliche Mehrheit und freistaatliches Parlament.

Doch treibt es mich weiter - in die Südvorstadt. Auch dort liegen, persönlich betrachtet, Glanz und Elend dicht beieinander. Der Schulhort zum Beispiel, in dem ich mich durchaus unglücklich in meine Erzieherin verliebte, steht zum Verkauf. Müsste man sofort die Verteidigung der Kindheit starten und den Kasten kaufen, hieße man Martin Walser oder wenigstens Alfred Dorn. Da man aber so nicht heißt, lässt man Hort Hort sein. Denn zwei Straßen weiter steht die Schule, und an der ist neuerdings ein blau-weißes Schild mit der Aufschrift „Denkmal" befestigt.

Also denken wir mal. Zum Beispiel an den Satz „Die Länge Ihrer Haare, Oertel, verhält sich umgekehrt proportional zu Ihren Kenntnissen in den naturwissenschaftlichen Fächern!" Dem konnte ich nichts entgegenhalten, nicht einmal die Definition von der historischen Mission der Arbeiterklasse. Da hätte man schon die Studenten mit den Kim-Il-Sung-Stickern fragen müssen, die in einem Block an der Juri-Gagarin-

Straße wohnten, weswegen die Wiese auf der anderen Straßenseite inoffiziell Korea-Wiese hieß. Auf ihr spielten wir Fußball, als wir alle noch Fußballer werden wollten. Später, als wir alle Fernfahrer werden wollten, näherten wir uns schüchtern den hier parkenden Transitlastern und bekamen klassenfeindliche Kleinmünzen geschenkt. Einmal lauerte uns der ABV auf, ein ebenso dicker wie cholerischer Mann, der auf seiner jämmerlichen blauen ABVer-Schwalbe mit der Miene eines Eroberers durch Straßen patrouillierte, deren Namen fast alle bayrischen Metropolen auflisteten. Die Drachmen und Öre mussten wir ihm aushändigen, dann knatterte er über den Nürnberger Platz Richtung Münchner Straße davon. Nicht, ohne uns theatralisch verwarnt zu haben.

Die Bedeutung der Juri-Gagarin-Straße erhöhte sich noch, als sie einmal von einer Kolonne großer schwarzer Wagen befahren wurde; im größten saß Erich Honecker mit einem sowjetischen Kosmonauten und winkte den Werktätigen der Südvorstadt zu. Wenn ich mich recht erinnere, dann war E. H. auf dem Weg zur Technischen Universität, vielleicht gab es für ihn einen Doktor honoris causa - wie viele Jahre später für Martin Walser. Aber dies gehört eigentlich nicht hierher, wohl aber die Zeilen aus einem Text des Dichters Lutz Seiler: „wir hatten gagarin, wir hatten kein glück."

ROLF KROKER

Hauptwohnsitz Berlin?

Eines schönen Tages, als der Sozialismus den Kapitalismus schon überholt hatte, ohne ihn eingeholt zu haben - ich wohnte damals auf der Schäferstraße, wo man solche Erscheinungen gut beobachten konnte - ergriff mich die Idee, anstelle eines „Trabant" ein richtiges Auto aus dem Nichtsozialistischen Wirtschaftsgebiet (NSW) zu bestellen. Ich hatte nämlich beobachtet, dass die bis dato eingeführten Fahrzeuge - VW Golf, Citroën und Peugeot - „im Prinzip" nur an Berliner Bürger abgegeben wurden, wollte aber probieren, ob nicht auch ein Dresdner in den Genuss eines Viertakters aus dem NSW gelangen könne. „Im Prinzip" ließ ja ein Hintertürchen offen. Ich verfiel aus zwei Gründen auf ein japanisches Modell. Erstens wuchsen auf der Bachstraße, wo ich meinen Freund Heinz des Öfteren besuchte, Ginkgo-Bäume, deren Blätter von großer Schönheit waren, so dass man hoffen durfte, die Designer aus dem fernen Nippon waren auf der Höhe ihrer Kunst und ästhetisch an der Natur geschult, und zweitens weilte unser Staatsratsvorsitzender gerade im Lande des Tenno. Ich schrieb an Honecker, Erich: „Sehr geehrter Herr Staatsratsvorsitzender! Dank Ihrer weitsichtigen Politik im Dienste des Sozialismus, des Friedens und der Völkerfreundschaft... usw. usf.“- mit Politikern muss man so reden - sei es ihm schließlich doch gelungen, den Boykott der westlichen Autokonzerne zu durchbrechen, und ich könne nun wohl hoffen, dass nicht nur die hauptstädtischen Berliner, sondern auch die bezirksstädtischen Dresdner, vertreten durch meine werte Person, in den Besitz - „Genuss“ hatte ich mir verkniffen - eines NSW-Imports aus Japan gelangen könnten.

Meine Freunde lachten öffentlich, staunten aber heimlich über meine Kühnheit. Dann kam die Antwort aus Berlin, ein Zwischenbescheid, in dem man mir mitteilte, dass nur an Bürger mit Hauptwohnsitz in Berlin (nach langjähriger Bestellung!) der Mazda 323 ausgeliefert wird. Die Begründung: Die PKW Mazda werden zur Ausgestaltung des Stadtbildes der Hauptstadt der Deutschen Demokratischen Republik nur an Berliner Bürger verkauft. Nach einem zweiten schriftlichen Versuch kam die endgültige Antwort, dass keine andere Entscheidung möglich ist und meine Eingabe damit als erledigt zu betrachten sei.

Bald darauf tauchten auch im Dresdner Stadtbild Mazda 323 auf. Welch ein Wunder! Sie gehörten Bürgern mit Hauptwohnsitz in der Elbestadt. Zugegeben: besonderen Bürgern. Und „im Prinzip“ gehörten sie sogar zur Arbeiterklasse, das heißt, sie wurden dort mitgezählt, konkret aber bevölkerten sie die Funktionärskaste und standen im höheren Polizei- und Stasi-Dienst. Aber mir gefielen diese Posten so richtig nicht; und deswegen bin ich weiter Trabant gefahren. So schlecht war die Pappe ja nun auch wieder nicht!

Rudolf Roch

Die Widrigkeiten eines Umzug

Mitte der 70er Jahre hatte die Dresdner SED-Führung ein handfestes Problem. Eine westdeutsche Zeitung hatte sich darüber mokiert, dass das Stadtzentrum über ein Vierteljahrhundert nach Kriegsende noch immer einer Ruinenlandschaft glich. In Höhe des ehemaligen Wettiner Bahnhofes könne man von der Eisenbahn aus bis zum Zwinger schauen, spottete das Blatt.

Also beschlossen die Genossen, Abhilfe zu schaffen. Sie beabsichtigten aber nicht etwa, die Ruinen und Baracken in der Nähe des damaligen FDGB-Gebäudes abzureißen, nein, ein großer Verwaltungs-Neubaublock sollte errichtet werden und den Reisenden künftig den Blick versperren.

Bauherr war der VEB Energiebau, in dessen Besitz auch die Laurinstraße 3 überging. Auf diesem Grundstück aber war unsere Kunst- und Bauschlosserei seit 1952 ansässig. Nun sollten wir raus. Aber wohin? Der Stadtbezirk fand trotz langen Suchens kein geeignetes Ausweichgrundstück für uns. Rausschmeißen aber konnten sie uns auch nicht so einfach, denn wir hatten einen wichtigen Exportauftrag für Ungarn zu erfüllen und darüber hinaus ein volles Auftragsbuch für die Semperoper, die gerade wieder aufgebaut wurde.

Der VEB Energiebau bot uns - und der ebenfalls von der Zwangsräumung betroffenen Autosattlerei Gutzschke - schließlich einen geplanten Neubau in der Nähe des Cottaer Rathauses an. Uns wurde ein Bauplan vorgelegt, in den wir Änderungswünsche und Elektroanschlüsse einzeichneten. Plötzlich aber beanspruchte die Kommunale Wohnungsverwaltung Dresden-West das Gebäude für sich. Deshalb sollten wir in ihren ehemaligen Bauhof an die Wendel-Hipler-Straße in Naußlitz ziehen. Also sah ich mir dieses Gelände an. Größenmäßig reichte es, aber es fehlte an Gebäudesubstanz. Man versprach mir, alles zu richten.

Im Frühjahr 1978 begannen die Ausbauarbeiten. Sie gingen schleppend voran. Die erste Truppe hockte jedes Mal im Bauwagen, wenn ich kontrollieren kam. Da habe ich beim Stadtbezirk auf der Friedrichstraße Dampf gemacht, woraufhin andere geschickt wurden. Dann sollte ein Schauer gebaut werden. Damit beauftragte der Stadtbezirk eine Feierabendbrigade aus Gröditz. Die setzten mir dann einen Schauer aus 15 bis 20 Meter langen Stahlrohren hin. Wenn ich daran rüttelte, schwankte das Ganze. Die Bauaufsicht schüttelte nur den Kopf: „Das nehmen wir nicht ab, das müsst ihr wieder abreißen." Also haben wir den Bau mit dem Schweißbrenner weggebrannt. Dabei stellte sich heraus, dass die Rohre voll Wasser standen. Die Stangen waren so zusammengeschweißt worden, dass Löcher blieben, in die Wasser gelaufen war.

Als die Anwohner sahen, dass wir alles wieder wegrissen, beschwerten sie sich: Was da los wäre? Der Stadtbezirk machte daraufhin einen neuen Plan. Die Rohre sollten ummantelt werden. Die Säulen wären dann so breit geworden, dass ich nicht einmal ein Auto hätte dazwischen stellen können. Also schrieb ich einen geharnischten Brief, ob sie nicht mal einen anständigen Schauer projektieren könnten. Das hat geholfen.

So zog sich das hin. Wir produzierten derweil am alten Standort weiter. Aber im August 1979 hieß es: Der Neubau muss vorangehen, ihr müsst raus! Wenn nicht, wird zwangsgeräumt! Was sollte aber aus meinen Leuten werden? Arbeitslose durfte es in der DDR ja nicht geben. Also wurde vereinbart, dass die Belegschaft und ich den Durchschnittslohn der letzten fünf Jahre von der Stadt erhalten.

Am 1. April 1980 wurde der Betrieb geschlossen, die Maschinen in einem Schuppen eingelagert. Der musste sicher verschlossen werden. Also wollte der Stadtbezirk Holz besorgen. Aber es gab keines. Schließlich haben sie einem Tischler die letzten Bretter requiriert. Dann war für uns Schluss auf der Laurinstraße.

Inzwischen ging es auf der Wendel-Hipler-Straße voran. Nur wie! Es gab kein Geld, kein Material, keine Bilanz. Es fehlten Ziegel, Bauholz, Arbeitskräfte und ein Heizkessel. Das Dach musste neu gedeckt werden, aber es fehlte die Dachpappe. Eines Tages kam der Bauleiter ganz stolz zu mir. Er habe aluminierte Dachpappe. Die Zehn-Meter-Rolle für 80 Mark, innen Alu und außen Teer. Die haben sie in den Sommermonaten auf das Dach gezogen. Ich setzte inzwischen die Werkbänke in die Räume. Bei einer Inspektion sah ich überall auf dem Blech Rostflecke. Es regnete rein. Auf dem Dach waren lauter Blasen. Ein Spezialist wurde herbeigerufen. Der stellte fest, dass sich das Alu mit dem Teer nicht verträgt. Das ganze Zeug musste wieder heruntergerissen werden. Dann trieben sie richtige Dachpappe auf. Aber die Heizung fehlte noch immer.

Im Sommer 1981 brannte schließlich die Luft. Es lag eine Beschwerde vom Außenhandel vor. Denn wir hatten den Exportauftrag für Ungarn, eine Papierhängevorrichtung, storniert. Wie sollte ich das Ding auch ohne Werkstatt bauen? Und der Bauleiter von der Semperoper tobte. Für den sollte ich Treppengeländer bauen. Aber wie? Inzwischen hing SED-Bezirkschef Modrow mit drin, beschäftigte das Problem „Roch" doch nun auch Berlin. Eine Baubesprechung mit Stadtbezirksrat, Bauleiter, Innungsobermeister usw. wurde anberaumt. Sie beschworen mich, in den Rohbau einzuziehen und mit der Produktion zu beginnen. Spätestens im September sei die Heizung eingebaut und alles in Ordnung. „Wissen Sie", sagte ich, „was heute schwarz ist, ist morgen weiß; was Sie heute sagen, weiß morgen keiner. Ich fange nicht eher an, bis die Heizung funktioniert. Mein letztes Wort." Hinterher griente mich der vom Energiebau an: „Das hast du fein gemacht, die brauchen Druck."

Die Genossen haben gekurbelt und der Staatsbank einen großen Heizkessel weggenommen. Dann wurde die Heizung projektiert: von Studenten! Die kamen am Wochenende auf das Grundstück, aber da war keiner da. Also haben sie die Heizung so geplant - von außen!

Inzwischen war es kalt geworden. Elektriker und Heizungsmonteur weigerten sich, in der Kälte zu arbeiten. Über die Stadt wurde ein Heizlüfter organisiert. Aber das Ding ging nur mit Diesel. Wo kriege ich Diesel her? Ich rief im Rathaus an. Die haben gewirbelt. Letztlich war der Diesel da, und die Warmluft wurde reingeblasen. Jetzt hatten wir zwar die Heizung, aber keine Umwälzpumpen. Die, welche die Stadt besorgt hatte, eigneten sich nicht für heißes Wasser. Der Bauleiter sagte: „Pass auf, es gibt für die DDR einen Havariedienst, der sitzt in Magdeburg, die haben alles.“ Aber die Magdeburger rückten nichts raus. Schließlich habe ich über unsere Einkaufs- und Liefergenossenschaft Schloma zwei Pumpen gekriegt. Die wurden angeschlossen. Der Umzug ging vonstatten, und wir konnten Mitte Dezember 1981 nach 20 Monaten Betriebsruhe wieder arbeiten!

Die Landschaft hinter dem Energiebau-Block hat sich übrigens in zehn Nachwendejahren nur wenig verändert. Aber der Neubaublock von damals soll jetzt abgerissen werden.

„Hier Sonderbaustab Berlin!“

Als Bau- und Kunstschlosserei wurden wir immer gerufen, wenn knifflige Aufgaben zu lösen waren. Es fehlte ja immer an allem. So bastelten wir aus handelsüblichen Fahrradschlössern Sicherheitsverschlüsse für die Glasvitrinen im Grünen Gewölbe, fertigten eine verstellbare Klavierbank für den Kulturpalast und stellten Notenpulte in verchromter Ausführung für verschiedene Orchester und Theater her: für den Kulturpalast Dresden, die Staatsoper Berlin, die Leipziger Volksbühne und auch für die Schauspielerin Helene Weigel.

Eines Tages erreichte mich ein Anruf aus Berlin: „Wir bauen den Palast der Republik und benötigen 250 Notenpulte.“ - „Oh Gott“, sagte ich, „das dauert aber.“ Doch der Anrufer wischte alle Bedenken vom Tisch. In drei Monaten müsse alles fertig sein. „So schnell kriege ich gar kein Material“, wehrte ich ab. Ich erzählte dem Mann, dass ich erst vor ein paar Tagen in Görlitz angerufen hätte, weil ich noch Plastikkugeln für die Füße der Notenständer benötigte. „Nitschewo“, hieß es dort. Sie könnten nichts mehr liefern, weil sie nichts mehr hätten. Aber der Berliner war sich seiner Sache ganz sicher. Das Material werde schon kommen. „Passen Sie auf“, sagte er, „wir machen Folgendes: Sie gehen Ihrer Arbeit nach, und ich schicke Ihnen eine Frau, die setzt sich an Ihren Schreibtisch und wird alles andere regeln."

So lief das dann auch. Ich hatte wirklich erst zwei Tage zuvor wegen der Kugeln mit Görlitz telefoniert und keinen Erfolg gehabt. Jetzt kam die Frau, setzte sich hin und wollte meine Wünsche hören. Wie viele Plastikkugeln ich denn für 250 Notenständer benötige? Außerdem fehlten Gewindestäbe, kleine Kugeln für die Griffe usw. All das habe ich aufgeschrieben und war gespannt. Sie griff zum Hörer und sagte: „Hier Sonderbaustab Berlin, Bauleitung Palast der Republik. Wir benötigen sofort..."

Kaum zu glauben, aber das Geforderte war am nächsten Tag da. Man konnte mithören, wie die Leute am anderen Leitungsende umkippten: „Aber selbstverständlich. Sofort."

Jetzt standen mir die Haare zu Berge. Ich musste ja alles stehen und liegen lassen, um die Dinger zu bauen. Zum Verchromen hatten die SED-Bosse extra in Weimar eine Fabrik gebaut. Die verchromte alles, was für den Palast bestimmt war. Dorthin musste ich die einzelnen Teile fahren. Dabei habe ich mir meinen alten Škoda ruiniert. Die Drehteile lieferte ein Mechaniker aus Laubegast zu. Der fertigte mir die Gewindestücke. Dieser Mann hatte seit langer Zeit ein Telefon beantragt, aber keines erhalten. „Ich kann mit dem nicht verhandeln, er hat ja kein Telefon", sagte ich zu der Frau aus Berlin. Prompt bekam er seinen Anschluss. Dummerweise habe ich kein neues Auto für mich angefordert. Hätte die Frau bestimmt auch beschafft. Dabei ist mein Škoda wirklich bei der ganzen Fahrerei kaputtgegangen. Ich bin doch x-mal nach Weimar gefahren und zurück. Und die Dinger waren ja schwer. Einmal wollte ich unbedingt meine Frau mitnehmen. Warum denn, fragte sie. Das habe ich ihr allerdings erst hinterher gesagt. Ich hatte nämlich Angst, das Auto gehe kaputt und ich müsse es unterwegs allein stehen lassen.

Das Einzige, was die Frau vom Palast nicht organisieren konnte, waren die richtigen Stellschrauben, und so habe ich am Ende Rändelschrauben verwendet. Zur Einweihung des Hauses mochten die genügen. Als alles fertig war, kam ein riesengroßer Lkw vorgefahren. In den wurden die fertig montierten Notenpulte eingepackt. Die verloren sich fast darin. Ich möchte nicht wissen, wie die bei der Ankunft aussahen...

Von der Dame aus Berlin habe ich nie wieder etwas gehört. Aber gebraucht hätte ich sie noch oft. Ich selber habe mich nicht getraut, bei Engpässen zu sagen: „Hier Sonderbaustab Berlin." Obwohl, den Tonfall hätte ich draufgehabt. Den habe ich heute noch im Ohr.

Hans John
Vopo - Freund und Helfer

Es war in den 70er Jahren. In Begleitung meines Vaters fuhr ich mit meinem „Trabant“ nach Moritzburg. Wir wollten in der „Waldschänke“ Kaffee trinken. Als ich kurz nach dem Ortseingangsschild die Kleinbahngleise überquerte - Tempo 30 war damals vorgeschrieben, ich aber war beträchtlich schneller -, schoss aus einer Hecke an der nächsten Querstraße ein Verkehrspolizist auf seinem Dienstmotorrad hinter mir vor und heftete sich an meine Rücklichter. Unverzüglich befleißigte ich mich einer vorschriftsmäßigen Fahrweise und hielt die ortsübliche Höchstgeschwindigkeit strikt ein. Der motorisierte Ordnungshüter wich mir jedoch nicht von der Heckscheibe. Langsam wurde ich nervös. Mir schwante nichts Gutes. Am Schloss bog ich in Richtung Waldschänke nach rechts ein. Vor der Kurve befand sich damals ein Hinweisschild „Achtung, Fußgänger“. Da zwei Senioren im Moment meines Herannahens den Übergang überqueren wollten, hielt ich an, winkte den Herren aufmunternd zu und ließ sie passieren. Der Volkspolizist blieb hinter mir.

Nach ungefähr 300 Metern fuhr ich auf den Parkplatz, um den mir lästig gewordenen „Freund und Helfer“ loszuwerden. Doch das Befürchtete geschah. Kaum hatte ich geparkt, stellte sich der Ordnungshüter mit seinem Motorrad neben mich und forderte mich, nachdem er mir seinen Namen und Dienstgrad genannt hatte, mit etwas bedrohlicher Stimme auf: „Bitte Ihre Fahrerlaubnis, Ihren Personalausweis und Ihre Teilnahmebescheinigung an der betrieblichen Verkehrsschulung.“ Mir blieb nur übrig, ihm zwei der geforderten Dokumente auszuhändigen und kleinlaut zuzugeben, dass ich bislang an der Betriebsschulung nicht teilgenommen hatte. Daraufhin geschah das Unglaubliche:

Der gestrenge Vopo-Mann nahm Haltung an und verkündete mir: „Bürger John! Ich belobige Sie wegen vorbildlichen Verhaltens im Straßenverkehr. Sie haben an der Abbiegung die älteren Bürger passieren lassen. Ich werde Ihrem Betrieb den Vorgang mitteilen und Ihrem Leiter nahe legen, Sie öffentlich zu belobigen.“ Dann wurde der gestrenge Ordnungshüter um einiges verbindlicher, notierte sich meinen Namen, die Adresse und die Anschrift der Dienststelle. Schließlich sagte er: „Sie sind laut Ausweis Doktor und heißen mit Vornamen Philipp (in meinem damaligen Personalausweis stand: Dr. sc. phil. Hans J.). Nun verraten Sie mir noch Folgendes: Wie lautet Ihr zweiter Vorname? Im Ausweis ist er mit sc. abgekürzt." Ich klärte den Genossen Volkspolizisten auf.

Auf den Eingang seines Schreibens warte ich jedoch bis zum heutigen Tag. Möglicherweise hat die Post der DDR die Sache verschlampt. Oder, was wahrscheinlicher ist, der wackere Ordnungshüter hatte gewisse Schwierigkeiten, sein Vorhaben in eine polizeiwürdige Schriftform zu bringen.

KARL-HEINZ CHEMNITZ

Mit Dynamo nach „drüben"

Im Herbst 1973 saßen etwa 1 000 DDR-Bürger, überwiegend Dresdner, im Münchner Olympiastadion. Was wollten sie dort? Und vor allem: Wie waren sie dort hingekommen? Zwischen Sachsen und Bayern zog sich um diese Zeit ein breiter Grenzstreifen, militärisch streng bewacht und mit Stacheldraht versehen. Hatten die 1 000 die „Mauer" etwa überwunden? Nun - in gewisser Weise schon. Und die „gewisse Weise" hat ihre Geschichte.

In den rund 40 Jahren, die die DDR existierte, galt dem Fußballsport die besondere Aufmerksamkeit von „Partei und Regierung". Auch bzw. gerade in dieser populären Disziplin wollte man internationales Ansehen erringen. Und in diesem Kalkül spielte der achtfache DDR-Meister und sechsfache Pokalsieger Dynamo Dresden eine bedeutende Rolle. Die Mannschaft hatte in den 70er Jahren viele internationale Auftritte, in denen die „Dynamos" schon mal über sich hinauswuchsen, wahre Fußballkrimis boten und ihre Gegner schier zum Verzweifeln brachten. Und 1973 kam es zur ersten deutsch-deutschen Europapokal-Begegnung - mit dem FC Bayern. In München!

Probleme hatte die DDR-Führung weniger mit der Mannschaft als mit den Schlachtenbummlern. Und so kam man auf die Idee, für die Auswärtsspiele des DDR-Spitzenklubs eine begrenzte Auswahl von Fußballfans kurzfristig „raus zu lassen". Für München waren 1 000 vorgesehen. Natürlich waren derartige „Auslandsreisen" mit politischem Risiko und hohem personellen Aufwand verbunden. Die Schäfchen sollten ja möglichst 100%ig zurückkehren.

Partei und Staat mussten bei der Auswahl der Reisekandidaten also äußerst sorgfältig vorgehen. Der Vorschlag erfolgte zunächst durch den Arbeit gebenden Betrieb. Danach wurde das häusliche Umfeld heimlich nach gesicherten familiären Bindungen, Lebens- und Eheverhältnissen durchforstet, das politische Verhalten der Kinder in der Schule überprüft, und erst danach stand fest, wer in die engere Auswahl gelangt war.

Vor Antritt der Reise wurden die Kandidaten prophylaktisch mehrstündig auf ihre Mission vorbereitet. Schließlich konnte ihnen im „bösen Westen“ allerhand widerfahren, und es erschien wichtig zu erläutern, mit wem man über was sprechen dürfe (am besten mit niemandem über gar nichts), wie man sich wo gerade so und nicht anders zu verhalten habe. Der Klassenfeind lauerte, wie allgemein bekannt, überall und schlief nie!

Hier ein Ausschnitt aus dem Dialog zu einer Unterweisung: „Dürfen wir im Stadion mal allein auf die Toilette gehen?“ - „Na klar, aber passt auf! Wenn ihr in der Kabine nach der Kette zum Runterspülen sucht, die gibt es dort nicht. Das funktioniert alles per Lichtschranken. Und da guckt ihr gefälligst nicht staunend hinterher, sondern geht erleichtert von dannen und tut so, als hätten wir das bei uns schon lange...“

Endlich war es so weit. Am späten Abend des 23. Oktober setzte sich unser Sonderzug gen München in Bewegung. Nachts hin, nachts zurück, ein Tag Aufenthalt in „Feindesland“, uns standen anstrengende Stunden bevor. Doch wir fürchteten nichts; schließlich war jeder von uns mit einem extra für diesen „Vorstoß“ ausgestellten „Reisepass der Deutschen Demokratischen Republik“, zehn Westmark Taschengeld und „ideologischem Rüstzeug“ gewappnet worden. Am darauf folgenden Vormittag rollten wir auf dem Münchner Hauptbahnhof ein. Wir schwenkten die schwarz-gelben Dynamofahnen und überschwemmten den Bahnsteig. Die Westpresse, die mit Schlachtenbummlern - aus nahe liegenden Gründen - nicht gerechnet hatte, wollte Interviews. Wir lehnten großzügig ab. Begrüßt und betreut wurden wir von den „Genossen der KPD“. Als ich die Auslagen in einem Kaufhaus betrachtete, gingen mir die Augen über. Aber was sollte ich mit meinen paar Westgroschen anfangen? Beim Aufsuchen einer Toilette kam mir der obige Dialog wieder in den Sinn, und ich musste herzlich lachen: Beim Händewaschen hatte ich doch wirklich Schwierigkeiten mit dem Bedienen der Mischbatterie! So ein Ding hatte ich noch nie gesehen. Aber ich ging natürlich „erleichtert“ und erhobenen Hauptes von dannen!

Im voll besetzten Olympiastadion (55 000 Zuschauer!) fiel bereits nach 13 Minuten das erste Tor - für Dresden. Torschütze: Sachse. Die Sachsen brüllten, dass die Tribüne wackelte. Wir führten gegen den haushohen Favoriten! Auch in der Halbzeitpause lagen die Dresdner vorn: 3:2. Erst nach dem Wechsel ließen Dynamos Kräfte nach. In den Reihen des Gegners standen immerhin sechs Nationalspieler (u.a. Maier, Beckenbauer, Hoeneß und Müller). Die Bayern siegten schließlich noch mit 4:3. Aber es war ein großes Spiel, nicht zuletzt dank unserer Mannschaft, die vor dem berühmten Kontrahenten keinerlei Respekt gezeigt hatte. Das heimische Publikum kam aus dem Staunen nicht heraus.

Nach Spielschluss wurden wir, abgekämpft und müde, direkt zurück zum Zug geführt, der jetzt unmittelbar neben dem Stadion auf dem Olympiabahnhof bereitstand. Beim Durchzählen wurde es dann zur Gewissheit: zwei Mann fehlten! Ihre familiären Halterungen waren wohl nicht so fest gewesen, wie ursprünglich erkundet. Als die SÄCHSISCHE ZEITUNG tags darauf über das Spiel berichtete, war kein Sterbenswörtchen von einem Sonderzug mit 1 000 Schlachtenbummlern zu lesen. Vielleicht gab es Erklärungsnöte wegen der Schwund-Quote.

WOLFGANG SCHÜTZE

„Erichs Krönung“

Der Mensch, zumindest der in Sachsen, lebt nicht vom Brot allein. Kaffee gehört schon dazu. Rischt'scher Kaffee, und der heißt dann auch so und nicht „Ä Schälchen Heeßen“. Wer so was sagt, hat keine Ahnung oder er ist nicht aus Sachsen.

Ende der siebziger Jahre wurde das Messer an die Geschmacksnerven der Kaffeetrinker im Osten gelegt. Die DDR, systematisch klamm, überlegte, wie Devisen für die Importe der Bohnen einzusparen wären. Wie so oft, ging das auf Kosten der Qualität. Berühmt-berüchtigt die abgestandene Plärre aus dem Mitropa-Automaten: Eine Bohne auf einen Eimer Wasser. Mehr Pulver brachte aber auch nicht den gewünschten Effekt, die Brühe wurde nur bitter. Es fehlte an der röstfrischen Substanz, die vielen aus den West-Paketen schon entgegenduftete.

Doch es sollte noch schlimmer kommen. Kosta, Rondo und Mona gab es in der Kaufhalle auf der Grünen Straße eigentlich immer, doch irgendwann gab's dazu auch die Schilder „Bitte nur zwei nehmen“. In unbeobachteten Momenten stellten wir die handgemalte, vielseitig verwendbare Rationierungspappe zum Ata ins Regal. Aha, dachte sich der gelernte DDR-Bürger, das wird jetzt auch schon knapp, also mitnehmen. Wir freuten uns über den putzigen Zuspruch, die Verkäuferinnen wohl nicht. Doch was war unser Verknappungs-Streich bei Scheuermitteln gegen die bescheuerte Attacke des Staates mit Kaffee-Ersatz.

Irgendwer muss der HO mal gesteckt haben, dass alles, was man loswerden will, in Augenhöhe, im Wege und an der Kasse zu stehen hat. So ward eine der letzten Errungenschaften des Sozialismus verkaufspsychologisch korrekt präsentiert: Kaffee-Mix. In glänzender Silberfolie. Und im Volksmund bald als „Erichs Krönung“ verspottet.

Der Inhalt war kaum an-, eher aufregend. Um ehrlich zu sein: Es war Kaffee zum Abgewöhnen. Der Bastard setzte sich zur Hälfte aus Bohnenkaffee sowie aus Roggen, Gerste, Zichorie und Erbsen zusammen. So schmeckte das dann auch. Zwar billiger als die sonstigen 125 Gramm à Siebenfuffzig Ostmark, konnte das Gesöff vor Schwäche kaum aus der Kanne. Herzflattern drohte höchstens wegen der Aufregung über nicht erzielbaren Genuss. An den aufquellenden Erbsen-Bestandteilen des Surrogates hauchten selbst robuste DDR-Kaffeemaschinen ihr Leben aus. Melitta Bentz, Dresdner Hausfrau, die 1908 mit Löschblättern ihrer Söhne den Kaffeefilter erfand, hätte sich im Grabe herumgedreht.

Honecker, der zuvor schon Bohnenkaffee aus Betriebskantinen verbannen ließ, (sächsische) Funktionäre zum Nörgeln brachte, weil sie bei ihren vielen Sitzungen zum Wohl des Volkes Tee ausgeschenkt bekamen, scheiterte mit seinem Anschlag am guten Geschmack des Volkes. Denn „unsere Geschmacksrichtung“ war eben nicht unsere.

Obwohl die Wende erst rund zehn Jahre später kam, verhielten sich nachgerade die Sachsen wie aufgeklärte Marktwirtschaftler: Bewusste Kauf-Verweigerung unnützer Produkte. Kaffee-Mix verlängerte so nur die Liste der Ladenhüter. Die Idee, die von den Massen ergriffen werden sollte, ergriff die Massen nicht. Auch sie entpuppte sich als kalter Kaffee. Heftigste Agitation in den roten „Was und Wie“-Heften konnte daran nichts ändern: „Durch seinen angenehmen, leicht bitteren Röstgeschmack ist er für alle bekömmlich.“ ARD - außer Raum Dresden. Auch der Hinweis auf „höhere Farbkraft“ half nicht. Im Gegenteil: Die Witze schossen ins Kraut: Wer 50 Packungen verbrauche, erhalte kostenlos einen Blindenhund.

Die materielle Gewalt stiller Nicht-Verbraucher beendete auch dieses sozialistische Experiment. Aus Sicht der Kaffeetrinker gehört deshalb die deutsche Geschichte umgeschrieben. Denn die Oktober-Revolution von 1989 wurde schon Jahre vorher geprobt. Mit dem Aufstand der Kaffee-Sachsen.

Kurt-Joachim Lagler

Über den Wolken, wo die Freiheit grenzenlos ist

Die Sonne stand im Zenit an jenem heißen, windstillen Sommersonntag. In der Mittagsruhe, die über dem Klotzscher Flughafen lag, hörte man ihre gleißenden Strahlen förmlich auf den Boden aufschlagen. Der Rasen des weiträumigen Flugfeldes dampfte und der Pistenbeton warf die Hitze flimmernd zurück in die Atmosphäre. „Highnoon".

In diesem wabernden Licht tauchte plötzlich ein Schatten am Horizont auf, eingehüllt in einen weiten, wehenden Mantel. Vor ihm eine Herde wilder Tiere. Waren das nicht Büffel? Trug der Schatten nicht einen Cowboyhut, unter dem zwei stahlblaue Augen die weite Ebene durchbohrten? Stieg da nicht auch Rauch auf aus einer berühmten Zigarette in seinem Mundwinkel? Dröhnte die Erde nicht unter den schweren Hufen?

Ich rieb mir die geblendeten Augen und griff zum Fernglas. Durch die getönten Tower-Scheiben fokussierte ich die Erscheinungen. Aufatmen! Der Mann am Horizont war nur der Schäfer, der seine vierbeinigen Wollknäule zum allwöchentlichen Rasenschnitt auftrieb, die Zigarette war vermutlich eine Karo oder f6. Und was wie Hufegetrommel wilder Tiere klang, war nur das Stöhnen der altersschwachen Klimaanlage unter mir. Also keine besonderen Vorkommnisse bei der Tagesschicht der Dresdner Flugsicherung. Alles planmäßig, wie sich das für einen sozialistischen Flughafen Ende der Siebziger gehörte.

Geruhsam widmete ich mich dem Sonntagsflugplan. Angekündigt waren noch zwei Touristencharter aus Varna und Bukarest und abends die Interflugheimkehrer aus Budapest. Solch ein Sommertag auf dem Flugsicherungs-Tower machte Freude. Ganz im Gegensatz zu mancher Stress-Schicht, die meist alles auf einmal bescherte: Übungsflüge unserer Waffenbrüder mit Hubschraubern und Kampfflugzeugen - direkt durch unseren Luftraum. Dazu Trainingseinheiten der eigenen Transportfliegerstaffel, immer schön um die Piste herum. Und schließlich noch schlechtes Wetter in Leipzig oder Berlin. Die Kollegen dort machten dann einfach ihren Laden dicht und schickten ihre Maschinen zu uns, ganz zur Freude der Fluggäste, wie sich denken lässt. Mit Überraschungen dieser oder sonstiger Art war heute nicht zu rechnen. Das Wetter übte den Sonnenschein, der Radarschirm die Ruhe und die Armee den Frieden.

Jedenfalls bis zu dem Moment, als jenes eigenartige Geräusch die Mittagsstille unterbrach. Irgendwie kam es mir sehr bekannt vor. Aber zu dieser Zeit und an dieser Stelle sollte es eigentlich nicht zu hören sein. Und ehe ich noch recht begriff, was los war, setzte donnernd ein Flugobjekt unbekannter Herkunft und in schmucker Tarnfarbe auf der Piste auf, verließ die Bahn über den Rollweg und verschwand aus meinem Blickfeld. Hektik brach aus. Telefone begannen zu klingeln, die Wechselsprechanlage schnappte über, und die Feuerwehr wollte wissen, ob sie ausrücken soll. Der Diensthabende unserer Armeeflieger stürmte in sehr freier Anzugsordnung die enge Wendeltreppe zu mir nach oben. Wir schauten uns fragend in die Augen. War der kalte Krieg in den heißen umgeschlagen und Dresdens Tal der Ahnungslosen wieder einmal nachrichtlich außen vor geblieben? Oder sollten wir die Auserwählten für den ersten Kontakt Außerirdischer sein?

Der Versuch, über die üblichen Frequenzen Funkkontakt mit dem UFO aufzunehmen, scheiterte. Er war auch nicht mehr nötig. Wachsame Augen hatten inzwischen den Standort der Maschine ausfindig und mutige Männer sich auf den Weg dorthin gemacht. Ihr Expeditionsergebnis war beruhigend: kein Krieg. Aber auch enttäuschend: keine Außerirdischen. Bei dem UFO handelte es sich um eine russische MIG 21, die ursprünglich auf dem Jagdfliegerhorst in Großenhain landen wollte. Orientierungsverlust und Spritmangel zwangen den Piloten zur Notlandung in Dresden. Also noch mal alles gut gegangen, vom Image der siegreichen sowjetischen Beschützer einmal abgesehen. Das hatte einen ordentlichen Kratzer erhalten.

Genug Überraschung für einen Sonntag, hoffte ich. Doch wenn einmal der Wurm drin ist...! Selbiger kam in Gestalt einer alten TU 34. Es war einer der Charterflieger, die sich mit den Dresdner Gegebenheiten wohl nicht so auskannten. Der Anflug war für die Landerichtung 04 freigegeben, also über die Elbe und Hellerau. Da kommt man aus dem Elbtal und segelt auf den in Klotzsche gelegenen Flughafen wie auf einen Schanzentisch zu. Und um den richtig zu treffen, fliegt man halt etwas höher an. Die prima Wetterbedingungen verlockten vermutlich die Besatzung dazu, nicht so genau auf die Instrumente zu schauen, sondern die Sache per Sicht zu machen. Ich hatte die Landung freigegeben und folgte völlig entspannt dem Herannahen der Tupolew. Der Wind war still, die Piste heiß, das Flimmern darüber stärker geworden. Die Maschine nahte, die Landescheinwerfer strahlten aus beunruhigender Höhe. Der Jet fegte über die Landebahnschwelle hinein in die aufsteigende Betonhitze, an der ersten Rollbahn vorbei, an der zweiten vorbei, näherte sich, noch immer schwebend, der dritten. Längst hatte ich all meine Entspanntheit verloren, stand und schaute hilflos auf das

Geschehen. Auch eine 2 500 Meter lange Landebahn hat einmal ein Ende, das sich aus Sicht der Besatzung wohl ziemlich rasant näherte. Endlich bekam der Vogel die Räder auf die Erde, doch die letzten Betonmeter reichten nicht mehr zum sicheren Abbremsen. So schoss das Gerät in den für solche Fälle vorgesehenen Acker und blieb stecken. Diesmal fragte die Feuerwehr nichts, sondern raste zum Flugzeug. Dort hatte zum Glück niemand Schaden genommen, wie mir der Pilot über Funk sofort mitteilte. Passagiere und Besatzung waren mit dem Schrecken davongekommen - ich auch. Die Jungs von der Abfertigung begannen sofort, die Insassen zu bergen und anschließend die Tupolew aus ihrer misslichen Lage zu befreien. Bei dieser Gelegenheit konnte ich dann beobachten, wie schwierig es ist, erst eine Gangway und dann ein ganzes Flugzeug über eine Stoppelwiese zu transportieren.

Das passierte noch rechtzeitig, bevor die Abendmaschine aus Budapest ihren Anflug meldete. Nicht ohne eine gewisse Unruhe übernahm ich den kleinen weißen Radarpunkt bei Hinterhermsdorf und bot ihm die Leitung zur „Kurzen Geraden“ an. Bei diesem Verfahren benötigt der Flieger statt 15 nur sieben Minuten bis zur Landung, was die Besatzung natürlich mit Freude bestätigte. Eine Crew, die sich auskannte, denn sie schaffte die Strecke von der Landesgrenze bis zum Flughafenterminal in gerade mal sechs Minuten - ohne einen Zwischenfall. Ich bedankte mich bei den Männern im Cockpit für den versöhnlichen Abschluss eines ungewöhnlichen Flugsonntags.

Inzwischen war es Abend geworden, der Mond hatte den Himmel und meine Schichtablösung den Tower erklommen. Wir rauchten noch eine Karo, sprachen vom Urlaub und vom Reisen in ferne, unerreichbare Länder, zu Pyramiden und Tempeln und der unbekannten Freiheit. Und vom Traum, einfach nur einzusteigen und loszufliegen. Dass dies einmal selbstverständlich sein würde, erschien uns Ende der siebziger Jahre unwahrscheinlicher als das Auftauchen von Cowboys und Büffeln auf dem Dresdner Flughafen.

Grit Kindermann

K(L)auf-Glück

Dass der so genannte Breitensport eine der Grundlagen für das „Sportwunder DDR“ war, weiß jeder, der in Vorwendezeiten in den Breiten zwischen Ostsee und Erzgebirge zuhause war: Gefördert von „Staat und Regierung“ und organisiert vorrangig in Betriebssportgemeinschaften, radelten, fußballerten, sprinteten, turnten, schwammen oder rodelten Abertausende um den künftigen Aufstieg in den Leistungssport oder auch nur um der Freude und der Gesundheit willen. Was also Wunder, dass der Run auf Arenen, Sporthallen, Loipen und Pisten grandios war.

Doch, halt! Was die Pisten betraf, war der Ansturm so groß nicht, weil das Angebot klein war. Wer mit den Brettln abfahren wollte, musste mit Erzgebirge und Thüringer Wald vorlieb nehmen; denn Alpen oder Apennin gehörten zur „Klassenfeind"- und für gelernte Normalzonis somit zur Freizeitsperr-Zone, erreichbar höchstens für alpine Olympiakader aus Altenberg oder Brotterode. Als deren Erfolge ausblieben, mussten dann freilich auch sie Berchtesgaden und Cortina d'Ampezzo Valet sagen: „Unsere Republik" verzichtete auf olympische und weltmeisterliche Teilnahmen in dieser Disziplin. Und das bekamen auch die Hobby-Abfahrer zu spüren. Sah ein gewisser Herr Mittag, seines Zeichens Oberverwalter der DDR-Mangelwirtschaft, doch keine Notwendigkeit mehr, ihnen das dafür nun einmal benötigte Schuhwerk bereitzustellen. Wer trotzdem die Hänge hinunterstieben wollte, erhielt daher in einschlägigen Sportgeschäften auf die Frage nach Abfahrtsstiefeln zumeist eine Abfuhr.

Darunter auch ich. Als mir mein gerade angetrauter Mann Norbert im Herbst 1988 die Schönheit dieser Sportart nahe gebracht hatte, startete ich kurz danach meinen Langlauf durch Dresdens Sportläden. Da ich ihn schon auf Skiern geübt hatte, brachte ich dafür die nötige Kondition mit. Doch im Unterschied zu Wasa- oder Isergebirgslauf schien der Dresdner kein Ende nehmen zu wollen, denn überall erhielt ich die gleiche Antwort: „Abfahrtsstiefel? Noch keine eingetroffen. Vielleicht kurz vor Weihnachten..."

Doch es wurde eher. Der Anruf des Jahres erreichte mich, in meiner Arbeitsstätte, schon im November: „Sie sind da!", hörte ich Norbert erregt rufen und wusste sofort - die Stiefel. Was ich dagegen noch nicht wusste: in welcher Verkaufsstelle und in welchen Größen sie dort eingetroffen waren. Norbert wurde noch nervöser: „In allen Größen! HO Schweriner Straße! Bitte fahre gleich nach Arbeitsschluss hin!"

Vor Aufregung konnte ich kaum weiterarbeiten. Doch ich nahm mich zusammen, nach Arbeitsende dann drei Stufen auf einmal, anschließend die Berufsverkehrs- und im Laden auch noch die Warteschlangehürde - und stand schließlich vor dem Regal. Und dort traute ich meinen Augen kaum: Größe 38 - meine Größe! Ein einziges Paar! Mein Arm zuckte nach vorn. Doch - was war das? Der neben mir zuckende Arm war länger! Das Schuhpaar, soeben noch vor mir, war entschwunden. Ein Mädchen hatte es mir vor der Nase weggeschnappt, war inzwischen schon auf dem Wege zur Anprobe. Ich war geschockt. Und so oder so ähnlich ging ich dann auch dem „Langarm“ nach, zunächst jedenfalls. Denn ein Fünkchen Hoffnung glimmte noch in mir, dass noch nicht alles verloren sei. Vielleicht passten die klobigen Treter meiner Kaufkonkurrentin gar nicht? Doch, sie passten. Das Mädchen schnürte sie zusammen, lief mit ihnen ein paar Schritte, zog sie wieder aus, trug sie zur Kasse - doch bezahlte sie nicht. „Ich überlege es mir bis morgen. Bitte reservieren Sie sie mir“, sagte sie der Kassiererin.

Ich atmete dreimal durch. Sollte ich doch noch...? Doch wer wusste das schon, wenn nicht einmal das Mädchen selbst sich darüber im Klaren war, ob sie die Schuhe kaufen würde oder nicht? Mir dagegen wurde klar, dass ich vorbauen musste. Sollte der Kauf doch nicht zustande kommen, musste schließlich meine Anwartschaft angemeldet sein. Ich ließ also meinen Namen notieren und bat, mich vorzumerken.

Die folgende Nacht schlief ich schlecht. Weshalb nur war ich im Laden nicht schneller gewesen? Vielleicht hätte ich der Jungshopperin auch sagen sollen, dass ich eher als sie am Regal gestanden habe. Nun würde ich wohl bis nächsten Winter auf Abfahrtsstiefel und -lauf warten müssen. Denn weshalb sollte eine DDR-Käuferin auf Bückware verzichten?

Am nächsten Tag stellte ich mir diese Frage dann noch einmal, doch leicht modifiziert: Weshalb hat die Käuferin verzichtet? Das nämlich hatte sie wirklich, wie ich bei meinem Anruf erfuhr. So kam ich schließlich doch noch zu meinen Stiefeln. Zum Glück. Doch vielleicht half mir dabei auch der Hoffnungsfunke, der mich weder damals verließ noch heute verlässt, weil ich ihn immer in mir trage. Auch wenn er bei heutigen Stiefel-Käufen nicht mehr nötig ist...

MICHAEL BARTSCH

Im Tal der Ahnungsvollen

„Streifen. Schlechter! Gar kein Bild. Streifen. Besser! Jetzt, fast sauber. So lassen!“ Zurufe vom Dachfirst ins Wohnzimmer zur Gattin am laufenden „Chromat“, der seine gesamten Eingangsempfindlichkeitsreserven aufbieten muss, um eine Andeutung vom ARD-Fernsehen zu empfangen. „Außer Raum Dresden“, diese witzig gemeinte Deutung des Kürzels für den Hauptkanal des Klassenfeindes kursierte im Elbtal.

Tief bohrte sich das begehrte Programm vom Ochsenkopf im Fichtelgebirge, vom Torfhaus im Harz oder vom eher bescheidenen Berliner Funkturm ins Land und verbreitete jenes Alternativwissen, das jedem angesichts der Plattitüden aus dem Schnitzler-Kanal ein hinterköpfiges Lächeln entlockte und dennoch nicht zitabel sein durfte. Die Physik der elektromagnetischen Wellen hielt sich nicht an die heilige Unverletzlichkeit der Staatsgrenze und machte den Empfang möglich. Und sie schloss zugleich in vermeintlicher Willkür einige sonst von Schöpfer- und Menschenhand durchaus nicht vergessene Landstriche vom Empfang aus und schuf so Reservate der informationellen Monokultur. Was auf das neutrale Wirken eines höheren Gesetzes hinweist, unter dem sowohl Adlershof als auch der SFB standen.

Eine Entvölkerung der betroffenen Landstriche hatte dieser Standortnachteil indessen keinesfalls zur Folge. Was wiederum auf die höhere Erkenntnis verweist, dass es Wichtigeres geben kann als das Fernsehen. Die Grenzen der Physik aber sind verschiebbar. Ultrakurzwellen reichen theoretisch nicht über den optischen Horizont hinaus, sagen die Lehrbücher.

Praktisch schon. Auch die Sender der Deutschen Post der DDR rechneten mit mehr als vierzig Kilometern. Nach Berlin freilich sind es mindestens hundertvierzig. Luftlinie. Dazu die Tallage Dresdens, die viel gepriesene und doch so unpraktische. Wo aber Tal, da auch Hänge. Solche, auf die die Restwellen geradezu fühlbar aufprallen mussten. Südhang Oberplauen, Coschütz. Am Dogma „Außer Raum Dresden" war zu zweifeln! Nicht nur bei Überreichweiten. Und siehe: „Streifen. Besser! Synchronisiertes Bild!" Nichts ist dem Zoni unmöglich.

Die Methode der Antennenausrichtung war zunächst noch eine primitive und verlangte eine kräftige Stimme ebenso wie eine deutliche Aussprache. Schon bald ließ sie sich mit Hilfe des von Tante Liesel aus Lüdenscheid eingeschmuggelten „Walkie"-Funksprechspielzeugs, dem Vorläufer des inflationären „Handys", verbessern. Schließlich fand sogar ein ausrangierter „Junost"-Kofferfernseher den Weg auf's Dach und diente fortan der Justage prima vista. Und auf diese Justage kam es zumindest im Dresdner Süden an. Denn es galt nicht nur die Physik mit einer Antenne hohen Gewinns und einem höchst empfindlichen selektiven Vorverstärker zugleich zu nutzen und zu überwinden. Zu überwinden war auch die gewiss nicht absichtslose Errichtung eines Umsetzers für die DDR-Programme in Radebeul-Wahnsdorf. Angeblich zur Versorgung des Lößnitzgrundes, aber warum ausgerechnet auf dem ersehnten Berliner Kanal 7, und dann auch noch genau in Senderrichtung liegend? Karten wurden bemüht: Sieben Grad Differenz zwischen Nutz- und Störsender! Aussichtslos? Der Findige kann sich die Physik zum Verbündeten machen. Man erwirke eine extrem schmale Hauptkeule des Richtungsdiagramms und lege die erste Nullstelle genau auf die Wahnsdorfer Senderschikane. Erzielbar nur mit einer Zweiergruppe von Yagi-Antennen, errechneter Auslegerabstand 5,82 Meter, auf's Grad genau zu justieren.

Und zu stabilisieren! Gegen einen Novembersturm war dann nicht einmal der Hauptmast von 52 mm Durchmesser gefeit. Oberhalb des 60er Basisrohrs knickte er nach schief, bot ein Bild der Trauer und überhaupt kein Fernsehbild mehr. Denn er trug außer der Magneta-Gruppe für den Berliner Kanal 7 noch eine 4 x 4 Short-Backfire-Matrix für das dritte Programm und einen US 14-V-Nachbau für den UKW-Radioempfang. Fachwörter, deren Kenntnis mehr Privilegien versprach als eine Jugendtouristreise unter Aufsicht nach Paris. Alles Eigenbau. Wie ein Formationsflug zweier Düsenjäger, Abstand 5,82 Meter, sah die Zweiergruppe mit ihren v-förmigen Elementen aus. Und die Backfire an der Spitze regte das ästhetische Empfinden eines Architekten zu dem bewundernden Ausruf „Eine Skulptur!“ an. Das Dach, ohnehin einer meiner bevorzugten Aufenthaltsorte während der Jahre der Antennenforschung, diente der Erbauung. Schlechter Empfang bei Tiefdruckwetterlagen ließ immer noch die Möglichkeit, sich entlang der Richtachse zu träumen, ein Bild zu imaginieren. Gar nicht zu reden von der immerwährenden Genugtuung des Anblicks funktionaler Schönheit. Eine Yagi krampft nicht nach jedem Dezibel Gewinn. Geradezu spielerisch fängt der Logarithmus ihrer Elemente Spuren der Wunschwelle ein, passt sie sanft seinem Rhythmus an und maximiert am Dipol die verwertbare Substanz.

Was kam davon im Dresdner Fernsehsessel an? Mehr als nichts immer, drei von vier Wochen im Monat war das „Erste“ genießbar, sofern man sich an Fading, Rauschen und gelegentliche Farbabschaltung gewöhnt hatte. Inversionswetterlagen besonders im Herbst brachten tagelang ein Bild wie aus der Kabeldose heute. Und die UKW-Radioskala war voller Stationen, wenn auch nicht alle in rauschfreier Stereoqualität.

Das Fernsehen kehrte zu den sozialisierenden Funktionen seiner Anfangsjahre zurück. Freunde wurden zu besonderen Filmen oder zur Tagesschau eingeladen oder ließen sich einladen. Vor dem Bildschirm wurde wieder gemeinsam gequatscht, getrunken oder erregt diskutiert. Nicht nur die Dachaufbauten, auch die erzielten Ergebnisse sprachen sich herum. Aufträge zum Anlagenbau gingen ein. Bis zu eineinhalbtausend Mark der DDR legten Besserverdienende in durchaus zweifelhaften Empfangslagen für das Experiment hin. Es gab, rein technisch gesehen, Niederlagen und Erfolge. In jedem Fall aber aufregende Kontakte.

Die Kisten mit dem verbliebenen Anlagevermögen meiner nie lizenzierten Antennenbaufirma sind mein DDR-Museum. Spitzenprodukte weit über dem Standard damaliger Industrieerzeugnisse rühren das scheintote Ingenieursherz noch immer. Obsolet geworden nicht nur durch den Programmwechsel auf den vom Dresdner Fernsehturm abgestrahlten Kanälen, sondern auch durch die technische Entwicklung.

Einige der ersten Hundertmarkscheine ohne Marxkopf gingen im Juli 1990 für eine Satellitenanlage drauf. Auch die dämmert inzwischen im Keller. Dem Anschluss folgte der Kabelanschluss. Unentrinnbar. Und einsamere Fernsehnächte...

URSULA FUCHS-MATERNY

13. Februar 1985 - auch ein Geburtstagsbrief

Meine liebe Tochter, meine lange Kleine,

natürlich wirst du verwundert - und sicher auch etwas betreten und ratlos - sein, zu deinem diesjährigen Geburtstag einen solchen Brief von mir vorzufinden. Kamen wir ja bisher, in fröhlich-kritischem oder auch vertraulich-gelassenem Wechselspiel der Temperamente und Meinungen, ganz gut mit dem aus, was wir einander zu sagen hatten. Und dabei soll es selbstverständlich, so wünsche ich, in Zukunft auch bleiben. Nun aber, da dir in den nächsten Monaten dein Erwachsenwerden - oder zumindest ein immerhin feiernswerter Schritt dahin - auch offiziell bestätigt werden soll und - wie ich den Eindruck habe - du diesen Schritt (sagen wir es einmal so) mit nicht nur moralischen Erwartungen zu tun gedenkst, solltest du dich auch offen genug für Dinge fühlen, die zu sagen dein Geburtstag, gerade am 13. Februar, gerade in Dresden und eben auch vor allem in deinem jetzigen Alter, Anlass gibt. Die sich aber in kein familienübliches Glückwünschen und Gratulieren hineinpraktizieren lassen. So etwas sollte in Ruhe vorgebracht werden - und möglichst auch so aufgenommen.

Gewiss: Man kann es eine zufällige Konstellation nennen, dass vor vierzig Jahren ein anderer Dresdner 13. Februar Todestag deiner Urgroßeltern wurde. Zu einer Todesnacht, berstend vor Helligkeit, in der selbst das Sterben ins Irrwitzige pervertierte und die Stimmen der Überlebenden erstickten. Zu einer Nacht und zu einem Tag auch, in der die Heimatlosigkeit deiner Großeltern begann und die Kindheit deiner Mutter vor der Zeit endete. Für das alles wuchs deine Generation ohne jedes Vorstellungsvermögen auf. Und uns, den Überlebenden, die wirklich mittendrin waren und in den Stunden dieses Erlebens gar nicht wahrnehmen konnten, in welchem Geschehen wir waren - uns bleibt letztlich der Mund verschlossen. Auch wenn wir manches darüber sagen. Zufällige Konstellation natürlich war es auch, dass deine Tante an eben diesem 13. Februar 1945 ihren Faschings-Kindergeburtstag feierte, wie du das ganz genauso bis jetzt gewöhnt warst. Auch für sie wurde er - wie allen Kindern der Stadt, ob „ausgebombt" oder verschont - zum Ende ihrer Kindheit. Es gibt für jeden von uns Tage, in denen Vergangenes, Gegenwärtiges und das Mühen um Künftiges irgendwie (oder besser: sehr direkt) auch im ganz Persönlichen kulminieren. Das hat nichts mit offiziellem Gedenken oder mit irgendwelchen Manifestationen zu tun. Und uns in dieser Stadt bleibt noch immer das, gerade das, der 13. Februar. Das ist nur zum Teil - und zum minderen, meine ich - eine Sache des Erinnerns. Es gibt Erinnerungen, mit denen sich weder leben lässt noch lassen sie sich verdrängen. Sie müssen zu Erfahrungen reifen. Hiroshima, zum viel genannten (und wie oft dabei wirklich ganz erfassten?) Beispiel ist auch so ein Tag.

Wie das Weiterleben aussah, das ließ sich zunächst gar nicht formulieren, weder in gezieltem Wollen, in Gedanken, noch in Worten, die die Menschen erreichten. Es vollzog sich in Handlungen, heroischen auch, aber zumeist in ganz kreatürlich-selbstverständlichen. Deren Selbstverständlichkeit sich aber verlor durch die Bedingungen, unter denen sie geschahen. Durch die sie in andere Beziehungsdimensionen wechselten, manchmal sogar wuchsen. Ich weiß noch eine Geste: Jene Puppe, die mir das Geburtstagskind von damals, deine Tante, hinterher schenkte. Hinterher, als sich einige aus der Familie wieder fanden und sie noch einiges Spielzeug hatte, während mir nichts, nicht einmal ein Buntstift, geblieben war. Eigentlich gefiel mir diese Puppe damals gar nicht so sehr, weil ich sie „altmodisch" fand (heute wäre sie eine kostbare Antiquität!). Aber ich spürte, dass mir mit dieser Puppe ein Teil kindlichen Herzbluts gegeben worden war. Deshalb bleibt sie mir unvergessen, obwohl ich sie heute längst nicht mehr besitze.

In uns Kindern, die wir noch mühsam genug mit dem Wachsen zu tun hatten, wuchs wohl etwas, worum du uns - wie du sagst - beneidest. Das war, als ich dir von jener Lehrerin erzählte, der wir alle, ausnahmslos unsere ganze Schulklasse, nur ein oder zwei Jahre später der

Reihe nach unsere trockenen Frühstücksbrötchen aufs Pult legten, weil wir kein anderes Geburtstagsgeschenk für sie hatten. Hunger? - Ach, der war so selbstverständlich. Es war ein Hunger, der sich noch lange nicht stillen ließ, als wir schon längst wieder ausreichend zu essen hatten. Und es wuchs etwas, was es heute - auf andere Art - genauso schwer hat zu gedeihen. Es schien wohl, dass wir uns damals mehr Gedanken machten als ihr heute - und doch viel schwieriger mit dem alltäglichen Leben und dem Erwachsenwerden zurechtkamen als ihr. Was sollen Vergleiche...

Was der 13. Februar 1945 historisch bedeutete, wir Kinder der Bombengeneration haben es erst viel später in der Schule gelernt. Und noch viel später zu verstehen versucht. Ist es nicht etwas Exotisches, wenn ihr Vierzehnjährigen in diesen Tagen nun von Erinnerungen hört? Die ganz begründete Angst vor dem, was heute über die Menschheit kommen könnte, lehrte euch inzwischen ohnehin, dass nach Dresden alles möglich ist. Beides aber - wieder und noch - ist euch jenseits alles wirklich Vorstellbaren. Dass das in jenen Bereichen bleibt, und ohne Ängste, wird demnächst auch eure Sache sein. Versucht, dass es Wachsendes leichter hat zu gedeihen. Zwischen euch, für euch. Wachheit vor allem sollte es sein, die wir euch mitgeben und mitleben können auf einem Weg, den als Weg zu erhalten auch schon Lebenssinn ist. Auch wenn er nicht auf kampferstürmte Höhen führt, sondern ganz einfach in friedliche Ebenen. Dass das schon sehr viel sein kann, solltet ihr begreifen.

Von Wachheit war die Rede. Denen sie fehlte in jenen Zeiten - sie überlebte die Zeiten nicht, oder sie atmete sich in ungewappneter Ratlosigkeit aus den Trümmern frei. Und uns, denen danach also, wurde sie schwer, diese Wachheit. Aber möglich. So habt ihr sie nun.

Viel Geschriebenes das alles, mein Mädchen, und vieles, was du vielleicht noch nicht verstehen kannst. Du wolltest, dass ich dir in dein Poesiealbum schreibe, „für später“ - denn natürlich blüht so etwas immer noch und immer wieder unter euch. Dafür ist's halt zu viel geworden, und poetisch ist das Ganze erst recht nicht. So lege dieses Blatt bei und feiere deinen Tag in aller dir noch möglichen Unbeschwertheit und in Fröhlichkeit. Deine „Maman“.

Peter Hauschild

Privilegien wider Willen

In Loschwitz/Weißer Hirsch wohnen zu dürfen, war seit jeher eine stilvolle Angelegenheit - auch zu Zeiten der DDR. Obwohl damals der Stil dadurch beeinträchtigt war, dass die Winde hauptsächlich aus dem Westen kamen, wo die Industriegebiete lagen. Folglich kamen die Schadstoffe in östlichen Stadtgebieten nieder, und die Loschwitzer Hänge waren dafür besonders geeignet, sagt man. Aber, was sagt man nicht alles! So schlimm wird es wohl nicht gewesen sein; denn die Regierung der DDR unterhielt dort oben ein Gästehaus, die ehemalige Baade-Villa. Westwinde hin - Schadstoffe her: Die Aussicht, die sich den Gästen von dort aus auf die Stadt bot, war fantastisch, zumal der Gebäudeverfall auf diese Entfernung kaum mehr in die Pupille fiel. Alles im Leben ist eine Frage der Perspektive!

Auch mein Anwesen stand im Stadtteil Loschwitz/Weißer Hirsch und war mithin den Westwinden ausgesetzt, was - ich weiß nicht wie - meine Gesinnung beeinflusst haben muss. Möglicherweise hat auch ein weiterer Umstand dafür gesorgt, dass ich mich den Siegern der Geschichte wenig verbunden fühlte: Mein Häuschen war so ungünstig platziert, dass es wie ein Torhaus zum Gästehaus der DDR-Regierung wirkte - Erichs Vorzimmer sozusagen.

Stets, wenn großer Besuch angekündigt war, wurde ich sorgsam bewacht und war von allen Seiten wohlbehütet. Der Verkehrspolizist gewährte freie Aus- und Einfahrt in Straße und Grundstück, wohl wissend, dass danach die Nichtpolizisten vom „VEB Horch und Guck" sich meiner dezent annehmen würden.

Da die DDR mit über 100 Staaten diplomatische Beziehungen unterhielt, kam öfter Besuch. Und auch Staaten, die rote Teppiche für unseren E. H. nur so aus Versehen ausgerollt hatten, schickten Gäste auf den „Weißen Hirsch", so dass es eines Tages auch Franz Josef Strauß vergönnt war, durch mein „Vorzimmer" zu rollen. Es wehte also mal wieder starker Westwind, und es ist nicht ausgeschlossen, dass er Schadstoffe in Form von Krediten vor sich hertrieb; denn wozu sonst sollte F. J. St. als Gast benötigt werden?

Als Musiker weilte ich hin und wieder auf Tournee, kehrte eines Nachts von der Ostsee heim und wollte in mein Grundstück fahren. Aber was sieht mein geschultes Auge: einen PKW des Typs „Lada". Gelernte DDR-Bürger wissen, dass PKW dieser Marke von der o. g. Firma gern gefahren wurden.

Im Fond schliefen zwei Männer - Mitarbeiter der Stasi also. Da sie pennten, ist wieder einmal bewiesen, dass auch revolutionäre Wachsamkeit letzten Endes biologische Grenzen kennt. Ich bat die Herren in ziemlich bestimmtem Ton, wegzufahren und den Weg freizugeben, was augenblicklich geschah. Zugegeben: Ich saß in Vorhand. Offenbar fühlten sich beide bei einem Dienstvergehen ertappt und den „bestimmten Ton“ konnte doch nur jemand - an diesem Ort! - artikulieren, der ihnen auch etwas zu sagen hatte. Es war wohl besser, sich mit mir nicht anzulegen und schleunigst zu retirieren! Seitdem genoss ich bei der Stasi Privilegien in Form von Narrenfreiheit.

Nur unser Abschnittsbevollmächtigter (ABV), für seine Einfältigkeit auf dem ganzen „Hirsch“ bekannt, hatte das noch nicht begriffen und schikanierte mich ständig, wenn auch erfolglos. Ich stand als oppositionelles Subjekt unter Allerhöchstem Schutz!

1991 fand nach vielen Jahren ein erstes Treffen unserer ehemaligen Klasse statt. Dabei erfuhr ich, dass ein Klassenkamerad Leiter des Regierungs-Gästehauses über mir gewesen ist. Dass diese tiefrote Socke es war, die mir zu meinen unerwünschten Privilegien verholfen hatte, ist freilich unwahrscheinlich. Denn meine Socken hatten von den erwähnten Westwinden eine andere Farbe erhalten.

„ROTES KLOSTER“ UND „SCHWARZE“ UNION

TIEFE WEISHEIT WÄCHST AUS STARKEN ZWEIFELN.
CHINESISCHES SPRICHWORT

Hubert Spahn
Journalist aus Verwechslung

Wie ich zum Journalistenberuf gekommen bin, der ursprünglich niemals eine Rolle in meinen Zukunftsvorstellungen gespielt hatte - das ist die merkwürdigste Geschichte meines Lebens.

Schon lange stand für mich fest: Du wirst Physiker! Nach dem Abitur überlegte ich nur, wo ich studieren sollte. Doch Vater enthob mich der Entscheidung. „Bei meinem geringen Gehalt kann ich ein Studium nicht finanzieren. Also geh arbeiten!“, sagte er entschieden. Vater hatte Recht, mit seinen knapp 400 Mark als Verkaufsstellenleiter beim Möbel-Konsum konnte er keine großen Sprünge machen. Andererseits gab es keine Stipendienregelung wie später, also war ich mit meinem Traum am Ende. So ging ich ins Edelstahlwerk Freital als Glühofenheizer.

Nach ein paar Monaten wurde ich dort in die Chefetage bestellt. Ich grübelte: Was hast du bloß ausgefressen? Man fragte mich, warum ich nicht studiere, obendrein bei solchen Abiturnoten... „Kein Geld? Wir geben dir monatlich 100 Mark, da kannst du kommenden Montag nach Leipzig fahren und anfangen. Aber du musst Gesellschaftswissenschaften studieren.“ Auch gut, dachte ich. Bist du erst mal an einer Uni, kannst du bestimmt zu den Physikern umsteigen.

Dem Studienablauf war in jener Frühzeit der DDR noch kein enges Korsett angelegt, wie das ein paar Monate später per Studienreform geschah. Man konnte wie heute neben den Grundvorlesungen wählen, was man hören wollte.

Um diese freie Wahl zu ermöglichen, hing im Geschwister-Scholl-Haus am Leipziger Augustusplatz eine riesige Tafel, an die Hunderte von Zetteln geheftet waren, auf denen Professoren und Dozenten ihre Lehrveranstaltungen ankündigten. Eines Tages standen wir vor diesem Brett. Ein Freund, der wie ich vom Edelstahlwerk gekommen war, sagte: „Hubert, komm bloß mal her, was hier steht...“ Verblüfft lasen wir, dass von den zweihundertundsoundsoviel Bewerbern für das Studium der Journalistik leider nur 65 angenommen werden konnten. Dann folgte eine Namensliste dieser Glückspilze, auf der auch wir beide standen.

Merkwürdig. Wir hatten uns weder beworben noch fühlten wir uns als Glückspilze. Wir wussten nicht einmal von der Existenz eines Lehrstuhls für Publizistik. Wenn man mich fragt, wie wir auf die Liste der Journalistik-Anwärter gekommen sind, muss ich sagen: Ich weiß es nicht. Vermutlich sind unsere Akten vom Stahlwerk versehentlich zu den Journalisten geleitet worden.

Wir suchten diesen Lehrstuhl. Vor dessen Tür stand eine lange Schlange aufgeregter junger Leute. „Das sind die, die nicht auf der Liste stehen“, mutmaßte mein Freund. „Wir gehen vor, damit man uns streicht.“ Diese lautere Absicht nahm uns natürlich keiner von den wartenden Protestlern ab, und so gingen wir unserer Wege. Nach ein paar Tagen meinte mein Freund, stets ein sehr praktisch veranlagter Mensch, wir brauchten keinen Aufstand zu machen. „Wenn die alle so verrückt drauf sind, Journalisten zu werden, können wir uns die Sache ruhig ein paar Wochen angucken.“ Aus den „paar Wochen“ an der nachmaligen Fakultät für Journalistik, lässig nur „Rotes Kloster“ genannt, wurde ein volles Berufsleben. Beschert hatte es uns eine Verwechslung.

An den Wochenenden fuhren wir nach Dresden - mit dem Personenzug, um die drei Mark D-Zug-Zuschlag zu sparen. Dafür nahmen wir um drei bis vier Stunden längere Fahrzeiten in Kauf. Solche Heimreise zahlte sich aus, wir lebten zwei Tage umsonst, bekamen die Wäsche gewaschen und die Sachen geflickt. Es gab nun zwar Stipendium, aber als Sohn eines Angestellten bekam ich ganze 120 Mark. Arbeiterkinder waren um 60 Mark besser dran. Die Tätigkeit als Hilfsassistent brachte im zweiten Studienjahr weitere 200 Mark. Dafür stellte das Edelstahlwerk seine Zahlungen ein.

Diesen Betrieb sah ich erst ein gutes Jahrzehnt später wieder. Als Journalist der SÄCHSISCHEN ZEITUNG gehörte ich zum Pressetross, der Walter Ulbricht bei dessen Besuch dort begleitete. Auch dabei ging es nicht ohne Schmunzel-Erlebnisse ab. Als der erste Mann der DDR in der Empfangshalle erwartet wurde, stellte ich mich bescheiden seitlich gleich hinter dem Eingang auf, weitab von den erwartungsvoll aufgereihten Chefs des Betriebes. Ulbricht kam, sah sich um - und machte zwei, drei Schritte auf mich zu. Das lag wohl an meiner Aufmachung mit dunklem Anzug, weißem Hemd und schickem Schlips. Erst als ihn sein Protokollchef energisch am Arm zerrte, wandte er sich dem Empfangskomitee zu.

Beim Rundgang durch das Werk war ich bestrebt, vorne zu stehen, um möglichst viel aufzuschnappen. Dabei rempelte ich wiederholt einen kleinen, grauhaarigen Herrn mit funkelnder Diplomatenbrille an, der mir immer im Weg stand. Nach einer Weile schob er mich von sich aus lächelnd in die erste Reihe. Erst als ich ihn mir richtig ansah, erkannte ich den Mann: Außenminister Otto Winzer.

Verdammt, dachte ich, mit einem hohen Chef sollte man sich nicht anlegen - eine Weisheit, die heute mehr gilt denn je.

17. Juni oder: Die Partei im Schuhkarton

Die Junitage 1953 erlebte ich mit drei weiteren frisch gebackenen Diplomjournalisten, die sich Dresden und seine Umgebung zeigen lassen wollten. Bei meinen Eltern hatten wir am 17. morgens im Radio die Nachrichten über die Berliner Ereignisse gehört. Glaubte man dem RIAS, dann war der gesamte Osten von einer Woge des Volkszorns überschwemmt. Was tun? Wir gingen in die Innenstadt, um zu sehen, was los war.

Schon von der Augustusbrücke her sahen wir am Theaterplatz einen Menschenauflauf. Ein Mann hielt mich an und riet: „Mach lieber dein Parteiabzeichen ab, sonst kriegst du Ärger." Ich wollte nicht, murmelte wohl etwas von Mannesmut. „So ein Quatsch. Wer wird Öl ins Feuer gießen, wenn es schon brennt?" Das leuchtete ein. In die Schuhkartons, in denen später Arbeiter die Abzeichen vieler Mitparteigänger am Postplatz einsammelten, habe ich meines aber nicht geworfen.

Am Altstädter Brückenkopf bot sich uns ein seltsames Bild. Unmittelbar vor der Hofkirche stand eine leere Straßenbahn der Linie 7. Der Schaffner hatte das Weite gesucht, dafür reckte sich auf der vorderen Kupplung des Triebwagens ein junger Mann, die Arme weit ausgebreitet.

Ein paar Meter neben dem Jüngling parkte ein sowjetischer Panzer, in dessen geöffneter Turmluke lässig der Kommandant lehnte und ein Ziegenbeinchen rauchte. Ringsherum ballte sich eine Gruppe von mehreren hundert Menschen. Sie riefen Losungen gegen Normerhöhungen, für Demokratie, gegen höhere Preise, wollten den Oberbürgermeister sehen.

Sozialistisches Aufbegehren, Volksaufstand oder gar Konterrevolution? Damals kamen mir solche Begriffe nicht in den Sinn, das Häuflein der Demonstranten auf dem Theaterplatz war dafür einfach zu klein. Wäre ich vom Kaliber des letzten sächsischen Königs gewesen, hätte vielleicht auch ich hilflos gefragt: „Därfen die denn das?" Immerhin war das Erlebnis für mich damals schockierend, denn auf solch eine Situation hatte man uns im Journalistikstudium nicht vorbereitet.

Rückblickend meine ich: Von den oben genannten Begriffen mag einiges in der Auseinandersetzung gesteckt haben. Die Empörung über willkürlich verordnete Normerhöhungen zwischen zehn und dreißig Prozent, die Abschaffung von Arbeiterrückfahrkarten und anderer sozialer Leistungen war groß. Andererseits wären die Geheimdienste im Westen nicht das Geld für ihre Schuhsohlen wert gewesen, wenn sie nicht versucht hätten, die Proteste in Aktionen für ihre Ziele umzuleiten. Die offene Grenze ließ ihnen jeden Spielraum.

Wir vier gingen kleinlaut nach Hause und dann mit meinen Eltern auf Urlaub in die Sächsische Schweiz. Immer wenn wir in den Folgejahren die zum Standard gemachte Gewissensfrage vorgelegt bekamen: „Was hast du am 17. Juni getan?“, mussten wir herumeiern. Das war beschämend, egal, ob und wie man die Ereignisse dieser Tage mit wachsendem Abstand objektiver einzuschätzen lernte.

Dass nach dem 17. Juni alle Sicherheitsvorkehrungen der DDR verstärkt worden sind, ist bekannt. Dass Sicherheitsgehabe und Sicherheitsmanie auch peinliche Züge hatten, weniger. Das war manchmal zum Lachen. Dafür steht eine Episode vom Anfang der 60er Jahre. Josip Broz Tito, Jugoslawiens legendärer Partisanenführer und Staatschef, weilte in der DDR. Für die Elbestadt war ein Abstecher vorgesehen - wie man munkelte, auf besonderen Wunsch seiner kulturbeflissenen Gattin Jovanka, einer schönen, stolzen, schwarzhaarigen Frau.

Der Sonderzug mit den Gästen wurde auf dem Neustädter Bahnhof erwartet. Ich hatte zwecks Berichterstattung einen Sonderausweis, den ich auf dem Weg zum Bahnsteig wohl an die zehnmal vorzeigen musste, um durchgelassen zu werden. So stand ich schließlich mit dem Fotografen auf dem Perron und harrte der Ankunft der Persönlichkeiten.

Plötzlich tippte mir jemand mit dem Finger auf die Schulter. Es war einer unserer Volontäre, der natürlich keinen Sonderausweis hatte. „Wie bist du denn bis hierher gekommen?“, fragte ich verblüfft. „Wie schon - einfach über die Gleise. Ich wollte mir den Großen Bahnhof mal angucken.“

Auch Sicherheitsmaßnahmen sind eine Suppe, die man nicht so heiß isst, wie sie gekocht wird.

Hansjoachim Paech

Einfach genial - genial einfach!

Warum das „Blaue Wunder“ in Dresden zweimal existierte, hat der geneigte Leser schon erfahren. Aber auch der „Artesische Brunnen“ am Albertplatz hatte einen Doppelgänger, der freilich nicht von Freiberger Bergleuten in vierjähriger Arbeit (1832-1836) durch die Schwemmland- und Kreideschichten des Elbtalbodens getrieben wurde, bis das Wasser unter natürlichem Druck von selbst emporstieg - nein, der artesische Doppelgänger spie Wasser nur im Notfall aus, ansonsten aber vornehmlich Bier und harte Sachen; denn es handelte sich um eine kleine Gastwirtschaft gleichen Namens nahe dem Hochhaus der einstigen Verkehrsbetriebe. Sie diente der Redaktion der UNION - die lag ja gleich um die Ecke - in den 50er Jahren als Feierabendbeschäftigung. Die abendlichen Runden waren dadurch gekennzeichnet, dass der Chefredakteur inmitten seiner Redaktionsmitglieder, meistens junge Leute, weilte - ein Umstand, von dem die jungen Redakteure und Volontäre heute nur noch gelegentlich träumen können.

Der Chef hatte keine Familie, die ihn abends hätte ablenken können, besaß aber eine rotweinglänzende Knollennase und war auch anderweitig als Genießer zu erkennen. Ungeachtet dessen eilte ihm ein gewisser Ruf von Genialität voraus, der uns junge Leute ehrfürchtig aufblicken ließ. Er war z.B. in der Lage, Leitartikel - für die er ja prinzipiell zuständig war - in grammatisch korrekten Sätzen und tiefgründigem Stil in die Setzmaschinen zu diktieren, die damals die Zeilen noch in einer Bleilegierung auswarfen. Folglich konnte, wer wollte, des Chefs Erörterungen in Kilogramm messen. Heute wiegen diese Dinge selten etwas. J. R. diktierte seine Ansichten über die kompliziertesten politischen Vorgänge fehlerfrei und genau auf Länge, was ihn gelegentlich dazu verführte, nach durchzechter Nacht in vorletzter Sekunde in der Setzerei zu erscheinen; denn die UNION wurde damals am Vormittag hergestellt und erschien als Abendzeitung.

Der Chef pflegte seine Redakteure zum abendlichen Umtrunk einzuladen, pumpte sie aber regelmäßig an, um die Zeche im „Artesischen Brunnen“ begleichen zu können. Neue Leute, die dieses System noch nicht kannten, waren über die Zuneigung ihres Vorgesetzten hocherfreut und gaben die fünf Mark bereitwilligst. Davon sahen sie niemals etwas wieder. Einem Manne wie J. R. etwas gepumpt zu haben, gereichte jedem Untergebenen zur Ehre.

Der Tresen des Artesischen Brunnens sprudelt heute nicht mehr; die vor 170 Jahren angelegte 234-m-Teufe erwies sich letztlich als ergiebiger. Aber sie liefert halt nur Wasser!

„Messe-Aufschnitt“ - leicht verdorben

In den 60er Jahren war es üblich, dass die regionalen Redaktionen der (Ost)CDU zu Zeiten der Leipziger Messe eine zentrale Messe-Redaktion installierten, die die Aufgabe hatte, die üblichen Messeseiten gemeinsam zu gestalten. Das war in jedem Falle preiswerter, als wenn jede Redaktion alleine gewurstelt hätte. Leiter der Messe-Redaktion war über Jahre hinweg der damalige Chefreporter der Dresdner UNION, der wegen seiner unkonventionellen Berichterstattung beim Leser zwar beliebt war, bei der Parteileitung der CDU aber mit gewissem und - wie wir noch sehen werden - berechtigtem Misstrauen gehandelt wurde. Überhaupt war es in diesen glorreichen Zeiten zweckmäßig, lieber auf die Parteileitung als auf den Leser zu schielen. Letzterer war zwar als Abonnent erforderlich, weil er - in summa - die Zeitung bezahlte, aber der eigentliche Zahlmeister saß in Berlin. Wer es sich mit dem verdarb, konnte sein politisches Testament machen.

H. P., wie wir den Chefreporter verhüllend nennen wollen - denn der Mensch lebt noch und könnte sich bei irgendeinem Datenschutzbeauftragten beschweren -, war gehalten, sich anlässlich der Frühjahrsmesse 1967 in der Beilage WEG UND ZEIT, die DIE UNION herausgab, zu den Aussichten der Leipziger Messe zu äußern - sowohl politisch als auch ideologisch, am besten allerdings politisch-ideologisch. H. P. war kraft seiner langjährigen Erfahrungen mit Messen im Allgemeinen und der Leipziger im Besonderen für die Vorausschau bestens, weil von Sachkenntnis getrübt, geeignet. Unglücklicherweise verfiel er auf die Idee, als Genre so eine Art Feuilleton zu wählen, was ihn à priori zu unterhaltsamem Stil verpflichtete, und das so entstehende Pamphlet auch noch MESSE-AUFSCHNITT zu nennen. Aufschnitt: das war von allem etwas, eine bunte Mischung von Politik, Ökonomie, Kultur, Klein-Paris, hübschen Servierschürzen und lebenslustigen Leipziger Wirtinnen, von frischen Brötchen, heißblütigem Standpersonal und kaltblütigen Büffets. Aufschnitt: das waren schließlich nur Scheibchen, aber nicht der ganze Braten. Aber den wollte man „oben" haben, und so nahm das Schicksal seinen Lauf.

Das Presseamt des Vorsitzenden des Ministerrats rief bei der Parteileitung der CDU an, die ihrerseits die Chefredaktion in Dresden informierte, der Chefredakteur zitierte H. P. in Leipzig an den Apparat und teilte ihm die Wünsche der Staats- und Parteiführung mit: sofortige Abberufung als Leiter der Messe-Redaktion und Hausverbot. Augenzeugen berichteten, dass H. P. „bleichen Gesichts" gewesen sei, als er die Hiobsbotschaft vernahm, die - genau genommen - ja die Botschaft eines gewissen Dr. Blecha gewesen ist, der das Presseamt leitete. Zwischen dem biblischen Hiob und dem atheistischen Blecha jedoch bestand in diesem speziellen Fall kein Unterschied. Das Problem des unverschuldeten Leidens, das im Buch Hiob erörtert wird, war auch das Problem des Dresdner Chefreporters, der noch so blauäugig war, bei Dr.

Blecha um Audienz nachzusuchen, um die Sache richtig zu stellen. Natürlich vergebens.

H. P. - ich habe mit ihm gesprochen - weiß heute noch nicht, was den obersten Informationshüter der Regierung einst so erbost hatte, dass er einen kleinen Chefreporter seiner Intervention für würdig erachtete.

Waren es Sätze wie diese:

„Nun ist die Zeit der frischen Brötchen wieder angebrochen. Ich sitze in Klein-Paris und kabele in meine Redaktion allerhand Nützliches, Aktuelles, aber auch Ergötzliches und Nachdenkliches." Oder:

„Ich habe immer den Eindruck, dass Leipzig über Nacht wächst. Natürlich sind Jahre vergangen, ehe die zig Millionen von Mark im Zentrum verbaut gewesen sind." Oder:

„Und wenn das Gespräch für beide Teile (Anmerkung: West und Ost-Journalisten) interessant ist,... dann merkt man plötzlich, dass man einen vernünftig denkenden Menschen vor sich hat."

Oder zu den üppigen Büffets der DDR-Betriebe:

„Wenn der Finanzminister der Republik den Betrieben, VVBs usw. Werbemittel bereitstellt, so wird es im Sinne unserer Entwicklung liegen, sie auszunutzen. Solchermaßen ideologisch beruhigt, langt man mit Appetit zu." Oder:

„Kein Wunder also, wenn die Betriebe aller Erdteile die schönsten ihrer Frauen und Mädchen für den Dienst am Messestand mitbrachten."

Man merkt schon: Einige Spitzen waren reichlich hintergründig, wenngleich sie den Weltfrieden nicht gefährdeten. Und 33 Jahre später war offensichtlich, dass der Sturm von 1967 im Wasserglas stattgefunden hatte.

Nachdem der AUFSCHNITT am 4. März 1967 erschienen war, tagte das Sekretariat des Hauptvorstandes der CDU am 13. März und fasste folgenden Beschluss (gekürzt):

„Der Verfasser des Artikels,..., wird mit sofortiger Wirkung von seiner Funktion als Mitglied des Redaktionskollegiums und Abteilungsleiter des Bezirksorgans DIE UNION abberufen. Dem Unionsfreund... wird... eine Rüge ausgesprochen. Die verhängte Parteistrafe ist in die Kaderunterlagen einzutragen."

Und dort schlummert sie wahrscheinlich heute noch. Oder kann die Merkel-CDU glaubhaft versichern, dass nach Austritt eines Mitglieds aus der Ost-CDU die Parteistrafen in den Akten, die die West-CDU übernommen hat, gegenstandslos geworden sind?

Günter Klieme

Als Radiowellen die Mauer durchdrangen

Ein Rundfunk-Hörspiel von „drüben“, dem wir atemlos in der Weihnachtszeit 1960 lauschten, „Ich rufe Dresden“, brachte uns die Gewissheit, da schilderte ein Dresdner Landsmann sein eigenes schicksalhaftes Erleben. Denn einer versuchte vergeblich, von West-Berlin aus seine alte Mutter in Dresden telefonisch zu erreichen.

Matthias Walden nannte er sich, wenn er zu uns über die grenzüberschreitenden Ätherwellen sprach, anfangs noch massiv gestört von Stalins Radio-„Geisterreitern“, die wir bald mittels einer speziell richtbaren Antenne aussonderten. Matthias Walden sprach zu uns ins „Tal der (scheinbar) Ahnungslosen“ und vermittelte uns vielfältige Eindrücke von der Welt jenseits des eisernen Vorhangs, der während des „kalten Kriegs“ die Hemisphären nahezu undurchdringlich voneinander geschieden hatte. Am unverwechselbaren Klang seiner Stimme erkannten wir ihn zur immer gleichen Zeit auf der bekannten Wellenlänge auch ohne Pausenzeichen und Senderansage, die wir bei offenem Fenster vorher ausgeblendet hatten. Er sprach zu uns ohne die klischierten Schlagworte und Phrasen jenes inhaltslosen Funktionärsjargons, den uns hiesige Sender einschläfernd auftischten. Da er stets mit verhaltener Leidenschaft klug und gewandt argumentierte, regte er uns - selbst im Widerspruch zu seiner Meinung - zum Überdenken und Weiterdenken an. Wir ahnten mehr, als dass wir wussten: Da spricht einer stellvertretend für uns, die wir hierzulande zum Schweigen verurteilt waren. Denn der da drüben konnte, durfte und musste unsere geheimsten Gedanken äußern - „eine freie Stimme der freien Welt“, ausgestrahlt vom RIAS und SFB aus West-Berlin, weil vom Osten aus damals unerreichbar als „Frontstadt“ abgetan. Es lag ihm fern, Tatbestände wortreich zu verschleiern oder zu verdrehen; wie diese freie Welt andererseits auch beschaffen war, das haben wir selbst dann Jahrzehnte später heute und hier erfahren. Obwohl er damals ein „Aufklärer“ im besten Sinne des Wortes war, hat er von unbesonnenen Aktionen stets abgeraten, denn er wusste um die existenzielle Gefährdung, die uns jederzeit bedrohte, vor allem in jenen Jahren, als wir durch den Berliner Mauerbau endgültig und ausweglos vom „Ostblock“ vereinnahmt schienen. Dessen unaufhaltsames schrittweises Dahinschmelzen hat er freilich nur noch in den Anfängen miterleben können, denn er starb nach längerer, schwerer Erkrankung am 17. November 1984 in West-Berlin.

Geboren war Matthias Walden am 16. Mai 1927 in Dresden als Eugen Wilhelm Otto Baron von Sass. Sein Pseudonym hatte er gewählt im Hinblick auf das Schicksal des einstigen Herausgebers der expressionistischen Zeitschrift DER STURM, Herwarth Walden, der aus Hitler-Deutschland geflohen war, jedoch Anfang 1941, vom Stalinismus verfolgt, in einem russischen Gefängnis starb. Der spätere Matthias Walden hatte im letzten Kriegsjahr seine Bildungsstätte, das Realgymnasium Dresden-Blasewitz, wie die meisten seines Jahrgangs mit dem Notabitur verlassen und musste noch bis zum bitteren Ende seinem unheilvollen Vaterland dienen. Aber im Gegensatz zu vielen seiner Kameraden war er noch einmal davongekommen. Jene Portion Glück, die man damals eben brauchte, ließ ihn 1946 eine vorläufige Beschäftigung als Zeitungsvolontär in seiner Heimatstadt finden. Bereits ein Jahr später von der Dresdner Tageszeitung DIE UNION als Redakteur eingestellt, zeichnete er sich durch eine Reihe eigenwilliger und prägnant formulierter Artikel aus, die bald die Zensoren der sowjetischen Besatzungsmacht auf den Plan riefen, veranlasst von deren deutschen Helfershelfern und ergebenen Parteigängern. Als sich der zweite Teilstaat auf deutschem Boden gerade etabliert hatte und sich zur offenen Diktatur gegenüber Andersdenkenden mauserte, wurde Matthias Walden - wie vielen mit und neben ihm - jegliche weitere Wirkungsmöglichkeit in seiner Heimat entzogen.

Um drohender Verhaftung zu entgehen, wandte sich der 23-Jährige nach West-Berlin und war dort als Redakteur und Kommentator beim RIAS Berlin (Radio Im Amerikanischen Sektor), danach als Chefredakteur und Chefkommentator beim SFB (Sender Freies Berlin) tätig. Seit 1979 wirkte er in gleicher Weise beim Axel Springer Verlag, wurde ab 1981 Mitherausgeber der Tageszeitung DIE WELT zusammen mit Axel Springer und zwei Jahre später dessen Stellvertreter im Vorsitz der Holding gleichnamiger Unternehmensgruppe. Lebenslang hat der streitbare Publizist alle politischen Ereignisse im geteilten Europa sowie weltweit mit markanten Beiträgen und Anmerkungen begleitet. Seine dokumentarischen Fernsehsendungen, davon vor allem „Einige Tage im Leben des... Franz Josef Strauß, Willy Brandt, Helmut Schmidt, Rudolf August Oetker, Josef Neckermann, Hans-Dietrich Genscher" konnten in Dresdens ungünstiger Fernseh-Tallage nicht empfangen werden. Einige wenige seiner Publikationen, in die Sächsische Landesbibliothek Dresden gelangt (teilweise aus westdeutschen Geschenksendungen eigentlich an Dresdner Einwohner), weil von hiesigen „Zollorganen" als geistige Konterbande beschlagnahmt, sind bis zum Spätherbst 1989 im Bibliotheks-„Giftschrank“ der öffentlichen Benutzung entzogen gewesen.

Ein rundes Dezennium davor, Ende der siebziger Jahre, war Matthias Walden übrigens dem gerade noch so entgangen, wovor er einst geflüchtet war: der Verhaftung. Er hatte, erstmals nach langer Trennung von seiner Heimatstadt, Dresden besucht und dabei auch das Hosterwitzer Kepp-Schloss aufgesucht. Früher im Besitz der Familie von Sass, war es nach deren Enteignung in eine Kaserne für Zivilverteidigung und Katastrophenschutz umfunktioniert worden. Als der Journalist verlangte, sein früheres Familieneigentum besichtigen zu wollen, wurde ihm das Betreten dieses (para)„militärischen Objekts“ vom davor patrouillierenden Wachtposten strikt verboten. Widrigenfalls drohte man ihm sofortige Festnahme an...

Irrungen um einen Subredakteur

Lange genug, wie er meinte, hatte G. Conrad für Dresdner Tageszeitungen geschrieben, ganz ohne die Absicht, solcherlei nebenberufliche Mitarbeit jemals zum Hauptfeld seiner Tätigkeit zu erheben. Ohne darauf sonderlich gewartet zu haben, kam gelegentlich ein Leserecho auf seine kulturgeschichtlichen Beiträge und literarischen Gedenknotizen. Manche Briefe enthielten mehr oder minder offene Zustimmung; vor allem dann, wenn aufmerksame Zeitungsleser die hier und da zwischen den Zeilen eingestreuten systemkritischen Gedankensplitter sehr wohl bemerkt hatten. Ablehnende Meinungen, zumeist telefonisch und obendrein anonym geäußert, verrieten bestenfalls mangelnde Sachkenntnis; ganz zu schweigen von der Handvoll bedauernswerter Ignoranten, deren „Argumente“ sich bloß in unqualifiziertem Schimpfen erschöpfte. Wer an der Straße baut, so sagt's die Volksweisheit, muss sich Einwände - sogar manchmal mehr - gefallen lassen.

Die Zeitungsredaktionen selbst drückten oft ein Auge zu, wenn Conrads kritische Anspielungen nicht allzu greifbar deutlich geworden waren. Ansonsten gab es nur quasi technischen Alarm bei „Übersatz“, wenn der Verfasser die vereinbarte Zeilenzahl wieder einmal überzogen hatte. Denn verständlicherweise kann keine Zeitung auf den Rand drucken. Was den Inhalt betraf, hielten sich die Redaktionen wohlweislich zurück, ihren schreibenden Mitarbeitern konzeptionell hineinzureden. Angesichts der obwaltenden roten Diktatur galt als stillschweigend vereinbart, dass die eigentliche Pressezensur schon vorher in den Köpfen stattzufinden habe.

Ehe er in die Stadt aufbrach, pflegte Conrad die allmorgendlichen Tageszeitungen im Überblick durchzusehen. Die trostlosen „Bleiwüsten" pflichtgemäß nachgedruckter Reden und Verlautbarungen so genannter Staatsmänner und tonangebender Funktionäre waren ohnehin keiner Beachtung wert. Ebenso konnten die ledernen Leitartikel, deren Inhalt in stereotypen Formulierungen stets von zentraler Stelle Ost-Berlins vorgegeben wurde, eilends übergangen werden; sofern nicht der Druckfehlerteufel (oder wer auch immer?) sich den hochpolitisch kriminellen Scherz erlaubt hatte, das zu würdigende, „jahrzehntelange fruchtbare Wirken" irgendeines führenden Genossen vertauschenderweise in „furchtbar" umzumünzen. Dieser gravierende Druckfehler verursachte einer jungen Redakteurin, gerade turnusmäßig zur Abfassung des betreffenden Leitartikels verpflichtet, schlaflose Nächte voller Angstträume drohender Verhöre oder gar Verhaftung. Als danach in der Folgezeit nicht das Geringste geschah, zeigte es sich zur Erleichterung der Verfasserin, dass offenbar sowohl die Zeitungsleser aus der „Bevölkerung" als auch die obrigkeitlich angestellten Zensoren die veröffentlichten Leitartikel und ähnliches buchstäblich links liegen ließen.

Seine eigenen Zeitungsbeiträge las Conrad, weil ihm selbst schon zu sehr vertraut, höchst ungern nochmals schwarz auf weiß gedruckt, eigentlich nur mit „Sekretärinnenblick", wegen da hineingeratener - seinerzeit zahlenmäßig sehr geringer - Druckfehler.

Wie erstaunt war er aber, als er einen seiner Gedenkaufsätze, anfangs der achtziger Jahre zu einem Jubiläum Viktor Klemperers, scheußlich verstümmelt, in manchen Abschnitten sogar gänzlich umgeschrieben, vorfand. Unter der zweifellos Anstoß erregenden, doch merkwürdigerweise unverändert belassenen Überschrift „Die Sprache bringt es an den Tag" hatte Conrad nicht nur den Autor des viel beachteten LTI gewürdigt, dessen weitere literaturwissenschaftliche Publikationen damals kaum bekannt und dessen aufschlussreiche Tagebücher noch gar nicht veröffentlicht waren. Zugegeben, es hatte Conrad als versiertem Philologen großes Vergnügen bereitet, jene Schlagwörter und Redewendungen aus Klemperers „Lingua tertii imperii" (die Sprache des „dritten Reichs", also der braunen Diktatur) aufzulisten, die nun im „vierten Reich" (d.h. in dem von der roten Diktatur beherrschten Drittel des alten Reichs) wieder oder noch immer in gleicher Bedeutung verwendet wurden. Außerdem sollte der bewusste Gedenkaufsatz, der die ganze erste Seite der Wochenendbeilage WEG UND ZEIT einnahm, mit der entlarvenden Sentenz schließen: „An ihrer Sprache sollt ihr sie erkennen.“ Die Abwandlung des bekannten Bibelwortes aus Matthäus 7; 16, wo von „ihren Früchten“ die Rede ist, musste gerade für die Leser dieser Dresdner und ostsächsischen Tageszeitung auffällig sein, ebenso wie die zwischen den Zeilen erkennbare Gleichsetzung der beiden, auf deutschem Boden nacheinander folgenden politischen Systeme; wohlgemerkt Parallelen hinsichtlich des totalitär-diktatorischen Grundcharakters ihrer Methoden, nicht aber ihrer sehr deutlich unterscheidbaren Inhalte und Zielsetzungen.

Conrad hatte seinen Klemperer-Aufsatz, durch Fremdeingriff zum Machwerk verkommen, kaum gelesen, da griff er schon nach dem Telefon. Der unergründliche Zufall wollte es, dass der zuständige Kulturredakteur, damals gerade stellvertretender Chefredakteur der Zeitung, sich sogleich selbst am Apparat meldete. Auf Conrads leichthin geworfene Frage, welcher impertinente Subredakteur den Klemperer-Aufsatz so übel zugerichtet habe, herrschte mehrere Augenblicke lang völlige Stille in der Leitung, bis Conrad schließlich nachfragte, ob sein Gesprächspartner noch anwesend sei. Dieser hatte die eingetretene Pause dringend benötigt, sich von dem ereilten Schlag erst einmal zu erholen. Ohne allerdings seine Fassung gänzlich wiedererlangt zu haben, hauchte er in den Hörer, er selbst sei es gewesen. Denn so, wie es ursprünglich eingereicht worden sei, habe man es nicht veröffentlichen können.

Vom stellvertretenden Chefredakteur in flagranti ausgeübte Pressezensur - aus Angst vor voraussichtlichen Folgen: Verhöre, Überprüfungen, Verlust des Arbeitsplatzes, Verminderung des gewohnten Wohlstands, zwangsweise Versetzung in die Provinz, vielleicht gar Verhaftung, Gerichtsverfahren und Gefängnis, die weit reichende Skala suppressiver Maßnahmen war allen wohlbekannt. Wer hätte ihm seinen „Rückzieher“ unter damaligen „gesellschaftlichen Verhältnissen“ verdenken können? Mit deren Veränderung im Sinne längst notwendiger Reformen oder gar eines völligen Umbruchs war seinerzeit nicht im Entferntesten zu rechnen. Selbstverständlich vermieden es die beiden Kontrahenten dieses Vorfalls, fernerhin in allzu engen Kontakt miteinander zu geraten. Eine klärende Aussprache dazu unter vier Augen, somit eine einsichtsvolle Verständigung über die beiden auflastende Zwangslage, hat es nicht gegeben. Das Spiel war aus, man stand betroffen: Der Vorhang zu - und alle Fragen offen... (frei nach BB zitiert).

Ernst Günther

Zoo-Ullrichs „sterbende Wildnis“

Er war der Grzimek der DDR. Populärster Zoodirektor des Landes, über die Grenzen hinaus anerkannter Zoologe, weit gereister Forscher, fleißiger Autor, geschätzter Vortragsreisender und der Erste, der Tiersendungen im DDR-Fernsehen moderierte. Professor Dr. Wolfgang Ullrich (20. 6. 1923 - 26. 10. 1973). Der hagere Mann, übrigens zugleich leidenschaftlicher Sammler erzgebirgischer Volkskunst, wusste um die Bedeutung von Publicity und erreichte auch viel für „seinen“ Zoo. Er hatte nur einen Nachteil: Er war in der falschen Partei.

Seine westlichen Kollegen im Zoodirektorenverband wollten ihn gern als Direktor des Tierparks Berlin sehen. Doch um dieses Amt zu erlangen, hätte Ullrich in der SED und nicht in der CDU sein müssen. Fachkompetenz, Engagement, politische Loyalität, gutwilliger Beitrag zum internationalen Ansehen der DDR - das alles zählte weniger als das rote Parteibuch mit dem Händedruck.

Das heutzutage übliche Gerede von „Blockflöten“, übrigens eine Bezeichnung, die zu DDR-Zeiten von Journalisten des Neuen Deutschland erfunden wurde, dient allein alten und neuen Genossen als Alibi. Mitglieder der so genannten Blockparteien folgten zwar der „führenden Rolle der Partei der Arbeiterklasse“ in den Grundzügen, bewahrten sich aber dennoch eigene Vorstellungen. Die Genossen misstrauten ihnen stets und schufen stillschweigend Reglements, ihren „gesellschaftlichen Einfluss“ zu beschränken.

Ullrich war ein Cleverle, das um die gesetzten Grenzen wusste, diese jedoch auszureizen gedachte. Wann immer es ratsam erschien, brachte er sich publikumswirksam in die Öffentlichkeit. Einmal wäre das beinahe schief gegangen - durch die Naivität einer Reporterin.

Als die DDR, nach internationaler Anerkennung gierend, Institutionen und Presse vertraulich vorab informierte, dass „der erste Schritt zur Aufnahme diplomatischer Beziehungen mit Indien“ bevorstehe, berief Dresdens Zoodirektor eine Pressekonferenz ein, um von seinen Indien-Expeditionen zu berichten. Dabei bemerkte er en passant, dass in Indien Zivilisation und Urbanisierung rasch fortschreiten und die Wildnis immer mehr aussterbe.

Am folgenden Tag, dem avisierten Tag der Tage, las man denn im Sächsischen Tageblatt auf der ersten Seite: Indien anerkennt die Deutsche Demokratische Republik. Auf der letzten, der Lokalseite, lautete die Schlagzeile: Indien - eine sterbende Wildnis.

Allerdings erreichte das Blatt nur einige hundert Leser der Erstauslieferung. Die Masse erhielt eine „bereinigte“ Zeitung.

„Krolis“ Zirkus um einen Zirkus

Dreizehn Jahre lang war er Duodezfürst von SED-Gnaden. Mächtigster Mann und der eigentliche Regent im Bezirk Dresden zwischen 1960 und 1973. Der große Strippenzieher. Pole Poppenspäler der Politik. An seinen Fäden hingen alle Marionetten. Werner Krolikowski, Erster Sekretär der Bezirksleitung der SED.

Ein körperliches Schwergewicht von gewaltiger Eitelkeit. Und ebensolchem Ehrgeiz. Den die Provinz auf Dauer nicht stillen konnte. Nachdem er 1963 Mitglied des allgewaltigen Zentralkomitees geworden war, stand ihm der Weg nach oben offen. Vielleicht ein Ministerposten? Vielleicht ZK-Sekretär? Vielleicht Nachfolger von Stoph? Um die obersten Sprossen zu erreichen, musste er sich in Dresden profilieren. Als Hardliner mit vorgegebener Jovialität.

Kroli, wie er genannt wurde, witterte hinter jedem öffentlich vorgetragenen politischen Witz, Gag oder Bonmot ein Attentat auf „die führende Rolle der Partei der Arbeiterklasse“. Insbesondere die Confèrenciers konnten ein Lied davon singen! Aber auch die Zeitungen der „befreundeten Parteien“ standen unter seiner Kuratel. Als eine auf ihrer heiter-satirischen Silvesterseite ein Plädoyer für Humor im Alltag unter dem Titel „Lachen ist keine Ablenkung vom Klassenkampf“ druckte, ließ er einen innerredaktionellen Schauprozess inszenieren, der für den Autor mit einem „strengen Verweis“, der Vorstufe zur Entlassung, endete.

Pole Poppenspäler.

Aber auch bei den Journalisten seiner Hauspresse war er gefürchtet. Namentlich bei Bildreportern. Obgleich diese sich aus Selbstschutz strikt an die Vorgaben hielten - beispielsweise durfte, wie einer von ihnen berichtete, vom großen Doppelkinn des Zampano möglichst wenig zu sehen sein -, mussten sie ihm sämtliche Aufnahmen, auf denen er abgelichtet war, vorlegen. Damit er höchstselbst auswählen konnte, welche ins Biatt kam. Auch auf die Gefahr hin, dass die Zeitung mit Verspätung angedruckt wird.

Kroli, der Große.

Auch ohne die heute üblichen Imageberater achtete er auf jede Kleinigkeit seiner Erscheinung. Unter vorgehaltener Hand erzählte man damals, dass er, bevor er ans Rednerpult trete, hinterm Vorhang seine charakteristische Stirnlocke eigens stylt...

1969 mischte er sich gar in Belange des polnischen Staatszirkus ein. Was jedoch weniger diplomatische Verwicklungen als vielmehr hämisches Gelächter zur Folge hatte.

Cyrk Warszawa begann sein erstes DDR-Gastspiel in Pirna. Star des Programms war einer der vielseitigsten und populärsten Zauberkünstler des Nachbarlandes, der zufälligerweise genauso hieß wie der Bezirksboss. Auf den Plakaten prangte denn in großen Lettern:

KROLIKOWSKI

Seltene Illusionen!

Schlitzohren, die das lasen, interpretierten es selbstverständlich im Doppelsinn und lachten sich ins Fäustchen.

Das konnte Kroli natürlich nicht dulden. Sogleich setzte er seinen „Apparat“ in Bewegung. Die Plakate wurden überklebt oder entfernt, die Bestände konfisziert. An den Zaubermeister erging die Order, sich einen unverfänglichen Künstlernamen zuzulegen. Was dieser jedoch ablehnte, schließlich sei er unter seinem Namen bekannt. Die Folge seiner „Sturheit“: Er durfte auch in der Vorstellung nicht namentlich angesagt werden. So lernten ihn die Dresdner als großen Unbekannten kennen!

Die Polen hofften, dass Krolikowskis Zirkus um den Zirkus außerhalb des Bezirkes Dresden gegenstandslos sein würde. Eine Illusion! Denn erstens reichte die Macht eines ZK-Mitglieds weiter, und zweitens hatte Kroli einen Bruder, der im diplomatischen Dienst der DDR stand...

MONIKA MARSCHALL

Frau Dummann ist tot

Es war schon einigermaßen verwunderlich, dass ich meine Tätigkeit als Mitarbeiterin im Dresdner Gewerkschaftsvorstand überhaupt antreten konnte. Eine blütenweiße Kaderakte hatte ich nicht vorzuweisen. Mit Westverwandtschaft ersten Grades blieb einem die steile DDR-Karriere von Anfang an bekanntermaßen verwehrt. Mitte der 50er Jahre hatten sich meine Hamburger Eltern im Einvernehmen mit dem Zentralkomitee ihrer Partei, damals noch der KPD, entschieden, mich zum Zwecke der Ausbildung in die DDR zu geben. Mittlerweile war ich Journalistin geworden, und die Idee, irgendwann in meine Heimatstadt Hamburg wieder zurückkehren zu können, musste durch den Mauerbau für lange Jahre ein Traum bleiben.

So begann ich im Januar 1973 meine pressereferentische Aufgabenlösung im Bezirksvorstand Dresden des Freien Deutschen Gewerkschaftsbundes, in einer Zeit, als sich irgendwelche höheren Kader ausgedacht hatten, sich noch intensiver als bisher vom westlichen Klassenfeind abzugrenzen. Die Umsetzung dieser Abschottung hatte weit reichende Folgen für manchen DDR-Bürger, der in irgendeiner Funktion, egal, welchen niedrigeren oder höheren Grades sie auch gewesen sein mag, tätig war. Er hatte nun auf Beschluss von Partei und Regierung sämtliche Westkontakte aufzugeben, wollte er seinen Job nicht preisgeben.

Diese Forderung trat eines Tages in persona meines Chefs, Bezirksvorsitzender der Dresdner Gewerkschaft, auch an mich heran. Meine Entscheidung war schnell getroffen. Mich von meiner inzwischen der DKP angehörenden, in Hamburg lebenden Mutter und meiner im DKP-Landesvorstand tätigen Schwester für immer zu verabschieden, damit die scheinbare Zusammenarbeit von SED und DKP überhaupt infrage zu stellen, schien mir wenig überzeugend, vielmehr eher einfach blöd und hanebüchen. Immerhin vermochte ich meinen Vorgesetzten davon zu überzeugen, dass diese Forderung wohl für meine Person nicht zutreffend sein dürfte.

Auf diese Art hatte plötzlich nicht mehr ich, sondern mein Chef ein Problem. Um sich den Weisungen von ganz oben nicht widersetzen zu müssen, was letztlich Schaden für seine eigene Person bedeutet hätte, gleichermaßen dürfte ihm offensichtlich die Schildbürgerei dieses Abschottungsauftrages überraschend schnell bewusst geworden sein, hieß es für ihn, in diesem meinem Falle eine spezielle Lösung zu finden.

Also beschloss er offensichtlich mit sich selbst, dass ich in regelmäßigen Abständen mindestens ihm gegenüber Bericht zu erstatten hätte über den Inhalt meiner Korrespondenz mit dem Westen. Kurze Zeit später empfing ich dann wieder einmal Post von meiner Mutter. Leider konnte sie mir keine wesentlichen Beobachtungen über die imperialistischen Umtriebe der Hamburger Klassenfeinde übermitteln. Vielmehr enthielten ihre Zeilen neueste Familiennachrichten und Ähnliches, für mich zweifelsohne wesentlich Interessanteres.

Entsprechend seiner Weisung bat ich nach Erhalt dieser Westpost um Vorsprache bei meinem FDGB-Chef und unterrichtete ihn davon, dass Frau Dummann gestorben sei. Sein Blick schien mir sehr verwundert, denn mit diesem Namen wusste er offenbar und verständlicherweise rein gar nichts anzufangen. Als ich ihn aufklärte, dass die arme Verstorbene viele Jahre hindurch die Nachbarin meiner Mutter gewesen sei, sie nun jedoch das Zeitliche gesegnet und meine Mutter mich von diesem Trauerfall in Kenntnis gesetzt hatte, blieb ihm nur noch zu fragen, was denn ausgerechnet ihn das Ableben dieser ihm unbekannten Frau anginge. Auf diese berechtigte Frage vermochte ich ihm keine Antwort zu geben.

Mir blieb also nur, ihn an seine Weisung zu erinnern. Frau Dummann war gestorben, und ich hatte ihn ordnungsgemäß von diesem Unglück unterrichtet. Ein zweites Mal musste so ein Vier-Augen-Gespräch nicht mehr stattfinden.

Der Genosse FDGB-Chef hatte verstanden.

Karl-Heinz Chemnitz

Die verbotene Orient-Express-Reportage

Im November 1986 erhielten wir einen Brief von Schweizer Verwandten, in dem sie uns einen zweitägigen Besuch in Dresden ankündigten. Große Freude - ein mögliches Wiedersehen nach rund 25 Jahren der Trennung. Doch warum nur zwei Tage? Lohnte sich da überhaupt die weite Reise? Des Rätsels Lösung war einfach: Meine Verwandten hatten über ein Schweizer Reisebüro eine Fahrt mit dem Istanbul-Orient-Express von Zürich über Frankfurt/Main nach Leipzig und Dresden gebucht. Der Reiseablauf war beigefügt. Wir wussten also genau, wann der Zug in Dresden eintreffen sollte. Übernachtungen im Hotel Bellevue, Stadtführung, Besuch der Semperoper - alles war bereits organisiert und vorab gebucht.

Ein Nostalgie-Zug aus der Schweiz - gehört hatte ich ja schon von derartigen Reisemöglichkeiten jenseits unseres Lebensraumes. Das Schweizer Reiseunternehmen hatte den Express aus liebevoll restaurierten Original-Eisenbahnwaggons der zwanziger Jahre zusammengestellt - bestehend aus einem echten Pullman-Salonwagen mit Bar und Piano, Gepäck-, Panorama- und Speisewagen, mehreren Schlafwagen sowie dem Präsidentenwagen, in dem einst Frankreichs Staatschef de Gaulle gereist war - ein rollendes Hotel sozusagen, das Reisen durch ganz Europa ermöglichte. Und dieser Zug sollte jetzt erstmals auch nach Dresden kommen! Etwas für die Zeitung also. Und so kam mir die Idee, diesem Zug bis nach Leipzig entgegenzufahren, um die 120 km von dort nach Dresden hautnah mitzuerleben. Dabei wären Interviews mit Fahrgästen, dem Zugpersonal, der Reiseleitung, verknüpft mit historischen Reflexionen und der Beschreibung der Waggons, für die Leser sicher von Interesse - glaubte ich wenigstens.

Also Anfrage bei den Sächsischen Neuesten Nachrichten: Wollt ihr, oder wollt ihr nicht? Sie wollten, und so ging ich in die Spur.

Rücksprache mit meinen Schweizer Verwandten, die sich beim Züricher Reisebüro befragten: Ist die Mitfahrt von Leipzig nach Dresden möglich? Man stimmte zu, verwies jedoch darauf, dass dazu die Genehmigung der DDR-Behörden einzuholen sei, da die Sachsen-Tour nur mit Sonderzulassung „von höchster Stelle" stattfinde. Ich rief deshalb das Presseamt Berlin an. Der Amtsmitarbeiter war recht freundlich, sogar in gewisser Weise einsichtsvoll: „Ich habe ja Verständnis für eure journalistische Neugier." Nur könne er nicht sofort entscheiden, müsse auf den nächsten Tag vertrösten.

Aber schon zwei Stunden später klingelte das Telefon. Nicht bei mir freilich, sondern beim Chefredakteur der Tageszeitung, die an meinem Vorschlag Interesse geäußert hatte. Am anderen Leitungsende war nun nicht mehr der pressefreundliche, sondern ein im Klassenkampf gestählter Genosse: „Hier die Presseabteilung beim Ministerrat der DDR! Genossen, wir wurden über eure Anfrage informiert. Was fällt euch eigentlich ein, solch einen Vorschlag vorzutragen! Woher wisst ihr überhaupt von diesem Vorhaben - das Ganze ist eine vertrauliche Angelegenheit! Ausdrückliches Verbot jeglicher Berichterstattung über dieses Ereignis! Ende."

Die nächste Reformante landete bei mir, denn der arme Chefredakteur hatte von meiner harmlosen Idee und naiven Anfrage in Berlin noch gar nichts gewusst. Aus der Traum also vom „nostalgisch reisenden" Reporter, Pressefreiheit „Made in GDR".

Aber die Geschichte fand noch eine Fortsetzung, und die war von keinem staatlichen Verbot aufzuhalten: Zum Zeitpunkt der Zugankunft fuhr ich zum Dresdner Hauptbahnhof, um - wie ich dachte - ganz allein das „geheime" Einrollen des Zuges mitzuerleben. Aber was war da los? Die Bahnsteigtreppe war gerade noch zu erklimmen. Dann traute ich meinen Augen nicht: Der Bahnsteig 5 - schwarz vor Menschen. Der Nachbarbahnsteig ebenso. Hatte ich mich etwa verlaufen? Doch statt Koffer und Reisegepäck hielten all die Menschen nur Fotoapparate und Kameras in den Händen. Eisenbahnfans und Schaulustige allen Alters von nah und fern! Sie alle waren gekommen, den Instanbul-Orient-Express aus der Schweiz zu begrüßen und abzulichten, getreu dem Motto: „Niemand wusste davon - aber alle waren da."

Plötzlich der Lautsprecher: „Achtung, eine außerplanmäßige Einfahrt!" Immer noch nicht gab man das Geheimnis-Gehabe auf, dabei war unschwer zu erkennen, was da ablief. Mit schrillen Pfeiftönen kündigte sich der von einer dampfbetriebenen Schnellzuglok gezogene Zug bereits vor dem Bahnhof an. Und - extra dicke Rauchschwaden ausstoßend für die Fotos der Hobby-Eisenbahner - schnaufte der Nostalgie-Express heran und kam schließlich mit quietschenden Bremsen zum Stehen. Das Blitzlicht-Gewitter hob an. Auch meines.

Einige Tage danach veröffentlichten die SNN in eigener Verantwortung dann doch noch zwei Fotos und einen kurzen Bildtext über dieses Ereignis (Ausgabe vom 27. November 1986, Seite 6). Und siehe da: Die DDR hat's überlebt - jedenfalls damals noch...

Ursula Wicklein

Eine Grenzüberschreitung

Wir wollen rein, wir wollen rein, skandierten die Benachteiligten draußen vor der Tür und trommelten bedrohlich dagegen. Keiner ahnte, dass schon ein, zwei Jahre später der gleiche Rhythmus, der gleiche Gestus den Herbst erschüttern würde. '89 allerdings hieß es dann: Wir wollen raus!

Hier wie da ging es darum, eine Grenze zu überwinden. Nicht ausgesperrt sein wollten die Wartenden vor dem Tor des Dresdner Studentenklubs „Bärenzwinger", nicht ausgeschlossen von westlicher Kultur und Literatur, die nur dosiert ins Ländchen kam. Lizenzausgabe, was für ein Zauberwort! Heiß begehrt und oft nur unter dem Ladentisch oder mit Beziehungen erworben, war jedes dieser Bücher ein Schatz, der für den Leser eine Verbindung zur Welt bedeutete. Hast du das? Konntest du jenes erwischen?, tauschte man sich aus. Die damals gefüllten heimischen Bücherregale gleichen sich fast wie ein Ei dem andern. Immer wieder stelle ich das heute noch bei Freunden fest, wenn nicht durch Sanierungsumzüge der Bestand dezimiert wurde.

Zuständig für die Herausgabe ausländischer Literatur war vorzugsweise der Verlag Volk und Welt. Gemäß der Zwei-Staaten-Doktrin der DDR gehörten dazu auch Neuerscheinungen von Schriftstellern aus der „BRD", deutschsprachige österreichische und schweizerische Bücher sowieso.

Jutta Becker, die Werbechefin von Volk und Welt, war auf eine glänzende, aus heutiger Sicht vielleicht etwas schillernde Idee gekommen. Sie nahm Kontakt auf mit dem Dresdner Studentenklub und mit der Tageszeitung Die Union. Ob ich, als die für die Literaturseite der Dresdner Zeitung Verantwortliche, an Berichterstattung und gegebenenfalls

Interviews mit Schriftstellern interessiert wäre, die im Auftrag des Verlages in der Tonne des „Bärenzwingers" lesen würden. Die Frage klang verlockend. Ich sah die Chance, ein Stück Welt hereinzuholen. Heute weiß ich, dass Lesereisen und Buchpräsentationen zum Geschäft gehören und der Verlag den Autoren gegenüber in der Pflicht war.

Die Werbung vor einer solchen Veranstaltung konnte gering bleiben. Die Mund-zu-Mund-Propaganda funktionierte. In Dresden gab es ein dankbares Publikum. Wichtiger war wohl: Die Sache war in der Provinz, noch dazu im Tal der Ahnungslosen, viel weniger brisant als in Berlin. Dennoch bekamen die Autoren im „Bärenzwinger" das Erfolgserlebnis eines bis zum letzten Platz gefüllten Saals und einer lebhaften Diskussion geboten. Diese steigerte sich meist dann, wenn die Fragen von den ersten Sitzreihen allzu wenig literarische Kompetenz oder zu viel ideologische Korrektheit verrieten. An diesen oft ungeschickten Auslassungen konnte man abschätzen, welche Zuhörer nach hier abgeordnet worden waren. Empörtes Auflachen im Saal war die Reaktion. Zugleich vergrößerte die bekannte Praxis die Erbitterung derer, die freiwillig in der langen Schlange gestanden und am Ende keinen Platz ergattert hatten. Wir wollen rein, wir wollen rein! Zusätzliche Stühle wurden aus Brandschutzgründen so gut wie nie aufgestellt. Der Staat schützte seine Bürger, wo und wie es nur ging.

Heute, da fast jeder Weltstar irgendwann live zu erleben ist, da man, wenn man nur will, seinen Lieblingsschriftsteller irgendwann zu einer Lesung treffen kann, ist das Gefühl der Einmaligkeit, das diese Abende erfüllte, kaum noch nachzuvollziehen. Und es ging ja nicht nur um literarische Verehrung. Die Schriftsteller wurden als Botschafter, als Missionare des freien Wortes, als moralische Autoritäten gesehen, die uns sagen würden, wie wir leben sollten. Und es war durchaus unterschiedlich, wie sie diese Rolle erkannten und mit ihr zurechtkamen.

Leider war ich nie so systematisch, meine Artikel zu sammeln, deshalb kann ich nur meinem Gedächtnis folgen: An eine Lesung mit Rolf Hochhuth erinnere ich mich, an Begegnungen mit der Österreicherin Barbara Frischmuth, mit dem schon verstorbenen Schweizer Walter Vogt, mit Günter Grass oder dem aus der Emigration zurückgekehrten österreichischen Juden Erich Fried. Das Interview mit Fried hatte für mich etwas Ergreifendes und auch fast Unheimliches. Schwer krank hing er mir gegenüber im Stuhl und sprach, musste sprechen, so lange er es konnte, von dem, was ihn zutiefst betraf: Vom Abbau von Feindbildern, stattdessen Versöhnung und Verständigung und immer wieder - von der Liebe.

Wolfgang Schütze
Kuriose Welt

Früher war alles anders, na klar. Zum Beispiel die Zeitungen, die waren dünner. In jeder Hinsicht.

Die Sächsischen Neuesten Nachrichten seligen Angedenkens hießen im Volksmund auch „grüne Minna“ - wegen der Schmuckfarbe - oder „alte Tante“ - wegen des Inhalts. Gegen Betulichkeit hier und da helfen auch keine Signets oder grüne Linien.

Wenn nicht gerade der Chefredakteur oder ein so genanntes Gummiohr in der Nähe waren, nannten wir unser Blatt auch schon mal Sächsische Älteste Nachrichten. Denn allzu viele Meldungen hatten nicht Platz auf sechs, am Wochenende acht Seiten. Und mussten oft mit dem vorlieb nehmen, was Reden und Kommuniqués übrig gelassen hatten. Anzeigen waren Mangelware, denn der Mangel war die allgegenwärtige Ware.

Die täglich einzige Lokalseite für Dresden musste 1972, zu meiner Volontärzeit, schon 12 Uhr mittags so gut wie fertig sein. Bleisatz brauchte seine Zeit, elektronische Textverarbeitung kam später. Highnoon also auch für eine Rubrik, die mit „Kuriose Welt“ überschrieben war.

Bei den, wie mir schien, manchmal gut erfundenen Begebenheiten aus der Menschen- und Tierwelt war nicht so wichtig, ob sie am Vortag der Planerfüllung zum Opfer gefallen waren. Absonderliches ist zeitlos. Gedacht waren die Witzigkeiten oben rechts auf der Seite zur Auflockerung. „Unsere Menschen“ sollten über staatstragende Texte nicht feixen, sondern auch mal was Richtiges zu lachen haben.

Es gab zwei ganz besonders ehrenvolle Tätigkeiten für Volontäre in der Antonstraße 8 bis 10. Die erste war Bockwurstholen vom Neustädter Bahnhof. Am besten für den Dackel der Chefin gleich mit. Das schulte, schnell zu sein. Waren die Dinger noch heiß, wenn man zurückkam, war man würdig für die zweite Ehrung: Überschriften finden für die „Kuriose Welt“.

Die etwa zehnzeiligen Meldungen kamen auf einem, wie passend, grünen Blatt, dessen Farbe so verblichen war wie der Text. Ein Autor aus Brandenburg schickte sie uns, und wir hatten ihn angesichts der blassen Durchschläge schwer im Verdacht, die Witze zehn oder zwanzig Mal kopiert zu haben. Ein Marktwirtschaftler mitten im Sozialismus? Allerdings betrug das Zeilenhonorar auch nur dreißig (Ost)Pfennige.

Nach dem Bockwurstgang so gegen Zehn ging's los. Drei, vier Meldungen auswählen, Auswahl vorlegen, neu auswählen, na logisch.

Dann Überschriften in 14 Punkt Größe auszählen; nicht zu lang, damit sie auch in eine Zeile passten.

Beim ersten Mal war ich gegen elf Uhr fertig. Typischer Anfängerfehler. Das Tempo suggerierte, ich hätte mir nicht genügend Mühe gegeben. Änderung aus Prinzip. Der Bär, der einen Jäger samt Gewehr in die Flucht geschlagen hatte, fühlte dann nicht mehr mein „Bäriges Vergnügen", sondern die ganze Angelegenheit war nur noch „Bärisch". Zurück zur Sekretärin, die das Ganze noch mal abtippen sollte. Oft gefiel es ihr nicht, sie litt dann unter plötzlicher „fliegender Hitze". Diese Form der Intervention vorm aufgerissenen Fenster war bei der zweiten Redakteurin meist erfolgreich. Gegen die Stimme des Volkes haben die Intellektuellen zu schweigen. Vor allem, wenn's kalt wird.

Also von vorn. Dumm nur, wenn die Änderung der Änderung danach der Chefin nicht gefiel. Kurze, aber heftige Diskussion unter drei erfahrenen Frauen. Alter, jetzt bloß nicht grinsen, dachte sich der junge Spund. Lebensgefahr! Frauen können bissiger sein als der Dackel unterm Schreibtisch.

Die Zeiger gingen auf Zwölf. Ach wie schön wär's jetzt in der Politik-Abteilung. Die bekamen ja die Schlagzeilen meist vorgegeben. Auch auf grünen Durchschlägen. Corporate Design Made in GDR.

Ich bin nie dahinter gekommen, was mehr Druck auslöste: der Redaktionsschluss oder der Hunger aufs Mittagessen. Eine Bockwurst hält ja nicht lange vor. Das mehrstündige Verfahren wurde rapide abgekürzt: Also, nun machen Sie das doch endlich mal fertig. Immer dieses Hin und Her. So lange darf das aber nicht dauern. Morgen muss das aber schneller gehen. Wir haben schließlich noch was anderes zu tun, als Witze und Überschriften zu sortieren.

Und überhaupt: Wer ist denn hier der Volontär, he?

Die Suche nach dem Bräutigam

„Du, wir müssen in den Westen fahren". Mit dieser Neuigkeit stürmte Klaus-Dieter Neubert, Verlagsleiter der SÄCHSISCHEN NEUESTEN NACHRICHTEN, an einem Frühsommertag 1990 in mein Büro. Ich war noch nicht so lange Chefredakteur des Blattes und einigermaßen verblüfft. Zumindest in den Redaktionen der Dresdner Zeitungen hatte man bis ziemlich lange nach der Wende geglaubt, es allein hinzukriegen. Mit acht und zwölf und sechzehn Seiten statt bisher sechs und möglichst nicht mehr Leuten. Mit den nach Wegfall der Partei-Subventionen überlebenswichtig werdenden Anzeigen, mit der Abkopplung von der Deutschen Post zugunsten eigener Vertriebssysteme, mit dem Fremdwort Marketing, mit den neuen Herausforderungen, die da hießen: nicht verschenkte, sondern wirklich bezahlte Auflage zählt, mit Haushaltsabdeckung als Faktor, in wie vielen Familien im Gebiet das Blatt gelesen wird, mit Unique Selling Proposition als alleinstellendes Verkaufsargument, mit CPO als Cost per Order, als der Wert, wie viel Geld für einen neuen Abonnenten ausgegeben werden muss und kann, damit es sich noch rechnet; mit CI als Corporate Identity, als unverwechselbares Erscheinungsbild der Firma nach innen und außen.

Lernen, lernen und nochmals lernen, oh Lenin. Dieses Fachchinesisch. In der Planwirtschaft nie gehört, nie gebraucht. Dagegen schien eine kauderwelsche Politbüro-Erklärung so verständlich wie Grimms Märchen, und fremde böhmische Dörfer waren so bekannt wie die eigene Westentasche.

„Was soll'n wir denn im Westen?", fragte ich zurück, „vielleicht betteln gehen, dass uns einer nimmt?" Ich hatte nicht viel Lust. Wenn nicht allein bleiben, wär' mir dann schon eher eine Fusion mit der UNION recht gewesen. Aber laut sagen konnte man das nicht. Verrat am eigenen Blatt, darauf stand die Todesstrafe. Außerdem mauschelte die UNION ja längst mit der SÜDDEUTSCHEN ZEITUNG herum und saß auf dem hohen Ross von zeitweilig 90 000 Exemplaren. Die SNN hatten gerade mal ein Drittel. Harte Zahlen können Einsicht befördern.

„Na gut", sagte ich, „wenn du unbedingt willst, fahr'n wir in den Westen." Mit Messer und Gabel essen konnten wir ja schon. Der Anzug war auch nicht Präsent 20 und den aufrechten Gang hatten wir, wie sich zeigte, manchem Bundesbürger voraus. Nur ein ordentliches Auto hatten wir eigentlich nicht. Der Fuhrpark der SNN beschränkte sich 1990 auf einen satten Moskwitsch, an dem Tom Pauls heute im Theaterkahn noch seine Freude hätte, und auf einen Wartburg, der wahre Kracher.

Zum Glück waren auch für IFA neue Zeiten angebrochen. Statt Kunden zu vertreiben, mussten die plötzlich Fahrzeuge schnell ausliefern. So erreichte ein Wartburg 1.3 die Antonstraße. Hohe Zeit für eine kleine Erpressung. „Okay, ich fahr mit in den Westen, aber nur mit der neuen Karre." Ich wusste, der Lizenz-Viertakter von VW schafft auf der Autobahn wenigstens die Richtgeschwindigkeit. Der Verlagsleiter, zwar voller Sorge um das nicht eingefahrene neue Vehikel, ließ sich erweichen.

Erste Station Stuttgart, Holtzbrink-Verlag. Ein adliger Geschäftsführer empfing uns. Alles nobel, alles edel. Wir ließen die Hosen herunter, verlegerisch gesprochen. Das taten wir dann noch öfter, was selbst Große nicht gerade souverän aussehen lässt. Abends gab's leckere Spätzle in einer urigen Kneipe. So was baut auf. Sympathie keimte, aber ein Partner-Vertrag wuchs nicht herüber. „Schau'n Sie sich doch erst mal um", empfahl der Schwabe französischen Ursprungs. Na, gerne.

Aus Konstanz kam der Geschäftsführer des SÜDKURIER herangeflogen. Kunststück, mit 'nem Fünfer-BMW. 240 auf dreispuriger Autobahn, es war geil. Neubert auf dem Rücksitz wurde immer blasser. Vielleicht dachte er an den stehen gelassenen Wartburg. Bei der Besichtigung der neuen Druckerei erholte er sich dann aber so schnell, wie wir gerade gefahren waren. Mann, war das ein schönes Teil! Sciencefiction oder doch bloß Verteilmaschinen? Und durchgestylt bis zum Türgriff in blauer Zeitungsfarbe. Aha, so was ist CI. Drucker-Toiletten, die in der DDR im Interhotel Begleitung erfordert hätten. Hausfrauen in der Nachtschicht, die auf Firmenkosten mit dem Taxi nach Hause gefahren wurden. So sieht er also aus, der sterbende, faulende, parasitäre Kapitalismus. Marx, eh', du spinnst.

Redaktionsvisite am Sonntag im denkmalgeschützten Gemäuer der Innenstadt. Der Chefredakteur freute sich, aber ein bisschen überrascht war er auch. Denn wir im feinen Zwirn und er unrasiert und ohne Schlips. Sonntags so üblich, aber doch nicht gerade, wenn Besuch kommt. Was sollen denn die Ossis denken: Guck an, auch im Westen klappt's nicht immer mit der innerbetrieblichen Kommunikation. Irgendwie tröstlich.

Der aus dem Ruhestand für uns reaktivierte Amtsvorgänger, ein Schöngeist, wetzte die Scharte aus, schleppte uns in die Schweiz. Egli essen ist noch feiner als der Rheinfall von Schaffhausen.

Zurück nach Stuttgart. Der Adel setzte beim Essen noch einen drauf, in der eigentlichen Sache aber haben wir nicht mal Pellkartoffeln im Kofferraum. Kein Vertrag. Wir sind zu klein. Das Millionen-Unternehmen will das Wagnis nicht eingehen.

Die Rückfahrt schien endlos. Ein Wartburg ist halt kein BMW. Und im Hinterkopf: Schönes Wochenende gehabt, aber nichts mitgebracht aus dem Westen. Erklär' das mal Dresdnern.

Zweiter Versuch, diesmal per Flugzeug. Auf nach Hamburg. In die Dresdner Partnerstadt, zu Bauer. Tolle Stadt, tolle Büros. Der Druckmaschinen- und Flugzeugliebhaber ist nicht da, aber einer der Geschäftsführer. Mensch, wie viel haben die denn hier von der Sorte?

Mehr als wir Redakteure? Fast auf jedem Gang so ein Schild. Die müssen ein Geld haben.

Die hanseatisch kühlen Rechner zeigen sich mutiger als die Schwaben. Erstaunlich interessiert, nachgerade. Wir dürfen sogar schon Abonnenten-Geschenke aus dem Super-Katalog aussuchen, mit denen wir die Auflage nach oben treiben sollen. Das sieht ganz gut aus. Nur: es ist halt ein Zeitschriftenverlag, und wir sind eine Zeitung. Eine kleine, aber immerhin. Halb zog sie ihn, halb sank er hin.

Und während wir bei Bauer glucken, hat drei Ecken weiter Springer doch noch mobil gemacht. Der Zeitungskonzern kauft sich bei den DDR-Liberalen ein. Und die DDR-Nationalen wollen mit den Liberalen fusionieren. Was bedeutet, dass auch die Zeitungskette der NORDDEUTSCHEN NEUESTEN NACHRICHTEN bis hin zu den THÜRINGER NEUESTEN NACHRICHTEN wechseln soll. Das will Berlin, und noch waren wir die NDPD wirtschaftlich nicht losgeworden, im Mai 1990. Erst hatten wir keinen, jetzt haben wir plötzlich zwei West-Partner. Was tun?

Betriebsversammlung, so viel Demokratie muss sein. Verlagsleiter und Chefredakteur plädieren für Springer. Gemeinsam und darum irgendwie verdächtig. Kriegen die etwa Prozente? Ja, und warum denn ausgerechnet Springer. War das nicht der, der damals und überhaupt? Hin und Her und Hoch und Runter. Nach mehreren Stunden im Keller - dort lag damals der Versammlungsraum - willigt die Braut dann doch ein. Keine Liebesheirat, mehr eine Vernunftehe. Am 8. September 1990 ist Hochzeit. SNN und SÄCHSISCHES TAGEBLATT verschmelzen. Für Schwangerschaft bleibt keine Zeit, wir kriegen das Kind gleich: DRESDNER NEUESTE NACHRICHTEN. Springer war Trauzeuge, Pate und Ausstatter in einem. Doch im Hintergrund grummelte via Leipzig schon die Treuhand.

Ganz ohne Nebenbuhler geht's eben nicht. Nicht im Roman und schon gar nicht im wirklichen Leben.

PETER CHEMNITZ

Zum Abschuss freigegeben

Die beiden Villen zwischen Albertplatz und Bahnhof Neustadt sind saniert. Messingtafeln zeigen die derzeitigen Mieter an. Nichts erinnert an diesen zwei Häusern daran, dass hier einst die Redaktion der SÄCHSISCHEN NEUESTEN NACHRICHTEN ihren Sitz hatte. Eine von drei kleinen Tageszeitungen, die neben dem mächtigen SED-Bezirksorgan SÄCHSISCHE ZEITUNG um die Gunst der Leser buhlten. Genauer gesagt, buhlten nur die SNN. Denn sie konnten, im Gegensatz zu der mit Abo-Sperrvermerk versehenen UNION, als Alternative zur SED-Presse zumindest zeitweise abonniert werden.

Zwar hinkten sie wie UNION und SÄCHSISCHES TAGEBLATT bei Tagesereignissen stets hinter der SZ her, da sie viel frühere Andruckzeiten hatten; sie glichen das aber mit kulturellen und lokalen Berichten aus, die nicht immer ganz auf Linie lagen. Die Leser vermochten damals sehr wohl zwischen den Zeilen zu lesen - verfasst von gewitzten Schreibern, die mit den Phrasen des „real existierenden Sozialismus" wenig am Hut hatten. Umso argwöhnischer beobachtete die Staatsmacht sie. Kein Wunder also, dass dort beispielsweise zwischen 1985 und 1988 mindestens jeder Vierte nicht nur für seine Zeitung tätig war, sondern auch für das Ministerium für Staatssicherheit. Dennoch geschahen zuweilen Dinge, die „feindlichen Handlungen" ziemlich ähnlich sahen.

So wenn der SNN-Fotograf mal wieder ein Foto anbrachte, das garantiert nicht veröffentlicht werden durfte, schon gar nicht mit der von den Lokalredakteuren erfundenen Unterschrift: „Neues Transportfahrzeug des Volkseigenen Möbelhandels in der DDR." Das Foto zeigte einen Mann, der auf der damaligen Otto-Buchwitz-Straße einen mit Sesseln beladenen Handwagen zog. Der Herausgeber, die National-Demokratische Partei Deutschlands, war ohnehin nicht sehr davon angetan, wie da im „Tal der Ahnungslosen" Zeitung gemacht wurde. Vor allem, als die SNN eines Tages ausgerechnet von der WELT zitiert wurde. Die Lokalredaktion hatte einen Bericht über ein geplantes Vier-Sterne-Hotel im Stadtzentrum Dresdens veröffentlicht, das heutige „Hilton". Genüsslich berichtete die Springer-Zeitung über diesen Artikel und gleichzeitig über die Wohnungssituation in der Elbmetropole. Diese Lektüre war WELT-Leser Günter Mittag so gründlich auf den Magen geschlagen, dass das Donnerwetter auf dem Dienstweg über Parteivorsitzenden, Berliner Zeitungschef, Chefredakteur, Lokalchef beim redaktionellen Mitarbeiter einschlug: „Wie konntet ihr nur..."

Ebenso kritisch aber auch die Situation, als eines Tages der Umbruchdienst entdeckte, dass auf den Spalten genau neben der Überschrift „Erich Honecker auf dem Weg zur Genesung" eine fette Dachzeile über einem Foto eines Schützenadlers prangte. Da stand, fortlaufend gelesen: „Zum Abschuss freigegeben: Erich Honecker". Letztlich siegte die „Einsicht in die Notwendigkeit" über den Spaß. Aber ein Abzug wurde grienend aufbewahrt, um ihn unter der Hand in der Redaktion herumzeigen zu können. Die Kollegen sollten sich schließlich auch amüsieren.

Manchen wurde so etwas allerdings nicht mehr gezeigt. Von ihnen wusste man, dass sie für die Staatssicherheit arbeiteten. Als IMB „Elisabeth Langer“, IMS „Max Cramer“, IMB „Hans Reimann“ und IMB „Heinz“ spähten sie uns aus, angeleitet von den Stasi-Offizieren B. und G.

Konkret sah das beispielsweise so aus, dass „Elisabeth Langer“ regelmäßig Berichte über den ihr am Schreibtisch gegenübersitzenden Kollegen schrieb: über seine Urlaubsabsichten, seine Besucher, Telefongespräche, Witze. Und die Stasi konnte gegenchecken, denn auch IM „Heinz“ listete auf: die Namen der uns besuchenden UNION-Kollegen, die Häufigkeit der Anrufer, die am Mittagstisch erzählten privaten Geschichten.

Das Ministerium sammelte alles, was während eines Arbeitstages in einem Büro besprochen wurde. Solch von „Elisabeth“ weitergegebenes Belangloses wie: „Während eines Empfangs zum Abschluss des Internationalen Schlagerfestivals erhielt er von einer ungarischen Sängerin den Auftrag, ihr Geschenk für den Oberbürgermeister (eine Schallplatte) diesem zu überreichen. Er gab die Platte im Sekretariat des OB ab.“ (Das war unerhört, schließlich sollte die LP doch persönlich überreicht werden.) Aber auch fleißig von ihr notierte politische Äußerungen: „Der pessimistische Eindruck, den die Bezirkskunstausstellung (bildende Kunst) erweckt, sei begründet, da es keinerlei Anlass zu Optimismus gebe.“ Oder: „Austritt aus der Gesellschaft für DSF, da ihm eine Privatreise in die SU verwehrt wurde.“ Ein Satz, hinter den der zuständige Führungsoffizier ein Ausrufezeichen knallte und die Bemerkung kritzelte: „negativer Aspekt: Hetze gegen die Sowjetunion.“

Die Redakteurin von der anderen Seite des Schreibtisches schätzte alles penibel ein: Charakter, Interessen, politische Einstellung, berufliche Entwicklung, Hobbys. Selbst Arbeitsproben lieferte sie und notierte dazu: „Negative Äußerungen in Manuskripten bezüglich des gegenwärtigen Entwicklungsstandes unserer Gesellschaft. Ist mitunter schwer zu überzeugen, dass dies nicht der Wahrheit entspricht bzw. nicht in einer Zeitung veröffentlicht werden kann.“ Die Stasi erfuhr auch von anderen Bemerkungen, die vom schlechten politischen Klima zeugten: „In der BRD-Zeitschrift HÖR ZU las er einen Beitrag unter dem Titel ‘Dresden, was ist aus dir geworden’. Er kritisierte diesen Beitrag, der Verleumdungen beinhalte: ‘Man müsste sich bei dieser Redaktion beschweren.’ Ein veröffentlichtes Foto zeige laut Text Ruinen in einem Dresdner Außenbezirk. Es handle sich jedoch um Trümmer in der Innenstadt." Einige Tage später hat IM „Elisabeth Langer" schon wieder einen Skandal zu berichten: „Ich las C. einen Beitrag über einen Kosmetik-Salon vor. Darin sprach eine Kosmetikerin vom vertrauensvollen Verhältnis zu den Kunden, die ihr auch persönliche Sorgen und Nöte anvertrauen. C. ergänzte: 'Engen Kontakt pflegen wir auch zu den Mitarbeitern unserer Sicherheitsorgane.'"

Richtig munter wurde die Stasi, als „Elisabeth Langer" eine eher als Scherz gemeinte Äußerung aufschnappte und ihrem Führungsoffizier kolportierte: „Er besuchte im Auftrag der Lokalredaktion eine Auszeichnungsveranstaltung anlässlich des Tages der Zivilverteidigung in der TU-Gedenkstätte am Salvador-Allende-Platz. Dort erfuhr er, dass auch drei Mitarbeiter des MfS anwesend sind. Er bat an einem der darauf folgenden Tage den SNN-Fotografen, der zur Veranstaltung fotografiert hatte, noch einige Abzüge anzufertigen. Er will eine Mappe anlegen, die Fotos von Mitarbeitern des MfS beinhaltet. Wenn er und ein Kollege der UNION künftig Veranstaltungen besuchen, wollen sie zuvor mittels dieser Mappe erkunden, ob das MfS vertreten ist." Eine Stelle, die die Geheimdienstler mit einem dicken Ausrufezeichen versahen.

Und sie revanchierten sich. C. wurde das Studium versaut. „Wir bitten Sie deshalb, operativ darauf Einfluss zu nehmen, dass eine Studienzulassung verhindert wird. Die genannten Gründe sind nicht offiziell auswertbar", schreibt Oberst T., Leiter der Abteilung XX der BV Dresden, an seine Kollegen in Leipzig. Im Juli 1986 notiert er triumphierend: „Seine Studienzulassung konnte im Zusammenwirken mit der Abteilung XX der BV Leipzig vorerst verhindert werden."

Entschuldigt hat sich „Elisabeth" für diese Folgen natürlich nicht. Sie hätte sich damit geoutet und nicht weiter denunzieren können. Das aber war ihr wichtig, und sie nutzte dabei auch die kleinste Unachtsamkeit. „Entgegen seinen sonstigen Gewohnheiten hat C. während der Mittagspause seinen Kalender auf dem Schreibtisch liegen lassen", notierte sie stolz. Und lieferte dem Geheimdienst die darin stehenden Namen und Anschriften. Eine Fleißarbeit. Kopierer gab es damals nicht. Für die so ins Visier der Stasi geratenen Personen konnte diese Tat gefährlich werden. Genauestens überprüften die Offiziere Namen und Telefonnummern, wie die Häkchen in der Akte und handschriftliche Bemerkungen beweisen. Wochen später beklagte sich die Denunziantin über die „Geheimniskrämerei" des Bespitzelten: er führe Telefongespräche nur während ihrer Abwesenheit, Briefe lege er so auf den Schreibtisch, dass die Adresse nicht ersichtlich ist. Auch

„Elisabeths" Zimmerkollegen war inzwischen klar geworden, dass sie als „Eckermann" der Stasi fungierte.

Noch gefährlicher innerhalb des Spitzelquartetts war nur noch IM „Hans Reimann". Er berichtete nicht nur leidenschaftlich, sondern kommentierte auch. Und wenn der Überwachte nicht von allein gegen den Staat Position bezog, half „Reimann" ein wenig nach. Schließlich besaß er die Macht eines unsichtbaren Tschekisten. So tauchen in seinen Berichten Kontakte mit Personen auf, die der Bespitzelte bis heute nicht kennen gelernt hat, die die Stasi aber für bare Münze nahm. Überdies unterstellte „Reimann" seinen Opfern ab und an ein paar eigene Gedichte mit „staatsfeindlicher Tendenz". Über den Chef der Lokalredaktion berichtete er: Dieser erteile Aufträge, sich mit Künstlern zu beschäftigen, „die nicht immer auf der Linie der Kulturpolitik liegen."

Mitunter fand der Spitzel aber selbst keine Worte. Als während einer Veranstaltung „Jazz und Improvisation" auf der Probebühne 3 des Staatsschauspiels ein Puppenspiel mit dem Titel „Der Maler und der Teufel" aufgeführt wird, beschreibt der IM der Stasi das so: „Im Text kamen dann ein paar Stellen, die doch sehr unterschiedlich zu deuten waren, und die deshalb auch nur schwer wiederzugeben sind. Durch Teufel und Kasper wurde ein stilisiertes Flugzeug mit rotem Stern vorgeführt, das im Flug abstürzte und zerschellte. Das war ohne Worte." Ende der 80er Jahre auf der Karriereleiter immerhin bis in den Hauptausschuss der NDPD in Berlin geklettert, behielt er die Dresdner Lokalmannschaft weiterhin fleißig im Auge: „Während des Parteitages der SED wird versucht, durch Überschriften über an sich unverfänglichen Beiträgen etwas 'Dampf' zu machen. Diese, durch den Lokalchef 'etwas abgeschwächt', verfehlten ihre Wirkung nicht." Was war geschehen? In einigen politischen Kommentaren hatten die Dresdner so dick Parolen gegen den Klassenfeind aufgetragen, dass die erwünschten empörten Leserbriefe kamen. „Reimann" an die Stasi: „Fielen sogar beim Herausgeber auf."

War es die Aufgabe der IM „Elisabeth Langer" und „Hans Reimann", eine „gute Aufklärung" im Arbeitsbereich zu garantieren, so sollten die Angehörigen der Chefredaktion als offiziell „eingesetzte Kräfte" entsprechend „ihrer Möglichkeiten" das politische Gespräch führen und sich mit den politisch-negativen Auffassungen der Kollegen auseinander setzen. Der damalige Chefredakteur funktionierte zwar, aber nicht ganz so, wie es sich die Stasi erhoffte. Als die SNN am 12. Februar 1987 auf Seite 6 eine kleine Rezension zu einer Ausstellung der von drei HfBK-Studenten gegründeten Künstler-„Gruppe Meier“ veröffentlichte, schrillten in der Abteilung XX/7 auf der Bautzner Straße die Alarmglocken. Noch am selben Tag marschierten die Genossen zum Chefredakteur und führten mit ihm eine „Absprache“. Ziel des Gesprächs war „die Klärung der Frage, wer verantwortlich ist für das Erscheinen des Artikels ‘Zwischenstation - Gruppe Meier in Villa Marie’“, heißt es im Aktenvermerk der Stasi. Ungewohnt war, was die Genossen vom SNN-Chef zu hören bekamen: „Der Artikel wurde weder durch den Leiter der Lokalredaktion der SNN noch durch einen anderen leitenden Mitarbeiter der SNN vor der Veröffentlichung gelesen und geprüft. Vom Chefredakteur wurde mitgeteilt, dass bei den SNN das Prinzip der Eigenverantwortlichkeit der einzelnen Redakteure und redaktionellen Mitarbeiter gilt. Dem Chefredakteur war es nicht bekannt, dass es sich bei der dargestellten Ausstellung in der Villa Marie (durch die Claudia Reichardt initiiert) um eine nicht genehmigte Aktion in privaten Räumen handelt“, notierten die entsetzten Schlapphüte. Zwar sagte der Chefredakteur zu, Lokalchef und Mitarbeiter sollten zur Verantwortung gezogen und belehrt werden, „um nicht noch einmal derartige ungenehmigte Ausstellungen zu publizieren“, aber das schien doch zu wenig Selbstkritik.

Aber es gab ja noch den IM „Max Cramer“! Er suchte den Stasiakten zufolge den Zeitungs- und den Lokalchef zu desavouieren. „Ich glaube, dass seitens der SNN wesentlich konsequentere Maßnahmen gegenüber Mitarbeitern durchgesetzt werden müssten“, heißt es in einem seiner Dossiers an seinen Auftraggeber. „Meiner Auffassung nach ist dabei jedoch eindeutig das Problem unseres Chefredakteurs, dass dieser zu gutmütig immer wieder versucht, durch Gespräche usw. zu schlichten, anstatt wirklich einmal ordentlich durchzugreifen. Ich meinerseits kann dort auch nicht wirksam werden, da ich dann durch ihn gebremst werden würde, wie es schon so oft der Fall war“, klagt „Cramer“ im Juni 1988. Kurze Zeit später wurde er dann selbst Chefredakteur und Anfang 1990 sogar noch einmal in diesem Amt bestätigt.

Aus Protest kehrte ich daraufhin der belasteten und belastenden Vergangenheit an der Antonstraße den Rücken und wendete mich der Zukunft zu, der Wochenzeitung SachsenSpiegel, die von unbelasteten SNN- und Union-Kollegen gemacht wurde.

Heinrich Stubbe
Dresden via Zeitung

Obwohl aus dem nahen Pommernland stammend, habe ich Dresden nur einmal als Schüler gesehen. Und das auch nur kurz - anlässlich einer größeren Radtour. Folglich blieb auch die Erinnerung dürftig: ein paar Bilder vom Zwinger und von einer stattlichen Brücke. Erst nach Jahrzehnten entdeckte ich sie wieder - in Zeitungsartikeln.

Und das kam so: In der Elbmetropole wurde nach der Wende die Wochenzeitung SachsenSpiegel gegründet. Die Redaktion hatte in Dresden ihren Sitz, während sich die Herstellung der Zeitung aus technischen Gründen im Raum Stuttgart abspielte. Und dafür war ich zuständig. Jede Woche bekam ich nicht nur Manuskripte, Statistiken, Zeichnungen und Fotos, sondern auch den Besuch eines Dresdner Kollegen oder einer Kollegin. Begleitet wurden diese, zumindest am Anfang, von einem Mitglied der „Gruppe der 20", die nicht nur den politischen Umschwung in Dresden vollzogen hatte, sondern auch als Herausgeber des SachsenSpiegel fungierte. Ich erlebte so hautnah Menschen, die, bescheiden in Aussehen und Kleidung, ein historisches Wunder mitbewirkt hatten. Eine faszinierende Begegnung!

Und sie wurde zu einer phantasievollen Wirklichkeit, als wir den publizistischen Alltag gestalteten. Der SachsenSpiegel veröffentlichte selbstverständlich Informationen und Kommentare über das aktuelle Geschehen; darüber hinaus wollte er auch historisch und kulturell das wieder beleben, was so lange unterdrückt oder missinterpretiert worden war.

Dazu gehörten die Biografien und Lebenserinnerungen politischer Größen wie etwa Herbert Wehner, Wolfgang Mischnick und Gustav Stresemann, deren Heimat Dresden war oder die lange dort gelebt hatten. Aber so spannend ihr politischer Werdegang auch war, so interessierte mich doch mehr ihr soziales Umfeld. Ich lernte Dresden - via Zeitung - im Detail kennen, erfuhr von besonderen Straßen und Stadtteilen, wo Eltern und Großeltern gewohnt und gearbeitet hatten. Zusammen mit Fotos von schlichten Häusern und stattlichen Bauwerken präsentierte sich das Bild einer vielseitigen und großartigen Stadt, die Urbanität im besten Sinne offenbarte. Die Silhouette der kurfürstlich-königlichen Monumente entlang der Elbe war immerhin weltbekannt.

Eine Stadt mit stolzem Bürgersinn. Vielleicht hat dieses Bewusstsein doch ein wenig den Schock gemildert, den die verheerenden Bombennächte des 13./14. Februar 1945 ausgelöst haben. Danach war

Dresden nicht mehr Dresden. Ich litt mit den Augenzeugen, deren Berichte wir im SachsenSpiegel veröffentlichten, und bewunderte den Lebensmut der Bewohner, die sich trotz der trostlosen Ruinenlandschaft mit dem Elend nicht abfinden wollten.

Den Texten, die wir publizierten, entnahm ich, dass die SED-Oberen in der Nachkriegszeit viel versprachen und wenig vollbrachten. Zwar wurden neue Plattenbauten hochgezogen, aber das Altehrwürdige verkam. Wie ein Befreiungsschlag wirkte nach der Wende der Grundsatz: „Was noch da ist, bleibt bestehen." Damit ist viel Motivation zur Renovierung und Sanierung geschaffen worden. Wir dokumentierten ausführlich die vitale Diskussion um die Frauenkirche: Sollte die Ruine als Mahnmal dahindämmern und zur Müllkippe verkommen? Oder sollte sie historisch getreu wieder hergestellt werden als Zeichen eines ungebrochenen Lebenswillens und einer verpflichtenden Kontinuität? Sehr früh porträtierten wir Ludwig Güttler, der sich besonders für den Wiederaufbau der Frauenkirche engagierte.

Noch etwas anderes lernte ich via Zeitung in Sachsens Hauptstadt kennen und schätzen: die Dresdner Originale. Sicherlich war auch August der Starke, kraftstrotzend und ausschweifend, eine besondere Type. Aber von den kleinen Ausgaben dieser Art haben mir besonders Grobian Peter Groll und der Armengeiger Mei Sechser gefallen. Ihre bürgerlichen Namen spielten keine Rolle. Sie verkörperten vielmehr jene Narren- und Kasper-Gestalten, die der Volksseele gut taten; sie wurden von Arm und Reich belächelt - und geliebt. Ein angenehmer Grundzug des Dresdner Menschenschlags!

Aber was wäre der Elbflorentiner ohne Kunst und Kultur? Die Zeugnisse reichen von der Semperoper bis zum Dresdner Kreuzchor, vom Zwinger und Schloss bis zum Grünen Gewölbe und dem Johanneum. Mit oft tragisch-heroischen Geschichten haben wir viele Seiten im SachsenSpiegel gefüllt. Ministerpräsident Kurt Biedenkopf hat Recht, wenn er Dresden neben Berlin, Hamburg, Köln und München zu den wirklichen Metropolen im heutigen Deutschland zählt.

So also sah das Bild aus, das ich im fernen Stuttgart von Dresden übermittelt bekam - via Zeitung. Ein anschauliches Bild! Natürlich ist es nicht bei meinem virtuellen Eindruck von Dresden geblieben. Immer wieder nehme ich die Stadt persönlich in Augenschein. Die mühselige Autobahnfahrt ist vergessen, wenn ich die Augustusbrücke erreicht habe und das illustre Elb-Panorama sehe. Gewiss, Dresden ist nicht mehr die glorreiche Stadt des Barock. Doch seit der Wende präsentiert sie neuen Aufbau und Aufschwung, holt aus der Vergangenheit Prachtbauten hervor wie das Taschenberg- oder das Coselpalais und schafft zugleich Hyperneues. Und so fühle ich mich in ihr heimisch - dank auch eines Spiegels, den wir SACHSENSPIEGEL nannten.

HEINZ WEISE

Rehabilitierung in direkter Linie

Neulich habe ich dem Briefkasten ein voluminöses Kuvert entnommen, das mich ausnahmsweise einmal nicht als Gewinner eines Millionenspiels beglückwünschte, dafür aber weit Wertvolleres bereithielt: berufliche Genugtuung. Die Rehabilitierungsbehörde des Sächsischen Landesamts für Familie und Soziales bescheinigt mit Schreiben vom 30. August 2000, dass ich angesichts eines mehr als achtjährigen Berufsverbotes als „Verfolgter im Sinne des § 1 Abs.1 des Beruflichen Rehabilitierungsgesetzes“ anerkannt bin.

Das Papier in meinen Händen ließ mich an meinen Vater denken. Auch er war ein Verfolgter. Und er geriet in die Opferrolle aus denselben Gründen wie ich: Wir wurden verleumdet. Wirklich kurios daran ist nun: er in der braunen Ära, ich in der roten, die vorgab, gegen die braune zu sein; er wurde in der roten Ära rehabilitiert, ich in der rot-grünen, und meine „Verfehlungen“ geschahen in schwarzen Kreisen der Ost-CDU. Vor so viel Buntheit könnte man für die Farben glatt blind werden...

Vater hatte sich nie um Mitgliedschaft in der „Vereinigung der Verfolgten des Naziregimes“ bemüht. Andere waren für ihn aktiv geworden, die nicht nur sein Schicksal, sondern auch einen Zeitungsmann kannten, der Vaters Geschichte veröffentlichte - und sich schließlich für ihn einsetzte. Er hatte ihm wohl einfach Leid getan. Und das ist auch zu verstehen, wenn man Vaters Leidensweg kennt, der im dritten Jahr des Zweiten Weltkrieges begann.

Damals, 1942, leitete und wartete er die Technik der als „kriegswichtig“ erklärten Firma „Liebe-Malzextrakt“ in der Friedrichstadt. Wegen eines im Ersten Krieg erlittenen Beinschadens vom neuen Gemetzel freigestellt, war er dem Betrieb mit dem liebevollen Namen zugeordnet worden. Er konnte nicht ahnen, dass das Unheil bald auch dort einziehen würde. Es nahte in Gestalt des ihm ab sofort unterstellten Lehrlings M., der es mit der Pünktlichkeit im kriegswichtigen Frontversorgungswerk nicht so genau nahm. Vater musste ihn fast täglich mahnen, schon, um nicht der Beihilfe zur Sabotage bezichtigt zu werden.

Diese aber vermutete der NS-Betriebswart längst bei jenem jungen Manne, weswegen dieser eines schönen Frühlingstages 1942 einbestellt und anschließend dorthin abkommandiert wurde, wohin auch der Malzextrakt ging: zur Front. Da sein Abmarsch bereits für den folgenden Morgen festgesetzt war, schob der Strafversetzte also seine letzte Spätschicht, blieb diesmal jedoch länger. Aber nicht, um Bummelstunden nachzuarbeiten, sondern um die Öl-Hauptleitung aufzudrehen: als Rache für die „Anschwärzerei" seines Vorgesetzten. Die hatte Vater zwar ebenso wenig begangen wie den Sabotageakt - doch eben dieser wurde ihm zur Last gelegt.

Noch in derselben Nacht - die Ölüberflutung im Keller hatte die Alarmanlage ausgelöst - standen zwei Hunde führende Schlapphüte vor unserer Wohnungstür und führten Vater ab: ins Untersuchungsgefängnis Münchner Platz. Dort, im Gerichtssaal, forderte er im wenige Tage danach inszenierten Schauprozess dann zwar die Gegenüberstellung mit Lehrling M.; doch der lernte inzwischen bereits das Totschießen, war also unabkömmlich. Das Allerwichtigste aber: Der Staatsanwalt, ein Freisler-Verschnitt, wollte und musste der kochenden Volksgenossenseele den Saboteur auf der Stelle servieren, also: schuldig. Urteil: zwei Jahre Haft, erschwerte Bedingungen. Roma locuta, causa finita - Rom hat gesprochen, die Sache war zu Ende.

Etwa auch Vaters Leben? Es schien so. Jedes Mal, wenn Mutter den monatlich zugebilligten Brief ihres Mannes las, weinte sie länger. Ihr Schorschel war wieder einmal verlegt worden. Diesmal, nachdem er bereits in den Gefängnissen von Magdeburg, Bautzen und Freiberg misshandelt worden war, in die Haftanstalt Bad Liebenwerda. Dort hatten sie ihn derart zusammengeschlagen, dass er ins Haftkrankenhaus Lauchhammer eingeliefert worden war, von wo er schließlich gar nichts mehr von sich hören ließ. Lebte er überhaupt noch?

1944 erhielt Mutter die Kurzmitteilung, dass Haftinsasse Georg W. entlassen wird. Eintreffen 15. April, 17 Uhr, Wettiner Bahnhof. Als der Zug einlief, musste sie von Vaters Cousine Ella gestützt werden, so zitterte sie. Gut, dass Tante Ella mitgekommen war. Offenbar aber hatten sie vergebens gewartet. Als der letzte Reisende das Abteil verlassen und der Bahnsteig sich geleert hatte, drängte der Aufsichtsbeamte die Frauen hinter die Kette: „Hier kommt niemand mehr." Mutter aber hatte am Bahnsteigende einen Schatten gewahrt: „Doch, dort hinten! Es muss mein Mann sein, der da geht!" Von Gehen konnte aber keine Rede sein; dem Mann gelangen immer nur zwei Schritte, dann blieb er wieder stehen. Die Frauen liefen ihm entgegen, klammerten sich an ihn, dass er fast umfiel. Dazu gehörte nicht viel; denn Vater, einst groß und stattlich, war nur mehr ein Schatten seiner selbst: Abgemagert bis auf die Knochen, drohte er ständig umzufallen, hielt sich an dem fest, was sich ihm bot, nun an den Frauen, die er anfangs nicht erkannt hatte; denn seine Mütze, die ihm ehedem gepasst hatte, war über seine Augen gerutscht und saß auf den Ohren. Die Frauen schleppten ihn nach Hause, zwei Stunden lang; dann hatten sie die knapp zwei Kilometer bis zur Berliner Straße geschafft.

„Wenn er wieder auf die Beine kommen soll, muss ein Wunder geschehen", sagte Tante Ella dort verzweifelt. Wunder aber sind möglich, sie müssen freilich hart erarbeitet werden, modifizierte es später Ben Gurion. Und so löffelte Vater, der anfangs wie ein Toter lag und nur hochschreckte, wenn er die Schlüssel der Wärter „gehört" hatte, Tag für Tag seine Suppe. Bis er die Verfolger in seinen Albträumen nicht mehr wahrnahm.-

Vielleicht können Sie jetzt verstehen, dass sich für ihn ein Traum erfüllte, als er anerkannt wurde - als Verfolgter.

Ich zumindest kann es. Mich hat zwar niemand geschlagen, aber getroffen haben sie dennoch: damals, nach dem 21. Dezember 1981. An jenem Vorweihnachtstage löckte ich gegen den Stachel, als der „christdemokratische" Oberhirte aus der Berliner CDU-Parteiführung seinen Ukas verkündete: Die Mitglieder Betriebsgewerkschaftsleitung der UNION hätten umgehend zu befürworten und umzusetzen, dass Moskaus neuer Staat- bzw. Statthalter in Polen, Jaruszelski, mit Solidaritätsspenden zu unterstützen sei. Und zwar gegen die Solidarnosz, die er, so die Erläuterung, zum Glück zerschlagen habe, weil sie konterrevolutionär gewesen sei. Das traf wohl eher auf den Dunkelbebrillten zu, dachte ich. Allerdings etwas laut, allzu laut, wie sich schon am nächsten Morgen zeigen sollte.

Dem Chefredakteur, der in Anspielung auf seinen Namen und seinen eingeengten Polit-Horizont „Eisenhut" gerufen wurde, war meine Äußerung bereits hinterbracht worden. Eine Kollegin aus der BGL hatte sie dem CDU-Bezirksfürsten gesteckt, der sie an die Stasi weitergeflüstert hatte. Deren Medien-Controller war sofort erschienen; nicht mit leeren Händen, sondern mit einer Empfehlung: Hausverbot. IME „Martin", alias Eisenhut, folgte ihr umgehend. Dauer des Verbotes: unbestimmt. Schon eine Woche später wurde es aufgehoben. Man bestellte mich zur „Anhörung" ins Haus an der Straße der Befreiung. Ich hatte mir anzuhören, dass ich als Journalist, Aktivist und Christ in Profession und Konfession zwar eine freie Meinung haben könne, doch die Partei so frei sei mich aufzufordern, meine jüngste Meinung zu widerrufen. - „Eure Rede aber sei: Ja, ja, nein, nein; was drüber ist, das ist von Übel", schoss es mir durch den Kopf. Doch was sollte Matth. 5, 37 jetzt? Er sollte mich auf Artikel 27, Abs. 1 der DDR-Verfassung bringen: Meinungs- und Gewissensnötigung sind ungesetzlich. Aber das DDR-Papier war geduldig, meine Verhörer waren es nicht. Sie warfen mich hinaus - an besagtem Tage aus dem Zimmer, acht Wochen später aus meiner Funktion als Redakteur und Abteilungsleiter der UNION. Anschließend versperrte mir die christdemokratische Führungsclique alle beruflichen Wiedereinstiegsversuche bei anderen Blättern.

Im Oktober 1989 säuberte IM Martin dann die ihn belastenden Kaderakten und tauchte wegen der neuen Zeit in der NEUEN ZEIT Berlin unter. Auf tauchte dagegen plötzlich sein scharfer Vorgänger auf dem UNION-Thron: Im Fernsehen servierte er einem staunenden Publikum die Neuigkeit, noch nie etwas gegen die Herren vom Rhein gehabt zu haben. Er sei schließlich dort geboren.

Ja, Vater, die Wendehälse sind dir erspart geblieben. Ich weiß auch nicht, was du gesagt hättest, dass dein Sohn ausgerechnet von denen verfemt wurde, die dir deine Ehre zurückgegeben haben. Ein wenig hätte ich dich schon gern noch an meiner Seite gesehen.

LEBENSBILDER VI

(1989-1990)

DIE ZEIT LEGT BLOß, WAS LIST IN FALTEN STECKT

WILLIAM SHAKESPEARE

Aini Teufel
Freedom-Express

Heute, an diesem 4. Oktober 1989, soll der „Humanitäre Akt", die Ausreise aller DDR-Bürger, die in die Prager Botschaft der BRD flohen, vonstatten gehen. Gestern Abend verkündete die „Aktuelle Kamera": Fünf Züge der Deutschen Reichsbahn würden jene, die sich selbst aus unserer Gesellschaft ausgegrenzt hätten, über das Gebiet der DDR in die BRD bringen. In der DDR werde man ihnen die Personalausweise abnehmen. Die Züge würden über Dresden fahren. Ich hörte es mit Beklommenheit.

Morgens im Fernsehen die gleichen Bilder wie in den letzten Tagen: Menschen erklettern den Metallzaun der BRD-Botschaft in Prag. Kinder werden hinübergereicht. Wir erfahren, dass die Flüchtlinge, etwa 5 000 unterdessen, schon die ganze Nacht in Erwartung der Züge auf dem Prager Bahnhof stünden.

Nachmittags im Malzirkel fragt mich ein Junge, ob ich es schon wisse: Seit heute morgen würden Menschen auf dem Dresdner Hauptbahnhof auf die Züge aus Prag warten, um aufzuspringen. Ich sorge mich um meine Tochter Babett. Sie ist heute früh mit ihrer Brigade zu einer Wanderung ins Erzgebirge gefahren. Nachdem meine Zirkelkinder gegangen sind, rufe ich bei Babetts Nachbarin an, um zu erfahren, ob Babett wieder zu Hause ist. Vermutlich noch nicht, meint diese, die Kinder spielten noch bei einer anderen Nachbarin. Sie erzählt mir dann, sie habe heute etwas Merkwürdiges erlebt, habe sich, da sie umziehen wolle, eine Gardinenstange gekauft. Mit dieser Stange über der Schulter sei sie durch die Dresdner Innenstadt nach Hause marschiert. Fünfmal, ja, fünfmal habe man sie angehalten, habe gelacht und gefragt: Sie haben wohl schon den neuen Besen? Sie verstehe nicht, was die Leute gemeint hätten! Keiner habe es ihr erklären wollen! Da gibt es einen Witz, sage ich. Man fragt seinen Freund, Nachbarn oder Verwandten: Hast du schon das neue Rundschreiben bekommen? Wir müssen doch Straßen und Plätze fegen! Die DDR soll am 7. Oktober besenrein an die BRD übergeben werden! Nun kann Sigrun endlich auch lachen, gesteht aber gleich danach die Sorge um ihren Sohn, der als Armeeangehöriger nach Berlin versetzt wurde. Hoffentlich geht am 7. Oktober alles gut ab!, meint sie.

Hoffentlich auch heute in Dresden!, füge ich hinzu.

Nachts ruft Babett an: Sie und ihr Lebenspartner Eberhard wären am Hauptbahnhof und kämen in einer Viertelstunde zu uns. Als sie von der Wanderung zurückkehrten, erzählt sie dann, wäre der Hauptbahnhof schon, der Züge aus Prag wegen, abgesperrt gewesen. Sie habe Eberhard, nachdem die Kinder eingeschlafen waren, überredet, noch einmal zum Hauptbahnhof zu fahren. Stell dir vor, dort haben Panzer gestanden! Leute haben mit Pflastersteinen geworfen! Da ist die Polizei mit Wasserwerfern gekommen, ein Polizeiauto hat gebrannt! Und die Leute im Bahnhof, die Eingeschlossenen, die haben die Internationale gesungen und „Gorbi! Gorbi!" gerufen! Mutsch, sagt Babett, das waren keine Rowdys, die dort demonstriert haben, das waren viele in deinem Alter, gut angezogene Leute! Und ein Lautsprecherwagen ist herumgefahren und hat verkündet: Wer aus der DDR ausreisen will, kann sofort zur Abteilung Inneres gehen und die Ausreisegenehmigung erhalten! Eberhard war gegangen, um sich zu überzeugen, ob das wahr wäre. Man wollte ihm, so erzählt er nun, gleich den Ausreisestempel geben. Da habe er entgegnet, er müsse vorher noch mit seiner Frau reden. Babett kam das alles zu plötzlich. Wir wägen Vorteile gegen Nachteile. Aber hier, wirft Babett ein, das war doch wie im Krieg! Wenn das nun losgeht wie in China! Babett zittert noch immer.

Nachts höre ich stündlich die Nachrichten der verschiedenen Sender. Drei Uhr morgens erfahre ich von einem Westsender, die Züge wären immer noch nicht in der BRD angekommen. Ich liege und höre Musik. Höre auch, denn der Bahndamm für die Strecke nach Prag ist nicht weit entfernt von uns, das Geräusch rollender Züge. Sind sie es? Was werden die Eingeschlossenen im Hauptbahnhof tun? Ich bin voller Unruhe. Auch um vier Uhr morgens sind die Züge noch nicht eingetroffen. Ich schlafe bis halb sechs. In unseren Nachrichten spricht man von rowdyhaften Ausschreitungen am Dresdner Hauptbahnhof. Keinerlei Informationen.

Um sieben Uhr erleben wir im Frühstücksfernsehen die Ankunft des ersten Zuges in Hof. Tränen in den Augen, taumeln die Menschen aus den Waggons, fallen sich in die Arme, schluchzen, jubeln. Einer der Angekommenen wird gefragt, warum der Zug erst jetzt käme. Er sagt, die Züge hätten vor Dresden eineinhalb Stunden gestanden. Ob in Dresden Leute aufgesprungen wären? Der Gefragte hat nichts bemerkt. Zwischenfälle? Der Mann schüttelt den Kopf: Nein, keine Zwischenfälle im „Freedom-Express".

Thomas Rosenlöcher

Dresdener Tagebuch

8. 9. 1989

Besuch U. Hegewald. Reden die halbe Nacht über Infantilität und Unterwürfigkeit der hier Aufgewachsenen. Selbst Wolfgang, er ist nun schon fünf Jahre hier weg, wäre dergleichen fortwährend anzumerken.

Zerknirschungsgesichter.

Blatternarbige Häuser.

Uringeruch und Bahnpolizei.

Gestern früh mit Birgit in verzweifelter Stimmung nach Heidenau. Natürlich werde ich kontrolliert, belege den Polizisten: Seit zwanzig Jahren kontrolliere man mich, aber nun nicht mehr lange.

Freilich hat es auch sein Tröstliches, dass ich besonders von diesen armseligen Bahnhofsmützen mit Vorliebe kontrolliert werde: Völlig verbürgerlicht kann ich noch nicht aussehen. Nach stundenlangem Laufen endlich wieder Gefühl der Leichtigkeit: Die Kirnitzsch im Grund, ein Wasser von rätselhafter Sauberkeit, manchmal schimmert sie türkisfarben durch die Bäume zum Hangweg herauf.

Am Schluss, Waldausgang, ein „Kommen Sie mal her hier“, gleich vom Motorrad aus. Offenbar ein so genannter Grenzhelfer. Unsere Antwort, vielleicht eine kleine Sensation für uns selbst, lautet, beinahe im Chorus: „Wir denken nicht daran.“ Das Aufheulen des davonfahrenden Motorrads kommt uns vor wie ein langgezogener Wutschrei. Freilich bekommt meine Frau hernach eine Art hysterischen Anfall. „Dieses Land, dieses Land.“ Ich habe ihr versprochen, mich nun doch um ein Stipendium in Worpswede zu bewerben, nicht gleich, um zu bleiben, sondern um eben einen Fuß in den Westen zu setzen. Freilich hinsichtlich dieser Entscheidung auch schlechtes Gewissen: Ist ja doch eine Flucht aus der schlichten Lebenspraxis, da im Westen Vieles viel geschmierter geht, die Entfremdung des zu Hause hockenden Künstlers daher größer ist. Hier brauche ich nur in die so genannte Kaufhalle (eigentlich ein ehrlicher Name) zu gehen, um einigermaßen Bescheid zu wissen. Hinzu käme dieses Im-Stich-Lassen der anderen. Ein Fuß drüben ist früher oder später sowieso der ganze Kerl, siehe Uwe Kolbe, Wolfgang Hilbig usw. Aber der Entschluss steht fest, falls sich hier nicht bald eine Änderung anlässt. Dieser fortlaufende Landeskummer macht provinziell. Das immer gleiche Gejammer über Unfreundlichkeit und Verfall macht utopie-, also kunstunfähig. Längst bin ich Meyers Hund, der fortwährend bellend ums Haus läuft.

11. 9.

Früh im Halbschlaf höre ich vom Übertritt der ersten 1 000er-Pulks von Ungarn nach Österreich.

Gesellschaft bei Lühr: „Ich-will-hier-raus"-Bazillus. Ab heute alkoholfreie Woche. Der Depression ist nur mit Arbeit zu begegnen.

Das gespenstische Schweigen der Zeitungen.

12. 9.

Die fortwährenden Übertritts-Reportagen aus dem Westradio. Das pausenlose Gemurmel der Hiergebliebenen: „Was soll nur werden." Keine Solidarität. Eher das Gefühl, zum Häuflein der Dummen zu gehören.

Canetti, in „Masse und Macht", schade, dass ich das Buch zurückgegeben habe, erzählt von einem orientalischen Despoten, der seine Stadt evakuieren lässt: Allein ist die Macht ungestört. Nur, wenn keiner mehr da ist, kann sie wirklich grenzenlos sein.

Übertrittsinterviews: „Warum haben Sie die DDR verlassen?" „De Freiheid is ja immor de Haubtsache." Sprachlosigkeit. Oft wird, genauso wie zu Hause, sofort das Erwartete geliefert. Derselbe Mann wäre zu Hause vor einem Mikrofon gewiss unverzüglich ins Funktionärische verfallen.

Alkoholfreie Woche hat nur einen Tag angehalten.

Mitschuld, meine, am So-Sein der derzeitigen Verhältnisse: Nicht nur die Funktionäre haben sich diesen Staat verdient, auch wir, zumindest haben wir ihn hingenommen. Allein dass ich studiert habe, zeigt, dass ich ein Lügner bin. Wäre ich kein Lügner, hätte ich nicht studieren dürfen. Freilich, meine verteufelte sächsische Höflichkeit.

13. 9.

Gestern Abend im herbstlichen Biergarten. Ein Mann wollte dicht neben unserem Tisch an eine Birke pinkeln. Birgit ruft „Weitergehen!" Der Betrunkene wankt auf die offene Elbwiese. Dann kommt er schwankend an unseren Tisch: „Wer hat hier 'Weitergehn' gerufn. Das is meine Birke. Die wässre ich schon seit dreißig Jahrn." Tatsächlich ist es in der Reihe die kräftigste Birke.

Dass plötzlich auch mir das Ende des Dreibuchstabenlandes möglich erscheint... bin ich ein Rechtsaußen geworden? Jedenfalls brauchen die bloß so weiterzuwursteln, damit sich dieser Staat von selbst auflöst. Selbst ein demokratischer Sozialismus scheint mir nur noch ein schwacher Damm. Werden nicht die Leute auch während der Reformen davonlaufen? Zumal es ja dann wirtschaftlich erst einmal eher schlechter gehen wird, allein schon, weil die verrotteten Industrien in den nächsten Jahren ohnehin endgültig verrottet sein werden, wir längst auf Kosten der Zukunft leben. Andererseits ist der jetzige Kapitalismus eben auch ein Übel, und ein demokratischer Sozialismus wäre vielleicht doch eine Alternative.

15. 9.

Gestern Wanderung. Fünfundvierzig Minuten warten, kurz vor dem Bahnhof Rathen, in einem dieser unglaublich verschmutzten, wie Nachkrieg anmutenden Waggons der so genannten S-Bahn. Essen in Königstein in der Selbstbedienung. Eine alte Frau schiebt Kartoffeln und Kraut vor deinen Augen umständlich mit der Hand auf dem Teller zurecht. Die Riesenbiere des DDR-Bürgers. Sie sind der eigentliche Generalsekretär des kleinen Mannes. Natürlich trinke auch ich eins. Mit Schwere angefüllt, gewinnt der Leibesballon kurzzeitig eine Art Zufriedenheit, lastet fester auf seinem ostdeutschen Trauerstuhl. Aber dann erhebe ich mich doch. Birgit verordnet ihren raschen Wanderschritt. Gewitter und Regen. Feuchte Gründe, Rückfahrt, vorüber an armseligen Bahnhöfen mit Reklamen von kurz nach dem Krieg, schmutzigen Durchgängen, an leeren Fenstern, verkrebsten Häusern. Armutei. Ob es mir gelingen wird, noch einmal hinzusehen? Den muffigen Landgeschmack zu schmecken, ehe ich ins Schicki-Micki-Land abfahre?

17. 9.

Gestern kurzer überraschender Besuch von Dieckmanns. Gespräch über die stehen gebliebene Zeit. Auch das Leben scheint hier zu verharren. Zu verharren im Verfall. Vielleicht fliehen die Leute, eigentlich Industriegesellschaftsmenschen, die bei sonstiger scheinbarer Geborgenheit eben auch den raschen Wechsel brauchen, ebenso vor dieser stehen gebliebenen Zeit: der immer gleichen Bierflasche, dem immer gleichen, langsam vor sich hin mebbelnden, unsäglich stinkenden Auto namens Trabant, den überall gleichen Städten, die, wo sie sich auch immer befinden, stets Wilhelm-Pieck-Stadt Guben oder Eisenhüttenstadt heißen.

19. 9.

„Begründe die Notwendigkeit eines immer stärkeren sozialistischen Staates" - Moritz macht Schularbeiten. Schreibt seine Lügen rasch hin, „nur ehm ma", aber so fängt es an und so geht es weiter, und dann bist du vierzig und hast es schon zur Hälfte verpasst, einmal in deinem Leben gerade gestanden zu haben.

22. 9.

Alles auf das System oder die Funktionäre zu schieben, entlässt den einzelnen, mich, nicht aus der Schuld, der sich keiner entziehen kann, und schon gar nicht durch das Davonlaufen nach drüben. Immerhin war es doch eine verhältnismäßig geringe Dosis an Zwang, die zu dieser Zwangsgesellschaft geführt hat. Manchmal war es aber auch der pure Irrtum: so hielt ich Idiot die Enteignungen in der Kleinindustrie Anfang der siebziger Jahre für ökonomisch sinnvoll! Die kleine Druckerei in Zschachwitz: „Jetzt bekommen Sie einen Pausenraum", habe ich den Leuten da erklärt. Die werden wohl gleich gewusst haben, was da für ein Trottel zu ihnen spricht. Andere Formen der Mitläuferei: kritisches Denken, das gerade in der Art des sich kritisch Äußerns gegenüber dem Gesprächspartner Übereinstimmung signalisiert, ein Für-den-Sozialismus-Sein, das sich nicht vollständig vom Stalinismus abzusetzen wusste.

Heute Nacht aufgewacht: Ich selbst hatte mich im Traum aufgefordert, nach Leipzig zu fahren und an einer der dortigen Demonstrationen teilzunehmen. Tatsächlich Angstschweiß.

Höre den Satz: „Das Land, dessen Züge nicht mehr pünktlich fahren, ist verloren."

23. 9.

Die jetzt oft gehörte Behauptung, dass dieser Staat krank mache, kann ich an mir selbst beobachten. Eine Art durch den Schlaf gehendes Zahnweh. Birgit nach einem Besuch im Kaufhaus: Sie macht die Verkäuferinnen vor, Figuren aus dem Totenreich, starren Gesichts, fast wortlos einen Pullover haltend und wieder weglegend und das „Hä-hä-nä-Gespräch" durch ein endgültiges Kopfschütteln mit gleichzeitigem Sich-Abwenden abbrechend. Das Schlimmste an diesem Land: Neben Verfall und Zerstörung und offizieller Verlogenheit eben auch der Niedergang der Umgangsformen, die unter uns herrschende Unfreundlichkeit, die längst in den Gesichtern festgeschriebene Verdrossenheit.

Gruppierung „Neues Forum" unter offensichtlichem Verfassungsbruch als staatsfeindlich erklärt. Alles scheint auf eine Entscheidung hinzudrängen.

Lieber bezahle ich für einen Becher Quark 4,- M, als weiterhin diese verlogenen Wurstblätter Tag für Tag aus dem Briefkasten zu ziehen.

Gewiss prägt auch das schon die Physiognomie. Bestimmt habe auch ich längst den DDR-Blick. Zumindest an meinem schadhaften Gebiss bin ich erkennbar.

Ausgerechnet die Schlagersänger haben das Neue Forum unterstützt!

27. 9.

Dauerbesuch. Zuletzt Czechowski, der die Woche über meist in der Psychotherapie bleiben muss: Depressionen. Auch für ihn formuliere ich einen kleinen Brief an seine Exzellenz, den Vorsitzenden des Staatsrates, Forumverbot. Komme mir dabei sehr kühn vor. Verfalle sofort in einen leichten Funktionärston. Entkomme ihm erst einigermaßen, da ich begreife, dass ich den Brief gar nicht an ihn, sondern an mich schreibe, nämlich aus Gründen der Selbstachtung. Rakowski, höre ich im Radio, fürchtet, die Perestroika müsse noch durch Blut und Tränen gehen.

Heute Nacht Wassereinbruch durchs Dach. Wir müssen im Schlafzimmer wischen. Heulende Nacht. Mörderisches Trommeln und Klopfen von oben.

Freitag, 6. 10.

Heute Vormittag Zentrum der zeitgenössischen Musik. Jeder, auch die sonst ganz Vorsichtigen, plötzlich für Reformen. Einige allerdings Angst vor dem, wie sie sagen, Mob. Gefühl: Nun gibt es kein Zurück mehr. Das Land ein anderes. Konzeptionslosigkeit wird beklagt. Sage, was ich seit immerhin zehn Jahren sage: Soz. Verfassung, die z.B. Eigentumsformen (keine Kapitalisierung der Großindustrie!) festschreibt. Innerhalb dieser Verfassung alle Entwicklungsvarianten möglich. Über die wird durch Wahlen abgestimmt. Vom Schauspiel kommt Regisseur Engel herüber und tobt los: Was wir hier herumsäßen, müsse denn erst ein Stein durchs Fenster geflogen kommen? Es flösse doch schon Blut in den Straßen! - Was für Blut? Erfahre erst jetzt von den Tausenden am Hauptbahnhof. Sogar auf den Gleisen sollen sie gesessen haben, um mit dem Prager Ausreisezug mit in den Westen genommen zu werden. Der Hauptbahnhof sei demoliert und ein Polizeiauto umgekippt worden.

Gegen 19 Uhr - rasch zur Prager Straße. Zum Glück nichts los, denke ich, halb enttäuscht. Aber dann sehe ich, wie eine riesige Anzahl Polizisten ausgerechnet diesen Beton-Lenin bewacht. Die Polizisten haben Schild und Helm und sehen aus wie aus dem Westen. Viele Schaulustige, aber die Bösen, gegen die sich das Ganze doch richten wird, muss ich lange suchen. Tatsächlich, gegenüber dem Hotel ein paar pfeifende und johlende Gruppen. Platz geräumt, drücke mich beiseite. Jugendliche gejagt, geschlagen: Es wird sichtbar, dass die Gewalt erst durch das martialische Auftreten der Polizei erzeugt wird. Hoffentlich Unfähigkeit und nicht Absicht. Später sehe ich einen Stein lange hoch in der Luft schweben. Zweimal werde ich in den Fluchtreflex der Randmassen mit hineingezogen, beim dritten Mal gelingt es mir, stehen zu bleiben und zu schauen: Man flieht grundlos. Dann aber kommen weiße Schilde und Helme von hinten. Eingekesselt. Wie ich wieder herausgekommen bin, weiß ich auch jetzt noch nicht. Ein fortwährend inneres ängstliches Zittern. Überhaupt mein Wahrnehmungsvermögen merkwürdig reduziert: Sehe, wie Leute abgeführt werden, sehe, wie die Polizisten, siouxartig an ihre Schilde schlagend, losstürzen, zum Teil auch auf bloße Zuschaueransammlungen einprügelnd: Sehe, aber alles scheint merkwürdig fern, vielleicht eben nur ein Traum. Weit vor wage ich mich nie, vermag aber auch einfach nicht fortzugehen. Angst und Zorn halten sich korrekt die Waage. An den Rändern ältere Leute, manche tatsächlich das Gespräch mit der Polizei suchend. Einfache Leute finden einfache Worte, zu denen ich niemals imstande wäre. Viele vor allem auch ältere Frauen zornig: „Das haben wir sonst beim Schnitzler gesehen.“ - „Du hast wohl noch nichts vom Gorbatschow gehört.“ - „Wir sehen uns nach den Reformen wieder.“ - Soldaten: „Stellt doch einen Ausreiseantrag.“ - Antwort: „Wir wollen aber hier bleiben.“ Ich, leider lächerlich emotional: „Ihr wollt wohl mit euch selbst alleine sein. Eine Unverschämtheit, jungen Leuten so etwas zu sagen.“ Die einzige Chance aber ist Friedfertigkeit. Mit bloßen Händen sind den MGs und Panzern keine Reformen beizubringen, zumal sich das System Änderungen früher oder später ohnehin beibringen muss: Ein Auto kann auch nicht auf die Dauer ohne Benzin fahren, nicht wahr?

Jagd eines Polizistentrupps mitten durch die Passanten auf der Gegenseite der hell erleuchteten Prager Straße. Ein Polizist hat den Anschluss verpasst und wirkt nun mit seinem Schild und seinem Helm im Dunkeln zwischen den Passanten nur noch traurig und komisch. Seine Truppe biegt schon ab, als er noch umherirrt, aber seine Angst sich noch immer in Aggression äußert und er einen Passanten rücksichtslos anrempelt: „Geh rüber, du Rindvieh.“ Dieser: „Ich mach gleich mit, du Vochel.“

Ein Bursche in Lederbekleidung tritt zwischen zwei Polizisten hindurch, eben dort, wo ich vorhin gestanden habe. Die Polizisten schlagen noch auf ihn ein, als er schon am Boden liegt. Dann wird er auf den Lkw geschleift.

7. 10.

Einem Polizisten, der allein in die Menge geriet, soll schlimm mitgespielt worden sein.

An den halbstündigen Nachrichten hängen wie am Tropf. In die Stadt fahre ich nicht. Heute wird nichts sein, sage ich, hoffe ich, aber in Wirklichkeit hat nun die Angst die Oberhand gewonnen. Alte Kinderängste. Ich erinnere mich gedämpfter Stimmen der Erwachsenen am 17. Juni, und dass ich einen Nachmittag bei der Nachbarin bleiben musste. Schon damals war eines meiner Traumgrundmotive das Bild meines Vaters, der, in ein Gestell eingeklemmt, sich gequält nach oben krümmte. Dann die ungarische Stimme im Radio: „Helft uns doch, helft uns doch." Damals war ich sechs Jahre. So hatten wir auch in den letzten zehn, zwanzig Jahren immer mehr Respekt, als ihn das doch eigentlich auch sanfte Zwangssystem erforderte. Nun aber könnte chinesisch gesprochen werden.

8. 10.

Der Staat, der seinen Bürgern kein Demonstrationsrecht zubilligt, ist selbst der Urheber von unerlaubten Demonstrationen. Das Ausmaß deiner Isolation noch nie so deutlich wie jetzt. Die, mit denen du jetzt unterwegs wärest, sind im Westen. Freilich war dir dieses Auf-dich-gestellt-Sein immer lieb, Nach-innen-Horchen die Voraussetzung für Gedichte. Aber jetzt bist du derart nach außen gewendet... das Ich seltsam abhanden: Sofortige innere Leere, wenn das Radio keine Informationen mehr bringt und zu Blasmusik übergeht.

Meine alte Methode: die Angst wegschlafen.

Rufe in Dresden-Klotzsche an, ob sie dort vielleicht etwas Näheres wissen. Angelikas Stimme sehr fern. Ein unheimliches Knacken und Rauschen in der Leitung. Als ob ich mit dem Nordpol telefonierte. Schließlich verschwindet Angelikas Stimme hinter dem Knacken und Rauschen völlig. Haben sie schon den Ausnahmezustand verhängt? Rufe in Amsterdam an. Alexander ganz nah, als säße er im Nebenzimmer. Obwohl ich das Gefühl habe, womöglich für lange ein letztes Mal nach draußen zu telefonieren, ist es mir unmöglich, ihm zu sagen, wie mir zumute ist. Martin holt mich zum Kaffeetrinken ab. Eine Demonstration auf dem Theaterplatz soll abgesagt worden sein, da sie eine Falle wäre. Abends kommt Birgit nicht von der Arbeit, dann aber glücklich: Ist drei Stunden friedlich mitgelaufen. Allerdings soll es nachmittags doch Einkesselungen gegeben haben. Uwe Lohse sei verhaftet worden. Seine Frau scheinbar gelassen: Kann ihm nichts Schlimmeres mehr passieren. Ein Kollege von Birgit seit zwei Tagen verschwunden. So genannte Volkspolizei nimmt keine Vermisstenmeldung auf. „Vielleicht hat er eine Andere", habe man der ihren Mann suchenden Frau gesagt. Im Radio bittet Christa Wolf zu überlegen, wem Demonstrationen nützen, da dergleichen die Führung nur verhärten würde. Aber: Nur mit Petitionen ist auch nichts zu bewegen. Ihre Sorge ist berechtigt, aber sie weiß vielleicht nicht, dass dieses Volk gerade eben jetzt sich einmal andeutungsweise als Nation zu empfinden beginnt. Eine Zukunft, in die hinein wir gleich wieder von oben gelenkt werden, wäre nur die Hälfte wert.

Abends doch noch einmal in die Stadt: Ein Passant geht hart auf mich zu, ich erschrecke zutiefst, erwarte einen Hieb in den Magen, und weiche mit einem erstarrten Grinsen, das das Ganze kaschieren soll, aus.

Das Gespräch mit den Oberen gewiss auch deshalb so schwer, weil diese Leute gar nicht deutsch sprechen, sondern das so genannte „Kauderwelsch", einen Dialekt aus der finstersten Vergangenheit, dem jedes Menschliche fremd ist. Selbst, wenn es ihnen auf der Zunge läge, sie könnten und könnten es nicht sagen.

Doch was ist auf der Prager Straße los? (Abends, gegen 22 Uhr.) Die schon fast üblichen Absperrungen. In der Mitte eine große Gruppe eingekesselt, aber das Neonlicht leuchtet wärmer, von den beinahe ruhig Wartenden geht Beruhigung aus, da kaum noch Angst. Auch die Soldatentrupps stehen lässiger, die Schilde sind nach unten genommen. Eine Limousine, unwirklich wie ein herbeigleitendes Traumschiff. Beifall! Will die Staatsmacht mit uns reden? Bin ich auf Hawaii? Es ist der Bischof, höre ich. Tatsächlich soll mit dem Bürgermeister geredet werden. Das bedeutet, selbst wenn man nur Zeit gewinnen will, eine indirekte Legalisierung der Demonstrationen.

Wer eigentlich wollte im letzten Monat noch nach Worpswede? Noch nie war der Westen mir so fern wie jetzt.

Nachmittags soll auf dem Fetscherplatz, trotz friedlichen Dahermarschierens, eingekesselt, verhaftet und geknüppelt worden sein.

Montag, 9. 10.

Unser Dachdecker erklärt mir, dass Schläge gar nicht schlimm wären, beim Herumprügeln würde ja auch gedroschen. Das überlebe man. Ahnt also offenbar einen Hauptgrund meiner Ängstlichkeit: der Angst des Kopfmenschen, unter Schlägen den Kopf zu verlieren. Das ist wohl auch der Sinn der Prügelei: die Ausschaltung des Intellekts, die Umkehrung des Argumentierens in Gewimmer. Höre schlimme Einzelheiten, offenbar ist auch nach den Demonstrationen zum Teil noch auf Inhaftierte eingeprügelt worden - will aber jedes erst aufschreiben, wenn es einigermaßen verbürgt ist.

Uwe L. noch immer verhaftet.

Abends Kreuzkirche: Sehr gemischte Gestalten, gewissermaßen tatsächlich das Volk. Der Einlasser: „Auf den Emporen ist noch Platz!" - „Emborn? Was issn das?" Einlasser: „Lasst euch das von den anderen erklären." Hinaus gehe ich völlig erschöpft, viele Peinlichkeiten, oftmals drohendes Chaos in dem Riesenhaus. Aber ich habe etwas erlebt, das es eigentlich gar nicht gibt, was eigentlich gar nicht geht: eine Volksversammlung von Tausenden! Ein Mann erklärt, dass er gesehen habe, wie die Polizei einen Bauzaun, der laut SÄCHSISCHER ZEITUNG durch Randalierer demoliert worden sei, selbst niedergerissen habe. In der Reihe hinter uns eine Frau, deren Sohn in Bautzen ist und die fortwährend ihre Verzweiflungskommentare abgibt.

Überhaupt ist die Enttäuschung groß, weil naturgemäß fast nur das Gespräch selbst erreicht wurde, und tatsächlich besteht nun die Gefahr, dass Väterchen Stalin bloß kichert über die dummen Sachsen. Freilich, der Apparat braucht Zeit, die gewiss auch dort vorhandenen Veränderer müssen zu Wort kommen und die Pseudoveränderer sich einschleichen können.

Augenzeugen berichten, dass, während die Leute sich in den Kirchen versammelt hätten, in etlicher Entfernung hinter Büschen Armee-Lkw samt Militärkrankenwagen gestanden hätten. China lässt auch weiterhin freundlich grüßen.

Dienstag, 10. 10.

Uwe Lohse ist entlassen worden. In der Bautzener Gefängniskirche saß er auf Platz Nr. 121. Wo er auch hinkam, hatte er es nur selten verpasst, einen „Guten Abend" zu wünschen und zu erklären, dass die Dienst habenden Menschen auch Menschen seien, gute Behandlung also in beidseitigem Interesse. Aufgefallen war er offenbar dadurch, dass er mehrmals am Demonstrationszug entlanggelaufen war, um die Leute zu bitten, doch nicht auf die Wiese zu gehen, da die Wiese eine Wiese sei und folglich ein Stück Natur. Typisch Rädelsführer also. Festnahme durch zwei Herren in Zivil. Kein Hilferuf seinerseits, als ob er geahnt hätte, dass es nur die helfenden Hände von Vater Staat waren und nicht irgendwelche privatisierenden Menschenfänger. Alles in allem aber Erleichterung, er offenbar glimpflich davongekommen. Die Zeitung UNION schreibt in einem sonst schon objektiven Artikel von

Gewalttaten am Fetscherplatz. Sind damit die „Keine-Gewalt-Rufe" der Eingekesselten gemeint? Oder doch mehr der obligatorische Schlag mit dem Gummiknüppel im LKW, von dem Uwes Hand so eigentümlich geschwollen ist, dass er sie in einer Binde trägt?

Mittwoch, 11.10.
Die UNION nimmt zurück, dass Gewalttätigkeiten seitens der Demonstranten am Fetscherplatz stattgefunden hätten. Zum ersten Mal seit Tagen atme ich wieder einigermaßen durch.

FRANK RICHTER

Worte wachsen langsam

Wer mit dem Pkw von Meißen kommend nach Dresden fährt, trifft nach der Kreuzung Flügelwegbrücke zunächst auf die Hamburger, dann auf die Schäferstraße. An einer bestimmten Stelle sieht er die drei großen Türme der Stadt auf einen Blick: den Rathausturm mit dem Herkules, den Turm der evangelischen Kreuzkirche mit dem Kreuz - beide stehen dicht beieinander, manchmal rücken sie so nah aneinander, dass das ungeübte Auge sie nicht mehr zu unterscheiden vermag - und, weit entfernt, in sicherem Abstand, abseits den Turm der katholischen Hofkirche.

Im August und September 1989 hat sich mir dieses Bild eingeprägt. Ich fuhr oft mit meinem Trabi diese holprige Strecke, die ins Zentrum der Stadt, in meinen neuen Arbeits- und Lebensraum führte. Mir wurde dieser Blick zum Bild der kirchlichen und politischen Situation: Rathausturm und evangelischer Kirchturm nah beieinander; Staat und evangelische Kirche in ständigem Gespräch; der katholische Kirchturm abseits; die katholische Kirche scheinbar unbeteiligt.

Es wurde tatsächlich von vielen so gesehen, obwohl sich die meisten (auch ich) damit nicht abfinden mochten und obwohl sich auch die offizielle Haltung der katholischen Kirche spürbar verändert hatte. Das Wort Kardinal Meisners auf dem Katholikentreffen 1987 trug symbolischen Charakter: „Dieses Land ist kein gottloses Land. Deshalb wollen wir hier bleiben. Wir wollen diese Gesellschaft mitgestalten, ohne dabei einem anderen Stern zu folgen als dem von Bethlehem."

1988 und 1989 nahm die katholische Kirche an den drei großen Sitzungen der Ökumenischen Versammlung teil. Zwei davon fanden in Dresden statt. Über Frieden, Gerechtigkeit und Bewahrung der Schöpfung in dieser Zeit und in ökumenischer Gemeinsamkeit mit allen Kirchen und Religionsgemeinschaften in der DDR zu sprechen, war nicht nur ein großes kirchliches Ereignis. Es kam einer Generalabrechnung mit dem heruntergewirtschafteten „real existierenden Sozialismus“ deutscher Prägung gleich. Ich glaube, mich erinnern zu können, dass mir schon damals ein bemerkenswerter Unterschied auffiel: Während führende evangelische Persönlichkeiten - stellvertretend für viele möchte ich Superintendenten Christof Ziemer von „Kreuz“ (= Kreuzkirche) nennen - an eine juristische, pazifistische und ökologische Reformierbarkeit des sozialistischen Gesellschaftssystems glaubten (später sprach man vom so genannten „3. Weg“), schien dessen grundlegende Nicht-Reformierbarkeit für die meisten Katholiken festzustehen. Mir persönlich wurde klar, wie stark mich das Studium der katholischen Soziallehre und die Beschäftigung mit dem Grundgesetz der Bundesrepublik geprägt hatten. Dies half mir, das hoffnungslos Illusionäre mancher vorgetragener Forderung zu erkennen; es versperrte mir andererseits das Verständnis für das bemerkenswert starke und nicht ungefährliche Engagement, mit dem vornehmlich evangelische Teilnehmer ans Werk gingen.

In gewisser Hinsicht stand der katholische Kirchturm tatsächlich abseits. (Mit ein wenig Abstand vermag man größere Zusammenhänge besser zu erkennen.) Aber er gehörte ins Bild. Wenn ich mich der konkreten Ökumene von damals erinnere, möchte ich Folgendes festhalten:

Evangelische und katholische Kirche hatten unterschiedliche „Umgangsformen“ mit dem sozialistischen Staat entwickelt. Wir Katholischen wussten manchmal nicht so recht, ob wir die evangelische Gesprächigkeit mit dem Staat und seinen Medien gegenüber als besonders edle Form christlicher Feindesliebe, als ernsten und konsequenten Ausdruck gläubiger Weltverantwortung oder schon als christlich-marxistische Verschwisterung betrachten sollten. („Kirche im Sozialismus“ - was bedeutete das?)

Die Evangelischen wussten oft nicht so recht, ob unsere betonte Distanzierung vom sozialistischen Staat etwas mit geistig moralischer Standfestigkeit, mit bedenklicher Gleichgültigkeit der Gesellschaft gegenüber oder mit Feigheit vor dem Feind zu tun hatte. Katholische und Evangelische beargwöhnten und beneideten sich wechselseitig der Vor- und Nachteile der verschiedenen Positionen wegen. Dabei habe ich eines nie erlebt: dass sie sich vom Staat gegeneinander ausspielen ließen. Die ökumenische Solidarisierung war selbstverständlich. Die gemeinsame Verwurzelung im Glauben blieb angesichts der übermächtig erscheinenden ideologischen und staatlichen Bedrohung ständig in der Wachzone des Bewusstseins. Ökumenische Gottesdienste waren in der Regel gut besucht. Man suchte gemeinsam nach der spirituellen Quelle der ökumenischen Bewegung und schöpfte füreinander das „Wasser des Lebens“, um stark zu sein, das Christ- und Kirche-Sein zu bezeugen und zu behaupten.

4. Oktober 1989

Der Tag war verregnet und die Straßen waren feucht. Mein Trabant besaß durchaus so etwas Ähnliches wie eine Heizung. Ich erinnere mich, sie an diesem Tag angeschaltet zu haben. Am Nachmittag fand - wie immer mittwochs - eine Heilige Messe im Kapellknabeninstitut statt, die ich gemeinsam mit den Jungen feierte. Es war der Gedenktag des Heiligen Franz, meines Namenspatrons. „Herr, mache mich zu einem Werkzeug Deines Friedens“, dieses Gebet, man findet es bis heute im katholischen Gesangbuch, gehört seit eh und je zu den Texten, denen ich die Funktion einer Schneise im Dschungel der unbeantworteten Gottes- und Lebensfragen beimesse. Haben wir es an diesem 4. Oktober gebetet? Ich weiß es nicht mehr. Genau weiß ich, dass mich der Deutschlandfunk in jeder freien Minute begleitete. Er allein gab uns - im so genannten Tal der Ahnungslosen - verlässliche Informationen über das, was tatsächlich geschah. Die Orte des Geschehens waren Prag, die dortige Botschaft der Bundesrepublik, waren die Züge, die sich mit tausenden Ausreisewilligen in Richtung Dresden in Bewegung setzten, und waren bei einbrechender Dunkelheit der Hauptbahnhof und die Straßen der Dresdner Innenstadt. Heute kenne ich die Fotos, die mutige Passanten und Betroffene an den Orten des Geschehens schossen. Damals hörte ich nur die Sirenenklänge der SMH, der Schnellen Medizinischen Hilfe, vom Hauptbahnhof herüberheulen.

In meiner Wohnung im Dompfarramt, auf der Schweriner Straße, angekommen, erfuhr ich, dass die Hofkirche besetzt sei. „Besetzt“ - was hieß das? 52 Personen seien kurz vor der Rosenkranzandacht eingedrungen und hätten erklärt, die Kirche nicht eher zu verlassen, bevor sie die verlässliche Genehmigung zur Ausreise in den Westen bekommen hätten.

Es gab keinen Zweifel: Was am Hauptbahnhof geschehen war, musste so dramatisch gewesen sein, dass es die Menschen in die Flucht schlug und sie nur noch in der Kirche Zuflucht zu finden glaubten. Sie fanden, was sie suchten.

Nachdem die DDR am 3. Oktober die Grenze zur ČSSR geschlossen hatte und somit für jeden sichtbar zu erkennen gab, was sie im Grunde immer war, ein Volksgefängnis, blieb noch die Kirche, ein Ort des Schutzes, eine letzte Burg der Freiheit. Spätestens in dieser Stunde wusste ich, dass es nichts mehr gab, was mich in der relativen Distanziertheit zu den katastrophalen Entwicklungen in der Gesellschaft halten konnte oder durfte. Diese Distanziertheit entsprach einer eingeübten und begründeten katholischen Position, über die - auch aus heutiger Sicht - kein leichtfertiges Urteil gesprochen werden sollte. Spätestens in diesem Moment aber, in dem die Menschen vor der eigenen Tür um Leib und Leben fürchten mussten, verlor sie schlagartig jegliche Berechtigung.

Als ich an der Hofkirche ankam, war diese bereits verschlossen. Die „Besetzer" hielten sich im linken hinteren Mittelschiff auf. Sie kamen aus den verschiedensten Städten der DDR und hatten sich einen Sprecher gewählt. In der Sakristei tagte ein „Krisenstab" - bestehend aus dem Generalvikar, dem Dompfarrer und dem Küster. Es wurde fast ununterbrochen telefoniert. Frau Wolf, die Haushälterin des Pfarrers, hatte Tee gekocht, den wir an die 52 Leute austeilten. Die Situation war dramatisch und alltäglich zugleich. Was wir erleben, so dachte ich, ist die DDR, so, wie sie im Grunde schon immer war und bleiben würde; es sei denn, sie änderte ihr Wesen.

Auch unsere eigene Situation trug die Züge des Außergewöhnlichen und des Normalen. Wir erkannten die eigene Hilflosigkeit und Ratlosigkeit klarer als sonst, und wir empfanden unsere Solidarität mit denen, die den Schutz der Kirche suchten, stärker und konkreter als sonst. Im Verlauf des voranschreitenden Abends, an dem der Generalvikar mehrmals mit dem Bischof telefonierte, fiel mir die Aufgabe zu, einen Vertreter der Abteilung Inneres vom Rat des Bezirkes Dresden vor der Kirche in Empfang zu nehmen und im Freien mit ihm gemeinsam abzuwarten.

Irgendwo hatte irgendjemand entschieden, dass ein Omnibus kommen und die Ausreisewilligen zu einem nahe liegenden Rathaus bringen sollte. Dort würden sie ihre Ausreisegenehmigungen in Empfang nehmen können.

Unglaublich, dachte ich, das Gleiche, worauf frühere Antragsteller mehrere Jahre unter schweren beruflichen Nachteilen für sich und ihre Familien, unter persönlichen Repressalien und Diffamierungen hatten warten müssen, ertrotzten sich diese Menschen in wenigen Stunden. Ein Staat lag in Agonie. Ihm glitt selbst der letzte, grausig-gerechte Prügelstab seiner Ungerechtigkeit aus der Hand. Jetzt konnte man sich auf nichts mehr verlassen.

Vor der Kirche waren mein „Begleiter" und ich allein. Die Stadt schien ausgestorben. An einen seiner Sätze erinnere ich mich genau: „So was entscheidet der Minister selbst. Das kann lange dauern." - Damit konnte er nur Mielke gemeint haben.

Mitternacht war lange vorüber, als der Bus kam. Die Tür des Seiteneingangs der Kirche öffnete sich. Die Menschen traten nacheinander ins Freie und bestiegen das staatlich organisierte Fluchtfahrzeug, ohne sich noch einmal umzusehen. Begleitet vom Generalvikar und vom Dompfarrer wurden sie zum Rathaus am Fritz-Förster-Platz gebracht und dort „übergeben". Ihre 52 Namen waren bei uns registriert. Soweit ich weiß, hat sich kein einziger von ihnen später einmal bei einer kirchlichen Stelle gemeldet. Ungezählte Menschen verließen in dieser Nacht die DDR, ohne genau zu wissen, wo sie ankommen würden. Sie waren glücklich, einen der letzten Züge erreicht zu haben.

Und wir, die ebenso ungezählten Zurückgebliebenen - auch wir verabschiedeten uns in dieser Nacht von einem Staat „DDR", von dem wir erkannten, dass er in den letzten Zügen lag, ohne zu wissen, wo und wie er einmal ankommen würde.

Ich fühlte mich allein und zurückgelassen und ahnte, bald selbst aufbrechen zu müssen.

GEDÄCHTNISPROTOKOLL

Zu den vielfältigen, zum Teil subtilen Formen der Unterdrückung, mit denen sich der Staat DDR die Gesellschaft gefügig zu machen suchte, gehörte auch die Einschnürung der Sprache in das enge ideologische Korsett der SED. In den Oktobertagen '89 rissen auch in dieser Hinsicht viele Fesseln. Auch solche Menschen, die sonst keinerlei Übung mit Bleistift und Papier hatten, dachten und schrieben sich frei. Die Revolution vollzog sich in den Köpfen. Besonders beeindruckende Dokumente sind die so genannten Erlebnisberichte, die von den in Dresden oder Bautzen Inhaftierten angefertigt wurden. Am 10. Oktober fand ich einen solchen, unterschrieben mit Detlef Nowatschin, in meinem Briefkasten:

„Am Donnerstag, dem 5. Oktober 1989, gegen 23.00 Uhr, wurde ich durch die Volkspolizei dem VPKA Dresden zugeführt. Wie sich später abschließend herausstellte, aufgrund eines Irrtums; ich war an den Krawallen im Umkreis des Dresdner Bahnhofes und auf der Prager Straße unbeteiligt, zumal ich vor dem Kulturpalast zugeführt wurde. Mit mir kamen viele andere unbeteiligte Personen in eine Situation, die ich nachfolgend schildern will, weil in diesen 48 Stunden, die bis zur Freilassung folgten, Dinge zu sehen und zu hören waren, die mir nicht gestatten, darüber zu schweigen.

Doch zunächst ein deutliches Wort. Klar ist, dass die Volkspolizei zum Schutz der Bürger da ist. Klar ist auch, dass es auf der Prager Straße ernste Ausschreitungen gegeben hat, eben auch gegen die Polizei. Daraus folgt mit ebensolcher klaren Konsequenz, dass die Polizei eingreift und auch, selbst dies wird man, auch als Betroffener, verstehen können, dabei im Moment nicht unterscheidet, wer was getan oder nicht getan hat und somit eine nicht geringe Zahl Unbeteiligter zuführt. Dies alles ist aufgrund der entstandenen Notsituation nötig und möglich. Ernstes Befremden löste jedoch, nicht nur bei mir, dann die Behandlung der Zugeführten in den Räumen der Kaserne der Bereitschaftspolizei Dresden, Dr.-Kurt-Fischer-Allee, aus. Dorthin wurden wir zunächst gebracht und mit Hunden und Schlagstöcken empfangen. Wir wurden angebrüllt, mussten einzeln, mit den Händen im Nacken, den Lkw verlassen, wurden an die Wand geprügelt, dort zunächst, mit dem Kopf an der Wand, die Hände im Nacken, die Beine gespreizt und den Körper in Schräglage zur Wand hin, stehen gelassen. Auf Einwände, dass man doch nichts getan habe, folgten Beschimpfungen und wieder Prügel. Danach ging es im Laufschritt, Hände im Genick, eine Treppe hinauf in einen Flur, die gleiche Prozedur wie eingangs folgte, Durchsuchung, ich verlor dabei meinen Talisman. Noch auf dem Lkw sitzend, musste ich hören: „Das sind alles Rädelsführer, die gucken wir uns mal'n bisschen genauer an", „Das wär' nicht der Erste, dem ich den Schädel aufklatsche, und noch nicht der Letzte!" - Kein Kommentar.

Nach der Durchsuchung führte man uns in einen Kinosaal, wo sich bereits etwa 70-80 Personen befanden: sitzend auf Stühlen, die Hände im Nacken. In dieser Stellung mussten wir die Nacht verbringen. Wer sich meldete, um etwas zu fragen, musste damit rechnen, auf den Flur geholt zu werden und dort stundenlang zu stehen. Einige Personen haben von Anfang an die Nacht im Freien stehend verbringen müssen. Diese herabwürdigende Behandlung gipfelte in der Bemerkung eines Polizisten: „Nanu, Inder haben wir jetzt wohl ooch schon?!" – beim Anblick eines etwa 16-jährigen Jungen, der mit einem Kopfverband im kalten Flur sitzen musste.

Ich habe gesehen und gehört, wie im Laufe der folgenden Stunden immer wieder Leute auf den Flur bzw. auf die Gänge geholt und dort misshandelt wurden. Ein Mann hatte ein völlig zerschlagenes Gesicht, mehrere mussten den Verlust ihrer Brillen hinnehmen, ein sehr großer, etwas abenteuerlich aussehender, aber völlig harmloser Bursche wurde von den Polizisten immer wieder „bevorzugt" behandelt, bis auch er grün und blau im Gesicht und möglicherweise auch an anderen Körperstellen war. Ich selbst bin mit einigen blauen Flecken am Rücken und den Oberarmen davongekommen, wohl nicht zuletzt dank der Tatsache, dass ich zwei Pullover unter der Jacke trug, sonst hätte es gewiss auch schlimmer ausgehen können, abgesehen davon, dass ich auch Brillenträger bin.

Alle Fragen nach einem verantwortlichen Offizier, dem man das Missverständnis hätte erklären können, blieben unbeantwortet. Stattdessen gab es Hinweise wie: „Wären Sie doch zu Hause geblieben." Oder: „Was treiben Sie sich auch nachts auf der Straße rum?!" Ich selbst z.B. kam mit meiner Freundin von einer Geburtstagsfeier und war auf dem Heimweg.

Nach der für alle mit unterschiedlichen Reaktionen ausgegangenen Nacht (unter anderem befanden sich in den Reihen der zugeführten Personen ein junger Mann mit akuten Kreislaufbeschwerden sowie ein Invalidenrentner und mehrere Personen, die einen Arzt verlangten) gab es dann am Freitagvormittag die erste Verpflegung: Eine Bockwurst für den, der eine Mark dafür bezahlen konnte, wer kein Geld hatte, bekam Suppe. Wer Pech hatte und nicht früh genug drankam, hatte nichts. Dann begannen die ersten Vernehmungen, wobei wiederum die betreffenden Personen im Laufschritt durch die Gänge gejagt und geprügelt wurden, Treppen hinauf, Treppen hinunter. Nach den Vernehmungen wurden wir in den Besucherräumen der Kasernen zusammengepfercht, wer einschlief, wurde hochgerissen und „munter gemacht": Stehen mit Blick zur Wand, je nach Laune des Peinigers mit Händen im Nacken oder auf dem Rücken.

Ich selbst musste, nachdem ich das Bedürfnis äußerte, die Toilette aufzusuchen, dies im Laufschritt, Hände im Nacken, tun, wurde aufgefordert, mich gefälligst zu beeilen, und anschließend im Vorraum der Toilette mit dem Gesicht zur Wand, Hände im Genick, in einer Ecke stehen gelassen. Auf meinen Hinweis, dass ich nichts getan hätte, folgte der Brüller: „Halten Sie'n Mund, bleibense stehn!" Eine weitere Maßnahme war, den Betroffenen auf seine eigenen Handrücken knien zu lassen. Was dies bedeutet, kann man ja mal eine Stunde zu Hause „ausprobieren".

Am späten Abend des Freitag wurden wir, zu je einem Paar mit Handschellen aneinander gefesselt, mit Gefängnistransportern zur Strafvollzugsanstalt Bautzen 1 gebracht. Dort wurden wir in einem Verwahrraum untergebracht, insgesamt 28 Leute, zwei Toiletten. Andere Zeugen berichteten mir von 40 Personen und mehr, in anderen Verwahrräumen; es wurden Betten zum Schluss dreistöckig übereinander gestellt. Nach erneuten Vernehmungen begannen dann die ersten Entlassungen der nachweisbar unbeteiligten Personen. In dieser Zeit, in Bautzen, war es nicht möglich, einen Arzt zu sprechen, erst am Abend des Samstag, 7. 10. 89, kam ein Mann im weißen Kittel und notierte sich die Anliegen der Betroffenen. Ich selbst habe ihn dann nicht wieder gesehen (ich hatte nach einem Beruhigungsmittel verlangt), gegen 23.00 Uhr erhielt ich die Aufforderung zum Abgang.

Ich stelle also summierend fest: Zugeführte Personen wurden in den Räumen der Kaserne der Bereitschaftspolizei Dresden, Dr.-Kurt-Fischer-Allee, nachdem sie bereits in Gewahrsam genommen worden waren, sich darüber geäußert hatten, dass sie unbeteiligt seien, keinen Widerstand gegen die polizeilichen Maßnahmen geleistet hatten, sich insgesamt ruhig und diszipliniert verhielten, insgesamt also wehrlos waren, vorsätzlich mit unterschiedlicher Intensität, um nicht zu sagen Brutalität, körperlich und seelisch misshandelt. Ich stelle die Frage, ob ein entsprechender Einsatzbefehl in einer Notsituation schon ein Freibrief ist für, wie ich finde, fragwürdige Personen in den Reihen der bewaffneten Organe, zur körperlichen und seelischen Misshandlung von Wehrlosen und Unschuldigen. Ich selbst habe drei Jahre beim Wachregiment „Feliks Dzierżynski“ in Berlin Dienst geleistet und muss sagen, dass uns dort Methoden, wie ich sie in den Stunden der Tage vom 5. 10. bis 7. 10. 1989 persönlich erleben und erleiden musste, weder beigebracht wurden noch von uns in Anwendung gebracht worden sind. Ich wiederhole: Es wurde mit Gewalt (wohlgemerkt: nicht auf der Straße, sondern in geschlossenen Räumen!) gegen uns vorgegangen; es erfolgte systematische Behinderung beim Schlafen; es war nicht möglich, einen verantwortlichen Offizier zu sprechen; es erfolgten verschiedenste „Methoden“ zur körperlichen Misshandlung: Stehen im Freien; Knien auf eigenen Handrücken; Stehen in Schräglage mit Kopf an der Wand, Hände im Genick, Beine gespreizt; Sitzen mit Händen im Genick, alles über mehrere Stunden hinweg! Die Verhöhnung der Betroffenen nimmt sich dagegen noch relativ harmlos aus.“

8. Oktober 1989

Am Sonntag, dem 8. 10., befand ich mich auf der Prager Straße, als sich dort gegen 18.30 Uhr ein Demonstrationszug formierte und in Richtung Altmarkt in Bewegung setzte. Eine Handvoll vorwiegend junger Leute hatte ihn durch Klatschen und lautes Rufen „Schließt euch an, wir brauchen jeden Mann!" in Bewegung gesetzt; spontan hatten sich die auf der Prager Straße versammelten Menschen angeschlossen.

Ich selbst ging gemeinsam mit einigen Jugendlichen aus der katholischen Pfarrjugend der Kathedrale und der Pieschener Sankt-Joseph-Gemeinde. Auf den Stufen angelangt, die zum Centrum-Warenhaus hinaufführen, konnte ich einen gewissen Überblick gewinnen: Die Spitze des Zuges war bereits am Altmarkt angekommen; das Ende in Richtung Hauptbahnhof war nicht genau auszumachen. Dabei umfasste der Demonstrationszug die gesamte Breite der Prager Straße.

Nachdem wir einige Minuten gelaufen waren, ertönten die ersten Sprechchöre: „Gorbi, Gorbi", „Keine Gewalt", „Neues Forum", „Wir bleiben hier!" u.a. An der Ernst-Thälmann-Straße angelangt, blockierte der Zug der Demonstranten den Autoverkehr und bog in Richtung Postplatz ab; von dort aus ging es hinüber zum Theaterplatz, wo von einzelnen Gruppen spontan die Internationale gesungen wurde. Die Menschenmenge zog weiter an der Kathedrale vorbei in Richtung Dimitroff-Brücke. Da ich noch etwas in der Kirche zu tun hatte, scherte ich aus und schloss mich erst dann wieder den Demonstranten an, als sie wieder auf der Ernst-Thälmann-Straße in Höhe des Kulturpalastes angekommen waren und in Richtung Prager Straße abbogen. So weit ich die Demonstration verfolgen konnte, lief sie völlig gewaltfrei und ohne Ausschreitungen ab.

Als nun die Spitze des Zuges wieder am Centrum-Warenhaus angelangt war, traten die ersten Einheiten der Polizei in Erscheinung. Ohne Vorwarnung kam ein Trupp mit Helmen, Schildern und Gummiknüppeln ausgerüsteter Polizisten aus Richtung Rundkino auf uns zugerannt. Dabei schlugen die Polizisten mit Knüppeln auf ihre Schilde; Anblick und Lärm dieser Aktion trieb die an der Spitze des Zuges laufenden Demonstranten in die Flucht. Die Nachfolgenden rückten jedoch nach, so dass es der Polizei nicht gelang, den Demonstrationszug aufzulösen.

Als ich gegen 20.00 Uhr auf der Prager Straße ankam, sah ich, dass sich viele Menschen auf die Straße gesetzt hatten. Die Menge, die ich überblicken konnte, füllte die gesamte freie Fläche der Straße. Später erkannte ich, dass sich weitere Demonstranten am Lenindenkmal und hinter dem Hotel Newa in Richtung Leningrader Straße versammelt hatten. In der Höhe dieses Hotels sperrten Polizisten den Weg ab; sie standen Mann an Mann. Der Abstand zur ersten Reihe der sitzenden Demonstranten betrug höchstens 50 Meter.

Ich musste davon ausgehen, dass die Polizei erneut versuchen würde, die Demonstration unter Einsatz gewaltsamer Mittel aufzulösen und bat deshalb den in meiner Nähe stehenden Kaplan Andreas Leuschner, mit mir gemeinsam zu den Polizisten hinüberzugehen.

Zunächst sprachen wir einzelne Polizisten an und fragten sie nach dem Einsatzleiter; die meisten der Befragten erwiderten nichts oder antworteten nur undeutlich. Nach mehreren Versuchen bat uns ein höherer Polizeibeamter durch die Postenkette hindurch und verwies uns an einen verantwortlichen Beamten in Zivil. Diesem, einem relativ jungen Mann, trugen wir das Anliegen vor, die Polizei möchte von Gewaltanwendungen absehen, da auch von Seiten der Demonstranten keine Gewalt ausging. Wir forderten ihn auf, sich um einen kompetenten Gesprächspartner von staatlicher Seite zu bemühen; wir würden unterdessen mit den Demonstranten sprechen und sie nach ihrer Gesprächsbereitschaft befragen. Auf diesen Vorschlag ließ sich der Beamte nach anfänglichem Zögern ein.

Wir gingen zurück zu den Demonstranten, die bis dahin in Stille abgewartet hatten. Ich wollte versuchen, die Menschen über das Gespräch zu unterrichten, musste dazu aber unmittelbar vom großen Springbrunnen aus sprechen, der durch seine Überlaufbecken stark rauschte. Mit großer Freude wurde aufgenommen, dass sich der Springbrunnen genau in dem Moment ausschaltete, als ich zu sprechen begann.

Ich forderte die Demonstranten auf, zehn Vertreter für ein möglicherweise zustande kommendes Gespräch zu bestimmen. Eine große Zahl Menschen stand spontan auf; viele von ihnen mussten von uns wieder zurückgeschickt werden, da die große Anzahl einem sinnvollen Gespräch entgegengestanden hätte. Etwa 20 Personen blieben zurück: eine spontan zusammengekommene Gruppe. Ich forderte die Demonstranten auf, diese als ihre Vertreter zu bestätigen, was durch starken Beifall geschah. Danach bat ich die versammelten Menschen darum, Themen und Forderungen für das Gespräch zuzurufen. Folgende wurden genannt, durch den Beifall der Menge bestätigt und von einem Mitglied der Gruppe notiert: Reisefreiheit, Einführung eines Zivildienstes, Legalisierung des Neuen Forums, offener und gewaltfreier Dialog in der Gesellschaft, Wahlfreiheit, Recht auf friedliche Demonstrationen, Freilassung der politischen Gefangenen, besonders jener, die in den letzten Tagen in Dresden inhaftiert wurden.

Die Gruppe verständigte sich nun über die Bedingungen, unter denen sie zu einem Gespräch bereit sein würde. Diese wurden dem Zivilbeamten mitgeteilt: Das Gespräch müsse morgen (d.h. am Montag, dem 9. 10.) stattfinden, und die Ergebnisse sollten bereits am Abend auf der Prager Straße bekannt gegeben werden. Als Gesprächspartner wurde Oberbürgermeister Berghofer genannt. Bei Zusage der Erfüllung dieser Forderungen seien die Demonstranten bereit, nach Hause zu gehen. Des Weiteren wurde dem Beamten eine Liste mit Namen und Anschriften der 20 Vertreter übergeben. Unter ihnen befanden sich Frauen und Männer, Vertreter verschiedener Altersstufen und unterschiedlicher Berufsgruppen: Arbeiter, Ingenieure, Studenten, Lehrlinge, Angestellte u.a. Im Anschluss daran wurde uns erlaubt, durch die Postenketten hindurch die Demonstrationsgruppen am Lenindenkmal und hinter dem Hotel Newa zu informieren. Auch diese bestätigten durch ihren Beifall die genannten Anliegen und die Bitte um absolute Gewaltfreiheit. Mir persönlich wurde für die Verhandlungen mit den Demonstranten zweimal von der Polizei ein Megaphon zur Verfügung gestellt, da das natürliche Stimmvolumen nicht ausreichte, alle zu erreichen. In der Zwischenzeit kam in der Gruppe der 20 der Gedanke auf, die Polizei um ein sichtbares Zeichen zu bitten. Einer vermittelte den Vorschlag, die Polizisten mögen ihre Schilde ablegen. Dies geschah und wurde von den Demonstranten mit Beifall aufgenommen.

Nach ungefähr 15 Minuten übermittelte uns der Zivilbeamte die Antwort der staatlichen Stellen: Ein Gespräch mit Oberbürgermeister Berghofer könne am nächsten Morgen 9.00 Uhr im Rathaus stattfinden, die Bekanntgabe der Ergebnisse müsse jedoch abends in kircheneigenen Räumen erfolgen. Nach Bekanntgabe dieser Information an die Demonstranten einigte sich die Gruppe, diese Bedingungen zu akzeptieren. Wegen der Bereitstellung kircheneigener Räume bat ich um die Möglichkeit, telefonieren zu können. Als ich dazu das Hotel Newa betreten wollte, wurde mir jedoch von einem Polizisten mitgeteilt, dass in wenigen Minuten Superintendent Ziemer kommen würde, mit dem die weiteren Dinge besprochen werden könnten.

Wie ich später erfuhr, hatte es zu dieser Zeit ein Gespräch von Landesbischof Hempel, Superintendent Ziemer und Oberlandeskirchenrat Fritz mit Oberbürgermeister Berghofer gegeben.

Die genannten Vertreter der evangelischen Kirche trafen nach einiger Zeit auf der Prager Straße ein; zusammen mit Superintendent Ziemer verabredeten wir wegen der großen Menge an Demonstranten mehrere Informationsorte für den kommenden Abend: die Kreuzkirche, die Kathedrale, die Christuskirche und die Versöhnungskirche.

Diese Kirchen wurden den Demonstranten mitgeteilt; nach einem abschließenden Beifall verließen sie daraufhin friedlich die Prager Straße. Dies war etwa gegen 21.30 Uhr.

Kaplan Leuschner, die Gruppe der 20 Vertreter und ich gingen gemeinsam zum Dompfarramt, um uns dort auf das Gespräch mit Oberbürgermeister Berghofer vorzubereiten.

Später wurde mir von einem Jugendlichen unserer Pfarrei berichtet, er sei auf dem Heimweg von einem Unteroffizier der Polizei wegen etwas Essen angesprochen worden; dieser hätte seit 12 Stunden nichts mehr gegessen.

TONBANDPROTOKOLL, FRÜHJAHR 1990

Auf der „anderen Seite“ erlebt Detlef Pappermann (30), Polizeioffizier der Sondereinheit auf der Prager Straße, den Nachmittag und Abend des 8. Oktober:

„Die Idee war ja von mir. Am späten Nachmittag des 8. Oktober schlug ich im Führungspunkt im Gebäude des Kraftverkehrs am Hauptbahnhof vor, eine Kompanie auf LOs (Lkw der Marke Robur) zu setzen und zum Theaterplatz fahren zu lassen. Dadurch konzentrierte sich die Menge auf der Prager Straße, weil viele dachten, dort sind sie nicht; und schon schnappte die Falle zu. Bloß, das wurden ja immer mehr Leute! Nicht nur aus Richtung Stadtzentrum, auch vom Hauptbahnhof her strömten die Massen, und plötzlich befand ich mich mit der hinzugezogenen Hallenser Bereitschaft inmitten der Menschen.

Am Hauptbahnhof stand die Offiziershochschule gemeinsam mit Staffeln Schutzpolizei. Nördlich der Prager Straße Dresdner Bereitschaftseinheiten. Zum Führungspunkt hatte ich über Sprechfunk Kontakt. Ich gab durch, dass es sich um friedliche Demonstranten handelt mit Kerzen und Sprechchöre rufend wie „Keine Gewalt!“ Es herrschte ziemliche Unentschlossenheit, was nun zu tun sei. Hoffentlich kam nicht jemand auf die Idee, uns in diese bunte Menge zu jagen. Das waren ja keine Rowdys und Skinheads, wie sie schon an den vergangenen Tagen jeweils nur kleine Gruppen der Demonstranten gestellt hatten, nicht einmal intellektuelle Spinner waren das, sondern Menschen aller Schattierungen und Altersgruppen.

Auf einmal kam der Hallenser Kommandeur zu mir: „Du, da sind zwei Geistliche, ich glaub, die wollen hier durch. Ich weiß nicht, was ich mit denen machen soll, geh du mal hin, red mit ihnen.“

Ich wusste ja auch nicht. Wohin wollten die? Also, auf jeden Fall erst mal hin, guten Abend gewünscht. Das war dann der Kaplan Richter, der da stand, und an seiner Seite Kaplan Leuschner. Es stellt sich heraus: die wollten gar nicht durch. Die wollten hier bleiben und einen Offizier sprechen. „Worum geht's denn?“, sag ich zu ihnen. Sie erklärten, die Demonstranten seien in friedlicher Absicht gekommen und wollten keine Gewalt, keine Auseinandersetzung mit der Polizei. Ob es nicht möglich wär', einen Verantwortlichen, eine kompetente Persönlichkeit als Gesprächspartner zu gewinnen. Wen sollte ich denn da nun anbringen? Mitten in der Menschenmenge. Ein Polizist - das ging nicht. Die Sache war höher angebunden, das hatte ich im Gefühl. Also bat ich den Geistlichen, eine Abordnung auszuwählen, die für die Demonstranten sprechen könne. Ich würde mich inzwischen um einen Gesprächspartner bemühen, das Anliegen durchgeben. Jemand sagte noch, man solle ein Zeichen geben für die Gewaltfreiheit, die Schilde seien ja alle noch oben. Ich also: „Schilde ab!" Und das wurde gemacht. Die Schilde lagen am Boden. Beifall.

Ich also den Dienst habenden Offizier der BDVP, das war der stellvertretende Stabschef, informiert. Nun wollte der wissen: Wen wollen die sprechen? Welche Forderungen haben sie? Wo soll das Treffen stattfinden? Auf der Prager Straße schien das nicht zu gehen. Die schien mir ungeeignet. Die Hotels, internationales Publikum. Wenn wir Probleme haben, dann müssen wir sie doch nicht vor denen austragen, dachte ich mir. Von den Kaplänen kam der Vorschlag: Dynamo-Stadion. Na, das ging gleich überhaupt nicht. Was dort vor sich gehen kann, kenne ich ja von den Fußballspielen. Das ist rotes Tuch für jeden Polizisten. Hab ich gleich abgeschmettert, den Vorschlag. Also in der Kirche? Dieser Vorschlag gefiel auch gleich der Einsatzleitung. In einer Kirche kann nicht viel schief gehen, da sind die Gemüter schon durch die Atmosphäre beruhigt. Ich also okay gemeldet und die zwanzig Namen aufgeschrieben. War ein Haufen Arbeit. Und wen wollten sie sprechen? Irgendeiner aus der Gruppe sagt: Den OB, Oberbürgermeister Berghofer also, jawohl.

Kaplan Richter ging noch anrufen wohl wegen der Kathedrale als Ort der Verständigung. Da kam aber über Sprechfunk schon das Signal: Der Bischof kommt. Landesbischof Hempel, Superintendent Ziemer würde sprechen. Das hat er dann auch getan. Der Bischof sagte noch zu ihm: Nicht zu lang! Also, es kam wunderbar an. Applaus von allen Seiten. Und uns fiel es wie ein Stein vom Herzen. Es gab das erste Mal Blumen für die Polizei. Also wir waren richtig froh. Die Leute natürlich total empört: Ihr müsst wohl verrückt sein, auf uns einzudreschen! Na, das hatten wir ja an diesem Abend nicht mehr gemacht. Und von da an auch nicht wieder. Der Einsatzleiter sagte dann spät in der Nacht während der Auswertung: Wenn wir das nach Berlin melden, das glaubt uns kein Mensch!

Das Nachdenken hatte bei mir schon etwas eher begonnen. Am Nachmittag auf dem Fetscherplatz - irgendjemand hatte zu einer Demo aufgerufen, Treffpunkt Theaterplatz. Nein, nicht das Neue Forum, eine Privatperson, Name war bekannt. Jedenfalls kam der Befehl, wenn die Agitation über aufgefahrene Rundfunkwagen der Offiziershochschule keinen Erfolg hat, ist der Platz zu räumen. Richtung Terrassenufer. Das war wie jeden Tag, Befehl auf Befehl, manchmal waren wir 24 Stunden im Einsatz, ohne zu schlafen. Wir durften ja seit dem 3. Oktober nicht mehr nach Hause. Die Frauen wussten nichts von uns. Einen Verletzten haben wir mal vorbeigeschickt, um sie zu beruhigen, aber das war wohl der ungeeignete Mann - die Verletzung widerlegte seine Worte. Jedenfalls war ich am 8. gerade wach geworden, da erhielt ich Befehl, Zivil anzuziehen und die Hallenser Bereitschaft zu lotsen, die uns verstärken sollte. An diesem Tag also ohne Helm und Schild, und der Befehl: Räumen! Ich hab zu dem Hallenser Kommandeur gesagt, am besten ruhig bleiben, die Leute lieber dreimal bitten. Also, Mäßigung. Das klappte dann auch: Die Leute liefen am Terrassenufer entlang, manche auch über die Brücke.

Wir kamen mit der Bereitschaft, insgesamt 30, 40 Fahrzeuge, gar nicht so schnell nach. Der Demonstrationszug wechselte dann auch die Richtungen. Es ging über die Pillnitzer Straße zum Fetscherplatz. Lotse mal einer 40 auswärtige Fahrzeuge, also, lieber bringe ich Omas über die Straße. Am Fetscherplatz hatte die 8. Dresdner Bereitschaft abgeriegelt. Der Zug löste sich auf. Zum Schluss blieben paar hundert Leute übrig, die eingekreist wurden. Sie sollten abtransportiert werden. Wir haben noch gesagt: „Gehen Sie auseinander!“ Wer weg wollte, konnte gehen. Das war schon anders als auf dem Hauptbahnhof an den ersten Tagen. Aber einige wollten nicht weg, die blieben sitzen. Auch ein Rollstuhlfahrer war darunter. Der wollte offenbar dabei sein. Der Befehl lautete: Alle, die sitzen bleiben, aufladen! Per Sprechfunk, was will man da machen. Als die LOs kamen, hab ich wenigstens die Hundeführer beiseite genommen. „Bitte aufsteigen“, hab ich gesagt, „damit wir Ihre Anliegen überprüfen können“. Was dann die VP-Bereitschaft am Dr.-Kurt-Fischer-Platz gemacht hat, wusste ich nicht. Wenn dort geschlagen wurde, ist mir das absolut unverständlich. Fliegerstellung, ja. Das wird so gehandhabt, wenn ein Mann auf zehn Festgenommene kommt. Wir waren da absolut überfordert.

Es war von Anfang an ein untaugliches Mittel, die politische Situation mit polizeilichen Maßnahmen bereinigen zu wollen. Wir standen da zwischen Baum und Borke, also absolut. Schon als die Züge kamen am 3. Oktober, kommen sollten, als wir dableiben mussten, dachte ich: Was geht denn nun los! Auf die erste Auseinandersetzung am Hauptbahnhof waren wir nicht im Geringsten vorbereitet gewesen. Wir sind dort hin wie die Friseure, obwohl man sich ja manches denken konnte - Ausreisezüge noch mal durch Dresden leiten und die Grenze zu! Also für meine Begriffe ein klares politisches Fehlurteil. Geheuer war uns das nicht. Aber was will man machen: Befehl ist Befehl.

Ich glaube auch nicht, dass - am 4. war das dann, da hatten wir Ausrüstung - irgendwelche Provokateure mit Steinwerfen anfingen. Auf meiner Seite - also am Ausgang zur Prager Straße - waren das Jugendliche. Dort nahm ein Mädchen, vielleicht 16, einen Stein heraus und gab ihn dem Freund. Der reichte ihn dann einem vielleicht 13-jährigen People weiter. Und der warf, wie zum Spaß, zum Ausprobieren. So: Was traut ihr mir denn zu? Aber dann hörte der Spaß auf, ein Stein folgte dem anderen, und wir haben lange ausgehalten, ehe wir zurückwarfen! Als dann das Polizeiauto brannte, immer mehr Leute gegen den Bahnhof anstürmten, wurde es echt brenzlig. Wir drückten die Menge noch einmal zurück, um die Feuerwehr durchzubekommen, aber dann war Schluss. Wenn nicht die alten Herren von der BDVP zuletzt in den Kampf eingegriffen hätten, wären wir wahrscheinlich untergegangen. Sie setzten dann auch das erste Mal Reizwurfkörper ein, Tränengas war das nicht, das ist schon ein Unterschied. Reizgas ist harmlos. In den folgenden Tagen kam das noch einmal zum Einsatz, am 6. Oktober, an demselben Tag, als dann auch die Straßenbahn geräumt wurde. Dort hatten sich Blaulicht-Wagen in der Menge verfangen, und wir hatten einfach Angst, dass sie unsere Kollegen lynchen. Aber es waren Krankenwagen, wie sich herausstellte.

Jedenfalls ist mir das mit der Straßenbahn ebenso unerklärlich wie die Übergriffe nach der Festnahme. Aber es war ja eine Situation gegenseitiger Angst, auch Unverständnis füreinander, angeheizte Stimmungen. Das, was am 8. Oktober in Dresden begann - auch in Plauen soll es am 7. und 8. erste Verständigungen, aber auch noch Auseinandersetzungen gegeben haben -, was dann zur Sicherheitspartnerschaft führte, quasi vom brennenden Polizeiauto zum blumengeschmückten, das hat auch uns Polizisten zum Nachdenken veranlasst. Glauben Sie mir, kaum einer von uns schlägt gern zu. Und alle haben Frauen und Familien, die ihre Leute lieber gesund zu Hause als blau geschlagen in der Kaserne wissen. Wir wollen in Zukunft wirklich nur noch friedliche Bürger schützen müssen. Anzeichen neuer Gewalt in Fußballstadien gefallen uns gar nicht."

Heinz Weise
Aus! für Aushorcher

5. Dezember 1989, 14.00 Uhr

Tucholskys Theorem (über meinem Schreibtisch) für mich Theorie. „An einer Zeile wie an einer Bildsäule arbeiten." Bin schon froh, in diesen aufregenden Tagen überhaupt eine Zeile zustande zu bringen. Heute immerhin 20. Pensum reicht aber nicht, wenn Brockhaus das Manuskript zum Jahresschluss erhalten soll. - Da grabe ich nun in der Geschichte, dabei passiert sie vor der Haustür. Ich muss nach draußen.

14.30 Uhr

An der Elbe entlang. Keine Eisschollen, trotz Minusgraden. Der „Märchenname" DRACHENSCHÄNKE: Eine Verbeugung vor E.T.A. Hoffmann? Sein Anselmus sah in der Nähe Serpentina, das grüngoldene Schlangenfräulein. - Ich sehe später nur Malermeister R., meinen Nachbarn. Betrachtet an der Saloppe die Stasi-Mauer. Ob er sie lackieren wolle, witzle ich. Er sagt, er nehme nicht sie, sondern die Geheimen dahinter aufs Korn. Die schleppten Kisten in einen Bunker. Schon vorige Nacht hätten sie Akten weggebracht: übers Wasser in die Medak, wo sie verbrannt worden seien. Heute Abend aber sei es vorbei mit der „Bautzner Straße", da würde sie kontrolliert! Nicht gehört? Heute morgen, auf Sachsenradio. - Nein. Saß wohl gerade an der ersten Zeile.

14.40 Uhr

Ein „Lada" nähert sich vom Waldschlösschen, stoppt dann vor uns. Ein Kompakter steigt aus, fragt, was es zu sehen gebe. „Die Stasi", sagt R., „wie sie die Dokumente vernichtet." - „Was?", ruft der Setzhammer (stellt sich als Mitglied des Bürgerkomitees vor). „Das müssen wir sofort den Kontrollniks am Tor oben melden." Er springt zurück in den Lada, beschwört uns zuvor noch, hier auszuharren. Irgendetwas aber, so spüre ich, stimmt mit ihm nicht. Woher kenne ich ihn?

Als das Auto weg ist, fällt es mir ein: T.! Ein Zuträger, vor dem ich einmal gewarnt worden bin.

14.45 Uhr

R. und ich überlegen, was er wirklich hier wollte. Vielleicht das Terrain sondieren für weitere Akten-Aktionen? Eine Vermutung. Fest steht nur, dass er die Bürger am MfS-Tor nicht informieren wird über unsere Beobachtung. Einer von uns muss es tun! Die Wahl fällt auf mich.

15.15 Uhr

Vor dem MfS-Eingang oben schon Hunderte von Menschen. Sie schreien wild durcheinander, bemalen die Außenmauer mit Freiheitsparolen und drohen, das Tor einzudrücken. Wie soll das gehen bei seiner Bewachung durch Waffenträger?

Manchmal öffnet es sich. Ein Spitzel huscht dann nach draußen, meist mit Koffer oder Aktentasche. Schmuggelt er Unterlagen heraus? Kontrolliert das!, ruft jemand. Mach du's doch, sagt einer. Die Leute sind unsicher. Auch die vom „Neuen Forum“ (mit Binde am Oberarm). Dürfen wir das? Trauen wir uns? Immerhin laufen auf der Mauerkrone noch die Videokameras... Eine Frau fasst sich ein Herz, stellt einen Herauskommenden, inspiziert seine Tasche, fördert nur die Brotbüchse zutage. Enttäuschung ringsum. Aber ab jetzt wird jeder Stasist kontrolliert.

Plötzlich heißt es, Staatsanwälte seien angefordert, vom Bezirksgericht Sachsenplatz. - Endlich scheint alles in die Ordnung zu kommen.

gegen 17 Uhr

Die Anwälte sind da, drei insgesamt. Sie fordern uns auf, Gruppen zu je sechs Bürgern zu bilden, die mit ihnen das Objekt kontrollieren und Gegenstände versiegeln können. Ich melde mich.

17.30 Uhr

Mit „unserem“ Juristen, einem jüngeren Mann, betreten wir das Gelände. Blakendes Licht aus Peitschenleuchten. Mulmiges Gefühl. Zum ersten Mal sehe ich von innen, woran wir draußen jahrelang mit bangem Gefühl vorübergefahren sind. Hauptgebäude. Großer Speiseraum. Ihre Ausweise! Dann Ablichtung. Wir sind registriert - und erst einmal geschockt.

17.50 Uhr

Start zum Kontrollgang. Der Staatsanwalt nimmt Hinweise entgegen. Zum Bunker, Elbseite!, schlage ich vor und schildere die nachmittägliche Beobachtung. „Wenn Sie meinen, wir beseitigten Unterlagen“, sagt er „dann folge ich eben Ihrem Vorschlag. Aber Sie werden sehen, wir vernichten nichts.“ Wir? Er hat zweimal „wir“ gesagt! Kollektive Erstarrung. Alle denken wohl das Gleiche: Der also auch! - Langsam löst sich unser zweiter Schock, aus Blauäugigkeit wird scharfes Hinsehen. Einige haben Taschenlampen dabei. Damit funzeln wir uns zum Bunker vor, kehren in ihm das Unterste nach oben. Fast eine

Stunde lang. Vergebens. Nicht verzagen!, tröstet mich ein Mitkontrolleur danach, unsere Schnüffler sind schließlich Weltspitze.

19.00 Uhr

Vor dem großen Nachrichtengebäude (mit den Dachantennen). Alle Fenster dunkel. Kein Schlüssel. Der Anwalt schickt danach. Ein „Befugter“ kommt. Er habe von Generalmajor Böhm aber weder Schlüssel noch Weisung zum Türöffnen, sagt er und läutet am Klingelbrett. Dann, als sich nichts rührt: „Sie sehen's doch an den Fenstern, dass das Gebäude unbesetzt ist.“ Gehen wir!, sagt der Anwalt. Keiner hört auf ihn.

Dafür jeder jetzt auf den Aufschrei. Das Volk hat das Außentor eingedrückt. Als die Ersten uns erreichen, spürbare Erleichterung. Nicht mehr allein! Vielstimmig wird der Anwalt aufgefordert, sich endlich für uns einzusetzen. Einer will die Scheiben einwerfen, er wird daran gehindert. Keine Gewalt! Der Befugte drückt jetzt einen Knopf an der Tür. Sie springt auf, löst dabei einen Kontakt aus. Das Haus wird hell wie ein Hotel.

Alles stürmt in den 1. Stock. Vor uns rauscht eine Sperre hoch und gibt einen Gang frei. Viele Türen. Sie öffnen sich plötzlich von innen, und heraus treten die Zimmerinsassen, salutieren artig: „Guten Tag, ich bin Hauptmann sowieso.“ Der Krake Staatssicherheit als personalisierte Institution! Die Menge nimmt die Parade ab, höhnt: Na, ihr Dunkelhüte! Wie lebt sich's denn so in der Finsternis? Wir fragen dann sachlich nach diesem Leben. Pauschalantwort: Wir sind keine politischen, nur technische Mitarbeiter.

Ihre Technik dann oben, im Fernmelderaum: Etwa 20 Gummiohren hören hier ab, dass die Stöpsel glühen. Sie lassen sich nicht stören von uns. Die Bezirkszentrale, erklärt der Abteilungsleiter, müsse die Kontakte zu den Kreisämtern aufrechterhalten und schließlich die eingehenden Meldungen empfangen und verarbeiten. Er sagt wahrhaftig „verarbeiten“, und wir sagen: Abschalten! Nicht möglich!, erklärt das Hauptohr, nur nach Stufenplan, sonst explodiert alles. Mutige ziehen die Stecker. Nichts explodiert.

Der Anwalt beklebt die Technik. Beim Verlassen des Raumes bemerke ich, dass sich die Papiersiegel schon wieder vom Metall gelöst haben.

20.30 Uhr

Die Menge belagert weiter das Abhör-Center. Wir gehen derweil zu einem fenstervergitterten Bau im Hof. Die Schlüssel zückt diesmal der Anwalt. Nanu! Im Erdgeschoss links und rechts: Karteien, Karteien, Karteien. Alle in Stahlrohrschränken. Das Herz der Stasi?

Am Gangende, erhöht und über eine Treppe erreichbar, ein Séparée. Davor ein Ziviler „Kein Zutritt! Hier ist nichts!“, schreit er und fuchtelt wie wild um sich. - Ein Kontrolleur schiebt ihn zur Seite und die Tür auf: Regale, bis zur Decke hinauf! Darinnen Leitz-Ordner. Wir klappen sie auf, Leitz für Leitz: alle leer. „Hab’s doch gesagt“, schreit der Fuchtler draußen, „dass hier nichts ist!“

Tatsächlich nichts? Am rechten Regalende bemerke ich eine Aussparung. Zwänge mich durch, stehe plötzlich in einem Nebenraum. Er ist voll gestopft. So weit ich blicken kann: Papphefter. Meterhoch gestapelt. Der Inhalt der Ordner! Die Akten!

Mein Gott! - Wo ist die Gruppe, der Anwalt? Niemand zu sehen, alle schon weg. Mir wird flau, ich muss ihnen nach. Aber ohne Akte? Zitternd klemme ich eine unter den Anorak, haste aus dem Raum, den Gang entlang, höre es hinter mir atmen, erreiche das Freie. Zeige den Tausenden die Trophäe. Beifall.

Der Atem nun neben mir. „Geben Sie her! Ich versteck’s im Auto.“ Ich schaue zur Seite. Es ist T. Auch andere erkennen ihn nun, zerren an ihm. Ich übergebe die Akte den Forum-Leuten.

21.45 Uhr
Vor dem Speisesaal. Ein Bürgerrechtler liest sie vor. Verpflichtungserklärung, Spitzel- und Treffberichte, „politische Einschätzung“ der Mutter, nichts fehlt in der Kladde des IM - eines Arbeiters aus dem Neustädter Fortschritt-Kombinat.

22.30 Uhr
Die Zuhörer sind still geworden. Still vor Entsetzen.-

23.15 Uhr
Endlich zuhause. Der Kopf summt. Einschlafen unmöglich. Ich greife zu Orwell, lese noch einmal in seinem „1984“. Eine beklemmende Vision? Sicher; aber eine, die Wirklichkeit geworden ist.

WOLFGANG SCHÜTZE

Demo

Dezember 1989. Vor der Ruine der Frauenkirche versammelt sich das Volk. Noch ist es sich nicht einig übers einig Vaterland, aber die Stimmen, die dies wollen, von jetzt auf gleich, sind so laut wie nie zuvor. Hans Modrow, vor wenigen Wochen auf dem Theaterplatz noch gefeiert, hat keine Chance. Die Masse ist ihm abhanden gekommen. Er muss sich eine neue Masse suchen. Eigentlich ist ein Kanzler auch nur ein Ministerpräsident, doch nie war der feine Unterschied so groß wie heute.

In der Stadt der Kunst und Wissenschaften will das Volk keine Experimente mehr. Bankräuber-Sprüche bekommen einen neuen Sinn: Geld her oder wir kommen rüber. Helmut Kohl, auf den Tausende warten, scheint gelassen. Schon am Flughafen wusste er, wie der Wind weht. Sagt er später und macht die Meteorologen neidisch. Die Sache ist gelaufen, Seiters. So viel Zuversicht kann Klotzsche ausstrahlen, guck an.

Des Volkes Polizisten sind heute wieder zu alter Macht erwacht. Nicht unfreundlich wie früher, dafür sind die Zeiten zu ungewiss. Aber doch streng. Schließlich gilt es, den Kanzler zu schützen. Da gibt's viel zu schützen. So was hat man nicht alle Tage. Also, zeigen Sie mal den Ausweis, Bürger. Er ist gültig, noch ist er's. Die Absperrleine fällt wie vor Wochen die Mauer. Passieren.

Warten auf „Helmut, Helmut". Ach, was sind die Kollegen heute wieder witzig. Selten so gelacht. Am Gitter zwei ältere Männer. Die Gesichter hochrot. Bestimmt wegen der Kälte. Auf ihrem Transparent steht: Helmut, rette Pentacon. Das ist nicht zum Lachen. Von Erich haben sie nichts mehr zu erwarten. Wo ist der neue Heiland? Der universelle Problemlöser? Klär das mal für mich, Meister, Direktor, Generalsekretär, Kanzler. Ich bin doch nur ein einfacher Arbeiter. Kleiner Mann auf der Straße, was nun.

Drehen Sie mit der rechten Hand am Objektiv, bis das Bild scharf wird. O.K., da ist es: Pentacon vor Jahren, Automatendreherei Schandauer Straße. Ferienarbeit. Mit der Blechkarre an die Maschine ran. Rein mit der Kratze ins heiße Öl. Kannst auch den Unterarm nehmen. Ist zwar verboten, geht aber schneller. Werkteile und Späne raus. Mit Schwung hab ich gesagt. Los, wisch das weg hier oder soll ich vielleicht ausrutschen. Anherrschende Klasse. Karre ran an die Zentrifuge. Ausschleudern. Nicht zu heftig, sonst fliegen die Teile mit weg. Werkteile sortieren. Gekräuselte Späne durch die Rutsche auf den Hof.

Interessante Arbeit. Und so abwechslungsreich. Aber 600 Mark und die Ostsee winken. Zur Not auch Hafenbräu. Zwei Wochen hält man's aus. Auch in der Automatendreherei. Es gibt Schlimmeres bei Pentacon. Späneziehen zum Beispiel. Automatenmenschen sitzen halb über der Drehbank, starren Achtdreiviertelstunden abzüglich Pause auf die

Spindel und den Moment, da sich der Span ins Werkteil winden will. Das gilt es zu verhindern. Sonst ist das Feingewinde hinüber. Und der Plan hin. Und die immer bessere Befriedigung der ständig steigenden Bedürfnisse der Bevölkerung als Beitrag zur planmäßigen Verbesserung der Arbeits- und Lebensbedingungen futsch.

Gibt's für das stupide Hakeln nicht 'ne Vorrichtung? Weiß ich doch nicht, du Klugscheißer. Hast wohl Abitur. Noch ni? Da wird's aber Zeit. Und außerdem: Was soll'n die Spänezieher sonst machen. So, und jetzt quatsch hier nicht rum. Pass lieber auf meine Maschine auf. Ich hab grad 'ne neue Stange eingehängt. Wenn die alle ist, sagste Bescheid. Ich bin im „Altenberger Eck" oder in der „Sonne".

Großer Kameraschwenk 2000: Pentacon gibt's nur noch in versprengten Resten. Die Frauenkirche ist schon fast keine Ruine mehr. Was mögen wohl die zwei Männer machen? Ob sie, gäbe es eine Demo von Hunderttausend, wohl ein Plakat trügen: Rettet Helmut Kohl. Fragezeichen.

Ä BAR NEU-DRÄSDNER DYBN

JEDER MENSCH HAT IM LEBEN
FÜNFZEHN WIRKLICH BEDEUTENDE MINUTEN.
WOODY ALLEN

Siegfried Thiele

Der Bahndirigent vom Albertplatz

Von einem „unbesoldeten Verkehrsregler“ am Albertplatz, wo sich damals sieben Straßenbahnlinien kreuzten, berichtete die Dresdner Neue Presse im Jahre 1932. Obwohl an diesem verkehrsreichen Punkt in der Neustadt seit geraumer Zeit eine Ampelanlage in Betrieb sei, stehe ein dienstbarer Geist auf der Hochhausinsel und regele den Verkehr, jedoch nur für Straßenbahnen.

Und dies war so: Sobald das Leuchtsignal die Farbe wechselte, streckte der Mann seine Rechte vor und gab dem Straßenbahnführer mit kurzem Wort und begleitendem Wink die Weiterfahrt frei. Von früh bis abends, bei Sturm und Wetter stand er verlässlich da. Nur wenn die Sirene einer nahen Fabrik die Mittagszeit verkündete, verschwand er spornstreichs, um nachmittags wieder den selbst auferlegten Dienst anzutreten.

Die meisten Straßenbahnfahrer tolerierten den Verkehrsdirigenten, der allerdings wenig an Furtwängler erinnerte, und begrüßten ihn mit einem Lächeln oder Kopfnicken. Mitunter freilich kam es vor, dass der Ampelmann vernehmlich zu fluchen begann und dazu wie wild gestikulierte. Ein vorzeitiges Anfahren des Wagenzuges war dann meist die Ursache. Das namentlich nicht überlieferte Unikum vom Albertplatz, auch der „billigste Beamte von Dresden“ genannt, versah seinen Ehrendienst vermutlich bis zum Jahre 1933. An einem Tag im Herbst jenes Jahres nahm die Polizei bei einer Razzia 720 Personen fest, Bettler, Straßenhändler und -musikanten, auch sieben „wilde Parkplatzwächter“. Und „wilde Verkehrsregler“? Sie wurden nie wieder gesehen.

Der weibliche Monteur

Man muss nicht die rote Fahne zeigen, um auf der Prager Straße Aufsehen zu erregen. Die Neue Presse berichtet 1932 über folgendes „Original der Dresdner Gegenwart“.

„Milieu: Prager Straße; bellende Autohupen und schrilles Schellen der Straßenbahnen inmitten hoher, fensterstarrender Häuserfronten; auf dem Fußsteig vor blitzenden Schaufenstern ein wirres Menschenknäuel. Und warum? Eine Frau ist just bei der Arbeit. Fein sorgsam bettet sie ihr Kind samt Kissen aus einem wahren Vehikel von Wagen auf die harten Granitfliesen. Der Kinderwagen wird zur Seite gekippt, und behände lösen die Finger die Achsmuttern; ein Rad nach dem anderen wird abgezogen und beiseite gelegt. Nun sind alle Räder von der Karosserie genommen - die Menge tobt inzwischen lauten Beifall - so geht es ebenso flugs wieder an das Anmontieren. Das Rad wird wieder aufgesteckt, ausgerichtet und die Achsmutter wieder aufgeschraubt. Die Betten samt Kind wandern nunmehr in den Wagen, und weiter geht die Fahrt."

Ein Defekt am Kinderwagen, der behoben werden muss? Mitnichten! Es ist wohl das Bad in der Menge, das die junge Frau genießt. Keiner darf das Montage-Ritual stören. Kommt ein Schutzmann daher, der die Schau unterbinden möchte, so ergießt sich ein Schwall von Schimpfworten über die uniformierte Obrigkeit. Gut zureden führt da eher zum Ziel. „Und dieweil das Volk vor Lachen berstet und die Neugier Menschen an Tür und Fenster zieht, flüchtet die patente Mutter aus der Nähe der öffentlichen Staatsgewalt."

Die gute alte Kamerad'n

Johanne Höfer hatte in den 40er Jahren in Pieschen auf der Weimarischen Straße 12 „ä Biedchen", eine kleine Bude, einen Tante-Emma-Laden, spezialisiert auf Papier- und Schreibwaren. Viel Ramsch gab es da, freudlos präsentiert in tristen Zeiten. Und dennoch zog der Laden vor allem uns Kinder magisch an und wir bettelten: „Vati, geh mit uns zur Höfer Hanne!"

Und das ging so. Kaum hatten wir das Geschäft betreten, überfiel die kleine, agile Fünfzigerin den Vater mit: „Na, mei' guter alter Kamerade, was willst'e denn ha'm? 10 Postkarten, mei' Säckel? Hier, macht für dich 'ne Mark, mei' gutes dummes Luder! Und neh'm mer noch 'ne Illu mit, du Scheißerle?"

Und so ging es munter fort mit höchst vertraulichen Anreden, wobei Hanne keine Miene verzog und Kunden etwa zu verstehen gab, sie leiste sich mal eben einen kleinen dreisten Scherz. Nein, das so wohltuend rüde Sächsisch kam wie selbstverständlich von ihren Plapperlippen.

So mancher Kunde aus der etwas vornehmeren Leipziger Vorstadt-West, der die Höfer nicht kannte, verließ mit hochrotem Kopf und tief verletzt das „Biedchen". Für alle Südpieschener aber zwischen Konkordienstraße und Altem Schlachthof blieb Hanne Höfer noch lange die „gute alte Kamerad'n".

Poldi

Täglich konnte man ihm noch in den 80er Jahren begegnen zwischen Körner- und Schillerplatz. Und wer ihm das erste Mal gegenüberstand, rümpfte nicht selten die Nase und gelangte ob gewisser Äußerlichkeiten zu Fehleinschätzungen seiner Persönlichkeit.

Denn Poldi schlurfte an zwei Stöcken, den Kopf gesenkt und in gebückter Haltung, den Gehweg entlang. Hat ihn jemals einer ohne Rucksack gesehen? Poldi war stets gut aufgelegt zu einem Schwätzchen. Und wer Leopold Beyer von der Fidelio-F.-Finke-Straße näher kannte, wusste dieses Loschwitzer Urgestein zu schätzen. Herr Beyer galt als allseitig interessierter Mensch, vor allem als profunder Kenner der Loschwitzer Region. Er unterhielt briefliche Kontakte in alle Welt. Und seine Wohnung, einst ein Pferdestall der Loschwitzer Feuerwehr, glich einem privaten Heimatmuseum.

Der Karajan vom Schillerplatz

Polizisten aus der frühen DDR, die den Verkehr auf den großen Plätzen der Stadt regelten, glichen oft lebenden Ampeln. Mechanisch, mit hölzernen Bewegungen, stoppten sie die dürftigen Kraftwagenströme oder wiesen sie in die vorgegebene Richtung.

Nicht so Polizeiobermeister Günter Jacob. Zwischen 1978 und 1994 atmete er tapfer Trabi-Auspuff und stand bei Wind und Wetter auf der vertrackten Kreuzung Schillerplatz. Unnachahmlich die Mützenblende tief im Gesicht, den Verkehrstaktstock in der Hand, sorgte er mit eleganten Gesten für einen fließenden Verkehr. Wenn einer dabei war, sich zu verfranzen oder gewisse Unsicherheiten zeigte, strafte ihn der Obermeister mit einer freundlichen Drohgebärde ab. Größere Sünder, etwa jene, die bei Rot die Fahrbahn betreten wollten, trillerte Jacob zusammen. Für die laufenden oder fahrenden Stammpassanten jedoch, die braven, hielt er ein gewinnendes Lächeln und freundliches Kopfnicken bereit. Als vor Jahren dort das brutale neue Ampelsystem eingeweiht wurde, gab der „Karajan vom Schillerplatz“ unwiderruflich sein Abschiedskonzert. Zum Glück gibt es an dieser elektronisch dirigierten Chaoskreuzung noch ein menschliches Relikt. Das grüne Ampelmännchen.

Der Rote von der Prager

Seine Fahne flattert ihm voran. Pardon! Es muss wohl heißen: „Ich trage eine Fahne, und diese Fahne ist rot…" Hans-Jürgen Westphal nennt sich selbst „der Rote von der Prager". Er trägt die „Fahne", vertreibt sie und erheitert damit Passanten auf Dresdens Einkaufsmeile vor Karstadt.

Wenn er ein KPD-Fähnchen an den Mann gebracht hat, beginnt er zumeist freundlich, jedoch derart unnachgiebig zu agitieren, als ob der Klassenfeind anno '89 in der DDR und in Osteuropa mutwillig und hinterhältig den Lauf der Weltgeschichte angehalten habe. Wer mit Westphal ins Gespräch kommt, sollte nie den Namen Berghofer erwähnen. Der Ex-OB ist des Roten Lieblingsfeind.

In einer Ausgabe der ROTEN FAHNE ist zu lesen: „Ich werde beim Straßenverkauf der ROTEN FAHNE auch weiterhin Bergatschow, wenn er über die Prager Straße flaniert, unsere Zeitung zum Lesen empfehlen. Mag dieser Verbrecher heute noch so selbstsicher über mich grinsen. Es wird wieder eine neue sozialistische Revolution geben." Und vermutlich wird sie der „Rote Hansi" anführen mit einem Sturm auf das Karstadt-Palais.

LEBENSBILDER VII

(1990-2000)

NUR SEHR WENIGE LEBEN IN DER GEGENWART, DIE MEISTEN BEREITEN SICH VOR, DEMNÄCHST ZU LEBEN.

JONATHAN SWIFT

Wolfgang Schütze
Geldwechsel

Schlange stehen lernte der DDR-Bürger entweder freiwillig oder er wurde durch die Kraft des Faktischen irgendwann dazu gezwungen. Und auch, dass es durchaus Sinn hatte, sich tunlichst erst mal anzustellen, auch ohne gleich zu wissen, was es vorn gab. Schlange war ein Signal, ein hoffnungsvolles Zeichen: Mensch, da gibt's was! Mensch, wozu stehen die denn sonst an, da muss es doch was geben! Irgendwas, was man brauchen oder tauschen konnte. Auf jeden Fall was, das knapp war, vielleicht sogar Bückware, so genannt, weil ansonsten nur unter dem Ladentisch hervorgeholt.

Doch selten dürften die späteren Ossis so gern angestanden haben wie Anfang Juli 1990. Und selten waren die Schlangen so lang. Zum Beispiel vor der Sparkasse am Dresdner Großen Haus. Das Staatstheater war rechtzeitig angekündigt worden, diesmal wusste man sogar, was einen erwartet: Westgeld. Einzutauschen gegen die ungeliebte DDR-Mark. Hätte man damals freilich gewusst, dass Alu-Chips noch einen steigenden Sammlerwert erwarten lassen, es wären vermutlich noch ein paar papierne Karl Marx', Rosa Luxemburgs und Thomas Müntzers mehr aufgehoben worden. Allerdings nur heimlich, denn Leute, die heute bei diversen Feten einen Zwangs-Rücktausch so irre lustig finden, wären heftig verlacht, wenn nicht gar verprügelt worden. So ist er, der allseits gebildete und auch der doofe Mensch: Giert immer nach dem, was er gerade nicht hat.

Plattfüße, Rückenschmerzen, stickige Luft vorm Schalter: Nach Stunden hielt ich dann wunderschöne neue Scheine in der Hand. Nicht zu vergleichen mit den abgegriffenen Dingern, die meine Mutter ab und zu zum Schwindelkurs von 1:10 eingetauscht hatte, um die heiß geliebten Enkel auch mal mit „richt'schem“ Kaugummi auszurüsten für den Klassenkampf in Kindergarten und Schule. Ach, Mütterchen.

Mit frischem Lack in der Tasche fuhren wir sofort in den Urlaub. In den Süden. Zur Talsperre Pirk bei Plauen. Den Bungalow hatte kurz vor Weihnachten noch die Feriendienstkommission der Betriebsgewerkschaftsleitung vergeben. Alles FDGB oder was. Verheiratet, zwei Kinder, Antrag genehmigt, so ging das. War ja nicht Ostsee. Auch die Fahrkarten des Bahn-AG-Verspäters Deutsche Reichsbahn waren noch in Ost bezahlt. Aber dann: Eintritte, Bratwürste, Cola und Taxi kosteten schon harte Währung. Also nachfassen, wieder anstellen, wieder Schlange stehen.

Keine Währung hält ewig. In spätestens zwei Jahren gibt's den nächsten Geldwechsel. Die Deutschen aber werden sich diesmal nicht anstellen müssen. Auch nicht wieder so viel Geld in der Verwandtschaft umrubeln, damit wie 1990 die Limits bei Löhnen, Gehältern und sonstigen Vermögen maximal ausgeschöpft werden. Omis müssen nicht mehr diese Aufregung fürchten ob des unerwarteten, kurzzeitigen Geldsegens: Ja, du, dürfen mir denn das?

Beim Euro wird alles anonymer ablaufen. Kein Schwatz mit dem vorderen und hinteren Glied der Schlange. Alles Datenschutz. Alles online. Alles super. Wirklich?

Vor zehn Jahren hätte kaum ein Ostdeutscher gefragt werden müssen, ob ihm die inoffizielle Zweitwährung nun auch offiziell lieber wäre. Und wenn, Mehrzahl siegt. Beim Euro wurde gleich gar kein Ossi oder Wessi gefragt, ob er den auch wirklich haben will. Zeitaktuelle Umfragen sagen, sie wollen ihn nicht. Mehrzahl siegt - nicht immer.

Die schnelle Währungsunion mit den politisch gewollt freundlichen Umtauschkursen hat viel Freude gebracht, aber nicht nur. Lafontaine, Romberg und einige Bundesbanker hatten wirtschaftlich Recht, aber sie hatten keine Chance gegen die Stimmen des Volkes. Es war nicht alles Kohl. Selbst Leute, die sich heute kaum einkriegen können vor übler DDR-Verklärung und liebenswerter Ostalgie wollten damals partout keine Ostprodukte mehr kaufen. Parole: Test the West. Erst als der Freund, der Nachbar keinen Job mehr hatte oder, noch ärger für die einstige Menschengemeinschaft, es einen gar selber traf, da plötzlich sollten wieder auch andere Werte zählen als nur Geld. Radio Jerewan: Im Prinzip richtig, aber auch diesmal zu spät gemerkt.

Vor allem Industriebetrieben im Osten wurde in den zurückliegenden zehn Jahren schmerzhaft klar gemacht, wie sehr die DDR bis auf ganz wenige Ausnahmen in der Produktivität hinterherhing. Untreue Hände gaben den Rest. Schwätzer aller Schattierungen glaubten damals, die Ost-West-Angleichung sei in drei bis fünf Jahren zu haben. Realisten sprachen von 15 Jahren und wurden sofort als Feinde der deutschen Einheit lepraisiert. Wahrscheinlich aber sind die Pessimisten die wahren Propheten: Es dauert noch mal 15 Jahre. Wetten dass, oder Zahlenangaben ohne Gewähr.

Aini Teufel

Richtfest im Beitrittsgebiet

Richtfest am 2. Oktober 1991. Der Theaterplatz voller Menschen. Hinter der Semperoper eine blauschwarze Wolkenwand, vor der Oper eine Tribüne, von der aus Männer Ansprachen halten. Der letzte Redner erteilt dem Fahrer des vorm Schlosse stehenden Kranes die Weisung, die riesige Richtkrone zu ziehen. Langsam schaukelt sie nach oben, schwenkt dann zum Westflügel des Schlosses. Vor dem Blau des Himmels nun die grüne Krone, deren bunte Bänder flattern. Auf dem Dach des Schlosses ein hölzernes Gerüst. Winzige schwarze Gestalten in breitkrempigen Hüten versuchen, die Richtkrone trotz des starken Windes dahin zu leiten, wo sie befestigt werden soll. Einige Male glaubt man, sie hinge fest, aber da schwebt sie wieder davon. Dann klatschen alle. Einer der Zimmerleute verliest den Richtspruch, bricht ab, ergreift ein Glas, trinkt es aus und wirft es aufs Dach, wo es klirrend zerspringt.

Dann geht es über den Bauplatz zum Schlossinnenhof, danach auf Brettern und über eine hölzerne Wendeltreppe hinauf zu den Sälen des Schlosses. Für das Richtfest haben wir Restauratoren den Thronsaal, Audienzsaal und Propositionssaal mit Bildwerken und Figuren künstlerisch gestaltet. In jedem der Säle heute lange Tische und Holzbänke. Auf den Tischen Weingläser, Saftgläser, Bestecks, in der Mitte jedes Raumes ein Schlachtfest-Büfett. Meine Freundin Grit und ich stoßen darauf an, dass es uns gelingen möge, bei der Restaurierung der Sempergalerie mitzuarbeiten. Die Arbeitsverträge vom Staatshochbauamt sind in unseren Händen, sie zu unterschreiben verbietet aber ein neues Gesetz des Bundestages, erdacht für ehemals Freischaffende „im Beitrittsgebiet", die zwischenzeitlich und historisch bedingt arbeitslos wurden.

Irgendwann wieder eine Rede. Herren, Regenschirme wie Spazierstöcke schlenkernd, eilen zum Thronsaal, wo der Redner vermutet wird. Unser Landesvater spaziert mit der kleinen Landesmutter an uns vorbei. Um zu fotografieren, schlendere ich später durch die Säle und beobachte zwei ältere Herren bei einer unserer imitierten Postsäulen, die wir mit Attrappen von Telefonapparaten ausgestattet hatten. Sie heben den Papphörer ab, lachen. Sie scheinen die Einzigen zu sein, die sich an diesem Abend an unseren Bildern und Figuren erfreuen. Witzige Freundlichkeiten und freundliche Bosheiten haben wir in ihnen versteckt. Man könnte schmunzeln oder lachen - falls man sich überhaupt dafür interessiert.

Im Thronsaal läuft währenddessen eine Unterhaltungssendung, die

Lautsprecher bieten allerdings nur eine knarrende Geräuschkulisse. Immer wieder treffe ich Bekannte, mit denen ich schon an der Semperoper gearbeitet habe. Ein Professor, verantwortlich für Denkmalpflege, freut sich, dass ich bei der Restaurierung der Sempergalerie wieder mitarbeiten werde. Ich erzähle ihm von unserem zermürbenden Kampf gegen das Gesetz des Bundestages, füge hinzu, wir hätten beim Direktor des Arbeitsamtes, schließlich bei einem Minister und sogar beim Bundestag um Genehmigung ersucht, für drei Monate arbeiten zu dürfen. Schreie es dem Mann zu. Und er, ein leiser, zurückhaltender Mensch, schreit zurück: Aber wir brauchen Sie doch!

Tage später geben Grit und ich im Staatshochbauamt des Dresdner Schlosses unsere Arbeitsverträge zurück. Monate später „modifiziert" der Bundestag das Gesetz, genannt „Runderlass vom 26.6.1991". Zu spät für Grit und mich. Die uns zugedachte Arbeit war unterdessen getan.

Peter Chemnitz

Der Feind in schwarzer Limousine

Die Armee der deutschen Einheit gibt es im September 1990 schon, aber wie sieht sie aus? Der Fähnrich am Tor der damaligen Egon-Dreger-Kaserne in Dresden trug am Käppi noch das Hoheitsabzeichen des untergegangenen Arbeiter-und-Bauernstaates: Hammer und Zirkel im Ährenkranz, während an den Schiffchen der beiden Soldaten bereits die neuen schwarzrotgoldenen Kokarden glänzen. Solchen Kleinigkeiten misst zu diesem Zeitpunkt keiner mehr Bedeutung bei. Auch Oberstleutnant Hans Udo Conrad nicht, der eigens in die sächsische Metropole gereist ist, um Friedrich Engels abzuwickeln. Genauer gesagt, die Militärakademie dieses Namens. Es ist der zweite Anlauf, den der Bundeswehroffizier unternahm, um in die geheimnisumwitterte Bildungseinrichtung des einstigen Gegners einzudringen. Denn in der Führungsakademie der Bundeswehr in Hamburg konnte man sich lange Zeit nur sehr dunkel ausmalen, worüber die sozialistischen Waffenträger wissenschaftlich brüteten. Deswegen wollte, uniformiert versteht sich, Conrad bereits im Frühjahr 1989 von Hamburg aus in den geheimen Hort eindringen und nach dem Rechten schauen. „Verwendungswunsch Austauschdozent" stand auf dem Schreiben, das der entsetzte Admiral in Hamburg las. Der Westen sträubte sich noch, als der Osten schon längst den Kopf geschüttelt hatte. Da waren sich die Führungsspitzen von Bundeswehr und NVA einmal vollkommen einig: Das ist Fraternisation! Das schadet dem sorgfältig behüteten Feindbild auf beiden Seiten. „Alles war wie zugenagelt, einbetoniert", stöhnte Conrad. Im September 1990 reiste er noch einmal. Nicht, um mit den Kameraden in der anderen deutschen Armee über Clausewitz zu streiten, sondern als Chef einer Unterstützungsgruppe zog er in die Militärakademie Dresden ein. Ein halbes Jahr hatte er Zeit, sich an die Posten in Bundeswehruniform und mit Kalaschnikow vor dem Bauch zu gewöhnen. Sechs Monate studierte er Lehrbücher. Viele Fragezeichen hat er am Ende hinter die These gesetzt, dass die Hochschullehrer und Wissenschaftler der NVA-Akademie hoch qualifiziert waren. „So lange sich eine Institution nur an ihren eigenen Maßstäben misst, ist alles relativ", resümiert der Oberstleutnant enttäuscht. Letztlich sei alles darauf hinaus gelaufen, sich gegenseitig in den marxistisch-leninistischen Thesen zu bestätigen.

Der Moral habe man große Aufmerksamkeit geschenkt. Mit Moral würde die NVA jeden imperialistischen Aggressor zurückschlagen. Man ahnte eben nicht, dass der Klassengegner statt im gefleckten Leopard-Panzer in einer schwarzen Limousine anrollen würde. Ein Marx-Spruch steht neben der Büste von Friedrich Engels: „Die Geschichte der Armee hebt anschaulicher als irgendetwas die Richtigkeit unserer Anschauung von dem Zusammenhang der Produktivkräfte und der sozialen Verhältnisse hervor." Marx verstehen oder nur Phrasen dreschen: das war der Unterschied. Conrad, der so gern über Clausewitz und den alten Fritz referieren wollte, war enttäuscht. Sein Urteil fällt vernichtend aus: „Was wir in den Archiven der Akademie entdeckt haben, ist meist von einem Niveau, das den Ansprüchen der Führungsakademie nicht genügt."

Mit der Entdeckung militärischer Geheimnisse hatte Conrad ohnehin nicht gerechnet. „Als ich den NVA-Offizieren meinen Auftrag erläuterte, sagte ich ihnen auch, dass ich Verständnis für ihre Problematik habe", erinnert er sich. Ihm sei klar gewesen, dass es nicht einfach ist, von der alten Paktloyalität über Nacht zur Bundeswehr zu kommen. Conrad, Offizier alter Schule, äußerte auch Verständnis, wenn Material, das die Sicherheitsinteressen der Sowjetunion berührte, an die russischen Truppen übergeben wurde. Betroffen machte ihn lediglich das Angebot einiger Offiziere, die Bundeswehr über intime Angelegenheiten des Warschauer Paktes zu informieren. „Ich hatte keinerlei Interesse, in dieser Weise Loyalitätsbrüchen Vorschub zu leisten." Conrad schüttelt den Kopf. Das wäre unterhalb der Ebene, auf der er bereit gewesen sei zu handeln: „In so einer Weise Verrat begehen zu wollen..."

Natürlich ist der Oberstleutnant lange genug bei der Bundeswehr, um zu wissen, dass dieser „Verrat“ längst Käufer gefunden hat. Diese Art Berufsethos verstehen nicht alle.

Die Uhren der „abgewickelten“ Akademie stehen im September 1990 still. 203 Offiziere, 248 Offiziershörer, 45 Doktoranden und 468 zivile Beschäftigte mussten die Akademie verlassen. Das restliche Dienstpersonal lernte die neuen Vorschriften. Kasernen stehen nie lange leer. In die Korridore zogen neue Dienststellen ein. Kreiswehrersatzamt, Standortverwaltung, die Bundeswehr in Zivil. Landesregierung und Regierungspräsidium folgten für einige Zeit. Studenten kamen. Eine Weile stand auch Friedrich Engels schweigend im Freigelände und schaute sich das Kommen und Gehen an. Bis auch er eines Tages verschwunden war.

JENS WONNEBERGER

Mein Neustädter Nachbar

Mein Nachbar hat sich seit einigen Wochen ein neues, überaus ergiebiges Beobachtungsfeld erschlossen. Zu verdanken hat er das einem Neubau in unserer Straße, der eine wahre Lücke schloss. Zuerst dachten wir ja, die hätten vergessen, ein Stück vom Gerüst abzubauen, dann aber stellte sich heraus, dass es sich um Balkone handelte. Balkon ist wirklich etwas übertrieben, und richtig, wir mussten lernen, dass es sich um einen Austritt handelt. Da der Fußboden eines solchen Austritts gewöhnlich ein Gitterrost ist und eher einem Abtreter ähnelt, ist die sprachliche Verwirrung komplett. Mein Nachbar sprach in Bezug auf diese Neubauwohnungen anfangs dann auch von einem Wohnklo mit Abtritt. Der Spott ist ihm aber schnell vergangen, denn praktisch sind sie schon, diese Austritte, und das nicht nur zum Schuheputzen. Sie bieten immerhin einem ausgewachsenen Single und dessen Bedürfnis nach Bewegung Platz, man kann auf ihnen zum Beispiel ein Rennrad parken. Sofern nicht gerade Waschtag ist, dann nämlich ist mit etwas Geschick und wenn der Obermieter nicht gerade abtritt, ein Wäschetrockner zu entfalten. Der wahre Vorzug eines Austritts entfaltet sich freilich erst am Abend, wenn der langsam aufsteigende Schatten des gegenüberliegenden Hauses die letzte Balkonbrüstung erklommen hat, dann werden die Wäschetrockner zusammengeklappt und die Bratroste aufgestellt. Der Austritt vergrößert nun das, was in der geheimnisvollen Sprache der Vermieter Kitchenette heißt. Das sind für meinen Nachbarn die schönsten Stunden, wenn sich auf dem heißen Rost eine einsame Bratwurst räkelt und der Duft von verbranntem Fett und angeschmorter

Zwiebel durch unsere Straße wabert, wenn das Knallen eines Proseccokorkens die melancholische Stille eines Sommerabends durchbricht. Das, sagt mein Nachbar, sind die italienischen Momente, für die es sich zu leben lohnt. Der Scheinwerferstrahl vom Hollywood streicht über den nächtlichen Himmel und aus einer der geöffneten Türen zu einem Austritt dudelt das Radio: It's time to say goodbye...

Mein Nachbar trauert um die Birke, die Bauarbeiter neulich aus der Dachrinne des Nachbarhauses rissen. Eine Krone bis in den Himmel. Ein Stamm wie ein ausgewachsener Oberschenkel, ohne Kettensäge war da nichts zu machen. Und Wurzeln über zwei Etagen. Vierzig Jahre alt, sagt mein Nachbar. Zilles Blume war ein Kümmerling dagegen. Wir hatten sie richtig lieb gewonnen, die Birke auf dem alten Haus. Ja man kann sagen, sie war unser Kapital. Denn seit die Birke gefällt ist, verirrt sich kaum noch eine von den Touristengruppen in unsere Straße. Was war das früher für ein Begängnis hier, welches Entzücken in den Augen der Abenteuerurlauber aus dem Schwäbischen, aus Oberammergau und Blankenese. So viel Romantik mitten in der Stadt. So was gehört unter Naturschutz, sagte ein älterer Herr mit Gamsbart am Hut, und eine Dame mit grell geschminkten Lippen und Ohrringen so groß wie der Ring der Nibelungen pflichtete ihm bei. Das sei der Segen der Unterentwicklung, fand ein Studienrat im Ostfriesennerz und schwärmte von seiner WG. Waren das noch Zeiten, damals vor zwanzig Jahren, als der Hanf in der Dachrinne grünte und er noch für den Sozialismus kämpfte. Und die vielen Fotos, Birkengrün auf maroden Mauern, Natur pur auf den Trümmern sozialistischer Misswirtschaft. Manchmal war auch mein Nachbar mit auf dem Bild. Ernst blickte er herab in die offenen Augen und Münder und sah so von unten abgelichtet immer etwas ausgezehrt aus. Ein richtiger Vorzeigeeingeborener war mein Nachbar. Ich glaube, er war fast so berühmt wie die Sixtinische Madonna oder der Goldene Reiter. Das alles ist nun vorbei. Wir sind um eine Attraktion ärmer. Da reden die Herren der Tourismusbranche von der Erhöhung der Attraktivität der Stadt, sagt mein Nachbar erbost, und hier sägen sie uns die Bäume von den Dächern. Die Abenteurer fahren jetzt ins Böhmische. Bloß gut, dass einige Kids sich in einem Abrisshaus ganz in der Nähe verschanzt haben, sonst würde unsere Gegend wohl ganz in der touristischen Bedeutungslosigkeit versinken.

Mein Nachbar ist ein passionierter Biertrinker, weshalb ihm die Behauptung, im Wein liege Wahrheit, schon immer diskriminierend und allzu einseitig erschienen war. Es fehlten ihm die höheren Weihen für seine Schwäche und so trank er zuweilen nur stupide vor sich hin. Das hat sich seit dem Streik der sächsischen Brauer-Innung geändert, und die dabei aufgekommene und auf Plakaten selbstbewusst durch die Straßen der Heldenstadt getragene Parole „Bier braucht Heimat" hat auch er sich nun auf die Fahne geschrieben und sein Trinken zur nationalen Aufgabe erklärt. Stolz steht er am Fenster und prostet mir zu, er streichelt genüsslich seinen Bauch und ist sich seiner Mission bewusst. Ja, mein Nachbar hat dem bisher wahllos durch die Kehlen rinnenden Gerstensaft eine Heimat gegeben, seine Speisekammer ist ein Asyl für Büchsen und Flaschen, ein Hort der Geborgenheit und des Friedens für Entwurzelte. Mein Nachbar ist hoch motiviert, und immer neue Kästen und Paletten finden durch seinen unermüdlichen Einsatz eine Heimat. Ja, man kann sagen, mein Nachbar ist ein echter Patriot. Das Gute ist ihm nicht gut genug, sächsisch gut muss es sein. Das Bier von Welt ist ihm ein Graus. Doch Bier braucht nicht nur Heimat, es hat auch einen Beruf, und dasjenige Bier, was nicht getrunken wird, hat seinen Beruf verfehlt. Mein Nachbar genießt es meist still, doch dann braust er manchmal plötzlich auf, hat Schaum vor dem Mund und geifert, als wäre er auf einem Landsmannschaftstreffen von Heimatvertriebenen. Doch das ist die Ausnahme, und ich habe den Eindruck, dass mein Nachbar und sein Bier ein glückliches Gespann bilden. Vielleicht liegt das am Hopfen, der angeblich im Bier enthalten sein soll, aber ich glaube, die Wahrheit liegt tiefer. Mein Nachbar ist nichts weniger als der lebende Beweis dafür, dass es in einer Welt, in der es angeblich keine Sicherheiten mehr gibt, nichts, worauf man sich verlassen kann, noch Werte gibt, für die sich zu leben lohnt: das Bier der Heimat. So lange Bier eine Heimat hat, sind Hopfen und Malz nicht verloren.

CHRISTOPH MEYER

Wehners Volvo

„Für mich ist Dresden die Stadt und meine sächsische Heimat das Erlebnis und der Quell nicht nur vieler Erinnerungen, sondern auch vieler, das ganze Leben hindurch bewahrter Bindungen."

Herbert Wehner

Der Karren will nicht mehr. Der große, blassgelbe Wagen ist frisch überholt, gerade vor einer Woche durch den TÜV gekommen, anstandslos. Aber Herbert Wehners alter Volvo will nicht mehr. Bereits kurz nach der Abfahrt vom Flughafen ist der Motor ausgegangen. Nun, das ist im Gefälle gewesen. Zweiter Gang, Kupplung raus, behutsam wieder rein und Gas geben, da geht er wieder. Einen Kilometer weiter ist es dann endgültig aus. Königsbrücker Straße, die Ampel kurz vor der Schauburg schaltet auf Rot, der Volvo bleibt stehen, und nichts geht mehr. Den Schlüssel rumdrehen, mal viel, mal wenig Gas, mal mit, mal ohne Choke - er springt nicht wieder an.

Es ist der 31. Oktober 1999. Heute wird Greta Wehner 75, mein Beifahrer und ich sind zum Geburtstagsessen unterwegs und knapp mit der Zeit. Die Ampel zeigt Grün, der Wagen bleibt stehen. Am helllichten Sonntag, an einer belebten Kreuzung, mitten in Dresden. Meine Handflächen beginnen zu schwitzen, und in der Magengegend stellt sich ein beklemmendes Gefühl ein. „Das hat wohl keinen Sinn so", stellt mein Beifahrer kategorisch fest. Es handelt sich nicht um irgendeinen Beifahrer. Es handelt sich um Hans-Jochen Vogel, den ehemaligen Bundesminister, Parteivorsitzenden und Nachfolger Herbert Wehners als Vorsitzender der sozialdemokratischen Bundestagsfraktion.

Ich habe mich so gefreut, bin eigentlich stolz, ihn mit dem historischen Fahrzeug durch Dresden fahren zu können. Und ein Fernsehteam, das in der Innenstadt auf uns wartet, hat sich auch gefreut. Damit ist jetzt Essig. „Bleib du am Steuer sitzen", bestimmt der über Siebzigjährige, steigt aus, klemmt sich ans Heck und schiebt das schwere schwedische Gefährt schwungvoll über den hohen Bordstein auf den Bürgersteig. Es ist lange her, dass mir etwas so peinlich war. Immerhin: Mir wird keine Schuld gegeben, und das eilig herbeigerufene Taxi bringt uns wohlbehalten ans Altstadtufer.

Das Abschleppen und die Reparatur haben über 500 Mark gekostet, und es dauert ein paar Wochen, bis sich meine Abneigung gegen den Oldtimer gelegt hat. Mittlerweile läuft der Zweitdienstwagen des Herbert-Wehner-Bildungswerks wieder, tadellos und störungsfrei, auch in Hamburg und Chemnitz war ich schon mit ihm, und der Volvo hat auf den Kopfsteinpflasterstraßen von Dresden unbestreitbare Vorteile: traumhafte Stoßdämpfer!

Einige Wochen nach Gretas Geburtstag war der zehnte Todestag von Herbert Wehner. Eine Briefmarke ist herausgekommen, und es war wieder eine Feierstunde. Ich habe mich dagegen entschieden, abergläubisch zu sein - und Hans-Jochen Vogel wieder mit dem Volvo vom Flughafen abgeholt. Diesmal wollte der Karren, und das Fernsehteam ist auch auf seine Kosten gekommen.

Lange zuvor war derselbe Volvo 240 GL schon einmal in Dresden gewesen. Das war 1986. Herbert Wehner war 80 Jahre alt, einige Jahre zuvor aus der aktiven Politik ausgeschieden und bereits von einer schweren Demenzerkrankung mit Gedächtnisstörung und Bewusstseinstrübung gezeichnet. Im Jahr davor hatte Rechtsanwalt Wolfgang Vogel, Wehners langjähriger Verhandlungspartner beim Häftlingsfreikauf und bei der Familienzusammenführung, die Wehners in die DDR und nach Dresden geholt. Zum ersten Mal nach über 50 Jahren konnte Herbert Wehner seine geliebte Heimatstadt wieder sehen.

Witwe Greta erinnert sich, dass Herbert bei dem Besuch in lichten Momenten lebhaft bemerkte, wo er war, ob am „Filzteich" in Schneeberg im Erzgebirge, wo er als kleiner Junge einige Jahre gelebt hatte, oder in der Spenerstraße in Dresden-Striesen, wo er geboren wurde und wo der Sohn eines Schuhmachers und einer Schneiderin die meisten Jahre seiner Jugend verbracht hatte. Als sie dort am Sportplatz der 20. Grundschule vorbeikamen, blitzte die Erinnerung auf: „Hier habe ich Fußball gespielt", sagte Herbert Wehner unvermittelt. An dieser Stelle steht seit 1998 ein kleines Denkmal, das an den wohl bedeutendsten Politiker erinnert, den Dresden im 20. Jahrhundert hervorgebracht hat.

Nach der Machtergreifung durch die Nazis hatte Herbert Wehner seine sächsische Heimat verlassen müssen. 1935 konnte er noch einmal heimlich seine Eltern besuchen. Er hat sie nie wieder gesehen. Sein Vater starb 1937, und die Mutter erlag den schweren Verletzungen, die sie 1945 beim Bombenangriff erlitt. Wehner ging in den Untergrund, in die Emigration, nach Moskau. Hier wurde er in die stalinistischen „Säuberungen" verwickelt, ein Untersuchungsverfahren wurde gegen ihn eingeleitet; er hatte Mühe, sich zu retten. 1941 konnte er nach Schweden ausreisen, mit dem Auftrag, den kommunistischen Widerstand in Deutschland wieder aufzubauen. Ein Jahr später verhaftete ihn die Polizei, und er wurde zu mehreren Jahren Straflager verurteilt. Seine Gegner im Parteiapparat, darunter Walter Ulbricht, nutzten diese Wehrlosigkeit, um Wehner unter dem Vorwand des Verrats aus der KPD auszuschließen. Schon in den 30er Jahren hatte er begonnen, die Politik der kommunistischen Parteien kritisch zu betrachten. Nun dachte er weiter. Das schwedische Modell der freiheitlichen Demokratie und des Sozialstaats überzeugte ihn. Ihre Liebe zu Schweden haben Wehners sich zeitlebens bewahrt. Auch darum der Volvo.

Der Weg zurück nach Dresden war Herbert Wehner auch nach dem Zweiten Weltkrieg versperrt. Er schloss sich dem demokratischen Zweig der Arbeiterbewegung an. Seine ehemaligen Genossen antworteten mit Entführungsversuchen und Brandanschlägen. Sie misslangen. Aber die Zerstörung und Diskreditierung eines Großteils des Erbes der Arbeiterbewegung in Dresden, Sachsen, im gesamten Gebiet der DDR, dauerte fast sechzig Jahre, und sie hat sich bis heute als nachhaltig erwiesen.

Für die Menschen in seiner Heimat tat Wehner vom Westen aus, was er konnte. Ob als langjähriger Vorsitzender des Bundestagsausschusses für gesamtdeutsche Fragen, dann als Bundesminister oder als Fraktionsvorsitzender - immer war er bemüht, zu helfen, Erleichterungen zu schaffen, ja er kümmerte sich persönlich um Tausende von Einzelschicksalen. Als ich 1998 von Köln nach Dresden umgezogen bin, haben mir viele Leute erzählt, wie sie zu DDR-Zeiten an den Radios gehockt und gebannt und gespannt auf Signale der Hoffnung gelauscht haben, wenn Wehner im Deutschlandfunk sprach.

Im Sommer 1996, als sie auch schon recht betagt war, ist Greta Wehner von Bonn nach Dresden gezogen. „Wenn Herbert 1990 gesund gewesen wäre, ich bin sicher, dann wäre er in seine sächsische Heimat zurückgekehrt und hätte dort geholfen, das Land und die Demokratie aufzubauen“, meint Greta. Sie hilft jetzt mit, diese Ziele zu verwirklichen, so weit ihre Gesundheit es zulässt. Im Herbert-Wehner-Bildungswerk und darüber hinaus ist sie eine unentbehrliche, unermüdliche und allseits geschätzte, ja geliebte Ratgeberin.

Wenige Monate vor Herbert Wehners Tod fiel die Berliner Mauer. Er hat dieses Ereignis nicht mehr bewusst miterleben können. Dass der Volvo jetzt durch die Straßen seiner Heimatstadt fährt, dass Greta hier lebt, dass das Bildungswerk in der Kamenzer Straße seinen Namen trägt, ist kein Ersatz dafür. Aber es sichert Herbert Wehner einen Platz im Herzen der Stadt Dresden.

THOMAS STÖLZEL

Wohnhaft: Irgendwo, nirgendwo

„Einen wunderschönen guten Morgen, meine Damen und Herren! Zeit zum Aufstehen.“ Freitag, sechs Uhr, Nachtcafé der Dresdner Versöhnungskirche. Für die Obdachlosen beginnt ein neuer Tag. Ein Tag mit Bier, Zigaretten und viel Langeweile. Ich werde ihn heute mit einem dieser Frühaufsteher verleben. Zusammen mit Stephan Fiedler, der an diesem Morgen den Weckdienst übernommen hat, gehe ich in den Schlafsaal. „Der Gestank ist eigentlich nicht auszuhalten“, sagt der ABM-Mann. Und tatsächlich, der Mief schnürt mir fast die Luft ab. Fiedler reißt schnell alle Fenster auf und macht damit auch die Letzten munter. „Schlimm, wie schnell manch einer sein letztes bisschen Zivilisation verliert“, meint er kopfschüttelnd.

Zehn Minuten später treffen sich die 20 Cafébesucher zum Frühstück. Ich sehe vier verschiedene Sorten Brötchen, dazu Wurst, Marmelade, Honig. Und natürlich Kaffee. Kurz: alles was mein Herz morgens begehrt. Am Tisch sitzt auch Jörg D., mit dem ich dann losgehen werde. Er wird von allen nur Opa genannt. „Dabei bin ich doch noch gar kein Opa und erst 55“, sagt er. Opa ist klein, höchstens einsfünfundsechzig, und hat einen Vollbart mit Grauansatz. Vier Jahre sind es inzwischen, die er auf Straßen lebt. Auf Dresdner Straßen; denn eigentlich stammt er aus Königsbrück

„Ich war dort einer der ersten Jungen, die auf die Kinder- und Jugendsportschule gingen“, berichtet er stolz. Da seine Eltern jedoch nicht wollten, dass er den Jungpionieren beitritt, musste er abgehen und lernte Werkzeugmacher. Danach arbeitete er noch zwei Jahre in diesem Beruf. Dann kam eine Bindehautentzündung - er war als Werkzeugmacher nicht mehr zu gebrauchen. Von da an konnte Opa nur noch Hilfsarbeiten übernehmen. Mitte der Achtziger verdiente er seine Brötchen damit, alten Damen in der Neustadt die Kohlen zu schleppen. Dabei machte er sich die linke Hand kaputt. „Sie hat sich wohl durch Überlastung entzündet.“ Der Arzt wollte amputieren, doch Opa sagte nein. Seitdem quält er sich täglich mit den Schmerzen. Seine letzte Arbeit hatte er dann im Hotel Rendsburg auf der Louisenstraße, als Küchenhilfe. Und seit ‘90 ist er arbeitslos. So ging es stetig bergab. Der Alkohol übernahm die Macht, Trinken wurde zur Tagesbeschäftigung. Vor vier Jahren warf ihn schließlich seine Freundin raus. Er war nun obdachlos.

In der Versöhnungskirche ist inzwischen der Tisch abgeräumt, und man macht sich fertig für den Tag. Ausweis, Kuli, Handtuch, Wechselwäsche, Tempotaschentücher: Opas Sachen passen in einen Stoffbeutel. Stolz zeigt er mir jetzt drei Karikaturen. Ein Schweizer hat sie ihm gestern auf dem Hauptbahnhof gezeichnet. Auf einem der Bilder sind drei Männer zu sehen, die gegen Regen und Wind ankämpfen. Darunter steht: „Lasst uns wenigstens die Obdachlosen gesund.“ Harry, auch ein obdachloser Nachtcafébesucher, ist das Frühstück heute nicht bekommen, er speit in die Ecke - ein ganz normaler Morgen also.

Um sieben Uhr macht sich die Truppe zu Fuß auf den Weg in Richtung Stadtzentrum. Es tobt ein ekliger Herbststurm, es ist kalt und es ist dunkel. Ein Supermarkt wird anvisiert. Zeit für die erste Büchse Bier des Tages - der Zeiger der Uhr steht gerade mal auf halb acht. Für die Frau an der benachbarten Fischbude ist das nichts Neues, sie kennt die Obdachlosen schon, da die ja öfter kommen. Nach einer halben Stunde geht es dann, jetzt per Straßenbahn, weiter. Zum Hauptbahnhof.

Dort trennt sich die Gruppe. Opa und ich ziehen in Richtung Neustadt. Ein Flachmann mit Wilthener Goldkrone hilft gegen's Nüchternsein. Vom Albertplatz aus sind es dann nur noch fünf Minuten zu Fuß auf die Alaunstraße und in den Konsum. Die Obdachlosen können da ihren Lebensmittelgutschein über zehn Mark, den sie einmal im Monat vom Sozialamt bekommen, einlösen. Ein paar Schritte weiter ist ein kleines Eiscafé, wo sich morgens Trinker treffen. Man kennt sich.

Opa aber hält sich diesmal an Kaffee. Er wird freilich verdünnt, mit einem kräftigen Schuss Weinbrand. Andreas gesellt sich zu uns. Er ist ebenfalls Alkoholiker, hat aber eine Wohnung. „Als das Arbeitsamt noch alle 14 Tage Geld gezahlt hat, war das weit günstiger“, schimpft er. Da sei man viel besser über den Monat gekommen, denn die Versuchung, das Geld schon am Anfang auszugeben, wäre groß.

Wir verabreden uns für halb elf zum Vögelfüttern an der Elbe. Zuvor muss Opa jedoch noch in sein Sommerquartier, ein Abbruchhaus in der Inneren Neustadt. Der Eingang des Gebäudes ist zugemauert, so dass er über eine Mauer hinter dem Haus klettern muss. Vor der Mauer sitzt ein Plüschteddy, ganz so, als wolle er die Bude bewachen. Opa zieht eine Leiter hervor und steigt rüber. „Da drin gibt es sogar ein Federbett“, sagt er zu mir. Wasser holt sich Opa an dem kleinen Brunnen auf dem Albertplatz und Strom, na ja, auf den muss er verzichten. „Wenn schönes Wetter ist, schlafen wir aber im Schlafsack unten an der Elbe und feiern Partys mit den Studenten.“ Sehr oft geht er übrigens zu Dynamo-Spielen. Sport ist immer noch seine Leidenschaft.

Gegen halb elf füttern wir dann, wie verabredet, mit Andreas und zwei anderen Bierfreunden Elbe-Vögel. Opa streut Brotkrümel aus, und es dauert nicht lange, da kommen auch schon die ersten Spatzen und wenig später auch Möwen. Opa ist begeistert: „In einer Stunde ist von dem Brot nichts mehr da.“ Die Vier treffen sich hier jeden Tag, um zu diskutieren, die Zeitung zu lesen und Bier zu trinken. Bei Andreas waren es heute schon mehr als zwei, denn er kann kaum einen Schritt mehr geradeaus machen. Opa ist das peinlich, und er verzieht den Mund: „Erst elf Uhr und schon zu, das muss nun wirklich nicht sein“.

Nach dem Vögelfüttern wird es Zeit, was gegen den eigenen Hunger zu tun. Meist passiert das in einer der zehn Dresdner Suppenküchen.

Heute ist die auf der Kamenzer unser Anlaufpunkt. Auf dem Weg dorthin kommen wir an Opas ehemaliger Wohnung vorbei. Mit Wehmut blickt er auf die 518 am Eingang des Hauses, dann geht es weiter.

„Wir geben uns Mühe, eine abwechslungsreiche Kost anzubieten. Das sind zum Beispiel Eintöpfe, Jägerschnitzel, Joghurt, Säfte und Früchte.“, sagt mir die Suppenküchenbetreiberin Renate H. Die Rentnerin hat die Küche 1993 aufgebaut und versorgt seitdem die Neustädter Mittellosen täglich für zwei Mark mit einem warmen Essen. Die Obdachlosen nutzen das gern, auch um sich aufzuwärmen. So steigen hier regelmäßig auch Skatturniere. Opa: „Wer heute noch hungert und friert, der ist selbst dran schuld.“ Doch nicht nur in der Suppenküche, auch davor ist manchmal die Hölle los. Heute zum Beispiel, es ist ja Freitag. Und da verteilt die Dresdner Tafel e.V. für eine Spende von einer Mark immer Lebensmittel. Nachdem Opa auch etwas abbekommen hat, wollen wir weiterziehen. Als wir das Haus verlassen, hält mir das Fernsehen eine Kamera vor die Nase. Es ist schließlich Weihnachtszeit, da wollen die Leute so etwas sehen. Doch ich kann die Kollegen vom MDR überzeugen, dass ich kein Bedürftiger bin. So haben sie mich aus dem Beitrag herausgeschnitten.

Unser nächstes Ziel ist der Stoffwechsel e.V. am Martin-Luther-Platz. Dort hat es sich die 70-jährige Amerikanerin Sabine B. zur Aufgabe gemacht, Kinder und Jugendliche von der Straße zu holen. Opa, schon seit sieben Jahren mit ihr befreundet, ist immer willkommen. „Jörg ist noch ein richtiger Gentleman, er bringt mir immer eine Rose mit, wenn er vorbeischaut“, sagt sie. Heute schenkt er ihr außer der Blume auch noch eine der Karikaturen des Schweizers. Die Stoffwechslerin fragt Opa nach seinem Sohn. Der ist jetzt neun Jahre alt und sieht Opa ab und zu. Neulich haben sie sich an der Straßenbahn getroffen. Und mit Tränen in den Augen berichtet Opa, wie sie sich in die Arme gefallen sind. „Das hat mir neuen Mut gegeben.“

Es ist schon halb fünf, und langsam wird es dunkel. Wir gehen also los, zum Neustädter Bahnhof. „Ob du’s glaubst oder nicht“, sagt Opa, „hier sind die Toiletten teurer als auf dem Hauptbahnhof: einmal Austreten eine Mark.“ Doch auch auf dem Hauptbahnhof war ihm die Toilettengebühr kürzlich zu teuer, und so verewigte er sich an einem Pfeiler in der Unterführung. Die Folge: ein Jahr Haus-, oder richtiger, Bahnhofsverbot. In den Neustädter Bahnhof darf Opa noch. Abseits von den Reisenden stellen wir uns an eines der riesigen Fenster. Opa trinkt eine Büchse Bier und raucht zwei Zigaretten. Ich dagegen brauche jetzt einen Kaffee, denn langsam werde ich pflastermüde. Später unterhalte ich mich mit BGS-Männern. „So lange die niemanden stören und sich ordentlich benehmen, lassen wir die Obdachlosen in Ruhe“, erklärt mir einer von ihnen. Und wenn jemand Hausverbot bekomme, dann sei das auch gerechtfertigt. Als hätte er Opas Verbot geahnt.

Gegen 18 Uhr fahren wir, trotz des Verbotes, zum Hauptbahnhof. In der Bahn merke ich ihm jetzt deutlich seinen Alkoholspiegel an. Er verpasst sogar die richtige Haltestelle. Eine offene Dose Bier, die er in seinem Beutel hat, läuft auf den Boden der Straßenbahn.

In der Bahnhofshalle, dem abendlichen Treffpunkt der Obdachlosen, sind Opa und ich nicht die Ersten. Auf einer Bank wartet schon der größte Teil der Gruppe. Man trinkt Bier und erzählt. Die Blicke der anderen Menschen stören keinen. In der Gruppe ist es ja auch leichter. Wenn er allein ist, meidet Opa die Orte, an denen er nicht erwünscht ist. „Lieber friere ich, denn das kratzt wirklich zu sehr am Stolz.“

Noch vor den anderen machen wir uns schließlich in Richtung Nachtcafé auf. Diesmal ist es die Zionskirche in der Südvorstadt. Opa erzählt, dass manche die ganze Nacht hindurch „Rommé“ und „Mensch ärgere dich nicht“ spielen und dann am Tag irgendwo schlafen. Im Nachtcafé hat heute ein freiwilliger Helfer den Hut auf. Der 54-Jährige hatte erst vor kurzem einen Schlaganfall, „die Arbeit war wohl doch zu viel“. Jetzt muss er kürzer treten. Drei Damen aus der Nachbarschaft haben sich daher eingefunden, um mit anzupacken. Sie bereiten das Abendessen vor, das die Mensa auf der Bergstraße schon am späten Nachmittag vorbeigebracht hat. Rouladen, Kartoffeln, Mischgemüse und Äpfel. Auf den Tischen im Aufenthaltsraum erinnert mich Gebäck daran, dass ja Weihnachtszeit ist.

Im Nachbarraum legt Opa derweil die Isomatten aus. Einer der ersten Schlafgäste ist heute der „Professor“, ein überstudierter Doktor. Ich frage ihn nach seinem Namen und seiner Studienrichtung, doch aus seinem Mund kommen nur wirre Deutsch- und Russisch-Brocken und ein Formel-Kauderwelsch.

Halb neun treffen dann auch die anderen ein. Viele gehen früh schlafen. Auch Opa ist geschafft und legt sich auf die Isomatte. So endet für ihn wieder ein langer Tag auf der Straße. Morgen früh wird Opa nüchtern sein. Lange wird das aber nicht anhalten. Supermärkte gibt es schließlich genug in Dresden.

Hansjoachim Paech
Ruhet sanft!

Der Straßburger Platz inmitten des Dresdner Zentrums hat eine wechselvolle Geschichte. Aber welcher Platz, welche Straße hat die nicht! Man kann sie unschwer verfolgen, wenn man die zahlreichen Umbenennungen zu Rate zieht, die auf die verschiedenen politischen Systeme zurückgehen. Nur Goetheplatz und Blumenstraße z.B. konnten sich halten. Auf Goethe kann niemand verzichten, und Blumen werden immer gebraucht.

Julius Fučik, der vor Straßburg den Platz besetzt hielt, wird gegenwärtig nur noch links benötigt. Dabei hätte seine „Reportage unter dem Strang geschrieben" auch dem Dresdner Bestattungswesen möglicherweise in den Kram gepasst, als es die „Pieta", eine Fachmesse für Bestattungsbedarf, auf dem Straßburger Platz abhielt - etwa dort, wo VW derzeit gläsern montiert.

Glassärge waren auf der Fachmesse weniger gefragt. Aber Designer- und Psychosärge erobern sich mit steigendem Wohlstand allmählich ihren Platz an der Sonne bzw. unterm Rasen. Denn sie sind teuer. Mit 200,- DM ist da nichts mehr zu machen. Da muss der betuchte Ossi tief oder - falls es einen Leihbeamten trifft - weniger tief in die Tasche greifen und unter Umständen mit 10 000,- DM rechnen. Aber schließlich war der Tod, so lange er existiert, schon immer ein sicheres Geschäft; die wenigsten Menschen gelangen ohne ihn in den Himmel bzw. die Hölle - ausgenommen die Atheisten, die an gar nichts glauben.

Besagte Särge gestatten, auf die Eigenheiten des lieben Verstorbenen hinzuweisen. Wer zu Lebzeiten eine Burg oder wenigstens ein Schlösschen besessen hat, dürfte sich über das Modell „Castello" mit Zinnen und Laufgängen besonders freuen. Manche Angehörigen bemalen den Sarg aus Liebe und Dankbarkeit zum teuren Toten selbst. Mitunter nur aus Dankbarkeit.

Das Geschäft macht, wer die Leiche zuerst entdeckt. Deshalb hören Bestattungsunternehmen z.B. den Polizeifunk ab, damit sie wissen, bei welchem Unfall mit Toten gerechnet werden darf. Zugunglücke und Massenkarambolagen sind besonders gern gesehen. Und dann geht die Post ab! Wer zuerst kommt, kondoliert zuerst, und wer zu spät kommt, den bestraft der Tod.

Unsereins ist ja mehr für eine einfache Lösung des Problems und hat brennendes Interesse an einer Feuerbestattung. Da muss man nicht unbedingt eine Stahl- oder Marmorurne nehmen. Wer zu Lebzeiten z.B.

schon Öko-Eier gegessen hat, wird für eine Öko-Urne dankbar sein. Sie ist vollständig recycelbar, d.h., sie garantiert Rückgewinnung und Wiederverwertung und ist deshalb auf dem Gebiete der Seelenwanderung eine durchaus moderne Lösung.

Solche Fachmessen wird der Straßburger Platz künftig vermissen müssen, weil das Ostragehege ihrer harrt. Eigentlich schade! Ein Kuriositäten-Kabinett hätte das Zentrum schon noch vertragen können!

Heimkehr einer alten Dame

Weiß der Himmel, warum - nur als Beispiel - Otto von Bismarck, ein Mann von Schrot und Korn, so lange er als preußischer Ministerpräsident und deutscher Reichskanzler in der Geschichte erscheint, männlichen Geschlechts ist, sobald er aber als Schlachtschiff in See sticht, als *die* „Bismarck“ feminine Züge annimmt! Vielleicht hat sich Neptun ausbedungen, in seine nasse Unterwelt nur so genannte Damen aufzunehmen - was ihm im Falle der Bismarck leider gelungen ist. Die christliche Seefahrt muss wohl so handeln. Und die Flussschifffahrt? Die schließt sich halt an!

Nach Dresden heimgekehrt ist demzufolge nach wechselvoller Geschichte auch die „Krippen“, die, auf der Werft in Dresden-Blasewitz gebaut, 1892 als Glattdeckdampfer in Dienst gestellt worden ist. Nur, dass sie damals noch Tetschen hieß - ein Name, den sie über 50 Jahre lang getragen hat. Seit 1946 aber heißt der Raddampfer „Tetschen“ in Kurzfassung *die* „Krippen“. Niemand sollte auf den Gedanken kommen, dass es uns nach Revanche gelüstet. Und „Tetschen“ war so ein Reizwort. Beinahe hätte Neptun auch die „Krippen“ umarmt. Daraus wird nun nichts mehr, nachdem die „Sächsische Dampfschifffahrt“ die „Krippen“ für 1,8 Millionen DM zurückgekauft und ihr für mehr als 700 000 DM ein frisches Outfit verpasst hat.

Aber das ist eine lange Geschichte, und ein bisschen kurios geht es im Leben der alten Dame schon zu. Manche Damen brauchen das eben.

Als am 11. August 1837 erste öffentliche Fahrten von Dresden nach Rathen stattfanden, war die Geschlechterwelt noch in Ordnung; denn der Personenraddampfer hieß „Königin Maria“. Reichlich 40 Jahre später kreuzten bereits 20 Dampfer auf der Elbe, die sämtlich auf weibliche Artikel hörten, z.B. *die* „Dresden“, *die* „Diesbar“, *die* „Stadt Wehlen“. Der Ordnung halber muss vermerkt werden, dass vor allem der Volksmund sich der femininen Kurzfassungen bedient. Die Dampfschifffahrtsgesellschaft ist mit der Gattungsbezeichnung „Personendampfer“ (z.B. PD „Pirna“) genauer und damit aus dem grammatischen Schneider. Mehr als kurios wird es dann mit den Motorschiffen „Gräfin Cosel“ und „August der Starke“, die Mitte der neunziger Jahre des vorigen Jahrhunderts angeschafft worden sind. Man kann zwar *die* „Gräfin Cosel“ besuchen, aber kaum noch *die* „August der Starke“. Grammatisch funktioniert gerade noch das MS „August der Starke“. Deutsche Sprache - schwere Sprache! Vielleicht hätten wir doch eine Reform nötig.

Also: *die* „Tetschen“ beschwimmt ab 1892 das Wasser, das die sächsische Welt bedeutet - bis Ende 1979. Dann wird sie als *die* „Krippen“ außer Dienst und ein Jahr später nicht nur unter Denkmalschutz gestellt - was sie vor der Verschrottung rettet -, sondern auch an die Gemeinde Kloschwitz/Wettin (Bezirk Halle) verkauft. Kloschwitz liegt an der Saale, und man könnte sich vorstellen, dass die Gemeinde auf eine Attraktion aus war. Nichts dergleichen! PD Krippen liegt in dem Saaledorf acht Jahre lang an Land. Ungenutzt! Dann gelangt er, also die Krippen, in den Besitz der Herren Stolte und Stellermanns, Lüneburg, die sie/ihn in den Niederlanden einzusetzen planen.

1991 beginnt auf der Werft in Laubegast die Überholung der Krippen, die bis 1994 in Oldenburg fortgesetzt wird. Denn inzwischen hat sie wieder den Eigner gewechselt und fährt nun - ihrem eigentlichen Element zurückgegeben - als Fahrgastschiff in und um Meißen. Zum Kirchentag aber ankert sie in Hamburg. Prag lernt sie auch kennen, ehe sie zwischen 1997 und 1999 an die Köln-Düsseldorfer Rheinschifffahrts AG für Rundfahrten vermietet wird.

Aber wie das Geschäftsleben so spielt: Im November 1999 trifft die Krippen wieder in Dresden ein und gelangt in den Besitz der „Sächsischen Dampfschifffahrts GmbH und Co. Conti Elbschifffahrts KG“ - ein langer Name für die schlichte Tatsache, dass der sächsische Finanzminister an der Gesellschaft mitverdient.

In diesem Sommer musste die Gesellschaft mit dem langen Namen allzu viele Passagiere an den Anlegestellen zurücklassen. Das soll sich mit der Krippen ändern: Sie kann 240 Fahrgäste aufnehmen und wird sie mit einer 110-PS-Maschine über die „Sächsische Weinstraße“ befördern. Versuchen Sie das mal mit einem Kfz, das doppelt so viel leistet. Pferdestärken sind eben nicht alles.

Mit der Krippen ist die Sächsische Dampfschifffahrt auf neun Schiffe angewachsen. Möglicherweise rentiert sich das Geschäft und weitere Fahrgastschiffe bzw. Personendampfer werden dem Verfall entrissen. Der „Junge Pionier“ liegt derzeit auch noch an Land. Aber dann hätte der Volksmund ein neues Problem: Will er mit *dem* „Jungen Pionier“ oder mit *der* „Der Junge Pionier“ den Tag verbringen? Nur gut, dass den rund 700 000 Passagieren im Jahr das Problem völlig schnurz und piepe ist. Wo sollten sonst die „Kohlen“ für die Gesellschaft herkommen, deren Schiffe pro Jahr etwa 230 000 Kilometer zurücklegen und dabei fast 1,7 Millionen Liter „Diesel“ verbrauchen. Es bleibt dabei: Deutsche Sprache - schwere Sprache.

Vom Selfmademan zum Weltreisenden

Als der Friedenskämpfer Frieder Friedensreich die notwendige und auch allseits gewünschte Revolution ohne Blutvergießen vollendet, die einseitige Einmauerung durchbrochen und das Ziel seiner Wünsche, die Freiheit, speziell die Reisefreiheit, erreicht hatte und in der Ferne die schönsten Reiseziele blinken sah, machte er sich zunächst auf den Weg von Dresden nach Bayreuth. Auch die dort Ansässigen waren hocherfreut über den friedlichen Verlauf des überraschenden, von Dr. Kohl sorgfältig vorbereiteten Jahrhundertereignisses, und fielen dem Friedenskämpfer Frieder selbstlos in die Arme, ja, sie erwiesen sich als äußerst spendabel, was der Frieder in mehreren Besuchen nicht ungeschickt auszunutzen verstand. Einem Opernbesuch in der „Scheune“, wie die Bayreuther ihr Festspielhaus zu nennen pflegen, aber widerstand der Frieder. Er hätte mit der Marke „Trabant“ auf dem „Grünen Hügel“ vorfahren müssen und war sich zu dieser Zeit noch nicht sicher, ob der Wagen für's internationale Parkett geeignet war oder schon abgewickelt werden sollte.

Nun, heute wissen wir mehr!

Aber, ich schweife vom eigentlichen Thema ab, obwohl es - genau genommen - doch ziemlich kurios ist, dass sächsische „Trabis“ in Afrika und Amerika rollen. Das hat niemand von uns gewollt!

Frieder war zu Zeiten seiner Bayreuth-Trips noch ein Selfmademan, aber weniger einer, der sich aus eigener Kraft emporgerappelt hat, als einer, der alles selber machte. Er fungierte damals sozusagen als sein eigenes Reisebüro, sein eigener Reiseveranstalter und sein eigenes Fuhrgeschäft. Die Variante ist zweifellos besonders preiswert, aber zehn Jahre nach der Wende nicht mehr zu beherrschen. Man stelle sich bloß einmal vor, ich müsste in Honolulu ein Hotel buchen und die Besuche der Museen und des Badestrandes in Waikiki selbst organisieren. Und wenn ich nächstes Jahr in die Provence will, nutzt mir mein Englisch ebenso wenig wie in Ostafrika, wo Suaheli gefragt ist. Und in Finnland...?

Nein, auch unser Frieder bedient sich zwecks Befriedigung seines Reisefiebers inzwischen eines Reisebüros bzw. eines Reiseveranstalters; sie erledigen, was in adligen Zeiten dem Reisemarschall zukam. Ich vermute deshalb, dass die Queen auch heute noch einen Reisemarschall benutzen wird, obwohl die Reisebüros inzwischen über schöne Angebote verfügen - auch im United Kingdom.

Selbst in Dresden existieren zehn Jahre nach der Wende mehr als 200 Reisebüros und Reiseveranstalter. Statistisch gesehen kommt also auf etwa 2 120 Einwohner ein gewerbliches Reiseunternehmen. Der Konkurrenzkampf um die Reisenden dürfte demnach in voller Blüte stehen und drückt sich in Sonderangeboten und Last-minute-Schnäppchen aus, die schon wochenlang vorher zu haben sind.

Frieder Friedensreich aus Dresden muss sein Fernweh nicht mehr im Ostblock befriedigen, sondern kann, wie gewollt, so lange gen Westen reisen, bis er auf der Erdkugel wieder im Osten ankommt. Ist das nicht wunderbar?

Wie mir scheint, zählen Dresdens Senioren und Senioritas zum bevorzugten Klientel der Reiseunternehmen. Ein Wunder ist das nicht; schließlich sind sie jederzeit, weil arbeitslos, abkömmlich und brauchen keinen Urlaub einzureichen. Und aus demselben Grunde kann man sie mehrmals im Jahr in der Welt herumreisen lassen. Dem Vernehmen nach sind über 90-jährige Dresdner schon in Amerika und in der Südsee gesichtet worden. Ein Kuriosum? Keineswegs! Die Welt ist trotz der Skandale eben so schön, dass man schwerlich von ihr Abschied nehmen kann.

Friedenskämpfer Friedensreich sei Dank!

MICHAEL BLEUEL

Bach am Albertplatz

Inzwischen pflegen wir so etwas wie eine Nachwende-Tradition: Wenn meine Frau und ich Wochenenden in unserem zweiten Zuhause in der Eschenstraße verbringen, kehren wir gelegentlich im „Thor“ ein. Schon deshalb, weil das nach dem einstigen „Schwarzen Stadtthor“ benannte Restaurant am Albertplatz von uns schnell zu „erradeln“ ist und außerdem mit Frühschoppen im Freien aufwartet.

Auch im Frühling 1996 ließen wir deshalb die Maisonne ins Weinglas schauen und die Passanten an uns vorbeiziehen. Wer da nicht alles vorüberging! Eilige und Schlendernde, Alte und Junge, Einheimische und Touristen. Wir hatten für alle und alles die Augen offen. Und mit einem Mal auch die Ohren!

Denn plötzlich wurde Bach gespielt, Toccata und Fuge in d-Moll. Und ich bemerkte sofort: Das Orgelwerk kam nicht aus der „Konserve", es wurde live vorgetragen. Auf den Steinbänken der Hauptstraße saß ein junges Pärchen und interpretierte es auf ihren Akkordeons. Und zwar so, dass die Musik mich bannte und meine Gedanken zum Schweifen veranlasste. Vor meinem geistigen Auge rollte die Schlussszene der Liebesgeschichte aus der „Phaedra"-Verfilmung mit Melina Mercoury und Anthony Perkins ab: Der im Auto dahinpreschende Geliebte und Stiefsohn Phaedras berauscht sich an dem fortissimo eingespielten Ouvre, bevor er die Klippen hinunterstürzt...

Wie wohltuend gleichklingend kann diese für Orgel geschriebene Komposition auf einem Akkordeon interpretiert werden! Auch die „Thor"-Gäste delektieren sich an dem Werk. Doch stürzen sie Gott sei Dank nicht, vielmehr applaudieren sie nun den Interpreten. Denn die haben das Stück inzwischen beendet, und der junge Künstler küsst seiner Begleiterin die Hände. Und irgendwie hat man dabei das Gefühl, als drücke seine Geste nicht nur Hingabe zur Musik, sondern zugleich tiefe Zuneigung zu seiner Partnerin aus. Dann folgen weitere musikalische Kostbarkeiten, und bei mir verstärkt sich der Eindruck, dass hier zaubernde Finger am Werke sind. Aber nicht nur Finger! Von der Nebenbank hat sich inzwischen ein junger Mann erhoben und, begleitet von den Akkordeonisten, in kraftvollem Tenor Arien und Romanzen zu singen begonnen - in Russisch. Nun wissen wir endlich, wem wir diesen vormittäglichen Konzertgenuss zu verdanken haben! Das nämlich ist unser Frühschoppen inzwischen geworden: ein außergewöhnliches Musikerlebnis, dargeboten von außergewöhnlichen Künstlern. Und von bescheidenen dazu; denn als wir ihnen schließlich mit einem Obolus danken wollen, sind sie darauf nicht eingerichtet, es gibt weder Hut noch Teller für Münzen oder Scheine. Dafür aber ein dankbares, freundliches Nicken der jungen Musikerin. Das überzeugt mich endgültig, meine inzwischen gereifte Idee zu verwirklichen: Ich möchte die Künstler zu meinem 50. Geburtstag einladen und sie dazu aufspielen lassen. Ich spreche sie also an, auf Deutsch. Doch das verstehen sie nicht. Englisch? Kaum. Erst auf Französisch komme ich mit der jungen Frau ins Gespräch, erfahre, dass sie, ihr Mann und ihr gemeinsamer Tenor-

Freund aus dem weißrussischen Minsk kommen, in Klingenthal an einem Musikwettbewerb teilgenommen und in Dresden einen Zwischenaufenthalt eingelegt haben. Ponimajetje?, fragt die Musikerin, doch das verstehe nun ich nicht, ich habe kein Russisch gelernt in Mainz.

Dort, in unserem Haus, saßen wir auch eines Tages beim Frühschoppen. Es muss im Januar 1990 gewesen sein; denn unsere ganze Familie mit Sohn, Tochter, Schwiegermutter, -tochter und -sohn diskutierte über Kanzler Kohls Vorhaben, die in der DDR enteigneten Grundstücke den rechtmäßigen Besitzern zurückgeben zu wollen. Da meine Frau und ihre Mutter aus Dresden stammen, fragte ich eher unernst, zudem erstmals - denn noch nie zuvor war darüber gesprochen worden -, ob etwa auch unsere Verwandtschaft dort noch Besitz hätte. Wieso eigentlich nicht?, fragte meine Schwiegermutter plötzlich zurück. Sie habe in der Elbestadt immerhin zwei Häuser besessen, die aber dem Staat zugefallen seien. Uns verschlug es die Sprache.

Als wir sie wieder gefunden hatten, schlugen wir den nötigen Amtsweg ein, der für die Wiedererlangung der Immobilie nun einmal nötig war. Doch ich beschritt ihn gerne, denn dabei lernte ich Dresden immer mehr kennen und lieben. Am Ende unseres Weges durch die Behörden gehörte uns wieder ein Mietshaus in der Eschenstraße. Und in ihm richteten wir uns unterm Dach eine kleine Zweitwohnung ein, die wir seitdem gelegentlich aufsuchen. Auch, um von hier zu „unserem" Thor zu radeln, dort mit den Leuten zu plaudern oder, wie heute, Freundschaft mit russischen Künstlern zu schließen.

Denn zu der ist unser erster Kontakt mit Wladimir, Galina und Victor in der Tat geworden. Nicht nur, dass die drei im Dezember 1996 meinen Geburtstag musikalisch verschönten. Im Sommer 1997 erhielten sie wieder ein Visum, und diesmal erfreuten sie die Dresdner nicht nur am „Thor", an der Augustusbrücke und auf anderen Straßen und Plätzen mit ihrer Musik, sondern auch auf so mancher privaten Feier. Dies auch deshalb, weil ich die Künstler weiterempfohlen hatte - gleichsam als nebenberuflicher Impresario. Und getan habe ich es aus einem guten Gefühl heraus, zumal ich inzwischen etwas mehr von ihnen wusste: zum Beispiel, dass ihre hervorragende Interpretation klassischer wie moderner Werke auf einer gründlichen Instrumental-, Gesangs- bzw. Dirigatausbildung an der Minsker Musikhochschule basiert, dass sie ihre Erfahrungen dort als Dozenten ihren Studenten weitergeben und dass sie bereits bei mehreren internationalen Wettbewerben unter den Preisträgern waren.

Nur eines konnte ich mir nicht erklären: dass sie ihr großes Können in Deutschland letztendlich unter Wert „verkauften“. In so manch munterer Debatte haben wir, im Beisein auch neu hinzugewonnener Dresdner Freunde, seitdem darüber disputiert und inzwischen gemeinsam begonnen, den anfänglich eher sporadischen Auftritten Kontinuität und damit den Künstlern eine gewisse finanzielle Sicherheit zu geben. Aber auch eine Art PR-Programm haben wir mit ihnen beraten. Ein Resultat dessen ist unter anderem ihr nunmehriger Künstlername „Accordeon-Harmonists“. Unter ihm sind sie seitdem schon mehrmals von Leitungen solch renommierter Hotels, Restaurants bzw. Spielstätten der Stadt wie dem „Sophienkeller“ des Taschenberg-Hotels, dem „Schillergarten“, dem Restaurant der Feldschlösschen-Brauerei oder dem Societätstheater verpflichtet worden. Es werden nicht die letzten Engagements gewesen sein; schon deshalb nicht, weil „meine Minsker“ sich, von uns unterstützt, in absehbarer Zeit mit einem eigenen Imageprospekt und Repertoire-Album empfehlen werden. Wer weiß, wo sie danach aufspielen...

Eines kann ich meinen weißrussischen Freunden dabei schon heute zusichern: Ich werde von Mainz weiterhin in Sachsens Musikmetropole reisen; nicht nur, um hier ihre zaubernden Finger und Stimmen zu bewundern, sondern auch, um mit ihnen in der Eschenstraße zu wohnen, zu plaudern und zu feiern - zumal das Trio inzwischen ziemlich gut deutsch parliert. So gut sogar, dass ich eigentlich gar kein Russisch mehr zu lernen brauche. Es sei denn, ich möchte „Kalinka“ endlich original verstehen...

Die „Nu“-Connection

Eines schönen Nachwendetages bedient mich in einer vornehmen Parfümerie zu Bad Wörishofen eine elegant gekleidete, junge Dame. Sie ist bestechend redegewandt, und ihr akzentfreies Deutsch klingt in Bayern ziemlich wohltuend. Ich bin schon beim Bezahlen, als sie, mein Präsent fixierend, mich fragt: „Nu, wie darf ich's denn einpacken?“ Ich horche auf und frage sie, ob sie aus Dresden stamme. „Ja“, sagt sie überrascht, „woher kennen Sie mich?“ - „Ich kenne Sie leider nicht“, antworte ich, „Ihr 'Nu' aber hat Sie geoutet.“ Sie blickt mich erschrocken an, dann seufzt sie: „Und dabei bemühe ich mich so, meinen Dialekt zu verbergen!“ - „Weshalb eigentlich?“, frage ich sie und mache ihr klar, dass ich zuweilen in Dresden bin und ihn dort höre. Gern höre!

„Wirklich?“, fragt sie zurück. - „Nu ja“, versuche ich mich, und dann lachen wir. Ich bin in die „Nu“-Connection aufgenommen! Die Dame belegt es damit, dass sie mich mit den Worten verabschiedet: „Nu, dann wünsche ich Ihnen noch einen schönen Tag!“ Und diesmal klingt die Silbe völlig anders als vorher, regelrecht munter, ja freudig.

Damit aber bestätigt sich wieder einmal, was ich seit Jahren rund um Zwinger und Frauenkirche beobachte: Zunächst verraten die beiden Buchstaben den Dresdner grundsätzlich, weil sie zu seinem Sprachgebrauch gehören wie in anderen deutschen Landen das „gelle“, „dat“ oder „ock“. Zugleich aber transportieren sie Stimmung, Gefühle und Ansichten des Sprechers - je nachdem, wie sie betont oder verwendet werden. Denn so allgegenwärtig sie sind in und um Dresden, so differenziert werden sie eingesetzt. Das ‘Nu’ kann am Anfang eines Satzes stehen, aber auch am Ende oder in der Mitte, es kann langgezogen oder kurz gesprochen werden, bestätigend oder fragend klingen. „Nuu, hast du dir schon die Zähne geputzt?“ hinterfragt auf ebenso gemütlich- wie hintergründig-sächsische Weise, ob die selbstverständliche Pflicht bereits erfüllt wurde oder nicht. Während „Nu klar!“ keinen Zweifel an der Zustimmung des Sprechers lässt.

Es ist aber nicht nur das „Nu“ selbst, das einem am Dresdner auffällt, sondern zugleich die Geschwindigkeit, mit der die in keinem Duden vorkommende Silbe wie Gesprochenes überhaupt aus seinem Munde fließt. Eine Geschwindigkeit, die Goethe dazu verleitete, das Sächsische mit dem Französischen zu vergleichen. Und tatsächlich hat man nicht selten den Eindruck, als kämen die Worte fixer, als es manche Handlung zulässt.

Es spricht für die Dresdner, dass sie dadurch wohl schneller den Kern des Problems treffen als anderswo Beheimatete, die länger nach Begriffen suchen müssen. Nicht-Dresdner wie ich rätseln allerdings manchmal über die Bedeutung der Silbenketten, die sein Ohr erreichen. Und falls ihnen noch Zeit zum Wundern bleibt, wie verblüffend geschwind Einheimische reagieren und antworten können, dann dürfen sie gewiss sein, in diesem sächsischen Temperamentsausbruch Hunderte von „Nu“s zu entdecken.

So etwas reizt natürlich zur Imitation. Ich kenne viele, die es versucht haben nachzumachen, doch nur wenige, denen es tatsächlich gelungen ist; denn wenn es echt klingen soll, dann kommt es darauf an, eine Silbe in all ihren Nuancen zu beherrschen.

Nu, das ist eben der Schlüssel für das Dresdnerische! Wer dabei freilich das „Nu“ nicht beherrscht, der braucht mit diesem Idiom gar nicht erst anzufangen, er wird ins Dresdnerische weder integriert noch von ihm akzeptiert.

Ich zum Glück wurde es einmal. Weitab von Dresden, in Darmstadt, verhandelten ein Kunde und ich an jenem Tage ein Geschäft: er in seiner hessischen, ich in meiner Meenzer Mundart. Plötzlich klingelte das Telefon. Am Apparat war seine Frau, der gegenüber mein Geschäftspartner seinem hessisch-harten Ausdruck plötzlich unverwechselbare sächsische Stimmlaute beimischte und in einen melodischen Singsang verfiel. Sie schien eine Ursächsin zu sein! Als das Telefonat beendet und wir zu unseren Verhandlungen zurückgekehrt waren, machte ich die Nagelprobe. An das Ende meines nächsten Satzes hängte ich ein „Nu“. Keine Reaktion. Neuer Versuch. „Sie haben schon zweimal ‘Nu’ gesagt, sind Sie aus Dresden?“, fragte er nun. Ich klärte ihn über meine „Nummer“ auf, und er lachte aus vollem Herzen. Als ich ihm dann noch erzählte, auch meine Frau stamme aus Dresden in Sachsen, wo die hübschen Mädchen auf den Bäumen wachsen, war der Bann gebrochen. Es kam zum gewünschten Auftrag.

Woraus man ersehen kann, wie nützlich das „Nu“ sein kann - sowohl für die sprachliche wie für gelegentliche geschäftliche Verständigungen.

Claus Arend Roland Schwenke

20 drüber?

Der Spiegel hat es heute leicht mit ihr. Das bisschen, das er trotzdem mogelt (nur, weil er sie mag), könnte glatt dem Brechungsindex zugerechnet werden. Die Woche hat ihr jedenfalls nichts anhaben können. Und der Freitagnachmittag gehört bereits zu den schönen Dingen des Lebens, das weiß sie. Sie badet in einer Wolke von Lebenslust und Energie, ohne zu fragen, woher das kommt. Es geht ihr eben gut, auch ohne Grund.

Diese Freitagnacht ist ihre Nacht.

Mal wieder ausgehen. Und vorher keine unschlüssige, stundenlange Tortur vor dem Klamottenschrank, heut’ steht ihr einfach alles. Also auch keinen BH. Sie tanzt mit dem Finger über die Bügelrücken, macht irgendwo Halt. Na gut, neue Schuhe waren fällig. Und der Lippenstift war eigentlich auch nicht zu teuer. Bloß gut, dass sie schon Mittwoch beim Frisör war. Ledergürtel? Sie mag sich und schaut einmal mehr in den Spiegel. Whow! Dafür kriegt er ‘nen Kuss!

Schon dreht sich der Schlüssel zweimal im Schloss.

Während sie locker die Treppen zur Haustür nimmt und jede zweite Stufe nur mit ihrem Lufthauch berührt, fällt ihr ein, dass sie nebenbei auch noch ihre Wohnung an den Rand der Ordnung gebracht hat. Heute wundert sie nichts mehr.

Die Luft ist voller Geschichten und ein paar tiefe Züge wert. War sie gestern oder vorgestern tanken? Die Benzinanzeige ist immer noch kaputt. Egal, auf alle Fälle wird schon noch genug für die paar Meter zum Klub und zurück drin sein. Sogar die Karre klingt heute anders, fast selbstgefällig. Kein Wunder, welches Auto hat schon so eine Fracht?

Halb zehn.

Der Löbtauer Laden ist noch beim Aufwachen. Sie stört das nicht, ihr Stammplatz mit Rundblick hat sie schon ein wenig vermisst. Einladend grinst der Chromfuß. Freundin Chris steht hinterm Tresen (wie fast immer, wenn es sie hierher verschlägt) und begrüßt sie schon von weitem. „Na?“ - „Du aber auch.“ Komplizenaugenzwinkern.

In letzter Zeit war sie eher selten weg, und wenn, landete sie hier. Fast ausschließlich. Weil sie hier immer gute Abende hatte, willkommen ist und sich nicht alleine fühlt. Und natürlich wegen Chris. Chris bringt ihr was. Sie nippen sich kurz zu, dann taucht sie ihren Zeigefinger wie zufällig ein und fährt Runden auf dem Glasrand. Sie weiß immer noch nicht, wie es geht, dass das Glas dabei singt. Ihre Augen gönnen sich einen Blick reihum, und sie genießt die Antworten.

Angekommen. Mehr will sie nicht. Vorerst. Die Musik ist noch leise, sie hat schon Lust zu tanzen, lässt die neuen Schuhe wippen. Um diese Zeit hat Chris nicht viel zu tun, und sie schwatzen ein bisschen. Langsam füllt sich der Laden, die Musik wird lauter, legt sich über die Stimmen, die ersten Pärchen tanzen. Sie holt sich Zigaretten. Chris wird ihr schon den Platz freihalten. Außerdem steht da noch ihr Drink.

Als sie zurückkommt, spürt sie zwei Augen.

Noch bevor sie den Blick sucht, weiß sie schon, dass er ihr guttut. Das Augenpaar gefällt. Der Mann dazu auch. Eine Mischung aus Zurückhaltung und spielerischer Unternehmungslust; genau ihr Typ. Er lächelt nicht. Schaut dafür auf ihre Hände, die gerade mit der Zigarettenpackung beschäftigt sind. Sie lässt ihm genug Zeit. Der Kavalier in ihm siegt, seine Neugier auch, und das Feuerzeug verrät Geschmack. Sie macht Katzenaugen, ganz kurz, nur so lange die Flamme ihre Zigarette entfacht. Er zeigt plötzlich ein offenes, vertrautes Lächeln. Sie lässt sich tragen. Chris taucht auf und hat zwei Drinks gezaubert. Geschäft ist Geschäft.

Sie kommen gut ins Reden. Kein Gedanke daran, es könnte irgendwann diese berühmte Pause geben, in der man ach so interessiert in seinem Drink stochert, als laufe da drin ein chemischer Versuch. Nein, eigentlich hört sie ihm schon gar nicht mehr richtig zu, ihre Entscheidung ist gefallen.

Er muss in ihre Sammlung! Kein Problem, sie macht das nicht zum ersten Mal und inzwischen ziemlich gut. Gleich wird sie das Gespräch in Richtung Auto lenken. Sie ist wieder hellwach und baut ihre Stichwortgasse. So geht das eine Weile. Bald ist alles, was zum Thema gehört, erwähnt. Er folgt amüsiert dem Pfad, und während er ihr Alter schätzt, ahnt er ein Spiel.

Halb zwei.

Chris bringt zwei Kaffee und einen vielsagenden Blick. Sie unterhalten sich gut, er wirkt souverän. Das Thema „zu mir oder zu dir“ ist vom Tisch, sie sind stattdessen bei Radarfallen. Sie hat ihn langsam da, wo sie ihn haben will. Nebenbei tauschen sie die Telefonnummern. Jetzt will er doch wissen, wann sie sich wieder sehen. Statt einer Antwort wirft sie ihm den Wagenschlüssel rüber und sagt mit dem schönsten Lächeln der Welt: „Lass dich blitzen!“ Er braucht einen Moment, bis er versteht. „Der blaue Ford gegenüber vom Klub, am Blumenladen“, sagt sie und lässt keinen Zweifel an ihrem Wunsch. „Jetzt?“, fragt er noch mal zurück. „Jetzt!“, sagt sie, und ihre Zunge wandert eine Spur zu langsam über ihre Lippen. „Du kommst nicht mit?“ - „Nein, ich warte hier.“ Warum bloß, schließlich wollte er was erleben. Dumm, dass er sich hier nicht so gut auskennt, er ist heute Nacht nur zufällig in dieser Gegend. Der Wagenschlüssel dreht sich in seiner Hand. Etwas blöd kommt ihm das schon vor, doch dann siegt die Neugier. Und während er aufsteht, überlegt er, wo die Falle stehen könnte. Schließlich will er nicht unnötig Zeit verlieren; schöne Frauen lässt man nicht warten. Und wer weiß. Also los. „Die Ausfallstraße zur Autobahn!“, ruft sie ihm nach. Geschafft.

Kaum ist er weg, kommt Chris mit Kennermiene und sagt: „20 drüber!“ - Kann sein. „Wetten?“ - „Wetten!“ Chris hat bereits das Taxi für sie gerufen. Wie jedes Mal. „Ich hol' mir den Schlüssel Sonntag bei dir.“ - „Aber klingele nicht zu früh.“ - „Ich weiß.“

Kurz darauf kommt er wieder und steht etwas hilflos herum. Seine Augen bleiben an Chris hängen. Noch bevor er fragen kann, sagt sie: „Ich soll den Schlüssel wieder in Empfang nehmen.“ - „Und?“ - „Sie ist schon fort.“ - „Aha.“ Jetzt ist er doch verwirrt, schaut, ganz in Gedanken, seiner Hand zu, wie sie mechanisch den Schlüssel abgibt. -

„Noch'n Schlummertrunk?" Chris ist die Liebenswürdigkeit in Person. - „Ein - was? Ach so, ja, nein, ähm zahlen!" Nun ist er doch sauer. Soll er weinen oder lachen? Selbstverständlich wird er nicht bei ihr anrufen, und zwar gleich morgen. Das steht fest.

Sie hat den Wasserhahn abgedreht und schaut, wie der letzte Tropfen an der Glaswand der Dusche hinabläuft. Wird dann ihre Lieblingsmusik auflegen und sich in den Schlaf träumen. Sie beschließt, richtig auszuschlafen, und zieht an der Telefonschnur. Wochenende. Dass sie jetzt alleine ist, stört sie nicht. Sie genießt die Vorfreude. Vielleicht ruft er ja irgendwann an. Vielleicht auch nicht. Nicht so wichtig, sein Bild kommt sicher in den nächsten Tagen mit der Post. Seine Telefonnummer hat sie auch. Und schon einen Platz für sein Foto. Genau zwischen Gerd und dem von vor zwei Wochen - Peter. Beide verheiratet und nur knapp drüber. 58 oder 60, gerade dass es blitzt. Na ja. Die Freien erkennt man schon am Fahrstil. Ist jedenfalls die Theorie von Chris und ihr. Vielleicht doch 20 drüber? Mal sehen. Kino wäre nicht schlecht morgen Abend. Dann schläft sie ein.

UNGEAHNTE PERSPEKTIVEN

WIR ZERSTÖREN DAS,
WONACH WIR SUCHEN, INDEM WIR ES FINDEN.
HANS MAGNUS ENZENSBERGER

Hansjoachim Paech

Einstein und die gläserne Manufaktur

Die Konzeption dieses an Kuriositäten reichen Büchleins verpflichtet den Autor jetzt, sich zu „ungeahnten Perspektiven" zu äußern und bei der Gelegenheit ein lokales Ereignis mit Einsteins allgemeiner Relativitätstheorie und Heisenbergs Quantenmechanik unter einen Hut zu bringen. Nun, das ist kurios genug, ergo muss es auch gelingen! Jedoch empfiehlt es sich, systematisch vorzugehen und zunächst ein lokales Ereignis zu suchen, um das sich Einstein und Heisenberg drehen können. Was läge da näher, als die gläserne Manufaktur des Volkswagenwerkes, die im Herzen der Landeshauptstadt entsteht und genau an der Schwelle zum dritten Jahrtausend mit der Produktion beginnen soll. Der Begriff „Schwelle" ist nicht zufällig gewählt worden. Falls VW mit der Montage seines 12-Zylinder-Mobils noch im Jahre 2000 begonnen haben sollte, hätte der Konzern sich noch im letzten Jahr des zweiten Jahrtausends bewegt, und erst, wenn im Jahre 2001 die noblen Karossen das Montageband verlassen, hat das dritte Jahrtausend begonnen. Dann ist die Schwelle überschritten. Bis zu diesem Zeitpunkt kommen wir noch mit den Grundrechenarten, also durch einfache Addition der Jahreszahlen aus und bedürfen weder relativer Betrachtungen noch irgendwelcher Quanten.

Selbstredend müssen wir unterstellen, dass die Addition der Jahre nur auf der Voraussetzung basiert, dass „nach Christi" gerechnet wird und nicht etwa nach Mondjahren entsprechend dem islamischen Kalender. Andererseits ist nicht auszuschließen, dass VW die bis zu 150 000 Mark teuren Wagen auch an einen Öl-Scheich verkaufen kann, der an Allah glaubt. Und warum sollte er nicht? Schließlich hat Lessing im „Nathan" für Toleranz in Glaubensfragen plädiert, was letztlich auch für den Umsatz gelten muss. Es fragt sich nur, ob der fiktive Scheich den 12-Zylinder wird haben wollen, nachdem auf der Internationalen Automobilausstellung in Frankfurt am Main schon 16- und 18-Zylinder angeboten wurden. Alles im Leben ist relativ.

Damit ist das Stichwort für Einsteins Auftritt in dieser „ungeahnten Perspektive" gefallen. Als er 1916 die allgemeine Relativitätstheorie veröffentlichte, war die menschliche Vorstellungskraft an ihre Grenzen gelangt. Vor Einstein galten Raum und Zeit als unabänderliche Größen. Nach 1916 aber stand überhaupt nichts mehr fest: Raum, Zeit und Materie wurden ein Ganzes. Raum und Zeit verformen sich unter dem Einfluss von Massen und krümmen sich - falls ich die Sache richtig verstanden haben sollte. Auf diese Weise kann man offenbar im Universum herumschweifen und schließlich - wann immer auch - nach Hause zurückkehren. Dunkel kann es kaum werden, da auch das Licht der Krümmung unterworfen ist.

Bislang ist das allerdings nur theoretisch, in mathematischen Modellen möglich. Und wie man hört und liest, operieren die Forscher inzwischen nicht mehr in drei Dimensionen, sondern in 10, ja 11. Die benötigen sie, um winzige fadenförmige Gebilde zu beschreiben, die sie „Strings" (oder hießen sie „Strapse"?) nennen. Jedenfalls sind sie fadenförmig. Auf diese Weise hofft man im nächsten Jahrtausend die allumfassende und immer gültige „Weltformel" zu finden, um die sich alles dreht - letztlich auch der 12-Zylinder von VW.

Natürlich war es ein weiter Weg vom Urknall vor 15 Milliarden Jahren bis zur gläsernen Manufaktur bzw. vom Garten Eden bis zum Großen Garten, wo die Montage besagten Autos an der Schwelle des dritten Jahrtausends n. Chr. stattfinden soll. Und man sollte hoffen, dass mit der Weltformel nicht gleichzeitig die Demontage des HERRN selber einhergeht! Allerdings scheint mir eins sicher zu sein: Ohne Gott wird die Menschheit nicht auskommen wollen. Aber vielleicht trägt er gar 12, 16 oder 18 Zylinder?

Nun bin ich entgegen meinem Auftrag kaum auf Heisenberg und seine Quanten eingegangen. Da kann ich nur einen Ausspruch Paul Hörbigers, des Schla-Wieners, sinngemäß anwenden, der einmal gesagt haben soll: Es gibt vier Lebenszwecke. Einer davon ist das Essen. Im Augenblick fallen mir die drei anderen nicht ein.

Ansichten eines Klons

Nur wenige werden wissen, dass der Büstenhalter in Dresden erfunden worden ist; aber es ist müßig, nach einem „Warum" zu fragen. Die Erfinderin, Fräulein Christine Hardt, wollte wohl ihre Brüste nicht mehr selber tragen - wie weiland der Sanitätsgefreite Neumann seine Hosen. Seither wird er als Erfinder der Hosenträger besungen. Beide Erfindungen waren insofern bahnbrechend, als sowohl Männlein wie Weiblein dem althergebrachten Korsett äußerer Zwänge entsteigen und sich zu freien, demokratisch gesinnten Persönlichkeiten entwickeln konnten.

Noch weniger bekannt dürfte sein, dass ein Dresdner Gynäkologe - Prof. Dr. Warnekros - 1930 die erste Geschlechtsumwandlung der Welt vorgenommen hat, so dass aus dem dänischen Pfarrerssohn Ejnar Wegener die Kunstmalerin Lilli Elbe wurde. Die Namenswahl war nicht zufällig, sondern erfolgte aus Dankbarkeit gegenüber unserer „Stadt am Strom“, in der der Operateur als Direktor der Staatlichen Landesfrauenklinik wirkte. Dass Lilli Elbe sich amtlich Elven nennen musste, hängt damit zusammen, dass in der dänischen Heimat die Namen geschützt sind.

Nun gut! Ich wage jetzt also eine windige These und behaupte, dass Herr Wegener seine Zwangsrolle als Mann u.a. wegen des sächsischen Büstenhalters (kurz: BH) loswerden wollte, weil er sich in dieser Kleidung „bedeutend wohler fühlte“, wie eine Dresdner Tageszeitung an der Schwelle zum neuen Jahrtausend nachempfand.

Überhaupt scheint das neue Jahrtausend in biologischer Hinsicht für GeschlechtsgenossInnen allerhand bereitzuhalten. Ich meine nicht nur die diversen Umwandlungen, deren Ergebnisse man heute - teils mit, teils ohne BH - in jeder besseren Szenekneipe bewundern kann, nein, ich denke da z.B. an verschiedene Computerprogramme, denen die Menschheit ausgeliefert ist, auch wenn sie nicht gerade mit I LOVE YOU infiziert wird. Da findet man z.B. im Menü „Bearbeiten“ die Möglichkeit, etwas auszuschneiden oder zu kopieren. Und was das bedeutet, scheint zur Zeit überhaupt noch kein Mensch zu ahnen.

Es ist ja wohl doch kein Zufall, dass „kopieren“ und „klonieren“ nicht nur ähnlich klingen, sondern auch ähnliche Bedeutung haben. Die Unterschiede bestehen ja weniger im Ergebnis als in der Methode. In beiden Fällen geht es um die Herstellung identischer Objekte. Aber während der Kopierer tote Dokumente vervielfachen kann, sind es beim Klonieren lebende Individuen; Säugetiere gar! Dolly, das Schaf, hat es bewiesen. Auch ich, wie ich mich dunkel erinnere, war Ende der zwanziger Jahre des vorigen Jahrhunderts ein Säugetier, nachdem meine liebe Mutter sich des Hardtschen Brustträgers entledigt hatte und mir ein naturelles Menü darbot, das noch auf keinem Computer zu finden war.

Ich kann also ziemlich sicher sein, dass ich weder „ausgeschnitten“ noch „kopiert“ wurde; aber ob künftige Generationen die Gewissheit auch besitzen dürfen, ist mit Fragezeichen zu versehen, die wir bekanntlich schon heute in den Zeitungen immer dort finden, wo etwas vermutet wird. Und es wird viel vermutet! „War der Bundeskanzler etwa käuflich?“ ist so eine Frage.

Natürlich war er vermutlich nicht käuflich; und da er demselben Jahrgang angehört wie meine Wenigkeit, kann er auch noch nicht geklont worden sein. Andernfalls wäre vieles leichter. Denn der geklonte Politiker - das Säugetier von übermorgen - brauchte peinliche Fragen überhaupt nicht mehr zu fürchten. Er könnte sich auf sein Klon berufen, dessen Ansichten ihm gar nicht bekannt sein müssen bzw. können bzw. - aus Datenschutzgründen - dürfen, zumal dann, wenn sie geheimdienstlich, also unrechtsstaatlich, erworben wurden. Das andere Ich macht nämlich Dinge, von denen ich - ob Politiker oder nicht - nicht einmal träumen würde. Natürlich kann man fragen, ob ein Klon noch ein Klon ist, wenn es nicht so träumen kann wie ich. Umgekehrt ist die Frage berechtigt, ob auch mein Klon von den wüsten Träumen heimgesucht wird, die mich plagen.

Ach Dolly!

Wie schön waren die Tage, da du noch du selber warst und ich noch ich und wir sicher sein konnten, dass nicht unsere Klons auf der Wiese lagen und träumten. Noch erinnere ich mich deiner überquellenden Vollschalen, aber lange wird es nicht mehr dauern, dann ist auch dieses Menü im Gedächtnis verloren gegangen - ausgeschnitten sozusagen und nur noch in einer unterbewussten Zwischenablage zu finden.

Dann tröstet einen nur noch Goethe: „Es kann die Spur von meinen Erdentagen nicht in Äonen untergehen“. So gesehen, müsste man sich mit der ganzen Klonerei doch auf guten Fuß stellen und noch einmal von vorn anfangen. Vielleicht mit gewendetem Geschlecht auf BH-Basis?

Schöne Bilder vom Mars

Nun ja, ich muss zugeben: Obiges Szenario der Gentechnologie für das dritte Jahrtausend ist ebenso düster wie unsicher. Wenden wir uns also lieber technischen Aussichten in überschaubaren Zeiträumen zu. Die sind grandios genug! Und wiederum ist die Dresdner Wissenschaft mittendrin.

Nehmen wir bloß einmal das Jahr 2003. Da soll nach dem Willen der US-Raumfahrtbehörde NASA eine Marssonde kurz vor Weihnachten den kommunistischen, will heißen „roten“ Planeten umrunden und Daten zur Erde funken. Wir müssen schließlich wissen, was dort los ist. „Rot“ ist immer verdächtig. Das hat Pastor Hintze schon mit seinen Socken erfahren müssen. Vielleicht sind die Chinesen oder Kubaner schon im Anflug auf den Mars und wollen am ersten Feiertagnachmittag, wenn alle vor der Glotze sitzen, eintreffen? Eine Verbindung dieser beiden Weltreiche mit dem römischen Kriegsgott Mars wäre nicht auszudenken! Das amerikanische Sternenkriegs- bzw. -schutzsystem wäre völlig überflüssig, weil es gegen interplanetare Terroristen nicht ausgelegt ist.

Aber ich will mich nicht in die Politik einmischen; es reicht schon, dass sich Deutschland mit der Kampfhundereform beschäftigt. Wenn ich was zu sagen hätte, würde ich der Regierung eine Chance einräumen und die Hundebisse an die Inflationsrate koppeln.

Sobald der Mars-Express - mein Wurstblättchen schreibt gelegentlich auch Marsexpress, weil in der Redaktion niemand mehr weiß, welche Rechtschreibreform gerade dran ist - auf Höhe 250 Kilometer Halt macht und den Kriegsgott mit „ungekannter Schärfe und Genauigkeit" porträtieren wird, hat die Stunde des Dresdner Kartographen Prof. Buchroithner von der Technischen Universität geschlagen. Er und sein Team sind in das Projekt der Europäischen Weltraumbehörde ESA und der Deutschen Forschungsanstalt für Luft- und Raumfahrt aufgenommen worden, damit der Weltöffentlichkeit schöne Bilder vorgestellt werden können. Die 200-Millionen-Mark-Mission muss schließlich publikumswirksam vermarktet werden. Ich verstehe ja von der Sache gar nichts, aber so viel ist selbst mir klar: Man kann keinen Bildreporter in die Nähe des Mars schießen, damit er seinerseits Fotos schießt, sondern ist auf Funkübertragung angewiesen, und nur, wenn genügend Funken fliegen, kann Buchroithner und sein Team Marslandschaften erzeugen und darüber hinwegfliegen. Sie simulieren, tun also so, als ob sie dort gewesen wären. Wir kennen Simulanten bereits von anderen Krankheiten her und erleben nun, dass dieses heuchlerische Verfahren auch auf die gesunde Wissenschaftsentwicklung angewendet wird. Das lässt hoffen! Vielleicht kann man im dritten Jahrtausend Gesundheit überhaupt simulieren, wer weiß? Das wäre die preiswerteste Lösung für die Gesundheitsreform. Alle fühlen sich fabelhaft, nur wenige suchen noch den Arzt auf, Pillen schlucken ist verpönt, die Sozialversicherungsbeiträge purzeln so tief, wie selbst der Euro noch nicht gepurzelt ist - Deutschland, das Paradies auf Erden!

Doch mit „schönen Bildern vom Mars" ist das Thema bei weitem noch nicht ausgereizt. Mit ein wenig Simulantentum sind auch schöne Bilder von der Erde möglich - insbesondere von ihren gesellschaftlichen Verhältnissen und politischen Strukturen. Aber ich will dem Professor nicht vorgreifen und die Sache zum Patent anmelden. Im Handumdrehen hat man eine Klage am Halse und benötigt Rechtsanwälte. Deren Gebührenordnung aber ist so, dass ich lieber privat weitersimuliere als der Menschheit aus ihren Miseren zu helfen.

Michael Bartsch

Ein Tag im Leben des Chairman Wahnfried Herweg

Das Landekreuz auf dem Dach des Dresdner Municipality-Centers verschwindet genau unter den Kufen des Helikopters. Pünktlich fünf Minuten vor Dienstbeginn entsteigt ihm Dr. Wahnfried Herweg, Chairman des „V.I.P. Council" der Stadt. Verständlicherweise missgelaunt, denn es ist der erste Arbeitstag im neuen Jahr 2022. Dazu diese hässlichen Regenschauer! Schnee sei angesichts der steigenden Durchschnittstemperaturen auch in diesem Jahr nicht zu erwarten, hatte vor wenigen Tagen die Dresdner Gutenachtpost vermeldet, der Monopolist auf dem städtischen Zeitungsmarkt.

Leicht fröstelnd wirft der Chairman einen verächtlichen Blick durch das Liftglas nach unten. Unter dem ständigen Dunstflimmern der Abgase verschwimmt die Endlosschlange der Fahrzeuge zu einem einheitlichen Kakerlakenbraun. Automobil hatte es vor 120 Jahren einmal geheißen. Geblieben ist das Auto, in das die da unten sich Morgen für Morgen immer wieder setzen, obgleich von Mobilität kaum noch etwas geblieben ist. Wer es von Löbtau nach Strehlen unter einer Stunde nicht mehr zu schaffen meint, flüchtet inzwischen über die Autobahnzubringer auf die kursächsisch-böhmische Interstate. Die wird wegen des berüchtigten Dresdner Knäuels vom Transitverkehr inzwischen gemieden, das Elbtal weiträumig umfahren. So gibt es manchmal eine Chance, Sonntagabend zum Beispiel, wenn die Geschäfte schon 20 Uhr schließen. Und wenn gerade keine studentische Sitzblockade auf der Bergstraße stattfindet, damit per Fußgängerbrücke endlich wieder zusammenwachse, was auf dem Campus zusammengehört.

Herweg besaß als Mitglied des „V.I.P. Council" die Sondererlaubnis, per Helikopter in die dritte Dimension ausweichen zu dürfen. Außer den Männern des Councils ist dieses Privileg nur wenigen Angehörigen der obersten drei Kasten gestattet. Der Chairman genießt die Vorzüge seiner Privatlibelle, seit er in das noch junge Council kooptiert wurde. Die Einrichtung dieses Gremiums war das Gebot der Stunde, als bei der letzten Kommunalwahl 2019 die Wahlbeteiligung unter die Fünf-Prozent-Hürde gesunken war. Angetreten waren ohnehin fast ausschließlich Kandidaten der Saxo-Christokratischen Sammlungsbewegung. Ihr bislang schärfster Widersacher, die Partei der sozialextremen Mitte, hatte zwar das Aussterben von vier Fünfteln ihrer Mitglieder durch Masseneintritte der in Auflösung begriffenen traditionellen Sozialdemokratie mildern können. Von Aussichtslosigkeit zermürbt, emigrierten aber die meisten ihrer Funktionäre schließlich aus Dresden, der Rest wurde kurzerhand aufgekauft.

An jenem Wahlabend nun, als die Stimmenauszählung schon nach einer Viertelstunde beendet war, bildete sich spontan die „Gruppe der Elf", die Unregierbarkeit der Stadt abzuwenden. Elf, natürlich, als tiefgläubige Männer wussten sie, dass unter Zwölfen immer ein Verräter ist. Wahnfried Herweg stieß wenig später zu ihnen, sorgte für die richtige Besetzung und ein Statut und wurde mit hundertprozentiger Wahlbeteiligung zum Chairman gewählt. Im Council hielten die sechs Vertreter des vereinigten kursächsischen Königreiches eine Mehrheit. Vier Sitze belegen die in Dresden ansässigen Großunternehmen und Banken, je einen die Kirchen sowie der Intendant der GUTENACHTPOST. Was für ein Fortschritt, empfand Herweg! Kurze Entscheidungswege, keine lästigen Genehmigungsverfahren, klare Verantwortlichkeiten. Sämtliche Beauftragten, Kommissionen und Beiräte der unteren Kasten hatte noch der letzte Stadtrat abgeschafft und mit den Relikten der pseudopluralistischen Chaotokratie aufgeräumt. Herwegs Verwaltungsreform galt außerdem in ganz Transamerikanien als vorbildlich. Die letzten 50 städtischen Angestellten waren entlassen worden, seit die City Management Holding die Weisungen des Councils höchst effizient umsetzt. Als letzte Immobilie der ehemaligen Stadtverwaltung hatte nach dem Finanz-GAU die „Freiherr von Künsberg Nachf. AG" auch das frühere Rathaus übernommen, gekoppelt mit einem großzügigen Erlass der schon seit dem ersten Zweitausender-Dezennium aufgelaufenen Mietschulden der Stadt in anderen Gebäuden. Und während nun das ehemalige Rathaus zu einem „Museum der großen christokratischen Allunionsrevolution" umgebaut wird, haben die Künsbergs Wort gehalten und den neuen Tower des Municipality-Centers mitten auf den Kurt-Biedenkopf-Platz gesetzt.

Triumph der Privatisierung. Nach dem finanziellen Super-GAU, als die Pro-Kopf-Verschuldung auf mehr als 30 000 Dollar angewachsen war, hatte sich der Konkurs der Stadt noch einige Jahre hingeschleppt. Der letzte so genannte Finanzdezernent verhedderte sich schließlich vollends im Dickicht von Schattenkonten und Kreditermächtigungen, nicht ohne verdienstvollerweise die Weichen Richtung Zukunft gestellt zu haben. 2019 machte das Council auch mit diesem Überbleibsel aus der Ära staatlicher Bevormundung Schluss. Es liquidierte kurzerhand die Stadtverwaltung als Institution öffentlichen Rechts. Mag der Konkursverwalter sich mit den Gläubigerbanken herumschlagen. Und wie es seither mit der Kasse aufwärts geht! Für den Großen Garten wird nun selbstverständlich Eintritt bezahlt, Benutzer von Bürgersteigen und Radwegen zahlen ihre Jahresmaut in Vignettenform. Auch am Strom verdient die City-Holding mit, nachdem sie die Stadtwerke fallen gelassen und sich statt dessen ein paar hübsche Cents Anteil an den Kletterpreisen des neuen Monopolisten gesichert hatte.

Herweg lässt sich zu einem Glas Buttermilch, in Transamerikanien Getränk des Jahres, von seinem Sekretär die Termine des heutigen Tages soufflieren. In einer Viertelstunde beginnt die übliche Wochenanfangs-Lagebesprechung. Heute präsentiert von der RASA, dem Luftfahrtkonzern, der seit einigen Jahren in der gläsernen Robofaktur auf den Johannstädter Elbwiesen Luxusjets für den schnellen Privattrip montiert. Einer der Hauptsponsoren des Councils, dank eines strategischen Zukunftskonzepts gewiss zuverlässiger als der erste Versuch dieser Art Schauproduktion. Die City Management Holding hat immer noch den ungeliebten gläsernen Koloss am Straßburger Platz am Hals. Auch seine halbwegs sinnvolle Nutzung als Exotenhaus und Freiflugkäfig für den Zoo bleibt ein Zuschussgeschäft.

Die RASA aber muss man bei Laune halten, denkt Herweg. Die üblichen fünf Werbefilmminuten also zu Sitzungsbeginn, aller zehn Minuten ist er selbst mit den obligatorischen Werbespot-Unterbrechungen dran. Lustlos blättert der Chairman in der Unterschriftenmappe. Lappalien, Routine. Einbau von Zuschauertraversen in den Zwingerinnenhof für Großveranstaltungen, um endlich die drei Soprane mal wieder nach Dresden zu locken. Baugenehmigung für einen Büro- und Shopping-Riegel am Italienischen Dörfchen, der sechsspurige Ausbau der Prager Straße, ein neuer Wohnpark im inzwischen eingemeindeten Dippoldiswalde. Herweg ist noch nicht ganz im Dienst, schweift unvermittelt mit den Gedanken zurück an die letzten Tage.

Richtig ergreifend war die Weihnachtsshow in der Kreuzkirche mit den ganz alten Liedern und der Predigt von Wiedergeburt und Aufschwung gewesen. Und am Schluss hatten alle stehend die Stadthymne gesungen. Freilich war es nicht jedermanns Geschmack, dass die Kruzianer nun das Logo der Trägerbrauerei auf ihren Anzügen trugen. Aber dafür blieb der Gottesdienst immerhin eine der letzten werbefreien Nischen. Noch frischer war die Erinnerung an das Neujahrsspektakel in der Frauenkirche. Die Silbermann-Big-Band hatte im großen Saal gespielt, auf allen Emporen war getanzt worden, 22 Trompeter hatten das neue Jahr begrüßt. Aber den Chairman hatte es beizeiten an die Bar in der Krypta gezogen. Die Chance, mit diesem oder jenem Investor zwanglos ins Gespräch zu kommen - sie reisten zu derartigen Events von weither an - war bekannt, kein Eintritt unter dreihundert Dollar. Das Marketing-Konzept für die steinerne Glocke war hervorragend aufgegangen. Schon fast vergessen jener zweite Winter nach der 800-Jahr-Feier der Stadt, als wegen der Ebbe in der Stiftungskasse Frost ins Gemäuer zog. Die Philharmonie, die vielleicht in der Kirche hätte spielen können, befand sich in Auflösung, vom Angucken allein kamen die Betriebskosten nicht herein.

In der Council-Session macht der Chief des Tourism Office den Vorschlag, die ehemalige Pilotlinie 2 zumindest abschnittsweise als Touristenattraktion wieder zu eröffnen. Die Stimmung unter den V.I.P.'s dafür ist günstig, man hat etwas übrig für Nostalgie im Council. Jemand spricht von Pferdebahnwagen, ein anderer setzt historische Uniformen drauf. Geringfügige Investitionen. Denn nach der endgültigen Einstellung des Öffentlichen Personennahverkehrs blieben wegen der hohen Demontagekosten erhebliche Reste der Gleisanlagen erhalten, die kurzfristig wieder in Betrieb zu nehmen wären. Nicht überall, auf der Bodenbacher Straße zum Beispiel. Nach gewalttätigen Übergriffen militanter Autofahrer, bei denen mehrere Straßenbahnwagen in Flammen aufgingen, war dort mit einem Aufwand von weiteren 20 Millionen Dollar der Rückbau wieder zurückgebaut worden. Dabei verschwand die Bahn gleich ganz. Auch hier hatte man zukunftsweisende Ersatzlösungen über die städtische GmbH „Schaffenstrost" gefunden. „Schaffenstrost" gehört zur City Management Holding und versorgt Zehntausende Aufschwungopfer mit gemeinunnütziger Beschäftigung. Mit dem Niedergang von Bus und Bahn begann hier der durchschlagende Erfolg einer Idee mit dem Namen „DRikscha". Mit dieser schmalen, voll stautauglichen und wendigen „Dresden-Rikscha" war ein idealer Kompromiss zwischen individuellem Beförderungswunsch und öffentlicher Dienstleistung gefunden. Tausende kräftiger junger Männer wurden so auf gesunde Weise ins Arbeitsleben reintegriert.

Nach dem Lunch warten zunächst einige Repräsentationstermine auf Wahnfried Herweg. Einigen barmherzigen Schwestern eine Medaille umhängen für ihre tägliche Suppenküche zugunsten der Hinterbliebenen der gesetzlichen Rentenversicherung. In der „Hall of Game", dem früheren Jugendtheater, die Einweihungsrede halten. Unangenehm sind die Gespräche am Nachmittag im kursächsischen Zentralministerium. Es geht um Pläne, die Stadt verwaltungstechnisch in zwei Teile zu spalten, deren natürliche Grenze die Elbe bildet. Ein seit längerem von der Lobby Altendresdens, der später irrtümlich so genannten Neustadt, forciertes Ansinnen. Hier der wertschöpfende, verkehrserschlossene, zukunftsgewandte Teil inklusive des Regierungsviertels, da der schlauchende, nostalgische Süden. Es genügte, das barocke Touristenghetto zu erhalten, Zugang über die Augustusbrücke. Das seit dreißig Jahren diskutierte Brückenproblem der Stadt wäre so gleichzeitig vom Tisch. Eine verlockende Idee, aber der Chairman erwischt sich hier unvermittelt bei seinem christokratischen Konservatismus. Hing er doch immer noch ein bisschen an der Semperoper und ihrem traditionellen Spielplanteil, in die es ihn auch heute Abend zieht. Aller zwei Tage gibt es noch Wagner oder Strauss oder Mozart, während sonst Musical Time angesagt ist. Denn das Haus muss sich zu hundert Prozent selbst tragen, nicht erst, seit es mit Weimar fusionierte. Heute stellt es praktisch die gesamte Ancient-Music-Grundversorgung Kursachsens sicher. Den Ballast der autistischen, dilettierenden Kulturvereine, Versschmieden und Hobbymalschulen war die Stadt schon mit dem Verwaltungskonkurs losgeworden. Welchem Touristen wollte man so etwas anbieten? Klare Verhältnisse endlich, lehnt sich der Chairman zurück und summt leise das „Dresdner Amen“ im Parsifal-Vorspiel mit.

Die Autoren

Prof. Theo Adam

geboren 1926 in Dresden; 1937 Aufnahme in den Dresdner Kreuzchor, 1944 Abitur, Einberufung zum Kriegsdienst, Gefangenschaft; 1946 Rückkehr nach Dresden, Tätigkeit als Neulehrer, Gesangsunterricht bei Kammersänger Rudolf Dittrich; 1949-51 Engagement an der Dresdner Staatsoper, 1952 erstes Gastspiel bei den Bayreuther Festspielen, 1953 Engagement an der Deutschen Staatsoper Berlin; zahlreiche Opernpartien, konzertante Aufführungen und Liederabende an den renommierten Opern- und Konzerthäusern der Welt (Gastspielreisen u.a. nach Frankreich, Österreich, Japan, England, Italien, Schweden, Polen, Ungarn, Bulgarien, Rumänien, Holland, in die Schweiz, die UdSSR und die Tschechoslowakei), mehrere eigene Regiearbeiten und vielfältige Schallplatteneinspielungen; 1955 Ernennung zum Kammersänger, 1979 zum Österreichischen und 1980 zum Bayrischen Kammersänger; ausgezeichnet u.a. mit dem Nationalpreis der DDR, dem Vaterländischen Verdienstorden, dem Martin-Andersen-Nexö-Kunstpreis der Stadt Dresden und dem Goethepreis der Stadt Berlin; 1985 Berufung zum Präsidenten des Kuratoriums Semperoper Dresden.

Vorliegender Kapitelauszug wurde dem Band Theo Adam „Die hundertste Rolle oder 'Ich mache einen neuen Adam'", Henschelverlag, Berlin 1986, mit freundlicher Zustimmung des Verlages entnommen.

Prof. Manfred von Ardenne

1907-1997; vier Semester Physik, Chemie und Mathematik an der Universität Berlin, 1928-45 Aufbau und Leitung eines privaten Forschungsinstituts für Elektronenphysik in Berlin-Lichterfelde, 1945-55 Kernphysiker in der UdSSR, Direktor des Instituts für industrielle Isotopentrennung in Sinup bei Suchumi, 1955-90 Gründung und Direktor des „Forschungsinstituts Manfred von Ardenne" in Dresden und Professor für elektronische Sonderprobleme der Kerntechnik an der Technischen Universität Dresden, 1963-89 Abgeordneter der Kulturbund-Fraktion in der Volkskammer der DDR, seit 1991 Geschäftsführer des „Von Ardenne Instituts für Angewandte Medizinische Forschung GmbH"; Hunderte von Erfindungen und bahnbrechende Erkenntnisse in der Rundfunk- und Fernsehtechnik, der Elektronenoptik, auf dem Gebiet der Atomforschung und Kerntechnik; seine Sauerstoff-Mehrschritt-Therapie und seine systematische Krebs-Mehrschritt-Therapie machten ihn weit über die Fachkreise hinaus bekannt.

Vorliegendes Kapitel wurde dem Buchtitel Manfred von Ardenne „Erinnerungen, fortgeschrieben", Droste Verlag, Düsseldorf 1997, mit freundlicher Zustimmung des Verlages entnommen.

Michael Bartsch

geboren 1953 in Thüringen, seit 1971 in Dresden lebend; Studium der Informationstechnik in Dresden, danach Tätigkeit als Wartungsingenieur in einem Rechenzentrum, 1989 Aufbruch in den schreibenden Wunschberuf, seit 1990 Redakteur an der neu gegründeten Wochenzeitung SachsenSpiegel, anschließend im Sächsischen Landtag beschäftigt, danach Landeskorrespondent der Leipziger Volkszeitung, seit 1993 freiberuflicher Journalist und Autor für Printmedien und den Hörfunk (Themenschwerpunkte Kultur sowie Sozial- und Bildungspolitik); Bucheditionen: literarische Arbeiten für mehrere Anthologien und einen eigenen Gedichtband, erschienen im Verlag DIE SCHEUNE, Dresden.

Michael Bleuel

geboren 1946 in Mainz, lebt dort und in Dresden; 1966 naturwissenschaftliches Abitur am Gutenberg-Gymnasium Mainz, bis 1971 Studium an der Freien Universität Berlin mit Examen als Diplomkaufmann, anschließend bis 1975 Mitarbeit im elterlichen Lebensmittelgroßhandel, danach selbständig in der EDV-Branche (Entwicklung, Vertrieb und Einsatz eigener, kommerzieller Softwarepakete vor allem für mittelständische Handelsunternehmen), seit 1997 geschäftsführender Gesellschafter des neu gegründeten Softwareunternehmens SERWIS GmbH (klassische und moderne Business-Intelligence-Strategien innerhalb der neuen Informationstechnologien); seit 1981 leidenschaftlicher Flieger mit VFR-, CVFR- und Nachtfluglizenz und oft unterwegs über den Wolken zwischen Mainz und Dresden.

Hans Böhm

1909-1999; geboren in Struppen bei Pirna; nach Besuch des Gymnasiums, der Nieskyer Brüdergemeine und der Landesschule Dresden Studium in Bonn und Leipzig; der Sohn musikalischer Eltern fand früh zur Musik, 1930 erste Rezensionen als Student, 1950 nach der Rückkehr aus russischer Gefangenschaft Beginn der freischaffenden Tätigkeit als hauptberuflicher Musikkritiker mit internationalem Aktionsradius, langjähriger Chef-Musikrezensent der Dresdner Union und Korrespondent für über 55 deutsch- bzw. fremdsprachige Zeitungen; über 14 000 Fachkritiken und 200 Rundfunksendungen; Mitarbeit an Buchtiteln wie „Kirchenmusik heute“ 1959, „Musikstadt Dresden“ 1970, „Die Musik in der Dresdner Kreuzkirche“ 1971, „Dresdner Staatskapelle 425 Jahre“ 1974, „Die Dresdner Kirchenmusik im 19. und 20. Jahrhundert“ 1998 und Text-Autor für Schallplatteneinführungen; Mitbegründer der Dresdner Musikfestspiele und der Galerie-Konzerte des Deutschlandsenders; zahlreiche Auszeichnungen.

Vorliegender Kapitelauszug wurde der Broschur „Hans Böhm - Lebenserinnerungen eines Dresdner Musikkritikers“ mit freundlicher Zustimmung des Co-Autors Peter Zacher entnommen.

Karl-Heinz Chemnitz

geboren 1934 in Leipzig, seit 1964 in Dresden lebend; 1953-59 Bauingenieur-Studium an der TH Dresden, danach als Diplom-Ingenieur für Bauwesen tätig; zahlreiche Veröffentlichungen, vor allem aus dem Bereich des Sports, in Dresdner Tageszeitungen.

Peter Chemnitz

geboren 1962 in Leipzig, aufgewachsen in Dresden; Studium des Bauingenieurwesens und der Kommunikationswissenschaften in Dresden und Leipzig; 1985-90 Redakteur der Dresdner Tageszeitung Sächsische Neueste Nachrichten, anschließend an der Dresdner/Stuttgarter Wochenzeitung SachsenSpiegel und danach Redakteur für Landespolitik an der Dresdner Tageszeitung Die Union, bis 1997 Sachsen-Korrespondent für die Welt am Sonntag, derzeit Redakteur der Sächsischen Zeitung.

Dieter Edelmann

geboren 1937 in Dresden-Friedrichstadt; 1951-54 Lehre als Süßwarenhersteller im Dresdner Nahrungs- und Genussmittelwerk „Elbflorenz", dort anschließend bis 1978 als Facharbeiter beschäftigt, danach bis 1991 Servicemitarbeiter im Dresdner Autoauslieferungslager, seit 1997 nebenberuflich als Werbemittelvertreiber tätig.

Wolfgang Fiedler

geboren 1949 in Dresden, hier lebend; Ausbildung zum Elektromechaniker, Fachrichtung Elektronik, und Abitur, 1971-75 Studium der Elektrotechnologie und Feingerätetechnik an der TU Dresden, danach im Zuverlässigkeitslabor eines Dresdner Elektronikbetriebes tätig, seit 1994 Angestellter bei der Stadtverwaltung Dresden; seit den 60er Jahren Beschäftigung mit Dresdens Stadtgeschichte und ab 1980 Forschungen zur Luftfahrtgeschichte Dresdens und Umgebung; zahlreiche Veröffentlichungen in Fachzeitschriften und Tageszeitungen.

Günther Frank

geboren 1940 in Dresden, hier lebend; Abitur an der Kreuzschule, Lehre als Außenhandelskaufmann, Studium an der TU Dresden zum Diplom-Ingenieurökonom für Maschinenbau, bis 1990 in der Computerbranche beschäftigt, seit 1962 nebenberuflich journalistisch für das Sächsische Tageblatt arbeitend, ab 1990 Sport- und Autoredakteur an den Dresdner Neuesten Nachrichten, seit 1994 freier Sport- und Motorjournalist.

Karl Josef Friedrich

1888-1965, aus Dresden-Neustadt gebürtig; dem christlichen Humanismus verpflichteter Dichterpfarrer mit ausgeprägtem sozialen Gewissen; vom Evangelisch-sozialen Kongress 1910 in Chemnitz beeindruckt, trat er nach dem I. Weltkrieg nachhaltig für eine Demokratisierung kirchlicher Strukturen ein und musste als Mitglied der Bekennenden Kirche während des Faschismus vielfältige Schikanen erdulden; 1898-1908 Gymnasium in Dresden und Fürstenschule St. Afra, 1908-11 Studium der Theologie in Marburg, Tübingen und Leipzig, danach Hauslehrer bei Baron Bodenhausen in Essen (hier Bekanntschaft mit R. M. Rilke), 1914 Vikariat in Technitz, 1915-27 Pfarrer in Grünhain, ab 1927 in Seifersdorf, 1959 Emeritierung; wichtigste Bucheditionen: „Die Heilige und ihr Narr“ 1913, „Gottesfreunde“ 1915, „Briefe an meinen gefallenen Sohn“, Evangelische Verlags Anstalt, Berlin 1946, „Dein treuer Vater - Briefe Ludwig Richters an seinen Sohn“, Koehler & Amelang, Leipzig 1953; ferner über 500 Lebensbilder von Glaubenszeugen und zahlreiche weitere Texte und Geschichten.

Vorstehende Kapitel wurden Karl Josef Friedrichs nachgelassenen „Künstleranekdoten“ mit freundlicher Zustimmung seiner Frau Edelgard Friedrich entnommen.

Dr. Phil. Erhard Frommhold

geboren 1928 in Altenburg, lebt in Dresden; nach Volksschule und Klempnerlehre 1944 Arbeitslager am sog. Zweiten Westwall, 1945 Einberufung zur Kriegsmarine, Gefangenschaft, Dienst auf Minenräumboot, 1946 Rückkehr, Eintritt in die KPD, nach Besuch der Vorstudienanstalt Keilhau 1947-50 Studium der Soziologie, Kunstgeschichte und Germanistik mit Diplom an der Friedrich-Schiller-Universität Jena, 1951 Referent für Bildende Kunst und Museen im Ministerium für Volksbildung - Land Thüringen, gesellschaftliche Arbeit in der FDJ, der VVN und im Verband Bildender Künstler, 1952 Lektor, ab 1958 Cheflektor im VEB Verlag der Kunst Dresden, 1969 aus „ideologischen“ Gründen suspendiert, 1977 Promotion über Leben und Werk Otto Nagels; ab 1948 Publikationen in Tageszeitungen und Zeitschriften, ab 1954 Buchveröffentlichungen über Künstler des 19. und 20. Jahrhunderts, darunter „Unvergängliches Dresden. Aus dem Lebenswerk des Städtemalers Fritz Beckert“, Dresden 1955, „Hans und Lea Grundig“, Dresden 1958, „Kunst im Widerstand“, Dresden, Frankfurt a. M., Milano 1968, „Otto Nagel. Zeit - Leben - Werk“, Berlin 1974, „Lasar Segall“, München 1977, „Klaus Wittkugel. Fotografie - Gebrauchsgrafik - Plakat-Ausstellung - Zeichen“, Dresden 1979, umfassende kunsthistorische Einführungen zu Ausstellungskatalogen, seit 1990 ständige kunstkritische Mitarbeit an „werden - Jahrbuch für die deutschen Gewerkschaften“ und autobiographische Beiträge in Katalogen und Zeitschriften; mehrere staatliche und kulturpolitische Auszeichnungen, darunter Johannes-R.-Becher-Medaille, Wilhelm-Bracke-Medaille in Silber und Bronze und Hans-Grundig-Medaille.

Ursula Fuchs-Materny

geboren 1934 in Dresden, hier lebend; prägendes Erlebnis 13. Februar 1945, Verlust von Familienmitgliedern und Ausbombung, 1953 Abitur am Kreuzgymnasium Dresden, anschließend Buchhändlerlehre, 1958 Redakteursexamen, Kulturredakteurin am Sächsischen Tageblatt, ab 1960 in der Union, Hochschulstudium als Deutschlehrer Oberstufe mit Staatsexamen, zwei Jahre vorübergehende Sekretariatstätigkeit in der Generaldirektion der Staatlichen Kunstsammlungen Dresden, 1992 ABM-Tätigkeit am Stadtmuseum Dresden, seitdem freischaffende Kulturjournalistin und Kritikerin.

Otto Griebel

1895-1972, geboren in Meerane, zuletzt in Dresden-Loschwitz lebend; zunächst dem Kubismus/Dadaismus anhängender, schließlich zum neusachlichen Realismus findender proletarischer Maler; nach Lehre als Dekorationsmaler 1911-14 Studium der Glasmalerei an der Kunstgewerbeschule Dresden, 1915-18 Soldat im I. Weltkrieg, 1919 Eintritt in die KPD, bis 1922 Akademiestudium unter Robert Sterl, anschließend erwerbslos, 1927 Sprecher für den „Roten Geiger" Soermus, 1929 Mitbegründung der Dresdner ASSO und, 1931, der „Neuen Dresdner Sezession", 1933 Verhaftung durch die Gestapo und als „entartet" verfemt, 1936 künstlerischer Mitarbeiter am Hygienemuseum, 1939 Einberufung zur Wehrmacht, 1945 Flucht nach Dresden, 1946 Neulehrer, 1948-52 Kunsterzieher an der Kreuzschule Dresden, danach bis 1960 Dozent an der Hochschule für Bildende Künste Dresden, von da an verstärkte schriftstellerische Tätigkeit; 1965-1971 beteiligt an Ausstellungen in Dresden, Berlin, Budapest, Hamburg, Mailand und Prag.

Vorstehende Kapitel wurden dem Band Otto Griebel „Ich war ein Mann der Straße", Mitteldeutscher Verlag, Halle, Leipzig 1986, mit freundlicher Zustimmung der Herausgeber Matthias Griebel und Hans-Peter Lühr entnommen.

Peter Gunold

geboren 1939 in Dresden, hier lebend; 1957 Abitur, 1957-62 Gesangsstudium und Staatsexamen an der Dresdner Hochschule für Musik „Carl Maria von Weber", 1962-64 Engagements als Sänger (Bariton), Schauspieler und Regieassistent an der Staatsoperette Dresden, 1964-69 am Kleist-Theater Frankfurt/Oder und 1969-84 am Stadttheater Cottbus (Leporello in Mozarts „Don Giovanni", Algernon in Natschinskis „Mein Freund Bunbury" und zahlreiche andere Rollengestaltungen), 1978-81 postgraduales Studium der Theaterwissenschaften an der Theaterhochschule Leipzig, seit 1984 Dramaturg und 1990-99 Chefdramaturg an der Staatsoperette Dresden; Herausgeber und Mitautor des Buchtitels „50 Jahre Staatsoperette Dresden - 225 Jahre musikalisches Volkstheater in Dresden", Verlag und Galerie Buchkunst Läzer, Weimar 1997.

Ernst Günther

geboren 1938 in Strachel/Böhmen, seit 1959 in Dresden tätig und seit 1965 hier lebend; Journalist, Zirkus- und Varietékritiker sowie freier Schriftsteller; 12 Buchveröffentlichungen, u.a. „Geschichte des Varietés", Henschelverlag, Berlin 1978, 1981, „Sarrasani, wie er wirklich war", Henschelverlag, Berlin 1984, 1985, 1991, zwei Bände Erzählungen, 11 Herausgaben, Mitautor zahlreicher Zirkusbücher, darunter „Circus Roncalli - Geschichte einer Legende", Hoffmann und Campe, Hamburg 1997; Drehbuch- sowie Textautor für Shows, Kabaretts, Conférence und Fernsehen, Presse- und Funkbeiträge zur Geschichte Dresdens, des sächsischen Königshauses, der Staatlichen Kunstsammlungen sowie zur Dresdner Zirkus- und Varietégeschichte, Autor und Interpret einer Joke-Reihe von MDR 1 Radio Sachsen, eigene Talkshows, Fachberater für Film und Fernsehen in Deutschland, Japan, Argentinien und Holland; 1996 mit dem Saltarino-Preis, Literatur- und Medienpreis der Gesellschaft der Circusfreunde, ausgezeichnet.

Heidrun Hannusch

geboren 1954 in Bautzen, lebt in Dresden; Abitur, danach Redakteurin an der sorbischen Tageszeitung Nowa Dowa, 1981-86 Studium der Kulturwissenschaften an der Humboldt-Universität Berlin mit Diplom als Kulturwissenschaftlerin, 1988-90 Dramaturgin am deutsch-sorbischen Volkstheater Bautzen, seit 1991 Redakteurin an den Dresdner Neuesten Nachrichten.

Peter Hauschild

geboren 1937 in Dresden-Friedrichstadt, lebt an Dresdens Elbhängen; nach Schulbesuch, Lehre als Maurer und Bauzeichner sowie politisch verhindertem Architekturstudium ab 1960 berufliche Hinwendung zur Musik, insbesondere zu Jazz und Soul, 1961-65 Ausbildung als Schlagzeuger bei renommierten Dresdner Musikern, anschließend Berufsmusikerprüfung und Aufnahme von Gesangsstudien, 1965-68 Schlagzeuger im Charly-Fritzsche-Ensemble u.a., danach eigene Trio-Formationen (Orgel, Bassgitarre und Schlagzeug), ab 1977 Engagements bei größeren Orchestern und mehrere Auslands-Gastspiele; der passionierte Maler, Philatelist, Antiquitätensammler und Liebhaber guter Literatur schrieb mehrere Texte für Musiktitel.

Roland Herrmann

geboren 1937 in Freital, lebt in Dresden; nach dem Abitur Studium der Kernphysik an der TU Dresden, später der Journalistik an der Universität Leipzig; zunächst Lokalredakteur in der Kreisredaktion Freital der Sächsischen Zeitung, ab 1967 Redakteur beim Deutschen Fernsehfunk, in den 80er Jahren Redaktionsleiter, danach bis 1990 Chef des Dresdner Fernsehstudios, seit 1991 freiberuflicher Journalist und Autor; zahlreiche Fernseh-Beiträge, u.a. über Dresdner Wissenschaftler und zur Geschichte der Semperoper, Sendungen für die Reihen „Ansichtskarten" und „Meisterwerke aus Dresdner Sammlungen", 33-teilige Fernsehserie „Mit Dr. Stingl unterwegs"; mehrere Buchtitel, darunter „100 Jahre Dresdner Hafen" 1995 (zusammen mit Prof. Fritz Heinrich), „Vom Planetenrad zum digitalen Druck" 1998, „Dresdner Stadtführer für Junggebliebene" 2000, „Das Geheimnis der Maya" 2000 (zusammen mit Prof. Dr. Stingl) und Tourismusbroschüren (Erzgebirge und Sächsische Schweiz); vielfältige journalistische Arbeiten u.a. für bundesweite Architektur-Journale und regionale Zeitschriften und Zeitungen.

Dieter Hoffmann

geboren 1934 in Dresden, lebt in Ebersbrunn/Unterfranken; Lyriker und Kunstschriftsteller, veröffentlichte seit 1953 mehrere Gedichtbücher, so 1977 „Gedichte aus der Augustäischen DDR", darüber hinaus zahlreiche Publikationen vor allem zur sächsischen Kunst, z.B. über Ernst Hassebrauk und Helmut Schmidt-Kirstein, seit 1969 ordentliches Mitglied der Akademie der Wissenschaften und der Literatur in Mainz.

Prof. Dr. phil. Günter Jäckel

geboren 1926 in Bahra bei Pirna, lebt in Dresden; 1947-52 Studium der Germanistik und Anglistik an der Universität Leipzig, 1957 Promotion zum Dr. phil., 1979 Habilitation; 1952-53 Lektor an der TH Dresden und 1953-54 am Neumann Verlag Radebeul, 1954-56 Lehrer an Dresdner Fachschule, 1956-65 Lektor an der Pädagogischen Hochschule Potsdam, 1965-92 wiss. Oberassistent und ab 1990 Prof. an der TU Dresden; wichtigste Bucheditionen: „Christian Reuters Werke in einem Band", Berlin, Weimar 1962, 1965, 1969, 1979, „Frauen der Goethezeit in ihren Briefen", Berlin 1966, 1968, „Theodor Fontane, Wanderungen durch Frankreich. Erlebtes 1870-71", Berlin 1971, 1978, „Kaiser, Gott und Bauer. Reformation und Deutscher Bauernkrieg im Spiegel der Literatur" 1975, 1983, „Dresden zur Goethezeit. Die Elbestadt von 1760 bis 1815", Berlin, Hanau 1987, 1990, „Dresden zwischen Wiener Kongress und Maiaufstand", Berlin, Hanau 1989, 1990, „Gustav Nieritz, Selbstbiografie", Dresden 1997, „Viktor Klemperer, Und alles ist so schwankend. Tagebücher Juni bis Dezember 1945", Berlin 1975, 1976, Mitautor der Titel „Dresden. Die Kunststadt" 1991 ff., „Die Großen Dresdner" 1999, „Stätten deutscher Literatur" 1998; außerdem ca. 100 Veröffentlichungen in Zeitschriften, u.a. NDL, Weimarer Beiträge, Sinn und Form, Deutsch als Fremdsprache, Germanica Wratislaviensia, Studia Germanica Posnaniensia, Dresdner Hefte.

Prof. Dr. phil. Hans John

geboren 1936 in Bad Freienwalde a. O., lebt in Dresden; Schüler der Kreuzschule und Mitglied des Dresdner Kreuzchors unter Rudolf Mauersberger; nach dem Abitur Studium der Musikerziehung, der Musikwissenschaft und der Klassischen Philologie an den Universitäten Halle-Wittenberg und Berlin (Ost), außerdem Gesangsstudium an der Musikhochschule Weimar, 1959-65 wissenschaftlicher Assistent und Lektor an der Humboldt-Universität Berlin, 1961 Promotion zum Dr. phil., 1973 Habilitation, 1965-77 Lektor und Dozent an der Hochschule für Musik „Franz Liszt" Weimar, seitdem Hochschullehrer an der Dresdner Musikhochschule, dort 1983 Berufung zum Professor, 1992 zum Leiter des Instituts für Musikwissenschaft; Leiter eines Forschungsprojektes zur Dresdner Musikgeschichte und Autor mehrerer Buchtitel sowie zahlreicher wissenschaftlicher Beiträge in Fachpublikationen, Festschriften, Periodika und Lexika; 1990 mit dem Martin-Andersen-Nexö-Kunstpreis der Stadt Dresden ausgezeichnet.

Grit Kindermann

geboren 1962 in Dresden-Neustadt und dort aufgewachsen, später in Dresden-Löbtau, heute in Kleinnaundorf lebend; nach Absolvierung der Oberschule dreijähriges Studium an der Medizinischen Fachschule Dresden, anschließend Physiotherapeutin im Krankenhaus Dresden-Neustadt, ab 1988 in der Poliklinik Dresden-Löbtau, jetzt im Klinikum des Krankenhauses Dresden-Friedrichstadt; passionierte Klavierspielerin und Bergsteigerin, pflegt noch die selten gewordene Tradition des Briefe- und Tagebuchschreibens.

Dr. phil. Günter Klieme

geboren 1929 in Dresden, lebt in Dresden-Loschwitz; Abitur, 1952-58 Studium der Germanistik, Anglistik und Kulturgeschichte an der Universität Leipzig, Promotion zum Dr. phil., 40-jährige Lehrtätigkeit an der TU Dresden und publizistisches Wirken (Buch- und Presseveröffentlichungen, Arbeiten für Rundfunk und Fernsehen, Vortragstätigkeit), 1981 Gestaltung des Museums Dresdner Frühromantik im Kügelgenhaus, 1987 Neuprofilierung der Schiller-Gedenkstätte Dresden-Loschwitz

Wolfgang Knape

geboren 1947 in Stolberg/Harz, lebt in Leipzig; Studium des wissenschaftlichen Bibliothekswesens in Leipzig, Mitarbeiter an der Deutschen Bücherei, 1973-1976 Direktstudium am Institut für Literatur; seit 1981 freier Schriftsteller; mehrere Bucheditionen, darunter Reisebücher u.a. über Siebenbürgen, Bulgarien, Hinterpommern, Königsberg, den Harz und Sachsen, Kinderbücher und heitere Geschichten, zahlreiche Features für den Rundfunk.

Vorliegender Text beruht auf seinem 1999 im Tauchaer Verlag erschienenen Buch „Graf Luckner - der Seeteufel aus Sachsen".

Rolf Kroker

geboren 1937 in Dresden-Friedrichstadt und dort aufgewachsen, lebt in Gompitz; nach dem Grundschulabschluss Fleischerlehre im väterlichen Gewerbebetrieb und nach dem Lehrabschluss dort angestellt, danach Meisterprüfung, 1967 Übernahme des elterlichen Geschäftes und Führung als selbständiger Fleischermeister, 1988 Geschäftsübergabe an seinen Sohn.

Peter Kube

geboren 1956 in Berlin, lebt in Dresden; Abitur, danach Studium der Theaterwissenschaften und des Schauspiels in Leipzig, anschließend Engagement als Schauspieler am Staatsschauspiel Dresden, 1982 Mitbegründung des Zwinger-Trios, seit 1995 freiberuflicher Schauspieler, seit 1998 außerdem ständiger Kolumnist der Sächsischen Zeitung; zahlreiche Rollengestaltungen, u.a. als Woyzeck in Georg Büchners gleichnamigem Stück, Wladimir in Samuel Becketts „Warten auf Godot", Gloster in William Shakespeares „König Lear", Schlomo Herzl in George Taboris „Mein Kampf", Tobias Rülp in Shakespeares „Was ihr wollt", Kjeld in Peter Dehlers „Die Olsenbande dreht durch" und Hexe Babajaga in „Die verzauberten Brüder" von Jewgeni Schwarz.

Vorliegender Textauszug wurde dem Buchtitel Peter Kube „Das Zwinger-Trio", INFO-Verlag, 1997, mit freundlicher Zustimmung des Autors entnommen.

Kurt-Joachim Lagler

geboren 1952 in Erfurt, lebt in Dresden; Abitur und Berufsausbildung, danach Elektromonteur-Facharbeiter und Flugleiter, später Fotograf und Journalist an den Dresdner Neuesten Nachrichten, anschließend an der Wochenzeitung Sachsen-Spiegel, seit 1991 im Bereich Marketing und Öffentlichkeitsarbeit tätig.

Kerstin Leiße

geboren 1960 in Dresden, hier lebend; Abitur an der Kreuzschule, 1979-84 Studium der Musikwissenschaft an der Universität Leipzig mit abschließender Diplomarbeit über Jörg Herchets „Buß-Kantate", danach Kulturredakteurin an der Dresdner Tageszeitung Die Union und seit 1991 an den Dresdner Neuesten Nachrichten; mehrere Veröffentlichungen in überregionalen Publikationen und Zeitungen, darunter im Orchester und im Rheinischen Merkur.

Hans Lucke

geboren 1927 in Dresden, lebt seit 1987 in Thüringen; Gymnasiast, Luftwaffenhelfer, Soldat, Kriegsgefangener, danach Schauspieler, u.a. am Staatsschauspiel Dresden und Deutschen Theater Berlin, seit Mitte der 70er Jahre freiberuflicher Autor und Regisseur; Bibliografie-Auswahl: „Stadelmann“, Komödie um Goethes Diener, Deutsches Nationaltheater Weimar 1983, „Der doppelte Otto“, Farce um Bismarck, Deutsches Theater Berlin 1985, „Der Narr von Weimar“, Spiel um J. D. Falck und J. W. v. Goethe, Weimar 1999, „Weimar, oh wei..., satirische Erzählungen“, Weimar 1994, „Jud Goethe“, Erzählung, Rudolstadt 1997, „Großherzog Carl Alexander“, Biografie, Limburg 1999, in Arbeit „Kestners Leiden“, Erzählung um Lotte, geb. Buff, und Johann Christian K., und „Die Gentlemen von Jerusalem“, Schauspiel um den jüdischen Dissidenten Jesus.

Andreas René Lux

geboren 1964 in Dresden, hier lebend; Dokumentarist und Buchautor sowie Publizist heimatgeschichtlicher Beiträge in den Dresdner Neuesten Nachrichten; begann Anfang der 1980er Jahre unter Leitung von Dr. Ekkehard Bahr als „Junger Autor“ in der Städtischen Hauptbibliothek Dresden; Gedichte, TV-Arbeit (ZDF, ORF) und Buchveröffentlichungen, Herausgeber der Landschaftsmonografie „Der Kgl. Weinberg zu Dresden-Wachwitz“ 1992 sowie der Biographie über Karl August Lingner 1996.

Monika Marschall

geboren 1940 in Hamburg, dort Kindheit und Schulbesuch bis zur Mittleren Reife, mit 16 Jahren Übersiedelung in die DDR, Zeitungs-Volontariat an der Volksstimme in Stendal, Abitur an der ABF Halle, danach Studium der Journalistik an der Universität Leipzig mit Diplomabschluss, anschließend Kulturredakteurin am Freien Wort Suhl, danach Pressereferentin beim FDGB-Bezirksvorstand Dresden, Redakteurin bei ADN Suhl, nach der Wende Redakteurin an der Neuen Zeit, Redaktion Suhl, 1994 Übersiedlung nach Hamburg, dort zwei Jahre am „Norddeutschen Rundfunk“ tätig.

Dr. phil. Christoph Meyer

geboren 1966 in Emstek (Niedersachsen); Schule, Abitur, Studium der Geschichte, Germanistik und Politik an der Universität zu Köln, 1997 Promotion zum Dr. phil., seit 1998 Geschäftsführer des Herbert-Wehner-Bildungswerks in Dresden; diverse Aufsätze in Büchern und Zeitschriften; Buchveröffentlichung „Die deutschlandpolitische Doppelstrategie. Wilhelm Wolfgang Schütz und das Kuratorium Unteilbares Deutschland 1954-1972“, Olzog-Verlag, Landsberg am Lech 1997.

Dr. phil. Ingelore Menzhausen

lebt in Dresden-Oberloschwitz; 1942-50 Studium der Germanistik und Kunstgeschichte in Leipzig und Greifswald, ab 1951 wissenschaftliche Mitarbeiterin bei den Staatlichen Kunstsammlungen Dresden, 1963 Aufbau der Porzellansammlung im Zwinger gemeinsam mit Hilde Rakebrand, 1963-83 Direktorin der Porzellansammlung; Veröffentlichungen: neben zahlreichen Aufsätzen über alle Gebiete des Meißner Porzellans die Titel „Das rothe und das weiße Porcellain" in „Die Erfindung des europäischen Porzellans", Leipzig 1982, „Altmeißner Porzellan in Dresden", Berlin 1988, „In Porzellan verzaubert - die Figuren Johann Joachim Kändlers", Basel 1993.

Dr. phil. Joachim Menzhausen

lebt in Dresden-Oberloschwitz; 1950-56 Studium der Kunstgeschichte und Archäologie in Leipzig, 1956 wissenschaftlicher Assistent in der Gemäldegalerie der Staatlichen Kunstsammlungen Dresden, 1958 Wechsel zum Grünen Gewölbe, Neuaufbau der Sammlung, 1961-92 Direktor des Grünen Gewölbes; Veröffentlichungen: neben zahlreichen Aufsätzen vor allem über Werke des Grünen Gewölbes, den Augustäischen Barock, Dresdner Malerei des 20. Jahrhunderts, die Kursächsische Kunstkammer und Dresdner Barockplastik auch die Buchtitel „Am Hofe des Großmoguls", Leipzig 1965, „Das grüne Gewölbe", Leipzig 1968, „Ernst Hassebrauk, Dresden links und rechts der Elbe", Dresden 1986, „Kulturlandschaft Sachsen, ein Jahrtausend Geschichte und Kunst", Dresden 1999.

Alfred Neugebauer

geboren 1914 in Dresden; 1929-32 Steindruckerlehrling, anschließend -gehilfe und Wechsel zur Berufsfeuerwehr, 1939-45 Kriegsdienst, danach Wiedereinstieg bei der Berufsfeuerwehr als Brandmeister und Fachlehrer, 1951 Entpflichtung, 1951-68 Grabungstechniker und technisch-wissenschaftlicher Assistent im Landesmuseum für Vorgeschichte Dresden, 1968-69 Siebdrucker,1969-70 Lagerleiter im Dresdner Depot für Pharmazie und Medizintechnik, 1970-79 Arbeits- und Brandschutzbeauftragter im Energiekombinat Ost Dresden; mehrere Veröffentlichungen, u.a. zu Ausgrabungen sowie zur Burgenforschung und Bergsteigergeschichte Sachsens; zahlreiche Ehrenmitgliedschaften in sächsischen Vereinen.

Katrin Nitzschke

geboren 1955 in Dresden, hier lebend; seit 1975 in der Sächsischen Landesbibliothek tätig, 1976-79 Fachschule für wissenschaftliches Bibliothekswesen Leipzig, 1982-87 Fernstudium der Kulturwissenschaften in Leipzig, seit 1984 Leiterin des Buchmuseums der Sächsischen Landesbibliothek - Staats- und Universitätsbibliothek Dresden; Buchherausgaben: „Dresden - ein Städtereisebuch", Insel Verlag, Frankfurt am Main 1991, „Erhart Kästner: Über Dresden wäre viel zu sagen“, Hellerau-Verlag, 1994, „Die großen Dresdner“, Insel Verlag, Frankfurt am Main und Leipzig 1999.

Holger Oertel

geboren 1964 in Dresden, hier lebend; nach dem Schulabschluss auf einem Handelsschiff zur See gefahren, danach u.a. als Drucker, Hausmeister, Museumsführer, Essenausträger und Café-Betreiber tätig, seit 1995 Mitarbeiter im Verlag DIE SCHEUNE Dresden, seit 1997 freier Journalist u.a. für Dresdner Neueste Nachrichten, SAX und MDR; Buchveröffentlichungen: „Das Treffen in C.“, Erzählung 1994, „Kartenspiel“, Dresden-Krimi 1995, „Verliebt in eine Stadt“, Dresden-Reiseführer 1996, „Kind in Sachsen“, Freizeitführer 1997.

Hansjoachim Paech

geboren 1929 in Görlitz; an der dortigen Musikschule Studium und mehrjährige Chor- und Orchesterleitung, ab 1949 Leiter der Lokalredaktion Görlitz der Tageszeitung Die Union, dann der Lokalredaktion Frankfurt (Oder) der Märkischen Union, anschließend freiberuflicher Wort- und Bildberichterstatter, 1959-68 Bezirksredakteur und Chefreporter der Dresdner Union, Fernstudium der Journalistik an der Universität Leipzig mit Diplomabschluss, danach wissenschaftlicher Mitarbeiter und Forschungsgruppenleiter am Zentralinstitut für Arbeitsschutz Dresden, 1991 Rückkehr als „Freier“ in den Journalistenberuf, vornehmlich als Gerichtsberichterstatter für die Dresdner Neuesten Nachrichten und den Sächsischen Boten bzw. als Mitarbeiter der Zeitschrift Sicherheitsingenieur, Heidelberg, und des Verlags- und Publizistikbüros, Dresden; Buchveröffentlichungen: „Dresdner Pitaval“, Leipzig 1994, „Der schnurlose Opa“, Leipzig 1998.

Diesen Titeln wurden, unter freundlicher Zustimmung des Schubert-Verlages, auch die vorliegenden Geschichten „Stoßtrupp ins Niemandsland“, „Ruhet sanft!“ und „Die Samariterin“ entnommen.

Detlef Pappermann

geboren 1958 in Dresden, lebt in Bannewitz, fühlt sich aber noch immer als Dresdner; 1976 Abitur an der EOS „Pestalozzi“ in Dresden, Grundwehrdienst in Marienberg, ab 1978 Kernmacher und Gießer im ehemaligen VMW Dresden-Kaditz, ab 1981 VP-Oberwachtmeister in Dresden-West, 1985 Absolvierung der Offiziersschule des MdI Aschersleben und Ernennung zum Leutnant der VP, 1987 Einsatz in der Diensteinheit IX (vergleichbar mit einem SEK) in der BDVP Dresden, 1992 Führer eines Mobilen Einsatzkommandos beim Landeskriminalamt Sachsen, dort seither Polizeibeamter in verschiedenen Funktionen.

Ludwig Renn

(eigtl. Arnold Friedrich Vieth von Golßenau),1889-1979; der Sohn eines Prinzenerziehers und spätere Schriftsteller wandte sich unter dem Eindruck des ersten Weltkrieges von seiner adligen Herkunft ab und schloss sich der kommunistischen Bewegung an; 1910 Fahnenjunker in Dresden, 1914-18 Regiments-Adjutant, Kompanie- und Bataillonsführer; bis 1923 Studium in Göttingen und München (Jura, Nationalökonomie), 1924 Fußreise durch Deutschland, Italien, Griechenland, die Türkei, Ägypten und Sizilien; 1926-27 Studium der Kunstgeschichte, Archäologie, byzant., türk. u. chines. Geschichte, 1928 Mitglied der KPD, 1928-32 Sekretär des „Bundes proletarisch-revolutionärer Schriftsteller" in Berlin, Mitherausgeber der Linkskurve, 1929-30 Reisen in die UdSSR, 1933 Verhaftung, 1935 Flucht in die Schweiz, 1936-37 Führer des Thälmann-Bataillons im span. Befreiungskrieg, 1939-47 Exil in Mexiko, danach Direktor des Kulturwiss. Instituts Dresden und Prof. für Anthropologie an der TH Dresden; 1955 u. 1961 Nationalpreis der DDR; Romane und Erzählungen, u.a. „Krieg" 1928, „Nachkrieg" 1930, „Trini" 1954.

Vorstehendes Kapitel wurde dem Buchtitel Ludwig Renn „Adel im Untergang", Aufbau-Verlag, Berlin 1956, mit freundlicher Zustimmung des Verlages entnommen.

Frank Richter

geboren 1960; katholischer Pfarrer in Aue/Sachsen; aufgewachsen in Großenhain, dort Abitur, danach 18 Monate Bausoldat in Stralsund, 1981-87 Studium der Philosophie und Theologie in Erfurt und Neuzelle, 1987 Priesterweihe in Dresden, 1987-89 Kaplan in St. Josef, Dresden-Pieschen, 1989-94 Domvikar an der Kathedrale Dresden, 1989 Mitbegründer der „Gruppe der 20" in Dresden, 1994-96 Jugendseelsorger im Bistum Dresden-Meißen, seit 1997 Pfarrer in Aue; 1994-98 Sprecher beim ARD-„Wort zum Sonntag", seit 1998 Vorsitzender des KJRS Kinder- und Jugendring Sachsen; 1991 Entgegennahme des „Europäischen Menschenrechtspreises" stellvertretend für die friedlichen Demonstranten 1989 in Dresden, 1995 mit dem Erich-Kästner-Preis des Presseclubs Dresden ausgezeichnet.

Vorstehende Beiträge wurden dem Buchtitel Frank Richter „Worte wachsen langsam", Druckerei & Verlag Christoph Hille, Dresden 1998, mit freundlicher Zustimmung des Verlages entnommen.

Rudolf Roch

geboren 1922 in Radeberg, seit 1929 in Dresden lebend; Volksschule, Lehre als Dekorationsmaler, Arbeitsdienst, Militär, nach der Rückkehr aus der Kriegsgefangenschaft Ende 1946 Bauschlosser-Umschüler in der Schlosserei seines Vaters Richard, 1952 Meisterprüfung im Schlosserhandwerk, 1970 Übernahme der väterlichen Kunst- und Bauschlosserei, 1985 Übergabe an Sohn Michael; die Schlosserei Roch machte sich vor allem mit ihren hervorragend ausgeführten Kunstschmiedearbeiten für Dresdner Kirchen (Kathedrale), den Zwinger, die Staatlichen Kunstsammlungen und andere wertvolle Denkmale Dresdens einen Namen.

Edgar Roschig

geboren 1908 in Dresden, hier lebend; 1919-23 Realschule im Dresdner Ehrlichschen Gestift, 1923-26 Lehre als Werkzeugmacher, 1927-33 Gewerbeschule mit anschließendem Abendstudium an den Techn. Lehranstalten Dresden, zugleich bis 1934 Lagerleiter, danach bis 1945 Kundendienstleiter für Ostsachsen der Dresdner Büssing-Generalvertretung, 1945-53 Techniker, dann Werkstatt-Leiter im Reparaturwerk Mickten der DVB, 1953-56 Auftrags-Ing. in der Leitstelle für Kfz-Ersatzteile des Ministeriums für Maschinenbau, 1957-63 Ingenieur in den Flugzeugwerken Dresden bzw. im Zentralinstitut für Automatisierung, danach bis 1973 Technologe und Hauptverantwortlicher für betriebliche Großverlagerungen im Kfz-Zubehörwerk Meißen.

Thomas Rosenlöcher

geboren 1947 in Dresden, hier und im Erzgebirge lebend; Lehre als Handelskaufmann und 1970 Abitur an der ABF Freiberg, danach bis 1974 Studium der Betriebswirtschaft an der TU Dresden, anschließend Arbeitsökonom, nach heimlichen Schreibversuchen 1976-79 Studium am Literaturinstitut Leipzig, Mitarbeit am Kindertheater Dresden, seit 1983 freischaffend; Mitglied der Sächsischen Akademie der Künste; Veröffentlichungen: die Lyrikbände „Ich lag im Garten bei Kleinzschachwitz“, Mitteldeutscher Verlag, Halle 1982, „Schneebier“, Mitteldeutscher Verlag und Residenz Verlag, Salzburg 1988/89, „Die Dresdner Kunstausübung“, Suhrkamp Verlag, Frankfurt am Main 1996, „Ich sitze in Sachsen und schau in den Schnee“, Suhrkamp, 1998, mehrere Nachdichtungen, Bilderbücher, Hörspiele und Stücke für Kinder sowie die Prosa- bzw. Essaybände „Die verkauften Pflastersteine - Dresdener Tagebuch“, Edition Suhrkamp, 1990, „Die Wiederentdeckung des Gehens beim Wandern - Harzreise“, ebd., 1991, „Ostgezeter - Beiträge zur Schimpfkultur“, ebd., 1997.

Vorliegende Texte wurden dem Buchtitel „Die verkauften Pflastersteine. Dresdener Tagebuch“, Suhrkamp Verlag, Frankfurt am Main 1990, mit freundlicher Zustimmung des Verlages entnommen.

Anna Elisabeth Schäfer

1901-1987; gebürtig aus Dresden; Kontoristinnenausbildung an der Rackowschen Handels- und Sprachschule, danach Absolvierung der Heimvolkshochschule Schloss Tinz und der Sozialen Frauenschule von Dr. Schurig in Dresden mit Abschluss als Fürsorgerin; in diesem Beruf tätig bis 1932, danach wegen SPD-Zugehörigkeit Berufsverbot, ab 1935 Kontoristin im Kühlhaus Dresden, nach 1945 leitende Fürsorgerin, anschließend Direktionssekretärin im Kühlhaus.

Dr. phil. Hansjörg Schneider

geboren 1925, Schulzeit und Schauspielausbildung in Dresden, 1943-45 Soldat, ab 1947 Tätigkeit am Theater als Schauspieler, Dramaturg, Regisseur und Intendant, Studium der Germanistik und Theaterwissenschaft sowie Promotion an der Humboldt-Universität zu Berlin, 1968-90 Wissenschaftler an der Akademie der Künste Berlin (Ost) im Bereich Exilforschung; zahlreiche Veröffentlichungen zu Themen der deutschen Emigration, Studien zum Nachkriegstheater in Dresden, Tätigkeit als Herausgeber (Ödön von Horváth, Ferdinand Bruckner, Werner Finck, Stücke aus dem Exil), Vorträge in Hamburg, Regensburg, Wien, Zürich, Bern und Prag.

Vorliegende Texte wurden dem Buchtitel Hansjörg Schneider „Hoffnung zwischen Trümmern“, Hellerau-Verlag, Dresden 1999, bzw. dem „Schmökerheft“, Theater Junge Generation 1999, mit freundlicher Zustimmung des Verlages bzw. des Theaters entnommen.

Winfried Schneider

geboren 1935 in Dresden-Friedrichstadt, lebt mit Frau und Retriever-Hündin Amanda in Dresden-Blasewitz und Meißen; nach Kindheit und Jugend in Radebeul Ausbildung als Druckmaschinenschlosser, 1955-59 Jurastudium in Berlin, anschließend bis 1976 Wirtschaftsjurist, 1977-97 Rechtsanwalt in Riesa und Dresden; schreibt gegenwärtig an Geschichten seiner Kindheit

Prof. Peter Schreier

geboren 1935 in Meißen, lebt in Dresden-Loschwitz; 1943 Aufnahme in eine Vorbereitungsklasse des Dresdner Kreuzchores, ab 1945 Sopranist im Interimsalumnat des Kreuzchores, danach Altsolist und Erster Chorpräfekt, 1955 privates Gesangsstudium in Leipzig, 1956-59 Gesangs- und Dirigentenstudium an der Dresdner Musikhochschule „Carl Maria von Weber“ mit Staatsexamen, 1959 Verpflichtung als lyrischer Tenor an das Nachwuchsstudio der Staatsoper Dresden, 1961-63 Engagement an der Staatsoper Dresden, danach an der Deutschen Staatsoper Berlin, 1966 Gastvertrag mit der Staatsoper Wien und Gastspiel bei den Bayreuther Festspielen, 1967 erstes Auftreten und 1969 erster Liederabend innerhalb der Salzburger Festspiele, 1970 erstes Dirigat an der Staatskapelle Dresden, 1979 erstes Dirigat an der Dresdner Philharmonie und erstmalige Leitung eines Meisterkurses beim Internationalen Musikseminar in Weimar, 1980 erstes Dirigat am Gewandhausorchester Leipzig; zahlreiche Opernpartien, konzertante Aufführungen (Kantaten, Messen, Oratorien, Passionen u.a.), Liederabende und

Dirigate an den namhaften Opern- und Konzerthäusern der Welt (Gastspielreisen u.a. in fast alle europäischen Länder, nach Argentinien, Indien, Mali und Japan); vielfältige Schallplatteneinspielungen; 1963 Ernennung zum Kammersänger, ausgezeichnet mit dem Nationalpreis der DDR, dem Vaterländischen Verdienstorden, dem Schumann-Preis der Stadt Zwickau, dem Andersen-Nexö-Preis der Stadt Dresden, dem Händel-Preis der Stadt Halle und mit der Silbernen Mozart-Medaille der Internationalen Stiftung Mozarteum Salzburg.

Vorliegender Kapitelauszug wurde dem Band Peter Schreier „Aus meiner Sicht - Gedanken und Erinnerungen“, Union Verlag, Berlin 1983, mit freundlicher Zustimmung des Autors entnommen.

Wolfgang Schütze

geboren 1952 in Bannewitz, „wo man nicht gegen die, sondern mit der Sonne ins Tal blickt“, seit 1962 in Dresden lebend, erst in Loschwitz und Johannstadt, später im Zentrum, anschließend in Strehlen und nun in der Inneren Neustadt; der studierte Journalist hat ein Diplom aus Leipzig und macht seit 1972 Zeitung: vor der Wende bei den Sächsischen Neuesten Nachrichten, danach bei den Dresdner Neuesten Nachrichten und der Sächsischen Zeitung; jetzt ist er fest bei der Ostthüringer Zeitung in Gera und doch so frei, auch für andere zu schreiben, zum Beispiel Kolumnen für den WochenKurier. Oder für kuriose Bücher.

Claus Arend Roland Schwenke (CAROS)

geboren 1957, lebt in Dresden; gelernter Werkzeugmacher, nach dem Besuch von Lehrgängen an der Kulturakademie zunächst nebenberuflich mehrere Jahre Discjockey und Programmgestalter, nach der Wende wurde aus dem Hobby Beruf, seither tragen einige Dresdner Veranstaltungsreihen seine Handschrift, sind Studioproduktionen realisiert worden und Songtexte entstanden, seit über fünf Jahren schreibt er auch Kurzgeschichten und Gedichte.

Hubert Spahn

geboren in Dresden, lebt in Berlin; Diplomjournalist, als Wirtschaftsredakteur über 37 Jahre an Tageszeitungen tätig, veröffentlichte etwa 2 000 Reportagen, Kolumnen und Leitartikel, jetzt freier Wissenschaftsjournalist; Buchveröffentlichungen: „Der Gordische Knoten“, 1999 (gemeinsam mit Dr. Ilse Spahn und Dr. Frank Spahn) und „Von Lourdes ins Rote Kloster - Erinnerungen eines Jungen aus dem Hechtviertel“, verlag am park, 1996.

Motive aus dem letztgenannten Titel gaben den Anlass für die vorliegend abgedruckten, mit neuem Material ergänzten eigenständigen Skizzen.

Thomas Stölzel

geboren 1977 in Dresden, lebt in Dresden-Lockwitz; lernte Einzelhandelskaufmann, schrieb und fotografierte danach für das Dresdner Kulturmagazin, nach dem Grundwehrdienst in der Bundeswehr freier Journalist, Arbeit für die Dresdner Neuesten Nachrichten (Ressorts Wirtschaft und Lokales), darüber hinaus gegenwärtig Studium der Betriebswirtschaft in Leipzig.

Heinrich Stubbe

wohnt in der Nähe von Bonn, studierte Volkswirtschaft und Theologie, war Redakteur in Stuttgart und Bonn, leitete bei der nachwendlichen Wochenzeitschrift SachsenSpiegel die Produktion.

Aini Teufel

geboren 1933 in Berlin, in Dresden aufgewachsen und hier lebend; Studium an der Hochschule für Bildende Künste mit Diplomabschluss 1958 bei Prof. Schwimmer; als freischaffende Grafikerin Zusammenarbeit mit Verlagen und Zeitungen, 1980-83 Mitarbeit bei der Restaurierung der Dresdner Semperoper; mit Grafikarbeiten bisher auf Ausstellungen in 17 Ländern vertreten; neben bildkünstlerischer Arbeit als Autorin tätig, schrieb u.a. Kurzhörspiele und das „Tagebuch für eine Oper."

Siegfried Thiele

geboren 1934 in Dresden, hier lebend; arbeitete nach Abitur und Studium als Lehrer und Medienpädagoge; seit Mitte der 60er Jahre schrieb er nebenberuflich Filmkritiken für die Sächsischen Neuesten Nachrichten, war in der Filmklubbewegung und für das Schulfernsehen tätig und wirkte wiederholt als Mentor der Kinderjury beim Festival „Goldener Spatz" in Gera; als freier Mitarbeiter der Dresdner Neuesten Nachrichten widmet er sich heute vor allem den verdienstvollen Persönlichkeiten der Stadtgeschichte.

Dr. med. Günter Voigt

geboren 1955 in Dresden, hier lebend; „Römmler-Urenkel"; 1975-80 Studium der Zahnmedizin in Halle und Dresden, 1980 Promotion, seit 1983 Zahnarzt in freier Niederlassung in Dresden in vierter Generation; Mitinitiator und Gründungsmitglied der Gesellschaft zur Förderung des Wiederaufbaus der Dresdner Frauenkirche, des Kammermusikfestivals Schloss Moritzburg, Mitglied der Gesellschaft „Historischer Neumarkt" und Mitbegründer der Bürgerinitiative für das Palais Großer Garten; erster Gesellschafter der „Dresdner Compact Disc" zur Aufnahme klassischer Kammermusik und Herausgeber des Bandes „Emil Römmler - Lebenserinnerungen eines Königlich-Sächsischen Hofphotographen" (Eigenverlag, 1996).

Heinz Weise

geboren 1938 in Dresden-Friedrichstadt, später die Albertstadt, heute den Loschwitzhang bewohnend; Berufsausbildung und Abitur, 1961-65 Studium der Journalistik mit Diplom an der Universität Leipzig, 1965-81 Ressortleiter an der Tageszeitung Die Union, 1982-89 freiberuflicher Schriftsteller, danach stellv. Chefredakteur der Wochenzeitung SachsenSpiegel, seit 1992 Inhaber des Verlags- & Publizistikbüros; Buchtitel: „Dresdner Zwinger", Leipzig 1985, 1989, „Radebeul und die Lößnitz", Leipzig 1986, „Dresden", Leipzig 1990, „Pillnitz", Leipzig 1990, „Episoden aus dem Lustschloss Pillnitz", Taucha 1996, Mitautorenschaft: „Dresden. Silhouetten einer Stadt", Leipzig 1985, Herausgaben: O. J. Bierbaum „Yankeedoodle-Fahrt", Leipzig 1984, 1986, G. F. Rebmann „Kreuzzüge durch einen Teil Deutschlands", Leipzig 1990, „Mark Meißen", Leipzig 1990.

Norbert Weiß

Jahrgang 1949, lebt in Dresden als Autor, Lektor, Publizist und Lehrer; Herausgeber der Zeitschrift Signum, veröffentlichte bisher zwei Gedichtbände, das Lexikon „Dichter, Denker, Literaten" (zusammen mit J. Wonneberger) und 1999 die Geschichtensammlung „Fersengeld".

Letztgenannter Sammlung wurden die vorliegenden Kapitel unter freundlicher Zustimmung des Verlages DIE SCHEUNE Dresden entnommen.

Ingrid Wenzkat

geboren 1933 in Dresden, hier lebend; Studium der Kunstgeschichte und -erziehung an der Universität Leipzig, nach ihrer Tätigkeit als Kunsterzieherin an einer Erweiterten Oberschule in Dresden langjährige Kulturredakteurin der Dresdner Tageszeitung Die Union (Sachgebiete bildende Kunst, Wochenendbeilage Weg und Zeit); Herausgeberin des Nachlassbandes „Fritz Löffler: Dresden - Vision einer Stadt", Hellerau-Verlag, 1995 und Mitautorin der Anthologie „Die großen Dresdner", Insel Verlag, 1999; Arbeiten für überregionale Zeitungen, beteiligt an Kunst-Juryentscheidungen für Dresden und Sachsen, Kunstpreisträgerin der Stadt Dresden.

Ursula Wicklein

geboren 1940 in Dohna, lebt in Dresden; Abitur, 1961-66 Germanistikstudium in Leipzig, ab 1973 redaktionelle Mitarbeiterin, 1978-90 Kulturredakteurin und Literaturkritikerin an der Dresdner Tageszeitung Die Union, ab 1990 Redakteurin an der nachwendlichen Wochenzeitung SachsenSpiegel, Mitbegründerin von thema, Zeitschrift für soziales Gestalten in Dresden, heute Presse- und Öffentlichkeitsarbeit für das Bistum Dresden-Meißen.

Karl-Heinz Wiggert

geboren 1924 in Dresden, hier lebend; 1953-59 kriegsbedingt spätes Studium an der TH Dresden, Dipl.- Ing. oec., bis 1989 im EDV-Bereich tätig (Software-Entwicklung), seit 1967 Aufschreiben privater Erinnerungen an Kindheit und Jugend in Dresden, zahlreiche Beiträge für Dresdner Tageszeitungen, seit 1995 Buchautor von bisher sechs Dresden-Titeln.

Ihnen sind, mit freundlicher Zustimmung des Tauchaer Verlages, auch die vorliegenden Episoden entnommen worden: „Als auf der Elbe noch Kettenschlepper verkehrten" aus „So war unser Dresden", Taucha 1995, „Die Vogelwiese - das Volksfest der Dresdner" und „Wenn in der Annenstraße die Feuerwehr ausrückte" aus „Alltag im heilen Dresden", Taucha 1996, „Mit Opa in der Bärenschänke" aus „Was Dresden einst zu bieten hatte", Taucha 1997, „Von der Falkenbrücke dem Zug in die Esse spucken" und „Drei Namen in einem" aus „Bummel durch das alte Dresden", Taucha 1999.

Klaus Wilk

geboren 1939 im Osterzgebirge, Wahldresdner; gelernter Maurer mit Meisterabschluss, nach freizeitlichen Schreibversuchen Fernstudium an der Universität Leipzig mit akademischem Abschluss, danach Funkredakteur und langjähriger Agenturjournalist (u.a. Berichterstatter vom ersten Dixieland-Festival an), heute Korrespondent, Projektmitarbeiter und Buchautor.

Jens Wonneberger

geboren 1960 in Ohorn, lebt in Dresden; 1980-85 Studium des Bauingenieurwesens an der TU Dresden, 1985 Forschungsingenieur, nach verschiedenen Tätigkeiten (Reinigungskraft, Verkäufer u.a.) zwischen 1986 und 1991 seit 1992 freischaffender Autor und Literaturredakteur; 1995 und 1999 Stipendium des Sächsischen Staatsministeriums für Wissenschaft und Kunst; Mitglied des PEN; Bucheditionen: „Der Atem der Steine" (mit H. Strehlow), Verlag Hermann Schmidt, Mainz 1993, „Ohorn, Roman", Buchlabor, Dresden 1993, „Onuphrius, Erzählungen", Hellerau-Verlag, 1994, „Dichter, Denker, Literaten in Dresden" (mit N. Weiß), Verlag DIE SCHEUNE, Dresden 1997, „Auf der Reise nach Himmelreich, Erzählung", Verlag DIE SCHEUNE, Dresden 1997, „Wiesinger, Roman", Kowalke & Co., Berlin 1999, „Pfunds Molkerei", be.bra Verlag, Berlin 1999; Beiträge in Anthologien, Zeitungen und Zeitschriften.

Peter Zacher

geboren 1939 in Berlin, lebt in Dresden; Schulzeit bis Abitur in Glauchau; 1957-65 Studium der Theologie und Musikwissenschaft in Leipzig sowie der Messtechnik in Dresden; freiberuflicher Dolmetscher, Übersetzer und Musikwissenschaftler, ferner seit 1980 Arbeit als freier Musikkritiker und dramaturgische Mitarbeit bei Tanztheaterproduktionen, seit 1986 künstlerischer Berater des Jüdischen Musiktheatervereins in (West)Berlin; Übersetzung mehrerer Bücher zur Methodik des Unterrichts auf Streichinstrumenten, Herausgabe von Volksliedsammlungen, 1999 Edition der Lebenserinnerungen von Hans Böhm; seit 1990 Kommunalpolitiker (Stadtrat) für Bündnis 90/Die Grünen.

Dr. phil. Alfred Ziffer

geboren 1957 in München; Studium der Kunstgeschichte, 1991 Promotion in Bonn, seitdem als freiberuflicher Kunsthistoriker in München tätig mit den Forschungsschwerpunkten Angewandte Kunst sowie Designs, Porzellane und Möbel des 18. bis 20. Jahrhunderts; mehrere Einzelpublikationen und zahlreiche Fachbeiträge sowie Konzeptionen und Gestaltungen von Ausstellungen in München, Frankfurt/Main und Dresden; Mitautor und Berater der Ausstellung „Jugendstil in Dresden“ 1999 und Kurator der Nymphenburger Porzellansammlung A. Bäuml im Marstallmuseum Schloss Nymphenburg

Uwe Zimmer

geboren 1954 in Dresden, hier lebend; nach Berufsausbildung und Abitur 1977-82 Studium der Elektrotechnik an der TU Dresden, 1982 Berufseinstieg in der Forschungsabteilung (automatische Prüfung digitaler Baugruppen) des Kombinates ROBOTRON, 1985 politisch motivierte Kündigung, danach in mehreren anderen Betrieben tätig (LTA - Luft- und Technische Anlagen, KAB - Kraftwerks-Anlagenbau Dresden, ESD - Reglerwerk Dresden), nach der Wende freier Fotograf bei den Dresdner Neuesten Nachrichten und Redakteur beim Dresdner Anzeiger, anschließend Gründung einer eigenen Werbe-Agentur, seit 1993 Mitarbeiter für Öffentlichkeitsarbeit in der Dresdner Energieversorgung.

Danksagung

„Habent sua fata libelli - Bücher haben ihre Geschichte" heißt es in einem der vorliegenden Beiträge, und Terentianus Maurus' Vers trifft auch für dieses Buch zu. Seine Geschichte begann Ende 1999, als das Verlags- und Publizistikbüro recherchieren ließ, wie die Dresdner einhundert Jahre davor den Jahresübergang feierten. Sie begingen ihn, wie die Nachforschungen ergaben, ziemlich kurios. Damit war die Idee geboren, Persönlichkeiten und Publizisten unserer Stadt darum zu bitten, merk- und denkwürdige Dresdner Geschichten aus dem gesamten 20. Jahrhundert aufzuschreiben, die dann in einer Anthologie zusammengefasst werden sollten. Jetzt liegt sie vor, und es gilt, allen Autoren für ihre Bereitschaft zum Mittun und für ihr oft die eigentliche Aufgabe übersteigendes Engagement zu danken; aber auch jenen, die das Buch mit ihren Ratschlägen, Ermutigungen, kritischen Hinweisen und mit ihrer tatkräftigen Unterstützung begleitet haben. Stellvertretend für viele andere sei hier besonders Siegfried Thiele für seine inhaltlichen Anregungen, Hansjoachim Paech für seine lektorierende Mitarbeit, Dr. phil. Joachim Menzhausen für seine kunstwissenschaftliche Beratung, Sybille Finkous für ihre konstruktive Korrekturtätigkeit, Holger Oertel für die logistische und vertriebstechnische Abwicklung sowie Angela Kante und Kathrin Pornitz für ihre Texterfassungen gedankt

FOTONACHWEIS

Jörg Oesen (Titel, 76, 292, 305, 423, 428, 457), Rigo Pohl (390), Sächsische Landesbibliothek - Staats- und Universitätsbibliothek Dresden / Deutsche Fotothek (10, 262, 305), Stadtplanungsamt/Bildstelle (16), Verlags-Archiv (12, 16, 20, 38, 52, 76, 199, 243, 292, 353, 457)